Forschungen zur DDR-Gesellschaft
Hans-Hermann Hertle/Gerd-Rüdiger Stephan (Hg.)
Das Ende der SED

Hans-Hermann Hertle
Gerd-Rüdiger Stephan (Hg.)

Das Ende der SED

Die letzten Tage des Zentralkomitees

Mit einem Vorwort
von Peter Steinbach

Ch.Links

Ch. Links Verlag, Berlin

Die Deutsche Nationalbibliothek verzeichnet
diese Publikation in der Deutschen Nationalbibliografie;
detaillierte bibliografische Daten sind im Internet über
www.dnb.de abrufbar.

6., durchgesehene und aktualisierte Auflage, Oktober 2014

Schönhauser Allee 36, 10435 Berlin, Tel.: (030) 44 02 32-0
www.christoph-links-verlag.de; mail@christoph-links-verlag.de
Umschlaggestaltung unter Verwendung eines Fotos von
der Demontage des SED-Symbols am Haus des Zentral-
komitees in Berlin-Mitte im Februar 1990 (Christian Ulrich)
Satz: LVD GmbH, Berlin
Druck und Bindung: CPI books GmbH, Leck

ISBN 978-3-86153-143-2

Inhaltsverzeichnis

Dokumentation

Peter Steinbach

Deutsche Systemumbrüche im 20. Jahrhundert

Vorwort

Im Herbst 1989 erfüllte sich in den beiden Staaten Deutschlands, woran in den Jahrzehnten zuvor trotz regelmäßiger Bekenntnisse zur staatlichen Einheit immer weniger Bürger geglaubt hatten: Innerhalb weniger Monate wurde die Deutsche Demokratische Republik, 1949 gegründet und im globalen Konflikt der Systeme, dem »Kalten Krieg«, stabilisiert, in das Währungsgebiet der Bundesrepublik Deutschland einbezogen und bis zum Oktoberbeginn 1990 im Zuge eines Beitrittsbeschlusses der am 18. März 1990 neu gewählten Volkskammer zum Geltungsbereich des Grundgesetzes schließlich aufgelöst. Dies war gewiß keine »Wende«, sondern mehr. Aber die schlichte Feststellung, daß es keine »Wende« war, eröffnet keineswegs die Aussicht darauf, zu wissen, worum es sich beim Untergang der DDR überhaupt gehandelt hat. War der Zusammenbruch des SED-Staates eine Implosion, eine seit langem angelegte Evolution oder gar eine »Revolution«?[1]

Welche Kriterien man auch anlegt – soziostrukturelle Umwälzung, Institutionalisierung eines neuen Wertesystems, Austausch der politischen und ökonomischen Führungsschicht, Entstehung einer neuen Kommunikations- und Willensbildungsstruktur oder auch die Abschaffung der bisherigen Eigentumsordnung –, es ist nicht von der Hand zu weisen, daß der Zusammenbruch ein radikaler Umbruch war. Der vollständige Austausch der bisherigen politischen Elite legt den Begriff einer »Umwälzung«, einer »Revolution« nahe, wie auch immer man sie attributiv charakterisiert. Die ihr zugeschriebenen Eigenschaften – von der »friedlichen« (Rainer Eckert) bis zur »geklauten« (Ehrhart Neubert) Revolution erstreckte sich das Deutungsspektrum – machen aber auch eines sichtbar: Dieser Zusammenbruch war nicht das Ergebnis eines dramatischen Tages, sondern stand am Ende eines vergleichsweise langen Zeitraumes. Er läßt sich kaum als ein sich blitzartig ereignender Systemsturz bezeichnen. Deshalb bewegten sich die Protagonisten des Umbruchs in einem Handlungsrahmen, der immer wieder aufforderte, das Heft in die Hand zu nehmen und den Umbruch selbst zu gestalten.

Dieser Anspruch entsprach auch dem Selbstverständnis der Marxisten, die ja nicht akzeptieren können, daß Rahmenbedingungen ihre Entscheidungen bestimmen. Sie, ihre Partei, nicht zuletzt auch ihre Theorie wollen ein Handlungspotential verkörpern. Weil Selbstbild und Realität auseinanderfielen, entstand für jeden, der die Ereignisse verfolgte, ein unvergeßliches Bild: Ver-

1 Vgl. zur Diskussion den vorzüglichen Überblick von Michael Richter, Die Revolution in Deutschland 1989/90: Anmerkungen zum Charakter der »Wende«, Dresden 1995.

treter des alten SED-Systems versuchten immer wieder – mit der Wahl von Krenz zum neuen Generalsekretär der SED, mit der Beteiligung von führenden Parteimitgliedern an den Demonstrationen auf dem Alexanderplatz oder durch Fernsehansprachen – dem System eine Übergangsfrist zu schaffen und ihrer Herrschaft auf diese Weise die Frist zu verlängern. Wie in den höchsten Führungskreisen agiert wurde, entzog sich dabei weitgehend der Kenntnis und rückt erst allmählich vor das Auge der Zeitgenossen.

Zwischen der »Maueröffnung«, die tatsächlich ein Mauerfall war, und dem tatsächlichen Ende der DDR lagen Monate, in denen sich nicht nur die Ereignisse zu überschlagen schienen, sondern auch bis dahin ungewohnte Formen politischer Beteiligung und Willensbildung erprobt wurden, die in ihrem Neben- und Gegeneinander bis heute nur schwer entwirrt werden können.

Denn neben die alten Machtzentren des SED-Staates traten andere: »Runde Tische«, Initiativen, neue Parteien, die sich zugleich als Foren und Bewegungen begriffen, sich an der Artikulation von Interessen beteiligten, Wahlen vorbereiteten und die Träger der alten Gewalten daran zu hindern suchten, Spuren zu verwischen oder politische Auffangpositionen aufzubauen. Dennoch war spürbar, wie alte Bastionen wankten, Rituale brüchig wurden und Ratlosigkeit die Aura der Unnahbarkeit einstmals mächtiger Männer zerstörte. Denn bald war unübersehbar, daß mit dem Mauerfall der endgültige Zusammenbruch des politischen Systems der DDR begonnen hatte. Standen zunächst sogar noch deutsch-deutsche Kooperationsmodelle zur Diskussion, so war doch bald deutlich geworden, daß sich die Legitimationsgrundlage des Systems völlig gewandelt hatte. Die Träger des SED-Staates verloren von Stunde zu Stunde an Autorität. Dies war die Folge eines dramatischen Vertrauensverlustes, der bis weit in die Mitgliedschaft der SED hinein reichte.

Nun rächte sich gleichsam die Vergangenheit: Waren im Mai 1989 noch die Kommunalwahlen leichtfertig und folgenreich manipuliert worden, so sollten die Neuwahlen zur Volkskammer, zu den Landtagen der neuen Länder und auch zu den kommunalen Vertretungskörperschaften die Beteiligung der neuen politischen Kräfte, so diffus sie zunächst auch waren, an der politischen Zielbestimmung ermöglichen. Dies bedeutete aber, daß die Basis der alten Gewalten völlig zerstört wurde. Ihre Vertreter waren in Zukunft wie die aller anderen Parteien auf dem politischen Massenmarkt darauf angewiesen, jene Unterstützung zu suchen, die sie bei Wahlen finden mußten. Seit dem Herbst 1989 mußten tagtäglich die politischen Kräfteverhältnisse neu bestimmt werden.

In der Auflösungsphase der DDR war für die Träger der alten Gewalt deshalb nichts mehr wie zuvor. Der demokratische Zentralismus zerfiel; bis dahin unvorstellbare Diskussionen fanden statt und erzwangen Rechtfertigungen, Erklärungen, Abstimmungen, die bis dahin undenkbar waren. Fielen zuvor die Entscheidungen in kleinen Kreisen, so sahen die Entscheidungsträger immer mehr Menschen an den Debatten beteiligt, ganz zu schweigen davon, daß sich eine Öffentlichkeit einstellte, die weit über die wohldosierte

Nachrichtenfreigabe hinausging, die sich der DDR-Medien bediente. Hatte sich die DDR-Führung von den Medien abgeschirmt, so war sie nun mit einem Mal ganz auf Medien angewiesen, die nicht nur Nachrichten vermittelten, sondern diese selbst zu schaffen in der Lage waren.

In vielen Einzelheiten erinnert der »Untergang der DDR« so an das Ende des deutschen Kaiserreiches, denn es wirkten die Träger der alten Gewalten neben den Vertretern der neuen Mächte und waren einem neuen Grundverständnis von Politik ausgesetzt. Neue politische Kraftzentren entstanden neben den alten Machtträgern und waren zunächst gar nicht recht auf den Begriff zu bringen. In den November- und Dezemberwochen des Jahres 1918 entstanden in Ortschaften, Betrieben, Ländern und Militäreinheiten »Räte« und traten neben die alten Entscheidungsträger. Sie beanspruchten, die Vertreter des neuen demokratischen Prinzips zu sein, und leiteten ihren Anspruch aus dem vorbehaltlosen Eintreten für dieses Prinzip, nicht aber aus einer Machtübertragung oder gar -beauftragung ab. »Räte« konnten sich mit Bewegungen verbinden und waren schließlich sogar offen für eine ideologische Überhöhung. Dies machte den Rätegedanken aber auch anfällig für Kritik. Spätestens wenn es den Vertretern der alten Gewalten gelang, in den Räten eine Art von »Sowjets« vor das Auge der Zeitgenossen treten zu lassen, dann schien die Kritik an dem von den Räten angeblich angestrebten »Sowjetdeutschland« und die Diskreditierung der Umwälzung nicht mehr weit.

In der Übergangsphase des »deutschen Herbstes 1989« bürgerte sich wiederum ein ungewohnter politischer Begriff für einen bis dahin unbekannten Faktor im Prozeß der Willensbildung ein: die »Runden Tische«.[2] So bezeichnete man ein politisches Beratungsgremium, das neben den anderen Körperschaften agierte, die durch die manipulierten Kommunalwahlen insgesamt ihre Legitimität verloren hatten und über kein Ansehen mehr verfügten. Die Volkskammer war kein von der Bevölkerung akzeptierter Faktor mehr, so, wie siebzig Jahre zuvor der Deutsche Reichstag.

Die »Runden Tische« verkörperten sehr bald einen eigenen politischen Anspruch, denn sie waren stärker mit den neuen politischen Bewegungen verbunden, die zahlreich auf allen Ebenen der Willensbildung und auch der Verwaltung im Lande entstanden waren, bis zum März 1990 aber noch keine Gelegenheit gehabt hatten, sich Wahlen und Abstimmungen zu stellen. An den »Runden Tischen« kam es nicht mehr auf Stimmproportionen, sondern vor allem auf die politische Artikulation zahlreicher Bewegungen und Bestrebungen an, die sich rasch formiert hatten. Die Träger der »Runden Tische« zielten nicht auf die Macht, sondern schienen vor allem Ausdruck der neuen oppositionellen, zivilgesellschaftlichen Bewegungen sein zu wollen, die sich an den öffentlichen Diskussionen beteiligten, aber nicht unbedingt auf institutionell befestigte Beteiligung an Herrschaftsstrukturen abhoben. Dies machte die »Runden Tische« wieder für die Träger der alten Gewalten akzeptabler,

2 Vgl. Uwe Thaysen, Der Runde Tisch, oder: Wo blieb das Volk?, Opladen 1990.

mochten sie doch hoffen, sich letztlich durch kluge Ausnutzung der »Runden Tische« um so besser in den Entscheidungspositionen halten zu können.

Macht und Herrschaftsanspruch verkörperten sich anscheinend weiterhin im Zentralkomitee der SED, dem höchsten Parteiorgan zwischen den Parteitagen. Dessen Mitglieder und Kandidaten verdankten ihre Positionen einem besonders austarierten Rekrutierungs- und Machtverteilungssystem. Sie konnten nur Mitglieder des ZK werden, wenn sie das Vertrauen des Generalsekretärs besaßen, und zeichneten sich durch ein politisches Selbstbewußtsein aus, welches Folge der Machtstellung des ZK war. Im ZK trafen sich die entscheidenden Machtträger aus den Bezirken und dem Apparat der Partei. Sie lebten in dem Bewußtsein, weit über jedem Vertreter des Staats- und Verwaltungsapparates zu stehen. Ihnen fiel aber nicht auf, daß die Art ihrer Rekrutierung und die Zusammensetzung des Zentralkomitees eine politische und funktionale Exklusivität begründete, die das Gremium geradezu unfähig machte, auf Wandlungsprozesse zu reagieren.[3]

Die auf den letzten Tagungen des Zentralkomitees sichtbar werdenden Verhaltensweisen der Mitglieder des Präsidiums und des Komitees machen deutlich, in welchem Umfang konfliktorientierte, d. h. auf Widerspruch und Verhaltensalternativen orientierte Diskussionen und Entscheidungsdispositionen, fast jeden Anwesenden überforderten. Dies verstärkte sich noch, als es in den November- und Dezembertagen zur Herausbildung eigenständiger politischer Kraft- und Machtzentren kam. Nun mußte man auf Demonstrationen und publizistische Diskussionen, auf Parteineugründungen und Einflüsse der internationalen Öffentlichkeit reagieren. Man übernahm zunehmend gegen die »alte« SED gerichtete Positionen, die eine kritischere Haltung gegenüber einer Leitung begründeten, die bisher widerspruchsfrei agieren konnte.

Bald kam es zu Anpassungsprozessen der Träger des SED-Staates. Die SED-Führung konzidierte schließlich sogar für Mitte Dezember 1989 einen Sonderparteitag und reagierte so auf Forderungen der Mitgliederbasis. Damit war endgültig deutlich geworden, daß die herkömmlichen Strukturen politischer Leitung innerhalb des Zentralkomitees durch Basisbewegungen zerstört waren. So gesehen, war es nur konsequent, daß sich die SED nun als »Partei des Demokratischen Sozialismus« (PDS) bezeichnete. Zunehmend machten die führenden Funktionäre Konzessionen an die neuen Kräfteverhältnisse, versuchten andererseits zugleich, einen politischen Kompromiß mit jenen zu schließen, die bis dahin als Träger eines »demokratischen Zentralismus« und einer durchgeplanten Wirtschaft, einer denkbar weitgehenden gesellschaftlichen und politischen Kontrolle gegolten hatten. Innerhalb von nicht einmal zwei Monaten entmachtete sich das höchste politische Entscheidungsgremien der SED und der DDR: das Zentralkomitee der SED, auf diese Weise weitgehend selbst. Der Ausschluß Honeckers aus der Partei war so nur noch ein Abgesang.

3 Vgl. dazu Andreas Herbst/Gerd-Rüdiger Stephan/Jürgen Winkler (Hg.), Die SED. Geschichte – Organisation – Politik. Ein Handbuch, Berlin 1997.

Das Interesse der Forschung hat sich bisher kaum auf die Frage konzentriert, wie in den Oktober- und Novemberwochen des Jahres 1989 innerhalb der Führungsgremien der SED und der DDR der Übergang von einem erstarrten, nicht selten als »Gerontokratie« bezeichneten, diktatorisch gelenkten und bis in die letzten Tage hinein repressiv stabilisierten System in eine Übergangsphase des sich beschleunigenden Wandels bewerkstelligt wurde, der in den völligen Umbruch des Systems und der bis dahin durch die SED gesteuerten Gesellschaft überging.[4] Wie verhielten sich die führenden Protagonisten der erstarrten DDR, wie zeichnete sich der Übergang in den Wandel, der dann mit dem Untergang des Staates und der Entmachtung seiner Führungsgruppe endete, in den Verhaltens- und Argumentationsweisen seiner führenden »Kader« ab?

Statt dieser Frage, auf welche die hier vorgelegten Protokolle der letzten ZK-Sitzungen Licht werfen, nachzugehen, um Aufschluß über die jeweils wahrgenommenen Spielräume der Handelnden und die Wahrnehmung der Vergangenheit ihres Staates, aber auch über die offene Zukunft der beiden deutschen Staaten im Herbst und Winter 1989 zu erhalten, ist hingegen viel über die langfristigen Ursachen und »eigentlichen Anlässe« des fundamentalen »Erosionsprozesses« gesprochen und geschrieben worden, der die Voraussetzung der als Transformation und Transition der DDR bezeichneten Vereinigung gewesen sein sollte.

Zahlreiche theoretische Abhandlungen stehen neben peniblen Rekonstruktionen der Fakten. Immer aber werden retrospektiv orientierte Erklärungsversuche durch die Probleme der Vereinigungsgesellschaft mitbestimmt und geprägt. Dadurch gerät die Tatsache aus dem Blick der späteren Betrachter, daß die entscheidenden Herausforderungen von den beteiligten Protagonisten zumindest im unmittelbaren Übergang situativ zu bewältigen waren, gleichsam von Minute zu Minute, von Stunde zu Stunde. Sie hatten auf Zufälle zu reagieren und lösten nicht selten neue Zufallskonstellationen aus, die schließlich selbst den Mauerfall als Ausdruck der Kontingenz deutlich werden lassen.

Dies ist für denjenigen nicht überraschend, der Systemzusammenbrüche nicht aus dem weiten Rückblick, sondern diese vor allem situativ rekonstruiert, also aus den jeweiligen Kontexten der beteiligten Personen nach den sich ihnen bietenden Handlungs- und Deutungsmöglichkeiten zu fragen bestrebt ist.[5] Der Zusammenbruch von Staaten wird für den Historiker erst im Rückblick zur Epochenscheide und gibt sich als Zäsur zu erkennen. Im unmittelbaren Erleben der Beteiligten wird der Systemzusammenbruch in der Regel vor allem als eine ungeheure Beschleunigung des Wandels in der Zeit empfunden,

4 Vgl. Gerd-Rüdiger Stephan (Hg.), »Vorwärts immer, rückwärts nimmer!« Interne Dokumente zum Zerfall von SED und DDR, Berlin 1994; Hans-Hermann Hertle, Der Fall der Mauer. Die unbeabsichtigte Selbstauflösung des SED-Staates, Opladen 1996, bes. S. 164 ff.

5 Für die Novemberrevolution hat dies Detlef Lehnert konsequent versucht. Vgl. Detlef Lehnert, Sozialdemokratie und Novemberrevolution. Die Neuordnungsdebatte 1918/19 in der politischen Publizistik von SPD und USPD, Frankfurt am Main 1983.

die das Gefühl der Beteiligten, den Entwicklungen ausgeliefert oder von den Ereignissen getrieben worden zu sein, verständlich macht. Deshalb vor allem spricht man von »Revolutionen«[6] und versucht allenfalls durch Attribute – friedliche, samtene, glorreiche oder große – den »eigentlichen« Charakter der Umwälzungen anzudeuten.

Was sich zuvor an langfristig wirkenden krisenhaften Entwicklungen abgezeichnet hatte und in der Regel noch Reaktionen der Beteiligten wecken konnte, in der Regel sogar noch die – um es modernisierungstheoretisch zu formulieren – »Anpassungskapazität des Systems« zu steigern vermochte, stellt sich in der unmittelbaren Phase des Zusammenbruchs als eine Überwältigung der Betroffenen dar, die durch keineswegs vorausgesehene Ereignisse nicht nur überfordert, sondern geradezu getrieben scheinen. Dies macht Epochenrückblicke für den Betrachter sogar noch unterhaltsam, denn die Akteure handeln gleichsam blind, von vornherein zur Erfolglosigkeit verdammt – und der Zuschauer vergißt, daß er weiß, was er weiß, weil es sich ereignet hat. Sicherlich wird der Leser auch bei der Durchsicht der hier vorgelegten Protokolle ein gewisses Amüsement spüren angesichts der Haltung, die mächtige Politiker plötzlich ratlos wie Artisten in der Zirkuskuppel kreisen läßt, Dompteure der Macht, denen Partner oder Sicherungssysteme abhanden gekommen sind.

An eine Erhöhung der »Selbststeuerungskapazität« im Zuge einer erfolgreich bewältigten Systemkrise ist in diesen Zusammenbruchsphasen von seiten der Regierungseliten nicht mehr zu denken – es scheint für sie nur noch darauf anzukommen, sich in den Turbulenzen zu behaupten, Zeit zu gewinnen, sicherlich auch Spuren ihres Systems vor allem in den Akten der Repressionsbehörden zu beseitigen und nicht zuletzt zu versuchen, für die Angehörigen der Führungsgruppe entscheidende Weichen in den Übergang zu stellen, die dann auch ein politisches Überleben oder wirtschaftliche Existenzsicherung zu erleichtern vermögen.

Diese Haltung ist nicht mit der »Torheit der Regierenden« (Barbara Tuchman) zu verwechseln. Denn diese Torheit zeigt sich vor dem Zusammenbruch von politischen Systemen und Gesellschaften in der Unfähigkeit der Eliten, Wandlungszwänge zu beachten und nicht mehr allein oder vorrangig auf das Vergehende zu setzen. Politisches Handeln im Zusammenbruch ist in der Regel Ausdruck eines reinen, eines extremen und überdies ganz augenscheinlich erfolglosen Inkrementalismus. Dies machen auch die hier veröffentlichten Protokolle deutlich, denn sie belegen, in welchem Maße politische Führungsgruppen in der Stunde ihres Scheiterns in Ritualen verharren, wie zaghaft sie die neuen Macht- und Entscheidungsstrukturen wahr- oder gar annehmen, wie sie ihre eigenen, immer wieder beschworenen »revolutionären« Handlungsprinzipien in Einklang mit den Erfordernissen der Wirklichkeit und Not-

6 Vgl. Reinhard Koselleck, Revolution, in: Otto Brunner u. a. (Hg.), Geschichtliche Grundbegriffe. Historisches Lexikon zur politisch-sozialen Sprache in Deutschland, Bd. 5, Stuttgart 1984, S. 653 ff.

wendigkeit zu handeln vergleichsweise rasch vergessen und sich in eine Verhandlungsroutine zurückziehen, die Berechenbarkeit in Umbruchsituationen nur noch vorschützen kann.

Allerdings gilt auch diese nur im Hinblick auf das System. Denn die Überlebensanstrengungen einer über lange Zeit diktatorisch handelnden politischen Führungsschicht finden gleichzeitig mit dem Versuch statt, neue postdiktatorische Verfahren und politische Argumentationsmuster zu üben und sich in neue Entscheidungsstrukturen einzufügen, die im Zuge des Umbruchs institutionalisiert werden und zugleich schon zu praktizieren sind. Insofern bezeichnen die letzten ZK-Sitzungen eine Art Systemübergang, denn Verhaltens- und Argumentationsmuster der Parteidiktatur werden in Aktionsmuster übertragen, die sich in ganz ähnlicher Weise in Repräsentativkörperschaften finden lassen: Hier wird Rechenschaft gefordert, wird die Kontrolle der Macht verlangt, hier werden Kompromisse vorbereitet oder angeboten, hier geht man schließlich von einem Gesamtinteresse aus und fixiert Verantwortlichkeiten.

So werden nicht selten im chaotisch anmutenden Übergang von Zusammenbruchsgesellschaften die politischen Strukturen einer neuen politischen Ordnung sichtbar und setzen sich mit den Auseinandersetzungen durch, die unausweichlich die ehemaligen und im Zuge des Umbruchs dem Austausch ausgesetzten früheren politischen Führungskräfte an den Rand der Willensbildung rücken lassen. Zunächst mögen sie nicht mehr als ein Unbehagen verspüren, das Ergebnis der Einsicht in die wachsende Gefährdung ihrer Funktion und Rolle ist. Dann flüchten sie sich in das Gefühl, Angehörige einer Art von Übergangselite zu sein, dessen Aufgabe zunehmend die Fristverlängerung der vergehenden Ordnung ist.

So reizvoll es für den Sozialwissenschaftler deshalb im Rückblick aus größerer zeitlicher Distanz ist, der etwa von Alexis de Tocqueville gestellten Frage nach der Vorbereitung einer politischen und gesellschaftlichen Revolution noch im Ancien Régime nachzugehen,[7] so wichtig ist eine zeitlich ebenso präzise wie rigide Untersuchung von sich überschlagenden Ereignissen, die bald nur noch als Umwälzung, als Revolution bezeichnet werden. Die »Chronik der laufenden Ereignisse« ermöglicht den Späteren zumindest in Ansätzen nachzuvollziehen, was Zeitgeschichte im ursprünglichen Wortsinn bedeutete: Geschichte, die ihren Ausgang noch nicht kennt.[8]

Wie aber, so ist zu fragen, handeln die Menschen im Rahmen einer historischen Konstellation, in der sie mittendrin im »Kampfgetümmel« stecken, ohne zu wissen, wohin es in den verwirrenden Situationen und Konstellationen geht, die sie bewältigen wollen und in der sie sich – zumindest im Rückblick – nur vergebens abgestrampelt haben? Historiker treten erst nach den Ereignissen wieder auf den Plan. Sie deuten die Fakten und vergessen sehr schnell, daß sie schlüssige Interpretationen der Veränderungen nur anbieten

7 Vgl. Alexis de Tocqueville, Der alte Staat und die Revolution, Reinbek 1969.
8 Vgl. Hans-Hermann Hertle, Chronik des Mauerfalls, Berlin 1996.

können, weil sie wissen, wie sich unüberschaubare Konstellationen aufgelöst haben.

Der Zusammenbruch der DDR ist schon wenige Wochen nach diesem Ereignis aus der Perspektive der rückwärtsgewandten Prophetie gedeutet worden. Vergessen waren die Sprachlosigkeit und auch Atemlosigkeit, die Folge und Begleitumstand der sich überschlagenden Ereignisse seit Mai 1989 waren. Die wichtige Frage, wie die Beteiligten auf den Erosionsprozeß reagieren konnten, der innerhalb von wenigen Wochen eingetreten war, wurde in der Folge konsequent nur ganz selten gestellt. Die Analyse der Kontrollmechanismen und Unterdrückungsstrukturen ließ die Frage nach der Möglichkeit, den Untergang eines Staates steuern zu wollen, in den Hintergrund treten.

Die hier vorgelegten Protokolle der letzten Sitzungen des Zentralkomitees der SED versetzen den Leser in eine Handlungskonstellation zurück, in der die Protagonisten weder wissen noch ahnen, was letztlich auf sie zukommt. So hilft die Komik, ihre – subjektiv gesehen – tragische Verstrickung in das alte System zu ertragen. Deutlich wird, daß sie den Umbruch so weder gewollt noch erwartet haben. Deshalb konnten sie sich nicht darauf einstellen. Ihre Anstrengungen erscheinen von vornherein zum Mißerfolg bestimmt zu sein. Dies wiederum wirkt zuweilen komisch. Das Lächeln, das sich einstellt, ist allerdings nicht durch Schadenfreude bestimmt, sondern Ausdruck einer inneren Befreiung.

Hier ereignet sich Geschichte, die ihren Ausgang weder kennt noch sich diesen vorstellen kann, diesen vielleicht sogar erst ganz allmählich ahnt. Mit der für die beteiligten Protagonisten immer beklemmenderen Ahnung beginnt allerdings bereits im Prozeß des Untergangs die Bemühung um die Deutung des zunächst schier Unvorstellbaren, das dadurch aber noch längst nicht zum Unglaublichen wird.

Es wäre kurzsichtig, die sorgfältig rekonstruierten Protokolle allein als nachträgliche Illustration der so konsequent ablaufenden und sich rasch überschlagenden Ereignisse im Herbst 1989 zu deuten. Sie erhalten ihre geschichtswissenschaftliche Relevanz auch und besonders aus dem Vergleich mit anderen Systemzusammenbrüchen, an denen die deutsche Geschichte unseres Jahrhunderts keineswegs arm ist. Diese läßt sich geradezu als eine Abfolge von Zusammenbrüchen politischer Systeme deutlich machen, die – und das ist das überraschende – ihren Niederschlag gerade auch auf parlamentarischer und gouvernementaler Ebene gefunden haben. Je nach Zählweise haben wir es mit mindestens sechs politischen Systemen ganz unterschiedlichen Typs[9] zu tun, von denen vier desaströs endeten:

- mit der konstitutionellen Monarchie, die 1918 mit der Novemberrevolution endete,

9 Vgl. Ernst Rudolf Huber, Deutsche Verfassungsgeschichte seit 1789, 7 Bde. (bis zur Weimarer Republik), teilw. mehrere Auflagen, Stuttgart 1957 bis 1984. Vgl. ferner Ernst Wolfgang Böckenförde (Hg.), Moderne deutsche Verfassungsgeschichte (1815–1918), Köln 1972.

- mit der parlamentarisch-pluralistisch verfaßten Republik, die je nach Sichtweise 1930 mit den Präsidialregierungen oder am 30. Januar 1933 mit der Machtergreifung durch die Nationalsozialisten in die NS-Diktatur transformiert wurde,
- mit der totalitären Diktatur des nationalsozialistischen Typs, die am 8./9. Mai 1945 mit der bedingungslosen Kapitulation der deutschen Wehrmacht in eine Katastrophe mündete,
- schließlich der vierfachen Besatzungsherrschaft, die mit der Gründung der Bundesrepublik Deutschland und der Deutschen Demokratischen Republik beendet schien,
- dem liberaldemokratischen Verfassungsstaat, den man als »Bonner Republik« bezeichnen wollte,
- der Einparteiendiktatur der »sozialistischen Volksdemokratie«, die am 3. Oktober 1990 durch den Beitritt der DDR zum Geltungsbereich des Grundgesetzes zu bestehen aufhörte.

Bisher sind die Systemumbrüche, die sich in Deutschland im 20. Jahrhundert ereignet haben, noch nicht vergleichend untersucht worden. Dabei böte sich gerade dieses Thema an, um die Aktionsweise der führenden Eliten in den Blick zu nehmen. Denn ein gemeinsames Kennzeichen der politischen Regimewechsel seit der Französischen Revolution liegt in der Tatsache, daß sich der Umschlag zunehmend in den politischen Vertretungsorganen abspielt, die sich im Zuge institutioneller Differenzierung herausgebildet haben, um die Anpassung politischer Strukturen an die sozialen und politischen Wandlungsprozesse zu erleichtern.

In der Regel zeigte sich, daß die Träger der Institutionen, in denen sich Interessen artikulieren sollen, die Wandlungsprozesse viel zu spät ernst nahmen und deshalb aus den politischen Steuerungsorganen gesellschaftlicher Veränderungen in der Regel nur mehr oder minder hilflos agierende Reaktionsorgane werden ließen. Dies gilt für den Deutschen Reichstag des untergehenden Kaiserreiches ebenso wie für den Reichstag der untergehenden Weimarer Republik. In Diktaturen rücken andere Steuerungsorgane an die Stelle der zentralen parlamentarischen Gremien.

Die im 20. Jahrhundert vergehenden deutschen Regimes lassen sich durch ihre höchst unterschiedliche Dauer, aber auch durch ganz spezifische Durchsetzungsansprüche charakterisieren. Deshalb unterscheiden wir Regimes, die auf dauerhafte und tiefgreifende Herrschaftskonsolidierung orientiert sind, von Transitions- und Transformationsregimes. Erstere bildeten ganz spezifische Organisationsstrukturen heraus, die durchaus auf Langfristigkeit oder sogar – wie im Falle des »Tausendjährigen Reiches« des NS-Staates und des SED-Staates der »Sieger der Geschichte« – geradezu auf Endgültigkeit angelegt sein konnten. Sie lassen sich dadurch charakterisieren, daß Parteistrukturen Funktionen erfüllen sollten, die in pluralistisch-verfassungsstaatlich organisierten Systemen von intermediären Institutionen und Repräsentativkörperschaften wahrgenommen werden. Im Falle der DDR oktroyierte die SED der

Gesellschaft ihren Führungsanspruch und setzte den Primat der Parteipolitik durch die institutionelle Verschmelzung von Wirtschaft und Staat sowie Staat und Partei durch.

Die Institution des Zentralkomitees der SED ist in diesem Zusammenhang von besonderer Bedeutung, denn das ZK war mehr als nur die Exekutive der Partei. Als Einheit von Politbüro, ZK-Sekretariat und ZK-Plenum war es das machtpolitische Steuerungszentrum der »realsozialistischen« Gesellschaft. Deshalb ist es unverzichtbar, seine Rolle, das Selbstverständnis seiner Mitglieder, ihre Verhaltens-, Denk- und Argumentationsweise sichtbar zu machen. Die letzten ZK-Sitzungen spiegeln deshalb mehr als einen vielfach unwirklich anmutenden Umgang mit dem eigenen Untergang. Sie machen auch ein zentrales politisches Strukturproblem der DDR deutlich, die keine Institutionen ausbildete, in denen sich ein wirkungsvoller Anpassungsprozeß an gewandelte Verhältnisse niederschlagen oder für die gesamtgesellschaftliche Steuerung auswirken konnte. Diese These mutet insofern erstaunlich an, als das Selbstverständnis der DDR als eines planwirtschaftlich organisierten Systems gerade auf dem Anspruch gründete, die Turbulenzen des Marktes weitgehend bewältigt zu haben. Es zeigt sich aber, daß gerade das Bewußtsein von der Stabilität der Verhältnisse zu einer Reaktionsschwäche führte, die in die Starrheit, in die politische Bewegungslosigkeit führte.

Der häufige Systemwechsel brachte den Deutschen augenscheinlich vergleichsweise viele Herausforderungen im Hinblick auf ihre Umdeutungsbereitschaft, nicht zuletzt, weil die Brüche häufig als Katastrophen, als Niederlagen, als Scheitern zumindest eines großen Bevölkerungsteiles empfunden worden waren: Die »Weimarer« Republik des Jahres 1919 sah der Anhänger der Monarchie etwa als Folge einer Revolution, die dem »geliebten« Kaiserreich ein abruptes, unvorstellbares und geradezu unglaubliches Ende bereitet und alles entwertet hatte, was ihm persönlich wichtig war, insbesondere Thron und Altar, also die Institutionen mit der wohl wirksamsten verhaltensprägenden Kraft. Die Wucht des unerwarteten Umbruchs war so unglaublich, daß viele Deutsche gern die These Hindenburgs vom »Dolchstoß in den Rücken des unbesiegten Heeres« wiederholten und den Verfassungsstaat als das Ergebnis des Wirkens von »Novemberverbrechern« sah.

Zu den neuen Institutionen dieser Republik fanden Monarchisten nur schwer ein Verhältnis und diffamierten entsprechend den Reichstag als »Quasselbude«. Anderen wiederum genügte auf der anderen Seite der begonnene Umbau des wilhelminischen Obrigkeitsstaates in einen sich allmählich konsolidierenden Sozialstaat nicht; sie setzten sich deshalb von den heftig diffamierten angeblichen »Arbeiterverrätern« ab und deuteten die Institutionen der Republik als letzte Verteidigungsmittel bürgerlich-kapitalistischer Herrschaft. Da Sozialdemokraten die Grundlagen der Weimarer Republik verteidigten, wurde ihre Partei bald als eine besondere Variante faschistischer Herrschaft apostrophiert: als »Sozialfaschisten«. Andererseits reagierten diese mit einer anderen Form der Gleichsetzung, indem sie nationalsozialistische und kommunistische

Kritiker der »bürgerlichen Herrschaft« bzw. des »bürgerlichen Systems« des Weimarer Typs als sehr nah beieinanderliegende Spielarten des Totalitarismus zeichneten. Sie orientierten sich dabei offensichtlich an der Vorstellung, daß die Ablehnung der republikanischen Strukturen einen gemeinsamen Bezugspunkt in der Befürwortung diktatorischer Verfassungsstrukturen besäßen.

Die beiden deutschen Staaten definierten sich bis 1989 gewiß durch ihre ganz eigenen und sehr spezifischen Verfassungsprinzipien, aber auch durch ihre ihnen gemeinsame auf den jeweils anderen Staat bezogene Gegensätzlichkeit. Was im Westen das Institutionenverständnis der freiheitlich-demokratischen Grundordnung und der demokratischen Willensbildung von unten nach oben, war im Osten das Prinzip des demokratischen Zentralismus und das Bekenntnis zur Vorherrschaft der SED als Institutionalisierung des Prinzips der politischen Führung durch eine Parteiavantgarde.

Beide deutschen Staaten drückten ihr Selbstverständnis aber auch durch gegenseitige Abgrenzung aus, etwa durch den Anspruch, gerade nicht Ausdruck einer Wiederbelebung einer zweiten totalitären Diktatur – Vorwurf West gegen Ost – oder Ausdruck sozialer Restauration – Vorwurf Ost gegen West – zu sein, die über die Epochenschwellen hinweg, also über die Umbruchsituationen hinaus, definiert wurden oder im Falle einer erfolgreichen Wiederbegründung nach Umbrüchen gestatten, an die jeweils vorangegangene Epoche anzuknüpfen. Die Vorgängersysteme blieben dennoch präsent, sei es, daß man von einem »roten Preußen« sprach, wenn man die DDR meinte, sei es, daß man sich im Westen immer wieder über die Frage erregte, ob Bonn noch, nicht mehr, schon wieder, immer noch oder auch wieder einmal Weimar sei. Diese Kontroverse ist entschieden. Die DDR war weder ein »rotes Preußen« noch ist die Bundesrepublik als Spielart des Weimarer Systems zu begreifen. Derart kategorial orientierte Diskussionen verstellen den Blick auf Systemzusammenhänge und Systemleistungen.

Die Ereignisse des unmittelbaren Zusammenbruchs sind in bezug auf den Fall der Mauer von Hans-Hermann Hertle bereits akribisch aufgearbeitet worden. Längst ist die Zeit der Rekonstruktion von Ereignissen und ihrer Verknüpfungen zu Ketten vorüber. Versuche, das Unerwartete im Verlauf zu verstehen, prägten die ersten Monate, als das schier Unfaßbare – »Wann bricht schon mal ein Staat zusammen!«[10] – nur in Form einer Chronologie der laufenden Ereignisse erfaßt werden konnte.[11] Die Beschleunigung der Ereignisse war kaum mehr nachvollziehbar, zumal alle mittel- und osteuropäischen Systeme betroffen waren.

10 So der Titel einer eindrucksvollen Dokumentation von Klaus-Dietmar Henke (Hg.), Wann bricht schon mal ein Staat zusammen! Die Debatte über die Stasi-Akten auf dem 39. Historikertag 1992, München 1993.

11 Vgl. Hannes Bahrmann/Christoph Links, Chronik der Wende, Bd. 1: Die DDR zwischen 7. Oktober und 18. Dezember 1989, 6. Aufl., Berlin 1994; dies., Stationen der Einheit: Die letzten Monate der DDR, Berlin 1995; Ilse Spittmann/Gisela Helwig (Hg.), Chronik der Ereignisse in der DDR, 4. Aufl., Köln 1990.

Auch die sich dann anschließende Phase des für Außenstehende vor allem rechthaberisch anmutenden Streits über die Seriosität, die Kompetenz, die Unabhängigkeit und die Prognosefähigkeit der DDR- und der Deutschlandforschung klingt inzwischen ab. Dabei ging es ja weniger um die Irrtümer der Forschung als um die Irrtümer der jeweils anderen Forscher. Keiner von ihnen hatte den Zusammenbruch der sozialistischen Systeme in der Weise vorausgesehen, daß mehr als eine Hoffnung, eine Vermutung oder eine Aussicht formuliert worden wären. Die deutschen Irrtümer waren die Irrtümer der Deutschen, nicht weniger, und dies hüben wie drüben. Unterschiedlich war nur das gesamtdeutsche Bewußtsein ausgeprägt, also der Wille, das Bewußtsein zu pflegen, daß auch jeweils hüben wie drüben Deutschland war.

Die vorliegende Dokumentation erleichtert einen neuen Zugang zu jenem Ereignis, das bald als das Ende der DDR bezeichnet wurde. Galt 1918 noch der Satz: »Der Kaiser ging, die Generäle blieben«, konnte man damals noch von einer Revolution »zwischen Räten und Geheimräten« sprechen, so war der Untergang der DDR und des »realsozialistischen« politischen Systems vollständig. Die Führungskader hatten augenscheinlich keine Antworten mehr auf Veränderungen und Wandlungen, die sie sich nicht vorstellen konnten und die sie deshalb auch nicht vorausgesehen hatten. In den hier dokumentierten letzten Tagungen des Zentralkomitees wird sichtbar, wie eine Führungsgruppe agiert, die von den Ereignissen überwältigt und von den Entwicklungen geradezu überrollt wird.

Die nun vorgelegte Edition der 9., 10., 11. und 12. Tagung des Zentralkomitees der SED, die in den letzten drei Monaten des Jahres 1989 stattfanden, zeichnet sich durch ihre Dramatik aus. Allerdings kann man gelöst auf die handelnden Personen, auf ihre Diskussionen und zunächst zaghaften, dann immer grundsätzlicher aufbrechenden Kontroversen schauen. Denn neben den Zerfallsprozessen einer zentralistischen Parteidiktatur werden andere Kräfte sichtbar, die der Vereinigungsgesellschaft ihre Form zu geben suchen. Ganz abgesehen davon, daß auch die Geschichte unserer Gegenwart ihren Ausgang nicht kennt, so ist doch spürbar, in welchem Maße die im Zentralkomitee handelnden Akteure sich neben einer bereits in Gang gesetzten Entwicklung entlanghangeln. Mit dem Mauerfall war die Zukunft der DDR und der SED entschieden; die weiteren politischen Spielräume wurden nicht mehr in der Machtzentrale des SED-Staates, sondern im Lande, auf den Straßen und in den politischen Zentren des anderen Teils Deutschlands bestimmt. Hier wurde nicht der letzte verzweifelte Versuch unternommen, dem untergehenden System die Frist zu verlängern, eine Idee zu bewahren, interne Diskussionen zu initiieren, sondern hier stellten die neuen Protagonisten der deutsch-deutschen Vereinigungsgesellschaft die Weichen, die rasch über die zunächst in Aussicht genommene deutsch-deutsche Kooperation hinaus zur deutschen Einheit führten.

Hans-Hermann Hertle/Gerd-Rüdiger Stephan

Vorwort zur 5. Auflage

Vor nunmehr 15 Jahren erschien die erste Auflage dieses Bandes. Wie kaum eine andere Quelle dokumentieren die hier veröffentlichten Wortprotokolle der letzten Tagungen des SED-Zentralkomitees die Vorgänge im innersten Machtzirkel der SED im Herbst 1989, die Auflösung und das Ende der Staatspartei. Die Edition machte deshalb Karriere als eines der bis heute meistzitierten Werke, wenn es nicht nur in zeithistorischen Darstellungen, sondern auch in Dokumentar- und Spielfilmen, in politischen Debatten, ja selbst in Romanen und auf der Theaterbühne um den Zusammenbruch der SED-Herrschaft und den Erfolg der friedlichen Revolution 1989 geht.

Wann bricht schon mal ein Staat zusammen? Das anhaltende Interesse an dieser Thematik führte zu der hier vorgelegten 5. Auflage, die weitgehend unverändert belassen werden konnte. Zum aktuellen Forschungsstand sei auf die Bibliographien in den Neuerscheinungen der letzten Jahre zum »Annus mirabilis« 1989 und seinem internationalen Kontext – vor allem von Klaus-Dietmar Henke, Ilko-Sascha Kowalczuk, Ehrhart Neubert, Alexander von Plato, Andreas Rödder, Mary Sarotte und Wolfgang Schuller – sowie die Edition sowjetischer Quellen von Aleksandr Galkin und Anatolij Tschernjajew und die internationale Dokumenten-Edition von Svetlana Savranskaya, Thomas Blanton und Vladislav Zubok verwiesen.

Die Anmerkungen dieses Buches verwenden noch die in den 1990er Jahren vergebenen Signaturen aus den Aktenbeständen der Stiftung Archiv der Parteien und Massenorganisationen der DDR und der Abteilung DDR im Bundesarchiv. Zwischenzeitlich wurden einige Signaturen geändert, die sich jedoch leicht mit Hilfe der vorhandenen Konkordanzen erschließen lassen.

Berlin, im März 2011

1 Klaus-Dietmar Henke (Hg.), Revolution und Vereinigung 1989/90, München 2009; Ilko-Sascha Kowalczuk, Endspiel. Die Revolution von 1989 in der DDR, München 2009; Ehrhart Neubert, Unsere Revolution. Die Geschichte der Jahre 1989/90, München 2008; Alexander von Plato, Die Vereinigung Deutschlands – ein weltpolitisches Machtspiel. Bush, Kohl, Gorbatschow und die internen Gesprächsprotokolle, Berlin 2002/2010; Andreas Rödder, Deutschland, einig Vaterland. Die Geschichte der Wiedervereinigung, München 2009; Mary E. Sarotte, 1989. The Struggle to Create Post-Cold War Europe, Princeton/Woodstock 2009; Wolfgang Schuller, Die deutsche Revolution 1989, Berlin 2009; Aleksandr Galkin/Anatolij Tschernjajew (Hg.), Michael Gorbatschow und die deutsche Frage. Sowjetische Dokumente 1986–1991, München 2011; Svetlana Savranskaya/Thomas Blanton/Vladislav Zubok (ed.), Masterpieces of History. The Peaceful End of the Cold War in Europe, 1989, Budapest/New York 2010.

Hans-Hermann Hertle/Gerd-Rüdiger Stephan

Die letzten Tage des Zentralkomitees der SED

Einführung und historischer Überblick

Selten wurde im Zentralkomitee der SED so herzhaft gelacht wie auf jener 8. Tagung am 22. und 23. Juni 1989 in Ost-Berlin. Es war das 54. ZK-Plenum, seit Erich Honecker im Mai 1971 Walter Ulbricht abgelöst hatte, und noch deutete nichts darauf hin, daß es das letzte sein würde, das er als Generalsekretär leitete. Am Nachmittag des ersten Sitzungstages hatte gerade der erste Redner erwartungsgemäß seine uneingeschränkte Zustimmung zum mehrstündigen Bericht des Politbüros, seiner Politik und seinen Beschlüssen bekräftigt und versichert, »zu Ehren des 40. Jahrestages der Deutschen Demokratischen Republik und mit dem Blick auf den XII. Parteitag den erforderlichen Leistungsanstieg zu vollbringen«, als Honecker überraschend die Diskussion mit einer Ergänzung zum Politbüro-Bericht unterbrach. Das Politbüro begrüße die Absicht der Stadt Leipzig, sich beim Internationalen Olympischen Komitee um die Ausrichtung der Olympischen Sommerspiele im Jahr 2004 zu bewerben, sagte Erich Honecker. Und dann gab er einen Kommentar des »Feindsenders« RIAS Berlin zu dieser bereits in den Vortagen bekanntgewordenen Absicht der sächsischen Messestadt zum Besten. »Also geht doch zumindestens Erich Honecker davon aus«, las Honecker den letzten Satz des Kommentars vor, »daß die DDR auch noch im Jahre 2004 existiert.«[1] Die ZK-Mitglieder wollten sich ausschütten vor Lachen – und Erich Honecker und Egon Krenz lachten lauthals mit. Welch verschrobene Meinung! Die Existenz der DDR auf unabsehbare Zeit wurde zu diesem Zeitpunkt nirgends bezweifelt, weder in Moskau noch in Bonn, in Washington, Paris oder London. Wie konnte jemand ernsthaft in Erwägung ziehen, im Jahre 2004, in fünfzehn Jahren, existiere die DDR – der erste Arbeiter- und Bauernstaat auf deutschem Boden, die zehntstärkste Industrienation und größte Sportnation der Welt – nicht mehr?

Nur wenig mehr als fünf Monate nach diesem Heiterkeitsausbruch war die SED am Ende, hatten Politbüro und Zentralkomitee der SED abgedankt. Fünfzehn Monate später war die DDR von der politischen Landkarte verschwunden. Von Politik und Wissenschaft völlig unerwartet brach die SED-Diktatur binnen kürzester Zeit wie ein Kartenhaus zusammen.

Warum aber war die Führungselite der DDR, die hier im Zentralkomitee versammelt war, im Herbst 1989 nicht willens oder fähig, die Funktionsfähig-

1 Alle Zitate dieses Absatzes: 8. Tagung des Zentralkomitees der SED, 22./23. Juni 1988 (SAPMO-BArch, Ton Y 1/TD 736). Die unkorrigierte stenographische Niederschrift vgl. in: SAPMO-BArch, DY 30/IV 2/1/697 und 698.

keit des Systems zu bewahren und das Macht- und Gewaltmonopol der Partei zu behaupten? Wie nahm das Zentralkomitee die politische Krise überhaupt wahr? Wie wurde im obersten Führungsgremium der SED zwischen den Parteitagen über »die Lage« diskutiert? Welche Maßnahmen wurden verworfen, welche beschlossen? Und warum hatten sie keinen Erfolg?

Die Protokolle der letzten Tagungen und Tage des Zentralkomitees, die in diesem Buch erstmals im Wortlaut und ungekürzt veröffentlicht werden, geben Aufschluß über diese Fragen.

Alle Sitzungen des Zentralkomitees fanden streng abgeschirmt unter Ausschluß der Öffentlichkeit statt. Nach außen drang nur, was nach außen dringen sollte. Ausschließlich für interne Zwecke wurden alle Tagungen vom Büro des Politbüros auf Tonband mitgeschnitten, die Original-Bänder anschließend im Internen Parteiarchiv des Politbüros unter Verschluß genommen. Über das Zentrale Parteiarchiv der SED, später der SED-PDS, nahmen sie schließlich ihren Weg in die Stiftung Archiv der Parteien und Massenorganisationen der DDR im Bundesarchiv (SAPMO-BArch), wo sie seit 1992 der Öffentlichkeit zugänglich sind. Für dieses Buch wurden die Tonbänder transkribiert; das authentische, tatsächlich gesprochene Wort ist die Grundlage dieser zeitgeschichtlichen Quellenedition, die die Willensbildungsprozesse sowie Entscheidungen des SED-Spitzengremiums im Herbst 1989 dokumentiert.

Viermal trat das Zentralkomitee im Herbst 1989 unter dem Druck der Ausreisewelle, der Massendemonstrationen und massiver Forderungen der Parteibasis zusammen. Am 18. Oktober 1989 (9. Tagung) nahm es den Rücktritt Erich Honeckers entgegen, entband die für Agitation und Propaganda bzw. Wirtschaft zuständigen Politbüro-Mitglieder und ZK-Sekretäre Joachim Herrmann und Günter Mittag von ihren Funktionen und wählte Egon Krenz, bis dahin ZK-Sekretär für Sicherheitsfragen, zum Generalsekretär der SED. Auf der folgenden dreitägigen Sitzung vom 8. bis 10. November 1989 (10. Tagung) wurde das Politbüro, das geschlossen zurückgetreten war, neu gewählt und beschlossen, die Anmeldung des Neuen Forum, das noch kurz zuvor als »staatsfeindliche Plattform« kriminalisiert worden war, auf der Grundlage des Vereinigungsgesetzes der DDR entgegenzunehmen. Ganz nebenbei stimmte das ZK dann am 9. November einer Reiseverordnung zu, deren vorzeitige Bekanntgabe auf einer internationalen Pressekonferenz durch Günter Schabowski die ursprüngliche Absicht, einen kontrollierten Ausreise- und erweiterten Privatreisen-Verkehr zu gewähren, untergrub und zum Fall der Mauer führte. Erste Offenbarungen der Parteiführung über das Ausmaß der ökonomischen Krise im Lande riefen Entsetzen und Empörung hervor; die Verabschiedung eines Aktionsprogramms mit weitreichenden Reformen, mit denen die SED-Spitze die Initiative des politischen Handelns zurückgewinnen wollte, wurde von einem erbitterten Streit über die politische Verantwortung für die Krise und sich daraus ergebende personelle Konsequenzen überlagert.

Der Beschluß der 10. Tagung, eine Parteikonferenz der SED zur Erörterung der politischen Lage einzuberufen, erwies sich als von kurzer Dauer. Bereits drei Tage später, am 13. November 1989 (11. Tagung), wurde er revidiert zugunsten der Einberufung eines außerordentlichen Parteitages, der – im Unterschied zu einer Parteikonferenz – der Parteibasis die Möglichkeit bot, das Zentralkomitee komplett neu zu wählen.

Am 3. Dezember 1989 (12. Tagung) schließlich erzwangen die neugewählten Ersten Sekretäre der Bezirksleitungen der SED vor dem Hintergrund erster Untersuchungsergebnisse über Amtsmißbrauch, Korruption und Privilegien der alten Parteiführung und des dagegen gerichteten Aufruhrs an der Parteibasis den Rücktritt von Politbüro und Zentralkomitee.

Die Wortprotokolle dieser ZK-Tagungen sind zeitgeschichtliche Schlüsseldokumente, die die Etappen des Zusammenbruchs der im Oktober 1989 noch etablierten, aber immer weniger funktionierenden Herrschaftsordnung des SED-Staates verdeutlichen. Sie halten nicht nur fest, auf welche Weise sich innerhalb von 47 Tagen die Grundlagen und Strukturen der über vierzigjährigen Partei- und Kaderherrschaft auflösten, sondern dokumentieren gleichermaßen die Reflexions- und Erkenntnisprozesse wie auch die Ignoranz der ZK-Mitglieder über ihre eigene Rolle und die politischen und ökonomischen, die informellen und institutionellen Strukturen des Systems, dessen hervorgehobene Repräsentanten sie waren und dem sie bis dahin kritiklos gedient hatten.

Die folgenden Ausführungen befassen sich zunächst mit Struktur, Funktion und Arbeitsweise des Zentralkomitees am Ende der Ära Honecker, stellen dann den Ablauf der Tagungen in den historischen Kontext und gehen schließlich der Frage nach, warum die Absichten und Bemühungen der SED-Führungselite, das System zu stabilisieren, scheiterten und die Dekomposition des Herrschaftssystems unfreiwillig beschleunigten.

1. Zusammensetzung, Aufgaben, Arbeitsweise und Funktion des Zentralkomitees der SED am Ende der achtziger Jahre

Zusammensetzung

Das Zentralkomitee vereinigte die im zentralen Partei- und Staatsapparat, in den Massenorganisationen und den gesellschaftlichen Organisationen sowie im Ideologieapparat tätigen einflußreichsten Spitzenfunktionäre der SED. Seit seiner Neuwahl auf dem XI. Parteitag im April 1986 gehörten ihm 165 Mitglieder (davon 16 Frauen) und 57 Kandidaten (darunter 10 Frauen) an.[2]

2 Vgl. Protokoll der Verhandlungen des XI. Parteitages der Sozialistischen Einheitspartei Deutschlands, Berlin 1986, S. 705 ff.; Neues Deutschland (ND), 22. April 1986. – Der Kandidatenstatus berechtigte im ZK zur Mitsprache, nicht aber zur Teilnahme an Abstimmungen. Kandidaten rückten nicht automatisch als Mitglieder nach, aber im Vergleich zur Ulbricht-Zeit in der Ära Honecker immer öfter: Von den zwischen 1971 und 1989 neu ins ZK eingetretenen Mitgliedern hatten über 50 Prozent eine Kandidatenzeit durchlaufen, unter Ulbricht hatten nur 27 Prozent der neuen ZK-Mitglieder eine Kandidatenzeit absolviert

Bis zur 7. Tagung im Dezember 1988 verkleinerte sich das Spitzengremium durch Todesfälle von 222 auf 215 Mitglieder; für die sieben verstorbenen Mitglieder wurden sieben Kandidaten zu Mitgliedern befördert.[3] Bis zur 9. Tagung im Oktober 1989 waren zwei weitere Mitglieder verstorben, die nicht mehr ersetzt wurden, so daß das ZK im Herbst 1989 aus 163 Mitgliedern und 50 Kandidaten bestand.[4] Im einzelnen waren vertreten:

- alle 26 Mitglieder und Kandidaten des Politbüros, von denen elf das ZK-Sekretariat und zwölf (gemeinsam mit fünf weiteren ZK-Mitgliedern) den Nationalen Verteidigungsrat bildeten sowie sechs als Erste Sekretäre von SED-Bezirksleitungen fungierten;
- 22 Abteilungsleiter bzw. stellvertretende Abteilungsleiter des ZK-Apparats;
- 17 weitere leitende Funktionäre aus den Sekretariaten von SED-Bezirksleitungen;
- 5 Erste Sekretäre von SED-Kreisleitungen;
- 21 führende Funktionäre aus Massenorganisationen bzw. gesellschaftlichen Organisationen (FDGB, FDJ, Pionierorganisation, DFD, Kulturbund, DSF, DTSB, Volkssolidarität u. a.);
- 43 leitende Funktionäre aus dem Staatsapparat (Minister, stellvertretende Minister, Staatssekretäre und Botschafter);
- 4 Funktionäre aus Räten der Bezirke;
- 21 leitende Wirtschaftsfunktionäre (Generaldirektoren von Kombinaten, Leiter von mittleren Industrie- sowie von Landwirtschaftsbetrieben);
- 29 Leiter von parteigebundenen Medien sowie Wissenschafts- und Kultureinrichtungen bzw. -verbänden (Presse, Funk und Fernsehen; Akademie der Wissenschaften, Universitäten, Akademie für Gesellschaftswissenschaften, Parteihochschule »Karl Marx«, Institut für Marxismus/Leninismus u. a.; Schriftsteller-, Theaterschaffenden-, Komponisten-, Bildende Künstler- und Journalistenverband);
- 20 offiziell in Industrie bzw. Landwirtschaft Tätige (Brigadiere, Bauleiter, Meister u. a.) sowie
- 5 Parteiveteranen.

Die Zusammensetzung des ZK dokumentiert das Übergewicht der Funktionäre vor allem des zentralen Parteiapparates; vertreten sind das gesamte Politbüro und ZK-Sekretariat, mehr als die Hälfte der ZK-Abteilungsleiter sowie alle Ersten Bezirkssekretäre. Sie verweist zudem auf den hohen Grad

(vgl. Eberhard Schneider, Die politische Funktionselite der DDR. Eine empirische Studie zur SED-Nomenklatura, Opladen 1994, S. 97; Helmut Alt, Die Stellung des Zentralkomitees der SED im politischen System der DDR, Köln 1987, S. 57 ff.).

3 Für die verstorbenen ZK-Mitglieder Werner Felfe (zugleich Politbüro-Mitglied), Klaus Fuchs, Hans-Joachim Hertwig, Hans Koch, Josef Streit, Ernst-Hermann Meyer und Paul Verner erhob das ZK vom Kandidaten- in den Mitgliedsstatus: Christa Behrendt, Christa Hermann, Ingrid Neitzke und Horst Neubauer (auf der 6. Tagung) sowie Ingrid Gerstenberger, Elke Krieg und Gunter Rettner (auf der 7. Tagung). Vgl. Johannes L. Kuppe, Offensiv in die Defensive. Zum 7. Plenum des ZK der SED, in: Deutschland Archiv 1/1989, S. 1 ff.

4 Hilde Benjamin verstarb am 18. April 1989, Horst Brasch am 18. August 1989.

der institutionellen Verflechtung von Partei- und Staatsfunktionen, besonders im Bereich der Sicherheitspolitik; vertreten sind 30 der 45 Mitglieder des Ministerrates, von denen 41 der SED angehören, darunter alle SED-Mitglieder des Präsidiums des Ministerrates, daneben 18 der 30 Mitglieder des Staatsrates sowie der gesamte 17köpfige Nationale Verteidigungsrat. Deutlich wird das Bemühen erkennbar, die »Stände« der realsozialistischen Gesellschaft möglichst umfassend durch die Aufnahme ihrer Spitzenfunktionäre zu repräsentieren. Der Repräsentanz von Wirtschaftsfachleuten unterhalb der Ebene des zentralen Partei- und Staatsapparates wurde demgegenüber offensichtlich nur geringe Bedeutung beigemessen. Die untere Funktionärsebene und Parteibasis sowie staatliche Funktionäre der Bezirks- und Kreisebene waren nahezu vollständig aus dem Spitzengremium verbannt.

Etwa 80 bis 90 Prozent der Mitglieder und Kandidaten des ZK verdankten ihre berufliche Stellung unmittelbar der obersten Parteiführung. Als Abteilungsleiter des ZK und Erste Bezirks- sowie Kreissekretäre, als Minister und deren Stellvertreter, Staatssekretäre und Botschafter, Vorsitzende von Massenorganisationen, Präsidenten von Akademien und Künstlerverbänden, als Generaldirektoren von Kombinaten oder Massenmedien nahmen sie Nomenklaturfunktionen[5] wahr, über deren Besetzung allein Politbüro bzw. ZK-Sekretariat nach geheimen Kriterien und ohne öffentliche Kontrolle entschieden – und sie waren die »Auserwählten«.

Wer aber befand über die Aufnahme von Mitgliedern ins Zentralkomitee? Formell, nach dem Statut der SED, wurde das ZK vom Parteitag gewählt. Faktisch unterbreitete jedoch das Politbüro dem Parteitag einen »Wahlvorschlag«, und diesem wurde in der Regel einstimmig gefolgt. Auf diese Weise wurden Generalsekretär, Politbüro und ZK-Sekretariat, die vom Zentralkomitee zu wählen waren, in die Lage versetzt, sich ihr Wahlgremium selbst zu komponieren. Das hervorstechendste Merkmal, das für die Aufnahme ins ZK qualifizierte, war die in der Machthierarchie der SED bereits erreichte bzw. die für einen »Perspektivkader« vorgesehene Führungsposition[6], die faktische bzw. antizipatorische »ex-officio-Mitgliedschaft«. Das Politbüro wählte

5 Die »Nomenklatur« bezeichnete in kommunistischen Herrschaftssystemen die Organisation der Kaderauswahl (vgl. dazu Michael S. Voslensky, Nomenklatura. Die herrschende Klasse der Sowjetunion in Geschichte und Gegenwart, 3. Aufl., München 1987; Matthias Wagner, Das Kadernomenklatursystem – Ausdruck der führenden Rolle der SED, in: Andreas Herbst/Gerd-Rüdiger Stephan/Jürgen Winkler (Hg.), Die SED. Geschichte – Organisation – Politik. Ein Handbuch, Berlin 1997; Gert-Joachim Glaeßner, Herrschaft durch Kader, Opladen 1977). Die Nomenklaturlisten umfaßten alle Ämter in Partei, Staat, Wirtschaft und Gesellschaft, deren Besetzung der Parteigenehmigung bedurfte. Dabei handelte es sich Schätzungen zufolge um etwa eine halbe Million Posten. Über die Besetzung der wichtigsten 5 000 Ämter entschieden Politbüro, ZK-Sekretariat und die Kaderabteilung des ZK, bei weiteren 4 000 Funktionen hatte der ZK-Apparat Mitspracherecht. Vgl. Protokoll Nr. 57 der Sitzung des Sekretariats des ZK am 3. Dezember 1986, Anlage Nr. 1: Bestätigung der Kadernomenklatur des ZK der SED (SAPMO-BArch, DY 30/J IV 2/3/4052).

6 Beispiele für Perspektivkader, die 1986 als Kandidaten in das ZK aufgenommen wurden, sind der stellvertretende Staatssicherheitsminister Wolfgang Schwanitz, der als Nachfolger

somit die ZK-Mitglieder und -Kandidaten aus einem Kreis von Spitzenkadern aus, die es selbst dazu befördert hatte. Die Auswahl der Führungspositionen, die im Zentralkomitee repräsentiert sein sollten, folgte Regeln, die einerseits starr waren, soweit es um die Repräsentanz der Spitzenfunktionäre der höchsten Partei- und Staatsorgane ging, die aber andererseits auch flexibel handhabbar waren, weil sie »einem gewissen Wandel der Bewertung von Position und Person«[7] unterlagen und insofern der Parteiführung einen Dispositionsspielraum beließen.

So wenig wie zu ihrer Ernennung existierten formalisierte Regeln zur Ablösung von ZK-Mitgliedern. Einmal kooptiert, behielten sie – konformes Verhalten vorausgesetzt[8] – diese Funktion, bis sie entweder aus ihrer beruflichen Funktion wegen Erreichens der Altersgrenze ausschieden oder aber bis zum Tode. So stand etwa der an das Amt im Ministerium für Nationale Verteidigung gebundenen und – mit Ausnahme von Minister Heinz Keßler, der zugleich Politbüro-Mitglied war – der dortigen Pensionsregel unterworfenen ex-officio-Mitgliedschaft von Generälen der NVA die unbefristete, lebenslängliche Mitgliedschaft führender oder verdienter Parteifunktionäre gegenüber. Für die Mitglieder des Politbüros war die Pensionsregel der Rentenverordnung generell aufgehoben; für Erste Bezirkssekretäre sowie Abteilungsleiter im ZK wurde sie nicht immer angewandt. »Verdiente Genossen« – wenn ihre Lebensgeschichte dazu angetan schien, exemplarisch den aufopferungsvollen, antifaschistischen Kampf der KPD/SED an der Seite der Sowjetunion zu symbolisieren – blieben im ZK sitzen, auch wenn sie längst aus der Funktion ausgeschieden waren, der sie früher einmal die Aufnahme ins ZK verdankt hatten. Anderen wiederum, besonders wenn sie jünger als Honecker waren, wurde die Altersruhe versagt, selbst wenn sie darum nachsuchten, weil sie sich pensionsreif fühlten. Der Generalsekretär verstand dies als persönlichen Affront.

Folge fehlender Ablösungsverfahren war die bekannte Überalterung der Parteispitze; es kam dazu, wie ein Mitglied des Gremiums lakonisch anmerkt, daß »im ZK immer mehr Genossen mit Hörgeräten saßen«. Der Altersdurchschnitt im ZK nahm in der Ära Honecker kontinuierlich zu: 1989 lag er bei 60 Jahren (Mitglieder: 64 Jahre; Kandidaten: 52 Jahre).[9] Das Politbüro hatte zu diesem Zeitpunkt die Pensionsgrenze mit einem Durchschnittsalter von 66 Jahren bereits überschritten. Die ältere Generation der Weimarer KPD-Funktionäre war 1989 physisch am Ende, die Hitlerjugend- und Flakhelfer-Gene-

für Stasi-Minister Erich Mielke vorgesehen war, sowie der stellvertretende Innenminister Lothar Ahrendt, der seinen Vorgesetzten Dickel nach dessen Ausscheiden ersetzen sollte.

7 Gerd Meyer, Die DDR-Machtelite in der Ära Honecker, Tübingen 1991, S. 57.

8 Abweichungen wurden mit Ausnahme von Konrad Naumann und Herbert Häber, die 1985 aus Politbüro und Zentralkomitee ausgeschlossen wurden, zumindest in den achtziger Jahren nicht bekannt.

9 Vgl. dazu auch Meyer, Die DDR-Machtelite, S. 151 ff. – Das älteste Mitglied des ZK (Hans Jendretzky, Vorsitzender der FDGB-Volkskammerfraktion) war 92 Jahre, das jüngste (Wilfried Poßner, FDJ-Zentralratssekretär und Vorsitzender der Pionierorganisation) 40 Jahre alt.

ration stand kurz vor dem Ruhestand. Die erste von der DDR geprägte Altersgruppe war von den Schalthebeln der Macht ferngehalten worden; eine innovative jüngere Elite existierte kaum.[10]

Aufgaben

Im Statut der SED wurden dem Zentralkomitee folgende Aufgaben zugeschrieben: »Das Zentralkomitee führt die Beschlüsse des Parteitages aus, ist zwischen den Parteitagen das höchste Organ der Partei und leitet ihre gesamte Tätigkeit. Es vertritt die Partei im Verkehr mit anderen Parteien und Organisationen. Das Zentralkomitee entsendet die Vertreter der Partei in die höchsten leitenden Organe des Staatsapparates und der Wirtschaft, bestätigt ihre Kandidaten für die Volkskammer. Das Zentralkomitee lenkt die Arbeit der gewählten zentralen staatlichen und gesellschaftlichen Organe und Organisationen durch die in ihnen bestehenden Parteigruppen.«[11] Dem Zentralkomitee blieb es des weiteren vorbehalten, den Generalsekretär, das Politbüro und das ZK-Sekretariat zu wählen, die Leiter der ZK-Abteilungen zu bestätigen und die Redaktionskollegien der »Zentralorgane«, deren Arbeit unter seiner Kontrolle stehen sollte, einzusetzen.[12] Und schließlich oblag ihm die Berufung der Zentralen Parteikontrollkommission (ZPKK), der Parteigerichtsbarkeit. Hauptsächliche Aufgabe der ZPKK war es, die »Einheit und Reinheit« der Partei zu schützen, gegen feindliche Einflüsse und jede fraktionelle Tätigkeit zu kämpfen und die Parteimitglieder zur Verantwortung zu ziehen, »die sich der Verletzung der Beschlüsse, des Programms und des Statuts der Partei, der Partei- und Staatsdisziplin oder der Parteimoral schuldig« machten.[13]

Die Stellung des Zentralkomitees in der Machthierarchie der SED schien diesen Festlegungen des Statuts zufolge von großer Bedeutung. Doch schon aus strukturellen Gründen – wie zum Beispiel wegen seiner Größe und seiner geringen Tagungsfrequenz – lag es auf der Hand, daß das ZK-Plenum zur Leitung »der gesamten Tätigkeit der Partei« kaum imstande sein konnte. Die tatsächliche Aufgabenverteilung in der Spitze der SED ist deshalb nicht dem Statut, sondern der vom Politbüro beschlossenen, geheim gehaltenen »Geschäftsordnung des Zentralkomitees und seines Apparates« aus dem Jahre

10 Vgl. Rainer Lepsius, Die Institutionenordnung als Rahmenbedingung der Sozialgeschichte der DDR, in: Hartmut Kälble/Jürgen Kocka/Hartmut Zwahr (Hg.), Sozialgeschichte der DDR, Stuttgart 1994, S. 27 f. – Zur Bedeutung und Analyse der politischen Generationenfolge in der Elite der DDR vgl. Lutz Niethammer, Die SED und »ihre« Menschen, in: Siegfried Suckut/Walter Süß (Hrsg.), Staatspartei und Staatssicherheit, Berlin 1997, S. 312 ff., sowie Heinz Bude, Das Ende einer tragischen Gesellschaft, in: Hans Joas/Martin Kohli (Hg.), Der Zusammenbruch der DDR. Soziologische Analysen, Frankfurt am Main 1993, S. 267 ff.

11 Statut der Sozialistischen Einheitspartei Deutschlands, Berlin 1976, S. 17, Art. 39. Das Statut widmete den Rechten und Pflichten des gewählten Zentralkomitees 10 von insgesamt 75 Artikeln. – Vgl. zur Interpretation aus westdeutscher Sicht die Einleitung von Karl Wilhelm Fricke, in: Programm und Statut der SED, Köln 1976.

12 Ebd., Art. 42 ff.

13 Ebd., Art. 44a.

1953 zu entnehmen, die bis Ende 1989 gültig blieb. Mit dieser Geschäftsordnung ermächtigte sich das Politbüro selbst zur Führung aller Partei- und Staatsgeschäfte und wies dem ZK-Plenum, aber auch den Staatsorganen, eine untergeordnete Rolle zu. Als Aufgaben des Politbüros wurden festgelegt:

»– Einberufung der Sitzung des Zentralkomitees, Festlegung der Tagesordnung und Vorbereitung der Tagung, Beratung und Beschlußfassung über grundsätzliche Fragen der Parteipolitik und der Parteitaktik,
– Beratung und Beschlußfassung über grundsätzliche Fragen der Staatsführung,
– Beratung und Beschlußfassung über grundsätzliche Fragen der Durchführung der Linie der Partei auf dem Gebiete der Wirtschafts- und Landwirtschaftspolitik,
– Beratung und Beschlußfassung über grundsätzliche Fragen der Arbeit der [West-] KPD und Anleitung der Arbeit des Parteivorstandes der [West-] KPD,
– die Arbeit des demokratischen Blocks,
– die Arbeit der Nationalen Front des demokratischen Deutschland,
– Fragen der internationalen Arbeiterbewegung,
– Anleitung der Redaktion des Organs des Zentralkomitees ›Neues Deutschland‹ und des theoretischen Organs der Partei ›Einheit‹,
– Beschlußfassung über personelle Fragen: der zentralen Parteiführung, der 1. und 2. Bezirkssekretäre der Partei, der Vorsitzenden der zentralen Organe der Massenorganisationen, der Zusammensetzung der Regierung, des Präsidiums der Volkskammer, der Zusammensetzung der Volkskammer, der Besetzung der Diplomatischen- sowie Handelsmissionen.«[14]

Mit dieser Selbstzuweisung quasi unbeschränkter Kompetenzen dokumentiert die Geschäftsordnung den totalen Entscheidungsanspruch des Politbüros über alle Fragen der Partei- und Staatspolitik. Regierung und Staatsapparat wurden in ein Durchführungsorgan für die Beschlüsse des Politbüros transformiert, dem Staatsapparat nur noch zugebilligt, Gesetze, Verordnungen und Verfügungen auszuarbeiten, »während die prinzipiellen Direktiven dazu«, wie es im weiteren heißt, »im Parteiapparat vorbereitet und durch das Politbüro beschlossen werden«.[15]

Die dem ZK belassenen »Geschäfte« und den ZK-Mitgliedern zugestandenen Rechte nahmen sich mehr als bescheiden aus: »Zur Vorbereitung seiner Beschlüsse und deren Durchführung bedient sich das Zentralkomitee seiner von ihm gewählten Organe«, heißt es zunächst, womit Zuarbeiten von anderen »Organen« als Politbüro und ZK-Sekretariat offensichtlich von vornherein ausgeschlossen werden sollten. In jeder ZK-Sitzung werde vom Politbüro Bericht über die geleistete Arbeit erstattet; die Mitglieder und Kandidaten des ZK seien über »wichtige Beschlüsse des Politbüros zu informieren«. Als

14 Geschäftsordnung des Zentralkomitees und seines Apparates (Beschluß des Politbüros des ZK vom 15. September 1953), S. 2, in: SAPMO-BArch, DY 30, J IV 2/2/323.

15 Ebd., S. 13.

höchste Form der Beteiligung ist die Möglichkeit der Mitarbeit bei der Vorbereitung von Politbüro-Entscheidungen vorgesehen, die jedoch ins Belieben des Politbüros gestellt wird: »Bei der Vorbereitung von wichtigen Fragen für das Politbüro *können* Mitglieder und Kandidaten des ZK zur zeitweisen Mitarbeit herangezogen werden.«[16] Mit dieser Geschäftsordnung konkretisierten sich die Aufgaben des Zentralkomitees im wesentlichen auf eine Rolle als Nachbeschließungsorgan, das die Politik des Politbüros und seine Entscheidungen im nachhinein sanktionierte und ihnen optisch zu einer größeren Legitimation verhalf.

Wie es auf dem Parteitag mit seiner Vorschlagsliste für die Zusammensetzung des ZK sein eigenes Wahlgremium konstituierte, so unterbreitete das Politbüro dem ZK einen »Wahlvorschlag« für seine eigene und die Zusammensetzung des ZK-Sekretariats sowie für das Amt des Generalsekretärs, dessen einstimmige Annahme die Regel war. Die zentrale Parteiführung, einmal installiert, reproduzierte sich auf diese Weise selbst.

In der ersten Sitzung des Politbüros nach einer solchen »Wahl« beschloß man eine Arbeitsverteilung, die später dem ZK zur »Bestätigung« vorgelegt wurde. Alle Mitglieder und Kandidaten erhielten einen oder mehrere Zuständigkeitsbereiche, so auch der Erste Sekretär bzw. Generalsekretär. Weil der Parteiführer in kommunistischen Systemen maßgeblich die personelle Zusammensetzung des Politbüros bestimmte und dort seine Anhänger plazierte, war sein Nachfolger, zumeist »der erfolgreichste seiner Vasallen«, immer mit dem Problem konfrontiert, sich nunmehr »an der Spitze der Vasallengruppe des Vorgängers« zu sehen.[17] Umgekehrt sahen die Protégés des Vorgängers »im neuen Generalsekretär einen Emporkömmling, der sie überholt hat. Sie betrachten ihn als einen ihresgleichen, bestenfalls den Ersten unter Gleichen.«[18]

Jede Amtsperiode eines neuen Generalsekretärs, so auch die erste Erich Honeckers, begann deshalb mit der öffentlichen Beschwörung der Prinzipien der kollektiven Führung, während in Wirklichkeit hinter den Kulissen der Kampf um die Befestigung und den Ausbau der Machtposition des neuen Parteiführers im Gange war. Honecker, der nach dem Sturz Walter Ulbrichts im Mai 1971 diesem in seinem Amt folgte, gelang dieser Machtausbau, indem er seine Zuständigkeiten für die Abteilungen Kaderfragen, Sicherheitsfragen, Parteiorgane und »Verkehr« (hinter dieser Bezeichnung verbargen sich die Westbeziehungen der Partei), die er als ZK-Sekretär innehatte, in sein Amt als Generalsekretär mitnahm. In der Politbüro-Sitzung vom 22. Juni 1971, in der die Arbeitsverteilung beschlossen wurde, ließ er sich die ressortübergreifende Verantwortlichkeit »für die Vorbereitung aller Fragen des Politbüros des ZK« und die Entscheidungsgewalt über alle »operativen und laufenden Fragen der

16 Alle Zitate dieses Absatzes in: Ebd., S. 1 (Hervorheb. v. Vf.).
17 Voslensky, Nomenklatura, S. 384.
18 Ebd., S. 385.

Tätigkeit des ZK der SED« übertragen. Was dem Politbüro nur als Ganzem zukam, besaß der Generalsekretär fortan als einzelner: uneingeschränkte politische Allzuständigkeit.[19]

Als Ergebnis eines Kompromisses mit Ulbricht, der daran mitgewirkt hatte, daß seine in Absprache mit Moskau im Politbüro beschlossene Entmachtung dem Zentralkomitee als Rücktritt aus Alters- und Gesundheitsgründen vorgespielt wurde, und dafür sein Amt als Vorsitzender des Staatsrates bis zum Tode behalten durfte, vermied Honecker weitgehend eine politische Abrechnung mit den Anhängern Ulbrichts. Statt Funktionen für seine eigenen Protégés durch eine Säuberung freizumachen, baute er seine Machtbasis im Politbüro und Zentralkomitee – zeitlich über einige Jahre gestreckt – durch eine Vergrößerung dieser Gremien aus und plazierte seine Gefolgschaft auf den zusätzlichen Posten. Zunächst belohnte er seine »Mitverschwörer« gegen Ulbricht: Werner Krolikowski, Harry Tisch und Erich Mielke rückten 1971 ins Politbüro auf, ebenso Werner Walde; Gerhard Schürer, der Vorsitzende der Staatlichen Plankommission, folgte 1973 nach. Mit Werner Lamberz (1971), Werner Felfe (1973), Joachim Herrmann (1973), Inge Lange (1973), Konrad Naumann (1973) und Egon Krenz (1976) fanden sich Honeckers enge Vertraute aus dem Zentralrat der FDJ im Politbüro wieder. Mit Verteidigungsminister Heinz Hoffmann erhielt 1973 neben Mielke ein weiterer Repräsentant der bewaffneten Organe Sitz und Stimme im Machtzentrum der SED. Und schließlich beförderte Honecker 1976 auch noch Horst Dohlus, der ihm seit langer Zeit als Abteilungsleiter für die Parteiorgane gedient hatte, ins Politbüro. Durchgängiges Eignungsmerkmal aller neuen Mitglieder und Kandidaten des Politbüros war neben ihrer persönlichen Verbundenheit mit dem Generalsekretär der Verlauf ihrer Karriere im Parteiapparat.

Als Honecker zu seinen Funktionen als Generalsekretär der SED und Vorsitzender des Nationalen Verteidigungsrates (seit 1971) 1976 auch noch den Vorsitz des Staatsrates übernahm, war es ihm gelungen, in fünf Jahren die Machtfülle Ulbrichts auf seine Person zu übertragen; der Generalsekretär war unangefochtener Führer in Partei und Staat. Nun holte er Günter Mittag, der sich 1970 gerade noch rechtzeitig auf Honecker umorientiert hatte, aber dennoch für mehrere Jahre in den Ministerrat umgesetzt worden war, als Wirtschaftssekretär in das Zentralkomitee zurück. Auch Willi Stoph, der nach Ulbrichts Tod im Jahre 1973 in den Staatsrat abgeschoben worden war, durfte 1976 das Amt des Vorsitzenden des Ministerrates wieder ausüben, das er an Horst Sindermann hatte abtreten müssen. Und Sindermann schließlich wurde auf dem Stuhl des eher unbedeutenden Präsidenten der Volkskammer plaziert. Diese 1976 abgeschlossene Machtverteilung blieb bis zum Ende der achtziger

19 In späteren Arbeitsverteilungsplänen des Politbüros wurde diese Sonderstellung des Generalsekretärs durch die Zuweisung der allgemeinen Zuständigkeit für »Fragen der Innen- und Außenpolitik« ausgewiesen. Vgl. zuletzt Politbüro-Sitzung vom 29. April 1986, Arbeitsverteilung für die Mitglieder und Kandidaten des Politbüros, in: SAPMO-BArch, DY 30/J IV 2/2/2163.

Jahre stabil.[20] Auf die Erhöhung der Steuerungs- und Kontrollkapazität des Politbüros »durch personelle und institutionelle Verflechtungen von Spitzenämtern in den vereinigten Exekutiven von Partei, Staat und Massenorganisationen« ist in der Forschung bereits hingewiesen worden (siehe Abbildung im Anhang).[21] Mitglieder und Kandidaten des Politbüros besetzten nicht nur die wichtigsten Funktionen in der Spitze des Ministerrates, dem Präsidium und den Ausschüssen der Volkskammer, sondern auch im Staatsrat, im Nationalen Verteidigungsrat, in der Zentralen Parteikontrollkommission, im Präsidium des Nationalrates der Nationalen Front, des Freien Deutschen Gewerkschaftsbundes (FDGB) und der Gesellschaft für deutsch-sowjetische Freundschaft (DSF).

Die Willensbildungs- und Entscheidungsprozesse im Politbüro waren in hohem Maße fragmentiert und personalisiert. Es überwog striktes Ressortdenken: Die Politbüro-Mitglieder schotteten ihre Zuständigkeitsbereiche voreinander ab und beschränkten ihren Kompetenzanspruch auf die eigenen Ressorts. Entsprechendes galt für den ZK-Apparat; bereichs- oder abteilungsübergreifende Kommunikation ohne Auftrag unterlag einem stillschweigenden Verbot, für die ZK-Mitarbeiter galt das militärische Prinzip, daß jeder nur soviel Informationen erhielt, wie zur Ausführung seines Auftrages unbedingt erforderlich. Diese strikte Ressortbeschränkung wiederum stärkte die Rolle des Generalsekretärs: »Nur durch ihn wurden die Politikbereiche und die Personen, die sie vertraten, vermittelt, ohne ihn war das Politbüro nicht handlungsfähig.«[22] Honecker selbst verfolgte die Strategie, wichtige Aufgabenbereiche in kleine Arbeitsgruppen des Politbüros auszugliedern (z. B. Arbeitsgruppe BRD, Arbeitsgruppe Zahlungsbilanz, »Kleiner Kreis« der für Ökonomie zuständigen Mitglieder des Politbüros etc.); deren Leitung nahm er entweder selbst wahr oder wies sie Günter Mittag zu. Strategisch und operativ wichtige Fragen der inneren und äußeren Sicherheit wurden ohnehin überwiegend im Nationalen Verteidigungsrat, seltener im Politbüro und gar nicht im Ministerrat behandelt und entschieden. Hinzu traten die sogenannten Vieraugen-Gespräche, am häufigsten wohl mit Günter Mittag und Erich Mielke. Der Ministerrat, von der Beratung außen- und sicherheitspolitischer Probleme so gut wie freigestellt, war überwiegend auf eine Rolle als Durchführungsorgan der Wirtschaftspolitik beschränkt.

20 In den Jahren zwischen 1976 und Ende 1988 schieden durch Tod aus dem Politbüro aus: Werner Lamberz (1978), Friedrich Ebert (1979), Gerhard Grüneberg (1981), Albert Norden (1982), Heinz Hoffmann (1985), Paul Verner (1986), Werner Felfe (1988). 1985 wurden zudem Konrad Naumann und Herbert Häber (eingetreten 1984) aus politischen Gründen abgelöst. Neu ins Politbüro aufgenommen wurden in diesem Zeitraum: Günter Schabowski (1981), Werner Eberlein (1985), Siegfried Lorenz (1985), Gerhard Müller (1985), Heinz Keßler (1986), Hans-Joachim Böhme (1986).

21 Meyer, Die DDR-Machtelite, S. 50.

22 Rainer Lepsius, Handlungsräume und Rationalitätskriterien der Wirtschaftsfunktionäre in der Ära Honecker, in: Theo Pirker/Rainer Lepsius/Rainer Weinert/Hans-Hermann Hertle, Der Plan als Befehl und Fiktion. Wirtschaftsführung in der DDR, Opladen 1995, S. 349.

Waren die Möglichkeiten der Einflußnahme auf die Gesamtpolitik durch diese Strukturen schon im Politbüro beschränkt, so trifft diese Feststellung auf das Zentralkomitee um so mehr zu.

Arbeitsweise und Funktion

Im Plenum des Zentralkomitees gab es in der Ära Honecker keine offenen Diskussionen mehr. Das Selbstverständnis der ZK-Mitglieder und -Kandidaten war zutiefst von den Prinzipien einer marxistisch-leninistischen Partei »neuen Typs« geprägt. Alles, was sie geworden waren, verdankten sie »der Partei«. Stark beeinflußt von den bis in die fünfziger Jahre reichenden stalinistischen Säuberungspraktiken galten die »Einheit und Reinheit« der Partei, das Verbot der Fraktionsbildung, unbedingte Disziplin, die Prinzipien des »demokratischen Zentralismus«, die Unterordnung der Minderheit unter die Mehrheit, einstimmige Beschlußfassung und Beschlußtreue als oberste Normen der Mitgliedschaft. Die Überzeugung, an der Seite der sieg- und ruhmreichen Sowjetmacht Vollstrecker der »historischen Mission der Arbeiterklasse« zu sein, führte zu blindem Glauben an die Sache, zu Dogmatismus und Führergehorsam. Renegatentum, Überlaufen zur Ideologie des »Klassengegners« galten als schlimmster Verrat und wurden entsprechend geächtet. Sie meinten an der Durchsetzung der politischen Strategie unmittelbar teilzuhaben, verstanden sich niemals als Korrektiv zu den allerhöchsten Parteiführern und sahen in ihrer Funktion oftmals die Krönung ihres »Lebenswerks«.

Seit 1978 versammelten sich die Mitglieder und Kandidaten des ZK nur noch zweimal jährlich im großen Saal des ZK-Gebäudes in Ost-Berlin.[23] Das Politbüro fungierte geschlossen als Präsidium, der Generalsekretär leitete die Tagung. Mitglieder und Kandidaten wurden in alphabetischer Reihenfolge plaziert, im vorderen Teil des Saales die Mitglieder, im hinteren die Kandidaten. Die Sitzordnung täuschte Gleichheit vor – und unterband Gruppenbildung.

Die Frühjahrstagung (im Mai oder Juni) orientierte stärker auf die politisch-ideologische Ausrichtung der SED-Mitglieder und DDR-Bürger. Die Herbsttagung im November oder Dezember hatte im internen Verfahren zusätzlich die von den ZK-Wirtschaftsabteilungen und der Staatlichen Plankommission vorbereiteten Entwürfe des Staatshaushalts- und Volkswirtschaftsplans für das jeweils nächste Kalenderjahr zu bestätigen und der DDR-Volkskammer zur formellen Gesetzesverkündung vorzulegen.[24]

Am Vortage jeder Plenarsitzung durften ab etwa 13.00 Uhr die vorbereitenden Informationsmaterialien im Tagungsraum eingesehen werden. Sie wurden gegen Unterschrift ausgegeben, sollten im Raum gelesen und anschließend

23 Nur in den Jahren, in denen ein Parteitag abzuhalten war, gab es in der Regel vier Sitzungen des ZK.

24 In den letzten Jahren kam es mehrfach zu Verzögerungen bei der Ausarbeitung dieser Gesetze. Das 5. ZK-Plenum wurde bis zum 16. Dezember 1987 hinausgeschoben, die Volkskammer gab erst am 18. Dezember die Zustimmung zu den Entwürfen.

wieder zurückgegeben werden. Es handelte sich um vom Büro des Politbüros zusammengestellte und von Honecker selbst ausgewählte Dokumente, die einen Orientierungsrahmen der aktuellen Taktik des Politbüros im »Klassenkampf«, verdeutlicht am Auftreten des Generalsekretärs, vorgaben.[25] Einen eindeutigen inhaltlichen Schwerpunkt bildeten die außenpolitischen Aktivitäten Honeckers und die Beziehungen zur Bundesrepublik, belegt durch zahlreiche Niederschriften bzw. Aktennotizen über Gespräche des SED-Generalsekretärs und Staatsratsvorsitzenden mit ausländischen und westdeutschen Spitzenpolitikern. Gegenüber den Vorlagen, die das Politbüro über diese Gespräche erhielt, wurden die den ZK-Mitgliedern zur Einsicht ausgereichten Papiere, wenn es der Generalsekretär für erforderlich hielt, zensiert.[26] Weiterhin wurden Materialien von Tagungen der Führungsgremien des Warschauer Paktes bzw. des RGW sowie über die Parteibeziehungen innerhalb des Ostblocks ausgeteilt. Bezeichnend ist, daß nur wenige Dokumente zur innenpolitischen Lage ausgegeben wurden, neben den Wirtschaftsplanentwürfen lediglich Berichte der ZK-Abteilung Parteiorgane bzw. der Zentralen Parteikontrollkommission der SED. Nur wenige Teilnehmer verfügten demzufolge über einen genauen Einblick in die reale Gesamtlage der DDR oder des sozialistischen Lagers; die selektive Informationspolitik Honeckers stellte diesen nicht her.

Als ersten Tagesordnungspunkt des Plenums nahmen die ZK-Mitglieder zunächst stets den stundenlangen, von Honecker oder einem ZK-Sekretär vorgetragenen Bericht des Politbüros zur Kenntnis, bedankten sich in der anschließenden »Diskussion« – die Auswahl der Redner wurde mehr oder weniger von Honecker gesteuert, die Redebeiträge waren immer schriftlich vorbereitet und zumeist mit dem zuständigen ZK-Sekretär bzw. den ZK-Abteilungen abgestimmt – für die »kluge« Politik des Politbüros und insbesondere des Generalsekretärs, bestätigten und bekräftigten die im Bericht enthaltenen Auffassungen, verpflichteten sich, durch noch bessere Leistungen zur Verwirklichung bzw. Überbietung der nächsten Ziele beizutragen, und stimmten – manchmal nach einem Schlußwort des Generalsekretärs – einmütig allen vorgeschlagenen Beschlüssen des Politbüros zu.

Nach einem immer wiederkehrenden Schema wurden die Reden und Beschlüsse von ZK-Tagungen dann an der Parteibasis und von den Mitgliedern

25 Vgl. Daniel Küchenmeister, Wann vollzog sich der Bruch zwischen Honecker und Gorbatschow?, in: Deutschland Archiv, H. 1/1993, S. 80 ff.

26 So präsentierte Erich Honecker dem Politbüro und Zentralkomitee zwei Versionen der Niederschrift seines Vieraugengespräches mit Gorbatschow am 3. Oktober 1986 in Moskau. Dem Politbüro wurden Passagen mitgeteilt, in denen Honecker sich außerordentlich kritisch mit dem Auftreten sowjetischer Schriftsteller zur deutschen Frage auseinandersetzte. Dem ZK wurden diese Äußerungen vorenthalten (vgl. SAPMO-BArch, DY 30/J IV 2/2 A/3027 und IV 2/1/658). Auch Egon Krenz setzte diese Praxis fort. Zu den Unterschieden zwischen der längeren Fassung einer Niederschrift für das Politbüro und der für das ZK gekürzten Fassung seines Gespräches mit Gorbatschow am 1. November 1989 vgl. Hertle, Fall der Mauer, S. 462 ff.

des FDGB und der FDJ »abgearbeitet«. Bereits unmittelbar nach der umfangreichen Verlesung von Abschnitten des Politbüro-Berichts in Rundfunk und Fernsehen erwarteten die Bezirks- und Kreisleitungen von den Parteigruppenorganisatoren bzw. von Mitgliedern der Grundorganisationsleitungen erste Zustimmungserklärungen. In den folgenden Tagen, nach der seitenlangen Veröffentlichung der Dokumente in der Presse, lief diese Kampagne auf vollen Touren. Die Meinungen von SED-Mitgliedern wurden gefiltert und an die jeweils höhere Leitungsebene übermittelt. Besonders euphorische Erklärungen fanden sich in den Bezirkszeitungen der SED oder im Zentralorgan »Neues Deutschland« wieder. Den jeweiligen Höhepunkt überschritt die Auswertung einer ZK-Tagung immer mit den unmittelbar nachfolgenden ersten Versammlungen von Parteigruppe, Abteilungsparteiorganisation bzw. Grundorganisation. Aber bis zur Einberufung des nächsten ZK-Plenums war die Linie des vorherigen gültig und in der Partei die Fähigkeit gefragt, damit zu »arbeiten«.

Thematische ZK-Tagungen, wie sie in der KPdSU sowohl unter Breschnew als auch mit veränderter Zielsetzung unter Gorbatschow durchaus üblich waren, fanden in den achtziger Jahren in der SED nicht mehr statt. Ergänzende Gremien, wie die bei Ulbricht durchaus funktionierende Beratung mit den Ersten Bezirkssekretären, waren ab Mitte der siebziger Jahre zur Bedeutungslosigkeit verurteilt. Nach den jeweiligen ZK-Tagungen gab es kurze informatorische Zusammenkünfte des Sekretariats mit den Bezirkschefs, auf denen keinesfalls alle Teilnehmer zu Wort kamen. Statt dessen verkündete Honecker in den Jahren ab 1977 mehrfach jeweils im Februar auf Beratungen des ZK-Sekretariats mit den fast 300 Ersten Kreissekretären der SED das »Führerwort« zur aktuellen Lage unter dem Titel »Die Aufgaben der Parteiorganisationen bei der weiteren Verwirklichung der Beschlüsse des [jeweils letzten] Parteitages der SED«. Diskussionen zu diesen Ausführungen waren nicht vorgesehen und fanden nicht statt. Die unteren Ebenen, die »Parteisoldaten«, hatten die ihnen übertragenen Aufgaben zu »verwirklichen« und dazu gehörte in diesem Fall, die Orientierungen des Generalsekretärs nach ganz unten »durchzustellen«.[27]

Bis 1989 blieben die interne Machtverteilung in der SED-Führung, die reale Stellung des Generalsekretärs, Arbeitsweise, Willensbildungs- und Entscheidungsprozesse von Politbüro und Zentralkomitee der Öffentlichkeit wie auch der wissenschaftlichen Forschung in der DDR und in der Bundesrepublik verborgen.[28]

27 Die Rede Honeckers vom 6. Februar 1987 wurde in der Presse nur auszugsweise wiedergegeben. In vielen Parteigrundorganisationen fand dafür ein stundenlanges, wörtliches Verlesen des Manuskripts statt. Erst später wurde sie vollständig veröffentlicht (vgl. Erich Honecker, Reden und Aufsätze, Bd. 12, Berlin 1988, S. 277 ff.).

28 Vgl. Meyer, Die DDR-Machtelite, S. 48; Peter Christian Ludz/Ursula Ludz, Sozialistische Einheitspartei Deutschlands, in: DDR Handbuch, Bd. 2, Bonn 1985, S. 1188.

2. Vor dem Zusammenbruch

2.1. Die 7. ZK-Tagung im Dezember 1988: Sozialismus in den Farben der DDR

Die zarten Reformhoffnungen des Jahres 1987, die mit dem »Dialog«-Papier von SED und SPD[29], dem Staatsbesuch Honeckers in der Bundesrepublik im September und Gorbatschows Konzeptionen von »Perestroika« und »Neuem Denken«[30] verbunden waren, gingen 1988 nicht in Erfüllung. So wie das »Jahr des Erwachens«[31] mit der Verhaftung von Oppositionellen in der Zionskirche ausgeklungen war, begann das Jahr 1988 mit Festnahmen von Ausreiseantragstellern und Oppositionellen, die versucht hatten, unter der Luxemburgschen Parole »Freiheit ist immer die Freiheit des Andersdenkenden« an der traditionellen Demonstration zum »Friedhof der Sozialisten« in Berlin-Friedrichsfelde im Januar teilzunehmen.

Im Laufe des Jahres 1988 wuchs in der Führung der SED die Verunsicherung über die außenpolitischen Absichten der sowjetischen Vormacht und deren Rückwirkungen auf die Bündnisstaaten. Schon im November 1986 war Gorbatschow erstmals intern auf einem Treffen der Parteiführer der RGW-Mitgliedsländer von der Breschnew-Doktrin abgerückt und hatte die »Selbständigkeit jeder Partei, ihr Recht auf souveräne Entscheidung über die Entwicklungsprobleme ihres Landes, ihre Verantwortung gegenüber dem eigenen Volk« als unabdingbare Prinzipien der Beziehungen zwischen den sozialistischen Staaten proklamiert.[32] Seit 1987 zeichnete sich immer offener ab, daß sich die sowjetische Führung vor allem wegen der ökonomischen Krise ihres Landes gezwungen sah, auf die westlichen Verhandlungsstrategien in Wien einzugehen. Die USA und ihre Verbündeten machten Fortschritte bei den Abrüstungsverhandlungen, eine Ausweitung der Handelsbeziehungen und wirtschaftliche Hilfeleistungen von Zugeständnissen der Sowjetunion im humanitären Bereich abhängig. Und zum Entsetzen der SED-Führung zeigten sich Gorbatschow und Schewardnadse im Zuge ihrer Bestrebungen, »friedliche und günstige äußere Bedingungen für die innenpolitischen Reformen« in der Sowjetunion zu schaffen,[33] ohne Abstimmung mit ihren Bruderländern

29 Vgl. dazu Timothy Garton Ash, Im Namen Europas. Deutschland und der geteilte Kontinent, München/Wien 1993, bes. S. 475 ff.; Heinrich Potthoff, Die Koalition der Vernunft. Deutschlandpolitik in den 80er Jahren, München 1995, S. 51 ff.

30 Vgl. Michail S. Gorbatschow, Umgestaltung und neues Denken für unser Land und für die ganze Welt, (Ost-)Berlin 1987. In der Bundesrepublik erschien das Buch unter dem Titel: Perestroika. Die zweite russische Revolution. Eine neue Politik für Europa und die Welt, München 1987. Im Sommer geschrieben, kam Gorbatschows Buch im Herbst 1987 heraus.

31 Vgl. Dieter Segert, Politische Visionen im Zerfallsprozeß der DDR – das Beispiel des Sozialismusprojekts, in: Utopie Kreativ, H. 37–38/1993, S. 97.

32 SAPMO-BArch, DY 30/IV 2/1/658; vgl. Daniel Küchenmeister (Hg.), Honecker–Gorbatschow. Vieraugengespräche, Berlin 1993, S. 14 ff.

33 Eduard Schewardnadse, Die Zukunft gehört der Freiheit, Reinbek 1991, S. 106.

und, wie die SED-Führung meinte, vornehmlich auf deren Kosten, zu weitgehenden Zugeständnissen in Menschenrechtsfragen bereit.

Honeckers Staatsbesuch in Bonn, der jahrelang von der KPdSU blockiert worden war, hatte die Befürchtungen der sowjetischen Führung über eine deutsch-deutsche Annäherungs- und Verständigungspolitik verstärkt. Schließlich war man in Moskau über die desolate ökonomische Lage der DDR und ihre finanzielle Abhängigkeit vom Westen bestens informiert. In den vorhergehenden Jahren war es eine moskau-orientierte Gruppe des Politbüros der SED selbst gewesen, allen voran Ministerpräsident Willi Stoph und sein Stellvertreter Werner Krolikowski, die das Mißtrauen der Sowjets mit geheimen Berichten an die sowjetische Führung geschürt hatte, in denen Honecker und Mittag unverhohlen konspirativer Kontakte mit dem westdeutschen Feind und der Teilnahme an einem »deutsch-deutschen Techtelmechtel« beschuldigt, ihre Treuebekundungen zum Bruderbund mit der Sowjetunion demgegenüber als verlogene Lippenbekenntnisse denunziert wurden.[34]

Die KPdSU unterstellte ihren »deutschen Freunden« trotz aller Freundschaftsverträge und anderslautenden Beteuerungen weitergehende nationale Absichten und Pläne für eine Annäherung an die Bundesrepublik, als die SED-Führung selbst sich auszumalen wagte – schließlich hätte sie mit ihrer Verwirklichung die Souveränität ihres Staates und ihrer Existenz aufs Spiel gesetzt.

Das deutsch-deutsche Gipfeltreffen 1987 beschleunigte deshalb die Neubestimmung und den Wandel der sowjetischen Deutschlandpolitik und markierte insofern einen tiefgreifenden Wendepunkt der Beziehungen im Machtdreieck zwischen Moskau, Ost-Berlin und Bonn. Die sowjetisch-westdeutschen Beziehungen florierten, die deutsch-deutschen Beziehungen stagnierten. Die SED sah sich plötzlich einem verwirrenden Wechselbad gegensätzlicher Aussagen führender KPdSU-Funktionäre in bezug auf die weitere Gestaltung der sowjetischen Beziehungen zur Bundesrepublik und der sich daraus für die DDR ableitenden Rolle ausgesetzt. Mal verlautete aus Moskau, »für die Sowjetunion sei die BRD das wichtigste Land in Westeuropa, der ›Staat Nummer Eins‹« (Wadim Sagladin, 24. April 1987).[35] Ein gutes

34 Vgl. Aufzeichnungen über einen Bericht von Günter Mittag in der Sitzung des SED-Politbüros am 22. April 1980, in: Detlef Nakath/Gerd-Rüdiger Stephan (Hg.), Von Hubertusstock nach Bonn. Eine dokumentierte Geschichte der deutsch-deutschen Beziehungen auf höchster Ebene 1980–1987, Berlin 1995, S. 43 ff. – Weitere Berichte der moskau-orientierten Fraktion sind abgedruckt in: Peter Przybylski, Tatort Politbüro. Die Akte Honecker, Berlin 1991, S. 340 ff.; ders., Tatort Politbüro. Band 2: Honecker, Mittag und Schalck-Golodkowski, Berlin 1992, S. 353 ff. Über den verborgenen Kampf dieser Gruppe gegen Honecker und Mittag hat sich ein Mitarbeiter der KGB-Dependance in Karlshorst geäußert: Iwan Kusmin, Die Verschwörung gegen Honecker, in: Deutschland Archiv, H. 3/1995, S. 286 ff.

35 (ZK-)Abteilung für Internationale Politik und Wirtschaft, Information über eine Konsultation der Abteilung für Internationale Politik und Wirtschaft des ZK der SED mit der Internationalen Abteilung des ZK der KPdSU in Moskau, Berlin, 24. April 1987 (SAPMO-BArch, DY 30/IV 2/2039/281).

halbes Jahr später wurde Ost-Berlin versichert, die SED könne »fest« davon ausgehen, »daß entgegen den in westlichen Ländern kolportierten Gerüchten über eine angebliche Änderung in der Deutschlandpolitik der Sowjetunion die Beziehungen zur DDR absolute Priorität haben« (Wadim Medwedjew, 20. Januar 1988).[36] Sechs Tage darauf teilte Außenminister Eduard Schewardnadse mit, daß sein bevorstehender Besuch in Bonn »Teil eines Planes der verstärkten Arbeit mit der BRD sei«,[37] um drei Monate später zu bekräftigen, »daß die Sowjetunion alles für die weitere Festigung des Bruderbundes mit der DDR tue. Dies sei eine unveränderliche Linie.«[38]

Honeckers Verdruß über dieses für ihn undurchschaubare Spiel der sowjetischen Genossen wuchs, weil zeitgleich mit der neuen Bewegung in den sowjetisch-westdeutschen Beziehungen der Stillstand in den deutsch-deutschen Verhandlungen immer spürbarer wurde. Nur das Humanitäts-Geschäft blühte noch: Weitere Reiseerleichterungen für DDR-Bürger in den Westen vergalt die Bundesregierung im Mai 1988 mit einer Anhebung der Transitpauschale von 525 auf 860 Millionen DM für die Jahre von 1990 bis 1999. Ansonsten aber reduzierte Bonn seine Beziehungen zu Ost-Berlin auf das diplomatisch Erforderliche und vor allem Unverbindliche. In der Praxis gingen die Umsätze im innerdeutschen Handel in den Jahren 1987 und 1988 zurück.[39] Die weitreichenden Absichtserklärungen des Gemeinsamen Kommuniqués vom September 1987, insbesondere die Bildung einer gemischten Kommission zu Fragen der weiteren Entwicklung der wirtschaftlichen Beziehungen, erwiesen sich nach wenigen Monaten bereits als Makulatur.[40]

Honecker fühlte sich aufs Abstellgleis gedrängt und haderte mit der Moskauer und Bonner Politik gleichermaßen. Welches Spiel lief hinter seinem Rücken zwischen den Großmächten und speziell zwischen der UdSSR und der BRD ab? Seine Ablehnung, ja sein Haß auf die Gorbatschowsche Politik der »Perestroika« und des »Neuen Denkens« wuchs. War deren Auslöser nicht

36 Bericht über die Konsultationen von Genossen Hermann Axen mit den Genossen A. Dobrynin, Sekretär des ZK der KPdSU und Leiter der Internationalen Abteilung, und W. Medwedjew, Sekretär des ZK der KPdSU und Leiter der Abteilung des ZK, am 20. Januar 1988 im ZK der KPdSU zu Fragen Westberlins und zur weiteren sicherheitspolitischen Zusammenarbeit von SED und SPD (SAPMO-BArch, DY 30/IV 2/2039/57).

37 Niederschrift des »Vier-Augen«-Gesprächs der Minister für Auswärtige Angelegenheiten der DDR und der UdSSR, Oskar Fischer und Eduard Schewardnadse, am 26. Januar 1988 in Moskau (SAPMO-BArch, DY 30/IV 2/2039/58).

38 Vermerk über ein Gespräch des Genossen Oskar Fischer mit dem Minister für Auswärtige Angelegenheiten der UdSSR, Genossen E. Schewardnadse, am 29. März 1988 in Sofia (SAPMO-BArch, DY 30/IV 2/2039/294).

39 Vgl. Detlef Nakath, Zwischen Swing und »Non-Paper«, in: Siegfried Prokop (Hg.), Die kurze Zeit der Utopie, Berlin 1994, S. 42 ff.; Maria Haendcke-Hoppe-Arndt, Interzonenhandel/Innerdeutscher Handel, in: Deutscher Bundestag (Hg.), Materialien der Enquete-Kommission »Aufarbeitung von Geschichte und Folgen der SED-Diktatur in Deutschland«, Bd. V/2, Baden-Baden 1995, S. 1543 ff.

40 Das Gemeinsame Kommuniqué ist abgedruckt in: Ein Erfolg der Politik der Vernunft und des Realismus, (Ost-)Berlin 1987, S. 37 ff.

die katastrophale ökonomische Lage der Sowjetunion, die in schreiendem Gegensatz zur stabilen wirtschaftlichen Entwicklung der DDR als hochentwickelter, zehntstärkster Industrienation der Welt stand? Worin sollte deshalb die Vorbildrolle des sowjetischen Reformkurses für die DDR bestehen? Voller Verachtung äußerte sich Honecker intern über diejenigen im eigenen Land, die ohne Einsicht in die tieferen Zusammenhänge meinten, der SED »Perestroika« und »Glasnost« anraten zu müssen. »Es gibt auch bei uns einige Spinner, die sagen: Her mit der Perestroika! Die tragen nicht einmal zum Nationaleinkommen bei«, empörte sich der Generalsekretär im ZK-Sekretariat über die Dummheit der Intellektuellen.[41] Anders als den Akteuren der Weltpolitik konnte man jedoch den heimischen »Spinnern« Zeichen setzen. Wegen kritischer Betrachtungen zur Rolle von KPD und Komintern in den dreißiger Jahren und zur Politik Stalins veranlaßte Honecker die Streichung des deutschsprachigen sowjetischen Digest »Sputnik« von der Postvertriebsliste, was einem Verbot gleichkam; auch sowjetische Filme, die sich kritisch mit dem Stalinismus befaßten, wurden gleichzeitig aus den DDR-Kinos verbannt. Mit diesen Maßnahmen brachte er selbst SED-Mitglieder gegen sich auf; äußerten diese jedoch Kritik oder gerieten auf andere Weise in den Verdacht, Sympathisanten der Perestroika zu sein, kamen sie schnell in Konflikt mit den Parteikontrollkommissionen. Partei und Bevölkerung wurden darauf ausgerichtet, keine »Umgestaltung« in der DDR zuzulassen.

Zu den ungewöhnlichen Ereignissen des Jahres 1988 zählte auch, daß im Politbüro eine Kontroverse über die weitere Wirtschaftspolitik ausgefochten wurde. Während Honecker die DDR nach außen als Hort wirtschaftlicher Stabilität pries, beunruhigten den Vorsitzenden der Staatlichen Plankommission, Gerhard Schürer, die hohe Westverschuldung der DDR und die drohende Zahlungsunfähigkeit so sehr, daß er im Politbüro einen einschneidenden Kurswechsel in der Wirtschaftspolitik vorschlug. Schürer empfahl einen Investitionsstop für die ineffektive Mikroelektronikindustrie der DDR und die Umlenkung der dadurch freiwerdenden Mittel vor allem auf den Verarbeitungsmaschinenbau, ein Einfrieren der Mittel für alle bewaffneten Organe und eine Änderung der Subventionspolitik. Zwar wurden seine Vorschläge im Politbüro von Honecker und ebenso von Günter Mittag, dem verantwortlichen ZK-Wirtschaftssekretär, zurückgewiesen, doch seine wegen der ständig schwieriger werdenden wirtschaftlichen Lage der DDR steigende Nervosität brachte Günter Mittag in einer Wirtschaftsberatung von Politbüro-Mitgliedern am 5. September 1988 unzweideutig zum Ausdruck: »Wir sind an einem Punkt, wo die Sache umkippen kann.«[42]

41 Protokoll der Sitzung des ZK-Sekretariats, 1. Juni 1988 (SAPMO-BArch, DY 30/IV 2/2039/85).

42 Siegfried Wenzel, Arbeitsniederschrift über eine Beratung beim Generalsekretär des ZK der SED, Genossen Erich Honecker, zu den Materialien des Entwurfs der staatlichen Aufgaben 1989, 6. September 1988 (BArch/P, E-1-56318).

Die besorgniserregenden Veränderungen in den Beziehungen zur Sowjetunion, die Stagnation des Verhältnisses zu Bonn, die wachsenden ökonomischen Probleme im eigenen Land und die Unruhe in Bevölkerung und Partei spielten auf der ZK-Tagung im Dezember 1988 so gut wie keine Rolle. Die umfangreichen Vorbereitungsmaterialien des Plenums enthielten:

- die interne Parteiinformation »Neue Regelungen über Reisen von Bürgern der DDR nach dem Ausland«, die einen Beschluß des Ministerrates erläuterte, wonach ab 1. Januar 1989 jeder Bürger einen Reisepaß beantragen konnte, daneben wurden die sich daraus ableitenden Schwerpunkte der »politisch-ideologischen Arbeit der Grundorganisationen« der SED aufgezeigt;
- einige Teile des Berichts des Politbüros an die 7. Tagung, vor allem zu Wirtschaftsfragen, die aus Zeitgründen (!) am 1. Dezember nicht vorgetragen werden sollten, aber in den Presseveröffentlichungen, mit Ausnahme der Außenhandelsbilanz mit den westlichen Staaten, abgedruckt wurden;
- Beschlußvorlagen zum Gesetz über den Staatshaushalts- und Volkswirtschaftsplan 1989 sowie über fällige Kaderentscheidungen (Werner Krolikowski wurde Nachfolger des im September verstorbenen Werner Felfe als ZK-Sekretär für Land-, Forst- und Nahrungsgüterwirtschaft, drei ZK-Kandidaten rückten zu Mitgliedern auf, ein neuer ZK-Abteilungsleiter für Kirchenfragen wurde berufen) sowie
- Gesprächsaufzeichnungen von Treffen Honeckers mit 20 hochrangigen internationalen Politikern seit Juni 1988.[43]

Die zuletzt genannten Materialien belegten Zusammenkünfte unter anderem mit Michail Gorbatschow und Andrej Gromyko am 15. Juli in Warschau während der Tagung des Politischen Beratenden Ausschusses der Warschauer Vertragsstaaten, mit Oskar Lafontaine am 18. August in Hubertusstock, mit dem KPdSU-Sekretär Wadim Medwedjew am 24. August, mit dem USAP-Generalsekretär Karoly Grosz am 8. September, nochmals mit Gorbatschow am 28. September in Moskau, mit einer Delegation des DKP-Vorstandes unter Leitung von Herbert Mies am 21. Oktober, mit dem Abteilungsleiter im UdSSR-Außenministerium Alexander Bondarenko am 30. Oktober, mit Wolfgang Schäuble am 10. November und mit dem rumänischen Partei- und Staatschef Nicolae Ceauşescu am 17./18. November. In den Gesprächsniederschriften, oft inhaltlich zusammengefaßt, manchmal in wörtlicher Wiedergabe, kamen die Ansichten Honeckers klar zum Ausdruck und wurden richtungweisend an die SED-Elite weitergegeben.

Das Treffen mit dem für ideologische Fragen in der KPdSU verantwortlichen ZK-Sekretär Medwedjew und die Gespräche mit Gorbatschow zum bevorstehenden Besuch von Bundeskanzler Kohl in Moskau verliefen für Honecker alles andere als zufriedenstellend. Zusagen erfuhr er als verklausu-

43 Vgl. SAPMO-BArch, DY 30/IV 2/1/685. Das gesamte Vorbereitungsmaterial der 7. ZK-Tagung umfaßte gut 400, zum Teil beidseitig beschriebene, Blätter.

lierte Absagen; eine klare Position für die DDR wurde ihm nicht serviert, Einflußnahme im Sinne Honeckers auf die in deutsch erscheinenden sowjetischen Presseorgane abgelehnt. Unzweifelhaft erschütterten Honecker die Antworten Gorbatschows: Man werde in der UdSSR mit diesen Presseorganen »weiterarbeiten«; die angesprochenen Veröffentlichungen würden in der DDR sicherlich »keinen Umsturz auslösen«.[44] Da von Gorbatschow keine Unterstützung zu erwarten war, wurde in der Folge dieses Gesprächs beschlossen, entsprechende restriktive Maßnahmen in der DDR einzuleiten; das »Sputnik«-Verbot erfolgte am 18. November 1988.

Auch der Bericht des Abteilungsleiters im UdSSR-Außenministerium, Bondarenko, über Bundeskanzler Kohls Moskau-Besuch im Oktober 1988 konnte Honecker nicht beruhigen. Bonns Beharren auf der Einheit der Nation wie Bondarenkos Versicherung, daß alle sozialistischen Staaten einheitlich für die Existenz zweier deutscher Staaten eintreten müßten, schürten nur sein Mißtrauen.

Der rumänische Diktator Ceauşescu, der im November in Ost-Berlin für seine »Verdienste« mit dem Karl-Marx-Orden ausgezeichnet wurde, hörte von Honecker harsche Kritiken an den sowjetischen Genossen. Schewardnadse habe einen »unmöglichen« Brief an den amerikanischen Außenminister verfaßt; die UdSSR hätte die afghanischen Genossen nicht derart fallenlassen dürfen; der Beitrag des KPdSU-Sekretärs Dobrynin auf einer Konferenz der internationalen marxistischen Zeitschrift »Probleme des Friedens und des Sozialismus« in Prag wäre »desorientierend für die kommunistische Weltbewegung« gewesen.[45] Und: Den »Sputnik« hätte man in der DDR »schon ein paarmal eingestampft«, demnächst würde er gar nicht mehr erscheinen, denn der Sozialismus dürfe nicht mit Material aus den eigenen Staaten heraus diskreditiert werden. Eine ganze Passage diente der Geißelung der schändlichen sowjetischen Medienpolitik. Honecker wetterte: »Wenn man der Auffassung ist, daß die Geschichte der kommunistischen Weltbewegung, insbesondere in den sozialistischen Ländern, eine Geschichte von Verbrechen ist und dazu noch Agenturen und Presseerzeugnisse in den westlichen Ländern schafft, so ist man damit nicht nur auf dem falschen Wege, sondern arbeitet sogar jenen in die Hand, die das Gesicht des Sozialismus entstellen, den Sozialismus beseitigen, die einen Schatten auf den Sozialismus werfen wollen. (...) Wir sind überhaupt nicht der Auffassung, daß das Ausgraben von negativen Erscheinungen der Geschichte eine sehr große Hilfe ist für die kommunistischen und Arbeiterparteien in den kapitalistischen Ländern, sondern wir sind der Meinung, daß man von der Gegenwart ausgehen muß.«[46]

44 Ebd.

45 Vgl. ND, 15. April 1988. Dobrynin konstatierte, daß die kommunistische Weltbewegung »mit dem Begreifen der neuen Realitäten am Ende des 20. Jahrhunderts eindeutig in Verzug geraten« wäre.

46 SAPMO-BArch, DY 30/IV 2/1/685.

Am Rande sei erwähnt, daß beim Treffen mit dem DKP-Parteivorstand bezüglich Honeckers Kritik an der »Perestroika- und Glasnost-Entwicklung« in der DKP ein ähnlicher Ton herrschte. Die Führung der westdeutschen Kommunisten wurde aufgefordert, diese fehlerhaften Entwicklungen unverzüglich zu korrigieren. Dabei würde die SED mit ihren Erfahrungen helfen.

Die Reformpolitik der KPdSU wurde in allen Gesprächen kritisiert, ausdrücklich abgewertet, die DDR selbst als Vorbild für eine richtige, zukunftsweisende realsozialistische Gesellschaft präsentiert; als engste Bündnispartner blieben Rumänien, die ČSSR und Nordkorea übrig. Neue deutschlandpolitische Initiativen auf internationaler Ebene sollten verhindert werden, eigene Konzepte jedoch wurden nicht vorgelegt.

Vor diesem Hintergrund lief die ZK-Tagung ab. Der Bericht des Politbüros wurde von Honecker selbst verlesen. Die Druckfassung ist identisch mit der stenographischen Niederschrift.[47] Der Generalsekretär sprach von einer Politik der »Kontinuität und Erneuerung«, bescheinigte der bisherigen Politik wie üblich Erfolg und kündigte ihre Fortsetzung als »Sozialismus in den Farben der DDR« an, womit für die Distanz zu Moskau eine Formel gefunden worden war. Im dunklen blieb, worin die Erneuerung bestehen sollte. Die Ausführungen über Schürers Planentwürfe enthielten keinerlei neue Lösungsansätze.

Die Hoffnungen auf Ansätze einer Reformdiskussion erfüllte keiner der 21 Redner, nicht die Politbüro-Mitglieder Werner Eberlein, Siegfried Lorenz, Günter Schabowski, Harry Tisch, nicht die Ersten Bezirkssekretäre Johannes Chemnitzer und Hans Modrow oder FDJ-Chef Eberhard Aurich.[48] Auch die prominenten Gesellschaftswissenschaftler Otto Reinhold und Erich Hahn sowie Zeiss-Generaldirektor Wolfgang Biermann übten sich in Stereotypen oder Durchhalteparolen. Der Führungszirkel des ZK war zu Veränderungen des Kurses nicht in der Lage.

Einziger Spannungspunkt blieb eine »ZK-interne« Auseinandersetzung mit DDR-Kulturminister Hans-Joachim Hoffmann, dessen im Spätsommer veröffentlichtes Interview mit der bundesdeutschen Zeitschrift »Theater heute« Gegenstand heftiger Vorwürfe wurde. Die in diesem Interview zum Ausdruck gekommene ressortbezogene Flexibilität und Aufgeschlossenheit für neue Ideen hatte den Zirkel um Honecker in Aufregung versetzt; man witterte die Gefahr von Glasnost in den eigenen Reihen. Eberhard Aurich erhielt den Auftrag, eine scharfe Kritik vorzutragen. Der Tenor seiner Anwürfe gegen Hoffmann: kein »klassenkämpferischer« Standpunkt, Mißachtung des Parteiprogramms, Gefahren der Konvergenz.

Der darauffolgende Redner Hans Modrow ging – im Gegensatz zu allen weiteren Diskussionsteilnehmern – mit keinem Wort auf die Affäre ein. An-

47 Vgl. Mit dem Blick auf den XII. Parteitag die Aufgaben der Gegenwart lösen. Aus dem Bericht an die 7. Tagung des ZK der SED, Berlin 1988; SAPMO-BArch, DY 30/IV 2/1/688.

48 Vgl. Aus den Diskussionsreden. 7. Tagung des ZK der SED, Berlin 1988, sowie: SAPMO-BArch, DY 30/IV 2/1/687, 688 sowie 692.

schließend entschuldigte sich Hoffmann selbst für das Interview, das »entstellt« und ohne seine Autorisierung gedruckt worden sei. Wie in solchen Fällen üblich, zeigte er Reue und versicherte, nie mehr werde ihm so etwas passieren.

Doch offenbar reichte dieser Kniefall nicht aus. Die Politbüro-Mitglieder Böhme, Eberlein, Lorenz, Schabowski und Gerhard Müller hielten dem Kulturminister vor, unzureichend auf die Kritik reagiert zu haben. Erst der letzte Diskussionsredner, Chemnitzer, machte der Debatte ein Ende. Hoffmann hätte offensichtlich falsch gehandelt, die Diskussion darüber wäre für das Zentralkomitee (!) eine heilsame Lektion. – So wurde noch Ende 1988 die obere Führungsriege der SED, entsprechend dem doktrinären Prinzip von Kritik und Selbstkritik, reglementiert und diszipliniert. Die Auseinandersetzung mit Hoffmann sollte als Signal verstanden werden, von jeglichen Reformambitionen Abstand zu nehmen, und die Betreffenden hatten das Signal sehr wohl erkannt. Vor allem der Tatsache, daß nationales und internationales Aufsehen besonders in Künstlerkreisen vermieden werden sollte, verdankte Hoffmann sein Verbleiben im Amt.[49]

Eine Analyse der 7. Tagung bestätigt jene Einschätzungen, die innenpolitische Stagnation, selbstgerechte Nabelschau und deutliche Reformfeindlichkeit herausstellten.[50] In Erinnerung blieb die Formulierung, daß man sich »durch das Gequake wildgewordener Spießer, die die Geschichte der KPdSU und der Sowjetunion im bürgerlichen Sinne umschreiben möchten«,[51] nicht beeindrucken lassen werde.

Der Wille zur Disziplinierung der Parteimitglieder wurde durch den Beschluß über den Umtausch der Parteidokumente, der Mitgliedsausweise also, im Jahre 1989 bekräftigt. Verbunden damit waren Überprüfungen der ideologischen Standfestigkeit aller Parteimitglieder. Im Zweifelsfall erfolgten Parteiausschlüsse bzw. Streichungen.

Der Beschluß zur Vorverlegung des XII. SED-Parteitages um ein Jahr auf 1990 einschließlich der namentlichen Festlegung der Hauptredner (Eröffnung: Sindermann; Berichterstatter: Erich Honecker, Willi Stoph) hatte einen doppelten Hintergrund: Erstens wollte sich Honecker offenbar die Generallinie der Partei nicht noch einmal von einem vorhergehenden Parteitag der

49 Über die Auseinandersetzung wurde nichts veröffentlicht. Die Debatte war kurzfristig angesetzt worden, denn in den Manuskripten der gehaltenen Beiträge finden sich keinerlei Bemerkungen dazu (vgl. SAPMO-BArch, DY 30/IV 2/1/698). Hoffmann äußerte sich im Juli 1990 in »Theater heute« zu den vermeintlichen Hintergründen der Auseinandersetzung.

50 Vgl. Ilse Spittmann, Weichenstellung für die neunziger Jahre, in: Deutschland Archiv, H. 12/1988, S. 1249 ff.; Kuppe, Offensiv in die Defensive, S. 1.

51 Mit dem Blick auf den XII. Parteitag die Aufgaben der Gegenwart lösen, S. 9. Honecker empfahl im Bericht dringend die verstärkte Erziehung der heranwachsenden Generationen zum »sozialistischen Klassenstandpunkt«: »Darunter verstehen wir vor allem unbedingte Treue zur DDR und die Entschlossenheit, den Sozialismus durch die eigenen wissenschaftlich-technischen Leistungen zu stärken, über Mängel und Schwierigkeiten nicht zu räsonieren, sondern sie überwinden zu helfen. Wir verstehen darunter, den Imperialismus nicht nach seiner Fassade zu beurteilen, sondern sein menschenfeindlichen Wesen zu erkennen« (ebd., S. 68).

KPdSU unter Gorbatschow vorschreiben lassen, und zweitens visierte die alte Garde – allen voran Erich Honecker – unzweifelhaft die nochmalige Wiederwahl in ihre Ämter an.[52] Diejenigen, die diesen Beschluß als Anzeichen einer Einsicht in die Notwendigkeit der Vorbereitung eines Kurswechsels werteten, wurden bald enttäuscht.

2.2. *Die 8. ZK-Tagung im Juni 1989: »Reden ist Silber, Schweigen ist Gold«*

Die zum Jahresanfang übliche Beratung des ZK-Sekretariats mit den Ersten SED-Kreissekretären und der orientierenden Rede des Generalsekretärs entfiel 1989. Dafür hatte sich Honecker anläßlich einer Tagung des Thomas-Müntzer-Komitees am 18. Januar öffentlich zu Wort gemeldet. »Die Mauer«, kündigte er an, »wird in 50 und auch in 100 Jahren noch bestehen, wenn die dazu vorhandenen Gründe noch nicht beseitigt sind«[53] – eine Äußerung, die in der Bevölkerung der DDR auf breite Empörung stieß. Denn nur drei Tage zuvor hatte die DDR in Wien auf nachhaltigen Druck der Sowjetunion das KSZE-Folgeabkommen unterzeichnet. Darin ging sie unter anderem die Verpflichtung ein, das Recht eines jeden »auf Ausreise aus jedem Land, darunter auch seinem eigenen, und auf Rückkehr in sein Land uneingeschränkt« zu achten. Ähnliche Vereinbarungen hatte die DDR zwar schon mehrfach unterzeichnet, ohne sie je in innerstaatliches Recht umzusetzen. Doch in Wien verpflichtete sie sich erstmals, dieses Recht gesetzlich zu garantieren und die Einhaltung dieser Verpflichtung beobachten zu lassen.

Todesschüsse auf Menschen, die nichts anderes wollten, als ihr Land zu verlassen, wurden deshalb stärker als je zuvor Anlaß für internationale Proteste. Am 5. Februar 1989 starb der 20jährige Ost-Berliner Chris Gueffroy im Kugelhagel von Grenzsoldaten, als er versuchte, über die Berliner Mauer zu flüchten. Umgehend fand sich die DDR auf den Informationsforen der KSZE in London und Paris auf der Anklagebank wieder. Um ihr internationales Ansehen – und ihre Kreditwürdigkeit – nicht völlig zu ramponieren, hob die SED-Spitze Anfang April den stets bestrittenen Schießbefehl an der Grenze auf.[54] Dem Druck von über 100 000 Antragstellern auf ständige Ausreise, die sich zunehmend organisierten und zu öffentlichen Protesten zusammenfan-

52 Vgl. ND, 3. Dezember 1988. Der XII. Parteitag sollte vom 15. bis 19. Mai 1990 in Berlin stattfinden.

53 ND, 20. Januar 1989.

54 Die Aufhebung des Schießbefehls ist in einer Niederschrift des MfS-Vertreters im Kommando der Grenztruppen dokumentiert. Vgl. (MfS-)HA I/Kommando der Grenztruppen (Oberst Nieter), Niederschrift, 12. April 1989 (BStU, ZA, MfS-HA VI 1308, Bl. 27). Sie wurde den bewaffneten Organen ausdrücklich unter Hinweis auf die Ergebnisse der KSZE-Konferenz erläutert. Vgl. (MfS-)HA VI, Vermerk über eine Beratung mit den Stellvertretern Paßkontrolle der Abteilungen VI der BV mit Staatsgrenze zur BRD und Westberlin, Berlin, 13. April 1989 (BStU, ZA, MfS-HA VI 1308, Bl. 46 ff.).

den, gab Honecker seit Jahresbeginn mit einer Lockerung der Ausreiserestriktionen nach; er bewilligte im ersten Halbjahr 1989 mehr Ausreisen als in den vier Jahren zuvor – mit dem Effekt, daß die Zahl der Ausreiseanträge kräftig weiter stieg. Beide Vorgänge sind hier ausführlicher erwähnt, weil sie symptomatisch für die Problemlage und das Verhalten der SED-Spitze im Jahr 1989 sind: Eingespielte Routinen zur Lösung von Problemen wurden obsolet oder griffen nicht mehr; der Entscheidungsspielraum für neue Lösungen engte sich durch die Verflechtung externer und interner Faktoren ein. Die SED-Führung agierte kaum noch, startete keine Initiativen; sie reagierte nur noch auf äußere Ereignisse oder äußeren Druck, und auch das nur, wenn es unvermeidlich war.

Sämtliche außen- und innenpolitischen Krisensymptome verschärften sich in der ersten Hälfte des Jahres 1989. Gorbatschows Besuch in der Bundesrepublik im Juni 1989 wurde zu einem Durchbruch der neuen sowjetisch-bundesdeutschen Beziehungen; Gespräche der DDR mit Vertretern der Bundesregierung fanden statt, führten aber nicht zu bedeutenderen Ergebnissen. In Polen und Ungarn beschritten die kommunistischen Regimes den Weg demokratischer Reformen zur Herausbildung von Mehrparteiendemokratien. Am 2. Mai begann Ungarn mit dem Abbau seiner Grenzbefestigungsanlagen zu Österreich, versicherte jedoch dem Verbündeten in Ost-Berlin, es handle sich lediglich um eine grenzkosmetische Maßnahme; die Flucht von DDR-Bürgern nach Österreich werde weiterhin verhindert. Im »Kleinen Kreis« der Wirtschaftsverantwortlichen des Politbüros gab Schürer am 16. Mai bekannt, daß die Westverschuldung der DDR monatlich um 500 Millionen DM zunähme und »bei Fortsetzung dieser Politik die DDR 1991 zahlungsunfähig ist«. Die bereits eingeleiteten Ausgabensenkungen müßten dringend »mit einer Reihe ökonomischer Maßnahmen im Bereich der Konsumtion« verbunden werden.[55] Doch aus Furcht vor den Konsequenzen schreckte das Politbüro davor zurück, den Lebensstandard der Bevölkerung einzuschränken.

Am 7. Mai ließ sich die SED der plumpen Fälschung der Kommunalwahlen überführen. Unabhängige Bürgergruppen hatten die Stimmenauszählung in den Wahllokalen überwacht und eine Differenz zwischen den dort mitgezählten und später bekanntgegebenen Ergebnissen nachgewiesen. Im Juni begrüßten SED-Führung und Volkskammer einstimmig die blutige Niederschlagung der Demonstrationen auf dem Platz des Himmlischen Friedens in Peking. Die Sympathiebezeugung für den Einsatz militärischer Gewalt gegen Demonstranten mochte der SED-Anhängerschaft die Entschlossenheit ihrer Führung vermitteln, falls erforderlich auch in der DDR die Macht mit Waffen-

55 Darlegungen Gerhard Schürers zur Zahlungsbilanz mit dem nichtsozialistischen Wirtschaftsgebiet, 16. Mai 1989 (BArch/P, E-1–56317). Zur Diskussion von Schürers Ausführungen siehe auch: Heinz Klopfer, Persönliche Notizen über die Beratung beim Generalsekretär des ZK der SED und Vorsitzenden des Staatsrates der DDR, Erich Honecker, betreff Entwicklung des Volkswirtschaftsplanes und des Staatshaushaltsplanes 1990, Berlin, 16. Mai 1989 (BArch/P, E-1–56317).

gewalt zu verteidigen. Die Mehrheit der Bevölkerung wurde mit solchen Verlautbarungen eingeschüchtert; immer mehr vor allem junge Menschen nahmen sich vor, das Land bei erstbester Gelegenheit zu verlassen.

Agonie einerseits und demonstrative Sympathie für Gewaltanwendung andererseits prägten das Bild der Führung, als das 8. Plenum des ZK der SED am 22. und 23. Juni 1989 zusammentrat. Die vorbereitenden Materialien nahmen auf die Situation im Lande kaum Bezug. Dennoch – oder gerade deswegen – waren und bleiben sie höchst aufschlußreich. Diesmal wurden unter anderem 18 Treffen Honeckers mit ausländischen Persönlichkeiten aufgezeichnet, so zum Beispiel mit den bundesdeutschen Politikern Björn Engholm (31. Januar), Lothar Späth (23. Februar), Henning Voscherau (24. Februar), Johannes Rau (12. März), Ernst Albrecht (27. April), Hans-Jochen Vogel (25. Mai) und Walter Momper (19. Juni), mit dem sowjetischen Außenminister Eduard Schewardnadse (9. Juni), den tschechoslowakischen Spitzen Ladislav Adamec (14. April), Gustav Husák und Milos Jakes (3. Mai), mit dem polnischen Staatsoberhaupt Wojciech Jaruzelski (22. Mai) sowie dem SEW-Vorsitzenden Horst Schmitt (16. Januar).[56]

Honecker vermittelte vor allem seinen westdeutschen Gesprächspartnern weiterhin ein Bild der Stabilität – des Blockes insgesamt und der DDR im besonderen. Den nordrhein-westfälischen Ministerpräsidenten Rau agitierte er beispielsweise: »Die DDR entwickle sich, entgegen der Berichterstattung einiger Medien, stabil und dynamisch. (...) Die innere Situation der DDR sei noch nie so stabil gewesen wie gegenwärtig, zumal gesellschaftliche Veränderungen in der Sowjetunion, in Polen und Ungarn fehlinterpretiert würden. (...) Alle Spekulationen, Ungarn vom sozialistischen Weg abzudrängen, würden Spekulationen bleiben.«[57]

In den Gesprächen mit dem schleswig-holsteinischen Ministerpräsidenten Engholm und dessen niedersächsischem Amtskollegen Albrecht gelang es Honecker sogar, die lang angestrebte Anerkennung der Elbgrenze/Strommitte in greifbare Nähe zu rücken. Von DDR-Seite angestrebt, sollte eine solche Regelung im Paket mit der Gewährung des kleinen Grenzverkehrs für Kiel, Hamburg und Hannover, wie bereits beim Bonn-Besuch Honeckers 1987 angesprochen, in Kraft treten.

Die Kritik des Regierenden Bürgermeisters von West-Berlin, Walter Momper, bezüglich der Kommunalwahlen, der Reaktionen auf die Ereignisse in China sowie des allgemeinen Zustands der DDR wurden mit einer kommunalpolitischen Angebotsliste an den rot-grünen Senat in Westberlin erwidert, die Honecker zufolge »Diepgen nie erhalten hätte«.[58]

Wenig befriedigend verlief das Treffen mit Hans-Jochen Vogel. Diskussio-

56 Die Vorbereitungsmaterialien umfassen 441, meist beidseitig bedruckte Seiten. Vgl. SAPMO-BArch, DY 30/IV 2/1/694 und 695.
57 SAPMO-BArch, DY 30/IV 2/1/694.
58 SAPMO-BArch, DY 30/IV2/1/695.

nen über China ging Honecker aus dem Weg, die Komplikationen bei den fortgesetzten Verhandlungen zwischen SED und SPD auf der Grundlage des gemeinsamen Ideologie-Papiers von 1987 konnten nicht ausgeräumt werden. Die Meinung Honeckers, »daß der Hauptinhalt des Papiers sei, zur europäischen Sicherheit beizutragen«, akzeptierte Vogel nicht.[59] Dennoch nahm er die Einladung für eine SPD-Delegation zum geplanten XII. SED-Parteitag 1990 an.

Beim Austausch mit Gleichgesinnten brachte Honecker seine Auffassungen in der Regel offener zum Ausdruck. ČSSR-Präsident Husák bekannte sich ihm gegenüber ausdrücklich zum Marxismus-Leninismus und zum Internationalismus. Wenn dies »konservativ« sei, gehörten DDR und ČSSR zum »konservativen Lager«. Honecker »stimmte voll und ganz zu. Dies sei durchaus eine Auszeichnung. SED und KPTsch lösten die Probleme von marxistisch-leninistischen Positionen. Die Geschichte habe beide Parteien auf einen gemeinsamen Platz gestellt.«[60]

Dem polnischen Präsidenten Jaruzelski, der sich gerade mit den Forderungen der Opposition im eigenen Lande nach Runden-Tisch-Gesprächen und veränderten Wahlverfahren auseinandersetzen mußte, erläuterte Honecker zu den Kommunalwahlen am 7. Mai: »Das gute Wahlergebnis sei von historischer Bedeutung für die weitere Entwicklung der DDR und eine Abfuhr für alle Gegner.« – Honeckers Vision, die er Horst Schmitt, dem West-Berliner SEW-Vorsitzenden, mitteilte, nämlich »den Sozialismus insgesamt auf deutschem Boden zum Siege zu führen«, seine Überzeugung, »daß der Sozialismus auch um die Bundesrepublik Deutschland und Westberlin keinen Bogen machen werde«,[61] hatten mit der Wirklichkeit des Jahres 1989 nichts mehr zu tun. Der Realität kam dagegen die Aussage seines tschechoslowakischen Kollegen Jakes wesentlich näher: Angesichts der Erfahrungen von 1968 erinnerte er daran, daß »eine in schnelle Bewegungen geratene Gesellschaft tatsächlich schwer unter Kontrolle zu halten ist«.[62]

Über den Inhalt des Gesprächs mit dem sowjetischen Außenminister im Juni erhielten die ZK-Mitglieder wiederum nur eine gekürzte Information. Der Langfassung der Niederschrift zufolge hatte Schewardnadse die Verhältnisse in der Sowjetunion ohne Umschweife auf den Punkt gebracht: »Man habe die Lage in allen Bereichen sorgfältig analysiert und sei zu der Schlußfolgerung gekommen, daß sich die Gesellschaft in einer Krise befindet. (…) Die kühne Entscheidung, die sowjetische Gesellschaft umzugestalten, sei im Interesse der Rettung des Sozialismus getroffen worden.« Doch beruhigend fügte er hinzu: »Die Freunde in der DDR bräuchten sich keine Sorgen zu machen. Die Partei bleibe die führende Kraft der Gesellschaft.« Im Hinblick auf

59 Ebd.
60 Ebd.
61 Ebd.
62 Ebd.

den bevorstehenden Besuch von Gorbatschow in Bonn unterrichtete Schewardnadse den SED-Generalsekretär über den Inhalt des bereits abgestimmten Abschlußdokuments, in dem unter anderem auch die Achtung des Rechts auf Selbstbestimmung der Völker als wichtiges Element für die Schaffung eines Europas des Friedens und der Zusammenarbeit bezeichnet wurde. Honecker war darauf nicht eingegangen und enthielt diese Passage dem ZK vor. Auch seine zugespitzte Bemerkung, die DDR-Bürger »seien von der Fülle der genannten Probleme in der Sowjetunion« überrascht, in der DDR hingegen verlaufe alles »beeindruckend«, »hervorragend« oder »großartig«, »die Aufgaben der wissenschaftlich-technischen Revolution würden gemeistert und in allen ökonomischen und sozialen Bereichen gäbe es eine stabile Aufwärtsentwicklung«, konnten die ZK-Mitglieder in der ihnen vorgelegten Niederschrift nicht finden.[63]

Die Gesprächsniederschriften gaben konturenhaft das erstarrte Denken und Handeln Honeckers wieder. Eine Einsicht in die Taktik und Strategie der DDR-Diplomatie ließ sich daraus ebensowenig gewinnen wie ein Überblick über den aktuellen Stand der außenpolitischen Beziehungen der DDR vor allem zur Sowjetunion und zur Bundesrepublik.

Der Bericht des Politbüros, von ZK-Sekretär Joachim Herrmann verlesen, und die sich daran anschließende farblose Diskussion zeigten ein Führungsorgan im Zustand der völligen Lähmung.[64] Herrmann hatte im Politbürobericht zum Ausdruck gebracht, daß die Reise Gorbatschows in die Bundesrepublik vom »Volk« der DDR differenziert beurteilt worden sei. Das Auftreten des sowjetischen Partei- und Staatschefs würde als »zu tolerant« bewertet; insbesondere seine Nichtreaktion auf die »Ausfälle« Kohls gegen die DDR stieße auf Unverständnis.[65] Hans Albrecht, der Erste SED-Bezirkssekretär von Suhl, schlug in dieselbe Kerbe. »Auch der Besuch der Delegation der Sowjetunion mit Genossen Gorbatschow an der Spitze in der BRD, der natürlich im Fernsehen verfolgt wurde, und das Reagieren auf Angriffe gegen die DDR war für viele Genossen enttäuschend.«[66] Diese Gorbatschow-Kritik wurde nicht einmal im gedruckten ZK-internen, »roten« Protokoll veröffentlicht.

Den Stil der parteiinternen Auseinandersetzung verdeutlichte die Reaktion auf einen von Joachim Herrmann vorgetragenen Bericht über eine von Günter

63 Die im Politbüro vorgelegte Langfassung der Niederschrift des Gesprächs mit Schewardnadse vgl. in: SAPMO-BArch, DY 30/J IV/961; die dem ZK vorgelegte Kurzfassung vgl. in: SAPMO-BArch, DY 30/IV2/1/696.

64 Vgl. Aus dem Bericht des Politbüros an die 8. Tagung des ZK der SED, Berlin 1989; Aus den Diskussionsreden, 8. Tagung des ZK der SED, Berlin 1989; SAPMO-BArch, DY 30/IV 2/1/697.

65 Vgl. SAPMO-BArch, DY 30/IV 2/1/697. Egon Krenz merkte dazu an, daß diese Passage nicht vom Politbüro bestätigt worden sei. Honecker habe sie selbst formuliert. Kein Politbüromitglied habe allerdings etwas dagegen unternommen (vgl. Egon Krenz, Wenn Mauern fallen. Die friedliche Revolution: Vorgeschichte – Ablauf – Auswirkungen, Wien 1990, S. 26).

66 SAPMO-BArch, DY 30/IV 2/1/697.

Mittag geleitete Arbeitsgruppe des ZK zur »Unterstützung« der Bezirksparteiorganisation Dresden, deren Erster Sekretär Hans Modrow war.[67] Keine Stimme erhob sich, obwohl alle Anwesenden die Hintergründe des Berichts ebenso kannten wie die damit verbundene Absicht, Modrow zu maßregeln. Überhaupt meldeten sich insgesamt nur zwölf Redner zu Wort.[68] In der Regel bereiteten nahezu alle Ersten Bezirkssekretäre eine Rede vor, denn der Generalsekretär war interessiert zu hören, wie die wichtigsten Umsetzer der Parteilinie auf Bezirksebene zu agieren gedachten, und erwartete von ihnen, daß sie sich im ZK äußerten. Doch die Mehrzahl der Ersten Bezirkssekretäre schwieg. Sie widersprachen nicht und kritisierten nicht – und setzten gleichwohl mit der Verweigerung von Redebeiträgen ein Signal, das als Nicht-Zustimmung, sogar als Widerspruch und Kritik gedeutet werden *konnte*, aber nicht *mußte*. Schweigen verstieß gegen das Akklamations*ritual*, unterlag aber keinen Sanktionen. Gegen das Schweigen als letztem Mittel der Politik im Zentralkomitee setzte Honecker die schärfste Gegenwaffe ein: Er verzichtete auf ein Schlußwort und schwieg ebenfalls. In aller Stille stimmte das Zentralkomitee einmütig letztmalig von Honecker vorgelegten Materialien zu. Dann wurde die Tagung – weit vor der vorgesehenen Zeit – beendet.

2.3. Ausreisewelle und Massenproteste

Zwei Wochen nach der 8. ZK-Tagung gab die Sowjetunion auf einem Gipfeltreffen des Warschauer Paktes in Bukarest offiziell die Breschnew-Doktrin der begrenzten Souveränität der Mitgliedsstaaten auf. Die Beziehungen untereinander sollten künftig, wie es im Abschlußdokument hieß, »auf der Grundlage der Gleichheit, Unabhängigkeit und des Rechtes eines jeden einzelnen, selbständig seine eigene politische Linie, Strategie und Taktik ohne Einmischung von außen auszuarbeiten«, entwickelt werden.[69] Die sowjetische Bestandsgarantie war damit auch für die DDR in Frage gestellt; die SED stand vor der Aufgabe, ihre Herrschaft fortan mit eigenen Mitteln vor ihrem »Volk« zu legitimieren. Honecker erlitt während der Tagung eine Gallenkolik und verließ Bukarest noch vor der Unterzeichnung des Abschlußdokuments. Kaum genesen, mußte er sich im August einer Operation unterziehen. Vom Sommer 1989 bis Ende September war das Politbüro führungslos; Honecker wurde zunächst von Krenz, ab Mitte August von Mittag vertreten.

Aufmerksam gemacht durch die Bilder in den Medien vom Abriß der

67 Vgl. Aus dem Bericht des Politbüros an die 8. Tagung des ZK der SED, S. 88 ff.

68 Es sprachen vier als »Honecker-Gefolgschaft« bekannte Erste Bezirkssekretäre (Hans Albrecht/Suhl, Ernst Timm/Rostock, Herbert Ziegenhahn/Gera, Heinz Ziegner/Schwerin); niemand aus dem Politbüro trat auf.

69 Kommuniqué der Tagung des Politisch-Beratenden Ausschusses der Mitgliedsstaaten des Warschauer Vertrags am 7./8. Juli 1989 in Bukarest, in: Europa-Archiv, Folge 20/1989, S. 599.

Grenze seit dem 2. Mai, reisten seit Beginn der Sommerferien immer mehr DDR-Bürger in der Hoffnung nach Ungarn, über die ungarisch-österreichische Grenze in die Bundesrepublik fliehen zu können. Ausreisewillige besetzten die Botschaften der Bundesrepublik in Budapest und Prag sowie die Ständige Vertretung der Bundesrepublik in Ost-Berlin.

Nach einer Geheimabsprache mit Bonn öffnete die ungarische Regierung am späten Abend des 10. September die Grenze zu Österreich für DDR-Bürger. Die Bundesregierung gewährte Ungarn im Gegenzug einen 500-Millionen-DM-Kredit und versprach, die Nachteile auszugleichen, die Ungarn durch eventuelle Vergeltungsmaßnahmen der DDR entstünden. Zehntausende Ostdeutsche reisten in den nächsten Tagen und Wochen über Österreich in die Bundesrepublik. Die DDR erlebte die größte Fluchtwelle seit dem Mauerbau im Jahr 1961.

Am 29. August hatte sich das Politbüro unter Leitung von Günter Mittag zu einer ersten Diskussion über die Ausreiseproblematik durchgerungen, sie dann aber wieder unter Hinweis auf die Abwesenheit des Generalsekretärs vertagt. Fassungslos wurde die weitere Entwicklung zur Kenntnis genommen. Die Parteiführung konzentrierte sich völlig auf die Feierlichkeiten zum 40. Jahrestag der Gründung der DDR am 7. Oktober. Erst danach, vereinbarte man im Politbüro, sollte über die politische Lage diskutiert werden. Bis dahin wurde das Parteivolk mit einer politischen Leitlinie versorgt, die Horst Dohlus am 21. September auf einer Veranstaltung von Parteigruppenorganisatoren in Karl-Marx-Stadt ausgegeben hatte: »Einheitlich und geschlossen setzen wir unseren klaren und sicheren Kurs zum Wohle des Volkes fort.«[70]

Die Massenausreise unterminierte in nie dagewesener Weise die Staatsautorität; sie wurde zur Bedingung und Voraussetzung zunächst der Gründung oppositioneller Gruppierungen, dann schließlich von Massenprotesten. Noch vor den Staatsfeiern gab der wieder genesene Generalsekretär auf sowjetischen Druck im Prager Botschaftskonflikt nach und gestattete die Ausreise der Botschaftsbesetzer in verriegelten Zügen über das Territorium der DDR in die Bundesrepublik. »Man sollte ihnen keine Träne nachweinen«, schleuderte ihnen das »Neue Deutschland« am 2. Oktober in einem von Honecker redigierten Kommentar hinterher.

Auf Initiative Honeckers wurde einen Tag später, am 3. Oktober, die Grenze der DDR zur ČSSR für den paß- und visafreien Verkehr geschlossen. Die nächste Durchfahrt von Zügen aus Prag löste am Dresdener Hauptbahnhof Straßenschlachten aus. Die in Leipzig seit Ende September etablierte Montagsdemonstration wandelte ihren Charakter. Statt »Wir wollen raus!« skandierten die Demonstranten jetzt »Wir bleiben hier!« und »Wir sind das Volk!«. Auf der Festveranstaltung zum 40. Jahrestag demonstrierte Honecker seine reformfeindliche Haltung, während Gorbatschow aus eigener Erfahrung

70 ND, 22. September 1989.

orakelte: »Das Leben wird diejenigen hart bestrafen, die sich verspäten«[71], gleichzeitig aber betonte, »daß die Fragen, die die DDR betreffen, nicht in Moskau, sondern in Berlin entschieden werden«.[72] Rund um den Staatsfeiertag gab es in Berlin und einer Reihe weiterer Städte ungenehmigte Demonstrationen, gegen die Polizei und Staatssicherheit teilweise mit brutalen Mitteln vorgingen; mehr als 3 000 Demonstranten wurden vorläufig festgenommen, über 700 Ermittlungsverfahren eingeleitet.

Am 9. Oktober veröffentlichte die FDJ-Tageszeitung »Junge Welt« einen offenen Brief des Vorsitzenden des Schriftstellerverbandes und ZK-Mitglieds, Hermann Kant. Mit ungewöhnlich kritischen Bemerkungen zur Situation in der DDR – das Schlechteste an der DDR in ihrem jetzigen Zustand sei, daß »es sie so wie derzeit gibt« – mahnte Kant eine Verständigung im Inneren an.[73] Erstmals hatte ein ZK-Mitglied öffentlich die Krise in der DDR angesprochen; erstmals druckte eine von der Partei kontrollierte Tageszeitung einen selbstkritischen Artikel. Am gleichen Abend drohte in Leipzig eine »chinesische Lösung«; Honecker und Mielke gaben den Befehl, »Zusammenrottungen« und »Krawalle« zu unterbinden, doch zu viele Menschen gingen auf die Straße.[74] Am Ende kapitulierte die Staatsmacht vor 70 000 friedlichen Demonstranten.

3. Die 9. ZK-Tagung im Oktober 1989: Die Entmachtung Erich Honeckers

3.1. Die Konspiration

Am nächsten Tag, dem 10. Oktober, brach im Politbüro ein offener Machtkampf aus. Honecker mahnte die Festigung der Arbeiter-und-Bauern-Macht und Entschlossenheit im Kampf gegen die Konterrevolution an; wenn nötig, müsse von der Macht Gebrauch gemacht werden. Eine Gruppe um Egon Krenz, zu der Siegfried Lorenz, Wolfgang Herger, Harry Tisch und Günter Schabowski sowie Willi Stoph und Erich Mielke gehörten, hatte sich bereits im Vorfeld der Sitzung auf eine Erklärung des Politbüros verständigt, die die bisherige Linie Honeckers zumindest in zwei Punkten korrigierte: Das Politbüro gestand darin erstmals ein, daß Ursachen für die Ausreisewelle auch in der DDR selbst zu suchen seien, benannte einige der offen zutage getretenen

71 In der freien Übersetzung von Dolmetscher Helmut Ettinger »Wer zu spät kommt, den bestraft das Leben« erlangte der Ausspruch Gorbatschows Berühmtheit.

72 Michail S. Gorbatschow, Unsere Freundschaft wird weiterbestehen, in: ND, 9. Oktober 1989.

73 Junge Welt, 9. Oktober 1989.

74 Vgl. Ekkehard Kuhn, Der Tag der Entscheidung. Leipzig, 9. Oktober 1989, Berlin/Frankfurt a.M. 1992.

Probleme und stellte partielle Veränderungen in Aussicht.[75] Nach einem turbulenten Sitzungsverlauf wurde die von Krenz – mit Unterstützung von Herger – initiierte Erklärung angenommen.

Honecker betrachtete die Stellungnahme, die hinter seinem Rücken vorbereitet worden war, als »Kapitulations-Erklärung«. Unvermittelt kündigte er noch während der Politbüro-Sitzung in einer Art Gegenangriff schärfste Maßnahmen gegen die Fälschung der Kommunalwahlen an – eine Drohung, die sich vor allem gegen Krenz in seiner damaligen Rolle als Vorsitzender der Wahlkommission richtete. In getrennten Gesprächen, berichten Beteiligte, verständigte sich Krenz daraufhin mit Lorenz und Schabowski am Abend des 12. Oktober, den Sturz Honeckers vorzubereiten. Den letzten Anstoß gab ihnen eine Beratung des ZK-Sekretariats mit den Ersten Bezirkssekretären am Vormittag, in der Honecker die innere Krise der DDR allein »auf das Wirken feindseliger Kräfte von außen« zurückführte und seine Distanz zur gerade erst veröffentlichten Stellungnahme des Politbüros zu erkennen gab;[76] mit Hans Modrow, Günter Jahn und Johannes Chemnitzer brachen immerhin drei Bezirkssekretäre ihr Schweigen und äußerten sich kritisch zur Lage sowie zur Führungstätigkeit Honeckers.

Schon am nächsten Tag schien die Verschwörung verraten: Auf der Titelseite der Berliner Ausgabe der »Bild«-Zeitung vom Freitag, dem 13. Oktober 1989, prangte in großen Lettern die Überschrift: »Honecker – Mittwoch letzter Arbeitstag«. In fünf Tagen, am 18. Oktober werde der Generalsekretär entmachtet, kündigte das »Revolverblatt« (Honecker) unter Berufung auf eine Exklusivinformation »aus höchstrangigen SED-Kreisen in Ost-Berlin« an.[77] Beruhte die Meldung auf einer gezielten Indiskretion aus dem Kreis der Verschwörer oder auf nachrichtendienstlich gewonnenen Erkenntnissen?

Unbeirrt schritten die Verschwörer zur Tat. Ohnehin war ihr Risiko insofern gemindert, als sich Krenz und Herger frühzeitig der Unterstützung von Stasi-Minister Mielke und einigen seiner leitenden Generäle vergewissert hatten.[78] Für das Gelingen entscheidend war die Unterstützung, mindestens aber das stillschweigende Einverständnis Moskaus; schließlich war Honecker unter maßgeblicher Beteiligung Breschnews 1971 als Generalsekretär eingesetzt

75 Vgl. Beginn der Wende und Erneuerung, Berlin 1989, S. 5 ff.; ND, 12. Oktober 1989.
76 Schabowski, Absturz, S. 256.
77 Bild, Ausgabe Berlin, 13. Oktober 1989.
78 Über Mielkes Anteil am Sturz Honeckers haben alle Beteiligten auffällig geschwiegen; Mielke selbst hat sich über seine Motive nur allgemein geäußert: »Die Ablösung war notwendig, weil Honecker nicht mehr in der Lage war, seine Entscheidungen im Kollektiv zu treffen oder auch nur zu diskutieren« (vgl. »Ich sterbe in diesem Kasten«. »Spiegel«-Gespräch mit Erich Mielke, in: Der Spiegel, Nr. 36, 31. August 1992). Markus Wolf, der berichtet, Mielke habe sich im MfS selbst als »Vertreter der Sowjetmacht in der Partei« bezeichnet, mag den Kern treffen, wenn er vermutet, daß Mielkes Orientierung, man dürfe sich nicht von der Sowjetunion als Hauptverbündetem der DDR entfernen, selbst wenn man andere Auffassungen zum Kurs der KPdSU habe, ihn zum Bündnispartner von Krenz gemacht habe. Vgl. Markus Wolf, In eigenem Auftrag. Bekenntnisse und Einsichten, München 1991.

worden, und die Generalsekretäre der Bruderländer waren faktisch auch Kader der KPdSU. So wurde der sowjetische Botschafter Kotschemassow gleich von mehreren Honecker-Gegnern ins Vertrauen gezogen, bevor Harry Tisch den bereits von seinem Ost-Berliner Botschafter ins Bild gesetzten sowjetischen Parteichef am 16. Oktober in Moskau über den Plan informierte. Tisch zufolge erklärte es Gorbatschow zu einer inneren Angelegenheit der DDR, unter welcher Führung sie arbeiten wolle, ließ aber gleichwohl Sympathie erkennen und wünschte »viel Glück«.[79] Vor allem Krenz, Stoph und Schabowski hatten derweil in Vieraugengesprächen weitere Verbündete unter den Politbüro-Mitgliedern gewonnen, Herger parallel vertrauenswürdige ZK-Mitglieder in den Plan eingeweiht.

Als Krenz und Herger am Nachmittag des 16. Oktober eine Bilanz der vorbereitenden Gespräche zogen und das Kräfteverhältnis im Politbüro abschätzten, wähnten sie sich der Unterstützung von 12 der 21 Vollmitglieder[80] und von zwei der fünf nicht-stimmberechtigten Kandidaten sicher. Da sich Verteidigungsminister Heinz Keßler, ein enger Vertrauter Honeckers, mit einer Militärdelegation in Nicaragua aufhielt, war die Mehrheit zwar knapp, aber ausreichend. Beruhigend wirkte zudem, daß es Krenz und Herger gelungen war – von Keßler abgesehen –, alle übrigen Vertreter der bewaffneten Organe auch im Zentralkomitee auf ihre Seite zu ziehen. Eine gedanklich durchgespielte Probeabstimmung im Zentralkomitee, so Herger, habe insgesamt 80 bis 90 der 163 Stimmen für die Absetzung Honeckers ergeben.[81]

Im Hinblick auf die erfolgreiche Durchführung des Sturzes von Honecker können wenig Zweifel daran bestehen, daß die Verschwörer um Krenz an bürgerkriegsartigen Zuständen in Leipzig anläßlich der zu erwartenden Montagsdemonstration am 16. Oktober nicht interessiert waren.

Im Vorfeld der Leipziger Montagsdemonstration brachten Krenz und Streletz ihren Generalsekretär nicht nur von Überlegungen ab, zur Abschreckung ein Panzerregiment durch Leipzig fahren zu lassen; sie überzeugten ihn auch, in seiner Eigenschaft als Vorsitzender des Nationalen Verteidigungsrates einen Befehl zu unterschreiben, in dem der Einsatz von Schußwaffen in Zusammenhang mit Demonstrationen grundsätzlich verboten wurde.

Am Nachmittag des 16. Oktober fanden sich Honecker, Mielke, Streletz und Krenz bei Innenminister Dickel im Lagezentrum des MdI ein. Damit war

79 Harry Tisch, » ... und wieder war da diese verdammte Feigheit«, in: Berliner Kurier am Sonntag, 18. August 1991.

80 In nicht-datierten handschriftlichen Notizen (»Plan und Ablauf«) aus der Woche nach der Politbüro-Sitzung vom 10./11. Oktober 1989 plante Gerhard Schürer elf Voll-Mitglieder des Politbüros als sichere Honecker-Gegner ein: Böhme, Eberlein, Hager, Jarowinsky, Kleiber, Krenz, Krolikowski, Lorenz, Neumann, Schabowski und Tisch. Als »evtl. schwankend« bzw. »evtl. gegen uns« sah er Axen, Dohlus, Mückenberger, Sindermann und Stoph (den Krenz als aktiven Partner an seiner Seite wußte), während er Herrmann und Mittag der Partei Honeckers zuschlug. Keßler und Mielke, notierte Schürer, »muß Egon klären« (vgl. BArchP, E-1-56321).

81 Mitteilung von Wolfgang Herger an die Vf.

garantiert, daß keiner der für die bewaffneten Organe Verantwortlichen »aus der Kette ausbrechen und für sich alleine irgendwelche Befehle geben konnte«.[82] Gemeinsam verfolgten sie auf den Monitoren die Direktübertragung des operativen Fernsehens des MdI aus Leipzig. Parallel waren an diesem Montag auch Tonleitungen geschaltet. Die Forderungen der 120 000 Demonstrationsteilnehmer nach Zulassung des Neuen Forum, freien Wahlen sowie Reise-, Presse- und Meinungsfreiheit drangen auf diese Weise ebenso direkt ans Ohr der militärischen Führer wie die Sprechchöre »Keine Gewalt« und »Wir sind das Volk!« Die Leipziger Montagsdemonstration nahm einen friedlichen Verlauf, die bewaffneten Kräfte schritten nicht ein. Auch parallele Demonstrationen mit rund 10 000 Teilnehmern in Dresden und Magdeburg, 5 000 in Halle und 3 000 in Berlin verliefen ohne Zwischenfälle.

Nachdem Honecker das MdI verlassen hatte, nahm Krenz den Chef des Hauptstabes der NVA, Generaloberst Streletz, der Keßler als Verteidigungsminister vertrat, beiseite, informierte ihn über den bevorstehenden Sturz Honeckers und bat ihn, als Sekretär des Nationalen Verteidigungsrates ab sofort nur noch Weisungen von ihm entgegenzunehmen. Dann fragte er Streletz, wie sich NVA und Grenztruppen wohl verhalten würden? Streletz, der um die Abstimmung des Vorgehens mit Moskau wußte, beruhigte Krenz und versicherte, auf Armee und Grenztruppen sei Verlaß; ihr Fahneneid verpflichte sie nicht einer Person, sondern der Deutschen Demokratischen Republik.[83]

Am Morgen des 17. Oktober nahm im Politbüro die Nervosität und die Unsicherheit über mögliche Reaktionen Honeckers noch einmal zu. Zwei Stunden vor Beginn der Sitzung erhielt Herger einen Anruf von Mielke. Der Staatssicherheitsminister forderte ihn auf, sich mit einigen zuverlässigen Mitarbeitern zu Beginn und während der Sitzung vor dem Beratungsraum aufzuhalten. Herger verstand den Sinn dieser Maßnahme zunächst nicht, bis ihm klar wurde, daß Mielke einen harten Widerstand Honeckers zumindest nicht ausschloß und mit dieser Vorsichtsmaßnahme insbesondere verhindern wollte, daß Honecker während der Sitzung seinen Personenschutz zu Hilfe rief, um die Verschwörer in flagranti festnehmen zu lassen. Krenz wiederum hatte kurzfristig Generaloberst Streletz ins ZK-Gebäude beordert, um den Sekretär des Nationalen Verteidigungsrates im Notfall in der Nähe zu haben.

Die Sitzung des Politbüros begann wie abgesprochen.[84] Willi Stoph stellte gleich zu Beginn den Antrag, Honecker von seinen drei Funktionen abzulö-

82 So die Aussage von Egon Krenz vor der unabhängigen Untersuchungskommission zu den Ereignissen in Berlin am 7. und 8. Oktober 1989, in: Daniela Dahn/Fritz-Jochen Kopka (Red.), Und diese verdammte Ohnmacht. Report der unabhängigen Untersuchungskommission zu den Ereignissen vom 7./8. Oktober 1989 in Berlin, Berlin 1991, S. 173.

83 Gespräche mit Fritz Streletz, 7. Februar 1997 und 12. August 1997.

84 Über die Politbüro-Sitzung vom 17. Oktober 1989 existiert eine stichwortartige Mitschrift von Gerhard Schürer, der die folgenden Zitate entnommen sind. Vgl. Gerhard Schürer, Persönliche Aufzeichnungen, Politbüro 17. Oktober 1989, 16 handschriftliche, nicht-paginierte Seiten (BArch/P, E-1–56321).

sen. Für kurze Zeit herrschte Schweigen. Honecker wirkte überrascht. Stichwortartige Notizen Gerhard Schürers überliefern, daß alle Anwesenden das Wort ergriffen, aber keiner von ihnen sich hinter Honecker stellte. Auch die, die als seine engsten Partner galten, rückten von ihm ab, so Günter Mittag, der lapidar feststellte, Honecker habe das Vertrauen der Partei verloren, und ebenso Erich Mielke, der in bezug auf die »sehr, sehr ernste Lage« erregt vorbrachte: »Wir haben vieles mitgemacht. Wir können doch nicht anfangen, mit Panzern zu schießen.«[85] Als einundzwanzigster Redner kam schließlich Egon Krenz zu Wort und erklärte seine Bereitschaft, die Verantwortung zu übernehmen.

»Tief getroffen, daß (der) Vorschlag von Stoph kam«, wehrte sich Honecker am Ende zur Überraschung aller mit einer verbitterten, aber streitbaren Rede. Er warnte davor zu glauben, daß mit seiner Ablösung die inneren Probleme gelöst würden: Der Feind, so sagte er, »wird weiter heftig arbeiten. Nichts wird beruhigt.« Das Auswechseln von Personen zeige vielmehr, so Honecker, »daß wir erpreßbar sind«. Das werde der Gegner ausnutzen. Gegen die, die offen gegen die Arbeiter-und-Bauern-Macht seien, müsse man auftreten, wies er daraufhin Mielke zurecht. Zwar respektiere er die Beschlüsse des Politbüros, doch mit der Ablösung von Kadern sei er nicht einverstanden. Auch in Ungarn, wo der Sozialismus nun verloren sei, habe dieser erste Schritt nicht geholfen. Tief enttäuscht äußerte er sich abschließend darüber, daß Genossen gegen ihn gesprochen hätten, »von denen ich das nie erwartet habe«. Als letzten Satz Honeckers hielt Schürer fest: »Ich sage das nicht als geschlagener Mann, sondern als Genosse, der bei bester Gesundheit ist.«

Doch am Ende stimmte Honecker seiner eigenen Ablösung zu. Mittag und Herrmann, deren Ablösung während der Sitzung gefordert worden war,[86] taten es ihm gleich. Einstimmig beschloß also das Politbüro, alle drei von ihren Funktionen zu entbinden und dem Zentralkomitee Egon Krenz als neuen Generalsekretär vorzuschlagen.

Am 13. Oktober hatte das Büro des Politbüros die von Honecker unterschriebenen Einladungen für die zum 15. bis 17. November einberufene 9. ZK-Tagung abgeschickt. Die Tagesordnung sah ein Referat Honeckers »Die Aufgaben der Partei in Vorbereitung des XII. Parteitages der Sozialistischen Einheitspartei Deutschlands«, einen Bericht des Politbüros und »The-

85 In dem einzigen Interview, das von ihm nach 1990 bekannt wurde, äußerte auch Mielkes erster Stellvertreter Mittig, die Leitung des MfS habe sich mehrheitlich keine Illusionen gemacht, daß die Demonstrationen durch den Einsatz massiver militärischer Mittel zu »begradigen« gewesen seien oder daß von der Sowjetunion tatkräftige Unterstützung zu erwarten gewesen sei. Man habe in der DDR nicht »Afghanistan korrigieren« können, dazu »war der Verfall zu weit vorangeschritten« (Interview von Peter Boultwood und Dirk Lüders mit Rudi Mittig für die Cintec-Fernsehdokumentation: Mielkes Generäle, Hessischer Rundfunk 1992).

86 Gerhard Schürer erinnert sich, daß Günther Kleiber vorschlug, Joachim Herrmann abzulösen, und Inge Lange einen entsprechenden Antrag in bezug auf Günter Mittag stellte (Mitteilung von Gerhard Schürer an d. Vf., 14. März 1995).

sen zur Gesellschaftsstrategie der SED für die 90er Jahre« vor.[87] Diese von den Diskussionen in der Parteispitze nach dem 40. Jahrestag der DDR bereits beeinflußte Planung war nun hinfällig geworden. Am Nachmittag des 17. Oktober erhielten die Mitglieder und Kandidaten des ZK ein wiederum von Honecker unterzeichnetes Schreiben, wonach die »9. Tagung des Zentralkomitees der Sozialistischen Einheitspartei Deutschlands« nunmehr »auf Beschluß des Politbüros für Mittwoch, den 18. Oktober 1989, 14.00 Uhr im Hause des ZK« festgelegt wurde. Einziger Tagesordnungspunkt war das Thema »Zur politischen Lage«.[88]

3.2. Die Inszenierung des Sturzes als Rücktritt

In den vierundzwanzig Stunden bis zum Beginn der ZK-Tagung hatten die Mitglieder des Politbüros zwei Probleme zu lösen. Die erste Frage war, wie der Sturz Honeckers im Zentralkomitee begründet werden sollte. Konnte als Grund angegeben werden, daß er seit Jahren von der Linie der KPdSU abgewichen war? Oder daß seine Wirtschafts- und Sozialpolitik die DDR in den Ruin geführt hatte? War es ratsam bekanntzugeben, daß er den Wahlfälschern schärfste Konsequenzen angedroht hatte? Oder daß er ein Panzerregiment in Leipzig einsetzen wollte? Jede politische Begründung beinhaltete die Gefahr, eine kritische Diskussion über die Verantwortung des gesamten Politbüros heraufzubeschwören.

Die zweite Frage war, wie sich Honecker im Zentralkomitee verhalten würde. Schon einmal war ein Sturzversuch daran gescheitert, daß ein Generalsekretär das ZK für sich mobilisierte. Chruschtschow war es 1957 gelungen, seinen im Präsidium des Zentralkomitees der KPdSU vorbereiteten Sturz zu verhindern, indem er die Verschwörung kurzerhand auf einer ZK-Tagung aufdeckte. Die Mehrheit der ZK-Mitglieder solidarisierte sich mit Chruschtschow, verurteilte die Konspirateure als »parteifeindliche Gruppe« und warf sie aus ihren führenden Funktionen hinaus.[89] Zwar schien es unwahrscheinlich, daß Honecker nach seiner eklatanten Niederlage im Politbüro versuchen würde, das Zentralkomitee für sich zu mobilisieren; völlig auszuschließen war es jedoch nicht.

Am Ende dieser Überlegungen stand die Lösung, das Drehbuch der Ablösung Ulbrichts noch einmal zu verwenden und für das Zentralkomitee den Sturz als freiwilligen Rücktritt aus gesundheitlichen Gründen zu inszenieren. Die Vorteile für alle Beteiligten lagen auf der Hand: Honecker würde, statt de-

87 Vgl. SAPMO-BArch, DY 30/IV 2/1/700.
88 Vgl. ebd.
89 Vgl. Michael S. Voslensky, Sterbliche Götter. Die Lehrmeister der Nomenklatur, Erlangen–Bonn–Wien 1989, S. 234 ff. Die Verschwörung gegen Chruschtschow wurde von Wjatscheslaw Molotow angeführt; jahrelang der zweite Mann in der Sowjetunion, wurde er zur Bestrafung als Botschafter in die Mongolei geschickt.

montiert zu werden, für seine kooperative Mitwirkung noch einmal Dank ernten, die Konspirateure wären vom Vorwurf einer Verschwörung befreit – und das Zentralkomitee könnte alles wie gewohnt zur Kenntnis nehmen und tun, was es immer tat: den Vorschlägen und Entscheidungen des Generalsekretärs und Politbüros zustimmen.

Am Morgen des 18. Oktober trat um 8.00 Uhr zunächst das ZK-Sekretariat – ohne Honecker, Mittag und Herrmann – zu einer Beratung mit den Ersten Bezirkssekretären zusammen. Stoph und Krenz informierten über die Beschlüsse des Politbüros. »Der vorgeschlagene Kaderwechsel«, berichtet Krenz knapp, »fand einmütige Billigung.«[90] Und Hans Modrow ergänzt: »Stoph schlug Egon Krenz als Nachfolger Honeckers in allen Funktionen vor. Wir wurden aufgefordert, keine Diskussion darüber zu führen.«[91]

Von 10.00 bis 11.00 Uhr tagte dann das Politbüro; Honecker mußte sich die Leitung der Sitzung mit Krenz teilen. Die Politbüro-Mitglieder stimmten der von Krenz und Schabowski entworfenen Rücktrittserklärung Honeckers zu, bestätigten die erst in der Nacht von Wolfgang Herger, Hans-Gert Schubert, Günter Schabowski und Egon Krenz fertiggestellte Antrittsrede des künftigen Generalsekretärs und legten den Ablaufplan für die Tagung des ZK fest, der vor allem die Wahlmodalitäten enthielt. Willi Stoph sollte die Sitzung leiten; eine Aussprache war weder über die Wahlvorschläge noch über die Rede von Krenz vorgesehen.[92]

Die Anwesenheitsliste der 9. Tagung, die um 13.55 Uhr begann, weist die Teilnahme von 159 Mitgliedern und 47 Kandidaten des ZK aus; einziger Gast war der amtierende Erste Bezirkssekretär von Leipzig, Helmut Hackenberg. Zunächst lief alles nach Plan. Honecker hielt sich bis auf eine unwesentliche Veränderung des Schlußsatzes an die vereinbarte Erklärung, bat aus gesundheitlichen Gründen um die Entbindung von seinen Funktionen und schlug Krenz als seinen Nachfolger vor.[93]

90 Krenz, Wenn Mauern fallen, S. 145.

91 Hans Modrow, Aufbruch und Ende, Hamburg 1991, S. 20.

92 Vgl. das Protokoll der Politbüro-Sitzung vom 18. Oktober 1989, in: SAPMO-BArch, DY 30/J IV 2/2/2353 bzw. 2 A/3249.

93 Günter Schabowski zeigte sich später überrascht, daß Honecker Krenz im ZK als Nachfolger vorgeschlagen habe; nach seiner Vorstellung sollte dieser Vorschlag dem Politbüro vorbehalten sein (vgl. Schabowski, Politbüro, S. 107 f.; ders., Absturz, 1991, S. 267 ff.). Honecker hat dazu eingelassen, daß Krenz ihn zwar tatsächlich erst am Morgen unter vier Augen um die Einsetzung seines Namens gebeten hatte, das Politbüro anschließend der Erklärung jedoch einschließlich der namentlichen Nennung von Krenz zugestimmt hatte (vgl. Reinhold Andert/Wolfgang Herzberg, Der Sturz. Erich Honecker im Kreuzverhör, Berlin/Weimar 1990, S. 33 f.). Statt: »Dem Zentralkomitee und der Volkskammer sollte dafür *ein* Genosse vorgeschlagen werden …«, hieß es nun: »sollte Genosse Egon Krenz vorgeschlagen werden« (SAPMO-BArch, DY 30/IV 2/1/703; Hervorhebung v. d. Vf.). Für Honeckers Version spricht, daß der Name Krenz auf dem im Archiv überlieferten Exemplar der Erklärung handschriftlich von Edwin Schwertner, der in der Politbüro-Sitzung Protokoll führte, eingefügt wurde.

Willi Stoph dankte Honecker für die Erklärung und stellte sie zur Abstimmung. Honeckers »Bitte« wurde bei einer Gegenstimme entsprochen.[94] Im Namen Honeckers bat Stoph um Verständnis, daß der Ex-Generalsekretär wegen seines »angegriffenen Gesundheitszustandes« der Tagung nicht länger beiwohnen könnte. »Dem Zentralkomitee wird vorgeschlagen«, fuhr Stoph fort, »Genossen Erich Honecker für sein politisches Lebenswerk, das dem Kampf für Sozialismus und Frieden gewidmet ist, den herzlichen Dank, verbunden mit den allerbesten Wünschen, auszusprechen.« Unter stürmischem, langanhaltendem Applaus schritt Honecker, nur mit Mühe die Tränen zurückhaltend, an den ZK-Mitgliedern vorbei zum Ausgang und verließ den Saal. Ohne weitere Zwischenbemerkung wurde anschließend Egon Krenz einstimmig zum Generalsekretär des ZK der SED gewählt.

Stoph fuhr im Ablaufplan fort und stellte den Vorschlag des Politbüros zur Abstimmung, Herrmann und Mittag als Mitglieder des Politbüros und Sekretäre des ZK aus ihren Funktionen abzuberufen. Jetzt stellte sich ein Versäumnis heraus: In der Hektik war vergessen worden, für deren Abberufung einen Grund anzugeben. »Zur Geschäftsordnung!«, rief prompt Moritz Mebel von seinem Platz aus dazwischen und verlangte: »Ich möchte wissen, warum das Politbüro den Genossen Herrmann und den Genossen Mittag abberuft. Ich möchte eine Erklärung des Politbüros haben.« Stoph war konsterniert; in seinem Ablaufplan war eine solche Erklärung schlichtweg nicht vorgesehen. Auf nochmaliges Drängen von Mebel improvisierte er: »Weil sie ihren Anforderungen nicht gerecht wurden, wie im Politbüro festgestellt wurde. Genügt das?« Mebel gab sich mit der Auskunft zufrieden.

Mittag und Herrmann wurden abgewählt. Ungerührt, als hätte er seine eigene Antwort an Mebel schon wieder vergessen, sprach Stoph Herrmann und Mittag Dank für die geleistete Arbeit aus – so stand es in seinem Ablaufplan.

Dann ergriff der neue Generalsekretär das Wort zu einer knapp einstündigen Rede. Er betonte, die SED werde mit dieser ZK-Tagung »eine Wende einleiten«, »die politische und ideologische Offensive wieder erlangen« und in einen »ernstgemeinten innenpolitischen Dialog« treten. Die Kraftquelle dafür sei die Kollektivität der Führung.

Der Bundesrepublik bot Krenz eine Vertiefung der Zusammenarbeit an, verknüpfte dieses Angebot jedoch mit mehreren Bedingungen, zu denen insbesondere die »Respektierung« der DDR-Staatsbürgerschaft zählte. Der Bruderbund mit der KPdSU wurde bekräftigt. Die »strategische Orientierung« für die ausgewogene Einheit von Wirtschafts- und Sozialpolitik bleibe gültig; für manches, was notwendig wäre, fehlten jedoch die Mittel, weshalb Krenz vor Versprechungen, »für die es keine Deckungen gibt«, warnte. Allgemein kündigte er einen »weiteren Ausbau des sozialistischen Rechtsstaates« an, insbesondere eine bessere Wahrnehmung der Aufgaben des Ministerrates und der

94 Gegen die »Entbindung« Honeckers stimmte Aussagen von Teilnehmern zufolge Hanna Wolf.

Volkskammer; als einziges konkretes Vorhaben nannte Krenz einen Gesetzentwurf über Reisen von DDR-Bürgern ins Ausland, den das Politbüro dem Ministerrat bereits vorgeschlagen habe.

Nach gründlicher Erörterung im Politbüro werde die nächste Tagung des Zentralkomitees »in Kürze einberufen«, hatte Krenz eingangs versprochen; sie sollte von Arbeitsgruppen vorbereitet werden, in die die ZK-Mitglieder und -Kandidaten einbezogen werden würden.

Den Plan, die 9. Tagung mit der Rede von Krenz unverzüglich zu beenden, durchkreuzten Manfred Ewald und Moritz Mebel. Mebel forderte eine offene und ehrliche Diskussion. »Warum haben wir geschwiegen?«, rief er in den Saal, und kritisierte sich selbst, daß ihm im ZK der Mut gefehlt habe zu widersprechen. Nach dieser Aufwallung unterstützte er am Ende seines Beitrags kritiklos die Ausführungen des neuen Generalsekretärs; sie seien exakt das, »was die Partei erwartet«. Manfred Ewald wiederum war es ein Bedürfnis, Honecker, Mittag und Herrmann noch einmal Dank zu sagen und Krenz seiner Unterstützung zu versichern. Er schlug vor, die Arbeitsgruppen für die kommende ZK-Tagung konkret zu benennen und sofort zu bilden. Hans Modrow wies auf den enormen Erklärungsdruck hin, der auf der Partei laste, und sprach sich dafür aus, den Termin für die ZK-Tagung sofort festzulegen. Darüber hinaus schlug er einen ergänzenden Satz zum Referat vor, mit dem die Dialogbereitschaft der Partei stärker hervorgehoben werden sollte.

Nach diesen drei Beiträgen formierte sich Widerstand gegen die Fortsetzung der Diskussion. Mit dem Schlachtruf: »Der Egon muß vor die Fernsehkamera!« forderte Hans-Joachim Hoffmann und mit der Warnung vor »primitiven Antworten auf komplizierte Fragen« Günter Schabowski den sofortigen Abbruch der Debatte. Doch noch bevor ein entsprechender Antrag Kurt Hagers Zustimmung fand, hatte sich Verteidigungsminister Heinz Keßler das Wort erkämpft. Keßler war der letzte Risikoposten in der Rechnung der Verschwörer. Nach dem Sturz Honeckers im Politbüro hatte Mielke dem Chef des Hauptstabes der NVA, Fritz Streletz, den Auftrag erteilt, den Verteidigungsminister nunmehr aus Nicaragua zurückzubeordern, ihn am Flughafen in Empfang zu nehmen, von dort auf direktem Wege zu Egon Krenz zu begleiten und Sorge dafür zu tragen, daß Keßler zuvor nicht mit Honecker in Kontakt kam. Wenige Stunden zuvor war Keßler erst eingetroffen, hatte mit Krenz gesprochen und Honeckers Auftritt erlebt und wußte nicht, was er glauben sollte. Darüber sprach er zur Erleichterung der Verschwörer nicht; stattdessen warnte er jedoch vor der Aggressivität der NATO, den von Ungarn und Polen ausgehenden Gefahren für den Sozialismus und der Gefahr einer Konterrevolution in der DDR. Als Keßler seine von zahlreichen Zwischenrufen unterbrochene Rede irritiert beendete, rührte sich keine Hand zum Beifall. Mit dem Vorschlag, die Debatte zum schnellstmöglichen Termin, aber gut vorbereitet fortzusetzen, ging die 9. Tagung zu Ende.

Der neue Generalsekretär war weder ein Wunschkandidat der Parteibasis noch des Volkes; Krenz war vielmehr der »Ziehsohn« und »Kronprinz«

Honeckers. Seine langjährige Verantwortung für die bewaffneten Organe – und damit für deren Übergriffe in den vorhergehenden Wochen –, seine Verantwortung für die Wahlfälschungen als Leiter der Wahlkommission und seine Befürwortung des Massakers in China wiesen ihn nicht gerade als reformfreudigen Politiker aus. Hans Modrow hingegen, der in Partei und Bevölkerung schon eher Sympathien als Reformer und einen Ruf als Hoffnungsträger genoß, fehlten die nomenklaturmäßigen Voraussetzungen für das Amt des Generalsekretärs; Honecker hatte ihn nicht ins Politbüro berufen. Mit der Wahl von Krenz feierte somit die Kaderpolitik Honeckers ihren letzten Sieg; Modrow ging bereits zwei Tage später auf Distanz zu Krenz.

Am Abend des 18. Oktober wiederholte Krenz seine ZK-Rede im DDR-Fernsehen. Der steife Auftritt, die verfehlte Anrede der Fernsehzuschauer als »liebe Genossen« und viele parteichinesische Abschnitte, vor allem aber die in Anbetracht der Probleme und des starken Erwartungsdrucks unzureichenden Reformzusagen, verbesserten die ohnehin schlechte Ausgangsposition von Krenz – und mit ihm der gesamten alten SED-Führung – keineswegs.

Als politischer Leitsatz der beabsichtigten »Wende« der SED-Führung konnte immerhin der Satz verstanden werden: »Wir lassen uns von der festen Überzeugung leiten, daß alle Probleme in unserer Gesellschaft politisch lösbar sind.« Mit dieser politischen Vorgabe wurde die offene Gewaltanwendung des Staatssicherheitsdienstes ausgesetzt; seine Tätigkeit war in den folgenden Wochen auf Beobachtung, Dokumentation und Eigensicherung beschränkt. Zwar ließ Stasi-Minister Mielke auf einer Dienstbesprechung des erweiterten Führungskreises des MfS am 21. Oktober keinen Zweifel daran, daß diese Orientierung bedeute, die Feinde nicht so zu behandeln, »wie es diese Kräfte eigentlich verdienen«; doch gleichzeitig schärfte er seinen Leitungskadern ein, daß sich alle »bis zur letzten Konsequenz« an diese Generallinie der Partei zu halten hätten.[95] »Panzer oder Waffen sind in der heutigen Zeit untaugliche Mittel«, hieß es in Thesen zur Auswertung von Mielkes Referat in der Bezirksverwaltung für Staatssicherheit in Halle am 24. Oktober.[96] Auf einer von Krenz einberufenen Beratung des ZK-Sekretariats mit den Ersten Bezirkssekretären am 27. Oktober versicherte Horst Felber, der Erste Sekretär der SED-Kreisleitung im MfS, man halte sich an die von der Partei vorgegebene Linie; die Genossen des MfS seien »aber bereit, wenn der Befehl gegeben wird, auch anders zu handeln«.[97] Auch unter Krenz schloß die SED-Führung eine Zuspitzung der Konflikte prinzipiell nicht aus; in der Nationalen Volksarmee

95 Referat des Genossen Ministers zur Auswertung der 9. Tagung des ZK der SED und zu den sich daraus ergebenden ersten Schlußfolgerungen für die Tätigkeit des MfS, 21. Oktober 1989 (BStU, ZA, MfS-ZAIG 4885). Vgl. zur Rolle der Staatssicherheit im Herbst 1989 detailliert: Michael Richter, Die Staatssicherheit im letzten Jahr der DDR, Köln/Weimar 1996.

96 BVfS Halle/AKG, Thesen zur Beratung mit den Leitern der operativen Diensteinheiten am 24. Oktober 1989 (BStU, ASt. Halle, AKG 980).

97 Horst Felber, Einige Worte zur Lageeinschätzung im eigenen Verantwortungsbereich (BStU, ZA, MfS-SdM 2336).

standen für diesen Fall bis nach dem Mauerfall über 180 Hundertschaften für Einsätze im Innern bereit;[98] und wenn es auch nicht dazu kam, so blieb doch im Politbüro die Variante, notfalls einen »Ausnahmezustand« zu verhängen, bis in den November hinein virulent.[99]

4. Die 10. ZK-Tagung: Abbruch statt Aufbruch

4.1. Der Machtverfall

Schneller als Honecker konzentrierte Krenz die gesamte Macht in Partei und Staat auf seine Person: Am 24. Oktober ließ er sich von der Volkskammer die Funktionen des Vorsitzenden des Staatsrates und des Nationalen Verteidigungsrates übertragen; erstmals gab es gegen diese Ämterhäufung allerdings Gegenstimmen. War es Honecker noch 1971 gelungen, mit einem Führungswechsel die Macht zu restabilisieren, so bewirkte sein Sturz im Herbst 1989 das Gegenteil: Das Revirement an der Spitze der Partei zu einem Zeitpunkt, da die Kontrolle über die Massen bereits verloren war, beschleunigte den Machtverfall.

Für den Tag nach dem Sturz Honeckers gab es in der SED-Führung keine Konzepte oder Strategien; programmatische Alternativen waren in der Konspiration nicht vorbereitet worden, die Schubladen waren leer. Der neue Generalsekretär stand vor einer doppelten Handlungsanforderung: Die Sicherung seiner Macht verlangte zum einen, loyale Kader in Schlüsselpositionen zu bringen und innerparteiliche Konkurrenten in Schach zu halten beziehungsweise auszuschalten. Die Etablierung eines verläßlichen Loyalitätsregimes hatte bei Honecker fünf Jahre gedauert. Zum anderen brauchte er ein neues, integrationsfähiges Programm, da die »Hauptaufgabe« seines Vorgängers, die Einheit von Wirtschafts- und Sozialpolitik, gescheitert war; auch dies war keine kurzfristig zu lösende Aufgabe. Und für beides gab es keine Zeit mehr.

Denn unbeeindruckt von dem Austausch des Generalsekretärs setzte sich die Ausreisewelle fort; bis zu zweitausend DDR-Bürger passierten nach dem 18. Oktober täglich die ungarisch-österreichische Grenze. Auch die Zahl der

98 Vgl. Generaloberst Fritz Streletz, Aktennotiz für den Minister für Nationale Verteidigung, Berlin, den 10. Oktober 1989 und folgende Wochen.

99 Vgl. Erich Mielke/Friedrich Dickel/Wolfgang Herger/Klaus Sorgenicht, Vorlage für das Politbüro, Betr.: Maßnahmen zur Verhinderung der weiteren Formierung und zur Zurückdrängung antisozialistischer Sammlungsbewegungen, Berlin, 30. Oktober 1989, Anlage 1: Information über antisozialistische Bewegungen in der DDR (SAPM0-BArch, DY 30/J IV 2/2 A/3252); Niederschrift des Gesprächs zwischen Krenz und Gorbatschow, Moskau, 1. November 1989 (SAPMO-BArch, DY 30/IV 2/2039/329); Mitteilung von Wolfgang Herger an d. Vf.

Demonstrationen flaute nicht ab. Die Protestbewegung rechnete den Rücktritt Honeckers nicht der Vernunft der Partei, schon gar nicht dem Mut einiger reformfreudiger Verschwörer zu, sondern betrachtete ihn als Zurückweichen des Regimes vor dem Druck der Straße, der durch seinen Erfolg eine nachträgliche Berechtigung und weiteren Ansporn erfuhr. Konsequenterweise wurde dieser Druck verschärft, um weitergehende Forderungen durchzusetzen. Innerhalb einer Woche breiteten sich die Demonstrationen über das ganze Land aus und erreichten auch die Klein- und Mittelstädte.[100] Gefordert wurden überall freie Wahlen, die Zulassung von Oppositionsgruppen und Reisefreiheit.

Die Parteibasis wiederum ließ sich für den neuen Generalsekretär und seine vagen Reformversprechen nicht mehr auf Knopfdruck von oben mobilisieren. Versuche, die oppositionellen Demonstrationen in regimefreundliche Großkundgebungen umzuwandeln, schlugen – zum Teil schon im Vorbereitungsstadium – fehl. Das Vertrauen der SED-Mitglieder in die Fähigkeit der Parteiführung, die Lage zu bewältigen, schwand.

In den Dialogveranstaltungen, den Rathaus- und Sonntagsgesprächen, mit denen die SED die ideologische Offensive erlangen wollte, zeigten sich die leitenden Funktionäre aller Ebenen – von wenigen abgesehen – in doppelter Hinsicht überfordert. Gewohnt, Beschlüsse umzusetzen oder durchzustellen und Orientierungen zu erhalten oder weiterzuleiten, hatten sie zum einen den Meinungsaustausch in freier Rede und Gegenrede verlernt. Zum anderen verfügten die SED-Funktionäre der unteren und mittleren Ebene zumeist über keinerlei Handlungsspielraum, Proteste und Forderungen durch begrenzte Zugeständnisse zu kanalisieren, weil selbst die bescheidensten Veränderungswünsche im Betrieb, in der Kommune oder im Bezirk an Entscheidungen zentraler Organe – von Ministerien, Staatlicher Plankommission, Ministerrat oder Politbüro – gebunden waren. Es waren wesentliche Strukturen des Systems selbst, die die Krise verschärften: Die Verstaatlichung der Wirtschaft verwandelte jede ökonomische Forderung in eine Forderung an den Staat, die Verparteilichung des Staates transformierte jede Kritik in eine Kritik an der Partei, die zentralistische und personalistische Entscheidungsstruktur lenkte sie auf die Spitze des Systems: das Politbüro.

Noch ehe Krenz sich Gedanken über den Austausch von Kadern machen konnte, prasselten die Rücktrittsforderungen von allen Seiten auf die Parteiführung ein. Zunächst galten sie einzelnen Mitgliedern des Politbüros und der Regierung sowie Ersten Bezirkssekretären, dann dem Präsidium der Volkskammer und dem ganzen Ministerrat und schließlich dem Politbüro als Kollektiv.

100 Das MfS registrierte in der Woche vom 16. bis 22. Oktober 140 000 Teilnehmer an 24 Demonstrationen, vom 23. bis 30. Oktober 540 000 Teilnehmer an 145 Demonstrationen und vom 30. Oktober bis 5. November 1,4 Mio. Teilnehmer an 210 Demonstrationen. Vgl. Walter Süß, Entmachtung und Verfall der Staatssicherheit, BF informiert 5/1994, Berlin, S. 10.

Entsprechend einem Politbüro-Beschluß berief Krenz am 25. Oktober das 10. Plenum für den 8. bis 10. November nach Berlin ein.[101] Am 31. Oktober wurden im Politbüro, neben einer »Analyse der ökonomischen Lage der DDR mit Schlußfolgerungen« und der Vorbereitung auf den Moskau-Besuch von Krenz, Vorschläge für ein »Aktionsprogramm« und der Entwurf eines Reisegesetzes beraten, der noch einmal an den Ministerrat zurückverwiesen wurde.[102]

Um den Druck im Innern zu verringern, erfolgte ab 1. November die Wiederzulassung des seit dem 3. Oktober unterbrochenen paß- und visafreien Reiseverkehrs mit der ČSSR. Als sich daraufhin die Botschaft der Bundesrepublik in Prag sofort wieder mit ausreisewilligen DDR-Bürgern füllte, entschloß sich die SED-Führung, einer Forderung der ČSSR-Regierung zu folgen und ihren Bürgern ab dem 4. November die direkte Ausreise aus der ČSSR in die Bundesrepublik zu gestatten. Ab jetzt stand die Mauer nicht nur über den Umweg durch Ungarn, sondern auch durch die direkt benachbarte ČSSR offen. Sofort setzte ein neuer Massenexodus ein.

Ebenfalls am 4. November demonstrierten Hunderttausende auf dem Berliner Alexanderplatz für Presse-, Meinungs- und Versammlungsfreiheit und gegen die führende Rolle der Partei. Die explosive Stimmungslage – das MfS befürchtete erneut den Versuch eines Mauerdurchbruchs – und die zunehmend heftiger werdende Kritik an der SED veranlaßten Krenz am Vorabend zu einer zweiten, kurzfristig angekündigten Fernsehansprache. Er bekräftigte den Erneuerungswillen der SED, versprach unter anderem die baldige Veröffentlichung des in Arbeit befindlichen Reisegesetz-Entwurfs, kündigte den Rücktritt der Politbüromitglieder Axen, Hager, Mielke, Mückenberger und Neumann für die 10. ZK-Tagung an und wies auf einige Punkte des in Vorbereitung befindlichen Aktionsprogramms hin.[103]

Am 6. November wurde der Reisegesetz-Entwurf tatsächlich in der Tagespresse veröffentlicht.[104] Er sah lange Bearbeitungszeiten vor, beschränkte den Gesamtreisezeitraum auf dreißig Tage pro Jahr und enthielt »Versagungsgründe«, die nicht eindeutig und nachprüfbar definiert waren und der Behördenwillkür größten Spielraum ließen. Ein Anspruch auf den Erwerb konvertierbarer Devisen, also insbesondere von D-Mark, wurde nicht gewährt. Statt politischen Druck wegzunehmen, heizte der Gesetzentwurf die kritische Stimmung in der Bevölkerung weiter an. »Jetzt sollen wir reisen dürfen mit dem Bettelsack auf dem Rücken«, hieß es auf Demonstrationen, und einhellig wurde gefordert: »Das Reisegesetz muß weg!«[105]

Am Morgen des 7. November nahm das Politbüro den Rücktritt der Regie-

101 Vgl. SAPMO-BArch, DY 30/IV 2/1/704.
102 Vgl. SAPMO-BArch, DY 30/J IV 2/2/2356 bzw. 2 A/3252.
103 Vgl. ND, 4./5. November 1989.
104 Vgl. ND, 6. November 1989.
105 Vgl. Bahrmann/Links, Chronik der Wende, S. 84.

rung Stoph zustimmend zur Kenntnis und bereitete das am folgenden Tag beginnende ZK-Plenum vor. Es wurde festgelegt, als Politbüro ebenfalls geschlossen zurückzutreten und gleich zu Beginn eine Neuwahl durchzuführen; eine komplette Vorschlagsliste von Krenz wurde ebenso bestätigt wie dessen Grundsatzrede, der Entwurf eines Aktionsprogramms und die Bildung von Kommissionen für die Ausarbeitung von Analysen zur Vorbereitung des XII. Parteitages. Auf Drängen der ČSSR, den Ausreisestrom von DDR-Bürgern durch ihr Land in die Bundesrepublik sofort zu stoppen, wurde der gerade zurückgetretene Ministerrat beauftragt, dem ZK einen Vorschlag zu unterbreiten, »wonach der Teil des Reisegesetzes, der sich mit der ständigen Ausreise aus der DDR befaßt, durch eine Durchführungsbestimmung sofort in Kraft gesetzt wird«.[106]

4.2. Das Vorbereitungsmaterial für die ZK-Mitglieder: »Schock mit schlimmen Folgen«

Die Vorbereitungsmaterialien für die 10. Tagung konnten am 7. November ab 14.00 Uhr im Plenarsaal gelesen werden. Letztmals waren umfangreiche schriftliche Unterlagen dieser Art zusammengestellt worden, die sich ausschließlich auf die kurze Amtszeit von Egon Krenz bezogen. Es handelte sich insbesondere um die Gesprächsniederschriften des neuen Generalsekretärs mit Bischof Werner Leich, Vorsitzender der Konferenz der Evangelischen Kirchenleitungen in der DDR (am 19. Oktober in Hubertusstock), mit Wolfgang Mischnick (am 25. Oktober in Berlin), Helmut Kohl (telefonisch am 26. Oktober), Michail Gorbatschow (am 1. November in Moskau) sowie den polnischen Politikern Wojciech Jaruzelski, Tadeusz Mazowiecki, Mieczyslaw Rakowski und Bronislaw Geremek (am 2. November in Warschau).

Außerdem war eine ausführliche Analyse des Eingabenbüros beim Politbüro vom 4. November beigefügt, in der die in der Zwischenzeit eingegangenen Forderungen von SED-Mitgliedern und von Bürgern aus allen Bevölkerungsschichten vorgestellt wurden.[107] Das Büro konstatierte, daß ein neues Programm und Statut der SED notwendig seien; zudem hätten Forderungen nach einer Legalisierung des Neuen Forum bzw. anderer oppositioneller Gruppierungen zugenommen. Der Themenkatalog umfaßte insbesondere die Wirtschaftsreform, den Subventionsabbau, die »sozialistische« Demokratie, die neue Parteiarbeit, den Abbau des Verwaltungsapparates, die Informations- und Medienpolitik, die Bildung und Erziehung sowie die Reisemöglichkeiten für alle DDR-Bürger.

106 Protokoll der Politbüro-Sitzung vom 7. November 1989, in: SAPMO-BArch, DY 30/J IV 2/2/2358.

107 Vgl. die Vorbereitungsunterlagen mit einem Gesamtumfang von etwa 100 Blatt, in: SAPMO-BArch, DY 30/IV 2/1/704.

Von zentraler Bedeutung war zweifellos das November-Treffen der führenden Repräsentanten von KPdSU und SED. Der Inhalt des Gesprächs zwischen Gorbatschow und Krenz ging weit über die bisherige gegenseitige Information, Bestätigung oder Rückversicherung hinaus.

Die Unterredung im Kreml[108] begann mit dem deutlichen Hinweis des KPdSU-Generalsekretärs an seinen Amtskollegen in der SED, »man müsse verhindern, daß ein Knäuel von Problemen entstehe, das nicht mehr entwirrt werden kann«.[109] Krenz schätzte ein, daß in der DDR seit längerer Zeit eine Krise herangereift war, vor allem wegen eines fehlerhaften Ansatzes des XI. Parteitags 1986. Besonders schwer fiele der fehlende »Schulterschluß mit der Sowjetunion« ins Gewicht, welchen das »Sputnik«-Verbot klar zum Ausdruck gebracht hätte (ein »tiefer Einschnitt im politischen Denken der Bürger der DDR«). Krenz schilderte ausführlich die Umstände, die zum Sturz Honeckers geführt hatten.[110] Gorbatschow brachte sein Bedauern über das »große persönliche Drama« zum Ausdruck: »Genosse Erich Honecker habe sich offensichtlich für die Nummer 1 im Sozialismus, wenn nicht sogar in der Welt gehalten. Er habe nicht mehr gesehen, was wirklich vorgehe.«

Krenz berichtete dann, »man sei auf dem 9. Plenum mit dem Vorsatz angetreten, der Wahrheit ins Auge zu sehen. Wenn er jedoch die Wahrheit über die Volkswirtschaftslage vor dem ZK darlege, dann könne dies einen Schock mit schlimmen Folgen auslösen.« Am Vortage hätte man im Politbüro die ökonomische Lage beraten – und sie wäre mehr als schlecht. Die Wachstumsraten sänken, der Fünfjahresplan würde nicht erfüllt, die Zahlungsbilanz wäre prekär, und neue Kredite seien notwendig. Die jährlichen Zinszahlungen von 4,5 Milliarden US-Dollar vertilgten 62 Prozent des gesamten Exporterlöses.[111] Die Zahlungsbilanz sei in der DDR nicht bekannt, teilte er mit, aber »wenn man real vorgehen und das Lebensniveau ausschließlich auf die eigene Leistung gründen wollte, müsse man es sofort um 30 Prozent senken. Dies sei jedoch politisch nicht zu verantworten.« Der über diese Informationen er-

108 Niederschrift des Gesprächs des Genossen Egon Krenz, Generalsekretär des ZK der SED und Vorsitzender des Staatsrates der DDR, mit Genossen Michail Gorbatschow, Generalsekretär des ZK der KPdSU und Vorsitzender des Obersten Sowjets der UdSSR, am 1. November 1989 in Moskau (SAPMO-BArch, DY 30/IV 2/2039/329).

109 Ebenda (wie alle folgenden Zitate zum Gespräch Krenz – Gorbatschow).

110 Obwohl Krenz in seinem Referat auf der 10. Tagung einige Gründe für den Sturz Honeckers andeutete, erfuhr die Öffentlichkeit genauere Einzelheiten erst durch ein Zeitungsinterview mit Siegfried Lorenz (»Oktobertage im Politbüro«, in: Freie Presse, 30. November 1989; vgl. auch ND, 1. Dezember 1989).

111 Gegenüber Gorbatschow bezifferte Krenz die Westverschuldung der DDR auf 26,5 Milliarden Dollar (49 Milliarden DM); davon wurden dem Zentralkomitee der SED am 8. November 20 Milliarden Dollar offenbart. – Laut Rededisposition wollte Krenz Gorbatschow im Anschluß an die Darstellung der DDR-Zahlungsbilanz als Schlußfolgerung mitteilen: »Für DDR eine ganz schwere, komplizierte Lage, daraus politische und ökonomische Abhängigkeit, die in ganzem Ausmaß noch nicht übersehbar« (vgl. Empfehlungen für das Gespräch des Genossen Egon Krenz mit Genossen Michail Gorbatschow, in: SAPMO-BArch, DY 30/IV 2/2039/329).

staunte Gorbatschow machte Krenz im weiteren Verlauf des Gesprächs klar, daß mit ökonomischer Hilfe seitens der Sowjetunion nicht zu rechnen wäre. Er riet dazu, der Bevölkerung zunächst allgemein mitzuteilen, daß sie über ihre Verhältnisse gelebt habe, und erst später zur vollen Wahrheit überzugehen.

Nicht grundlos wurden unmittelbar im Anschluß daran die deutsch-deutschen Beziehungen erörtert. Krenz bat seinen Gastgeber um eine Erläuterung, »welchen Platz die Sowjetunion der Bundesrepublik Deutschland und der Deutschen Demokratischen Republik im gesamteuropäischen Haus einräumt«. Die DDR sei ein Kind der UdSSR und diese müsse ihre »Vaterschaft« anerkennen. Gorbatschow versuchte Krenz zu beruhigen. Er befände sich in Übereinstimmung z. B. mit Margaret Thatcher, François Mitterrand und Giulio Andreotti, daß die Frage der Einheit Deutschlands »äußerst explosiv für die gegenwärtige Situation« wäre. Für Zbigniew Brzezinski käme so etwas einem »Zusammenbruch«, für Willy Brandt einer »eklatanten Niederlage der Sozialdemokratie« gleich. Die beste Politik bestünde darin, die bisherige Politik weiterzuführen; die deutsche Frage wäre keine Frage der aktuellen Politik.

Krenz erläuterte daraufhin, daß die DDR beabsichtige, den Schußwaffengebrauch an der Grenze zur Bundesrepublik zu vermeiden und noch vor Weihnachten ein Reisegesetz zu verabschieden, demzufolge jeder DDR-Bürger die Möglichkeit erhalte, einen Paß und ein Ausreisevisum für Reisen in alle Länder zu erwerben. Man könne allerdings die Reisenden nicht mit genügend Valutamitteln ausstatten und werde öffentlich darlegen müssen, daß die Devisen aus dem Zwangsumtausch dafür nicht ausreichten.

Gorbatschow ermunterte Krenz, »verantwortungsbewußt und mit großer Achtung vor der Wahrheit« an die Probleme heranzugehen, wozu auch gehörte, zu den Hintergründen des Rücktritts Honeckers weitere Erklärungen abzugeben. Im Hinblick auf die auf der 10. ZK-Tagung anstehenden Kaderfragen äußerte er Sympathie insbesondere für Willi Stoph und Hans Modrow und empfahl, »einige kluge und originelle Köpfe aus dem ZK in das Politbüro zu wählen und auch prominente Vertreter der Kultur und der Wissenschaft als Mitglieder oder Kandidaten in das ZK aufzunehmen. Das würde das Ansehen dieser Gremien erhöhen.«

Gorbatschow mahnte Krenz, die SED dürfte nicht die Initiative verlieren: »Die Prozesse verliefen sehr dynamisch und könnten sich weiter beschleunigen. Die Führung der Partei müsse entsprechend reagieren. Wenn die Prozesse an Spontaneität gewinnen oder die politische Orientierung verlieren, dann wäre das ein großes Unglück. Es könne dadurch eine ausweglose Lage entstehen.«

Der Gesprächsniederschrift konnten viele ZK-Mitglieder zum ersten Mal Details über die Auseinandersetzungen im Politbüro entnehmen. Erahnen konnten sie auch, wie ernst die ökonomische Lage war. Was sie jedoch nicht erfuhren, war der Lösungsvorschlag, den führende Ökonomen – Gerhard Schürer, Alexander Schalck, Gerhard Beil, Ernst Höfner und Arno Donda – dem Politbüro am 31. Oktober angesichts des Schuldendilemmas der DDR unterbreitet hatten: Um der drohenden Zahlungsunfähigkeit zu entgehen, hatten sie empfohlen, der Bundesregierung für die Gewährung dringend erforderlicher neuer Kredite und eine erweiterte wirtschaftliche Kooperation als Tauschmittel die Mauer anzubieten.[112]

Und gänzlich verschwieg Krenz dem Zentralkomitee die wichtigste Konsequenz, die er aus dem Gespräch mit Gorbatschow gezogen hatte: Da an eine ökonomische Unterstützung der DDR seitens der Sowjetunion nicht zu denken war, hatte er Alexander Schalck am 6. November mit dem Auftrag nach Bonn geschickt, mit dem CDU-Fraktionsvorsitzenden Wolfgang Schäuble und Kanzleramtsminister Rudolf Seiters über einen umfassenden Ausbau der innerdeutschen Beziehungen zu verhandeln. Im Mittelpunkt standen dabei Kreditwünsche der DDR mit einem Gesamtvolumen in Höhe von 12 bis 13 Milliarden DM. Die dringlichste Bitte von Schalck war, daß sich die Bundesregierung kurzfristig an der Finanzierung des mit dem Reisegesetz zu erwartenden erweiterten Reiseverkehrs beteiligen sollte, wobei es um eine Größenordnung von 3,8 Milliarden DM ging (je 300 DM für 12,5 Millionen Reisende pro Jahr).[113] Die Bundesregierung hatte sich gesprächs- und verhandlungsbereit gezeigt, ökonomisches Entgegenkommen jedoch an politische Bedingungen geknüpft: die Aufgabe des Machtmonopols der SED, die Zulassung oppositioneller Gruppen und freie Wahlen. Nur diese politischen Forderungen Bonns wurden den ZK-Mitgliedern bekannt, da sie der Bundeskanzler am 8. November im Bundestag öffentlich machte; ihr Hintergrund blieb ihnen verborgen.

Mit ihrer geheimen Orientierung auf die Bundesrepublik war die SED-Spitze ihrem Volk voraus; die Rufe »Wir sind ein Volk« und »Deutschland – einig Vaterland« bestimmten erst seit der zweiten Novemberhälfte das Bild der Demonstrationen. Die Zielrichtung freilich war entgegengesetzt: Beabsichtigte die SED-Führung mit Bonner Hilfe ihre Herrschaft zu stabilisieren, so ging es den Demonstranten um die Beseitigung des SED-Staates und die Herstellung der deutschen Einheit unter demokratischen Vorzeichen.

Indem Krenz dem Zentralkomitee die Information vorenthielt, daß wesentliche Teile der Parteiführung sich das ökonomische und politische Überleben der DDR nur noch in einer engeren Beziehung zur Bundesrepublik vorstellen konnten, schickte er das Plenum in der für die Zukunft der DDR wichtigsten Frage auf einen Blindflug.

112 Die Politbüro-Vorlage ist dok. in: Hertle, Fall der Mauer, S. 448 ff.

113 Der Vermerk von Alexander Schalck über sein informelles Gespräch mit Wolfgang Schäuble und Rudolf Seiters ist dok. in: Hertle, Fall der Mauer, S. 483 ff.

4.3. Der erste Beratungstag: Kaderfragen ohne Ende

Die ZK-Tagung wurde am 8. November 1989 um 10.00 Uhr eröffnet. Sechs ZK-Mitglieder hatten ihr Fernbleiben schriftlich entschuldigt.[114] Zunächst standen »Kaderfragen« zur Behandlung an. Noch hielten sich die Kaderverluste des Parteiapparats in Grenzen; nur drei Erste Bezirkssekretäre waren ausgetauscht worden. Der Rücktritt des Politbüros wurde einstimmig angenommen; Hermann Axen, Kurt Hager, Werner Krolikowski, Erich Mielke, Erich Mückenberger, Alfred Neumann, Horst Sindermann, Willi Stoph und Harry Tisch wurden freigesetzt. Krenz stellte die am Vortag im Politbüro beschlossene Kandidatenliste für Politbüro und ZK-Sekretariat vor, von der Werner Krolikowski noch über Nacht verschwunden war. Elf alte und fünf neue Mitglieder sollten das neue Politbüro bilden. Das ZK-Sekretariat hingegen hatte Krenz ausgekehrt: Mit Ausnahme der profillosen ZK-Frauensekretärin Inge Lange hatte er das gesamte ZK-Sekretariat ausgewechselt und mit seinen Vertrauten und Anhängern besetzt.

Über die Kandidatenliste wurde, und dies war neu, nicht wie früher üblich im Block, sondern einzeln abgestimmt. Auf Widerspruch stieß besonders, daß das alte Politbüro mit seinem Rücktritt zwar formal die Verantwortung »für die entstandene Lage« übernommen hatte, die nun vorgeschlagene »neue« Zusammensetzung aber keine Bereitschaft erkennen ließ, Konsequenzen aus Vergangenem zu ziehen. Denn wie sonst war zu erklären, daß die alten Mitglieder weiterhin die Mehrheit im neuen Politbüro stellen sollten? Mit der gewohnten Einstimmigkeit war es vorbei; der Zustimmungs-Automatismus zu Vorschlägen des Generalsekretärs und Politbüros wurde aufgekündigt. Im Ergebnis eines stundenlangen Abstimmungs-Wirrwarrs – mangels Praxis hatte man unter anderem auch das Stimmenauszählen verlernt – verweigerte das Zentralkomitee drei der »Alt«-Kandidaten von Krenz, nämlich Horst Dohlus, Günther Kleiber und Gerhard Müller, die Zustimmung.

Kaum hatte das Zentralkomitee das Selbstbestimmungsrecht des Generalsekretärs über »sein« Politbüro gebrochen, stellte die im ZK kaum vertretene Parteibasis die Entscheidungen des Zentralkomitees in Frage. Als die Zusammensetzung des alt-neuen Politbüros in der Mittagszeit über die Medien verbreitet wurde, brach in einigen Bezirken ein Proteststurm in den Parteiorganisationen gegen einige der neugewählten Politbüro-Mitglieder los. Mit dem Auftrag an Hans-Joachim Böhme, Johannes Chemnitzer und Werner Walde, in ihren Bezirken um ihre Posten zu kämpfen, forderte Krenz eine Kraftprobe zwischen Parteiführung und Parteibasis heraus, die mit der vollständigen Niederlage der Parteiführung endete. Den drei am Morgen ins Politbüro gewählten Ersten Bezirkssekretären wurde noch am gleichen Abend das Vertrauen

114 Es handelte sich um Erich Honecker, Hans Jendretzky, Hans Pischner, Horst Schumann, Horst Sölle und Herbert Ziegenhahn.

ihrer Bezirksorganisationen entzogen und zusätzlich Inge Lange das Vertrauen der Mitarbeiter ihres Zuständigkeitsbereiches.

Für ein diktatorisch-zentralistisches System, dessen Steuerungsfähigkeit in starkem Maße auf der personellen und institutionellen Verflechtung aller Spitzenämter in Partei, Staat, den Massenorganisationen und gesellschaftlichen Organisationen beruhte und dessen Entscheidungsstrukturen in hohem Maße personalisiert waren, hatte das Kaderbegräbnis von Spitzenfunktionären weitreichende Folgen: Die Funktionsfähigkeit zentraler Institutionen und Steuerungsgremien, darunter der Nationale Verteidigungsrat, der Ministerrat und sein Präsidium, das Volkskammer-Präsidium und der Staatsrat, war mit einem Schlag beeinträchtigt, die Arbeitsfähigkeit des zentralen Parteiapparats solange eingeschränkt, wie die neuen ZK-Sekretäre mit Abteilungs- und Sektorenleitern sowie Mitarbeitern konfrontiert waren, die in persönlichen Loyalitätsverhältnissen zu ihren abgelösten Chefs befangen waren.

Gegen den Versuch, ihm einen Zweiten Sekretär als Vertreter zur Seite zu stellen, wehrte sich Krenz erfolgreich mit dem Argument, er befinde sich »bei bester Gesundheit«; doch am Ende der Tagung stand er einem vierzehnköpfigen Rumpf-Politbüro vor, dessen Integrations- und Repräsentanzfunktion – von Honecker über die Jahre aufgebaut – zerstört war. Den ausgeschiedenen Politbüro-Mitgliedern sprach das ZK einmal mehr seinen Dank aus.

Nach der Mittagspause wurde Schabowski in seiner Funktion als frischgewählter ZK-Sekretär für Agitation und Propaganda beauftragt, den inzwischen vor dem ZK-Gebäude versammelten Demonstranten der SED-Basis, die dem Aufruf einer Parteiorganisation der Akademie der Wissenschaften gefolgt waren, Mitteilung über den bisherigen Sitzungsverlauf zu machen. Gleichzeitig erhielt er das Mandat, an den Abenden der Beratungstage im nahegelegenen Internationalen Pressezentrum die Medien umfassend zu informieren.

Anschließend trug Krenz das später in der Presse fast vollständig veröffentlichte Referat vor.[115] Der Versuch eines »Schrittes zur Erneuerung« hinterließ Ernüchterung. Die SED-Führung formulierte keine durchgreifend neuen Ziele, sie rannte den Forderungen der Massenbewegung des Herbstes

115 Vgl. Schritte zur Erneuerung, Berlin 1989, S. 3 ff.; ND, 9. November 1989. Einige prominente SED-Reformer (Hans Albrecht, Dieter Klein, Alfred Kosing, Wolfgang Krause, Rolf Reißig, Rosi Will) hatten auf Initiative von Günter Schabowski ein Alternativreferat erarbeitet. Krenz hatte noch nicht einmal den Entwurf aus dem ZK-Apparat vollständig durchgearbeitet und keine Zeit, sich mit einem weiteren Entwurf zu befassen, berichtet Schabowski, so daß er mit dem Papier wieder gegangen sei (Schabowski, Das Politbüro, S. 140) und es Modrow zur Verfügung gestellt habe (Schabowski, Der Absturz, S. 319 f.). Eine überarbeitete Fassung dieses Papiers erschien daraufhin, mitunterschrieben u. a. von Michael Brie, Rainer Land, Max Schmidt, Dieter Segert und Klaus Steinitz, am 9. November 1989 unter dem Titel »Was erwarten wir von der 10. Tagung des Zentralkomitees der SED?« in der »Berliner Zeitung«. Zuvor hatten Rolf Reißig, Frank Berg und Peter Zotl erste umfassendere, »parteiinterne« Vorstellungen unter dem Titel »Zur Erneuerung der sozialistischen Demokratie« veröffentlicht (vgl. ND, 4./5. November 1989).

hinterher. Krenz konnte kein konkretes Konzept präsentieren. Im Bereich der Wirtschaft, des politischen Systems, der Parteiarbeit, der Gesetzgebung und der Außenpolitik wurde der akute Handlungsbedarf lediglich aufgezeigt. Zwei Rede-Passagen wurden nicht veröffentlicht. Die erste beinhaltete die Schuldenlast im Außenhandel: »Die Verbindlichkeiten der Deutschen Demokratischen Republik gegenüber nichtsozialistischen Ländern betragen nach Angaben der Bank rund 20 Milliarden Dollar.«[116] Die zweite begründete die Schwierigkeiten für das freizügige Reisen der DDR-Bürger mit den begrenzten finanziellen Möglichkeiten, die sich aus dieser Negativbilanz ergaben.

In einer Pause während des Referats erläuterte Siegfried Lorenz – er war als Leiter einer 23köpfigen Redaktionskommission für das als Schlüsseldokument zu erstellende »Aktionsprogramm« eingesetzt – einen Vorschlag des neuen Politbüros zur Frage des Neuen Forum.[117] Danach sollte der Innenminister anordnen, daß die entsprechenden staatlichen Organe Anmeldungen zur Gründung von Vereinigungen auf der Grundlage der DDR-Verfassung annehmen könnten. Die Anerkennung müßte versagt werden, wenn verfassungswidrige Ziele in den einzureichenden Statuten auftauchen. Den Antragstellern des Neuen Forum, Rechtsanwalt Gregor Gysi im Mandat von Bärbel Bohley und Jutta Seidel, wäre noch am selben Tage ein Gespräch im Ministerium des Innern anzubieten, worüber eine Pressemitteilung zu erfolgen hätte. Eine Taktik des »Trojanischen Pferdes« sollte die Maßnahmen ergänzen: »Die leitenden Parteiorgane und die Grundorganisationen nehmen auf die zu erwartenden Gründungsprozesse in ihrem Verantwortungsbereich Einfluß, um vor allem Verfassungstreue zu sichern und antisozialistischen Tendenzen entgegenzuwirken. Das schließt auch die gezielte Mitwirkung von Genossen in entstehenden Vereinigungen ein.«[118] Abschließend wurden Gespräche und ähnliche Aktivitäten in den Bezirken (Dresden, Karl-Marx-Stadt) begrüßt und ihre Weiterführung empfohlen. Doch auch diese Orientierungen kamen viel zu spät.

Nach dem Ende des mehrstündigen Referats des Generalsekretärs schilderte Schabowski seine Eindrücke von der Demonstration vor dem ZK-Gebäude. Krenz wurde veranlaßt, dort ebenfalls aufzutreten. Die Forderung der Demonstrierenden nach einem Sonderparteitag nahm er nicht auf. Seine Losung von einem jetzt zu verwirklichenden Sozialismus, »der wirtschaftlich effektiv

116 SAPMO-BArch, DY 30/IV 2/1/706.

117 Der Gründungsaufruf des am 9. September 1989 in Grünheide gebildeten Neuen Forum erschien am 13. September 1989 in der »Frankfurter Rundschau« (vgl. Charles Schüddekopf [Hrsg.], »Wir sind das Volk!«, Reinbek 1990, S. 29 ff.). Einige Tage später wurde der Antrag auf Registrierung als Organisation vom DDR-Innenminister abgelehnt, da er der Verfassung widerspreche und eine »staatsfeindliche Plattform« darstelle (vgl. ND, 22. September 1989). – Das Politbüro hatte Siegfried Lorenz am 29. Oktober 1989 als Leiter einer Kommission zur Ausarbeitung des Entwurfs des »Aktionsprogramms« eingesetzt (vgl. dazu SAPMO-BArch, DY/J IV 2/2/2355, sowie: Gregor Gysi/Thomas Falkner, Sturm aufs Große Haus, Berlin 1990, S. 43 f.).

118 SAPMO-BArch, DY 30/IV 2/1/706.

ist, der politisch demokratisch ist, der moralisch sauber ist und in allem den Menschen zugewandt ist«,[119] verhallte ohne Resonanz. Dennoch zeigte sich Krenz, in die ZK-Tagung zurückgekehrt, von der Demonstration einschließlich seines eigenen Auftritts erfreut.

So wie der erste Beratungstag begann, klang er aus: mit Kaderfragen. Parteiorganisationen aus den Bezirken hatten sich an das Plenum gewandt und insbesondere gegen die Wahl von Böhme und Chemnitzer ins Politbüro protestiert. Mit der Aufforderung: »Auf, auf, zum Kampf und jetzt einen guten Abend!« beendete Krenz den ersten Tag des Plenums und vertagte alle weiteren Entscheidungen.

4.4. Der zweite Beratungstag: »Wir haben über unsere Verhältnisse gelebt«

Am Morgen des 9. November informierte Krenz über die Niederlage der Parteiführung in den Bezirken Halle und Neubrandenburg; Böhme und Chemnitzer hätten nicht mehr das Vertrauen ihrer Bezirksleitungen, die Konsequenzen und weitere Personalfragen sollten aber erst zum Schluß der Tagung entschieden werden. Zugleich wetterte der SED-Chef gegen die seiner Meinung nach inzwischen »oppositionsverbundenen«, sich auf Kosten der Partei profilierenden Medien. Ohne die Anleitung der Medien durch die Partei, so Krenz, würde »aus dem Aufbruch zu mehr Sozialismus eine Abkehr vom Sozialismus«.

Im Plenum begann dann eine Aussprache, die nicht mehr mit dem zu vergleichen war, was in einem ZK der SED bisher stattgefunden hatte. Das Kommuniqué sprach von 25 mündlich gehaltenen und 68 schriftlich eingereichten Diskussionsbeiträgen; Auswahl und Reihenfolge der Auftritte wurden allerdings nach wie vor vom Tagungsleiter gesteuert. Mehrere Reden wurden in diese offizielle Bilanz nicht aufgenommen. Sie wurden verschwiegen, weil es das Gremium so wollte.

So wurden neben der von Siegfried Lorenz vorgetragenen Vorlage zum Neuen Forum (am 8. November) auch die Ausführungen von Günter Schabowski zur Medienpolitik, von Otto Reinhold zur Krise in der DDR, von Günter Ehrensperger zur Wirtschaftslage und von Hans-Joachim Hoffmann zur Kulturpolitik (am 9. November) sowie von Gerhard Schürer und Werner Jarowinsky zur Entwicklung der Wirtschaftspolitik und der Zahlungsbilanz (am 10. November) nicht veröffentlicht. Die Diskussion wurde mehrmals von Auseinandersetzungen, sogar von »historischen« Entscheidungen unterbrochen. Das heftige Wortgefecht am 9. November zwischen Hermann Kant und dem NVA-General Horst Brünner über die Methoden des Eingreifens der Sicherheitskräfte im Oktober in Dresden, Leipzig und Berlin offenbarte zunehmende Meinungsunterschiede der ZK-Mitglieder.

119 ND, 9. November 1989.

Gegen 15.50 Uhr, im Anschluß an einen Auftritt des Generaldirektors der Fritz-Heckert-Werke, Rudi Winter, entschuldigte sich Krenz, daß er nochmals von der Tagesordnung abweichen müsse, und trug den Entwurf einer Reiseverordnung vor, den der Ministerrat im Auftrage des Politbüros aufgrund des Drucks der ČSSR im Vorgriff auf die Verabschiedung des Reisegesetzes vorgelegt hatte:

»›Beschluß zur Veränderung der Situation der ständigen Ausreise von DDR-Bürgern nach der BRD über die ČSSR

Es wird festgelegt:

1. Die Verordnung vom 30. November 1988 über Reisen von Bürgern in das Ausland findet bis zur Inkraftsetzung des neuen Reisegesetzes keine Anwendung mehr.
2. Ab sofort treten folgende zeitweilige Übergangsregelungen für Reisen und ständige Ausreisen aus der DDR in das Ausland in Kraft:
   a) Privatreisen nach dem Ausland können ohne Vorliegen von Voraussetzungen (Reiseanlässe oder Verwandtschaftsverhältnisse) beantragt werden. Die Genehmigungen werden kurzfristig erteilt. Versagungsgründe werden nur in besonderen Ausnahmefällen angewandt.
   b) Die zuständigen Abteilungen Paß- und Meldewesen der Volkspolizeikreisämter in der DDR sind angewiesen, Visa zur ständigen Ausreise unverzüglich zu erteilen, ohne daß dafür noch geltende Voraussetzungen für eine ständige Ausreise vorliegen müssen. Die Antragstellung auf ständige Ausreise ist wie bisher auch bei den Abteilungen Innere Angelegenheiten möglich.
   c) Ständige Ausreisen können über alle Grenzübergangsstellen der DDR zur BRD bzw. zu Berlin (West) erfolgen.
   d) Damit entfällt die vorübergehend erfolgte Erteilung von entsprechenden Genehmigungen in Auslandsvertretungen der DDR bzw. die ständige Ausreise mit dem Personalausweis der DDR über Drittstaaten.
3. Über die zeitweiligen Übergangsregelungen ist die beigefügte Pressemitteilung am 10. November zu veröffentlichen.‹

Diese Mitteilung hat folgenden Wortlaut: ›Wie die Presseabteilung des Ministeriums des Innern mitteilt, hat der Ministerrat der DDR beschlossen, daß bis zum Inkrafttreten einer entsprechenden gesetzlichen Regelung durch die Volkskammer folgende zeitweilige Übergangsregelung für Reisen und ständige Ausreisen aus der DDR ins Ausland in Kraft gesetzt wird:‹

Und dann kommen die vier Punkte, die ich nicht noch einmal vorzulesen brauche.

Ich sagte: wie wir es machen, machen wir es verkehrt. Aber das ist die einzige Lösung, die uns die Probleme erspart, alles über Drittstaaten zu machen, was dem internationalen Ansehen der DDR nicht förderlich ist.«

Nach einer kurzen Diskussion, als deren Ergebnis die Worte »zeitweilig« und »Übergang« gestrichen wurden und anstelle des Innenministeriums der Regierungssprecher beauftragt wurde, die Veröffentlichung »gleich« zu machen, stimmte das ZK der Verordnung zu. Es sollte, so war es vorgesehen, aufgrund des äußeren Drucks zwar etwas früher als ursprünglich geplant zu einem großzügiger gehandhabten, aber doch immer noch kontrollierten Reise- und Ausreiseverkehr kommen. Eine gute Stunde später teilte Krenz mit, daß Schabowski zusammen mit Manfred Banaschak, Gerhard Beil und Helga Labs zu seiner täglichen Pressekonferenz aufbrechen müsse; aufgrund der vielen Wortmeldungen wurde die ZK-Tagung über das ursprünglich für 18.00 Uhr vorgesehene Ende hinaus bis 20.45 Uhr fortgesetzt.

Am späten Nachmittag orientierten sich die Debatten des Plenums – das sich eigentlich die Aufgabe gestellt hatte, im »Aktionsprogramm« ein neues Gesellschaftskonzept zu offerieren – in eine Richtung, die entscheidend für die weitere politische Entwicklung wurde. Gewissermaßen als »Vorbote« der kommenden Ereignisse beschäftigte sich der Rektor der Akademie für Gesellschaftswissenschaften beim ZK der SED, Otto Reinhold, mit dem Ernst der Lage. Reinhold konstatierte eine gesellschaftliche Krise, die gleichzeitig eine Krise der Partei sei, wobei ein doppelter Autoritätsverlust der Parteiführung festzustellen sei, zum einen gegenüber der Gesamtbevölkerung, zum anderen gegenüber der Parteibasis. Er sprach sich auch in Verbindung mit der Einberufung einer Parteikonferenz für Veränderungen im ZK aus. Seine eigene politische Verantwortung bestünde darin, mit seiner bisherigen »ideologischen« und »propagandistischen« Arbeit beigetragen zu haben, die SED-Politik zu untermauern und zu rechtfertigen. Er hätte nicht entschieden genug um eine Änderung der fehlerhaften Politik gekämpft. Die Anfang Juli 1989 von der AfG und anderen Wissenschaftsinstitutionen der Parteiführung vorgelegten Analysen und Studien hätten dafür eine Grundlage sein können, aber sie seien wie ein Staatsgeheimnis in die Panzerschränke eingesperrt und nicht berücksichtigt worden.[120]

Reinhold hielt dem ZK vor, den Ernst der Lage noch nicht vollständig erkannt zu haben. »Ohne die SED«, führte er aus, »hätte es in der Deutschen Demokratischen Republik keinen Sozialismus gegeben, und ohne die SED wird es auch in der Zukunft keinen Sozialismus in der Deutschen Demokratischen Republik geben. (...) Ohne Sozialismus in der DDR wird es auf die Dauer keine zwei deutschen Staaten geben.«

Besonderes Mißfallen erregte seine Bemerkung, das ZK sollte den »Werktätigen« danken, »daß bis heute nicht gestreikt« werde. Es mag sein, daß Reinhold von der eigenen Mitwirkung an Entscheidungsprozessen ablenkte, daß er seine Befürchtungen zum Teil theoretisch abgehoben und unkonkret vortrug und daß er vor allem keine sonderlich konkreten Alternativen vorweisen konnte, die vielleicht gerade von ihm erwartet wurden. Die heftige ablehnende Reaktion auf seine Rede jedoch machte ihn geradezu sprachlos. Man-

120 Vgl. Akademie für Gesellschaftswissenschaften beim ZK der SED, Aus Theorie und Praxis der gesellschaftlichen Forschung, Sonderheft, Berlin 1989 (Parteiinternes Material). Diese Publikation enthält die Resümees der AfG-Gesamtstudie »Der Sozialismus in den 90er Jahren« (Leitung: Otto Reinhold) und von 26 Einzelstudien.

che verstanden seinen Beitrag offenbar als Flucht nach vorne. Andere sahen die soeben – scheinbar – gewonnene Macht des Zentralkomitees in Frage gestellt und damit sich selbst, die sie sich doch als Garanten für den Erfolg des neuen Kurses wähnten. Einer der wie Reinhold zumindest indirekt die nationale Frage thematisierte und dazu noch die Neuwahl – und indirekt die Abwahl – des Gremiums forderte, war suspekt und machte sich äußerst unbeliebt. Hager kritisierte Reinholds Redebeitrag scharf; Krenz stellte seine Mitwirkung an Anti-Gorbatschow-Kampagnen heraus. Der Beitrag bringe nicht voran, deshalb solle die Rede Reinholds nicht veröffentlicht werden. So geschah es dann auch.

Mit einer Zwischenfrage nach den Ursachen der Westverschuldung, die Krenz am Vortag in seinem Referat auf 20 Milliarden Dollar beziffert hatte, trieb Kulturminister Hoffmann die Debatte dann auf einen dramatischen Höhepunkt. Der ausführliche Bericht über die Stationen der Verschuldung, den der Leiter der ZK-Abteilung Planung und Finanzen, Günter Ehrenspergers, daraufhin ab 20.00 Uhr dem Plenum erstattete, rief schieres Entsetzen hervor. Ehrenspergers Ausführungen gipfelten in dem Satz, »daß wir mindestens seit 1973 Jahr für Jahr über unsere Verhältnisse gelebt haben und uns etwas vorgemacht haben. (...) Und wenn wir aus dieser Situation herauskommen wollen, müssen wir 15 Jahre mindestens hart arbeiten und weniger verbrauchen als wir produzieren.« Er bedauerte, mit diesen Informationen nicht schon früher den Weg ins Zentralkomitee gegangen zu sein. Ehrensperger, seit 15 Jahren Abteilungsleiter Planung und Finanzen des ZK, galt als rechte Hand Günter Mittags. Schon sein Bekenntnis, sehenden Auges in die ökonomische Katastrophe gegangen zu sein, löste große Empörung aus; seine Reformvorschläge waren unerwünscht. Erregte Zwischenrufe begleiteten seinen Vortrag, so daß Krenz vorschlug, »die Sache jetzt nicht weiter zu diskutieren und morgen noch den Genossen Schürer zu hören«. Aus dem Saal erscholl die Forderung, den Diskussionsbeitrag von Ehrensperger unter keinen Umständen zu veröffentlichen, denn »dann laufen uns die letzten Leute weg!« – »Nein, um Gottes willen«, pflichtete Krenz dem Zurufer bei, »wir schockieren die ganze Republik!«

Eberhard Aurich, der FDJ-Vorsitzende, griff einen bereits am Morgen erhobenen Vorwurf auf und beschwerte sich empört, »daß wir doch betrogen, ja auch verraten wurden«; er forderte, »unumgänglich Konsequenzen bis zur Bestrafung« der verantwortlichen Spitzenkader zu ziehen.

Als letzter Redner dieses Tages brachte Generalstaatsanwalt Günter Wendlandt die Sicherheitsorgane mit einem Bericht über deren Übergriffe gegen Demonstranten an den Tagen um den 7. Oktober in Mißkredit. In einer Reihe von Fällen habe sich der Verdacht strafbarer Handlungen durch Angehörige der Schutz- und Sicherheitsorgane bestätigt, weshalb gründlich ermittelt werde. Das Plenum reagierte mit betretenem Schweigen.

»Wir müssen wirklich einen Neuanfang wagen und nicht einfach weitermachen. Wir müssen neu anfangen und das Vertrauen gewinnen«, beendete

Krenz schließlich gegen 20.45 Uhr die Sitzung; am folgenden dritten Beratungstag sollten das »Aktionsprogramm« und noch einmal die leidigen Kaderfragen zur Beschlußfassung vorgelegt werden.

Auf der Politbüro-Etage des ZK-Gebäudes blieb nur noch die vom ZK bestätigte Redaktionskommission für die Überarbeitung des Aktionsprogramms zurück, zu der auch Professor Helmut Koziolek und Eberhard Heinrich gehörten. Mit dem Vorschlag, den Gedanken einer Konföderation mit der Bundesrepublik in das Programm aufzunehmen, löste Alexander Schalck eine stürmische Kontroverse aus. Schließlich entschied die Mehrheit, lieber völlig auf eine Aussage zu den künftigen Beziehungen mit der Bundesrepublik zu verzichten als eine solche »Verrats«-Forderung in das Programm aufzunehmen. Als die Redaktionsarbeiten abgeschlossen und Koziolek und Heinrich im Begriff waren, zusammen das Gebäude zu verlassen – in der Erinnerung Koziolek zwischen 22.30 Uhr und 23.00 Uhr –, begegneten sie auf dem Flur einem einsam und verstört wirkenden Egon Krenz. »Was soll ich denn nur machen?« habe der Generalsekretär unentschlossen geklagt und die verdutzten ZK-Mitglieder über die komplizierte Lage aufgeklärt, die an der Grenze entstanden sei. »Es kann doch nicht um eine Grenzschließung gehen! Wir müssen das unter Kontrolle bekommen«, behielt Koziolek die Worte des Generalsekretärs im Gedächtnis.[121]

Vom Gebäude des Zentralkomitees am Werderschen Markt hatten sich die auswärtigen ZK-Mitglieder auf den Weg zum nahegelegenen Gästehaus der SED an der Spree gemacht, in dem sie üblicherweise während der Tagungen des Zentralkomitees untergebracht waren. Der Schock über die trostlose ökonomische Lage saß tief, doch viel Zeit, um die letzten Debattenbeiträge zu verdauen, blieb ihnen nicht. Gerade wurde ein verspätetes Abendessen serviert, als sich von Tisch zu Tisch die Nachricht von Schabowskis Pressekonferenz und deren Folgen verbreitete. Ein wildes Durcheinander brach aus. Was Schabowski da verkündet habe, seien eigenwillige Interpretationen und am Nachmittag von ihnen nicht beschlossen worden, zumindest nicht in dieser Weise, war die durchgängige Meinung. Doch keiner hatte schriftlich, was am Nachmittag tatsächlich behandelt worden war, und so war nicht einmal eine Überprüfung des Gesagten möglich. Für viele ZK-Mitglieder schien mit dem Sturm auf die Grenze und der insgesamt unübersichtlichen Situation der Zug endgültig abgefahren. Ohnmacht und Resignation breiteten sich aus.[122]

Hans Modrow, seit dem Vortag designierter Ministerpräsident, war bereits auf dem Weg vom Gebäude des Zentralkomitees zum Gästehaus der SED von den Folgen der Pressekonferenz überrascht worden.[123] Ein junger Mann sprach ihn an und fragte, an welchem Übergang er die DDR am schnellsten verlassen könne. Modrow, der ihn auf den nächsten Morgen verwies, sah sich heftigem

121 Gespräch mit Helmut Koziolek, 6. 10. 1994.
122 Gespräch mit Werner Eberlein, 15. 12. 1992.
123 Gespräch mit Hans Modrow, 4. 1. 1995, sowie Modrow, Aufbruch und Ende, S. 26.

Widerspruch ausgesetzt und erfuhr zu seinem Erstaunen, daß die Grenzübergänge – Meldungen in Rundfunk und Fernsehen zufolge – bereits geöffnet seien. »Ohne daß ich diese Wirkung der Pressekonferenz mitgekriegt hatte«, sagte Hans Modrow, »war mir mit einem Mal klar: Hier muß irgend etwas schieflaufen.«[124] Was aber war wirklich »schiefgelaufen«?

4.5. Der Mauerfall

Am Morgen des 9. November um 9.00 Uhr waren je zwei Obristen des MfS und des MdI zusammengekommen.[125] Ihr Auftrag lautete, wie sie übereinstimmend äußerten, das »ČSSR-Problem« mit einem Vorschlag zur Regelung der ständigen Ausreise aus der DDR zu lösen. Dieser Vorschlag sollte jetzt nicht mehr als »Durchführungsbestimmung«, sondern als Ministerrats-Beschluß im Umlaufverfahren gefaßt werden, parallel dem Politbüro und dem Ministerrat bis zum Mittag des 9. November vorgelegt werden und mit Wirkung vom 10. November in Kraft gesetzt werden. Schnell war sich der Kreis nach Angaben der Beteiligten darüber einig, daß zukünftig alle Einschränkungen bei Anträgen auf eine ständige Ausreise aus der DDR wegfallen sollten.

Aus dieser Einhelligkeit entwickelte sich in der weiteren Diskussion die Frage, berichten die Obristen, ob es nicht schizophren und unpraktikabel wäre und zudem innenpolitisch fatale Konsequenzen haben würde, wenn man jeden, der das Land auf Dauer verlassen wollte, sofort fahren lasse; demjenigen aber, der nur eine kurze Privatreise zu einem Onkel oder einer Tante in die Bundesrepublik plane und nach wenigen Tagen Aufenthalt zurückkehren wolle, dies verbiete? Im Interesse der Erhaltung der DDR hielten es die Obristen ihrer Aussage zufolge für unverantwortlich, alle Reisewilligen in den Status von Ausreisenden zu zwingen. Deshalb beschlossen sie, in dem Ministerrats-Beschluß zusammen mit der Ausreise auch das Recht auf »Privatreisen«, also Besuchsreisen, zu regeln.

So stellten sie der Ausreise-Regelung den Satz voran: »Privatreisen nach dem Ausland können ohne Vorliegen von Voraussetzungen (Reiseanlässe und Verwandtschaftsverhältnisse) beantragt werden. Die Genehmigungen werden kurzfristig erteilt. Versagungsgründe werden nur in besonderen Ausnahmefällen angewandt.«

Daß sie bei ihren Formulierungen keineswegs an eine totale Freizügigkeit dachten, zeigen die von ihnen für die Paß- und Meldestellen sowie die übrigen nachgeordneten Behörden vorbereiteten Durchführungsbestimmungen. Privatreisen sollten nach wie vor beantragt werden müssen, und die Erteilung eines Visums setzte den Besitz eines DDR-Reisepasses voraus. Einen Reisepaß

124 Gespräch mit Hans Modrow, 4. 1. 1995.
125 Vgl. zum folgenden detailliert (einschließlich aller Nachweise): Hertle, Fall der Mauer, S. 163 ff.; ders., Chronik des Mauerfalls, S. 118 ff.

aber besaßen nur etwa vier Millionen Bürger; alle anderen, so das Kalkül, müßten zunächst einen Paß beantragen und die bis zur Ausstellung üblichen Wartezeiten von mindestens vier bis sechs Wochen erdulden. Einem sofortigen Aufbruch aller DDR-Bürger schien somit ein wirksamer Riegel vorgeschoben. »Wir hätten also erst einmal den unmittelbaren Druck von der Grenze weggenommen und auf die Dienststellen der Volkspolizei gezogen«, sagt einer der Obristen. Um die Dienststellen des MdI und MfS in die neuen Bestimmungen einweisen und die Mitarbeiter des Paß- und Meldewesens auf den zu erwartenden Massenansturm vorbereiten zu können, legten die Obristen als Sperrfrist für die Bekanntgabe des Beschlusses durch ADN den 10. November, 4.00 Uhr früh, fest.

Der Entwurf der Obristen wurde einschließlich der Presseerklärung gegen Mittag mit der Sicherheitsabteilung des Zentralkomitees und den beteiligten Ministern (MfS, MdI und MfAA) abgestimmt und während der kurzen Mittagsunterbrechung der ZK-Tagung (»Raucherpause«) von einigen Mitgliedern des Politbüros bestätigt, bevor er am Nachmittag im Ministerrat ins Umlaufverfahren gegeben wurde, um eine schnelle Beschlußfassung – nämlich bis 18.00 Uhr – zu gewährleisten.

Wie vom Politbüro am 7. November beschlossen, hatte Krenz das Zentralkomitee konsultiert und gegen 16.00 Uhr die Stoph-Vorlage für den Ministerrat Wort für Wort verlesen und sie korrekt als »Vorschlag« des amtierenden Vorsitzenden des Ministerrates bezeichnet. Doch obwohl es zu diesem Zeitpunkt immer noch ein »Vorschlag« und kein Beschluß des Ministerrates war, hatte Krenz den Regierungssprecher beauftragt, die Veröffentlichung »gleich« zu machen, und damit quasi beiläufig die Sperrfrist aufgehoben.

Diese Fehlentscheidung wäre im Ministerrat noch korrigierbar gewesen, denn dem Regierungssprecher war der Hintergrund der Sperrfrist bekannt. Doch bereits die nächste Entscheidung war irreversibel: Krenz händigte die Vorlage kurz darauf Günter Schabowski aus und gab ihm den Auftrag, sie auf seiner Pressekonferenz bekanntzugeben. Diese Einmischung der Partei in die Umsetzungsarbeit der Regierung führte zum Zusammenbruch der gesamten Vorbereitungsarbeiten des MfS und des MdI für die neue Reiseregelung.

Am Ende seiner Pressekonferenz, gegen 19.00 Uhr, wurde Schabowski gefragt, wann die von ihm bekanntgegebene Regelung in Kraft trete. Er zeigte eine gewisse Hilflosigkeit, denn »diese Frage«, so Schabowski später, »war mit mir zuvor nie besprochen worden«. Er kratzte sich am Kopf und überflog das Papier. Seine Augen blieben nicht an dem Schlußsatz hängen, der festlegte, daß die Pressemitteilung erst am 10. November bekanntgegeben werden sollte, sondern gleich am Anfang an den Worten: »sofort« und »unverzüglich«. So formulierte er als knappe Antwort: »Sofort, unverzüglich!«

Schabowskis Pressekonferenz wurde live vom DDR-Fernsehen übertragen und löste, anders als intendiert, einen Ansturm der Ost-Berliner auf die Grenzübergänge aus. Der Menschenstrom an die Grenze wurde durch Meldungen in den West-Medien verstärkt, denn viele Journalisten verdichteten die unpräzisen Ausführungen Schabowskis auf die Schlagzeile »DDR öffnet Grenze«. Ohne jegliche Information und ohne Befehle der militärischen Führung standen die DDR-Grenzposten plötzlich ständig größer werdenden Menschenansammlungen gegenüber, die die vermeintlich sofortige Reisefreiheit testen wollten.

In der Bornholmer Straße, im dichtbesiedelten Stadtbezirk Prenzlauer Berg gelegen, war der Ansturm am stärksten. Zunächst reagierten die Grenzwächter abwartend, verwiesen die Menschen auf den nächsten Tag. Dann erlaubten sie einzelnen die Ausreise, stempelten die Ausweise aber ungültig. Ohne es zu wissen, waren die ersten Ost-Berliner, die über die Bornholmer Brücke nach West-Berlin liefen, ausgebürgert worden. Doch schließlich wurde der Druck vor dem Schlagbaum so stark, daß Paßkontrolleure und Grenzsoldaten um ihr Leben fürchteten. Auf eigene Entscheidung stellten sie etwa um 23.20 Uhr alle Kontrollen ein.[126] »Wir fluten jetzt!« kündigte der leitende Offizier der Paßkontrolle an; dann wurden die Schlagbäume geöffnet. Um Mitternacht standen alle innerstädtischen Grenzübergänge offen; das gleiche geschah bis 1.00 an den Grenzkontrollpunkten im Berliner Umland und an den innerdeutschen Übergängen. Tausende von Ost- und West-Berlinern überwanden zudem Sperranlagen und Mauer am Brandenburger Tor. Auf der Mauer wurden Freudentänze aufgeführt; das Symbol der deutschen Teilung war gefallen.

4.6. Der dritte Beratungstag: »Die Partei ist im Grunde genommen kaputt«

Zehntausende Menschen drängten am Morgen des 10. November immer noch und schon wieder durch die Übergänge und feierten in beiden Stadthälften den Fall der Mauer weiter; im Politbüro dagegen herrschte politische Katzenjammerstimmung.[127] »Uns allen war bewußt«, beschreibt Hans Modrow die vorherrschende Gemütslage der Anwesenden, daß etwas passiert war, was eigentlich nicht im Sinne der Sache war.«[128] Es wurde gerätselt, wie das Mißgeschick hatte passieren können. »Wer hat uns das bloß eingebrockt?« sinnierte Krenz niedergeschlagen und hilflos.[129]

Um 9.05 Uhr trat das Zentralkomitee wieder zusammen. Regulär sollten

126 Hans-Hermann Hertle ging bisher, gestützt vor allem auf übereinstimmende Aussagen der diensthabenden Offiziere der Paßkontrolle des MfS und der Grenztruppen am Übergang Bornholmer Straße, von 22.30 Uhr als Zeitpunkt für die Einstellung aller Kontrollen aus. Im Juli 1997 eingesehenes Dokumentations-Filmmaterial von »Spiegel-TV«, in das eine Standuhr eingeblendet ist, läßt an der Uhrzeit 23.20 Uhr als frühestem Zeitpunkt der »Flutung« keinen Zweifel (vgl. dazu auch: Der Spiegel, Nr. 45, 4. November 1996).

127 Schabowski, Absturz, S. 310.

128 Gespräch mit Hans Modrow, 4. Januar 1995.

129 Schabowski, Absturz, S. 310.

die Beratungen um 18.00 Uhr mit der Verabschiedung des Aktionsprogramms beendet werden, mit dem die SED ihren Willen zu einer politischen Neuorientierung nachdrücklich unterstreichen wollte. Statt dessen war nun jedoch bereits vor Beginn der Sitzung die Lage an der Grenze das beherrschende Thema aller Gespräche in der Frühstücks-Kantine und im Foyer des Plenarsaales geworden. War eine günstigere Gelegenheit denkbar als diese Tagung des Zentralkomitees, um sofort die mit dem Fall der Mauer entstandene neue strategische Lage der DDR zu debattieren und unmittelbar erforderliche politische Schritte einzuleiten?

Das Zentralkomitee war dazu nicht in der Lage. Es zeigte sich unwillig, das Problem überhaupt zur Kenntnis zu nehmen und sich mit der neuen Durchlässigkeit der Staatsgrenze und dem Zusammenbruch des bisherigen Grenzregimes zu befassen. Krenz eröffnete die Sitzung, ohne auch nur ein einziges Wort zum Fall der Mauer oder zur aktuellen Lage an der Grenze zu verlieren – und rief damit keinen Widerspruch hervor. Seine Absicht, die Diskussion dort fortzusetzen, wo sie am Vorabend abgebrochen worden war, und Gerhard Schürer das Wort zu einem Beitrag über die Wirtschaftslage zu erteilen, wurde dann aber aus einem ganz anderen Grund von einem Antrag zur Geschäftsordnung durchkreuzt. Die erst zurückgetretenen und dann wieder neu gewählten Mitglieder des Politbüros, so hieß es, würden wegen ihrer Verantwortung für die katastrophale Lage, zu der sie sich ja auch bekannt hätten, von der Basis nicht akzeptiert. Die Kaderfrage für das Politbüro gehöre deshalb sofort auf die Tagesordnung. Vornehmlich jüngere ZK-Mitglieder befürchteten den Verlust ihrer eigenen Ämter, wenn nicht zumindest einige der älteren und führenden Genossen freiwillig ihren Stuhl im Zentralkomitee räumten. Nur mit Mühe gelang es Krenz, diese Debatte zumindest für kurze Zeit zurückzudrängen.

Sollte Hoffnung bestanden haben, daß durch Redebeiträge von Gerhard Schürer und Werner Jarowinsky die Aufregung über die Wirtschaftslage gedämpft werden könnte, so wurde man enttäuscht. Schürer entsetzte das Plenum mit einer neuerlichen, vernichtenden Bilanz der »Einheit von Wirtschafts- und Sozialpolitik«, dem Markenzeichen des Sozialismus in den Farben der DDR. »Mit dem sozialpolitischen Programm 1971, das – so muß ich sagen – so große und positive Wirkungen hatte, wurde die Weiche, wenn damals auch nur um Zentimeter, in die falsche Richtung gestellt. Von da an fuhr der Zug von den Realitäten weg, und zwar immer schneller.« Seine Unterordnung unter die Parteilinie, die er, selbst als er sie für falsch hielt, beibehielt, um seinen Ausschluß zu vermeiden, bezeichnete Schürer als seinen persönlichen Konflikt, der zukünftig durch den »unbedingten Meinungsstreit vor der Beschlußfassung« nicht mehr entstehen dürfte.

Auch Werner Jarowinsky wollte für sich nicht in Anspruch nehmen, »es« nicht gewußt zu haben, »es« nicht gesehen zu haben; er habe jedoch nicht den Mut gehabt, »das« zu sagen. Als Fehler im System bezeichnete er das Ausmaß der persönlichen Macht; zuviel persönliche Macht habe machtlos gemacht, weil sie die Machtinhaber überforderte.

Auf Zwischenrufe eingehend, warum die Politbüro-Mitglieder sehenden Auges alle Fehlentscheidungen dieser desaströsen Wirtschaftspolitik mitgetragen hätten, anstatt auf Veränderungen zu drängen, gestand Jarowinsky: »Es war die Angst und die Furcht vor solch rigorosen Eingriffen, die, wie in Polen, eine solche Lage hätten schaffen können des Absinkens des Lebensstandards, und die Angst, vor dem Volk diese Konsequenzen offen darzulegen und das Volk um Mithilfe zu bitten.«

Hatte Schürer die Verrottung ganzer Industriezweige sowie den gigantischen Anstieg der Subventionen und der Verschuldung angeprangert, entzauberte Jarowinsky die Mikroelektronik-Industrie, der im Mittagschen Konzept die Rolle eines Zugpferdes der Volkswirtschaft zugedacht war: 12 bis 14 Milliarden Mark seien in den Jahren zuvor in diesen Industriezweig mit dem Ergebnis investiert worden, daß der 64-Kilobit-Chip zum reinen Selbstkostenpreis von 40 Mark, der 256-Kilobit-Chip von 534 Mark hergestellt werde. Der Weltmarktpreis für diese Speicherschaltkreise betrage dagegen lediglich 1,– bis 1,50 VM im ersten bzw. 4,– bis 5,– VM im zweiten Fall. Jarowinsky resümierte, daß eine »reine Kommando- und Abführungswirtschaft« entstanden sei, die ohne Folgen für alle blieb, die schlecht arbeiteten.

Wie Ehrensperger vor ihm erhielt auch Jarowinsky keine Chance, Vorschläge zur Veränderung der Wirtschaftspolitik zu unterbreiten. Er wurde vielmehr von Krenz unterbrochen, der offenbar gerade durch Fritz Streletz vom dritten Anruf des sowjetischen Botschafters in Folge erfahren hatte. Kotschemassow teilte Moskaus Verstimmung über den Fall der Mauer mit und verlangte von der SED-Spitze in barschem Ton, sich dazu gegenüber Gorbatschow zu erklären.[130] Erst jetzt, gegen 10.00 Uhr, sah sich Krenz unter dem Druck der Sowjets auch im ZK zu einer Stellungnahme veranlaßt: »Genossen, ich bitte um Verständnis. Ich weiß nicht, ob wir alle (...) den Ernst der Lage erkannt haben. Der Druck, der bis gestern auf die tschechoslowakische Grenze gerichtet war, ist seit heute Nacht auf unsere Grenze gerichtet. (...) Der Druck war nicht zu halten, es hätte nur eine militärische Lösung gegeben. Genossen, damit wir uns einig sind, durch das besonnene Verhalten unserer Grenzsoldaten, unserer Genossen vom MdI, vom MfS, ist die Sache mit großer Ruhe bewältigt worden. (...) Aber der Druck nimmt weiter zu.« Im Plenum erzeugte diese Einlassung keinerlei Resonanz. Entsetzen und Empörung der ZK-Mitglieder galten der katastrophalen Wirtschaftslage und verschafften sich erneut in dieses Mal an Jarowinsky gerichteten Forderungen nach personellen Kon-

130 Krenz teilte Gorbatschow im Laufe des Vormittags mit, daß aufgrund des Drucks an den Grenzübergangsstellen kurzfristig entschieden werden mußte, DDR-Bürgern die Ausreise zu gestatten. Er bat den Partei- und Staatschef der Sowjetunion, mit den Westalliierten Verbindung aufzunehmen, »um zu gewährleisten, daß sie die normale Ordnung in der Stadt aufrecht erhalten und Provokationen an der Staatsgrenze seitens Berlin (West) verhindern« (vgl. SAPMO-BArch, DY 30/IV 2/1/704). Bis zum späten Nachmittag hatte Gorbatschow entschieden, die sowjetische Politik der veränderten Situation anzupassen (vgl. Der Spiegel, Nr. 40, 2. Oktober 1995).

sequenzen Luft. Diese klangen erst ab, nachdem Hans-Joachim Böhme, Hans Chemnitzer, Werner Walde und Inge Lange ihren Rücktritt aus dem Politbüro bekanntgegeben hatten, Helmut Semmelmann nun als Sekretär für Landwirtschaft gewählt worden war und Krenz sich schließlich weiteren Rücktrittsforderungen an Politbüro-Mitglieder mit der Drohung entgegenstellte, in diesem Fall die Vertrauensfrage als Generalsekretär zu stellen.

Soweit es die mißliche Wirtschaftslage betraf, bat Krenz darum, keine Informationen nach außen dringen zu lassen, die die Kreditwürdigkeit der DDR im Ausland beeinträchtigen könnten. Honecker hätte ihm in einem Telefonat für die nächste ZK-Tagung eine Stellungnahme zur wirtschaftlichen Lage angekündigt; bis dahin sollte eine Kommission unter Leitung von Wolfgang Herger diese Frage untersuchen.

Die Fortsetzung der Diskussion war gespenstisch: Der stellvertretende Stasi-Chef Rudi Mittig und Ex-ZK-Sekretär Kurt Hager verlasen ihre vorbereiteten Beiträge; der eine über die Lage der DDR aus der Sicht des MfS, der andere über seine Verantwortung, die Wende und die Gefahr einer Konterrevolution: »Die Situation heute ist schärfer, ernster als 1953.« Der Stellvertreter Mielkes war offenbar über die Abläufe der Nacht noch nicht richtig im Bilde, jedenfalls sprach er noch von dem Versuch eines Sturms auf die Mauer am Brandenburger Tor und nicht von dessen Gelingen. Als letzter Diskussionsredner kam schließlich Günter Schabowski zu Wort. Er äußerte sich über die alten Fehler und den zukünftigen Inhalt der Medienpolitik.

Nach einer halbstündigen Pause stellte Siegfried Lorenz als Vorsitzender der entsprechenden Kommission ab 11.35 Uhr die Grundzüge des neuen Aktionsprogramm-Entwurfs vor.[131] Das Programm kündigte Reformen an, für die die SED drei Wochen zuvor gefeiert worden wäre; in der gegebenen Situation jedoch hinkten sie schon wieder mühsam den Forderungen hinterher, die allerorten erhoben wurden. Angekündigt wurden:

- freie, allgemeine, demokratische und geheime Wahlen;
- eine demokratische Koalitionsregierung mit den Blockparteien;
- eine »an den Marktbedingungen orientierte sozialistische Planwirtschaft«;
- die Zulassung »neuer politischer Vereinigungen auf dem Boden der Verfassung«;
- innerparteiliche Reformen wie die Zulassung mehrerer Kandidaten bei Wahlen, die zeitliche Begrenzung von Wahlämtern, die Einführung einer Pensionsgrenze für Funktionäre sowie die Vorrangstellung gewählter Organe gegenüber dem Parteiapparat;
- die Entflechtung von Partei und Staat;
- die Nichteinmischung in die Politik der FDJ und die Achtung der Selbständigkeit des FDGB.

131 Die verschiedenen Vorentwürfe des Aktionsprogramms siehe in: SAPMO-BArch, DY 30/IV 2/2039/89.

Ziel dieser Reformen sei es, »dem Sozialismus in der DDR mit mehr Demokratie eine neue Dynamik zu verleihen«[132]; für materielle Verbesserungen, räumte Lorenz ein, fehlten die Mittel. Eine Antwort auf die seit der Nacht wichtigste Frage, die Zukunft der DDR nach dem Mauerfall, fehlte vollends. Doch auch die »neue Dynamik« erfaßte die ZK-Mitglieder nicht. Die Diskussion blieb bei der einleitenden Formulierung stecken, das Zentralkomitee habe zugelassen, daß ernste Fehler des abgelösten Politbüros Partei und Republik in eine tiefe Krise gestürzt hätten. Die Frage der Verantwortung des Zentralkomitees hatten sich die meisten seiner Mitglieder zuvor wahrscheinlich nie gestellt; jetzt erhitzte sie die Gemüter. Mitglieder des ZK, die nicht im Wirtschaftsbereich tätig waren, lehnten die Übernahme jeglicher Schuld ab und machten geltend, daß das Zentralkomitee jahrelang belogen worden sei. Andere wiesen demgegenüber darauf hin, daß das Politbüro – wie auch immer, so doch regelmäßig – im Zentralkomitee Rechenschaft abgelegt habe. Wieder andere warnten vor der öffentlichen Resonanz, falls sich das Zentralkomitee unwissend stelle und von jeder Verantwortung freispreche.

In die immer stürmischer werdende Schuld- und Verantwortungsdiskussion platzte Schabowski gegen 12.30 Uhr mit Informationen über die aktuelle Lage in der DDR, die Krenz unverzüglich dem Plenum bekanntgab: Die Lage habe sich »äußerst zugespitzt. Es macht sich Panik und Chaos breit.« Arbeiter in Berlin und Potsdam verließen die Betriebe, um sich an den Meldestellen der Volkspolizei für Visa anzustellen. »Im Parteiaktiv«, so die zentrale Aussage, »herrscht Unverständnis zu den beschlossenen Reisemöglichkeiten. (...) Die Beunruhigung unter den Genossen ist groß, weil niemand die ökonomischen Auswirkungen und Konsequenzen richtig voraussehen kann. Es herrscht die Meinung vor: Wir stehen vor dem Ausverkauf.«

Diese Lage hatte bereits am frühen Morgen bestanden; das wirklich Neue war einzig und allein, daß sie zum ersten Mal laut ausgesprochen wurde. Panik, Chaos und eine allgemeine Auflösungsstimmung breiteten sich nun im ZK-Plenum aus. Zwar war die Stoph-Regierung zurückgetreten, aber formal amtierte sie noch. Völlig kopflos kündigte Krenz als Initiative an, was Schabowski ihm als Vorschlag zugeflüstert hatte: Modrow und Schabowski würden sofort Kontakt zu den Vorsitzenden der Blockparteien aufnehmen, um »unmittelbar eine Regierung (zu) bilden«. Man müsse den Modus klären, »daß die Regierung handlungsfähig ist, auch wenn sie nicht gewählt ist«. Es wurde beschlossen, die ZK-Tagung schnellstmöglich zu beenden, »damit wir an unsere Kampfplätze gehen können« und um, wie Hermann Axen forderte, »die notwendigen Maßnahmen zur Sicherung des Sozialismus zu ergreifen«. An welche Rettungsmaßnahmen Axen konkret dachte, verriet er nicht. Kurt Hager sprang ihm zur Seite und schlug als vordringliche Aufgabe einen Appell an die Bevölkerung vor, »in dem klar gesagt wird – ich will mich mal noch nicht druckreif ausdrücken –: Jetzt ist Ruhe die erste Bürgerpflicht.«

132 Schritte zur Erneuerung – Aktionsprogramm der SED, in: ND, 11./12. November 1989.

Dramatische Szenen wechselten sich jetzt ab. Der 75jährige Generalintendant der Leipziger Theater, Karl Kayser, hatte schon zuvor einen bühnenreifen Auftritt gehabt: »Wir sind belogen worden, die ganze Zeit über«, schrie er heraus. »Ich habe keine Schuld daran, wirklich nicht. Und ich weigere mich auch, das anzuerkennen und nach Hause zu fahren, um zu sagen, du bist schuldig daran. Ich bin erschüttert über das, was ich hier gehört habe. In mir ist alles zerbrochen. Mein Leben ist zerstört. Ich habe geglaubt an die Partei, so bin ich mit der Muttermilch erzogen worden. Ich habe an die Genossen geglaubt!« Ein anderes ZK-Mitglied, dessen Name im Gewirr unterging, faßte seine Gedanken ähnlich zusammen: »Was ich hier erlebt habe, ist so deprimierend, so erschütternd, daß ich's nicht verwinden kann. Und wenn jetzt gesagt wird: An die Arbeit! Wie sollen wir denn jetzt an die Arbeit gehen? Die Partei ist kaputt im Grunde genommen.« Dem letzten Satz wurde durch Zurufe zwar noch widersprochen, die weitere Entwicklung bestätigte jedoch das Resümee.

Der gerade erst zum Politbüro-Kandidaten gewählte Hans-Joachim Willerding provozierte mit der Ansicht, die Glaubwürdigkeit des ZK könnte gar nicht weiter sinken. Vertrauen in dieses Gremium bestünde nicht mehr, denn die »Geschichten mit der Grenze« und der Diskussionsverlauf von fast drei Tagen könnten keinen befriedigen. Ein außerordentlicher Parteitag, wie von der Basis gefordert, wäre notwendig, sei aber nicht einberufen worden, und: »Die Kernfrage ist die Partei, und die Partei versteht uns nicht.«

Hektisch und kopflos wurde nun das Ende der Tagung herbeigeführt. Das andiskutierte Aktionsprogramm wurde prinzipiell bestätigt, wobei die Redaktionskommission die Vollmacht zur Überarbeitung erhielt. Die angemeldeten, aber nicht mehr gehaltenen Diskussionsbeiträge sollten in der Presse genannt und in einer Broschüre veröffentlicht werden.[133] Im Eilverfahren erfolgte der Ausschluß von Herrmann und Mittag aus dem ZK und die Einsetzung einer Kommission, die Ursachen und persönliche Verantwortlichkeiten für die ökonomische Situation der DDR feststellen sollte. Schließlich wurde das Kommuniqué Wort für Wort verlesen und angenommen.[134] »Genossen! Es hat immer schwere Zeiten gegeben«, tröstete Krenz seine Mitstreiter und bat alle, den Mut nicht zu verlieren. Ohne Termin für die nächste Zusammenkunft wurde die Tagung um 13.10 Uhr abgebrochen.

133 Die Namen der weiteren 68 Diskussionsmeldungen publizierte das ND am 11./12. November 1989. 64 Beiträge (ohne Roland Bauer, Gerhard Beil, Rudi Georgi, Bernhard Quandt) vgl. in: Schritte zur Erneuerung, Schriftlich eingereichte Diskussionsbeiträge, Berlin 1989.

134 Vgl. ND, 11./12. November 1989.

5. Die 11. ZK-Tagung: Parteitag statt Parteikonferenz

Schon drei Tage später, am Montag, dem 13. November, kam das Zentralkomitee erneut zusammen. Über fünf Millionen DDR-Bürger hatten in der Zwischenzeit die neue Freiheit genutzt und »den Westen« besucht. Doch die Petitesse des Mauerfalls und seiner Folgen war nicht der Anlaß der Zusammenkunft. Ihr Anlaß war auch nicht die fast zehnstündige Sitzung der Volkskammer am gleichen Tage.[135] Die Abgeordneten der Blockparteien, die zur Kadernomenklatur des Zentralkomitees der SED gehörten, hatten der SED ihre bisher bedingungslose Gefolgschaft aufgekündigt; Sprecher des DBD, der CDU, der LDPD und der NDPD forderten die Streichung des Führungsanspruchs der SED aus der Verfassung sowie freie und geheime Wahlen, und es wurde die »schonungslose Offenlegung« der ökonomischen Lage der DDR verlangt. Höhepunkt der trostlosen Auftritte vor allem von Horst Sindermann, der nach einer Kampfabstimmung von Günther Maleuda (DBD) als Präsident der Volkskammer abgelöst worden war, sowie von Willi Stoph und anderen Mitgliedern des Ministerrates war die Rede von Staatssicherheitsminister Erich Mielke. Eigentlich wollte Mielke im wesentlichen mitteilen, daß das MfS, die »Söhne und Töchter der Arbeiterklasse«, immer ihre Aufträge erfüllt und hervorragende Informationen geliefert hätten; sein erläuternder Hinweis, das MfS hätte »einen außerordentlich hohen Kontakt zu allen werktätigen Menschen« gehabt, rief Heiterkeit hervor. Als er dann alle Mitglieder der Volkskammer als »Genossen« anredete, wurde Mißfallen laut. Aus dem Konzept gebracht, entschuldigte Mielke dies als »nur eine formale Frage«; seine dann folgende Begründung »Ich liebe, ich liebe doch alle« löste nur noch Gelächter aus. Mit einem zehnminütigen Auftritt hatte Mielke es geschafft, sich selbst und sein Ministerium zu demontieren und die Mitarbeiter des MfS nachhaltig zu demoralisieren.[136]

Schließlich war Hans Modrow bei nur einer Gegenstimme zum Vorsitzenden des Ministerrates gewählt und mit der Bildung einer Regierung beauftragt worden. Zugleich setzte die Volkskammer einen »Zeitweiligen Ausschuß zur Überprüfung von Fällen des Amtsmißbrauchs, der Korruption, der ungerechtfertigten (sic!) persönlichen Bereicherung und anderer Handlungen, bei denen der Verdacht auf Gesetzesverletzungen besteht«, ein, in dem alle Fraktionen mit zwei Abgeordneten vertreten waren.

Es war nicht der fortschreitende Verlust der Kontrolle über Staat und Ge-

135 Vgl. Volkskammer der DDR, 9. Wahlperiode, 12. Tagung, 13. November 1989, Stenografische Niederschrift.

136 Vgl. dazu Süß, Entmachtung und Verfall der Staatssicherheit, S. 21. Arbeitsbuch-Aufzeichnungen eines MfS-Mitarbeiters zufolge gab Mielke am 15. November 1989 im Kollegium des MfS folgende Erklärung für seinen Auftritt ab: »Minister gesprochen/bedauert/konnte sich nicht mehr steuern/(psych./physisch am Ende)«. Zit. nach ebd., S. 22.

sellschaft, der das Zentralkomitee am Abend des 13. November erneut zusammenführte, sondern der Verlust der Kontrolle des Parteiapparats über die Partei. Der Beschluß der 10. ZK-Tagung, eine Parteikonferenz, aber keinen außerordentlichen Parteitag einzuberufen, hatte die Parteibasis in Aufruhr versetzt.

Zerknirscht begründete Generalsekretär Krenz die bereits am Vortag im Politbüro beschlossene Umwandlung der 80 Stunden zuvor gefaßten Entscheidung, statt der Parteikonferenz einen außerordentlichen Parteitag der SED für den 15. bis 17. Dezember 1989 nach Berlin einzuberufen.[137] Der Parteikonferenz-Beschluß entspräche nicht »den Forderungen und Erwartungen breiter Teile der Parteibasis«, wie zehntausende Briefe an das Zentralkomitee zeigten. Ein Nachtrab dürfe nicht weiter zugelassen werden. Das Vertrauen der Parteibasis in das Zentralkomitee, die Erneuerung zu führen, sei nicht mehr gegeben. Obwohl die Forderung nach einem Parteitag einzig und allein darauf hinauslief, das Zentralkomitee – und mit ihm das Politbüro und den Generalsekretär – komplett auszuwechseln, sah Krenz keine Alternative mehr. Beriefe das Zentralkomitee den Parteitag nicht ein, so stünde zu befürchten, daß die Parteibasis diesen an der Führung vorbei organisieren und die Vorbereitungsarbeiten in die Hände eines Basiskomitees und nicht des Politbüros und Zentralkomitees fallen würden.

In der dann folgenden Diskussion entbrannte erneut ein heftiger Streit über die Frage, ob es der Glaubwürdigkeit der Partei nicht förderlich sei, wenn die »alten Genossen« freiwillig aus dem Zentralkomitee ausschieden. Während sie im Zentralkomitee zu ihrer Verantwortung schwiegen, würden in den Betrieben die Parteisekretäre für die Politik des Politbüros zur Rechenschaft gezogen und »reihenweise abgeschlachtet«. Heinz Keßler bot gleich zu Beginn seinen Rücktritt aus dem Politbüro an; im weiteren Verlauf der Beratung traten Friedrich Dickel, Erich Mückenberger und Werner Walde vor und erklärten ihre Bereitschaft, aus dem Zentralkomitee auszuscheiden. Kurt Hager dagegen sah sich durch sein Parteitagsmandat aus dem Jahre 1986 dazu legitimiert, bis zum Sonderparteitag im Zentralkomitee auszuharren; weitere Rücktritte lehnte er ab, sie kämen einem Auflösungsprozeß gleich, weil sie nur zu einer Welle weiterer Forderungen führen würden.

Krenz verlor die Nerven und konstatierte eine »unerträgliche Situation«: »Drei-, viermal am Tage kriege ich von verschiedenen Genossen, die erst einmal das vorgeschlagen haben, dann das vorgeschlagen haben, eine andere Meinung. (...) Also das ist doch unerträglich! Wir brauchen doch eine Disziplin in dieser Partei! Wir sind doch kein zusammengelaufener Haufen!« Er sprach sich dafür aus, daß jedes ZK-Mitglied selbst entscheiden solle, ob es bis zum Parteitag in Verantwortung bliebe. In diesem Zusammenhang gab Schabowski die »ungeheure Belastung« derer zu bedenken, die sich als Mitglied oder

137 Vgl. SAPMO-BArch, DY 30/J IV 2/2/2360 und 2 /2 A/3257; ND, 13. November 1989.

Kandidat des ZK wieder zur Wahl durch den Parteitag stellen wollten. Sie alle müßten auf den bevorstehenden Kreisdelegiertenkonferenzen der SED gewählt werden, um überhaupt auf dem Parteitag vertreten zu sein.

Hans Modrow, seit einigen Stunden als Vorsitzender des Ministerrates im Amt, fürchtete um seine Regierungsfähigkeit, wenn zu viele ZK-Mitglieder, die zugleich als Abgeordnete der SED der Volkskammer angehörten, auf der Strecke blieben. Deshalb forderte er eine Beschränkung auf »drei, vier Namen«. Nach einer Pause, in der eine Beratung des Politbüros mit den 1. Bezirkssekretären und eine Verständigung mit alten Führungsmitgliedern stattfand, stellte Krenz warnend fest, daß einzelne Bezirksparteiorganisationen die Existenz der SED gefährdet sähen. Der Parteitag sei nun einberufen, bis dahin müsse ein Programm vorgelegt und geschlossen um den Erhalt der Partei gekämpft werden. Über ein inzwischen formuliertes Rücktrittsgesuch von vierzehn Ex-Führungsmitgliedern wurde nicht abgestimmt.[138] Krenz übernahm Hagers Argumente und plädierte dafür, sich gegen »Liquidatorentum« zu entscheiden, »denn keiner gibt uns die Garantie, wenn wir heute abend diese Namen veröffentlichen, daß morgen nicht kommen Krenz, Lorenz usw.«

So wurde der Sonderparteitag einberufen, weitere Beschlüsse gab es nicht. Krenz beendete die Beratung mit der Aufforderung, absolutes Stillschweigen über die Rücktrittsgesuche zu bewahren: »Was hier vorgelesen worden ist, wird aus diesem Saal nicht rausgetragen.«

6. Die 12. ZK-Tagung: Die Auflösung von Politbüro und Zentralkomitee

6.1. Loyalitätsverfall und Auflösungstendenzen

Während die Spitzenkader in ihren Funktionen im Zentralkomitee blieben, wurden die Parteisekretäre in den Betrieben und Verwaltungen davongejagt. Auf Kreis- und Bezirksebene herrschte das gleiche Bild: Bis zum 20. November hatten alle fünfzehn Ersten Bezirkssekretäre und dreizehn ihrer Stellvertreter ihre Funktion verloren; 142 Erste und 97 Zweite Kreissekretäre der SED waren aus ihren Ämtern entfernt. Die Ersten Sekretäre der SED in Bautzen, Köthen und Perleberg verübten Selbstmord.[139] Hunderte von Funk-

138 Das Rücktrittsgesuch lautete: »Im Interesse der Erneuerung der Partei und ihrer Führung sowie der Vorbereitung des Parteitages bitten wir, uns von unseren Funktionen als Mitglied des Zentralkomitees zu entbinden: Kurt Hager, Hermann Axen, Werner Krolikowski, Erich Mückenberger, Inge Lange, Harry Tisch, Hans-Joachim Böhme, Erich Mielke, Gerhard Müller, Werner Walde, Horst Dohlus, Willi Stoph, Günter Kleiber, Horst Sindermann.«

139 Vgl. SAPMO-BArch, DY 30/IV 2/2039/315.

tionären aller Ebenen meldeten sich krank, Existenzangst griff um sich. Das Kadernomenklatursystem der Partei brach in sich zusammen; nicht selten erfuhr die nomenklaturführende Stelle bis hinauf ins Zentralkomitee von Kaderwechseln zuerst aus Fernsehen oder Presse.[140] Im Parteiapparat verstärkte sich die Furcht vor dem möglichen Untergang der SED. Es begannen innerparteiliche Überlegungen zur Rettung des Apparates. Besonderes Augenmerk richtete man auf die Parteifinanzen und die materielle Versorgung der abgelösten Kader.[141]

Mit den Parteistrukturen brach die Anleitung der Massenorganisationen durch die SED zusammen; auch im FDGB und in der FDJ wurden leitende Funktionäre in den zentralen Vorständen sowie allen Bezirken und Kreisen zum Rücktritt gezwungen und die Nachfolger ohne Zustimmung der Parteileitungen eingesetzt.

Alle Hoffnungen, den Trend zur Selbstauflösung der SED zu stoppen und die Parteiherrschaft zu erneuern und zu restabilisieren, waren nach dem Fall der Mauer auf die neue Regierung gerichtet. Am 18. November nahm die von Hans Modrow mit den Blockparteien gebildete »demokratische Koalitionsregierung« die Arbeit auf. In seiner Regierungserklärung orientierte Modrow auf die Sicherung des Lebensstandards, auf Wirtschafts-, Bildungs- und Verwaltungsreformen sowie auf Veränderungen des politischen Systems. Er bekundete die Bereitschaft zu einer umfassenden Zusammenarbeit mit der Bundesrepublik und bot ihr eine weit über den Grundlagenvertrag hinausgehende »Vertragsgemeinschaft« an.[142] Soweit es die damit verbundenen Kreditwünsche der DDR betraf, sah sich der neue Regierungschef jedoch der wichtigsten Verhandlungsmasse für Milliardenbeträge zur ökonomischen Stabilisierung der DDR beraubt; mit der Mauer hatte das Volk die letzte kreditwürdige Immobilie der DDR gesprengt.[143]

Am 20. November versuchten Modrow, Krenz und Schalck in Verhandlungen mit Kanzleramtsminister Seiters aus dem Mißgeschick des 9. November Kapital zu schlagen.[144] Weil die Bundesregierung den Reiseverkehr der DDR-Bürger schon immer gewünscht habe, verlangte Krenz von Seiters, müsse sie nun mindestens einen Teil seiner Kosten übernehmen. Daneben solle die Bundesbank, so der Wunsch Modrows, den Kurs der DDR-Mark stützen. Seiters hielt die Beteiligung der Bundesregierung an einem Reisedevisenfonds unter der Voraussetzung für möglich, daß der Reformprozeß in der

140 Vgl. dazu auch Heinrich Bortfeldt, Von der SED zur PDS. Wandlung zur Demokratie?, Bonn/Berlin 1992, S. 119 ff.

141 Vgl. SAPMO-BArch, DY 30/J IV 2/2 A/3262, 2/3/4462 bzw. 2/3 A/4894.

142 Vgl. Volkskammer der DDR, 9. Wahlperiode, 12. Tagung, 17./18. November 1989, Stenografische Niederschrift, S. 272 ff.; Modrow, Anfang und Ende, S. 37 ff.

143 Vgl. Rainer Lepsius, Die Bundesrepublik – ein neuer Nationalstaat? In: Berliner Journal für Soziologie 1/1994, S. 10.

144 Der Bericht über dieses Gespräch ist dok. in: Detlef Nakath/Gerd-Rüdiger Stephan (Hg.), Countdown zur deutschen Einheit. Eine dokumentierte Geschichte der deutsch-deutschen Beziehungen 1987–1990, Berlin 1996, S. 242 ff.

DDR fortgeführt, freie Wahlen anberaumt, Parteien zugelassen und die Verfassung novelliert werde. Für weitergehende finanzielle Beihilfen verlangte er einen Überblick über die ökonomische Situation der DDR. Schließlich verabredeten Krenz und Modrow mit Seiters ein baldiges Treffen der Ost-Berliner Führung mit Bundeskanzler Kohl.

Einen Tag später führte Modrow den Mielke-Nachfolger Schwanitz offiziell in sein Amt ein und erläuterte bei dieser Gelegenheit vor dem Kollegium des Amtes für Nationale Sicherheit (AfNS), wie das ehemalige Ministerium für Staatssicherheit nun bezeichnet wurde, die Konzeption seiner Regierung. Er bedauerte die durch den Mauerfall entstandene mißliche Verhandlungsposition der DDR gegenüber der BRD.[145] Doch seine letzten den MfS-Generälen vorgetragenen Ideen, wenigstens noch die Gewährung freier Wahlen und den Verzicht auf den Führungsanspruch der Partei in der DDR-Verfassung gegen Überbrückungskredite an die Bundesregierung zu vermakeln, machte ihm das Volk zunichte.

Die Massendemonstrationen gegen das Regime hielten auch in der zweiten Novemberhälfte an und erzwangen diese Zugeständnisse, bevor die Verkaufsverhandlungen mit Bonn abgeschlossen werden konnten. Am 22. November erklärte sich das Politbüro bereit, sich nach polnischem Beispiel mit den Blockparteien, den Gruppen der Bürgerbewegung und den neuen Parteien an einem »Runden Tisch« zusammenzufinden, um Vorstellungen über die Durchführungen freier Wahlen und einer Verfassungsreform zu erörtern.[146] Am 1. Dezember stimmte die SED-Fraktion in der Volkskammer der Änderung von Artikel 1 der Verfassung zu und damit der Abschaffung des Führungsanspruchs der SED in Staat und Gesellschaft.

Bereits vor dem Fall der Mauer war auf Demonstrationen der Sprechchor »Deutschland – einig Vaterland« zu hören; er war jedoch in der Vielzahl der Losungen untergegangen. Nach dem 9. November wandelte sich der Schlachtruf der Leipziger Demonstrationen schnell von »Wir sind *das* Volk« in »Wir sind *ein* Volk«; die Spruchbänder mit der Parole »Deutschland – einig Vaterland« sowie schwarz-rot-goldene Fahnen ohne DDR-Emblem bestimmten in kurzer Zeit das Bild der Demonstrationen überall in der DDR. Bürgerbewegungen, Schriftsteller, Künstler und Intellektuelle, die sich bis dahin als Wortführer und Vorhut der Demonstrationen verstanden hatten, gingen zu dieser Zielsetzung auf Distanz. Ihr Versuch, die Ängste vor einem Ausverkauf »unserer materiellen und moralischen Werte« zu schüren und die Eigenständigkeit der DDR als »sozialistischer Alternative« zur Bundesrepublik zu pro-

145 Vgl. die Niederschrift der Amtseinführung von Schwanitz, in: Stephan, »Vorwärts immer, rückwärts nimmer!«, S. 253 ff. – Später bezeichnete Modrow es als Fehler, »nicht sofort mit der Auflösung des gesamten Ministeriums begonnen zu haben« (Modrow, Aufbruch und Ende, S. 35).

146 Vgl. Protokoll der Politbüro-Sitzung vom 22. November 1989, in: SAPMO-BArch, DY 30/J IV 2/2 A/3262.

pagieren, schlug fehl[147] und endete mit der Marginalisierung der bürgerbewegten Avantgarde.

In Moskau blickte man zu dieser Zeit fassungslos auf die deutschen Ereignisse. Entsprach die von Krenz an Gorbatschow übermittelte Erklärung, die »Öffnung der Mauer« sei auf Grund des Drucks von Menschenansammlungen erfolgt, tatsächlich der Wahrheit? Oder handelte es sich um einen raffinierten Schachzug der ostdeutschen Freunde, ihr »deutsch-deutsches Techtelmechtel« unter Ausschluß der Sowjetunion einem erfolgreichen Ende zuzuführen? In jedem Fall wurde die »Öffnung der Mauer« ohne Gegenleistung der Bundesregierung als eine der größten Torheiten in der Geschichte des sowjetischen Imperiums betrachtet.

Wie aber sollte die Sowjetmacht darauf reagieren? Ihr Einfluß in Europa war in Gefahr; mit der DDR drohte sie ihre höchste Trumpfkarte, die bedeutendste Errungenschaft des Großen Vaterländischen Krieges, in Mitteleuropa zu verlieren. Nicht zuletzt war das Territorium der DDR atomare Basis und militärisches Aufmarschgelände der Sowjetunion; eine beträchtliche Anzahl von Kernwaffen sowie annähernd eine halbe Million sowjetischer Soldaten mit modernster Bewaffnung waren dort stationiert. Die Sowjetunion wählte eine Doppelstrategie: In offiziellen Reden und Presseerklärungen lehnte sie jede Veränderung des Status quo und alle weitergehenden deutschlandpolitischen Überlegungen ab, über informelle Kanäle jedoch wurde gleichzeitig die Idee einer Konföderation zweier unabhängiger Staaten propagiert.

Dabei wurde die SED-Führung zunächst übergangen. »Am besten wäre es, wenn eine solche Idee von den neuen politischen Parteien und Bewegungen der DDR vorgetragen würde«, schildert der damalige sowjetische Botschafter in Bonn, Julij Kwizinskij, die taktischen Überlegungen Moskaus; käme sie von der SED, wäre sie nämlich gleich diskreditiert. »Ginge die Losung dagegen von den demokratischen Kräften aus, könnte sie bei vielen Gruppierungen in der Bundesrepublik Unterstützung finden, und auch für die SED wäre es dann leichter, sich ihr anzuschließen.«[148]

Als Sprachrohr der kompromißlosen Blockadepolitik war Egon Krenz der geeignete Mann; politische Überlebenschancen wurden ihm in Moskau ohnehin nicht mehr eingeräumt. Am 16. November übermittelte die sowjetische Botschaft dem SED-Generalsekretär einige Ratschläge des ZK der KPdSU. Er möge die emotionale Hochstimmung nach der Öffnung der Grenze zu einer Fernsehansprache nutzen, hieß es in dem Papier, um »unter der Bevölkerung die Vorstellung von Ihnen als einer Person zu verbreiten, die das Volk

147 Vgl. die Erklärung des Neuen Forum vom 12. November 1989 »Die Mauer ist gefallen«, in: Die ersten Texte des Neuen Forum, hrsg. im Auftrag des Landessprecherrates des Neuen Forum, Berlin 1990, S. 20 f., sowie den Aufruf »Für unser Land«, der das Datum vom 26. November trägt und am 28. November 1989 der Öffentlichkeit vorgestellt wurde (vgl. ND, 29. November 1989).

148 Julij Kwizinskij, Vor dem Sturm. Erinnerungen eines Diplomaten, Berlin 1993, S. 17.

eint und auf die man sich in einer schwierigen Situation verlassen kann.« Wichtig werde sein, »die Bevölkerung der Republik zu überzeugen, daß die neue Reiseregelung nicht eine erzwungene, kurzfristige Aktion zum einmaligen ›Dampfablassen‹ darstellt, sondern die prinzipielle Position der Führung der SED in humanitären Fragen widerspiegelt«. Er solle auch betonen, »daß von einem Ausverkauf keine Rede sein kann, daß die Partei- und Staatsführung dies niemals zulassen wird«. Und schließlich müsse die Rede den westdeutschen Politikern unzweideutig klar machen, »daß jeder Versuch, die entstandenen Schwierigkeiten auszunutzen oder Ihnen Forderungen und ›Ratschläge‹ im Sinne von Schritten zur Wiedervereinigung Deutschlands oder zur Revision der territorialen Ordnung in Europa aufzudrängen, absolut zum Scheitern verurteilt sind. (...) Die Hoffnung darauf, daß es in der Zukunft gelingen könnte, der DDR Zugeständnis auf Zugeständnis abzuringen und sie sich schließlich einzuverleiben, hat keinerlei reale Grundlage.«[149]

Die »demokratische Kraft« dagegen, die den Konföderationsgedanken zum ersten Mal öffentlich äußerte, war der neugewählte Vorsitzende der NDPD, Günter Hartmann. Im Anschluß an Modrows Regierungserklärung und dessen Vorschlag einer »Vertragsgemeinschaft« führte Hartmann am 17. November in der Volkskammer aus: »Der objektiven Lage der DDR und dem Denken und Fühlen großer Teile ihrer Bevölkerung würde es sicher auch entsprechen, wenn ihre Politik gegenüber der BRD in einem angemessenen Zeitraum den auf staatlicher Souveränität beider Partner basierenden Konföderationsgedanken wieder ins Spiel brächte. Damit würde sicher eine neue Identität unseres Landes mit ihrem Staat entstehen können. In konföderativen Beziehungen zur BRD hätte das Patriotische durchaus sein Wirkungsfeld als Triebkraft innerstaatlicher Gesellschaftsprozesse.«[150]

Erst sieben Tage später, am 24. November, spann Valentin Falin, als ZK-Abteilungsleiter für Internationale Beziehungen der faktische Außenminister der KPdSU, im Gespräch mit Egon Krenz und Hans Modrow dessen Gedanken einer »Vertragsgemeinschaft« weiter in Richtung auf eine Konföderation – »und daß das auch weitergehen könnte«, wie Modrow sich erinnert.[151] Krenz informierte das Politbüro am 28. November über den Gesprächsinhalt, und erst jetzt wurde Außenminister Fischer förmlich beauftragt, »sich mit den sowjetischen Genossen über mögliche Konzeptionen zu einer Konföderation (...) zu verständigen.«[152]

Doch am gleichen Tag stellte der Bundeskanzler dem Bundestag bereits ein

149 Vgl. das Schreiben des ZK der KPdSU vom 16. November 1989, in: SAPMO-BArch, DY 30/IV 2/2039/314.

150 Volkskammer der DDR, 9. Wahlperiode, 12. Tagung, 17./18. November 1989, Stenografische Niederschrift, S. 284 ff.

151 Gespräch mit Hans Modrow, 4. Januar 1995; vgl. auch das Gespräch mit Valentin Falin, 27. August 1992, in: Hertle, Fall der Mauer, S. 360.

152 Protokoll der Politbüro-Sitzung vom 28. November 1989, in: SAPMO-BArch, DY 30/J IV 2/2 A/3263.

»Zehn-Punkte-Programm« über die Entwicklung der deutsch-deutschen Beziehungen vor. Drei Tage vor Falins Besuch in Ost-Berlin hatte dessen Mitarbeiter Nikolai Portugalow in Bonn Kanzlerberater Horst Teltschik aufgesucht. Im Unterschied zur trägen, fast schon widerwilligen Reaktion der Ost-Berliner Führung hatten Portugalows Ausführungen über eine deutsche »Annäherung, über konföderative Strukturen, die irgendwann auch in eine Wiedervereinigung münden könnten«,[153] Teltschik förmlich elektrisiert. Wenn die Überlegungen in der sowjetischen Spitze schon so weit vorangeschritten waren, so Teltschiks Schlußfolgerung, war es für die Bundesregierung Zeit, in die Offensive zu gehen.[154] Die zehn Punkte des Kanzlers nahmen Modrows Gedanken zu einer Vertragsgemeinschaft auf und entwickelten sie über die Bildung konföderativer Strukturen fort zu einer »Föderation«. Ziel dieses Prozesses sollte dann die Wiedervereinigung sein. Helmut Kohl ging zu diesem Zeitpunkt freilich noch davon aus, daß der Einigungsprozeß fünf bis zehn Jahre beanspruchen werde.[155]

Der parteidiplomatische Vorstoß von Falin erwies sich für die sowjetische Deutschlandpolitik in doppelter Hinsicht als kontraproduktiv: Bevor sich die SED-Führung überhaupt gerührt hatte, hatte ihr die Bundesregierung schon die Initiative gestohlen und die Konföderation als Zielvorstellung der sowjetischen Diplomatie in eine bloße Stufe umgewandelt, die es auf dem Weg zur deutschen Einheit zu nehmen galt. Statt diesen Weg zu blockieren, wie es beabsichtigt war, hatte Falin dem Zug in Richtung Wiedervereinigung Dampf gegeben. Die ostdeutschen Verbündeten hatten dabei das Nachsehen.

Berichte über Amtsmißbrauch und Korruption vor allem der Politbüro-Mitglieder verschärften derweil die Stimmung gegen die SED. Empörung und Zorn der Bevölkerung, aber auch breiter Teile der Partei, erreichten mit dem ersten Bericht des Korruptionsausschusses der Volkskammer am 1. Dezember einen Höhepunkt. Details über staatlich finanzierte Eigenheime für Spitzenfunktionäre und deren Kinder, kostenträchtige, feudale Jagdgebiete, Urlaubsflüge mit der Regierungsstaffel, die privilegierte Versorgung der Spitzenkader mit westlichen Konsumprodukten, Dotationen an Honecker und Mittag als Ehrenmitglieder der Bauakademie in Höhe von 20 000 Mark jährlich seit 1978 und anderes mehr erhitzten die Gemüter. Die Parteispitze hatte ihren Führungsanspruch nicht nur in der Politik, sondern auch in der Konsumtion wahrgenommen und für sich realisiert, was sie der Bevölkerung vorenthielt: ein mit importierten Westprodukten bereichertes Leben im Sozialismus – und das alles zu Preisen in Mark der DDR. Die Empörung darüber schlug nicht nur auf den Demonstrationen, sondern auch auf den Kreisdelegiertenkonferenzen der SED, auf denen die Parteitagsdelegierten erstmals in freier Wahl nominiert wurden, hohe Wellen.

153 Nikolai Portugalow, in: Kuhn, Gorbatschow und die deutsche Einheit, S. 83.
154 Horst Teltschik, 329 Tage. Innenansichten der Einigung, Berlin 1991, S. 44.
155 Vgl. ebd., S. 52.

Das Politbüro bereitete den Parteitag bis Ende November in traditioneller Weise vor. Am 28. November legte Krenz ein Konzept für sein Parteitagsreferat vor; es sollte Anfang Dezember zusammen mit dem Bericht der Zentralen Parteikontrollkommission, dem Bericht der Zentralen Revisionskommission, dem Entwurf eines erweiterten Aktionsprogramms und eines neuen Statuts im Politbüro beraten werden. Ein Gremium wurde gebildet, das »Ursachen und persönliche Verantwortlichkeiten für die gegenwärtige Situation in der DDR« untersuchen sollte; es nahm aber die Arbeit nicht auf. Das Politbüro bestätigte die Zusammensetzung von Kommissionen zur Parteitagsvorbereitung[156] und ließ sich zudem nach traditionellem Muster eine »Orientierung für die politische, soziale und altersmäßige Zusammensetzung« des künftigen ZK vorlegen. Zunächst war vorgesehen, daß das Zentralkomitee, wie gewohnt, alle Parteitagsmaterialien auf einer Tagung am 12. Dezember absegnen sollte. Obwohl dieser Gedanke schließlich fallengelassen wurde, verdeutlicht das Vorgehen das offensichtliche Dilemma der Parteiführung: Sie verbreitete den Eindruck, als wären die alten Führungsstrukturen noch intakt, obwohl eine der wesentlichen Prämissen, die Akzeptanz der Führung, nicht mehr gegeben war.

Einer Erhebung der Abteilung Parteiorgane zufolge hatte die SED Anfang Dezember mehr als 600 000 der ehemals 2,3 Millionen Mitglieder verloren; über 5 000 Grundorganisationen hatten sich aufgelöst.[157] Die Welle von Mitgliederaustritten veranlaßte die Grundorganisation des VEB Bergmann-Borsig zu einem außergewöhnlichen Schritt: Am 30. November wandte sie sich in einem von ADN verbreiteten offenen Brief an »alle ehrlichen« Parteimitglieder. SED-Mitglieder würden zunehmend gefragt, hieß es darin, was sie noch in einer Partei zu suchen hätten, die Mittags, Tischs und Stophs großwerden ließ. Noch vor dem Parteitag, so ihre Forderung, sei der ganze Sumpf von Machtmißbrauch trockenzulegen. Die Wahl eines neuen Generalsekretärs wurde gefordert.[158]

Am gleichen Abend trafen sich im Berliner Werk für Fernsehelektronik (WF) 150 bis 170 SED-Mitglieder aus verschiedenen Berliner Betrieben und wissenschaftlichen Einrichtungen; nur wenige kamen von außerhalb. Maßgeblichen Anteil am Zustandekommen und an der inhaltlichen Vorbereitung des Treffens hatte die SED-Kreisleitung der Humboldt-Universität, und hier insbesondere die Mitarbeiter des »Sozialismusprojektes«.[159] Am Schluß der Versammlung stand die Verabschiedung einer »Plattform WF«, mit der die Initiatoren der Parteiführung die alleinige Vorbereitung des Parteitages mit der

156 Vgl. SAPMO-BArch, DY 30/J IV 2/2 A/3263. Eine Programmkommission sollte aus 26 Mitgliedern (Leiter: Hans-Joachim Willerding und Klaus Höpcke) bestehen, darunter Lothar Bisky, Gregor Gysi, Dieter Klein und Markus Wolf. Die Statutenkommission (12 Mitglieder) wurde von Siegfried Lorenz geleitet.

157 Gespräch mit Heinz Mirtschin, 21. Juli 1997.

158 Vgl. ND sowie Berliner Zeitung, 2./3. Dezember 1989.

159 Vgl. hierzu und zum folgenden: Gysi/Falkner, Sturm aufs Große Haus, S. 56 ff.

Begründung streitig machten, sie zeige keinen Willen »zur moralischen Säuberung und politischen Konsolidierung der Partei«. Die Kernsätze der »Plattform« lauteten: »Der Parteiführung und dem sie stützenden Apparat entziehen wir unser Vertrauen, die jetzige Regierung stützen wir. Die Rettung der Partei liegt in ihrer kompromißlosen Erneuerung, die einer faktischen Neugründung gleichkäme.«[160] Alle Parteitagsdelegierten wurden zur Vorbereitung des Parteitages für den 10. Dezember zu einer gemeinsamen Beratung in die Humboldt-Universität eingeladen. Am 1. Dezember wurde die »Plattform« über Rundfunk verbreitet und erzeugte ein Echo, das die Initiatoren überwältigte. Zwei Bezirksorganisationen, vor allem aber Berliner Kreisdelegiertenkonferenzen, schlossen sich der »Plattform« an; einige Kreisdelegiertenkonferenzen forderten den Rücktritt des Politbüros und des Zentralkomitees.

Am Mittag des 1. Dezember schaffte die Volkskammer mit Zustimmung der SED-Fraktion den Führungsanspruch der SED in der Verfassung ab. Die oberen eintausend Nomenklaturkader in Partei und Staat, die zur »Verteidigung der Revolution« mit persönlichen Waffen ausgerüstet waren, wurden aufgefordert, ihre Pistolen abzuliefern. Nicht die Aufgabe des Führungsanspruchs versetzte das Politbüro in helle Aufregung und nicht die Streckung der Waffen, sondern die erste offene Fraktionsbildung in der SED und ihre Resonanz. Schon am Abend des 1. Dezember, im unmittelbaren Anschluß an die Volkskammer-Tagung, befaßten sich die Politbüro-Mitglieder mit diesem Affront. Um die Solidarisierung in der Partei mit der »Plattform« einzudämmen, wurde ein Aufruf an alle Ersten Sekretäre der Bezirks- und Kreisleitungen gerichtet, die Einheit der Partei unter allen Umständen zu wahren. Krenz schlug nun eine außerordentliche ZK-Tagung für den 3. Dezember vor, auf der vor allem ein »Bericht über vorliegende Ergebnisse bisher durchgeführter Untersuchungen durch die ZPKK« diskutiert werden sollte. Vor der ZK-Tagung war eine – dem gewachsenen Einfluß der neugewählten Kader Rechnung tragende – Beratung mit den Ersten Sekretären der SED-Bezirksleitungen geplant. Wiederum davor sollte noch eine Politbürositzung stattfinden. Wie bereits am Vortag wurde auch am Abend des 2. Dezember vor dem ZK-Gebäude demonstriert. Gregor Gysi forderte als einer von mehreren Rednern Politbüro und ZK zum geschlossenen Rücktritt auf; Krenz wurde daran gehindert zu sprechen.[161] Und unter Berufung auf die »Plattform WF« rief die neugewählte SED-Kreisleitung der Akademie der Wissenschaften für den nächsten Nachmittag zu einer neuerlichen Demonstration vor dem ZK-Gebäude auf und kündigte an, so lange wiederzukommen, »bis Krenz und Co. gegangen seien«.[162]

160 Zit. nach ebd., S. 62.
161 Vgl. ebd., S. 75.
162 Vgl. Gysi/Falkner, Sturm aufs Große Haus, S. 69.

6.2. *Das Ende der SED*

Im Morgengrauen des 3. Dezember wurden Harry Tisch und Günter Mittag in Wandlitz verhaftet und in Untersuchungshaft genommen. Gleiches geschah mit Gerhard Müller in Erfurt und Hans Albrecht in Suhl. Die vage Begründung der Staatsanwaltschaft lautete, sie hätten unter Mißbrauch ihrer Funktion Volkseigentum und Volkswirtschaft schwer geschädigt.

Um 8.30 Uhr kam das Politbüro zu seiner letzten Sitzung zusammen.[163] Es fehlte Hans-Joachim Willerding, der bereits am Vortag öffentlich seinen Rücktritt aus Politbüro und ZK-Sekretariat verkündet hatte. Die zwölf verbliebenen Mitglieder und Kandidaten des Politbüros zogen nach und traten ebenfalls zurück, »um einer weiteren Gefährdung der Existenz der Partei entgegenzuwirken«, wie es zur Begründung hieß; man habe versagt, »das ganze Ausmaß und die Schwere der Verfehlungen von Mitgliedern des ehemaligen Politbüros aufzudecken und daraus die erforderlichen Konsequenzen zu ziehen«.[164] An die Stelle des Politbüros, so der Vorschlag, sollte ein Ausschuß treten, »dem *auch* Genossen angehören, die bisher nicht der Parteiführung angehörten«.[165] Im Umkehrschluß konnte dies wiederum nur so verstanden werden, daß zumindest einige der zurückgetretenen Politbüro-Mitglieder hofften, ihre Arbeit im Ausschuß fortsetzen zu können. Im übrigen sollte das Zentralkomitee fortbestehen; von neun Ausschlüssen[166] und neun freiwilligen Rücktritten[167] versprach man sich die Wiederherstellung seiner Akzeptanz.

Die letzten taktischen Versuche der Führung unter Krenz, durch Aufgabe von Positionen Machtstrukturen zu erhalten, stießen auf den entschiedenen Protest der neugewählten, nicht mehr von oben eingesetzten Ersten Bezirkssekretäre, mit denen sich das ZK-Sekretariat ab 10.30 Uhr beriet. Die Bezirkssekretäre akzeptierten einzig den Rücktritt des Politbüros und wiesen alle anderen Beschlüsse zurück. »Ultimativ«, so Günter Schabowski, forderten die Ersten Bezirkssekretäre darüber hinaus den geschlossenen Rücktritt des Zentralkomitees.[168] Die Liste der vor dem Rücktritt demonstrativ auszuschließenden ZK-Mitglieder wurde erweitert und für elf Mitglieder der alten Parteiführung, darunter Erich Honecker und Erich Mielke, der Ausschluß aus der SED auf die Tagesordnung des Zentralkomitees gesetzt.

Heinz Vietze, der neugewählte Erste Bezirkssekretär von Potsdam, hatte sich bereits am Abend des 1. Dezember mit einer Delegation seines Bezirks

163 Vgl. dazu auch Edwin Schwertner, Zur Bildung des SED-Arbeitsausschusses, in: Lothar Bisky u. a. (Hg.), Die PDS – Herkunft und Selbstverständnis, Berlin 1996, S. 160 ff.

164 Vgl. Protokoll der Politbüro-Sitzung vom 3. Dezember 1989, Anlage Nr. 2, in: SAPMO-BArch, DY 30/J IV 2/2/2367.

165 Ebd. (Hervorheb. d. Vf.).

166 Auf der Ausschluß-Liste des Politbüros standen Honecker, Mielke, Stoph, Tisch, Krolikowski, Kleiber, Albrecht, G. Müller und D. Müller.

167 Hager, Axen, Mückenberger, Lange, Böhme, Walde, Dohlus, Sindermann und Neumann.

168 Schabowski, Der Absturz, S. 324.

Zutritt zur Politbüro-Sitzung verschafft und den Rücktritt von Krenz wegen dessen Verantwortung für die Wahlfälschung verlangt.[169] Bernd Meier, der Erste Bezirkssekretär von Frankfurt/Oder, schlug nun angesichts erster Strafanzeigen wegen Wahlfälschung gegen örtliche Funktionäre die Annullierung der Kommunalwahlen vor; Roland Claus (Halle) sprach sich für die Bildung einer neuen Untersuchungskommission unter Leitung von Gregor Gysi aus sowie für die Vorbereitung einer Parteineugründung.[170] So unterschiedlich die Positionen der einzelnen Bezirkssekretäre waren, so einte sie ein Ziel: mit allen Mitteln jegliche Einflußnahme der alten Parteiführung auf die Vorbereitung des Parteitages zu verhindern.

Nach mehr als zweistündigen harten Auseinandersetzungen setzten sie sich schließlich durch. Roland Wötzel, der Erste Bezirkssekretär von Leipzig, so wurde festgelegt, sollte dem Zentralkomitee den Vorschlag unterbreiten, einen Arbeitsausschuß zu bilden, »bestehend aus Genossen, die konsequent für eine neue SED sind«. Politbüro und Zentralkomitee sei nur noch gestattet, die Bildung des Arbeitsausschusses zu befürworten; Einfluß auf dessen Zusammensetzung sollten sie nicht nehmen können. Das neue Leitungsgremium wollte sich selbst einsetzen, Politbüro und Zentralkomitee wurden vollständig ausgeschaltet.

Um 13.00 Uhr – der Beginn der ZK-Tagung verzögerte sich durch die noch anhaltende Beratung – gab Hans Modrow im Plenarsaal den vorzeitigen Abgang eines ZK-Mitglieds bekannt: Alexander Schalck habe die DDR in der Nacht mit unbekanntem Ziel verlassen.[171] Schalck hatte in den zurückliegenden vierzehn Tagen im Auftrag von Krenz und Modrow die Verhandlungen mit der Bundesregierung über die Reisefinanzierung weitergeführt. Mit einer Reportage über die Devisengeschäfte des von Schalck geleiteten Bereiches Kommerzielle Koordinierung (KoKo), die sich zum damaligen Zeitpunkt nur auf geheime Materialien und Insiderwissen stützen konnte, begann am 20. November seine Demontage.[172] In der Volkskammer-Sitzung vom 1. Dezember wurde die Stimmung durch das Gerücht angeheizt, der Bereich Schalcks habe 100 Milliarden D-Mark in der Schweiz gehortet. Die direkt um Auskunft

169 Mitteilung von Sitzungsteilnehmern an die Autoren. Vgl. auch Schabowski, Der Absturz, S. 325.; ders., Das Politbüro, S. 148f.

170 Mitteilung eines Sitzungsteilnehmers an die Autoren.

171 Schalck meldete sich am Abend des 6. Dezember bei den West-Berliner Justizbehörden, begab sich freiwillig in Untersuchungshaft und wurde am 9. Januar 1990 daraus entlassen.

172 Vgl. den Beitrag »Fanatiker der Verschwiegenheit«, in: Der Spiegel, Nr. 47, 20. November 1989. – »Die verantwortlichen Journalisten«, hieß es in einer Lageübersicht der HA III des MfS, »haben in Vorbereitung dieses Artikels mit der BRD-Nachrichtenzentrale, Bundesamt für Verfassungsschutz (BfV) Köln, zusammengearbeitet ...« (vgl. BStU, ZA, MfS-HA III Nr. 858). Der Bereich KoKo war einerseits vom MfS mit »Offizieren im besonderen Einsatz« (OibE) und »inoffiziellen Mitarbeitern« durchsetzt; auch Schalck selbst war nicht nur Honecker und Mittag bzw. später Krenz, sondern zugleich Stasi-Minister Mielke als OibE direkt unterstellt. Andererseits war es jedoch auch westlichen Geheimdiensten dank einiger Überläufer und einer Reihe von Agenten gelungen, die Struktur und Geschäfte des Bereiches KoKo aufzuklären.

gebetenen Minister Beil und Schürer täuschten Unkenntnis über die Tätigkeit Schalcks vor; weder Krenz noch Modrow stellten sich vor ihn. Nach einem dramatischen Auftritt vor dem SED-Politbüro am Abend des 1. Dezember wurde Schalck zunächst Schutz und Rückendeckung seitens der Partei- und Staatsführung zugesagt, insbesondere im Falle einer zu erwartenden Ladung vor den Korruptionsausschuß der Volkskammer. Als ihm Mielke-Nachfolger Schwanitz am Nachmittag des 2. Dezember mitgeteilt habe, der ihm zugesagte Schutz könne nicht gewährt werden, entschloß sich Schalck seinen Aussagen zufolge zur Flucht.[173] Seit der Entdeckung eines Waffen- und Munitionslagers der zum KoKo-Bereich zählenden Firma IMES-Import-Export GmbH in Kavelstorf bei Rostock am gleichen Nachmittag war die Verhaftung des KoKo-Chefs durch die unter dem Druck der Öffentlichkeit operierende Staatsanwaltschaft vermutlich in der Tat nur noch eine Frage der Zeit.[174] Diejenigen, die über seine Fluchtabsichten möglicherweise im Bilde waren, verhinderten sie nicht.[175]

Schalck hinterließ einen Abschiedsbrief, über dessen Inhalt das Zentralkomitee nichts erfuhr. Er war an Werner Eberlein als Vorsitzenden der ZPKK und in Kopie an Hans Modrow gerichtet. Darin teilte Schalck mit, er habe veranlaßt, daß von ihm teilweise im Ausland angelegte Guthaben der DDR dem Vorsitzenden des Ministerrates angezeigt würden. Sie seien, so fuhr er fort, die »letzte Einsatzreserve bei Eintritt der Zahlungsunfähigkeit des Staates, die nach meiner Auffassung Ende dieses Jahres bzw. Anfang nächsten Jahres eintreten wird, um schwerwiegendste volkswirtschaftliche Konsequenzen mildern zu können«.[176]

173 Vgl. hierzu im einzelnen: Deutscher Bundestag, Beschlußempfehlung und Bericht des 1. Untersuchungsausschusses nach Artikel 44 des Grundgesetzes (»Schalck-Untersuchungsausschuß«), 12. Wahlperiode, Drs. 12/7600, Bonn 1994, S. 461 ff.

174 Nach Informationen des MdI vom 4. Dezember 1989 befanden sich in dem Waffenlager der Firma IMES »kleinkalibrige Handfeuerwaffen und Munition in einer Größenordnung von ca. 80 Waggon« (vgl. BStU, ZA, MfS-Arbeitsbereich Neiber Nr. 687).

175 Der Vorsitzende des Korruptionsausschusses der Volkskammer, Heinrich Toeplitz, erläuterte einem früheren MfS-Mitarbeiter nach dessen Auskunft am 6. Dezember 1989, »daß er (Toeplitz, d. Vf.) bereits am Sonnabend früh (am 2. Dezember, d. Vf.) gegen 9.00 Uhr in seiner Wohnung einen anonymen Anruf erhalten hätte. Der Anrufer, der sich als Mitglied des ›Neuen Forums‹ ausgab, hätte ihn darauf hingewiesen, daß Schalck-Golodkowski seine Flucht vorbereite und die Vorbereitung abgeschlossen sei. Dr. Toeplitz habe daraufhin umgehend den Leiter des Amtes für Nationale Sicherheit, Gen. Dr. Schwanitz, und den Generalstaatsanwalt verständigt. Beide hätten jedoch nur zögernd reagiert und deshalb mit Schuld an der Flucht von Schalck-Golodkowski. Dieses Thema würde im Mittelpunkt der nächsten Tagung der Volkskammer stehen« (vgl. BStU, ZA, MfS-SdM Nr. 2336). Entgegen seiner Ankündigung behielt Toeplitz dieses Wissen auf der nächsten Volkskammer-Tagung jedoch für sich.

176 Alexander Schalck, Brief an den Vorsitzenden der ZPKK, Genossen Eberlein, Berlin, 2. Dezember 1989, in: Deutscher Bundestag, Beschlußempfehlung und Bericht des 1. Untersuchungsausschusses nach Artikel 44 des Grundgesetzes (»Schalck-Untersuchungsausschuß«), 12. Wahlperiode, Drs. 12/7600, Anlagenband 3, Bonn 1994, Dokument 749, S. 3226. – Hans Modrow hat stets dementiert, die Kopie des Briefes an Eberlein erhalten zu haben.

Mit leichter Verspätung eröffnete Krenz dann den regulären Teil der ZK-Sitzung; 26 Mitglieder nahmen aus unterschiedlichen Gründen nicht mehr teil.[177] Krenz verwies einleitend auf die nicht mehr zu überbietende Dramatik der Lage. Das Schicksal der Partei stünde auf dem Spiel, die DDR wäre in Gefahr. Nach einer scharfen persönlichen Kritik an Willerding trugen Schabowski, Krenz und Wötzel die Beschlußvorschläge vor.

Kernpunkte waren jetzt der Rücktritt des Politbüros und des Zentralkomitees »in seiner Gesamtheit«, das hieß einschließlich des Generalsekretärs. Zur Parteitagsvorbereitung sollte durch eine Kommission ein »Rechenschaftsbericht über die Ursachen der Krise in der SED und in der Gesellschaft« erarbeitet werden.[178] Daneben ging es um den Ausschluß von 16 Personen aus der Partei bzw. aus dem Zentralkomitee. Roland Wötzel trug im Auftrag der Ersten Bezirkssekretäre den Antrag vor, einen Arbeitsausschuß zur Vorbereitung des Parteitages zu bilden und eine Untersuchungskommission zur Aufdeckung von Machtmißbrauch und Privilegien zu berufen, ohne auf deren Zusammensetzung einzugehen. Da diese Beschlußvorschläge, insbesondere auch die Ablösung des Generalsekretärs, erst das Ergebnis der Aussprache mit den Ersten Bezirkssekretären wären, schlug Krenz eine halbstündige Unterbrechung der Sitzung vor.

Nach der Pause erklärte und rechtfertigte Krenz überraschend die Fälschung der Kommunalwahlen und wies damit Meiers Vorschlag einer Annullierung dieser Wahl, der den meisten ZK-Mitgliedern gar nicht bekannt gewesen sein dürfte, aus einem scheinbar einleuchtenden Grund zurück: »Würden wir jetzt, wie das einige vorschlagen, diese Frage neu aufrollen, Genossinnen und Genossen, ich habe die Furcht, dann räumen wir nicht nur Positionen, die wir noch besitzen, dann können wir ganz nach Hause gehen.« Zwar sei es ehrenhaft, die »Wende« nicht mit einer Lüge beginnen zu wollen, räumte Krenz ein; schlimm aber sei es, Kader zu belasten, die noch das Vertrauen hätten. Da die Stimmzettel vernichtet worden waren, wie Krenz am besten wußte, bildete er sich ein, es könnte schon nichts passieren, wenn alle bloß dichthielten.

Zwei abgelöste Erste Bezirkssekretäre, Johannes Chemnitzer und Hans-Joachim Böhme, wiesen darauf hin, daß sie sich ihrer Meinung nach keinerlei strafrechtlicher Vergehen schuldig gemacht hätten, die ihren unehrenhaften Ausschluß aus dem Zentralkomitee rechtfertigten. Im Fall Böhmes mußte dessen Nachfolger, Roland Claus, einräumen, daß sein Antrag auf Einleitung eines Parteiverfahrens gegen seinen Vorgänger keinen konkreten Vorwürfen, sondern der Stimmung der Parteibasis folge. Erfolglos blieb der Vorstoß von Werner Eberlein, der als Vorsitzender der ZPKK darauf hinwies, daß es statu-

177 Der Anwesenheitsliste zufolge fehlten u.a. dreizehn ehemalige Politbüro-Mitglieder und fünf frühere Erste Bezirkssekretäre (vgl. SAPMO-BArch, DY 30/IV 2/1/717).

178 Der Kommission sollten angehören: Eberlein, Herger, Jarowinsky, Lorenz, Rauchfuß, Schabowski, Semmelmann, Sieber (vgl. SAPMO-BArch, DY 30/IV 2/1/715). Diese Kommission erstellte den geforderten Bericht bis zum Parteitag (vgl. Schabowski, Politbüro, S. 179 ff.).

tenwidrig sei, Mitglieder aus der Partei auszuschließen, ohne sie vorher wenigstens angehört zu haben. »Wenn ein Staat bis an den Ruin geführt wird, dann ist das Verbrechen«, belehrte Krenz Eberlein. Den Streitpunkt, ob die ZPKK weiterarbeiten solle oder nicht, entschied die ZPKK selbst durch ihren Rücktritt. Der von ihr vorbereitete Bericht wurde wegen seiner von Eberlein eingestandenen »Halbheiten« gar nicht erst vorgetragen.[179]

Für einen dramatischen Höhepunkt der letzten Tagung des Zentralkomitees sorgte Bernhard Quandt. Quandt, 1903 geboren, 1920 der Sozialistischen Arbeiterjugend und der SPD beigetreten, 1923 in die KPD übergewechselt, Häftling in den Konzentrationslagern Sachsenhausen und Dachau, lange Jahre Erster Bezirkssekretär in Schwerin und zuletzt Mitglied des Staatsrates, beklagte den Zusammenbruch seines Weltbildes. Als Verfolgter des Nazi-Regimes war er nach 1945 mit allen Mitteln für die Errichtung des Sozialismus in der sowjetischen Besatzungszone eingetreten. Daran schien er anknüpfen zu wollen, als er weinend ans Mikrofon trat und forderte, mit der »Verbrecherbande des alten Politbüros« abzurechnen. Der 86jährige Altkommunist plädierte in stalinistischer Manier dafür, die Todesstrafe wieder einzuführen, und forderte, »daß wir die alle standrechtlich erschießen, die unsere Partei in eine solche Schmach gebracht haben, daß die ganze Welt vor einem großen, einem solchen Skandal steht, den sie noch niemals gesehen hat.« Mit seinen die Anwesenden beeindruckenden und zugleich peinlich berührenden Ausführungen zur Abgabe seiner persönlichen Waffe, einer Pistole des Typs Makarow, die er bisher zur »Verteidigung der Revolution« benutzt habe, versinnbildlichte er den Zustand des Zentralkomitees in seiner bedingungslosen Kapitulation; sein Aufbäumen wirkte grotesk.

Eine Mini-Demonstration vor dem ZK-Gebäude mit einigen tausend Teilnehmern wurde zu einem Sturm aufgebauscht (»Die Berliner sammeln sich zur Demonstration, sie marschieren auf das Haus zu«), um das Ende der Tagung zu beschleunigen.[180] Aufgrund der Intervention der Betroffenen wurde auf die ursprünglich beabsichtigte Einleitung von Parteiverfahren gegen Hans-Joachim Böhme, Joachim Chemnitzer, Günter Ehrensperger und Werner Müller bei gleichzeitigem ZK-Ausschluß verzichtet, alle weiteren Beschlußvorschläge gebilligt. Nachdem sich Krenz als abgelöster Generalsekretär bei Herbert Kroker als designiertem Leiter des Arbeitsausschusses das Einverständnis geholt hatte, daß man die Tagung beenden könne, schloß er um 14.50 Uhr die letzte Beratung eines ZK der SED.

Sieht man von dem Vorschlag Bernhardt Quandts ab, die Mitglieder des Zentralkomitees durch die Hinrichtung einiger Verantwortlicher der alten Parteiführung von jeder Verantwortung zu befreien, so ließen sich Politbüro

179 Der Bericht ist überliefert in: SAPMO-BArch, DY 30/IV 2/1/716.

180 In einem Lagebericht des MdI war von 4000 Bürgern die Rede, die sich zwischen 14.50 Uhr bis gegen 18.15 Uhr vor dem ZK-Gebäude aufhielten (vgl. BStU, ZA, MfS-Arbeitsbereich Neiber Nr. 687).

und Zentralkomitee ohne den geringsten Versuch einer Gegenwehr zur Selbstauflösung veranlassen. Noch in der Nacht vom 3. auf den 4. Dezember wurden auf Anweisung von Gregor Gysi als Leiter der vom Arbeitsausschuß eingesetzten parteiinternen Untersuchungskommission die Zimmer des Politbüros in der zweiten Etage des ZK-Gebäudes versiegelt. Soweit die Mitglieder und Kandidaten des Zentralkomitees überhaupt noch Ämter in Partei, Staat und gesellschaftlichen Organisationen innehatten, gingen sie ihnen, von wenigen Ausnahmen abgesehen, in den nächsten Wochen und Monaten verloren. Drei ZK-Mitglieder begingen aufgrund gegen sie eingeleiteter Ermittlungen der Staatsanwaltschaft Selbstmord.

Mit dem Fall der Mauer hatte der SED-Staat bereits seine Existenzgrundlage verloren; die Selbstauflösung der zentralen Führungsgremien – des Politbüros, ZK-Sekretariats und Zentralkomitees – besiegelte nun das Ende der SED. Ohne die Steuerungszentrale der Partei zerbröselten die institutionellen Machtstrukturen der DDR.

7. Ausblick

Vierzehn Erste Bezirkssekretäre[181], einzig »legitimiert durch die Sorge um die Zukunft des Sozialismus«[182], nahmen nach dem Abgang der SED-Führung aus »Verantwortung als gewählte Parteitagsdelegierte« und in Kenntnis »des Willens der Parteibasis in unseren Bezirken«[183] die Führung der Parteigeschäfte und insbesondere die Vorbereitung des Parteitages in die Hand. In ihren Arbeitsausschuß, der sich noch am 3. Dezember um 16.00 Uhr im ZK-Gebäude konstituierte, nahmen sie elf Personen auf, von denen sie sich einen Beitrag zu »grundlegenden Veränderungen und zu einer Erneuerung der Partei«[184] erhofften; dazu zählten Wolfgang Berghofer, Gregor Gysi, Dieter Klein und Markus Wolf. Mit Erich Postler und Gerd Schulz gehörten dem 25köpfigen Arbeitsausschuß noch zwei Mitglieder des alten Zentralkomitees an.

Der Ausschuß arbeitete in zweierlei Hinsicht erfolgreich: Auf dem Parteitag am 8./9. sowie 16./17. Dezember fand zum einen ein radikaler Kaderaus-

181 Außen vor, obwohl zunächst als Mitglied des Arbeitsausschusses vorgesehen, blieb von den Bezirkssekretären lediglich der Erste Bezirkssekretär von Neubrandenburg, Wolfgang Herrmann, der am 15. November als Nachfolger von Johannes Chemnitzer gewählt worden war. Bereits am 11. Dezember trat er wieder zurück (vgl. ND, 15. November 1989 und 13. Dezember 1989). Ebenfalls als Mitglieder zunächst vorgesehen, aber am Ende nicht vertreten waren Klaus-Dieter Krohn, Helmut Semmelmann, Heinz Freitag und – nominell auch nicht – Hans Modrow. Auf der ersten Liste nicht nominiert, aber schließlich doch im Arbeitsausschuß vertreten war Lothar Bisky (vgl. SAPMO-BArch, DY 30/IV 2/1/717).

182 Vgl. den Aufruf des Arbeitsausschusses, in: ND, 4. Dezember 1989.

183 So der Vorsitzende des Arbeitsausschusses, Herbert Kroker, in einem Interview. Vgl. ND, 4. Dezember 1989.

184 Vgl. Schwertner, Zur Bildung des SED-Arbeitsausschusses, S. 160.

tausch statt. Im neuen 101köpfigen Parteivorstand waren nur noch vier der zuletzt 213 ZK-Mitglieder und ZK-Kandidaten vertreten.[185] Und zum anderen gelang es, Anträge auf Auflösung und Neugründung der SED zurückzuweisen und den Bestand der Organisation und ihres Vermögens unter dem neuen Namen SED-PDS zu erhalten.

Das von der alten Parteiführung hinterlassene Machtvakuum hingegen konnten weder der Arbeitsausschuß noch der neue Parteivorstand füllen. Und so geriet mit der anhaltenden Krise der Staatspartei die Staatsmacht immer stärker ins Wanken. Am 4. Dezember besetzten Demonstranten die ersten Stasi-Bezirksverwaltungen und leiteten die Abwicklung des mittlerweile in ein »Amt für Nationale Sicherheit« (AfNS) umbenannten Staatssicherheitsdienstes von unten ein. Kurzfristig wurde für den Tag darauf eine Beratung des Nationalen Verteidigungsrates angesetzt, für die der als Gast eingeladene Leiter des AfNS einige Hinweise zur Lage erarbeiten ließ. Die staatliche Sicherheit, hieß es in seinem Vorbereitungspapier, sei »in bestimmten Bereichen eingeschränkt bzw. nicht mehr gewährleistet. Das gilt insbesondere für die Staatsgrenze der DDR zur BRD, für Teile der bewaffneten Organe und die Kampfgruppen. Die sozialistische Staats- und Rechtsordnung, die staatliche Autorität werden zunehmend untergraben. Staatliche Organe, besonders auf Ebene Bezirke und Kreise, zunehmend handlungsunfähig, zum Teil in Selbstauflösung begriffen. Es mehren sich Tendenzen der Anarchie und des Chaos. Viele politische progressive Kräfte sind durch die Lageentwicklung verunsichert; es häufen sich bei ihnen Erscheinungen des Unglaubens an eine sozialistische Perspektive der DDR, von Existenzangst und Resignation. (...) Inhalt und Verlauf von Demonstrationen in jüngster Zeit zunehmend aggressiver; es wächst täglich die Gefahr des Umschlagens in nicht mehr kontrollierbare und Gewalthandlungen; Veranstalter beherrschen zum Teil nicht mehr die Lage.«[186]

Alarmierender konnte die Lage kaum sein, doch der Nationale Verteidigungsrat, dem die Einsatzleitungen auf Bezirks- und Kreisebene unterstanden und der im Notstandsfall alle exekutiven und legislativen Befugnisse auf sich konzentrieren konnte, war verhandlungsunfähig, die Beratung fiel aus. Dem obersten militärischen Sicherheitsorgan der DDR war mit Generaloberst Fritz Streletz nur noch der Sekretär erhalten geblieben; sein faktisch letztes Mitglied mit Staatsfunktion, Egon Krenz, zugleich Vorsitzender des Nationalen Verteidigungsrates – auch sein Büro hatte Gysi versiegeln lassen – wurde am Nachmittag des 5. Dezember zum Rücktritt aus dieser wie aus seiner Funktion als Staatsratsvorsitzender veranlaßt. Ungebremst setzten sich die »Zersetzung« und »ernsten Auflösungserscheinungen« der bewaffneten Kräfte fort, hieß es auf der Leitungsberatung des AfNS am 7. Dezember; die Macht sei

185 Es handelte sich dabei um Hans Modrow, Gerd König, Herbert Richter und Hans-Joachim Willerding.

186 Hinweise für die Beratung im Nationalen Verteidigungsrat, 5. Dezember 1989 (BStU, ZA, MfS-SdM Nr. 2335). Eigenwilliger Satzbau so im Original.

schon nicht mehr nur geteilt: »Die Konterrevolution formiert sich.«[187] Am 14. Dezember beschloß die Regierung angesichts der anhaltenden Proteste gegen die Staatssicherheit die Abberufung des Mielke-Nachfolgers Schwanitz aus dem Kabinett und die Auflösung des AfNS.

Um die mangelnde Legitimation der Regierung zu überbrücken und dem fortschreitenden Verfall seiner Regierungsfähigkeit zu begegnen, sah sich Hans Modrow zu immer weitergehenden Zugeständnissen, vor allem aber zur Teilung der Macht, gezwungen: Dem Kompromiß einer stärkeren Beteiligung der Blockparteien an seiner »demokratischen Koalitionsregierung« im November folgte im Dezember die Phase der Doppelherrschaft von Regierung und Zentralem Runden Tisch und Ende Januar schließlich die Beteiligung von Vertretern des Runden Tisches an einer »Regierung der Nationalen Verantwortung«. Zugleich wurde die Amtsperiode der Regierung durch die Vorverlegung des Wahltermins für die Volkskammer auf den 18. März 1990 verkürzt.

Denn Ende Januar 1990 hatten sich die politischen und sozialen Spannungen noch einmal zugespitzt. Demonstranten besetzten am 15. Januar die Stasi-Zentrale in Berlin, um die Auflösung des MfS zu beschleunigen. Die wirtschaftliche Lage verschlechtere sich besorgniserregend, berichtete Modrow am 29. Januar vor der Volkskammer. Streiks würden sich ausbreiten, eine Reihe örtlicher Volksvertretungen hätte sich aufgelöst oder wäre nicht mehr beschlußfähig, im gesamten Staatsapparat greife Unsicherheit um sich, die Rechtsordnung werde zunehmend in Frage gestellt.[188] Und wieder schnellte die Zahl der Ausreisenden in die Höhe: Nach annähernd 350 000 Übersiedlungen im Jahr 1989 kehrten allein im Januar 70 000 Bürger der DDR den Rücken. Angesichts des mangelnden Rückhalts der Regierung und des drohenden Kollapses der DDR kündigte die Bundesregierung an, nicht mit Modrow, sondern erst mit einer frei gewählten Regierung in vertragliche Verhandlungen über die zukünftige Ausgestaltung des deutsch-deutschen Verhältnisses treten zu wollen.

Nach dem Ende der SED war die Sowjetunion der letzte Garant für die Existenz der DDR. Hatte sich die Sowjetführung bis Mitte Januar allen Tendenzen zur Vereinigung beider deutscher Staaten widersetzt, so realisierte sie nun, daß die DDR nicht mehr zu halten war. Am 30. Januar stimmte Gorbatschow gegenüber Hans Modrow, am 10. Februar gegenüber Helmut Kohl der Vereinigung prinzipiell zu. Modrows Forderung nach 15 Milliarden DM »Solidarbeitrag der BRD« zur Stabilisierung der DDR, mindestens aber drei Milliarden DM zur Sicherung ihrer Zahlungsfähigkeit, wurden von der Bundesregierung nicht mehr erfüllt.[189] Die erste freie Volkskammer-Wahl am

187 AfNS, Festlegungsprotokoll über die Leitungsberatung am 7. Dezember 1989 (BStU, ZA, MfS-SdM Nr. 2336).

188 Volkskammer der DDR, 9. Wahlperiode, 15. Tagung, 29. Januar 1990, stenografische Niederschrift, S. 423.

189 Diese Forderungen trug Hans Modrow am 13. Februar 1990 in Bonn vor. Der DDR-Bericht über den Besuch der Regierungsdelegation in Bonn ist dok. in: Nakath/Stephan, Countdown, S.299ff.

18. März 1990 wurde zu einem eindeutigen Votum für einen schnellen Weg zur deutschen Einheit.

*

Die vorliegende Arbeit steht im Kontext zweier Forschungsprojekte der Autoren: einer von der Deutschen Forschungsgemeinschaft geförderten Untersuchung des institutionellen Rahmens der Planwirtschaft und ihrer internen Entscheidungsstrukturen, in deren Mittelpunkt die Frage nach dem Kontroll- und Steuerungspotential des Ministeriums für Staatssicherheit steht (Projektgruppe: Prof. Dr. Erhard Stölting und Dr. Franz-Otto Gilles, Universität Potsdam; Prof. Dr. Peter Steinbach und Dr. Hans-Hermann Hertle, Freie Universität Berlin), sowie eines vom Stifterverband für die Deutsche Wissenschaft unterstützten zeitgeschichtlichen Forschungs- und Dissertationsprojektes, das sich mit dem Verhältnis von SED-Politik und DDR-Gesellschaftswissenschaften in der Ära Honecker befaßt (Projektgruppe: Prof. Dr. Clemens Burrichter und Dr. Gerald Diesener, Zentrum für Zeithistorische Forschung, Potsdam; Gerd-Rüdiger Stephan, Universität Mannheim/Außenstelle Berlin).

Für die fachkundige, hilfreiche und freundliche Unterstützung dieser Quellenedition danken wir den Mitarbeiterinnen und Mitarbeitern der Stiftung Archiv der Parteien und Massenorganisationen im Bundesarchiv, insbesondere Sylvia Gräfe, Petra Hoffmann, Volker Lange, Annemarie Müller und Dr. Peter Vier, sowie den Mitarbeiterinnen und Mitarbeitern des Bundesarchivs/Abteilungen Berlin und des Zentralarchivs beim Bundesbeauftragten für die Unterlagen des Staatssicherheitsdienstes der ehemaligen DDR sehr herzlich.

Unseren Dank möchten wir allen Zeitzeugen aussprechen, die zur Rekonstruktion der Ereignisse und zum Verständnis der Abläufe beigetragen haben und uns zahlreiche wichtige Hinweise gaben, besonders Wolfgang Herger, Heinz Mirtschin, Edwin Schwertner und Fritz Streletz.

Für Kritik und vielfältige Anregungen gilt unser Dank Franz-Otto Gilles, Andreas Herbst, Olaf Mager, Detlef Nakath und Rainer Weinert. Erika Laurent hat das Buchmanuskript von seinen Anfängen bis zum Ende hilfreich und kritisch begleitet und uns redaktionelle Unterstützung gegeben, die dem Text zugute gekommen ist und die wir deshalb besonders dankbar entgegengenommen haben.

Und schließlich danken wir Prof. Dr. Peter Steinbach, Leiter der Forschungsstelle Diktatur und Demokratie am Fachbereich Politische Wissenschaft der Freien Universität Berlin, für Rat und Tat und die intensiven Diskussionen, die dieses Werk befördert haben.

Dokumentation

Editorische Notiz

Für die folgende Dokumentation wurden die Tonbandmitschnitte der 9., 10., 11. und 12. Tagung des Zentralkomitees transkribiert. Die Tonbänder sind im Bestand Sozialistische Einheitspartei Deutschlands der Stiftung Archiv der Parteien und Massenorganisationen der DDR im Bundesarchiv überliefert. Durch diesen glücklichen Umstand konnte der Verlauf der Verhandlungen erstmals für eine solche Quellengattung nahezu vollständig im Original-Wortlaut rekonstruiert werden.

Solange die DDR existierte, unterlagen die Tonaufzeichnungen, die vom Büro des Politbüros veranlaßt wurden, strengster Geheimhaltung. Ausschließlich für interne Zwecke angefertigt, über deren Sinn gerätselt werden kann, wurden die Tonbänder im Archiv des Politbüros aufbewahrt, wo sie jedem unbefugten Zugriff entzogen waren. Zu keinem Zeitpunkt war ihre Veröffentlichung vorgesehen. Das Büro des Politbüros unterstand dem Generalsekretär und war unter anderem für die organisatorische Vorbereitung und den technischen Ablauf der ZK-Tagungen zuständig; dazu gehörte auch die Erstellung des Protokolls. Doch dafür wurde – wenn überhaupt – nur in seltenen Ausnahmefällen auf die Tonmitschnitte zurückgegriffen, weil mehrere Mitarbeiter zur Verfügung standen, die die Redebeiträge im schnellen Wechsel mitstenografierten und ihr Stenogramm sofort diktierten, so daß mit nur geringer zeitlicher Verzögerung zum Tagungsablauf eine sogenannte »unkorrigierte stenografische Niederschrift« entstand. Alle Redner erhielten die Möglichkeit, ihr gesprochenes Wort zu redigieren. Ergebnis war eine »korrigierte stenografische Niederschrift«, die als Grundlage des gedruckten, aufgrund seiner Einbandfarbe sogenannten »roten« Protokolls diente. Als »parteiinternes Material« klassifiziert, wurden die »roten« Protokolle ausschließlich den Mitgliedern und Kandidaten des Zentralkomitees ausgehändigt.[1] Ihr Inhalt konnte mit der korrigierten stenografischen Niederschrift übereinstimmen, mußte es aber nicht,

1 Für derartiges Material galt eine »Ordnung für den Umgang mit parteiinternem Material«: »Zu bestimmten Gelegenheiten gibt das Zentralkomitee parteiinternes Material heraus. Dieses Material ist zur persönlichen Information leitender Kader entsprechend festgelegten Verteilern bestimmt. Es ist vor Mißbrauch, Verlust, unbefugter Kenntnisnahme oder unbefugter Veröffentlichung zu schützen. Abschriften oder Kopien dürfen nicht hergestellt werden. Die Zustellung erfolgt auf dem Kurierweg. Der Empfang des numerierten Materials ist persönlich zu quittieren.«

denn die letzte Entscheidung über den Inhalt des »roten« Protokolls und seinen Umfang lag beim Generalsekretär.

Soweit es die hier behandelten Tagungen betrifft, liegen unkorrigierte stenografische Niederschriften von allen Plenarsitzungen vor, korrigierte stenografische Niederschriften dagegen nur noch von der 9. und 10. Tagung. Gedruckte »rote« Protokolle erschienen ebenfalls nur noch von der 9. und 10. Tagung; beide wurden gravierend gekürzt und geben den Tagungsverlauf lediglich verzerrt wieder.

Die Stenografen saßen nicht im Plenarsaal, sondern in einem separaten Raum, der durch ein kleines Sichtfenster lediglich einen Blick auf den Rücken der ZK-Mitglieder und -Kandidaten gestattete. Für ihr Stenogramm waren sie auf die Tonübertragung angewiesen, wozu es zwei Mikrofone gab: Das erste benutzte der Leiter der Versammlung, in der Regel der Generalsekretär; das zweite war am Rednerpult angebracht. Saalmikrofone existierten nicht. Über lange Jahre hatte diese Technik ausgereicht, um den ruhigen, im vorhinein festgelegten Ablauf der Tagungen zu erfassen. Im Durcheinander der letzten Tagungen waren die Stenografen jedoch phasenweise überfordert, alle Zurufe zu protokollieren und die Redner, die von ihrem Platz aus sprachen, namentlich zu identifizieren.

Der im folgenden veröffentlichte Text gibt den Verlauf der 9. bis 12. Tagung des Zentralkomitees authentisch im vollständigen Wortlaut wieder. Nur offensichtliche, sinnentstellende Fehler in der Grammatik sind stillschweigend korrigiert worden; stilistische Korrekturen unterblieben. Verständliche Zurufe sind kursiv in eine neue Zeile gerückt worden; sonstige Geräusche und andere rekonstruierte Handlungen sind kursiv in Klammern gesetzt. Nicht veröffentlichte Textpassagen von Reden sind ebenfalls hervorgehoben, entweder durch kursive Schrift in Verbindung mit einer Anmerkung oder nur durch eine Anmerkung im Falle längerer Textpassagen.

Die Namen der jeweiligen Redner sind fett hervorgehoben; Redner, deren Namen nicht festzustellen waren, wurden mit »NN« bezeichnet.

In die Anmerkungen wurden lediglich die für das Verständnis der Texte wichtigsten zusätzlichen Informationen sowie Literaturhinweise (überwiegend auf Quellenpublikationen) und Querverweise auf andere im vorliegenden Band enthaltene Aussagen aufgenommen.

9. Tagung des ZK der SED

im Plenarsaal des ZK-Gebäudes in Berlin, Mittwoch, 18. Oktober 1989 Beginn: 13.55 Uhr; Ende: 15.50 Uhr*

Erich Honecker[1]: Liebe Genossinnen und Genossen! Nach reiflicher Überlegung und im Ergebnis der gestrigen Beratung im Politbüro bin ich zu folgendem Entschluß gekommen: Infolge meiner Erkrankung und nach überstandener Operation erlaubt mir mein Gesundheitszustand nicht mehr den Einsatz an Kraft und Energie, den die Geschicke der Partei und des Volkes heute und künftig verlangen. Deshalb bitte ich das Zentralkomitee, mich von der Funktion des Generalsekretärs des ZK, vom Amt des Vorsitzenden des Staatsrates der DDR und von der Funktion des Vorsitzenden des Nationalen Verteidigungsrates der Deutschen Demokratischen Republik zu entbinden.

Dem Zentralkomitee und der Volkskammer sollte Genosse Egon Krenz vorgeschlagen werden, der fähig und entschlossen ist, der Verantwortung und dem Ausmaß der Arbeit so zu entsprechen, wie es die Lage, die Interessen der Partei und des Volkes und die alle Bereiche der Gesellschaft umfassenden Vorbereitungen des XII. Parteitages erfordern.

Liebe Genossen! Mein ganzes bewußtes Leben habe ich in unverrückbarer Treue zur revolutionären Sache der Arbeiterklasse und zu unserer marxistisch-leninistischen Weltanschauung der Errichtung des Sozialismus auf deutschem Boden gewidmet. Die Gründung und erfolgreiche Entwicklung der sozialistischen Deutschen Demokratischen Republik, deren Bilanz wir am 40. Jahrestag gemeinsam gezogen haben, betrachte ich als die Krönung des Kampfes unserer Partei und meines eigenen Wirkens als Kommunist.[2]

Dem Politbüro, dem Zentralkomitee, meinen Kampfgefährten in der schweren Zeit des antifaschistischen Widerstandes, den Mitgliedern der Partei und

* Quelle: SAPMO-BArch, Ton Y 1/TD 737.

1 Die Erklärung Erich Honeckers ist in ihrer ursprünglichen und dann korrigierten Fassung in den Materialien der 9. Tagung des ZK überliefert (vgl. SAPMO-BArch, DY 30/IV 2/1/703), Günter Schabowski beschrieb später, daß er die Erklärung Honeckers am 17. Oktober 1989 nach der Politbürositzung vorbereitet hätte (vgl. Günter Schabowski, Der Absturz, Berlin 1991, S. 271). Am Morgen des 18. Oktober 1989 lag der Text Honecker vor. Danach sollte Honecker seinen Nachfolger nicht selbst vorschlagen, sondern die allgemeine Empfehlung aussprechen: »Dem Zentralkomitee und der Volkskammer sollte dafür *ein Genosse* vorgeschlagen werden« (Hervorhebung v. d. Vf.). Honecker zufolge bat ihn jedoch Egon Krenz vor der um 10.00 Uhr beginnenden Politbürositzung unter vier Augen, seinen Namen einzusetzen bzw. hineinschreiben zu lassen. (vgl. Erich Honecker, in: Reinhold Andert/Wolfgang Herzberg, Der Sturz. Erich Honecker im Kreuzverhör, Berlin/Weimar 1991, S. 33/34). Als er die so veränderte Erklärung dann im Politbüro verlesen habe, hätten alle geklatscht. Honecker weiter: »Das hatte es noch nie im Politbüro gegeben.« (ebd., S. 34).

2 Vgl. die Rede Erich Honeckers zum 40. Jahrestag der DDR-Gründung am 6. Oktober 1989 im Berliner Palast der Republik, in: Neues Deutschland (ND), 9. Oktober 1989.

allen Bürgern unseres Landes danke ich für jahrzehntelanges, gemeinschaftliches und fruchtbares Handeln zum Wohle des Volkes.

Meiner Partei werde ich auch in Zukunft mit meinen Erfahrungen und mit meinem Rat zur Verfügung stehen.

Ich wünsche unserer Partei und ihrer Führung auch weiterhin die Festigung ihrer Einheit und Geschlossenheit und dem Zentralkomitee weiteren Erfolg. Erich Honecker. *(Beifall)*

Willi Stoph[3]**:** Liebe Genossinnen und Genossen! Wir danken Genossen Erich Honecker für seine Erklärung. Wir kommen zur Abstimmung. Wer mit der Erklärung des Genossen Erich Honecker und dem Vorschlag, Genossen Erich Honecker von der Funktion des Generalsekretärs des ZK der SED, als Mitglied des Politbüros und des Sekretariats des Zentralkomitees der SED, vom Amt des Vorsitzenden des Staatsrates der DDR und von der Funktion des Vorsitzenden des Nationalen Verteidigungsrates der DDR zu entbinden, einverstanden ist, den bitte ich um das Handzeichen. – Danke schön. Gibt es Gegenstimmen? – Ich stelle fest: Eine.[4] Gibt es Stimmenthaltungen? – Das ist nicht der Fall. Dann ist der Erklärung des Genossen Honecker die Zustimmung des Zentralkomitees erteilt worden.

Liebe Genossen! Der Genosse Erich Honecker bittet um Verständnis, daß er aufgrund seines angegriffenen Gesundheitszustandes nicht weiter an der Tagung des Zentralkomitees teilnehmen kann. Dem Zentralkomitee wird vorgeschlagen, Genossen Erich Honecker für sein politisches Lebenswerk, das dem Kampf für Sozialismus und Frieden gewidmet ist, den herzlichen Dank, verbunden mit den allerbesten Wünschen, auszusprechen. *(Stürmischer Beifall. Erich Honecker geht durch den Plenarsaal zum Ausgang. Edwin Schwertner, der Leiter des Büros des Politbüros, begleitet ihn bis zur Tür. Die Mitglieder und Kandidaten des ZK erheben sich von den Plätzen. Anhaltender, starker Beifall, bis Erich Honecker den Saal verlassen hat.)*

Liebe Genossen! Es gibt den einstimmigen Vorschlag des Politbüros, den Genossen Egon Krenz zum Generalsekretär des Zentralkomitees zu wählen.[5] Wer dafür ist, bitte ich um das Handzeichen. – Danke schön. Gegenstimmen? – Keine. Stimmenthaltungen? – Auch keine. Genosse Egon Krenz ist einstim-

3 In Anerkennung seiner aktiven Rolle beim Sturz Honeckers war am Vortage im Politbüro beschlossen worden, daß Willi Stoph das ZK-Plenum bis zur Abstimmung über das Referat von Egon Krenz leiten sollte. Ein »Fahrplan« der ZK-Tagung, der den von ihm zu sprechenden Text enthielt, sollte dem Vorsitzenden des Ministerrates diese Leitungstätigkeit erleichtern. Der Ablaufplan, den Stoph im folgenden abliest, ist überliefert in: SAPMO-BArch, DY 30/IV 2/1/703.

4 Die Gegenstimme stammte ZK-Mitgliedern zufolge von Hanna Wolf, einer langjährigen Gefolgsfrau Honeckers.

5 Zum Verlauf der Politbürositzung vom 17. Oktober 1989 vgl. die persönlichen Aufzeichnungen Gerhard Schürers, dok. in: Hans-Hermann Hertle, Der Fall der Mauer. Die unbeabsichtigte Selbstauflösung des SED-Staates, Opladen 1996, S. 430 ff. Siehe auch das Beschlußprotokoll dieser Sitzung, in: Gerd-Rüdiger Stephan (Hrsg.), »Vorwärts immer, rückwärts nimmer!« Interne Dokumente zum Zerfall von SED und DDR 1988/89, Berlin 1994, S. 166.

mig zum Generalsekretär des Zentralkomitees unserer Partei gewählt worden. *(Die Mitglieder und Kandidaten des ZK erheben sich von den Plätzen, starker Beifall, unverständlicher Zuruf.)*

Das Zentralkomitee der SED unterbreitet der Volkskammer der DDR den Vorschlag, Genossen Egon Krenz, Generalsekretär des ZK der SED, zum Vorsitzenden des Staatsrates und zum Vorsitzenden des Nationalen Verteidigungsrates zu wählen.[6] Wer für diesen Vorschlag ist, den bitte ich um das Handzeichen. – Danke schön. Gibt's Gegenstimmen? – Keine. Stimmenthaltungen? – Keine. Die Wahl ist einstimmig erfolgt.

Einstimmig hat das Politbüro beschlossen, der 9. Tagung des Zentralkomitees der SED vorzuschlagen, die Genossen Joachim Herrmann und Günter Mittag von ihren Funktionen als Mitglied des Politbüros und Sekretär des Zentralkomitees der SED abzuberufen.[7] Wir stimmen auch darüber ab. Wer für diesen Vorschlag ist, den bitte ich um das Handzeichen.

Moritz Mebel: Zur Geschäftsordnung!

Willi Stoph: Bitte!

Moritz Mebel: Ich möchte wissen, warum das Politbüro den Genossen Herrmann und den Genossen Mittag abberuft. Ich möchte eine Erklärung des Politbüros haben.

Willi Stoph: Ich hab' nicht richtig verstanden.

Zuruf: Er möchte eine Erklärung des Politbüros …

Moritz Mebel: Ich möchte eine Erklärung des Politbüros haben, warum die beiden Genossen aus dem Politbüro abberufen werden. Was sind die Ursachen?

Willi Stoph: Weil sie ihren Anforderungen nicht gerecht wurden, wie im Politbüro festgestellt wurde. Genügt das?

Moritz Mebel: Das genügt mir.

Willi Stoph: Danke schön. Kommen wir zur Abstimmung. Wer für den Vorschlag des Politbüros ist, die Genossen Joachim Herrmann und Günter Mittag von ihren Funktionen als Mitglied des Politbüros und Sekretär des Zentralkomitees der SED abzuberufen, den bitte ich um das Handzeichen. – Danke schön. Gibt es Gegenstimmen? – Stimmenthaltungen? – Keine.

Zurufe: Eine.

Wo? Wo?

Zuruf: Eine.

Du? – Aha! Also eine Stimmenthaltung.

Zuruf: Ja.

Das ZK spricht den Genossen Joachim Herrmann und Günter Mittag den Dank für die geleistete Arbeit aus *(blättert)*. Das Zentralkomitee unterbreitet der Volkskammer der DDR den Vorschlag, Genossen Günter Mittag aus der

6 Egon Krenz wurde am 24. Oktober 1989 von der Volkskammer in diesen Funktionen bestätigt.

7 Vgl. dazu Stephan, »Vorwärts immer, rückwärts nimmer!«, S. 166. – Von ihren Funktionen als Mitglieder des ZK wurden Mittag und Herrmann nicht entbunden.

Funktion des Stellvertreters des Vorsitzenden des Staatsrates der DDR abzuberufen.[8] Auch darüber haben wir abzustimmen. Wer für diesen Vorschlag ist, den bitte ich um das Handzeichen. – Danke schön. Gibt's Gegenstimmen? – Stimmenthaltungen? – Keine. Ist einstimmig angenommen auch dieser Beschluß.

Siebtens. Das Politbüro wird beauftragt, der nächsten Tagung des Zentralkomitees Vorschläge zur Festlegung der persönlichen Verantwortung im Politbüro und im Sekretariat des ZK sowie für notwendige personelle Veränderungen zu unterbreiten.[9] Auch darüber wollten, äh, müssen wir abstimmen. Wer für diesen Vorschlag ist, den bitte ich um das Handzeichen. – Danke schön. Gegenstimmen? – Stimmenthaltungen? – Einstimmig angenommen.

Wir kommen jetzt zur Rede des Genossen Egon Krenz, Generalsekretär des Zentralkomitees, zur aktuellen politischen Lage und den Aufgaben der Partei. Ich bitte den Genossen Egon Krenz, das Wort zu nehmen.

Egon Krenz[10]: Liebe Genossinnen und Genossen! Ich danke dem Zentralkomitee für sein Vertrauen. Mir ist das Gewicht der Verantwortung bewußt, der ich mich stelle. In eurem Auftrage, im Interesse unserer Partei und unseres Volkes bin ich bereit, diese Pflicht zu übernehmen.

Wenn man mich fragt, was mich in dieser Stunde bewegt, dann gibt es nur eine Antwort: das ist der Gedanke an viel gemeinsame Arbeit. Miteinander zu reden und zu streiten ist wichtig; sich gegenseitig zu verständigen ist notwendig; miteinander zu arbeiten, unsere Perspektive zu planen und mit Vernunft zu regieren bleibt das Entscheidende. Nur so werden wir den hohen Erwartungen unserer Parteimitglieder und der Bürger unseres Landes an den XII. Parteitag, an die Gestaltung unserer Gegenwart und Zukunft gerecht.

Es ist mir in diesem Augenblick ein Bedürfnis, Genossen Erich Honecker herzlich zu danken für seine Arbeit, die er in den vergangenen Jahrzehnten an der Spitze unserer Partei und unseres Staates geleistet hat. Der Dank der Mitglieder des Politbüros, des Zentralkomitees, unserer gesamten Partei und unseres gesamten Volkes wird die bleibende Hochachtung sein vor dem unbeugsamen Widerstandskämpfer und aufrechten Antifaschisten, vor dem international geachteten Staatsmann und Friedensförderer, vor dem Politiker, Kampfgefährten und Freund. Wir alle wünschen Genossen Erich Honecker vor allem Gesundheit. Wir sind überzeugt, daß er im Sinne seiner Erklärung auch künftig mit uns eng zusammenarbeitet und wir alle auf ihn bauen können.

Mit der heutigen Tagung des Zentralkomitees weisen wir aus, daß wir ohne Zaudern auf dem Weg fortschreiten, der mit der Erklärung des Politbüros vom 11. Oktober eingeschlagen worden ist.[11] Das unterstreicht: Diese Erklärung

8 Günter Mittag wurde am 24. Oktober 1989 von der Volkskammer abgewählt.

9 Vgl. das Protokoll der 10. Tagung des ZK der SED. Siehe dazu weiter unten.

10 Vgl. den veröffentlichten Wortlaut der Rede von Egon Krenz, in: Beginn der Wende und Erneuerung, Berlin 1989, S. 11 ff., sowie in: ND, 19. Oktober 1989. Die nicht veröffentlichten Sätze oder Satzteile sind im folgenden kursiv hervorgehoben.

11 Vgl. Erklärung des Politbüros des ZK der SED, in: ND, 12. Oktober 1989, bzw. in: Beginn der Wende und Erneuerung, S. 5 ff.

ist kein Papier der Taktik. Eine Partei wie unsere hat keine anderen Interessen als das Volk. Wenn es um dessen Geschicke geht, zählt vor allem der Mut zur Wahrheit, zählen Überzeugungskraft und politische Standhaftigkeit. Dazu bekennen wir uns mit dieser Tagung des Zentralkomitees erneut. Unser Gesicht ist dem Volke zugewandt. Zur Wahrheit, zu der wir stehen, gehört auch, daß wir unbeirrt dem Gesetz der Geschichte folgen, daß der Sozialismus die einzige humanistische Alternative zum Kapitalismus ist. Unser historischer Optimismus resultiert aus dem Wissen von der Unabwendbarkeit des Sieges des Sozialismus, den Marx, Engels und Lenin begründet haben. Wir schöpfen unsere Zuversicht aus dem unbestreitbaren gesellschaftlichen Fortschritt, den unser Volk und die Völker der Bruderländer bei allem, was noch zu vollbringen ist, in historisch kurzer Zeitspanne errungen haben. Dieses Wissen und das Geschaffene geben uns die unerschütterliche Gewißheit, auch den Herausforderungen des kommenden Jahrzehnts gewachsen zu sein.

Die erste Voraussetzung dafür ist allerdings eine reale Einschätzung der Lage. Fest steht: Wir haben in den vergangenen Monaten die gesellschaftlichen Entwicklungen in unserem Lande in ihrem Wesen nicht real genug eingeschätzt und nicht rechtzeitig die richtigen Schlußfolgerungen gezogen. Mit der heutigen Tagung des Zentralkomitees werden wir eine Wende einleiten, werden wir vor allem die politische und ideologische Offensive wieder erlangen. In der Kollektivität der Führung unserer Partei auf allen Ebenen liegt eine entscheidende Quelle unserer Kraft. Die nächste Tagung des Zentralkomitees wird nach gründlicher Erörterung im Politbüro in Kürze einberufen. Damit ist die zur Zeit vorliegende Einladung hinfällig. Die kommende Tagung wird von Arbeitsgruppen des Zentralkomitees vorbereitet. In sie werden die Mitglieder und Kandidaten des Zentralkomitees einbezogen. Die gemeinsam erarbeiteten Dokumente sind die Grundlage für die demokratische Debatte auf unserer nächsten Plenartagung.

Unsere marxistisch-leninistische Partei ist ein großer, erfahrener Kampfbund. Sie hat immer an der Spitze der sozialistischen Revolution in unserem Lande gestanden und alle gesellschaftlichen Umwälzungen und Reformen geführt. So wird und so soll es auch diesmal sein. Die kollektive Kraft unserer Partei beruht auf der politischen Erfahrung und auf der Lebenskenntnis der über 2,3 Millionen Kommunisten. Klar geführt durch das Zentralkomitee, stehen sie unerschütterlich zu den Errungenschaften, zu den Werten und zu den Idealen des Sozialismus, die wir uns von niemandem nehmen lassen. Schulter an Schulter haben wir viele Prüfungen bestanden. Gemeinsam haben wir historische Siege erfochten und aus Niederlagen gelernt. Das Wichtigste war immer unser einheitliches und geschlossenes Handeln, der Verlaß aufeinander, die Übereinstimmung von Wort und Tat.

Die Geschichte der Deutschen Demokratischen Republik bezeugt die mobilisierende gesellschaftliche Kraft unserer Partei. Diese Kraft beruhte zu allen Zeiten auf dem Wirken und auf der Standhaftigkeit von Millionen Genossinnen und Genossen. Das ist auch heute so. Die Partei, Genossinnen und

Genossen, das sind wir alle, und das Zentralkomitee ist das höchste Organ der Partei zwischen den Parteitagen; das hätte in unserer Zeit rechtzeitiger zusammentreffen müssen. *(Beifall)*

Zurufe: Sehr gut! Richtig!

Ohne die Sozialistische Einheitspartei Deutschlands gäbe es keine Deutsche Demokratische Republik. Auf diese unleugbare Tatsache hinzuweisen bedeutet keinesfalls, den Beitrag der mit uns verbundenen und befreundeten gesellschaftlichen Kräfte für das Werden und Wachsen des Sozialismus in der DDR zu mindern. Unsere Deutsche Demokratische Republik war, ist und wird künftig mehr denn je ein demokratisches Gemeinschaftswerk aller Klassen und Schichten unter Führung unserer Partei sein. Die mit uns verbündeten Parteien und Massenorganisationen haben Unverzichtbares für unsere Deutsche Demokratische Republik geleistet. Darauf bauen wir auch für die Gestaltung der Zukunft unseres Landes. Wie die Deutsche Demokratische Republik die Heimat all ihrer Bürger ist, unabhängig von ihrer sozialen Stellung, ihrer Weltanschauung oder Religion, so ist es das Recht und sollte es als Pflicht von allen empfunden werden, ihre Gedanken in die Politik ihres Staates einzubringen, so wie es die Verfassung unserer Deutschen Demokratischen Republik vorsieht.[12]

Das Bündnis der in der Nationalen Front vereinten demokratischen Kräfte unseres Landes bleibt eine tragende Säule unserer sozialistischen Gesellschaft. Als Partei der Arbeiterklasse wenden wir uns an die Arbeiterinnen und Arbeiter unseres Landes, an die führende Klasse unserer Gesellschaft, sich mit uns den Aufgaben der weiteren Stärkung des Sozialismus auf deutschem Boden zu stellen. Von ihrem Fleiß, von ihrem Einsatzwillen, von ihrer politischen Verantwortung hängt viel für das Wohl und Wehe unserer Deutschen Demokratischen Republik ab.

Unsere Republik hat eine kluge, fachlich hochqualifizierte, politisch verantwortungsbewußte Arbeiterklasse. Sie hat in der letzten Zeit, nicht zuletzt bei den Gesprächen mit Mitgliedern des Politbüros im VEB Bergmann-Borsig und im Werk für Fernsehelektronik Berlin, im Schwermaschinenkombinat »Ernst Thälmann« Magdeburg und auf der Elbewerft Boizenburg viele Probleme beim Namen genannt.[13] Aber die Arbeiterinnen und Arbeiter haben auch, wie es ihre Art ist, zugleich ihre Bereitschaft bekundet, zuverlässig ihre Verantwortung für die Lösung der komplizierten ökonomischen und politischen Situation wahrzunehmen. Die Probleme, die sie angesprochen haben, die Diskontinuität in der Produktion, die ungenügende Durchsetzung des Leistungsprinzips, die ungerechtfertigten Disproportionen zwischen Produktion und Warenangebot, die schleppende Verwertung wissenschaftlich-technischer Erkenntnisse für die Produktion, die unzureichende Exporteffektivität und anderes mehr stehen auf der Tagesordnung der von uns zu lösenden Aufgaben.

12 Vgl. die Verfassung der DDR in der Fassung vom 7. Oktober 1974, in: Verfassungen deutscher Länder und Staaten. Von 1816 bis zur Gegenwart, Berlin 1989, S. 519 ff.

13 Vgl. ND, 14./15. Oktober 1989; Tribüne, 16. Oktober 1989; ND, 17. Oktober 1989.

Wie der Freie Deutsche Gewerkschaftsbund mit seinen über neun Millionen Mitgliedern als größte Interessenvertretung der Arbeiterklasse seine großen Möglichkeiten demokratischer Mitbestimmung einschließlich einer neuen Qualität der Plandiskussion noch besser ausschöpfen wird, hat der Vorsitzende des FDGB in seinem Offenen Brief an alle Mitglieder des FDGB dargelegt.[14] Niemand, liebe Genossinnen und Genossen, darf zulassen, daß die besten Eigenschaften der Arbeiterklasse – ihr Qualitätsbewußtsein, ihr Fleiß, ihre politische Standhaftigkeit und ihr Veränderungswille – unzureichend genutzt werden.

Wir wenden uns an alle Genossenschaftsbäuerinnen und -bauern, die fest in ihren Genossenschaften verwurzelt sind, an die Land- und Forstarbeiter. Unter nicht leichten Witterungsbedingungen sorgten sie in den vergangenen Jahren für das Brot des Volkes. Wir setzen auch in diesem Jahr und künftig auf ihre Fähigkeit, bäuerliche Erfahrung und wissenschaftliche Erkenntnisse auf den Feldern und im Stall für eine weiter steigende Produktion zu nutzen.

Wir wenden uns an die hochgebildete und politisch engagierte Intelligenz unseres Landes, an die Wissenschaftler, die Schriftsteller, Künstler und alle Kulturschaffenden, an die Ingenieure, Pädagogen und Mediziner. Ihre Erfahrung und ihr Rat, mit dem sie das Antlitz unseres Landes unverwechselbar mitgestaltet haben, ist mehr denn je gefragt. Wir gehen davon aus, daß sich die Angehörigen der Intelligenz auch künftig als leistungsbewußte, kreative und verläßliche Partner unserer Partei und der ganzen Gesellschaft erweisen werden. Wenn es um einen attraktiven Sozialismus geht, darf es keine Begrenzung für Forscherdrang und Schöpfertum geben.

Wir wenden uns an die Frauen unseres Landes, die in Familie, Beruf und gesellschaftlichem Leben unentbehrliche Stützen unserer Gesellschaft sind. Ohne sie und ihre Leistungen ist unsere Gesellschaft nur die Hälfte wert. Sie braucht ihre Talente und Fähigkeiten, ihren bewundernswerten Einsatz für das Glück ihrer Familien und unseres Volkes.

Wir wenden uns an alle Handwerker und Gewerbetreibenden. Sie leisten einen großen Beitrag für unsere Gesellschaft und haben im Sozialismus eine gesicherte Perspektive. Steigender Leistungszuwachs in ihren Bereichen trägt wesentlich zu einem immer besser funktionierenden Alltagsleben bei.

Wir wenden uns an die Jugend. Ihre aktive Mitgestaltung der Gesellschaft ist charakteristisch für unser Land. Wir wollen der jungen Generation zur Seite stehen, damit sie den Sinn ihres Lebens bewußt in unserer Gesellschaft verwirklichen kann. Die Jugend und ihre Freie Deutsche Jugend wollen und sollen mitbestimmen bei allen Entscheidungen, die ihr Leben betreffen. Die Jugend muß sich noch stärker selbst verwirklichen können. Sie braucht unser Vertrauen, und sie braucht das Erlebnis, Verantwortung zu tragen. Sie braucht eine größere Hinwendung der ganzen Gesellschaft, der Eltern, der Schule, der Freien Deutschen Jugend und der Pionierorganisation »Ernst Thälmann«.

14 Vgl. ND, 14./15. Oktober 1989.

Jede moralische, jede geistige und pädagogische Investition in die Jugend ist eine Investition in die Zukunft des Sozialismus auf deutschem Boden.

Wir wenden uns an unsere Soldaten, an alle Angehörigen der Schutz- und Sicherheitsorgane. Unser Volk weiß, was es ihrem Einsatz zu danken hat, damit jeder täglich seiner friedlichen Arbeit nachgehen kann. Die sicher geschützte Arbeiter-und-Bauern-Macht bleibt die erste Voraussetzung für alles, was sich unsere Gesellschaft in gemeinsamer Arbeit für eine gute gemeinsame Zukunft vorgenommen hat.

Wir wenden uns an die Kampfschar der Veteranen des antifaschistischen Widerstandes und der Aktivisten der ersten Stunde. Sie haben den Grundstein gelegt für den sozialistischen deutschen Arbeiter-und-Bauern-Staat. Ihre Erfahrungen aus dem Klassenkampf, ihre Standhaftigkeit in komplizierten Lebenssituationen, ihre unerschütterliche Überzeugung von der schöpferischen Kraft der Arbeiterklasse und ihrer Verbündeten, ihr beispielhaft gelebtes Leben bleiben unverzichtbar für unser weiteres Vorwärtsschreiten. Wir bezeugen ihnen unsere Hochachtung, indem sie in unser politisches Wirken nicht zuletzt und vor allem unter der Jugend einbezogen werden.

Wir wenden uns an die Vertreter der Kirchen, an alle religionsgebundenen Bürgerinnen und Bürger unseres Landes. Die sozialistische Gesellschaft braucht und will ihre Mitarbeit. Uns verbindet mehr als uns trennt. Das wollen wir deutlicher aussprechen und für das Wohl unseres Staates, in dem wir alle leben, in gegenseitiger Achtung noch mehr nutzen und ausbauen.

Wir wenden uns an alle, mitzuarbeiten, mitzuplanen und mitzuregieren. Laßt uns gemeinsam anpacken, was wir anzupacken haben.

Das fünfte Jahrzehnt der Deutschen Demokratischen Republik hat begonnen. Jeder, der seinen Beitrag für die Stärkung und Verteidigung unserer Arbeiter-und-Bauern-Macht geleistet hat, kann guten Gewissens stolz darauf sein. Unsere strategische Orientierung für die ausgewogene Einheit von Wirtschafts- und Sozialpolitik bleibt gültig. Es gibt keinen Grund, Erreichtes gering zu schätzen oder in Frage zu stellen, nur, weil noch nicht Erreichtes neue Fragen aufwirft. Das Wissen um unsere Erfolge im großen wie im kleinen – das ist eine jahrzehntelange Erfahrung unserer Gesellschaft – verleiht den Menschen Kraft und Optimismus, setzt Bereitschaft für neue Taten frei, und die brauchen wir überall. Unser Programm ist die Ausgestaltung der sozialistischen Gesellschaft, ihre fortwährende Erneuerung. Da gibt es keinen Stillstand, darf es keinen geben. Der Sozialismus ist keine abgeschlossene, er ist eine revolutionäre Gesellschaftsordnung. Der Widerspruch zwischen dem Erreichten und dem noch nicht Erreichten, zwischen Ideal und Wirklichkeit drängt zu ständiger Erneuerung, die nur den einen Sinn haben kann: Das Wohl der Menschen im Frieden.

Jeder hat in den letzten Monaten gespürt, Genossinnen und Genossen, wir erleben die Verschärfung von Widersprüchen bei der Verwirklichung des Programms unserer Partei und der Beschlüsse unseres XI. Parteitages. Die Probleme in der Volkswirtschaft, im Binnenhandel und auf den Außenmärkten haben zugenommen. Es häuften sich ungelöste Fragen bei der bedarfs- und qualitätsgerechten Versorgung der Bevölkerung. Ungereimtheiten bei der Durchsetzung des Leistungsprinzips nahmen zu. Lohnpolitik, Subventionen und soziale Leistungen werden lebhaft diskutiert. Sorgen macht uns die Erhaltung der natürlichen Umwelt. Wo angestrebte Ideale schon als Errungenes angesehen werden und über den unbestreitbaren Erfolgen die Widersprüche des Lebens aus dem Blick geraten, da werden allerdings Initiativen gebremst. Wenn die Bürger unseres Landes als sachkundige und aufgeschlossene Partner von Partei und Staat wirken, wird selbst eine bittere Wahrheit zum gemeinsamen Handeln im gemeinsamen Interesse motivieren. Im übrigen: Bescheidenheit steht uns weit besser zu Gesicht als überzogene Selbstdarstellung. *(Beifall)*

Genossinnen und Genossen aus den Bezirks- und Kreisorganisationen, vor allem auch aus Grundorganisationen unserer Partei in den Betrieben, verweisen seit längerem mit Nachdruck auf die Einhaltung unseres Parteistatuts. Es verpflichtet bekanntlich jedes Parteimitglied, unabhängig von Verdiensten und Funktionen, ich zitiere, »gegen Subjektivismus, Mißachtung des Kollektivs, Egoismus und Schönfärberei aufzutreten und gegen die Neigung, sich an Erfolgen zu berauschen, gegen jeden Versuch anzukämpfen, die Kritik zu unterdrücken und sie durch Beschönigung und Lobhudelei zu ersetzen sowie die Kritik und Selbstkritik von unten in jeder Weise zu fördern«.

Wir können nicht übersehen, daß die traditionelle Stärke unserer Partei, ihr Vertrauensverhältnis mit dem Volk, beeinträchtigt worden ist. Verstärkt suchen die Gegner des Sozialismus, die äußeren wie die inneren, daraus Vorteile für sich zu ziehen. Sie wittern Morgenluft und setzen darauf – ohne das Risiko offener Aggression –, die DDR in kapitalistische Verhältnisse zurückzureformieren. Das aber, Genossinnen und Genossen, das sollte das eindeutige Urteil unseres Zentralkomitees sein, das wird es niemals geben! *(Starker Beifall)*

Mehr als hunderttausend, darunter nicht wenige junge Leute, sind aus unserem Land weggegangen. Das ist ein weiteres Symptom für die entstandene komplizierte Lage. Ihren Weggang empfinden wir als großen Aderlaß. Jeder von uns kann die Tränen vieler Mütter und Väter nachempfinden. Wir haben manchen menschlichen, wir haben politische und ökonomische Verluste erlitten. Diese Wunde wird noch lange schmerzen. Nicht wenige Äußerungen von Ausgereisten vor den Kameras westlicher Fernsehstationen haben aber auch die Würde und den Stolz ihrer Eltern, ihrer Freunde, ihrer Lehrer und Kollegen und vieler von uns verletzt. Das entbindet uns jedoch nicht von der Pflicht, bei sich und in seiner Umgebung darüber nachzudenken, warum uns so viele Menschen den Rücken gekehrt haben. Nur wenn wir uns rückhaltlos den Ursachen, die auch in unserer Gesellschaft entstanden sind, zuwenden, werden wir denen, die sich auch jetzt noch mit dem Gedanken der Ausreise tragen, möglicherweise einen Anstoß geben, ihren Entschluß zu überdenken. Wir brauchen alle bei uns.

An dieser Stelle sei aber vor allem ein Wort des Dankes an jene Bürgerinnen und Bürger zu sagen, die ohne Zögern im Interesse der Menschen zusätzliche Belastungen auf sich genommen haben, die aus dieser komplizierten Lage entstanden ist. Mit der Erklärung des Politbüros vom 11. Oktober wurde im Sinne unserer Politik von Kontinuität und Erneuerung die Tür breit geöffnet für den ernstgemeinten innenpolitischen Dialog. Wie sich zeigt, gewinnt die öffentliche Debatte auf der Suche nach den besten Lösungen für die weitere Ausgestaltung des Sozialismus in der DDR schnell an Substanz. Das wird niemand wundern, der im Gespräch mit den Bürgern, ob an ihrem Arbeitsplatz, im Freundeskreis, im Urlaub, bei vielen Gelegenheiten immer wieder ein stark entwickeltes staatsbürgerliches Bewußtsein, großen Sachverstand, politisches Interesse und politische Urteilsfähigkeit feststellen konnte. Darauf wollen wir auch in Zukunft setzen.

Die sozialistische Gesellschaft braucht die Debatte, weil sie eine aufgeklärte Gesellschaft ist. Sie braucht den wissenden, gut informierten Bürger, der aus eigenem freiem Willen für sein Gemeinwesen handelt. Sie braucht den Bürger, der in Entscheidungen, die ihn und sein Land betreffen, einbezogen sein will. Sie braucht den selbstbewußten und kritischen, den mündigen Bürger. Wir lassen uns von der festen Überzeugung leiten, daß alle Probleme in unserer Gesellschaft politisch lösbar sind.

Unsere Gesellschaft verfügt über genügend demokratische Foren, in denen sich die unterschiedlichsten Interessen der verschiedenen Schichten der Bevölkerung für einen lebenswerten Sozialismus äußern können. Die breite Entfaltung der sozialistischen Demokratie in der DDR sollte jedoch von niemandem als Freibrief für verantwortungsloses Handeln mißverstanden oder gar für Gewalt- und Zerstörungsakte mißbraucht werden. Auf solche Handlungen kann es nur eine Antwort geben: Sicherung von Ruhe und Ordnung, der friedlichen Arbeit der Bürger, der Schutz der Werte, die wir alle geschaffen haben und für die wir alle gemeinsam zu bezahlen haben.

Wer sich gegen die Grundlage unserer gesellschaftlichen Ordnung wendet, der muß sich fragen lassen, ob er ein anderes gesellschaftliches System als die übergroße Mehrheit unseres Volkes will. Für uns ist klar: Der Sozialismus auf deutschem Boden steht nicht zur Disposition. Für den Dialog, den wir mit aller Entschiedenheit erstreben, sind also zwei Voraussetzungen hervorzuheben:

Erstens: Alles, worüber wir uns einig sind und worüber wir uns streiten, muß eindeutig in seinem Ziel sein, den Sozialismus in der DDR weiter auszubauen, die sozialistischen Ideale hochzuhalten und keine unserer gemeinsamen Errungenschaften preiszugeben. Wer das in Zweifel stellt, stellt das Lebenswerk von Generationen in Frage.

Zweitens: Unsere sozialistische Deutsche Demokratische Republik ist und bleibt ein souveränes Land. Wir lösen unsere Probleme selbst.

Ich gebe hier den in den vielen Gesprächen der letzten Tage und Wochen geäußerten Forderungen und Protesten der DDR-Bürger Ausdruck, wenn ich Bonn und die von dort gelenkten Medien auffordere, sich nicht länger massiv in die inneren Angelegenheiten der Deutschen Demokratischen Republik einzumischen. Das betrifft auch den absurden Versuch, unserer Partei vorzuschreiben, wie sie den Dialog zu führen hat, was in der Deutschen Demokratischen Republik zu tun und zu lassen ist. Welche Reformen wir in unserem Lande durchführen, wird einzig und allein in der Deutschen Demokratischen Republik und nirgendwo anders entschieden. *(Beifall)*

Das war so, das ist so und das wird auch so bleiben. Uns ist bewußt, daß der Gegner nicht nachlassen wird, uns am Zeuge zu flicken. Das ficht uns nicht an. Nicht er, Genossinnen und Genossen, sondern die Menschen mit ihren Sorgen und ihrer Bereitschaft zur Mitarbeit sind der Maßstab unserer Arbeit.

Was wir in dieser Gemeinschaft seit 1945 und in den vier Jahrzehnten Deutsche Demokratische Republik erreicht haben, hat Gewicht in der deutschen, aber auch in der europäischen Geschichte. Wir haben einen erlebbaren Gegenentwurf zur Herrschaft des deutschen Imperialismus geschaffen. Dazu gehört die Verpflichtung, daß von deutschem Boden nie wieder ein Krieg ausgeht. Damit wurde zum ersten Mal die Spur der Tränen und des Leids unterbrochen, die sich über Generationen, durch Millionen und Abermillionen deutscher Familien und die Familien anderer Völker zog. Das bleibt die unbestreitbare Errungenschaft der europäischen Nachkriegsentwicklung. Sie zu bewahren ist unsere wichtigste politische Pflicht.

Wenn die Regierung der BRD sich zu einer realen Lageeinschätzung entschließen könnte – woran man Zweifel haben muß, aber wenn sie es könnte –, würde sie selbst zu der Einsicht kommen, daß die in den letzten Monaten vom Boden der BRD ausgehende Kampagne gegen die DDR vieles von dem aufs Spiel setzt, was zwischen den beiden deutschen Staaten zum Nutzen der europäischen Sicherheit und zum Nutzen der Menschen vertraglich vereinbart und bisher erreicht werden konnte. Die Anmaßung einer Obhutspflicht für alle Deutschen, die realitätsfremde Beschwörung einer großdeutschen Einheit in den Grenzen von 1937, die Forderung nach Revision der europäischen Nachkriegsordnung – das alles ist keineswegs dazu angetan, die Beziehungen zwischen der DDR und der BRD und die Sicherheit in Europa zu stützen.

Wir sind im Sinne des Grundlagenvertrages weiterhin für gedeihliche, gutnachbarliche Nachbarschaft, gegenseitig vorteilhafte Zusammenarbeit. Die mehr als dreißig Verträge und Abkommen zwischen beiden deutschen Staaten bleiben auch für die Zukunft von Gewicht. Zusammenarbeit schließt ein, immer davon auszugehen, daß es bei der Verwirklichung des Grundlagenvertrages stets um die Interessen beider Vertragspartner und ihrer Bürger geht. Auf dieser Basis sind wir bereit, Handel und Wandel zwischen beiden Staaten zu festigen und möglichst auszubauen, wohl wissend, was von den stabilen Beziehungen zwischen beiden deutschen Staaten für die europäische Sicherheit abhängt.

Daraus resultierte die Einschätzung unseres Politbüros in der Erklärung vom 11. Oktober, daß die aggressive, völkerrechtswidrige Einmischung von Politikern und Medien der BRD in die inneren Angelegenheiten der DDR als im höchsten Maße friedensstörend empfunden werden muß. Ein deutscher

Staat, der die staatliche Ordnung des anderen deutschen Staates zu untergraben versucht, gefährdet die Sicherheit Europas und unterläuft die Idee vom gemeinsamen europäischen Haus. Wir bekennen uns zu unserer Friedenspflicht. Deshalb verfolgen wir weiterhin die Politik des Dialogs, damit sich Vernunft und Realismus durchsetzen können. Zur friedlichen Koexistenz, zur Abrüstung und Entspannungspolitik und Zusammenarbeit zwischen Ost und West sehen wir keine vernünftige Alternative. Mit dem Ziel, die gemeinsame Verantwortung beider deutscher Staaten für ein friedlich geregeltes und gleichberechtigtes Nebeneinander unterschiedlicher Gesellschaftsordnungen zu vertiefen, sind wir bereit, Wege und Möglichkeiten zu prüfen, um langfristig die Beziehungen zwischen der DDR und der BRD enger und vertraglich geregelt zu gestalten sowie kooperative und ständige Formen der wirtschaftlichen, ökologischen, politischen, kulturellen, humanitären und touristischen Zusammenarbeit zu entwickeln. Wenn die Regierung der Bundesrepublik dazu einen Beitrag zu leisten bereit ist, sollte sie die volle Respektierung der Staatsbürgerschaft der DDR auf der Basis unzweideutiger völkerrechtlicher Regelungen und Gesetzgebungen gewährleisten, den Verzicht auf jede Form einer staatlichen Einvernahme der Bürger unseres Staates erklären; ferner die Entwicklung von Kontakten der Volkskammer der DDR und des Bundestages der BRD, regelmäßige Konsultationen zwischen Parteien und Gewerkschaften sowie der wirtschaftsleitenden Organe und anderer staatlicher Einrichtungen konstruktiv fördern. Die Hand der Deutschen Demokratischen Republik zur Zusammenarbeit im Interesse der Menschen und der europäischen Idee bleibt auch gegenüber der BRD ausgestreckt.

Liebe Genossinnen und Genossen! Die Führung unserer Partei, das Zentralkomitee und das Politbüro, werden gestärkt aus dieser Tagung hervorgehen. Wir haben damit eine entscheidende Bedingung für die weitere Vorbereitung des XII. Parteitages geschaffen. Rückhalt und Ermutigung beziehen wir auch aus der Solidarität und Verbundenheit der internationalen kommunistischen und Arbeiterbewegung, die wir zum 40. Jahrestag der DDR besonders empfunden haben. An erster Stelle ist hier unser Bruderbund mit der KPdSU zu nennen. Daran lassen wir nicht rühren und rütteln! Einig sind wir uns darin mit den Aktivisten der ersten Stunde wie mit der jungen Generation, die das mit ihrem Fackelzug zum Nationalfeiertag bekundet hat.[15] Das Bündnis und die Zusammenarbeit mit der KPdSU und mit allen sozialistischen Bruderparteien gehören zu den Grundlagen unserer Politik. Für die Deutsche Demokratische Republik zählen die effektivere Zusammenarbeit im RGW und die ständige Festigung des politischen Bündnisses der Warschauer Vertragsstaaten – bei allen Komplikationen, die es auf diesem Gebiet gibt – zu den grundlegenden Bedingungen ihres weiteren Voranschreitens.

Wie man sich nicht von der Entwicklung in der Welt abkapseln kann, ebensowenig kann sich eine kommunistische Partei von den Prozessen fernhalten,

15 Vgl. dazu die Berichte im ND, 4. Oktober 1989 sowie 9. Oktober 1989.

die unsere Bewegung selbst, die Umgestaltung in der Sowjetunion und in anderen Bruderländern betreffen. Wir haben immer bekannt, daß wir die Umgestaltung in der UdSSR für einen unumgänglichen Vorgang halten, den die KPdSU mit ihrem Generalsekretär Michail Sergejewitsch Gorbatschow kühn in Gang gesetzt hat. *Ein solcher Prozeß bringt selbstverständlich auch Begleiterscheinungen mit sich, die manchen mit Sorge erfüllen.* Aber auch die Sorgen sind Ausdruck unserer tiefen inneren Bindung zur Sowjetunion und unserer Überzeugung, daß vom Erfolg der Umgestaltung in der Sowjetunion die Zukunft des Sozialismus abhängt. *(Beifall)*

Die zunehmende Vielfalt ist zweifellos ein Gesetz der Entwicklung des Sozialismus. Gerade diese Unterschiedlichkeit, der Reichtum an Neuem, von sich Erprobendem, mit all den Risiken, die damit verbunden sind, verlangt das Aufeinanderzugehen, den Austausch von Erfahrungen, Meinungen und Problemstellungen. Nie war das Klima dem dienlicher und dafür fördernder als heute.

Wir haben die Zeichen der Zeit zu erkennen und entsprechend zu reagieren, sonst wird uns das Leben dafür bestrafen. Diese Erfahrung der sowjetischen Kommunisten, auf die unser Kampfgefährte Michail Gorbatschow zum DDR-Jubiläum hingewiesen hat, wird uns in unserer künftigen Arbeit begleiten.[16]

Das Zentralkomitee versichert allen Bruderparteien und unseren Kampfgefährten in der internationalen Arbeiterbewegung, allen Streitern für gesellschaftlichen Fortschritt und Frieden, daß sich alle wie bisher auf die Klassensolidarität der Sozialistischen Einheitspartei Deutschlands und der Arbeiter-und-Bauern-Macht in der DDR verlassen können. Die Deutsche Demokratische Republik, die selbst ein Kind der internationalen Solidarität ist, rückt nicht einen Schritt von ihren bekannten internationalistischen Positionen ab. Im Sinne der Politik der friedlichen Koexistenz ist die DDR bereit, ihre Zusammenarbeit mit allen Ländern weiterzuentwickeln.

Liebe Genossinnen und Genossen! Vor uns und allen Bürgerinnen und Bürgern steht ein Berg von Arbeit. Niemand hat ein Zaubermittel, ihn von heute auf morgen zu bewältigen. Für manches wollen wir, nach Meinungsstreit zum gemeinsamen Handeln kommend, bald spürbare Lösungen finden. Anderes wird seine Zeit brauchen, und für manches, was notwendig wäre, wird es gegenwärtig schwer sein, die materiellen und finanziellen Mittel zu finden. Wir können nicht über unsere Verhältnisse leben. Die folgenden Tagungen unseres Zentralkomitees werden auf der Basis exakter Analysen der Parteiführung und von Experten im kollektiven Meinungsaustausch des Zentralkomitees grundlegende Entscheidungsvorschläge für den XII. Parteitag im Mai 1990 ausarbeiten. Die Vorbereitung des Parteitages soll und wird zu

16 Vgl. die Aufzeichnungen der Gespräche Erich Honeckers mit Michail Gorbatschow und des SED-Politbüros mit Michail Gorbatschow am 7. Oktober 1989, dok. in: Daniel Küchenmeister (Hrsg.), Honecker–Gorbatschow. Vieraugengespräche, Berlin 1993, S. 240 ff.

einer breiten demokratischen Aussprache unserer Partei und des ganzen Volkes werden. Volksaussprache, Parteidiskussion und gewissenhafte Arbeit zur Erfüllung des Planes sind zwei Seiten einer Medaille. Das wurde in den Gesprächen von Mitgliedern des Politbüros und des Zentralkomitees in Betrieben, Genossenschaften und Einrichtungen, von den Arbeitskollektiven immer wieder selbst bekräftigt.

Schwerpunkte auf ökonomischem Gebiet sind die Erfüllung der abgeschlossenen Verträge, die materiell-technische Sicherung der Produktion, erforderliche Entscheidungen zu offenen Fragen der Zulieferindustrie, Erschließen aller Möglichkeiten, um die Versorgung der Bevölkerung mit Waren, Dienstleistungen und Ersatzteilen zu verbessern. Besonders wichtig ist, die Handelstransporte zu gewährleisten. Das alles sind Sofortmaßnahmen. Sie zu lösen ist Sache des Ministerrates, der Minister und Generaldirektoren, der Leiter der Betriebe und Handelseinrichtungen. Wir wissen wohl, wieviel Anstrengungen dafür notwendig sind. Aber wir wissen auch, Sofortmaßnahmen allein genügen nicht.

Unbestreitbar ist, daß Erfolge in der dynamischen Entwicklung der Produktion, in der Meisterung der Schlüsseltechnologien[17], in der Intensivierung der Wirtschaft und auf sozialpolitischem Gebiet erzielt wurden. Die ehrliche Analyse offenbart aber auch, daß die Auswirkungen des Rückgangs der Akkumulationsrate und besonders der Akkumulation in den produzierenden Bereichen schwerwiegender sind, als bisher angenommen. Die Konzentration der ohnehin zu geringen Investitionen auf bestimmte ausgewählte Zweige hat zum Zurückbleiben der Zulieferindustrie geführt. Dort sind nicht wenige Ausrüstungen mittlerweile verschlissen. Das führt zu einem hohen Instandsetzungs- und Reparaturaufwand sowie zu starkem Ersatzteilbedarf.

Im Einklang mit vielen Diskussionen unter den Werktätigen ist das Leistungsprinzip in vollem Umfang konsequent durchzusetzen. Für eine kontinuierliche Produktion ist volkswirtschaftliche Proportionalität unverzichtbar. Sie ist derzeit nicht ausreichend gewährleistet. Das erfordert, die Akkumulation in den produzierenden Bereichen zu erhöhen, aber auch, auf einige vorgesehene große Investitionsobjekte zu verzichten.

Die Bilanz unseres Wohnungsbauprogramms ist eindrucksvoll, eine große Errungenschaft unseres Landes. Sein Effekt könnte noch größer sein, wenn Wohnungswirtschaft und Wohnraumvergabe besser organisiert und geleitet würden. Hier liegen Verantwortung und Chance für eine bürgernahe Arbeit der kommunalen Organe.

Bei unseren außenwirtschaftlichen Verpflichtungen stehen die Wirtschaftsbeziehungen mit der UdSSR an erster Stelle. Sie sind die entscheidende Gewähr für die kontinuierliche Erfüllung der eigenen volkswirtschaftlichen Auf-

17 Unter Schlüsseltechnologien verstand die SED in den achtziger Jahren die Mikroelektronik, die Robotertechnologie, die Biotechnologie, die Rohstoffveredlung sowie moderne Energieverfahren.

gaben. Indem wir den Export in die UdSSR in vollem Planumfang gewährleisten, sichern wir die dringenden Importe, insbesondere an Rohstoffen, wichtigen Ausrüstungen für unsere Industrie und Waren für die Bevölkerung.

So gehen wir auch an die Wirtschaftsbeziehungen mit den anderen sozialistischen Bruderländern heran.

Bei der Entwicklung des Handels mit den kapitalistischen Ländern halten wir an dem Prinzip des gegenseitigen Vorteils fest.

Bei allem, was wir tun, muß immer wieder bewußt sein: Versprechungen, liebe Genossinnen und Genossen, für die es keine Deckungen gibt, sind nicht unsere Sache. Vielmehr geht es darum, mit höchster Anspannung zu arbeiten, um die schwierige Situation gemeinsam zu verändern.

Wir werden uns auch mit dem weiteren Ausbau des sozialistischen Rechtsstaates zu befassen haben. Dabei gehen wir von dem Grundsatz aus, daß vor dem Gesetz alle Bürger gleich sind. In diesem Sinne wird der Ministerrat einen Gesetzgebungsplan vorbereiten und Vorschläge für die öffentliche Erörterung von Gesetzentwürfen unterbreiten.

Von grundlegender Bedeutung ist, daß der Ministerrat der DDR seine verfassungsmäßigen Kompetenzen als Regierung der Arbeiter-und-Bauernmacht voll wahrnimmt und wahrnehmen kann.

Den demokratischen Zentralismus werden wir in unserer Partei wie in der breiten Öffentlichkeit im Leninschen Sinne praktizieren, das heißt die Meinungsbildung auch von unten nach oben respektieren, genauso wie Kritik ohne Ansehen der Person üben und Beschlüsse nach Diskussion und Meinungsaustausch exakt durchführen.

Zur Ausgestaltung unseres Rechtsstaates gehören der weitere Ausbau der Verfassungskontrolle durch größere Vollmachten des Verfassungs- und Rechtsausschusses der Volkskammer, die Einheit von Volksaussprache und gründlicher, sicher auch kontroverser Diskussionen grundlegender Gesetze in der Volkskammer, die Erörterung der Eigenverantwortung der Städte und Gemeinden und andere herangereifte politische Notwendigkeiten.

Wir meinen, es liegt im Interesse der ganzen Gesellschaft, die Arbeit der Volkskammer als höchstes demokratisches Gremium unseres Staates bis zum Ende ihrer Legislaturperiode im Jahre 1991 so zu qualifizieren, daß die Tätigkeit der Abgeordneten und der Ausschüsse der Volkskammer für die Öffentlichkeit noch sichtbarer wird.

Das Politbüro hat der Regierung der DDR den Vorschlag unterbreitet, einen Gesetzentwurf über Reisen von DDR-Bürgern ins Ausland vorzubereiten. Wir gehen davon aus, daß dieser Entwurf nach öffentlicher Aussprache in der Volkskammer behandelt und beschlossen werden könnte. Im Zusammenhang damit könnten ebenfalls die zeitweilig getroffenen einschränkenden Maßnahmen zum Reiseverkehr in sozialistische Bruderländer aufgehoben bzw. modifiziert werden.

Die Wahrheit gebietet aber, deutlich zu sagen, daß die Weigerung der BRD, die Staatsbürgerschaft der DDR uneingeschränkt zu respektieren, ein sehr ernstes Hindernis bleibt für die Verwirklichung der von uns in Aussicht genommenen Schritte für den Reiseverkehr in die BRD, nach Berlin-West und andere kapitalistische Staaten. Das Festhalten an der Obhutspflicht für alle Deutschen ist, da kann man sich drehen und wenden, wie man will, Teil der revanchistischen Grundkonzeption der BRD, die im Widerspruch zum Völkerrecht und zum Grundlagenvertrag steht.

Liebe Genossinnen und Genossen! Für die Vorbereitung des XII. Parteitages hat der von den Massenmedien widerzuspiegelnde Dialog eine große Bedeutung. Wir versprechen uns davon viele sachkundige Vorschläge zur Lösung der Entwicklungsfragen unserer Gesellschaft, aber auch – das sei hier gesagt – stärkere öffentliche Auseinandersetzung mit Erscheinungen, die dem Wesen des Sozialismus und unserer Politik widersprechen. Dazu ermutigen wir die Redaktionen. Unsere Republik hat talentierte, fähige Journalisten mit Freude an ihrer Arbeit, am politischen Kampf, mit Ideen und mit Phantasie. Sie drängen darauf, im Gedankenaustausch mit ihren Lesern, Hörern und Zuschauern unsere Gesellschaft als schöpferische Gemeinschaft von politisch aufgeklärten, politisch engagierten und politisch verantwortungsbewußt handelnden Menschen voranzubringen. Natürlich bedeutet das für jeden Journalisten, auch die Fährnisse solcher Verantwortung zu sehen. Unsere Presse kann nicht Tribüne eines richtungslosen, anarchistischen Geredes werden. Sie wird mit Sicherheit kein Tummelplatz für Demagogen sein. Und sie muß – wie die Politiker – darauf achten, daß komplizierte Sachverhalte und Fragen nicht durch allzu flinke und simple Antworten verwässert werden. Es ist gut, daß die Presse schon selbst in den vergangenen Wochen Maßstäbe hervorgebracht hat, wie Journalisten ihrer gesellschaftlichen Verantwortung, aber auch ihren Möglichkeiten wirkungsvoll gerecht werden können. Besondere Erwartungen richten sich dabei an das »Neue Deutschland« und an die »Aktuelle Kamera«.

Die Gespräche zum Umtausch der Parteidokumente haben eine Fülle von Anregungen und Vorschlägen für unser innerparteiliches Leben gebracht. Wenn wir sie gründlich beachten, werden die Mitgliederversammlungen der Parteigruppen und Grundorganisationen zu Foren eines lebensverbundenen Gedankenaustausches und zur Anleitung zum Handeln. Mehr denn je sind jetzt feste politische Standpunkte und die kämpferische Haltung jedes Kommunisten gefragt, um die Politik unserer Partei an jedem Arbeitsplatz und in jedem Wohngebiet offensiv zu vertreten. Selbst dann, wenn einer nicht sofort auf jede Frage eine Antwort hat, muß und kann er, ohne zu schwanken, zeigen, hinter welcher Fahne er marschiert. So haben es Kommunisten immer gehalten, und so halten wir es erst heute zu recht. Das ist zugleich wichtige Voraussetzung dafür, daß jeder Genosse in seinem Wirkungsfeld seinen Teil für die Entfaltung des Dialogs in Vorbereitung des XII. Parteitages leistet.

Liebe Genossinnen und Genossen! Wie sehr wir uns in dieser Stunde des Ernstes der Lage bewußt sind, der zu den heutigen Entscheidungen geführt hat – wir spüren und erkennen zugleich die große Chance, die wir uns selbst eröffnet haben, um in engster Verbindung mit dem Volk, im Dialog mit allen Bürgern unseres Landes, in einer gesellschaftlichen Atmosphäre der Offenheit, des Realismus, des gemeinsamen Zupackens die neuen Positionen auf unserem sozialistischen Kurs zu bestimmen, der uns sicher an die Schwelle des Jahrtausends führen wird.

Unsere Macht ist die Macht der Arbeiterklasse und des ganzen Volkes unter Führung unserer Partei. Wir haben sie erstritten nicht um unser selbst willen, sondern für das Wohl des Volkes. Wir halten sie fest und werden sie von den Kräften der Vergangenheit nicht antasten lassen, nicht um unser selbst willen, sondern zum Besten unseres Volkes. Wir werden die Macht stets besser nutzen für einen starken Sozialismus, für einen festen Frieden, für eine gute und sichere Gegenwart und Zukunft unseres ganzen Volkes. Es wird in unserer Deutschen Demokratischen Republik keinen anderen Sozialismus geben als den, den wir gemeinsam mit allen schaffen und den wir gemeinsam mit allen verteidigen. Alles liegt in unserer Hand. Alles liegt in der Gemeinsamkeit. Alles liegt in der Einheit und Geschlossenheit unserer Partei. – Ich danke euch. *(Beifall)*

Willi Stoph: Liebe Genossen! Wir kommen nun zur Bestätigung des Referats vom Genossen Egon Krenz. Wer für die Bestätigung des Referats vom Genossen Egon Krenz ist, bitte ich um Handzeichen.

Zuruf von Manfred Ewald: Kann man zur Diskussion ein paar Worte sagen?

Willi Stoph: Ja, wenn wir jetzt – einverstanden, daß wir bestätigen, so wie es vorgeschlagen ist?

Zurufe: Erst mal diskutieren lassen! Dann erst bestätigen! – Zuruf: Die Frage lautet: Jetzt diskutieren!

Das muß das ZK entscheiden.

Zuruf von Moritz Mebel: Wir sind für die Diskussion!

Ich, ich möchte noch mal sagen: Wir unterbreiten den Vorschlag, die Rede vom Genossen Egon Krenz zur Bestätigung. Wer dafür ist, bitte ich um Handzeichen.

Zuruf von Manfred Ewald: Genosse Stoph, das geht nicht. Vielleicht gibt es noch Hinweise, Bemerkungen zu der Rede, kritische und positive. Vielleicht können wir die erst machen. Die werden dann vielleicht verarbeitet. Dann bestätigen wir das Referat, und die Linie ist damit bestätigt. Aber wir möchten vielleicht noch etwas sagen zu diesem oder jenem Problem und das ergänzen, oder vielleicht gibt es auch andere Meinungen.

Ja, das weiß ich nicht, ob es noch andere Meinungen gibt. Das werden wir sehen. Also – ja bitte, Genosse Mebel!

Moritz Mebel: Ich möchte vorschlagen, daß wir erst diskutieren und dann das Referat unseres neuen Generalsekretärs bestätigen. Es hat keinen Zweck, erst etwas zu bestätigen, das man nachher ergänzt bzw. in Frage stellt. Das verlangt die demokratische Tagesordnung des Zentralkomitees unserer Partei.

Willi Stoph: Also, Genossen, kommen wir zur Diskussion! Welches sind Wortmeldungen? Bitte, Genosse Mebel, Genosse Ewald. *(Unruhe)*

Moritz Mebel: Liebe Genossinnen und Genossen! Tief ergriffen besteige ich diese Tribüne hier, und ich muß sagen, daß die heutige Tagung des Zentralkomitees für mich eine schwerwiegende Tagung ist. Ich bitte deshalb, wenn ich die Worte nicht so abgewogen wähle, zu entschuldigen.

Ich möchte unseren neuen Generalsekretär beglückwünschen und freue mich, daß er diese schwere Verantwortung, schwere Verantwortung, in dieser Situation auf sich genommen hat. Ich möchte gleichzeitig sagen: Ich bin sechsundvierzigeinhalb Jahre Mitglied dieser Partei, ich bin zwanzig Jahre Kandidat und Mitglied des Plenums des Zentralkomitees, und ich muß sagen, daß diese Arbeit mir viel Spaß gemacht hat. Aber ich muß auch sagen: Ich trage die volle Verantwortung für das, was in diesem Land Positives, aber auch Negatives geschehen ist. *(Beifall)*

Wir dürfen nicht zulassen, und ich möchte mich dagegen wenden – ich glaube auch gar nicht, daß das hier im Kreis der Mitglieder des Zentralkomitees der Fall ist –, daß wir hier unterscheiden wollen: da das Politbüro, da das Plenum des Zentralkomitees.

Zuruf: Sehr richtig!

Wir sind Mitglieder unseres Zentralkomitees und tragen die Entscheidung unseres Politbüros. Aber, aber, Genossen, wir bitten und fordern, daß entsprechend den Statuten unserer Partei das Plenum des Zentralkomitees nicht nur ein Abstimmungsklub wird – entschuldigt, daß ich das sage, – *(Beifall)* – sondern daß wir offen und ehrlich miteinander diskutieren. Warum können wir das dann nicht? Wir alle würden Tropfen um Tropfen Blut für diese Sache hergeben, wenn es notwendig ist. Ich hoffe, daß es niemals dazu kommen wird. Ich glaube, daß viele, die hier sitzen, mit ihrem Leben es bewiesen haben, daß sie bereit sind, dafür zu kämpfen und ihr Leben einzusetzen. Aber ich muß auch sagen, und das stimmt mich traurig, liebe Genossen des Politbüros: Wir haben heute hier schwere, menschlich schwere, politisch schwere, persönlich schwere Konsequenzen – bei aller Anerkennung der großen Verdienste unseres gewesenen Generalsekretärs der Partei – ziehen müssen.

Ich frage mich aber: Hat sich das Politbüro, haben wir uns gemeinsam rechtzeitig Gedanken darüber gemacht, ob die Aktionen, die Optionen, die wir durchführen, immer die richtigen waren? Warum haben wir geschwiegen? Warum habe ich geschwiegen und habe nicht den Mut gehabt, hier vorzutreten und zu sagen: Genossen, das, das und das ist nicht so. Ich habe vor dem Feind – das möchte ich hier sagen, nicht um mich herauszustellen – Mut gezeigt. Ich war an der Front, das wißt ihr. Ich bin Mitstreiter in der Sowjetarmee gewesen. Aber hier habe ich diesen Mut nicht gezeigt. Ich habe in den Korridoren diskutiert, aber hier an dieser Tribüne und auf dieser Tribüne war der Moritz Mebel mit Kritik und positiver Kritik nicht zu hören. Und ich muß euch sagen – ich stehe ja nun nicht mehr am Anfang meines Lebens –, das ist eine Bürde, an der ich ganz schwer zu knabbern habe. Ich möchte von niemandem hier sozusagen bemitleidet werden, das hat ein Kommunist nicht nötig. Aber ich möchte versichern, daß ich in Zukunft, solange ich diesem

Zentralkomitee angehöre und der Partei dienen kann, immer dem von mir und von uns gemeinsam hier beschlossenen Programm dienen werde. Ich hoffe, und ich bin davon überzeugt, wenn wir in einer ernsten Stunde zusammenrücken – und das ist sehr wichtig –, und ich darf euch versichern, ich habe jetzt in den letzten Tagen im Ausland, aber auch hier bei uns in der Republik viele Diskussionen gehabt: Die Partei steht zu uns, die Partei erwartet das Wort, und ich möchte sagen, Egon, das, was du hier gesagt hast, das ist das, was die Partei erwartet, und ich hoffe nur, daß ohne Abstriche das, was du gesagt hast, veröffentlicht wird. Ich danke euch. *(Starker Beifall)*

Willi Stoph: Das Wort hat Genosse Ewald.

Manfred Ewald: Liebe Genossinnen und Genossen! Ich schließe mich dem an, was Genosse Mebel prinzipiell und vor allem auch eingangs gesagt hat. Auch für mich ist es nicht so leicht, jetzt hier Stellung zu nehmen und gleich für jedes die passenden Worte zu finden. Ich glaube aber, ihr werdet mich doch verstehen. Jeder wird auch hier verstehen, wenn ich zunächst noch einmal betone, daß es mir ein ganz besonderes Bedürfnis ist, Genossen Erich Honecker zu danken, denn ich persönlich wäre nicht das ohne seine Lehren, die er mir vermittelt hat. Und ich muß hier für den DDR-Sport sagen: Er wäre nicht das, was er heute ist, und hätte nicht die Weltgeltung, die er heute hat, ohne das, was Genosse Honecker für ihn getan hat.

Ich bin gerade von einer internationalen Konferenz zurückgekommen in Budapest – aller europäischen Nationalen Olympischen Komitees. Dort war auch der IOC-Präsident. Er hat ja eine Grußadresse zum 40. Jahrestag hierher geschickt, an Genossen Honecker,[18] und er hat dort eigentlich mich beauftragt, noch einmal Genossen Honecker persönlich seine Grüße zu überbringen und ihm zu danken dafür, was er getan hat für die Einheit der olympischen Bewegung, indem wir nämlich und Genosse Honecker persönlich diese olympische Weltbewegung vor ihrer Entzweiung gerettet haben und diese olympischen Spiele in ihrer Einheit möglich gemacht haben. Ich nehme das nur als Beispiel. Ich möchte aber auch sagen, bei aller Kritik, die sicher notwendig ist zu üben, ist es mir auch ein Bedürfnis, Genossen Mittag und Genossen Herrmann die Anerkennung auszusprechen, für das, was sie doch vieles an Positivem in den Jahren, in den vielen Jahren, in denen sie gewirkt haben, getan haben. Und dann, Egon, möchte ich dir mein volles Vertrauen aussprechen. Mir ist ganz klar, daß das eine kolossal schwere Aufgabe ist, die dir dort übertragen wurde. Und ich möchte, bei allen Problemen, die es auch manchmal gab, denn du warst ja jetzt für den Sport besonders zuständig, möchte ich auch hier sagen, daß ich alles tun werde, was in meinen Kräften steht, um dich in dieser verantwortungsvollen Tätigkeit zu unterstützen.

Aber, Genossen, ich bin auch mit dem einverstanden, was du hier in gewisser Weise schon programmatisch dargelegt hast. Allerdings bin ich mir nicht ganz sicher, ob wir nicht doch noch etwas weitergehen sollten und könnten,

18 Vgl. ND, 9. Oktober 1989.

als das hier gesagt wurde. Wäre es nicht für uns alle, denn wir müssen doch nach draußen gehen und weiter in unserer Parteiorganisation, als Abgeordnete in unseren Wahlbezirken unmittelbar reagieren und diskutieren, wäre es nicht möglich, doch zu sagen, welche Arbeitsgruppen – wir könnten ja dann sagen usw., wenn wir noch nicht alles und ihr noch nicht alles wißt –, welche Arbeitsgruppen zu welchen Problemen gebildet werden, denn die Leute erwarten doch eine Antwort darauf.

Wir können jetzt sagen: Das nächste ZK-Plenum findet bald statt. Sollten wir nicht sagen: Schon, sie findet in zwei Wochen oder, weiß ich, innerhalb von drei Wochen statt, und dann wird man sich mit den Ergebnissen dieser Arbeitsgruppen beschäftigen, denn wenn wir in den Arbeitsgruppen einige dieser Aufgaben aufzählen, von denen du unter anderem als Generalsekretär auch gesprochen hast, wenn wir dann sagen würden, und die Leute sehen, wir beschäftigen uns mit den und den Fragen in den Arbeitsgruppen. Jetzt kann man das indirekt natürlich daraus schlußfolgern. Aber wir als Partei, als Partei der Arbeiterklasse, wir können nicht weiter, wie das in der letzten Zeit fast geschehen ist, anderen Parteien in ihren Darlegungen den Vortritt lassen.

Zuruf: Jawohl!

Und darum bin ich der Meinung, daß es doch gut wäre, ganz kurzfristig doch zu überlegen, und ich meine, ihr kennt doch die Lage unter der Bevölkerung selbst aus eigener Arbeit, sie ist euch übermittelt worden, und ihr habt doch sicher schon konkretere Vorstellungen. Und in dem Sinne würde mich das nicht befriedigen, wenn wir nur jetzt so auseinandergehen. Es war doch bei aller Programmatik auch sehr allgemein. Es ist aber nicht mehr die Zeit. Wir können im Grundprinzip keinen Tag Zeit mehr verlieren, um deutlicher, um klarer zu werden der ganzen Bevölkerung gegenüber und ihr Vertrauen zu erlangen, das im Schwinden begriffen ist.

Auf dieser Konferenz, auf der ich war, waren auch leitende Genossen anderer Länder. Sie haben gesagt: Das war unser größter Fehler, daß wir die Zeit versäumt haben, als Partei rechtzeitig einzugreifen, rechtzeitig uns zu äußern, rechtzeitig uns konkret zu äußern. Wäre es nicht möglich, und das hatte ich erwartet eigentlich, und das möchte ich auch vorschlagen, zu sagen, mit welchen Problemen welche Arbeitsgruppen, wenigstens zu welchen Problemkreisen wir uns bilden und uns dann beschäftigen. Wäre es nicht möglich, dann auch zu sagen, die Arbeitsgruppen könnten doch, da die Dinge doch nicht plötzlich über uns gekommen sind, könnten doch schon, haben doch bestimmte Grundlagen für die Arbeit, zu sagen, innerhalb der nächsten zwei Wochen, wir haben ja nicht ...

Als ich gestern diese Einladung erhielt – ich habe sie jedenfalls gestern bekommen: In einem Monat, habe ich mir gedacht, was denken denn die Genossen, wie lange sollen wir noch Rede und Antwort stehen, so lange können wir doch nicht warten. Und auch jetzt würde ich sagen: Es würde uns gut zu Gesicht stehen, uns allen, dem Zentralkomitee, unserem Politbüro, zu dem wir volles Vertrauen haben, dir als Generalsekretär, wenn die Leute merken, wir beschäftigen uns sofort und unverzüglich und dringend damit, wir lassen keine Zeit mehr verstreichen.

Das wäre mein Vorschlag, und das gäbe uns nach meiner Meinung eine noch bessere Grundlage für die Arbeit, die von uns verlangt wird als Zentralkomitee, damit wir auch unsere Politik unter der Führung des Politbüros, unter deiner Führung als Generalsekretär, dem wir, ich jedenfalls, von ganzem Herzen volle Gesundheit und Kraft für diese schwere Aufgabe wünschen. Dann könnten wir diese Politik doch noch besser gemeinsam tragen. Ich hatte das Bedürfnis, das hier zu sagen, und darum habe ich mich zur Diskussion gemeldet. *(Beifall)*

Willi Stoph: Genosse Modrow hat das Wort. Dann Genosse Hoffmann.

Hans Modrow: Liebe Genossinnen und Genossen! Ich halte es auch für gut und richtig, wenn die Frage danach gestellt wurde: Äußern wir uns oder äußern wir uns nicht? – daß wir uns äußern. Wenn das Zentralkomitee der Partei heute seine Beschlüsse und seine Zustimmung zu einem Generalsekretär unserer Partei gibt und wir draußen veröffentlichen, daß wir es getan haben, ohne ein Wort dazu zu sagen, dann wird die Autorität und das Ansehen des Generalsekretärs damit keinesfalls gestärkt sein. Die Partei soll wissen, wie wir zu diesen Dingen stehen und daß hier darüber gesprochen wurde, daß wir einen neuen Generalsekretär gewählt haben.

Ich stimme all dem zu, was zum Genossen Honecker und zur Anerkennung seiner Arbeit und seines Lebenswerkes gesagt worden ist. Ich halte es aber auch für richtig und angebracht, daß klar formuliert wurde, warum zwei andere Genossen aus der Parteiführung mit unserem Beschluß abberufen worden sind. Die Frage, die der Genosse Mebel gestellt hat, zu der er eine Antwort bekam, halte ich für notwendig und auch mit zu veröffentlichen.[19]

Ich bin der Auffassung, daß es notwendig ist, zu erkennen, daß wir mit der heutigen Erklärung, die uns Egon gegeben hat, ein Stückchen weitertragen können. Wir werden damit auch das, was wir vorhaben, in die politische Offensive zu gehen, weiter ausbauen können. Wir müssen uns aber, glaube ich, auch gemeinsam darüber im klaren sein – und daher unterstütze ich das, was Genosse Manfred Ewald gesagt hat –, daß wir nicht auseinandergehen, ohne uns einig zu sein, welche Zeitphase geben wir uns selber?

Wir waren zusammen am Donnerstag in der vergangenen Woche.[20] Da sagten die Ersten Sekretäre der Bezirksleitungen, die nicht dem Politbüro angehören – denn die anderen Genossen hatten sich ja ausdiskutiert: Uns ist der Termin Mitte November zu spät. Und wir haben heute die Tagung des Zentral-

19 Weder die Frage Mebels noch die Antwort Stophs wurden in das »rote«, gedruckte Protokoll der ZK-Tagung aufgenommen, geschweige denn im ND veröffentlicht.

20 Unter dem Tagesordnungspunkt 2: »Der 40. Jahrestag der DDR und die weiteren Aufgaben zur Vorbereitung des XII. Parteitages« hatte das Politbüro am 11. Oktober 1989 beschlossen, daß am 12. Oktober 1989 eine Beratung des ZK-Sekretariats mit den Ersten Sekretären der SED-Bezirksleitungen stattfinden sollte (vgl. SAPMO-BArch, DY 30/J IV 2/2/2351). Über Inhalt und Verlauf der Beratung wurde in den DDR-Medien nichts bekannt.

komitees, und es zeigt sich, wenn wir uns jetzt nicht über Fristen, die wir haben, klar werden, geht die Sache nicht gut.

Die gestrige »Aktuelle Kamera« war eine Widerspiegelung einer Situation, die nach meiner Meinung sich kein zweites Mal wiederholen darf. Auf der einen Seite sind die vier Vorsitzenden der Parteien, geben ihre Erklärungen ab, und im Prinzip ist in dieser »Aktuellen Kamera« ein Sprecher der SED, und das ist der Oberbürgermeister von Dresden, der da bekanntgibt, wie er sich mit der Opposition in der Stadt Dresden auseinandersetzt.[21] Das ist aber ein Bild, das unerträglich ist. Jeder muß sich doch darüber im klaren sein, welches politisches Gewicht das hat.

Ich will auch zur Überschrift im »Neuen Deutschland« sagen: Einige lobten heute früh, wie diese Überschrift aussieht. Ich glaube nicht, daß uns gut zu Gesicht steht, mit Überschriften zu kommen »Mit der Wahrheit gehen wir«[22]. Wir wollen einen Dialog um die Wahrheit führen, und wir schreiben im Zentralorgan als erstes: Wir haben die Wahrheit. Wer will denn mit uns in den Dialog, wenn wir die Wahrheiten gleich wieder verkünden. Der Egon hat mit Recht gesagt: Wir müssen diskutieren, wir müssen den Dialog führen. Und dieses Klima brauchen wir.

Zuruf von Heinz Keßler: Trotzdem haben wir die Wahrheit!

Ja. Aber Heinz, ich persönlich gehe nicht davon aus, daß wir zu jeder Frage die Wahrheit haben. Sonst müßten wir nicht diese Tagung des Zentralkomitees durchführen. *(Beifall)*

Zuruf von Heinz Keßler: Du hättest lesen müssen, was darunter steht!

Genossen, so können wir weitermachen! Ihr sagt mit Recht, und dazu stehe ich, ich will den Schulterschluß. Aber ich will den Schulterschluß in der Debatte und in der Diskussion, die wir miteinander führen, und nicht den Schulterschluß, daß von vornherein wieder klar ist: Zum Dialog, zur kritischen Auseinandersetzung kommen die Zwischenrufe von der Tribüne. Das wird sich nicht tragen, und jedem von uns muß klar sein: Wir stehen in einer Zeit höchster und stärkster Verantwortung.

Es mag sein, das will ich hier wiederholen, daß in unserem Lande einige unter anderen Bedingungen leben und kämpfen. Das mag sein. Ich muß von meiner Lage ausgehen und nehm' eine Wahrheit mit, wo der Günter Schabowski mit Recht drauf verwiesen hat: Wer sich einbildet, daß Leipzig und Dresden und Berlin sozusagen außerhalb der DDR stehen in dieser Zeit und das andere ist sozusagen alles ja in Ordnung, nur an den drei Ecken, der, glaube ich, übersieht, wie hart und wie kompliziert die Zeit wirklich ist. Und Töne

21 Am 13. Oktober 1989 fand ein Gespräch Erich Honeckers, Günter Mittags und Joachim Herrmanns mit den Vorsitzenden der Blockparteien und dem Präsidenten der Nationalen Front statt. Am 16. Oktober 1989 empfing der Dresdener Oberbürgermeister Wolfgang Berghofer Bürger der Stadt und Kirchenvertreter zu einem zweiten Gespräch. Vgl. dazu: »Gefragt und Mitdenken und Mithandeln. ND-Gespräch mit Dresdens Oberbürgermeister Wolfgang Berghofer«, in: ND, 18. Oktober 1989.

22 Vgl. ND, 18. Oktober 1989.

dieser Art hat es gegeben. Es ist sozusagen alles das, was nach meiner Meinung zu dem Schulterschluß gehört, den wir alle gemeinsam jetzt schließen müssen.

Und es wäre gut – am heutigen Tag ist es nicht möglich –, daß unmittelbar die Arbeitsgruppen, die zu bilden sind, gebildet werden; denn auch ich habe das Gefühl, daß man aus der Vorbereitung des XII. Parteitages bisher ausgeschlossen war. Nach der 7. Tagung des Zentralkomitees ist im Prinzip ein Zustand eingetreten, wo wir keinen Parteitag in Wirklichkeit vorbereitet haben als Zentralkomitee.[23] Und das wird notwendig sein. Und ich hätte eine Bitte, auch im Konkreten, Egon, daß wir zu der Erklärung, die du abgegeben hast, an einer Stelle noch einmal gut und klug abwägen, ob wir dort eine kleine Ergänzung einfügen sollten. Ich habe den Text nicht vorliegen, ich muß nach meiner Mitschrift gehen.

Es wird dort einmal gesagt, das Statut wurde verletzt, und Kritik und alles, was dazukommt. Und dann geht es sofort weiter: Manche wollen sozusagen aus unserer Selbstkritik Nutzen ziehen. Ich würde dazwischen einen kurzen Absatz setzen, daß es verständlich ist, daß diskutiert und erwartet wird, daß wir sozusagen daraus auch gemeinsam mit allen anderen weiter unsere Schlüsse ziehen – oder wie wir es formulieren –, damit nicht herauskommt, daß wir an der einen Stelle erst die Frage der Selbstkritik setzen und dahinter sofort wieder die des Feindes. Das ist die Diskussion, mit der wir im Moment leben, zwischen denen, die gewalttätig rumgelaufen sind, und denen, die die sogenannten friedlichen Demonstrationen gemacht haben.

Überall ist die Spitzfindigkeit. An jeder Ecke wird sofort gesagt: Erst gebt ihr uns die kleine Hand, und dann kommt ihr hinten nach. Ich glaube, wir müssen das aus dieser Sicht genau prüfen, daß wir in keiner Frage sozusagen den Zweifel aufkommen lassen an unserer Dialogbereitschaft, an der Ausgewogenheit, mit der wir die Dinge angehen. Und dann steht die Frage, zu der ich absolut stehe, und keiner kann daran Zweifel haben: Ich habe die Verantwortung als Vorsitzender der Bezirkseinsatzleitung in Dresden getragen, in jeder Zeit, zu jeder Phase, und habe auch in diesen Kämpfen versucht, gemeinsam mit den Genossen der Nationalen Volksarmee, den Streitkräften und auch unseren Sicherheitsorganen für unsere Arbeiter-und-Bauern-Macht mit all dem, was erforderlich ist, einzustehen.[24]

Und es wäre richtig, wenn wir heute mitteilen, wann wir die nächste Tagung des Zentralkomitees durchführen, damit es eine Zielstellung gibt, egal,

23 Die 7. Tagung des SED-Zentralkomitees am 1./2. Dezember 1988 hatte die Einberufung des XII. Parteitages für den 15. bis 19. Mai 1990 in Berlin beschlossen.

24 Hans Modrow bezog sich hier auf die Straßenschlacht zwischen Tausenden von DDR-Bürgern und Sicherheitskräften in der Nacht vom 4. auf den 5. Oktober 1989 am Dresdener Hauptbahnhof im Zusammenhang mit der Durchfahrt von Zügen mit DDR-Flüchtlingen aus Prag in die Bundesrepublik. Vgl. dazu detailliert: Ekkehard Bahr, Sieben Tage im Oktober. Aufbruch in Dresden, Leipzig 1990; siehe auch: Hans Modrow, Aufbruch und Ende, Hamburg 1991, S. 13 ff.

ob wir uns nun heute über vierzehn Tage oder was einigen. Aber sozusagen terminlos und ohne klar zu sein, wie wir draußen die Diskussion zu einem Punkt hinführen, nämlich zu dieser nächsten Tagung des ZK, wird uns sonst wiederum dazu führen, daß wir unter Druck kommen und andere dann wieder von außen drücken, damit wir uns zu diesen Dingen äußern. Das wollte ich sagen. *(Beifall)*

Willi Stoph: Genosse Hoffmann! Ihm folgt Genosse Keßler.

Hans-Joachim Hoffmann: Liebe Genossen des Zentralkomitees! Ich bin ernsthaft dafür, daß wir in dieser Stunde, in dieser Minute, die Diskussion beenden. Wir haben keine Minute mehr Zeit.

Zuruf: Sehr richtig! Genau!

Der Egon muß vor die Fernsehkamera.

Zuruf: Lauter!

Der Egon muß vor die Fernsehkamera.

Zurufe: Jawohl!

Es geht doch gar nicht um dich, Egon, sondern es geht darum: Jetzt muß die Partei das Wort ergreifen, heute abend noch! *(Starker Beifall)*

Zurufe: Jawohl!

Oh wei, liebe Genossen, wir werden zu vielem, was hier gesagt wurde, tage-, wochen-, monatelang diskutieren müssen, und in einer nie gekannten Art und Weise in diesem Zentralkomitee. Das wird alles geschehen. Bloß um Himmelswillen, Genossen, nicht in dieser Stunde. Uns steht das Wasser bis hierher. Wir stehen vor neuen, gewaltigen Demonstrationen, die der Feind organisiert. Jetzt müssen die Kommunisten auf die Straße. In Leipzig muß die Partei an die Spitze. Die Leipziger Parteiorganisation muß mobilisiert werden. Dort muß ein neuer Erster Sekretär gewählt werden, und wir müssen überall auftreten.[25] Wir haben jetzt keine Zeit, uns in Detaildiskussionen zu erschöpfen. Die werden wir schon noch führen. Bloß, ich bitte euch beschwörend, Genossen, laßt uns heute abend noch beginnen. Wir werden in unserer Parteiorganisation, morgen in den Künstlerverbänden – die Berliner Genossen wollen sich heute abend treffen.[26] Ich finde das gut und richtig. Wir brauchen sofortige Reaktionen. Wenn wir jetzt, wenn auch verspätet, uns nicht zu Wort melden, dann sind wir in der Gefahr, daß wir das Wort nicht mehr bekommen. *(Beifall)*

Willi Stoph: Genosse Keßler hat das Wort.

Zuruf: Es ist ein Antrag gestellt worden!

Was?

Zuruf: Es ist ein Antrag gestellt worden!

Bitte! – Wo?

25 Erst am 5. November 1989 wurde das bisherige SED-Bezirksleitungssekretariat in Leipzig abgewählt. Den alten Ersten Sekretär, Horst Schumann, ersetzte Roland Wötzel, seit 1984 Wirtschaftssekretär der Bezirksleitung. Vgl. ND, 6. November 1989.

26 Vgl. die Berichte über diese Parteiaktivtagung der Berliner SED, in: ND und Berliner Zeitung, 19. Oktober 1989.

Egon Krenz: Der Genosse Hoffmann hat einen Antrag gestellt.

Zuruf: Darf ich eine Bemerkung dazu machen?

Willi Stoph: Bitte, bitte!

Zuruf: Es ist ein Antrag gestellt worden!

Manfred Banaschak: Genossen, ich decke mich mit der Auffassung von Jochen Hoffmann. In der Tat, der Egon muß vor die Fernsehkamera. Aber ich glaube, daß wir uns vorher doch einig sein sollten darüber, was er vor der Fernsehkamera sagt. Ich bin nämlich der Meinung, Genossen, ich habe das volle Vertrauen dazu, wir haben abgestimmt, aber ich bin auch der Meinung, daß es heute abend vor der Fernsehkamera nicht genügen wird, nur über die Entscheidungen des Zentralkomitees, Personen betreffend, zu sprechen – *(Unruhe)*

Zurufe: Nein! Nein! (Unruhe)

– sondern ich glaube, daß heute in dieser sehr notwendigen und richtigen, vor der Fernsehkamera zu haltenden Rede an das Volk der DDR, deutlich gemacht werden muß, – *(Anhaltende Unruhe)* – deutlich gemacht werden muß, daß wir über die Erklärung des Politbüros vom 11. Oktober hinaus, in der ja die Stichworte gegeben worden sind, jetzt deutlichere Konturen gezeichnet werden über das notwendig zu Verändernde, was rasch zu machen ist, bzw. was noch Zeit bedarf.

Aber wenn dazu nicht über das gesprochene Wort hinaus heute Verheißungsvolles gesagt wird, dann glaube ich, besteht ernsthaft die Gefahr, daß die Beunruhigung kein Ende findet, sondern im Gegenteil die Gefahr weiterer Eskalation. *(Unruhe)*

Zuruf: Antrag! – Zuruf: Egon!

Egon Krenz: Der Genosse Mebel hat vorhin die Frage gestellt, ob das, was hier gesagt worden ist, veröffentlicht wird.

Zuruf von Willi Stoph: Jawohl!

Wenn das Zentralkomitee einverstanden ist, selbst wenn es vierzig Minuten dauert, würde ich das Gleiche heute abend im Fernsehen sagen.[27] *(Starker Beifall)*

Zurufe: Jawohl!

Willi Stoph: Genosse Keßler hat das Wort. *(Unruhe, unverständliche Zurufe)*

Egon Krenz: Nein, du mußt ab …

Günter Schabowski: Es muß abgestimmt werden, ob wir so verfahren: Erklärung von Egon und Ende der Debatte, damit wir an die Arbeit gehen können. *(Beifall)*

Moment, Moment, Genossen, ich muß auch noch eine Bemerkung zu dieser Verfahrensweise jetzt machen. Alle, die dafür sind jetzt, das möchte ich hier deutlich sagen, bekennen oder erklären damit nicht etwa, damit ihnen das

27 Tatsächlich trug Egon Krenz am Abend im DDR-Fernsehen den vollständigen Text seiner Rede vor dem ZK vor, einschließlich der Anrede »Liebe Genossinnen und Genossen«.

überhaupt nicht unterstellt werden kann, daß wir damit für ein Ende der Debatte wären.

Zuruf von Willi Stoph: Im Gegenteil!

Nur jetzt in diesem Augenblick brauchen wir das, was Genosse Hoffmann hier gesagt hat, –

Zuruf: Bravo!

– selbst wenn das nicht erschöpfend ist, das kann ja nicht erschöpfend sein!

Zuruf: So ist es!

Wir sind uns doch darüber einig, daß Egon die Erklärung des Politbüros hier weiter prinzipiell ausgebaut hat.

Zuruf: Richtig!

Das Schlimmste, was uns jetzt passieren kann, sind primitive Antworten auf komplizierte Fragen. *(Beifall)*

Zuruf: So ist es!

Und andererseits, Genossen, das zeigt ja schon diese heutige Beratung des Zentralkomitees bis zu diesem Punkt: Wir sind gezwungen durch die Ereignisse, schnell zu einer neuen politischen Qualität unserer Arbeit und zu einer größeren Verantwortung jedes Mitglieds des Zentralkomitees vorzustoßen. Und ich sage euch, heute abend machen wir eine Parteiaktivtagung in Berlin. Und wir werden doch wohl in der Lage sein, denn dort müssen wir uns ja auch den Fragen der Genossen stellen, selbst bei diesem Umfang der Erklärung, die heute gegeben wurde und die nicht erschöpfend sein kann, dennoch Antworten zu geben, die auf der Basis dieser Erklärung von den Genossen erwartet werden. Also haben wir Zutrauen zu unserer eigenen Courage! *(Beifall)*

Und deshalb schlage ich vor, daß wir so verfahren, wie es eben gesagt wurde, damit wir uns unverzüglich an die Arbeit machen. Die Genossen müssen stundenlang durch die Republik fahren, um nach Hause zu kommen. Da warten die Bezirksleitungen. Die Berliner haben es gut, ja, die sind sozusagen um die Ecke mit ein paar hundert Mann sofort zusammen. Also, vor dieser Lage stehen wir, deshalb bin ich für diesen Vorschlag unter dieser Charakterisierung.

Willi Stoph: Danke schön. Genossen, kommen wir zur Abstimmung.

Heinz Keßler: Nein, dann muß ich von meinem Recht des Statuts unserer Partei Gebrauch machen, –

Zuruf von Willi Stoph: Hat der auch gemacht!

– bevor du zur Abstimmung gehst. Der Genosse Günter hat mit Recht hier seine Meinung dargelegt, als Bemerkung, nicht als Diskussionsrede. Nun mußt du uns natürlich gestatten, – *(Unruhe)* – nun mußt du uns natürlich gestatten, daß wir dasselbe Recht nutzen.

Günter Schabowski: Das war kein Diskussionsbeitrag, Heinz, kein Diskussionsbeitrag!

Heinz Keßler: Ja, ich will ja auch keinen halten, natürlich, ich will es genauso machen wie du. *(Unruhe)*

Zuruf: Heinz, dann geh' doch ans Mikrofon! – Zuruf: Lauter!

Genossen, wir haben, wie heute festgestellt wurde, eine für unsere Partei sehr schwerwiegende Entscheidung getroffen. Wir haben die vom Politbüro beschlossene, vom Generalsekretär unserer Partei, Genossen Egon Krenz, dargelegte Erklärung entgegengenommen. Und ich teile die Auffassung vom Günter, wenn wir das richtig nutzen und im Sinne dessen, was er gesagt hat, an die Arbeit herangehen, dann wird und muß es uns gelingen, die Position unserer Partei auszubauen und unter der Führung unserer Partei die von uns auf dem XI. Parteitag gestellten Aufgaben zu erfüllen. Meine Absicht ist hier, nur auf zwei Dinge hinzuweisen, von denen ich bitte, daß sie noch mal geprüft werden, ob sie in dieser oder jener Form in der Rede, die der Genosse Egon Krenz hier gehalten hat, berücksichtigt werden können. Ich muß von dieser Möglichkeit Gebrauch machen, weil ich aus objektiven Gründen an der Erarbeitung und der Diskussion dieser Rede nicht teilnehmen konnte.[28]

Zur ersten Bemerkung. Ich darf folgendes vorlesen: Im Mittelpunkt in Washington durchgeführter Konferenz »NATO-Partnerschaft und Perspektiven«, auf der unter anderem Verteidigungsminister BRD, Kanadas sowie stellvertretender Verteidigungsminister Großbritanniens und andere auftraten, stand NATO-Strategie gegenüber Osteuropa und andere Fragen im Zentrum. Dort wurde folgendes beschlossen, und ich lese das vor: Veränderungen im sozialistischem Lager seien durch Druck NATO zustande gekommen und müssen jetzt weiter unterstützt werden. Militärische Aspekte sowie gewaltsame Umsturzversuche sollten zugunsten evolutionärer Beseitigung Sozialismus zurücktreten. Als Hauptweg dazu Dezentralisierung politischer Kontrolle und ökonomischer Mechanismen, Schaffung freier Marktwirtschaften, Stärkung innerer Opposition und schließlich friedliches Auslöschen Sozialismus.

Das also das Programm, was wir schon lange kennen und was nun in den jüngsten Tagen erneuert wird. Und ich bin der Meinung: Wir können in einer Erklärung des Politbüros des Zentralkomitees unserer Partei und des Zentralkomitees nicht darauf verzichten, indem wir definieren und charakterisieren, was der politische Gegner, der Klassengegner, will. Was er will, habe ich ja kurz dargelegt.

Zweitens. In der Rede wird sehr richtig unser Verhältnis zur Sowjetunion dargelegt und auch unsere Haltung – die ja nicht neu ist – zu den Ergebnissen und Beschlüssen des XXI. Parteitages der KPdSU und der 19. Allunionskonferenz der Kommunistischen Partei der Sowjetunion.[29] Es muß in diesem Zusammenhang darauf verwiesen werden, daß bei der jüngsten Begegnung des

28 Heinz Keßler wurde von der Absetzung Erich Honeckers überrascht; er war erst wenige Stunden vor Beginn der ZK-Tagung von einer Reise nach Nikaragua und Kuba nach Ost-Berlin zurückgekehrt.

29 Der XXVII. Parteitag fand vom 25. Februar bis 6. März 1986 in Moskau statt; die 19. Parteikonferenz der KPdSU tagte vom 28. Juni bis 1. Juli 1988.

bisherigen Generalsekretärs unserer Partei, des Genossen Erich Honecker, mit dem Genossen Gorbatschow[30] dieser im Auftrage und namens des Zentralkomitees und unserer ganzen Partei erklärt hat, daß wir hinter den Beschlüssen des XXI. Parteitages der KPdSU stehen, –

Zurufe: XXVII.!

He?

Zuruf: XXVII.!

– des XXVII. Parteitages, Entschuldigung, stehen; daß wir alles in unseren Kräften Stehende unternehmen, um diesem Ergebnis Erfolg zu verschaffen, und Genosse Gorbatschow seinerseits erklärt hat, daß die KPdSU die Beschlüsse des XI. Parteitages voll trägt …

Zuruf: Antrag!

Moment mal – voll trägt und alles in ihren Kräften unternimmt, damit die Beschlüsse des XI. Parteitages erfüllt werden.

Jetzt komme ich zu meiner Frage: Es ist richtig, daß wir alles tun müssen, auf allen Gebieten, um die Bande der Staaten des Warschauer Vertrages zu festigen, auszubauen, aus all den uns bekannten Gründen. Aber, Genossen, wir können natürlich nicht der Antwort ausweichen auf die uns immer wieder gestellte Frage: Was geht in Ungarn vor sich? Was geht in Polen vor sich? *(Unruhe)* Das heißt – *(Wachsende Unruhe)* – das heißt, wir müssen diese Problematik nach meiner Auffassung im Zusammenhang mit der Problematik sehen, die wir heute beschließen. Denn es wird nicht möglich sein, daß wir so tun, um bei dem Beispiel zu bleiben, daß sich in Ungarn nichts vollzogen hat. Und es gibt ja gewisse Leute bei uns in der Deutschen Demokratischen Republik, die eine solche oder ähnlich geartete Entwicklung bei uns gern nachvollziehen möchten.

Zuruf von Harry Tisch: Heinz, du wolltest keinen Diskussionsbeitrag halten! Es steht ein Antrag zur Diskussion!

Moment mal, jetzt hab' ich das Wort. *(Unverständlicher Zuruf)* Moment mal. Wenn wir das nicht sehen oder wenn du das nicht sehen willst, lieber Harry, dann ist das deine Sache … *(Empörte Zurufe)* Moment mal, dann ist das deine Sache. Ich glaube jedenfalls, daß wir das bei unserer politisch-ideologischen Arbeit in der Parteiorganisation betrachten und sehen müssen und Formen herausarbeiten müssen, wie wir das den Menschen erläutern und erklären. Das ist alles, was ich sagen will. *(Unruhe)*

Zuruf: Antrag!

Willi Stoph: Genosse Hager.

Kurt Hager: Ich stelle den Antrag auf Schluß der Debatte, Genossen, so wie das Genosse Hoffmann vorhin formuliert hat.

Zuruf: Richtig!

Alle anderen Probleme sind entweder bereits in der Rede enthalten, soweit man das in dieser Rede sagen kann, oder sie werden im Verlaufe der nächsten

30 Vgl. Küchenmeister, Honecker – Gorbatschow, S. 240 ff.

Tage und Wochen bis zum Plenum diskutiert und auf dem nächsten Plenum behandelt. Also: Antrag auf Schluß der Debatte. *(Beifall)*

Willi Stoph: Genossen, dann stimmen wir ab. Wer für Schluß der Debatte ist, bitte ich um Handzeichen. – Danke schön. Wer ist dagegen? – Also einstimmig angenommen. Damit können wir die Diskussion abschließen und kommen zur Bestätigung des Referats des Genossen Egon Krenz. Wer für die Bestätigung des Referats von Genossen – bitte?

Hans Modrow: Ich hatte einen Antrag gestellt.

Willi Stoph: Ja.

Zuruf von Egon Krenz: Einverstanden.

Gut. Also formulieren wir noch klarer: Wer für die Bestätigung des Referats vom Genossen Egon Krenz einschließlich des Vorschlages vom Genossen Modrow ist, ja,und vom Genossen Ewald, diese, ja, diese, ja … *(Zurufe)* Was? Nicht?

Zurufe: Nein! – Wieso?

Also vom Genossen Modrow, ja, den bitte ich um das Handzeichen. – Also wir haben damit das Referat vom Genossen Egon Krenz bestätigt, einschließlich der Ergänzung, für die wir ja waren. Damit, ja, mit den Genossen, ja, dem Egon Krenz das Wort.

Egon Krenz: Nein. Der Genosse Modrow hat einen konkreten Formulierungsvorschlag –

Willi Stoph: Ja!

– unterbreitet, daß auf einer Seite zwischen den Bemerkungen des Statuts –

Willi Stoph: Ja!

– und den danach folgenden eine Einfügung –

Willi Stoph: Ja!

– gemacht worden ist, so, und diesen Vorschlag würde ich akzeptieren.

Willi Stoph: Ja, ich auch. Ja, also es gibt keinen Widerspruch. Das ist also angenommen. Damit übergebe ich das Wort dem Genossen Egon Krenz.

Egon Krenz: Genossinnen und Genossen! Ich denke, der Beschluß, an die Arbeit zu gehen, ist gefaßt. Sehr wichtig ist, sehr wichtig ist, daß wir die Aussprache weiterführen, aber dann, wenn wir gut vorbereitet sind. Es hat keinen Sinn, jetzt unter Emotionen ohne konkrete Unterlagen weiter zu diskutieren, und ich würde um Verständnis bitten, Genossinnen und Genossen, daß wir dem Politbüro am Dienstag einen Vorschlag unterbreiten, zum schnellstmöglichsten Termin eine weitere Tagung des Zentralkomitees durchzuführen.

Warum sage ich zum schnellstmöglichsten Termin? Man muß doch überlegen, welche Fragen wir stellen. Ihr habt doch selber gesagt, die Tagesordnung, die euch zugegangen ist, geht nicht. Also, wir müssen genau überlegen. Und ich sage, in der Politik – so denke ich jedenfalls darüber – ist es sehr, sehr wichtig, schnell zu handeln. Aber es ist auch wichtig, überlegt zu handeln. *(Zustimmende Zurufe)* So, und deshalb möchte ich jetzt keine weiteren Schlußbemerkungen machen. Der Anfang ist gemacht. Die Genossen haben gesagt, das Plenum soll öfter einberufen werden. Es soll besser diskutiert werden, darüber sind wir uns einig, und über das jetzige entscheidet jetzt das Kommuniqué. Ich bitte, das Wort zu nehmen.

Zuruf von Erich Mielke: Man muß den Mut auch haben, immer zu sprechen, nicht bloß heute, mein lieber Keßler. Man muß auch unangenehme Sachen besprechen, immer! Man muß auch früher den Mut haben zu sprechen.

Edwin Schwertner: Entwurf des Kommuniqués: Am 18. Oktober 1989 trat das Zentralkomitee zu seiner 9. Tagung zusammen. Zu Beginn ergriff Genosse Erich Honecker das Wort und bat, ihn aus gesundheitlichen Gründen von der Funktion des Generalsekretärs des ZK der SED, vom Amt des Vorsitzenden des Staatsrates der DDR und von der Funktion des Vorsitzenden des Nationalen Verteidigungsrates der DDR zu entbinden.

Das Zentralkomitee entsprach der Bitte des Genossen Erich Honecker, würdigte sein langjähriges Wirken für die Partei und die Deutsche Demokratische Republik und sprach ihm für sein politisches Lebenswerk den Dank aus.

Auf Vorschlag des Politbüros wählte das Zentralkomitee Genossen Egon Krenz, Mitglied des Politbüros und Sekretär des Zentralkomitees, einmütig zum Generalsekretär des Zentralkomitees der SED.

Entsprechend dem Vorschlag des Genossen Erich Honecker unterbreitet das Zentralkomitee der Volkskammer der DDR den Vorschlag, Genossen Egon Krenz zum Vorsitzenden des Staatsrates der DDR und zum Vorsitzenden des Nationalen Verteidigungsrates der DDR zu wählen.

Der Bitte der Genossen Joachim Herrmann und Günter Mittag, sie von ihren Funktionen als Mitglied des Politbüros und Sekretär des Zentralkomitees der SED zu entbinden, wurde entsprochen. Ihnen wurde der Dank für die geleistete Arbeit ausgesprochen. *(Unruhe)*

Zurufe: Nein!

Das Zentralkomitee schlägt der Volkskammer der DDR vor, Genossen Günter Mittag aus der Funktion des Stellvertreters des Vorsitzenden des Staatsrates der DDR abzuberufen. Genosse Egon Krenz sprach zur aktuellen politischen Lage und den Aufgaben der Partei. An der kritischen, kameradschaftlichen und konstruktiven Diskussion beteiligten sich acht Genossen des Zentralkomitees. Das Referat und die Diskussionsbeiträge wurden mit großer Zustimmung bestätigt.

Das Zentralkomitee beauftragte den Generalsekretär, Genossen Egon Krenz, sich mit der Rede, die auf der heutigen Tagung des ZK gehalten wurde, im Fernsehen an die Bevölkerung der DDR zu wenden.

Egon Krenz: Gibt es zum Kommuniqué Fragen? Bitte schön, Genosse Mebel!

Moritz Mebel: Das Kommuniqué entspricht nicht ganz der Antwort, die wir vom Politbüro im Zentralkomitee erhalten haben. Die Genossen werden nicht aus eigenem Verlangen entbunden, sondern sie werden entbunden aus ihren Funktionen, weil sie den Anforderungen nicht gerecht geworden sind. Das muß man eindeutig hier sagen, und deshalb bestehe ich darauf, wenn das

Zentralkomitee einverstanden ist, daß das in die Formulierung einbezogen wird. *(Beifall)*

Egon Krenz: Genosse Modrow!

Hans Modrow: (*Spricht einige Worte, die nicht zu verstehen sind, Unruhe.) Zurufe: Nein!*

Egon Krenz: Moment, also erst, – zunächst hat der Genosse Mebel einen Antrag gestellt. Möchte einer dagegen sprechen? – Bitte, Genosse Hager.

Kurt Hager: Ich möchte vorschlagen zu formulieren: Die Genossen Günter Mittag und Joachim Herrmann wurden von ihren Funktionen entbunden. Punkt!

Egon Krenz: Einverstanden? Genossen, wir haben meiner Meinung nach Grund, das so zu formulieren.

Zuruf von Moritz Mebel: Einverstanden!

Gut.

NN: Egon!

Egon Krenz: Bitte!

NN: Also nach dem Beschluß wurde Genosse Erich Honecker auch als Mitglied des Politbüros von seiner Funktion entbunden.

Egon Krenz: Ja.

Willi Stoph: Das muß man mit reinnehmen.

Egon Krenz: Das muß drinstehen, ist richtig. – Gibt es weitere Fragen? Bitte!

NN: Das ZK kann nur der Bitte auf Entbindung vom Mitglied Politbüro und Generalsekretär entsprechen, sonst würden wir ja der Entscheidung der Volkskammer vorgreifen.

Willi Stoph: Nein – der Volkskammer den Vorschlag zu unterbreiten –

Edwin Schwertner: – es wird der Vorschlag gemacht!

Willi Stoph: Haben wir immer gemacht!

Egon Krenz: Ja: Der Volkskammer den Vorschlag zu unterbreiten. Das ist unser Recht laut Statut. – So, Hans, wir haben in den Kommuniqués immer die Anzahl der Diskussionsredner genannt. Bitte?

NN: Ich möchte vorschlagen, daß wir in unseren Kommuniqués in Zukunft solche wenig sagenden Beiworte aussparen wie »kameradschaftlichen und konstruktiven Diskussion«. Es war eine Diskussion, und wie sie war, ich glaube, das kann man unterschiedlich werten. Ich würde nur die Diskussion erwähnen.

Egon Krenz: Also: An der Diskussion im Zentralkomitee beteiligten sich soundsoviel Genossen. – Einverstanden? *(Unruhe)*

Wenn es weiter keine Bemerkungen gibt, dann bitte ich um Abstimmung. Wer für dieses Kommuniqué ist, bitte ich um das Handzeichen.[31] Danke schön. Gegenstimmen? – Stimmenthaltungen? – Das ist nicht der Fall. Also, Genossen, an die Arbeit und zum nächsten Plenum gut vorbereitet! *(Beifall)*

31 Das Kommuniqué der 9. Tagung des SED-Zentralkomitees ist abgedruckt in: ND, 19. Oktober 1989.

10. Tagung des ZK der SED

im Plenarsaal des ZK-Gebäudes in Berlin, Mittwoch, 8. November 1989 1. Beratungstag, Beginn: 10.00 Uhr; Ende: 18.30 Uhr*

Vors. Egon Krenz: Liebe Genossinnen und Genossen! Die 10. Tagung des Zentralkomitees ist eröffnet.[1] Außergewöhnliche Zeiten erfordern außergewöhnliche Maßnahmen. Deshalb schlage ich in Abänderung der euch vorliegenden Tagesordnung[2] vor:

1. Behandlung von Kaderfragen, Berichterstatter: Egon Krenz; 2. Referat zu den nächsten Aufgaben der Partei, Referent: Genosse Egon Krenz; 3. Diskussion und 4. Beschlußfassung über das Aktionsprogramm unserer Partei.

Ich frage die Mitglieder und Kandidaten des Zentralkomitees, ob sie mit dieser Tagesordnung einverstanden sind.

Zustimmende Zurufe: Ja!

Es gibt keine Einwände, sehe ich. Danke, ist die Tagesordnung beschlossen. Laut Statut unserer Partei, Punkt 40, kann das Zentralkomitee in Ausnahmefällen leitende Funktionäre der Partei zu seinen Beratungen hinzuziehen. Ich schlage deshalb vor, daß die Genossen Hans-Jürgen Audehm, Erster Sekretär der Bezirksleitung der SED Schwerin, Peter Pechauf, Erster Sekretär der Bezirksleitung der SED Suhl, Roland Wötzel, Erster Sekretär der Bezirksleitung der SED Leipzig sowie die Genossen Klaus Höpcke, Stellvertreter des Ministers für Kultur, und Gregor Schirmer, Stellvertreter des Leiters der Abteilung Wissenschaften des ZK, sowie Hans-Gert Schubert, stellvertretender Abteilungsleiter des ZK, als Gäste an unserer Beratung teilnehmen.[3] Gibt es dazu Bemerkungen? – Das ist nicht der Fall. Damit darf ich das Einverständnis voraussetzen.

Liebe Genossinnen und Genossen – ich bitte die beschlossenen Genossen in den Saal –, liebe Genossinnen und Genossen! Ich möchte im Auftrage des Politbüros sofort das Wort zu Kaderfragen ergreifen. Unser Land durchlebt eine angespannte und äußerst schwierige Entwicklung. Es befindet sich in einer

* Quelle: SAPMO-BArch, Ton Y 1/TD 738.

1 Ein schriftlich vorbereitetes Material, das die folgende Eröffnungsrede, die Neuwahl des Politbüros, die Bestätigung einer Redaktionskommission für die Überarbeitung eines Aktionsprogramm-Entwurfs und schließlich eine Danksagung an die ausgeschiedenen Politbüro-Mitglieder umfaßt, ist überliefert in: SAPMO-BArch, DY 30/IV 2/2039/89.

2 Die ursprüngliche, am 25. Oktober 1989 versandte Tagesordnung lautete: 1. Zur Vorbereitung des XII. Parteitages der SED, Referent: Genosse Egon Krenz; 2. Bericht des Politbüros, Berichterstatter: Werner Jarowinsky; 3. Diskussion; 4. Kaderfragen (vgl. SAPMO-BArch, DY 30/IV 2/1/704).

3 Peter Pechauf wurde am 2. November 1989 in seine neue Funktion gewählt, Hans-Jürgen Audehm am 3. November, Roland Wötzel am 5. November. Klaus Höpcke und Gregor Schirmer sollten auf der Tagung als Leiter von Politbürokommissionen bestätigt werden. Hans-Gert Schubert fungierte als persönlicher Mitarbeiter von Krenz.

tiefen politischen Krise. Die Verantwortung dafür tragen nicht die Werktätigen, nicht die Angehörigen der Intelligenz, nicht die Kulturschaffenden, Lehrer und Studenten. Die Verantwortung dafür tragen nicht die Millionen Kommunisten, die schon seit längerem auf die sich angestauten Probleme unserer Gesellschaft hingewiesen haben.

Die Verantwortung tragen Genossen, die Subjektivismus in der Betrachtungsweise der Entwicklung unseres Landes und in der Entscheidung über wichtige Fragen der gesellschaftlichen Entwicklung als Meinung der Parteimitglieder ausgegeben und durchgesetzt haben. Darüber wird im Referat zu sprechen sein. Das ist die Meinung, die mir in Tausenden von Briefen aus Grundorganisationen unserer Partei, aus Arbeitskollektiven, wissenschaftlichen und künstlerischen Einrichtungen sowie von Einzelpersönlichkeiten übermittelt wurde, darunter in einem Brief, der von Mitgliedern des Zentralkomitees und weiteren einzelnen Persönlichkeiten unterzeichnet worden ist.[4]

Durch folgenschwere Verletzungen des Statuts der SED beraubte sich die Partei unserer stärksten Seiten, der engsten Verbindung mit dem Volk, der Wissenschaftlichkeit in der Politik, der innerparteilichen Demokratie, der Konstruktivität im Meinungsstreit und der Kollektivität bei der Vorbereitung von Entscheidungen, die die Interessen und Bedürfnisse des Volkes zum Ausgangspunkt und zum Ziel unserer Politik erheben.

Die Erneuerung unserer Gesellschaft, die Rolle unserer marxistisch-leninistischen Partei verlangen auch die Erneuerung unseres Kampfbundes. Erneuerung unserer Partei heißt zuallererst, Bedingungen zu schaffen für eine wissenschaftlich begründete Politik im Sinne des Marxismus-Leninismus, für die Nutzung der Erfahrungen, des Wissens und der Schöpferkraft aller Parteimitglieder und der vielen Bürger unseres Landes, die den sozialistischen Idealen unserer Revolution verbunden sind.

Erneuerung bedeutet zugleich Achtung für all jene Freunde, Kampfgefährten und Genossen, auf die wir zu Recht stolz sein können, die jetzt auch die Bitte ausgesprochen haben, jüngeren Kräften den Platz freizumachen. Ihren Beitrag für Partei und Volk werden wir nie vergessen. Erneuerung unserer Partei bedeutet aber auch die Konsequenz, daß unsere Partei wieder eine handlungsfähige Führung hat. Erneuerung unserer Partei erfordert schon jetzt und immer wieder die volle Wiederherstellung der innerparteilichen Demokratie, die Sicherung der Einheit von Wort und Tat, das offensive Handeln unserer Partei als Interessenvertreter unseres Volkes. Erneuerung unserer Partei heißt, daß das Zentralkomitee wieder jederzeit seine Verantwortung als höchstes Organ zwischen den Parteitagen voll wahrnimmt.

In Übereinstimmung mit dem Politbüro schlage ich deshalb vor, daß das gesamte Politbüro zu Beginn unserer Tagung seinen Rücktritt erklärt, um so seine Verantwortung für die entstandene Lage deutlich zu machen. *(Beifall.)*

Zugleich hat mir das Politbüro als dem von der 9. Tagung des Zentralkomi-

4 Ein Teil dieser Briefe und Standpunkte ist überliefert in: SAPMO-BArch, DY 30/IV 2/1/704.

tees gewählten Generalsekretär die Möglichkeit gegeben, dem Zentralkomitee eine neue Zusammensetzung des Politbüros vorzuschlagen, das mit voller Legitimation des Zentralkomitees arbeiten kann. Ich stelle die Frage an das Zentralkomitee, ob es den Rücktritt des Politbüros annimmt.

Zuruf: Ja.

Stimmen wir darüber ab? Wer mit diesem Vorschlag einverstanden ist, bitte ich um das Handzeichen. – Danke schön. Gibt es Gegenstimmen? – Stimmenthaltungen? – Das ist nicht der Fall. Damit ist die Frage zunächst vom Standpunkt der Verantwortung beantwortet. Inhaltlich wird das im Referat geschehen. Ich gehe davon aus, Genossinnen und Genossen, daß das Zentralkomitee die Meinung teilt, daß wir in dieser komplizierten Situation nicht eine Stunde ohne ein handlungsfähiges Politbüro arbeiten können. Deshalb unterbreite ich dem Plenum folgende Vorschläge für das Politbüro:

Egon Krenz, Generalsekretär des Zentralkomitees; Hans-Joachim Böhme, Erster Sekretär der Bezirksleitung der SED Halle; Werner Eberlein, Erster Sekretär der Bezirksleitung Magdeburg;

Zuruf: Langsamer bitte!

Wolfgang Herger; Werner Jarowinsky, verbunden mit dem Vorschlag, ihn im Demokratischen Block für die Wahl als 1. Vizepräsidenten der Volkskammer vorzuschlagen; Heinz Keßler; Günther Kleiber; Siegfried Lorenz; Hans Modrow, verbunden mit dem Vorschlag, ihn der Volkskammer als Kandidaten der Sozialistischen Einheitspartei Deutschlands für den Vorsitzenden des Ministerrats zu empfehlen; Wolfgang Rauchfuß; Günter Schabowski; Gerhard Schürer.

Zum Mitglied des Politbüros und Vorsitzenden der Zentralen Parteikontrollkommission wird Horst Dohlus empfohlen.

Als Kandidaten des Politbüros werden vorgeschlagen: Inge Lange, Gerhard Müller, Margarete Müller, Günter Sieber, Werner Walde, Hans-Joachim Willerding. In diesem Zusammenhang unterbreite ich den Vorschlag, Genossen Hans-Joachim Willerding vom Kandidaten des Zentralkomitees zum Mitglied des Zentralkomitees zu wählen.

Das Sekretariat des Zentralkomitees wird in folgender Zusammensetzung vorgeschlagen:

Egon Krenz, Generalsekretär des Zentralkomitees; Wolfgang Herger, Sekretär des Zentralkomitees, verantwortlich für die Bereiche Staats-, Rechts- und Sicherheitsfragen; Inge Lange, Sekretär des Zentralkomitees der SED, Leiterin der Frauenkommission des Politbüros; Siegfried Lorenz, Sekretär des Zentralkomitees der SED, verantwortlich für den Bereich Parteiorgane; Wolfgang Rauchfuß, Sekretär des Zentralkomitees der SED, verantwortlich für den Bereich Wirtschaftspolitik; Günter Schabowski, verantwortlich für Agitation und Propaganda; Günter Sieber, Sekretär des Zentralkomitees; Werner Walde, Sekretär des Zentralkomitees der SED, verantwortlich für die Bereiche Landwirtschaft und Umweltschutz; Hans-Joachim Willerding, Sekretär des Zentralkomitees der SED, verantwortlich für die internationalen Fragen.

Für die Leitung des Bereiches Kultur wird Genosse Klaus Höpcke und für die Bereiche Wissenschaft und Volksbildung Genosse Professor Gregor Schirmer vorgeschlagen, zur Zeit Stellvertreter des Leiters der Abteilung Wissenschaften im Zentralkomitee. Da jedoch beide nicht dem Zentralkomitee angehören und eine Kooptierung in das Zentralkomitee durch das Statut nicht vorgesehen ist, wird vorgeschlagen, sie zu Leitern folgender Kommissionen zu wählen: Klaus Höpcke zum Leiter der Kulturkommission des Politbüros, Genossen Gregor Schirmer zum Leiter der Kommission Wissenschaft und Volksbildung des Politbüros. Sie würden damit, falls das Zentralkomitee dem zustimmt, in diesen Funktionen an den Sitzungen des Politbüros und des Sekretariats teilnehmen.

Es wird vorgeschlagen, über die Zusammensetzung des Politbüros und des Sekretariats getrennt abzustimmen. Gibt es darüber Einverständnis? – Wollen wir im Block oder wollen wir einzeln abstimmen?

Zuruf von Moritz Mebel: Einzeln!

Wer für eine Abstimmung für einzelne ist, bitte ich um das Handzeichen. – Danke schön. Gegenstimmen? – Also, damit hat sich das Zentralkomitee für eine Einzelabstimmung entschieden. Und ich schlage deshalb vor, im einzelnen wie folgt zu verfahren: Wer damit einverstanden ist, daß Genosse Egon Krenz weiterhin Generalsekretär des Zentralkomitees bleibt, bitte ich um das Handzeichen. – Danke. Gibt es Stimmen, Gegenstimmen? – Stimmenthaltungen? – Ich bedanke mich für das einmütige Vertrauen. *(Starker Beifall)*

Wer damit einverstanden ist, daß Genosse Hans-Joachim Böhme, Erster Sekretär der SED-Bezirksleitung Halle –

Zuruf von Hans Modrow: Vielleicht soll man erst die Frage nach Anfragen stellen, Egon. – Anderer Zuruf: Was für 'n Ding? – Zuruf von Hans Modrow: Genossen, ich stelle den Antrag, daß Genosse Hans-Joachim Böhme zu sich selber auch ein paar Worte sagt. Was am Montag in Halle gewesen ist, kann hier nicht aus dem Raum bleiben.[5] *Der Hans-Joachim muß zu sich selber auch ein paar Worte sagen. – Zuruf von Moritz Mebel: Einverstanden! – Zuruf: Ja!*

Also es wird die Frage gestellt, daß der Genosse Hans-Joachim Böhme Stellung nimmt. Bitte schön!

Hans-Joachim Böhme: Ich möchte hier ganz eindeutig erklären, daß ich mich für die entstandene Lage, die sich in der tiefen Krise unserer politischen und gesellschaftlichen Entwicklung zeigt, in den dreieinhalb Jahren meiner Mitgliedschaft im Politbüro voll verantwortlich fühle und hier in keiner Weise den Versuch mache, eine individuelle Rolle ableiten zu wollen, auch wenn es in dieser oder jener Frage punktuelle Vorschläge von mir gegeben hat, die in keiner Weise geeignet waren, Veränderungen herbeizuführen.

5 Am Montag, dem 6. November 1989, hatten in Halle 60 000 Menschen demonstriert und vor der Bezirksleitung der SED den Rücktritt von Hans-Joachim Böhme gefordert. Vgl. auch den Bericht in: ND, 7. November 1989.

In der Tat haben wir die Entwicklung in unserem Lande nicht real eingeschätzt und zugelassen, daß viele Probleme vor uns hergeschoben wurden, teilweise sogar unter den Teppich gekehrt wurden. So kam es nicht rechtzeitig zu Veränderungen. Das hat viele Ursachen. Da der Generalsekretär sie in seiner Rede darlegen wird, will ich hier nicht individuelle Meinungen dazu äußern, denn ich trage diese Auffassungen voll mit, die das ehemalige Kollektiv der Parteiführung hier formuliert hat.

Dazu trug auch bei, daß auf den Tagesordnungen des Politbüros den internationalen Fragen weitaus mehr Platz und mehr Zeit eingeräumt wurde als den inneren. Obwohl ich gerade als Erster Sekretär der Bezirksleitung eines bedeutenden Industrie- und Landwirtschaftsbezirkes besonders auf ökonomischem Gebiet die Zusammenballung mancher Probleme spürte, habe ich nicht rechtzeitig zu diesen Dingen prinzipiell Stellung genommen. Und ich trage auch mit die Verantwortung für die Sprachlosigkeit, die nach dem einsetzenden Massenverlassen unseres Landes und den ersten Demonstrationen, deren wirklicher Charakter nicht analysiert wurde, im Grunde genommen uns alle gekennzeichnet hat.

Erst in jenen dramatischen Tagen unserer Politbürositzung zur Erklärung vom 11.10. und in Vorbereitung der 9. Tagung[6] habe ich den notwendigen Veränderungen – habe ich entschieden mit um die notwendigen Veränderungen gerungen. Seit dieser Zeit habe ich in vielen zugespitzten Auseinandersetzungen in Partei- und Arbeitskollektiven gespürt, wieweit wir in diesen Jahren von unseren eigentlichen Zielen und Idealen abgedriftet sind und vor allem, wie der Charakter unseres innerparteilichen Lebens erstarrte und wirklich keine demokratische Debatte zuließ. Ich habe in diesen Tagen im Auftrage des Politbüros sehr intensiv am Aktionsprogramm unserer Partei mitgearbeitet und bin der festen Überzeugung, daß, wenn das Zentralkomitee in diesen drei Tagen dieses Programm noch weiter bereichert, wir in der Lage sind, damit die Partei in den entschiedenen Kampf zu führen, den wir in diesen Tagen brauchen.

Was die Demonstrationen in Halle anbetrifft, von denen hier Hans Modrow redete, so habe ich mich sowohl am Donnerstag voriger Woche als auch am Montag mit massenhaften Protesten gegen meine Person und ihre Verantwortung für diese Führungstätigkeit auseinanderzusetzen versucht, muß aber sagen, daß diese Art Debatten wenig mit einem Dialog zu tun haben –

Zuruf: Sehr wahr!

– und mehr einem Tribunal gegen unsere Partei und ihre führenden Persönlichkeiten gleichen. Unter solchen Bedingungen ist man kaum in der Lage, sich zu positionieren, unter diesen Bedingungen ist man nicht in der Lage zu erklären, was uns in diesen Tagen bewegt, und es will im Grunde genommen auch niemand hören. Dort werden 50 und 60 Fragen gestellt, und wenn man beginnt, die erste zu beantworten, wird man sozusagen unterbrochen.

6 Zum Verlauf der Politbürositzung vom 10./11. Oktober 1989 siehe die stichwortartigen persönlichen Aufzeichnungen von Gerhard Schürer, dok. in: Hertle, Fall der Mauer, S. 409 ff.

Ich bin der Meinung, das ist eine Art Hexenverbrennung, die sich dort vollziehen soll, und nicht etwa der notwendige Dialog, den unsere Partei, den unser Volk von uns allen zu Recht fordern kann. Ich bin zu diesem Dialog auf allen Ebenen bereit. Das verlangt aber genauso wie von mir Toleranz und die Bereitschaft, einzugehen auf diese Fragen, erwartet wird, daß diejenigen, die sich auf den Straßen artikulieren, zumindestens bereit sind, unser Gespräch zu führen und nicht eine einseitige Verurteilung unserer ganzen Partei abzuleiten, indem sie feststellen, wir hätten vierzig Jahre gewissermaßen in diesem Lande nichts vollbracht. Das, glaube ich, dürfen wir nicht eine einzige Minute zulassen, daß das Werk der Gründergeneration der Deutschen Demokratischen Republik derartig beschmutzt wird, daß diese Entwicklung, die ich mit zu verantworten habe nach dem letzten Parteitag, sich in einer solchen Weise vollzogen hat, das können wir in keiner Weise rechtfertigen, aber es berechtigt auch niemanden, zu vergessen, was in diesem Staat gekonnt worden ist und wo die historischen Positionen dieses Staates liegen, an denen wir nicht rütteln lassen dürfen.

Vors. Egon Krenz: Genossinnen und Genossen! Ich möchte niemanden beeinflussen, aber ich denke, das Zentralkomitee wird seine souveräne Entscheidung treffen. Ich denke, daß wir auch bei Kaderfragen heute Vernunft walten lassen sollten. Vernunft walten lassen sollten, weil, wenn wir in allem nachgeben, was in diesen Tagen auf Demonstrationen ausgesprochen wird, dann verlieren wir den Kern unserer Kader. Und deshalb meine ich, Genossinnen und Genossen, mich auch richtig zu verstehen, daß ich ein Signal setzen wollte mit meinen Vorschlägen, daß ich niemanden der bisherigen Ersten Sekretäre der Bezirksleitungen aus dem Politbüro vorgeschlagen habe rauszunehmen, weil die Verantwortung, das will ich noch einmal klipp und klar sagen, konnten und mußten sie mittragen, das ist nicht die Frage, aber ihre Einflußmöglichkeiten auf das, was im Politbüro und im Sekretariat geschah, waren eingeschränkt. Und deshalb bitte ich, diesen Fakt zu berücksichtigen, und ich verstehe die Anfrage von Genossen Modrow so, daß lediglich solche Dinge mit auch zur Sprache kommen, die uns möglicherweise in Schwierigkeiten brächten, wenn wir sie hier nicht behandeln und beachten. Bitte, Genosse Modrow.

Hans Modrow: Ich möchte meinen Standpunkt noch einmal sagen. Keiner von uns, der als Erster Bezirkssekretär gegenwärtig arbeitet, ist gefeit vor einer Situation, wie sie der Genosse Ziegner zum Beispiel hinter sich hat.[7] Niemand von uns ist in einer Situation, daß wir sagen können – ich habe mit dem –

7 Heinz Ziegner, der 1. SED-Bezirkssekretär von Schwerin, wurde am 2. November 1989 im Sekretariat der Bezirksleitung zum Rücktritt aufgefordert; am 3. November 1989 dankte er ab. Ziegner wurde von der Parteibasis angekreidet, am 23. Oktober eine Demonstration der SED gegen das »Neue Forum« angezettelt zu haben. Vgl. dazu: Anne Drescher/Georg Herbstritt/Jörn Mothes, Aufbruch '89. Über den Beginn der Wende in Schwerin, hrsg. v. Landesbeauftragten für Mecklenburg-Vorpommern für die Stasi-Unterlagen, Schwerin 1994.

Hannes, das kann ich also hier freimütig sagen –, Hannes gesprochen – jeder lebt von uns nicht nur mit dem Verhältnis sozusagen: Ich will weiterkämpfen, ich will weitermachen. Jeder von uns lebt doch in der Situation, wie lange kann ich das tragen, und jeder muß wissen, was wir draußen, wenn wir heute so entschieden haben, daß nicht dann, und ich habe gerade einen Brief ganz schnell in die Hand bekommen, für heute nachmittag ist angekündigt, daß hier draußen vor dem Haus sich Tausende Berliner Genossen versammeln werden, die von uns eine Antwort haben wollen über die Entscheidung, die wir hier getroffen haben.[8] Und die Kaderfragen werden die ersten sein, die zur Entscheidung stehen, und wenn ich die Frage gestellt habe, der Jochen soll sich äußern, dann aus dem folgenden Grund: Ich muß mich auch äußern, und ich will mich auch äußern, weil wir ohne dem nicht zurechtkommen. Wenn sozusagen das ZK nicht in diesen Reihen die Dinge diskutiert, sondern hier einfach die persönlichen Erklärungen ablehnt, wie lange? Das, was der Jochen gesagt hat, das ist doch keine Frage, daß ich was gegen Jochen Böhme hier hab'; wie lange sich das trägt, daß wir sagen, die Leute auf der Straße, die sind nun sozusagen da. Ich habe ihnen eines gesagt in dem persönlichen Gespräch mit den Leuten vom »Forum«: Jawohl, wir leben in der Situation, ihr sagt, wir haben die Wendehälse, und wenn wir nicht aufpassen, habt ihr die Schreihälse, aber diese Schreihälse sind da. Und im Moment haben wir hier – und der … [9] soll sich mit äußern – eine Situation, daß wir in Dresden, ich will das so brutal sagen, in der Stadt im Kern der Sache mit etwas wie einer Doppelherrschaft leben. Wir können nicht mehr entscheiden, wann welche Demonstration ist und welche Demonstration welchen Charakter annimmt, solange wir sie so, wie sie gegenwärtig laufen, veranstalten und organisieren. Ich bin doch gelaufen am Montag abend.[10] Wir haben das Modell, es geht die Stadtverordnetenversammlung und es geht die Gruppe der 20 und mit der Gruppe der 20 geht das »Neue Forum«.[11]

Vors. Egon Krenz: Willst du einen Diskussionsbeitrag halten, oder willst du zur Sache sprechen?

8 Zur Demonstration von Tausenden von Mitgliedern der Berliner Bezirksparteiorganisation am Nachmittag und Abend des 8. November 1989 vor dem Haus des ZK vgl. ND, 9. November 1989 sowie Berliner Zeitung, 9. November 1989. – Die Kundgebung kam auf Initiative von SED-Mitgliedern der Akademie der Wissenschaften zustande. Mehrere Redner forderten eine radikale Erneuerung der Partei. Der Forderung der Demonstranten, sich ihnen zu stellen, kam Egon Krenz gegen 18.00 Uhr nach.

9 Hier bleibt ein Wort unverständlich.

10 Am 6. November 1989 hatte auf dem Dresdener Fučikplatz eine Demonstration mit ca. 70 000 Teilnehmern stattgefunden. Zu den Demonstranten sprachen 18 Redner, darunter Hans Modrow und Wolfgang Berghofer, der Dresdener Oberbürgermeister. Vgl. Sächsisches Hauptstaatsarchiv (SHSAD), SED, 13303.

11 Die »Gruppe der 20«, die während einer Demonstration spontan gebildet worden war, um einer Konfrontation mit der Polizei durch Gespräche mit den politisch Verantwortlichen vorzubeugen, traf am 9. Oktober 1989 erstmals mit Oberbürgermeister Berghofer zusammen. Dieser »Dialog« wurde in den folgenden Wochen fortgesetzt. Vgl. dazu Eckhard Bahr, Sieben Tage im Oktober. Aufbruch in Dresden, Leipzig 1990.

Hans Modrow: Ich will insofern etwas sagen, daß zu dieser Kaderentscheidung, die wir jetzt zu treffen haben, sich jeder von uns bewußt sein muß: Wir treffen keine Kaderentscheidungen unabhängig von dem, was draußen vor sich geht, und zu dem, wie wir uns sehen, sondern wir müssen diese Dinge bei Kaderentscheidungen mit einbeziehen, und jeder 1. Bezirkssekretär steht in der Verantwortung, zu sich zu sagen: Trägt es sich weiter, oder haben wir übermorgen dann in Halle die Situation, die wir gerade in Schwerin hinter uns haben. Und das ist die neue Belastung, die nach meiner Meinung zwischen der 9. und der 10. Tagung – da ist in der Diskussion drüber zu reden – auf uns zukam. Die Entscheidungen der 10. Tagung müssen so sein, daß wir auch zu den Kaderfragen nach außen bestehen können.

Zuruf: Sehr wahr!

Vors. Egon Krenz: Ich bitte, bei der Diskussion zu beachten, einer für, einer gegen und dann Abstimmung. So sieht's unsere Geschäftsordnung vor. Bitte!

NN: Ich habe eine Anfrage. Wozu brauchen wir ein so großes Politbüro? Ich schlage vor, daß die Genossen, die die Prüfung in diesem Gremium nicht bestehen, ersatzlos gestrichen werden und keine anderen Kandidaten dafür gewählt werden.

Vors. Egon Krenz: Genossinnen und Genossen! Ich möchte dazu folgendes sagen: Wer die Liste verfolgt hat, wird feststellen, daß zusammen mit den drei Genossen, die das letzte Mal ausgeschieden sind, insgesamt zwölf Genossen das Politbüro verlassen. Damit geht zunächst eine große Schar von Genossen mit einer ungeheuren Erfahrung aus dem Politbüro. Und ich stimme zu, daß es nicht notwendig und zweckmäßig ist, ein so großes Politbüro zu haben, aber ich halte es auch für zweckmäßig, daß wir uns im Moment eine Parteiführung nicht leisten können, aus der Erfahrung verschwindet, die dringend für notwendige Führungsentscheidungen gebraucht wird. Bitte, Genosse Kant.

Hermann Kant: Genossinnen und Genossen! Sosehr ich einverstanden war und bin mit der Tatsache, daß wir als erstes an die Kaderfragen herangehen auf dieser Plenartagung, sowenig sehe ich mich in der Lage, hier aus dem Stand die eine oder andere Entscheidung von mir hier zu treffen. Ich schlage vor, da ich zum Beispiel in einem Falle zunächst eher von Bedenken als von Zustimmung ausgefüllt bin, ich schlage vor, uns doch wenigstens die Gelegenheit zu geben, ein Stündchen darüber nachzudenken. Eine Stunde Pause wäre doch ganz gut. Vielleicht könnten wir dann die Abstimmung über die einzelnen Genossen in der jetzt angelaufenen Weise vornehmen.

Vors. Egon Krenz: Genossinnen und Genossen! Ich verstehe die Emotionen, auch die Gedanken verstehe ich. Ich habe aber in meiner Erklärung gesagt, daß die Zeit meiner Meinung nach so kompliziert ist, daß wir in dieser Zeit uns nicht eine Stunde leisten können ohne ein handlungsfähiges Politbüro.

Zuruf: Wir wollen die Genossin Inge Lange nicht!

Bitte!

NN: Ich möchte einen Gedanken noch zur Sache sagen, was besonders die Wahl der Politbüromitglieder betrifft, die 1. Bezirkssekretäre sind. Ich bin mit dem Gewissenskonflikt hierher gekommen, daß ich nicht nur, was die Meinung der Bürger meines Bezirkes betrifft, sondern auch sehr stark die Meinung der Bezirksparteiorganisation mitberücksichtigen muß, daß ich ein eingeschränktes, ein stark eingeschränktes Vertrauen zur Ausübung meiner Funktion habe, und deswegen ist es doch zu überlegen, ob ein Mitglied ins Politbüro gewählt wird, wo noch nicht klar ist, inwieweit die Bezirksparteiorganisation über die weitere Ausübung der Funktion durch die betreffende Person entscheidet.

Vors. Egon Krenz: Also, es gibt den Vorschlag, abzustimmen. Es hat einer dafür und es hat einer dagegen gestimmt. Wer dafür ist – oder zunächst: wer für den Antrag des Genossen Kant ist … *(unverständlicher Zuruf)* Moment, es ist ein Antrag gestellt worden. Wer für den Antrag des Genossen Kant ist, die Tagung zu vertagen – gibt es dagegen andere Meinungen? Gibt es da jemand, der dagegen sprechen möchte?

Willi Stoph: Ich!

Vors. Egon Krenz: Bitte!

Willi Stoph: Ich bin dafür, die Tagung sofort weiter fortzusetzen. *(Unruhe) Zuruf: Jawohl! Richtig!*

Vors. Egon Krenz: Also, wer für den Vorschlag des Genossen Kant ist, bitte ich um das Handzeichen. – Eins, zwei, drei Genossen. Wer für den Vorschlag des Genossen Stoph ist, bitte ich um das Handzeichen. – Danke. Die Tagung hat sich für die Fortsetzung entschieden. Es wurde ein Vorschlag unterbreitet. Wer für die Aufnahme des Genossen Böhme ins Politbüro ist, bitte ich um das Handzeichen. – Ich bitte zu zählen. Schön die Hände hoch lassen, Genossen, an solche Situationen sind wir bisher nicht gewöhnt. – Wer gegen den Vorschlag, den Genossen Böhme zu wählen, ist, bitte ich um sein Handzeichen. – 1, 2, 3, 4, 5, 6, 7, 8, 9, 10, 11, 12, 13, 14, 15, 16, 17, 18, 19, 20, 21, 22, 23, 24, 25, 26 zähle ich – ach so, 27. Sagt bitte das Ergebnis. Gibt es Stimmenthaltungen? – 1, 2, 3, 4, 5, 6, 7 Enthaltungen.

Edwin Schwertner: 91 haben dafür gestimmt und 157 Stimmberechtigte – damit ist er gewählt.

Vors. Egon Krenz: Das heißt, damit ist Genosse Hans-Joachim Böhme gewählt. Genosse Werner Eberlein. Gibt es Anfragen an Genossen Werner Eberlein? – Möchte sich jemand äußern zu Genossen Werner Eberlein? – Genosse Mebel!

Moritz Mebel: Es ist kein Geheimnis, daß ich mit Genossen Eberlein lange befreundet bin. Das ist ein aufrichtiger Kommunist, das ist ein ehrlicher Kommunist, das ist ein Kommunist, der mit uns zusammen für die Sache gestritten hat, und ich glaube, wenn es in diesem Politbüro für jemand einen Platz gibt, dann ist es der Genosse Eberlein. Ich bin mir auch bewußt, daß er nicht mehr der Jüngste ist. Aber wir brauchen erfahrene Kader in diesem Politbüro, und deshalb bin ich dafür, daß er unbedingt gewählt wird, es sei denn, meine Genossen unterstützen mich nicht.

Vors. Egon Krenz: Es wurde also ein Antrag unterbreitet, Genossen Eberlein zu wählen. Wer dafür ist, bitte ich um das Handzeichen. – Danke. Gibt es Gegenstimmen? – Stimmenthaltungen? – Das ist nicht der Fall. Genosse Eberlein ist einstimmig gewählt.

Es gibt den Vorschlag, Genossen Wolfgang Herger, Leiter der Abteilung für Sicherheitsfragen des Zentralkomitees, zur Abstimmung zu stellen. Gibt es Anfragen an den Genossen Wolfgang Herger? – Bitte!

NN: Ich möchte sagen, daß in schwierigsten Situationen, die auch weiter zurückliegen, wo polizeiliche Übergriffe waren, von Funkwagen auf der Straße, auf der Autobahn, Wolfgang Herger immer derjenige war, der verstand, Sicherheitsfragen mit Vernunft zu verbinden. Ich halte ihn für einen geeigneten Mann auf diesem schwierigen Posten und bin sehr dafür, ihn ins Politbüro zu wählen.

Vors. Egon Krenz: Ich bedanke mich für diese Unterstützung. Gibt es Anfragen an Genossen Herger? Wenn das nicht der Fall ist, bitte ich um Abstimmung. – Danke schön. Gibt es Gegenstimmen? – Stimmenthaltungen? – Genosse Herger ist einstimmig gewählt.

Genosse Werner Jarowinsky als Mitglied des Politbüros und, sollte er als solcher gewählt werden, verbunden mit dem Vorschlag, ihn dem Demokratischen Block für die Wahl als 1. Vizepräsident der Volkskammer zu empfehlen. Gibt es Anfragen an Genossen Jarowinsky? – Möchte sich jemand äußern? – Wenn das nicht der Fall ist, bitte ich um Abstimmung. Wer dafür ist, bitte ich um das Handzeichen. – Gibt es Gegenstimmen? – Eine Gegenstimme.

Zuruf: Drei!

Oh, Verzeihung: drei Gegenstimmen. Genossen Heinz Keßler. Gibt es Anfragen an Genossen Heinz Keßler? – Möchte sich jemand zu dem Vorschlag äußern? – Wer für die Wahl des Genossen Keßler ins Politbüro ist, den bitte ich um das Handzeichen. – Danke. Die Gegenprobe? – Eine.

Zuruf: Zwei!

Zwei Gegenstimmen. – Genosse Günther Kleiber. Gibt es Anfragen an Genossen Kleiber? – Bitte.

Helmut Müller: Ich persönlich bin der Auffassung, daß in das Politbüro weder Genosse Kleiber noch Genosse Rauchfuß gehören. Diejenigen, die in der Regierung für Wirtschaftsfragen die Hauptverantwortung tragen, sind meiner Meinung nach keine vertretbaren Repräsentanten für unsere Parteiführung. Anknüpfend an das, was Genosse Hans Modrow hier erklärt hat, möchte ich sagen: Das nimmt uns schon heut' nachmittag die Berliner Parteimitgliedschaft auf der Straße nicht ab.

Zuruf von Moritz Mebel: Richtig! – Weitere Zurufe: Sehr richtig! Genau!

Vors. Egon Krenz: Es wurde ein Vorschlag unterbreitet vom Genossen Müller, Genossen Kleiber nicht zu wählen. – Genosse Rauchfuß steht ja noch nicht zur Debatte, es steht Genosse Kleiber zur Debatte. Möchte sich einer für Genossen Kleiber aussprechen? – Dann müssen wir zur Abstimmung schreiten. Wer dafür ist, daß Genosse Kleiber in das Politbüro aufgenommen wird, bitte ich um das Handzeichen.

Zuruf von Edwin Schwertner: 39 dafür.

39 dafür. Wer ist dagegen? – Also 39 Für-Stimmen, die Mehrheit stimmt dagegen. Damit ist Genosse Kleiber nicht vorgesehen für ein weiteres Verbleiben im Politbüro.

Genosse Siegfried Lorenz. Gibt es Anfragen an Genossen Siegfried Lorenz? – Wer dafür ist, Genossen Siegfried Lorenz ins Politbüro aufzunehmen, bitte ich um das Handzeichen. – Danke. Die Gegenprobe. – Stimmenthaltungen? – Damit ist Genosse Siegfried Lorenz einstimmig gewählt.

Genosse Hans Modrow, verbunden mit dem Vorschlag, ihn der Volkskammer als Kandidaten der SED für den Vorsitzenden des Ministerrats zu empfehlen. Wünscht jemand das Wort? – Genosse Günter Jahn.

Günther Jahn: Vorausschicken möchte ich, daß Hans meine Stimme bekommt und ich auch einverstanden wäre, daß er dann für den Posten des Ministerpräsidenten kandidiert. Aber ich bitte Hans um eine Erklärung, ob es stimmt, daß er sich an die Spitze einer Demonstration mit gestellt hat und welche Losungen auf dieser Demonstration getragen wurden. Das werden mich meine Genossen in Potsdam fragen.

Vors. Egon Krenz: Genosse Modrow – Moment, gibt es weitere Anfragen? Ja bitte, Genosse Brünner!

Horst Brünner: Ich bin dafür, daß Genosse Modrow zugleich sagt, wie er zu dem Vorschlag selbst steht.

Vors. Egon Krenz: Gut. Genosse Modrow! – Noch eine?

NN: Ich bin dafür, daß ein dynamischer Genosse an die Spitze der Regierung tritt. Ich bin für Hans Modrow, trotz der Tatsache, daß er an der Spitze der Demonstration gestanden hat. Denn ich bin der Meinung, das war ein mutiger Schritt, sich an die Spitze dieser Demonstration zu stellen.

(Beifall)

Vors. Egon Krenz: Also, Beifall ist erlaubt im ZK, ist klar, aber hören wir erst die Losungen. *(Lacht)* Bitte schön!

Hans Modrow: Zunächst zur ersten Anfrage: Es hat am Montag in Dresden eine Demonstration stattgefunden, die ausgeschrieben und beantragt war von der Stadtverordnetenversammlung und der sogenannten Gruppe der 20. Da die Stadtverordnetenversammlung diese Demonstration mit angemeldet hat, haben wir uns dafür entschieden, daß auch die Vertreter der Stadt, die Stadtverordnetenversammlung und demzufolge auch andere Persönlichkeiten des öffentlichen Lebens daran teilnehmen, damit nicht die Stadtverordnetenversammlung alleine läuft, sondern wir mit dabei sind, und umgekehrt die »Gruppe der 20« nicht für sich alleine auf die Straße geht.

Es sind dort, jawohl, auch Losungen »Egon ist nicht unser Mann« gerufen worden. Es ist gerufen worden »Stasi in die Volkswirtschaft«. Das waren die zwei Losungen, die sozusagen einen Inhalt hatten, der sich gegen uns richtet. Ansonsten wurden Losungen getragen und gerufen, wie wir sie in Berlin mit den 500000 alle gemeinsam beim Fernsehen überall gesehen, wie sie heute im Lande getragen werden. Das ist die Situation. Daher meine Formulierung:

In diesen Fragen leben wir fast an der Grenze einer Doppelherrschaft. Wir sind nicht mehr in der Lage, ohne Gewalt das zu verhindern, und wir waren uns einig, das wir es so nicht tun können, und mein Angebot an diesem Montag abend – und ich habe dort gesprochen – bestand darin, daß wir den ersten Schritt auch dahin gehen, daß man, ich habe das dann auf der Tribüne vor der versammelten Mannschaft, weil ich ziemlich vorne gesprochen habe, zum Ausdruck gebracht. Wir leben in einer Situation, wo die einen über die Wendehälse sprechen und die anderen auch die Schreihälse unter sich haben. Und das ist die Lage, mit der wir leben.

Ich vertrete also das, was ich dort gemacht habe, weil der Schritt, den der Oberbürgermeister vollzogen hat, mit dieser Gruppe ins Gespräch zu kommen, ein Schritt ist, den wir heute in vielen Städten bei uns haben.[12] Wir sind davon ausgegangen, daß die Konzeption, wie sie in Schwerin ausprobiert wurde, die Nationale Front trifft sich an der einen Stelle und die anderen treffen sich an der anderen Stelle, heute nicht mehr die Lage in unserem Lande ist. Und wir davon ausgehen müssen, daß wir einen Weg zu suchen haben, wie wir daraus einen Konsens finden, mit dem wir leben. Das ist meine Haltung dazu, und aus dem Beweggrund ist das geschehen. – Horst, welche Frage war deine speziell?

Horst Brünner: Wie du zu der Variante Ministerratsvorsitzender stehst.

Hans Modrow: Genossen, ich will hier eines ganz offen sagen. Meine Bereitschaft, diese Tätigkeit auszuüben, unterliegt zwei Überlegungen. Die erste: Ich gehe davon aus, daß wir in einer Zeit leben, wo man sich leider nicht aussuchen kann, welche Verantwortung man übernehmen und welche Arbeit man ausführen kann. Man kann sich der Sache nur stellen, so wie es das Zentralkomitee entscheidet. Dazu habe ich persönlich keine Wahl. Ich weiß, daß wenn es so entschieden wird, ich eine Verantwortung zu übernehmen habe, die nicht mehr vergleichbar ist mit dem, was eine Regierung bislang in unserem Land in den zurückliegenden Jahrzehnten zu tragen hatte. Ich weiß, daß ich in einer ganz anderen Art in die Öffentlichkeit gezerrt werde, und nicht nur der Genosse Generalsekretär alleine in dieser Frage dasteht, sondern es werden sich die Dinge auf die Regierung zuwenden und dahin häufen. Ob ich die Kraft und die Fähigkeit dafür habe, wird sich später zeigen. Das will ich heute hier überhaupt nicht sozusagen von meiner Seite als große Erklärung abgeben. Was ich sagen kann, ist, daß ich begreife, daß ich mich einer solchen Verantwortung zu stellen habe, wohlwissend auch, ich werde das in meinem Diskussionsbeitrag dann noch deutlicher sagen, daß ich dabei in ganz verschiedener Weise betrachtet werde.

Sowohl in der Öffentlichkeit, denn als die Frage war, wir machen keine Reformen, da galt ich schon als der Reformer in weiten Kreisen der Bevölkerung. So war die Lage. Und ich werde aus den verschiedensten Gesichtswin-

12 Zur Entwicklung in Dresden vgl. Bahr, Sieben Tage im Oktober; Modrow, Aufbruch und Ende, S. 16 ff.

keln betrachtet werden. Wenn das Zentralkomitee es entscheidet, werde ich mich der Sache stellen.

Und was die Sache anbetrifft, die der Egon gesagt hat: Ich bin kein junger Mann; ich bin ein Mann von 61 Jahren – *(Unverständliche Zurufe)* – und ich weiß eines ganz genau, und das will ich hier genauso offen sagen: Ich werde diese Funktion nicht ein Jahrzehnt ausüben, egal, wie die politische Lage kommt. Es kann auch sein, daß ich sie überhaupt nur auf eine sehr beschränkte Zeit ausüben kann, denn wenn die Frage von freien Wahlen und allem anderen steht, darüber werden wir in der Debatte zu reden haben, dann steht noch eine ganz andere Frage. Aber solange unsere Partei mit dieser Wahlkunst lebt, mit der wir noch wirken, will ich versuchen, mich dieser Verantwortung zu stellen.

Vors. Egon Krenz: Genosse Junker.

Wolfgang Junker: Liebe Genossinnen und Genossen!

Zuruf: Lauter!

Ich bin insbesondere für den Vorschlag des Generalsekretärs, Genossen Hans Modrow als Ministerpräsidenten der Deutschen Demokratischen Republik vorzuschlagen. Ich habe bloß eine Anfrage an dich, Genosse Generalsekretär: Ist schon abzusehen, weil das meines Erachtens jetzt schon eine praktische Frage ist, wann die Volkskammer tagen wird?

Vors. Egon Krenz: Genossinnen und Genossen! Die Frage ist etwas kompliziert für mich zu beantworten. Im Referat schlage ich vor, daß wir im Anschluß an die Tagung des Zentralkomitees am Montag eine Beratung des Demokratischen Blocks durchführen, weil natürlich diese Fragen im Demokratischen Block erörtert werden müssen.[13] Und daß das Präsidium der Volkskammer aber unabhängig von der Tagung des Demokratischen Blocks die Tagung der Volkskammer für Ende der nächsten Woche einberufen kann.

Mehrere Zurufe: Zu spät! Zu spät!

Wolfgang Junker: Genosse Generalsekretär, meine Frage zielt darauf ab – ich bitte, daß ich auch jetzt aussprechen kann –, ich bitte, daß man Genossen Modrow unterstützt bei der Ausarbeitung einer Regierungserklärung, wenn wir das heute wählen, weil keine Zeit mehr zu verlieren ist. Und ich weiß, wie schwer es ist, ein solches Regierungsprogramm in einer solchen angespannten Situation auch vor der ganzen Volkskammer vorzulegen. Ich bitte, daß man Genossen Modrow diese Unterstützung, wenn wir ihn heute so wählen, sofort gibt, eine Gruppe geschaffen wird, die das macht, denn ich fühle, daß wir in der Volkskammer bei diesen Fragen der Neubildung der Regierung vor sehr schwierigen Problemen stehen.

Vors. Egon Krenz: Also, entsprechend der Geschäftsordnung haben zwei Genossen gesprochen. Ich möchte vorschlagen, erstens über die Personalentscheidung abzustimmen und zweitens über den Antrag an den amtierenden

13 Im »Demokratischen Block« waren SED, CDU, LDPD, NDPD und DBD sowie die Massenorganisationen FDJ, FDGB, DFD und der Kulturbund zusammengeschlossen.

Präsidenten der Volkskammer, so schnell als möglich die Volkskammer der Deutschen Demokratischen Republik einzuberufen. Kann man sich so einigen?

Also, erstens: Wer dafür ist, Genossen Modrow als Mitglied des Politbüros und zugleich als Kandidaten der Sozialistischen Einheitspartei Deutschlands für die Funktion des Ministerpräsidenten vorzuschlagen, bitte ich um das Handzeichen. – Danke schön. Gegenstimmen? – Eine Gegenstimme. – Stimmenthaltung? – Keine. Somit ist Genosse Hans Modrow gewählt.

Genosse Müller hat zu dem folgenden Vorschlag seine Bedenken bereits geäußert. Unabhängig von diesen Bedenken würde ich Genossen Wolfgang Rauchfuß für diese Funktion vorschlagen. Meiner Meinung nach ist es gerade in dieser Situation wichtig, daß Genossen auf dem Gebiet der Wirtschaftspolitik tätig sind, die auch die notwendige Erfahrung mit sich bringen. Und noch eins kommt hinzu: Die Funktion des Wirtschaftssekretärs wird sich wesentlich unterscheiden von der Funktion des bisherigen Wirtschaftssekretärs. Er wird nicht der Ersatz des Ministerpräsidenten, sondern wirklich der Sekretär des Zentralkomitees für diese Fragen sein. Deshalb bitte ich – ein Vorschlag hat dagegen gesprochen. Gibt es weitere Gegenvorschläge?

Peter Florin: Ich möchte mich für Genossen Rauchfuß aussprechen, denn wir brauchen eine Stabilität auch in der Leitungstätigkeit, und Genosse Rauchfuß ist ein Genosse, der in seiner Entwicklung in der Republik auf den verschiedensten Gebieten gearbeitet hat, und ich glaube auch sagen zu können, daß er in der Regierung zu den jungen energischen Genossen gehört hat, die also die verschiedensten komplizierten Probleme anpackten und der auch keine Angst hatte, Probleme auf den Tisch zu legen. *(Unruhe, Klingel des Vorsitzenden)* Und aus diesem Grunde meine ich, daß wir gut beraten sind, wenn wir den Genossen Rauchfuß nehmen. Wir werden nach meinem Dafürhalten einen guten energischen Wirtschaftssekretär haben, der sich nicht in die Regierungsangelegenheiten einmischt. Wir brauchen aber, glaube ich, auch als führende Partei ja immerhin einen Genossen, der mit großen Erfahrungen auf diesem Gebiet arbeiten kann. Danke schön.

Vors. Egon Krenz: Es gibt also zwei Vorschläge, einer hat dafür gesprochen, einer dagegen. Wer dafür ist, Genossen Rauchfuß zu wählen, den bitte ich um das Handzeichen. – Danke schön. Dagegen? – 1, 2, 3 – drei Genossen sind dagegen.

Zuruf: Vier!

Vier Genossen sind dagegen. Genosse Günter Schabowski. Gibt es Anfragen an Genossen Schabowski? – Wenn das nicht der Fall ist, bitte ich um Abstimmung. Wer dafür ist, Genossen Schabowski zu wählen, bitte ich um das Handzeichen. – Danke schön. Gegenstimmen? – Stimmenthaltungen? – Das ist nicht der Fall. Genosse Schabowski ist einstimmig gewählt.

Genosse Gerhard Schürer. Gibt es Anfragen an Genossen Gerhard Schürer? Wenn das nicht der Fall ist –: Wer dafür ist, Genossen Gerhard Schürer zum Mitglied des Politbüros zu wählen, bitte ich um das Handzeichen. –

Danke. Gegenprobe. – Stimmenthaltungen? – Eins, zwei, drei, vier, fünf, sechs, sieben Stimmenthaltungen.

Zum Mitglied des Politbüros und Vorsitzenden der Zentralen Parteikontrollkommission wird Genosse Horst Dohlus empfohlen. Bitte!

Otto Reinhold: Ich bin gegen diesen Vorschlag. Ich schätze die Arbeit des Genossen Dohlus, die er in der Geschichte unserer Partei gemacht hat, sehr; aber man muß ja fragen, was hat Genosse Dohlus in den letzten Wochen und Monaten gemacht?

Zurufe: Jawohl!

Wie hat er die Parteiorganisation in den Kampf geführt? Dafür war er verantwortlich! Ich glaube, das hat er nicht gemacht. Deshalb kann ich diesem Vorschlag nicht zustimmen.

Zurufe: Sehr richtig! Stimmt!

Vors. Egon Krenz: Ich setze in Betracht, daß du deinen Gedanken äußerst trotz der Tatsache, daß das gesamte Politbüro die Verantwortung für diese entstandene Situation unternommen hat.

Otto Reinhold: Ja, aber es gab ja einen großen Unterschied. Wenn ich denke, wie du gekämpft hast, wie Genosse Schabowski gekämpft hat, und wenn ich denke, wie Genosse Dohlus und wo er aufgetreten ist, glaube ich, diesen Unterschied, diese Tatsache muß man berücksichtigen.

Zuruf: Sehr richtig!

Vors. Egon Krenz: Genosse Neuner!

Gerhart Neuner: Ich möchte den Vorschlag des Genossen Reinhold unterstützen. Mit dieser Wahl kann ich in meine Parteiorganisation nicht kommen, auch nach der Veranstaltung im Berliner Palast der Republik, zu der es von den Genossen viele kritische Bemerkungen gab.[14] Ich bin gegen den Vorschlag des Genossen Dohlus.

Vors. Egon Krenz: Genosse Mebel!

Moritz Mebel: Ich bin auch gegen den Vorschlag; auch deshalb, weil ich nicht für richtig halten würde, daß der Genosse Dohlus ein Vorsitzender unserer Parteikontrollkommission sein könnte, abgesehen von all dem, was hier gesagt wurde.

Vors. Egon Krenz: Also, es gibt Gegenstimmen. Wer dafür ist, Genossen Dohlus zu wählen, bitte ich um das Handzeichen. – Zwei Genossen, drei Genossen, vier Genossen –

Zuruf: Hinter dir!

– fünf, – Verzeihung –, sechs, sieben, acht, neun, zehn, elf, zwölf. – Wer ist dagegen? – Also, die Mehrheit spricht sich dagegen aus. Genosse Dohlus wird

14 Gemeint ist vermutlich die Festveranstaltung am 7. Oktober 1989 anläßlich des 40. Jahrestages der DDR im Palast der Republik. Horst Dohlus war zuvor, am 21. September 1989, mit einer Rede auf einer Konferenz von Parteigruppenorganisatoren in Karl-Marx-Stadt öffentlich in Erscheinung getreten, die das ND am 22. September 1989 ganzseitig unter dem Titel »Einheitlich und geschlossen setzen wir unseren klaren und sicheren Kurs zum Wohle des Volkes fort« veröffentlicht hatte.

deshalb nicht als Mitglied des Politbüros und nicht als Vorsitzender der Zentralen Parteikontrollkommission kandidieren.

Genossen, ich muß jetzt aus der Situation, aber einen wohlüberlegten Vorschlag machen. Es wurde hier vorhin bei der Wahl des Genossen Eberlein davon gesprochen – *(Starker Beifall)*

Zurufe: Jawohl!

– das heißt, auch Rechnung tragen dem Vorschlag, das Politbüro nicht zu vergrößern, möchte ich vorschlagen, das Mitglied des Politbüros – denn darüber hatten wir ja schon abgestimmt – Genossen Eberlein zum Vorsitzenden der Zentralen Parteikontrollkommission zu wählen. Werner, bist du damit einverstanden?

Zuruf von Werner Eberlein: Ich bin einverstanden.

Wer dafür ist, den bitte ich um das Handzeichen. – Danke schön. Gibt es Gegenstimmen? – Das ist nicht der Fall. Damit sind die Mitglieder des Politbüros gewählt.

Als Kandidaten werden vorgeschlagen: Genossin Inge Lange. Gibt es Anfragen an Genossin Inge Lange? – Wer damit einverstanden ist, bitte ich um das Handzeichen. Offensichtlich ist es besser, die Gegenstimmen zu zählen. Wer ist dagegen? – 1, 2, 3, 4, 5, 6, 7, 8, 9, 10. – Ja, ich denke, die Parteimitgliedschaft hat auch ein Recht zu erfahren, wie die Abstimmungsverhältnisse gewesen sind. – 13 Gegenstimmen?

Zuruf: Zehn!

Zehn. Und Enthaltungen? – Eins –, bitte!

Ingrid Gerstenberger: Ich möchte zu meiner Gegenstimme etwas sagen. Ich komme aus der Stadt Limbach; ich bin Werkleiter in einem großen Frauenbetrieb. Wir sind Stammbetrieb für das Kombinat Trikotagen. Es gibt dort viele tausend Frauen, und ich habe die Aufgabe bekommen, hier die Frage zu stellen, wo, wann und wie die Genossin Lange die Interessen der Frauen je an der Basis gehört und später erfüllt hat. Ich kann nicht in meinen Betrieb und in mein Kollektiv der Frauen zurückkehren, ohne diese Antwort hier bekommen zu haben, und da dazu heute hier nicht gesprochen wurde und ich eine Antwort nicht geben kann, wie sich das ändern soll, muß ich die Interessen der Frauen heute hier und will ich auch diese Interessen der Frauen hier vertreten. Und ich habe deshalb heute hier die Gegenstimme gegeben. Es handelt sich also um über 40 000 Frauen, die ich als Vertreter hier im ZK vertrete.

Vors. Egon Krenz: Ich verstehe das so, daß du damit deine Gegenstimme begründest, ja?

Zuruf: Schade, hättest du vorher machen sollen!

Und die Beantwortung der Frage der Genossin Lange vielleicht für die Diskussion überläßt? Einverstanden?

Zuruf: Das kann sein. Es muß eine Antwort dazu geben!

In Ordnung. – Bitte!

Zuruf: Wir haben doch abgestimmt!

Wir haben abgestimmt. Genossin Lange ist gewählt. Deine Erklärung wird zur Kenntnis genommen, und wenn es Genossin Lange für richtig hält, kann sie dazu in der Diskussion antworten. Es steht zur Debatte der Genosse Gerhard Müller. Bitte!

NN: Ich würde vorschlagen, bei der Abstimmung Inge Lange doch auch vielleicht noch die Genossin Zellmer aus Frankfurt/Oder aufzustellen, die ich – *(Unruhe)*

Moritz Mebel: Liebe Genossen, wir haben eine Geschäftsordnung des Zentralkomitees, und diese Geschäftsordnung muß eingehalten werden, sonst sitzen wir noch eine Woche hier. Wir haben abgestimmt, damit ist die Genossin Lange gewählt worden. Alles andere kann man in der Diskussion sagen. Ansonsten muß man alles vor der Abstimmung sagen. *(Unruhe)*

Vors. Egon Krenz: Einverstanden, Genossen?

Zuruf: Ja! – Weiterer Zuruf: Moment!

Gerd König: Es wird dauernd von der Geschäftsordnung gesprochen. Wo ist sie? Ich habe keine Geschäftsordnung –

Vors. Egon Krenz: – sie liegt leider jetzt –

Gerd König: – ich bin dafür, was hier gesagt wurde, daß wir vorher unsere Meinung zu den Kandidaten sagen, und dann wird abgestimmt. Und das gilt dann. Aber die Geschäftsordnung muß uns mal vorgelegt werden.

Vors. Egon Krenz: Genosse König, die Meinung ist berechtigt. Es gibt eine Geschäftsordnung, sie liegt uns jetzt nicht vor.[15] Wir haben sie auf einer der Tagungen des Zentralkomitees beschlossen. Ich bin dafür, ab nächster Tagung liegt jedem Genossen auf dem Tisch die Geschäftsordnung, denn man kann nicht alles im Kopf haben. Das verstehe ich. – Genosse Scheler!

Werner Scheler: Ich halte es für notwendig, den Kandidaten vorher die Frage zu stellen: Gibt es Anfragen an die Kandidaten?

Zuruf: Das hat er doch gemacht!

Ich glaube, die Meinung, die die Genossin eben vorgetragen hat, wäre wichtig gewesen für die Meinungsbildung des Zentralkomitees. *(Beifall)*

Franz Rößler: Genossen! Ich kann nicht beurteilen, welchen Einfluß Genosse Müller auf die Arbeit des Politbüros hatte und was er hätte verhindern können. Ich kann aber sehr gut beurteilen, was … *(Unruhe)*

Zuruf: Moment, es war doch vorgeschlagen, jetzt … – Weiterer Zuruf: Nein, es geht noch um Inge …

Vors. Egon Krenz: Über Genossin Inge Lange ist abgestimmt. Sie ist als Kandidat des Politbüros gewählt. Jetzt steht zur Debatte der Genosse Gerhard Müller. Gibt es Anfragen an Genossen Gerhard Müller? – Bitte schön!

Franz Rößler: Ich habe schon gesagt, ich kann nicht beurteilen, was Ge-

15 Die Anfrage von Gerd König löste im Internen Parteiarchiv des Büros des Politbüros noch am gleichen Tage eine hektische Suchaktion nach einer gültigen Geschäftsordnung des ZK aus. Die schließlich aufgefundene Geschäftsordnung erwies sich als unbrauchbar und wurde dem ZK gar nicht erst vorgelegt: Sie datierte vom 15. September 1953 (vgl. SAPMO-BArch, DY 30/J IV 2/2/323).

nosse Müller im Politbüro hätte bewerkstelligen können. Ich kann aber sehr gut beurteilen, was er in seinen Reden hier zur Entwicklung der Mikroelektronik im Bezirk Erfurt gesagt hat. Dazu bin ich sachkundig. Und das, was er mit markigen Worten hier vorgetragen hat, hat in der Tendenz nie gestimmt und häufig auch in den Fakten nicht. Und mir ist es noch in den Ohren, wie er vor zwei Jahren auf einer Tagung des Zentralkomitees hier die kritischen Bemerkungen von Genossen Hans Modrow zur Sache mit lächerlichen Vergleichen zum Fußball abgetan hat. Und ich kann nicht in mein Kollektiv zurückgehen, die das alles auch nicht vergessen haben, und rechtfertigen, daß wir Genossen Müller wieder ins Politbüro gewählt haben. *(Beifall)*

Vors. Egon Krenz: Danke. Gibt es jemanden, der für Genossen Müller sprechen möchte?

Henry Zahlten: Ich komme aus dem Bezirk Erfurt und bin einer der Jüngsten hier im Zentralkomitee, bin ein Arbeiter, bin zur Zeit Student. Ich würde sagen, da ich aus Nordhausen komme und den Bereich übersehe und beeinflusse und darüber diskutieren kann, möchte ich das tun. In unserer Stadt Nordhausen hat sich, seitdem unser Bezirkssekretär Einfluß auf die Entwicklung unserer Stadt hat, Wesentliches getan. Es hat sich die Stadt verbessert, es hat sich die Organisation in der Stadt verbessert. Ich bin dafür, auch den Bereich der Mikroelektronik neu zu überdenken. Aber der Aufschwung kam aus Erfurt, und die Arbeiter meines Betriebes unterstützen den Kurs. Also, ich wäre, ich kann nicht mit abstimmen, aber ich wäre dafür. *(Unverständlicher Zuruf)*

Vors. Egon Krenz: Also, es gab ein – bitte?

NN: Er hat während seiner Dienstzeit den Bezirk Erfurt sehr nach vorn gebracht, und die Bezirksleitungssitzung am vergangenen Wochenende hat auch ihm das Vertrauen ausgesprochen.

Vors. Egon Krenz: Genossen, es gibt jetzt einen Genossen, der dagegen, und zwei Genossen, die dafür gesprochen haben. Genosse Müller, bitte!

Gerhard Müller: Genossen! Was meine Tätigkeit im Politbüro anbetrifft, stehe ich zu dem, was dann im Referat des Genossen Krenz gesagt wird. Das Politbüro übernimmt die ganze Verantwortung für die entstandene Lage und jedes seiner Mitglieder, jedes seiner Kandidaten mit. Ich muß hier sagen: Uns hat einfach – um das deutlich zu machen, der Mut gefehlt, zu vielen Dingen, die auch gesehen worden sind, unsere Meinung zu sagen. Über Einzelheiten brauchen wir jetzt nicht reden, das können wir dann in der Diskussion.

Was den Bezirk Erfurt anbetrifft, stehe ich vor derselben Frage, vor der alle Bezirkssekretäre, die hier im Saal sitzen, auch stehen. Wir haben den Dialog begonnen. Vielleicht haben wir ihn nicht früh genug begonnen, auch in den Bezirken. Wir führen diesen Dialog. Aber man muß auch sagen, dasselbe, was Hans-Joachim Böhme sagt, was andere sagen können: Wir sind gegenwärtig auf diesen Kundgebungen, ob es 30 000 oder 50 000 anbetrifft, härtesten Anfeindungen – das sind keine Dialoge – ausgesetzt, was wir alles an Privilegien besitzen, was wir alles zu verantworten haben auf den Dingen. Dort ist, ich muß das mal sagen, kein Dialog möglich.

Und ich sage noch etwas, Genossen, nicht um meine Person hier irgendwie in den Vordergrund zu rücken: Wenn wir nicht in irgendeiner Art und Weise den ganzen Forderungen nach Rücktritt der Parteifunktionäre auch Einhalt gebieten, werden wir innerhalb kurzer Zeit wenig nicht nur Bezirkssekretäre, sondern auch wenig Kreissekretäre haben.

Wenn ich das Vertrauen kriege, kämpfe ich weiter, so wie ich das bisher getan habe. Zur Mikroelektronik – ich bin ja kein Fachmann auf dem Gebiet – kann ich nicht beurteilen, ob alles das, was ich gesagt habe, hier richtig ist. Aber ich glaube, das Richtige, was gesagt worden ist und gemacht werden muß – wir sind auf dem Gebiet der Mikroelektronik ja ein ganzes und ein großes Stück vorangekommen. Ich weiß nicht, ob das heute angezweifelt wird.

Vors. Egon Krenz: Genosse Modrow – eh, Genosse Postler, Verzeihung.

Erich Postler: Ich will noch einmal anknüpfen an die Bemerkungen von Genossen Gerhard Müller. Es geht doch hier nicht um Nordhausen und um Erfurt –

Zurufe: Jawohl!

– es geht doch hier darum, daß wir als Zentralkomitee dann nach draußen treten müssen. Wir haben das Politbüro gewählt.

Zuruf: So ist es!

Wir müssen ein Politbüro vorstellen, und die Genossen werden uns doch fragen: Warum hast du dieses Politbüro gewählt? Und sie werden auch wissen, daß unser Generalsekretär Egon Krenz diese Vorschläge unterbreitet hat. Und deswegen müssen wir die Zweckmäßigkeit gründlich prüfen. Ich habe doch nichts gegen den Gerhard Müller als Person. Natürlich weiß ich, jeder 1. Bezirkssekretär steht unter großem Druck und viele andere Funktionäre auch, und trotzdem bin ich der Meinung, – das auch unter Beachtung der Größe des Politbüros – diese Entscheidung nicht zu treffen.

Vors. Egon Krenz: Es gibt also einen Antrag dafür und einen Antrag dagegen. Wer dafür ist, daß Genosse Müller gewählt wird, bitte ich um das Handzeichen. – 1, 2, 3, 4, 5, 6, 7, 8, 9, 10, 11, 12, 13, 14, 15, 16, 17, 18, 19, 20, 21, 22, 23. Wieviel Gegenstimmen? – Also absolute Stimmenmehrheit. Stimmenthaltungen? – 1, 2, 3, 4, 5, 6, 7. Damit ist Genosse Müller nicht zum Kandidaten des Politbüros gewählt.

Es steht zur Debatte die Genossin Margarete Müller. Gibt es Anfragen an Genossin Margarete Müller? Bitte!

Johannes Chemnitzer: Ich würde einfach Margarete noch einmal fragen, wie sie selbst dazu steht. Ich habe den Eindruck, Margarete, daß du dich sehr unglücklich fühlst und daß du auch in deinem Wirkungsbereich sehr stark zu kämpfen hast, um noch die Anerkennung für eine solche Funktion zu erhalten. Vielleicht sagst du selbst noch mal da was zu, Margarete.

Margarete Müller: Also, Genosse Chemnitzer, ich habe mein ganzes Leben für die Partei gearbeitet. Ich habe keine Privilegien. Ich habe mir in den ganzen Jahren, wo ich hier im Zentralkomitee war, immer wieder anhören müssen: Ich bin zu dämlich, meine Funktion richtig zu nutzen. Ich bin heute froh, daß ich sie nicht genutzt habe. Ich weiß auch die Meinung, daß ihr in Neubrandenburg oft nicht wußtet, wie ihr und was ihr mit mir anfangen sollt. Ich habe aber trotzdem für die Partei gearbeitet und gekämpft.

Ich muß sagen, ich habe am Montag nachmittag bei unseren LPG-Vorsitzenden die Vertrauensfrage gestellt und ihnen offen gesagt: Wenn ihr meint, daß ihr an der Spitze einen Parteifunktionär nicht mehr dulden könnt, der euch ein Hindernis ist, dann müßt ihr mir das sagen. – Die Bauern haben mir gesagt: Wie kannst du als Mitglied unserer Partei so eine Frage stellen! – Ich sage, ich mußte das machen. – Ich bin hinterher zu den Genossenschaftsbauern gegangen, in die Brigaden. Sie haben mir das gleiche gesagt.

Ich muß sagen: Bei mir hat es im Taufschein nicht gestanden, daß ich mal Kandidat Politbüro werde. Und wenn das Zentralkomitee so entscheidet – bitte schön. Ich habe mein ganzes Leben Arbeiten nicht verlernt. – Ein Glück, muß ich sagen. Ich bin im Dorf weiter leben geblieben, und ich habe nichts, was absticht von einem anderen Genossenschaftsbauern, außer – das Privileg hatte ich –, daß ich mit einem Regierungsauto fahren konnte. Und davon hat die ganze AIV [Agrar-Industrie-Vereinigung] was gehabt, muß ich hier ganz ehrlich sagen. Sie konnte nämlich das Benzin, was mir sonst der Rat des Bezirkes hätte zur Verfügung stellen müssen, noch für meine Fahrten, nehmen. *(Beifall)*

Vors. Egon Krenz: Bitte!

NN: Ich möchte dafür stimmen, daß die Genossin Müller als Vertreter der Landwirtschaft, die die ganzen Jahre auch mit uns als Leiter in den Landwirtschaftsbetrieben engen Kontakt gehabt hat, im Politbüro bleibt, und unsere Interessen zukünftig noch besser vertreten kann, damit auch die Landwirtschaft repräsentativ im Politbüro ihren Standpunkt darlegen kann. *(Beifall)*

Vors. Egon Krenz: Also Genossen, es hat einen dafür und einen dagegen gegeben. Ja, bitte schön!

NN: Ich möchte auch noch ein dafür, damit auch die Anfrage, die immer wieder kommt, – wie ist denn die Frauenbewegung vertreten –, also daß wir sagen auch hier, daß unsere Margarete wirklich die Frauen vertritt. Auch in dem Sinne möchte ich das ganz deutlich befürworten, daß sie diese Funktion beibehält. *(Vereinzelter Beifall)*

Zuruf von Moritz Mebel: Ja, richtig.

Vors. Egon Krenz: Also, Genossen, ich würde doch vorschlagen, dabei zu bleiben, einer dafür, einer dagegen und abzustimmen.

Zuruf von Johannes Chemnitzer: Ich war nicht dagegen!

Nein? Wer dafür ist, daß Margarete Müller gewählt wird, bitte ich um das Handzeichen, nach dieser Erklärung um so mehr. – Danke schön. Gegenstimmen? – Stimmenthaltung? – Margarete ist einstimmig gewählt. *(Beifall)*

Zur Debatte steht Genosse Günter Sieber. Günter Sieber ist bekannt als Leiter der Abteilung Internationale Verbindungen. Genosse Schabowski, darf ich davon ausgehen, daß es einen Vorschlag gibt, den ich vor dem Zentralkomitee erläutern kann?

Günter Schabowski: Bitte, ja.

Vors. Egon Krenz: Es gibt einen Vorschlag, der Sitzung der Bezirksleitung Berlin vorzuschlagen, Genossen Günter Sieber zum Ersten Sekretär von Berlin zu wählen. Die Situation ist so, daß Genosse Schabowski ja mit seiner Wahl zum Sekretär des Zentralkomitees voll diese Arbeit übernimmt. Und wir glauben, daß Günter Sieber, der Minister für Handel und Versorgung war, der Botschafter in der Volksrepublik Polen war und viele Jahre lang die Internationale Abteilung des Zentralkomitees geleitet hat, daß er über genügend Erfahrung verfügt, in der Parteiführung mitzuarbeiten. Gibt es Anfragen dazu? Bitte!

NN: Welche Stellungnahme hat dazu die Bezirksleitung Berlin?

Vors. Egon Krenz: Genosse Müller!

Helmut Müller: Ich möchte sagen, der Vorschlag, Genossen Günter Sieber zum Ersten Sekretär der Bezirksleitung Berlin zu wählen, kommt von uns. Wir haben uns mit – ich möchte mal sagen – tragenden Säulen der Bezirksleitung Berlin der Partei dazu konsultiert. Sie unterstützen diesen Vorschlag, am Montag Genossen Günter Sieber als Ersten Sekretär der Bezirksleitung Berlin zu wählen. Und ich würde sehr darum bitten.[16]

NN: Ich kann das ebenfalls sagen, wir haben das heute morgen beraten, und wir halten es für richtig, daß wir unserem Plenum vorschlagen, Genossen Sieber zu wählen.

Vors. Egon Krenz: Bitte!

NN: Ich spreche für den Vorschlag Günter Sieber. Ich möchte das ganz kurz machen. Günter Sieber hat bei unseren Bergarbeitern ein hohes Vertrauen, weil er oft bei uns war und hat gesprochen, so wie Arbeiter das hören wollen. Das hat einen sehr guten Anklang gehabt. Ich bin für Genossen Günter Sieber.

Vors. Egon Krenz: Danke schön. Wer dafür ist, bitte ich um das Handzeichen. – Danke schön. Gegenstimmen? – Stimmenthaltung? – Damit ist Genosse Sieber zum Kandidaten des Politbüros einstimmig gewählt.

Es steht zur Debatte Genosse Werner Walde.

Hans Modrow: Genossen! Ich unterbreite den Vorschlag, hier eine Alternativwahl durchzuführen. Ich schlage vor den Genossen Chemnitzer, um ihn zugleich auch dann vorzuschlagen als Sekretär für Landwirtschaft.

Vors. Egon Krenz: Bitte!

NN: Ich möchte gern eine Anfrage stellen. Wir wissen, daß es im Bezirk Cottbus in der jüngsten Vergangenheit doch als stark zu nennende Behinderung künstlerischer Arbeit gegeben hat. Ich nenne hier den Namen Gerhard Gundermann. Ich weiß, daß es doch dazu ein sehr kontroverser Meinungsaustausch zwischen Genossen Hager und Genossen Walde stattgefunden hatte. Ich möchte aber auch die Namen Mensching und Wenzel nennen, die, wie sie

16 Am Dienstag, dem 14. November 1989, wählte die SED-Bezirksleitung Berlin statt Günter Sieber den bisherigen Wirtschaftssekretär Heinz Albrecht zum neuen Ersten Sekretär.

in einer Eingabe mitteilten, am 7. Oktober in Hoyerswerda auf unwürdige Weise polizeilich zugeführt und in ihrer Berufstätigkeit behindert worden sind, weil sie die Resolution der Unterhaltungskünstler vortragen wollten.[17] Ich möchte gern fragen, zu welchen Auseinandersetzungen das im Bezirkssekretariat der Partei geführt hat.

Vors. Egon Krenz: Ich möchte, bevor Genosse Walde die Frage beantwortet, Genossen Modrow sagen, daß mir das Politbüro die Vollmacht gegeben hat, Vorschläge zu unterbreiten. Ich habe nicht die Absicht, Alternativvorschläge zu unterbreiten. Wenn du den Antrag an den Generalsekretär stellst, seinen Vorschlag zurückzuziehen, bitte ich, darüber abzustimmen.

Hans Modrow: Gut, dann will ich's auch so formulieren. Also, ich stelle den Antrag, daß du es dann zurückziehst, daß der Platz frei wird für den Genossen Chemnitzer.

Vors. Egon Krenz: Ich werde meinen Antrag nicht zurückziehen und schlage vor, über meinen Antrag abzustimmen, ob Genosse Walde auf der Kandidatenliste verbleibt, das heißt noch nicht, ob er gewählt wird, ob er auf der Kandidatenliste verbleibt. *(Unruhe.)*

Wer dafür ist, daß Genosse Walde auf der Kandidatenliste verbleibt ... *(Unruhe, unverständliche Zwischenrufe)*

Zuruf: Ich hatte eine Anfrage gestellt!

Moment, wir dürfen nichts durcheinanderbringen. Genosse Walde soll ja noch nicht gewählt werden. Es wurde darüber gesprochen, ob wir eine Alternativwahl durchführen, und die Anfrage kann Genosse Walde beantworten, nachdem entschieden worden ist, daß wir keine Alternativwahl machen, sondern daß wir über Genossen Walde abstimmen. Und wenn Genosse Walde nicht gewählt wird, möchte ich als Generalsekretär das Recht haben, einen anderen Genossen vorzuschlagen, Genossen. Ich bitte, darüber abzustimmen, daß wir keine Alternativwahl durchführen. Wer dafür ist, bitte ich um das Handzeichen. – Danke schön. – Gegenprobe? – Eins, zwei, drei.

So, jetzt hat Genosse Walde die Möglichkeit zu antworten.

Werner Walde: Ich bekenne mich zu meiner politischen Arbeit im Politbüro.

Zuruf: Lauter! – Zuruf: Tür zu! (Unruhe, Klingel des Vorsitzenden)

Vors. Egon Krenz: Gibt es weitere Anfragen? Bitte!

NN: Ich bin für den Vorschlag, daß Genosse Walde im Politbüro bleibt, weil ich ihn als fleißigen, ehrlichen und bescheidenen Genossen kenne seit vielen Jahren, obwohl ich auch weiß, daß er natürlich an den Montagen zur Demonstration sehr scharfen Kritiken ausgesetzt war. Ich bin aber gleichzeitig der Auffassung, daß diese Schreihälse in Cottbus nicht das Volk des Bezirkes Cottbus darstellen. Ich sage das aus der Sicht der Textilarbeiter und sage das aus der Sicht, daß ich in vielen Kollektiven gut zuhause bin und mit vielen

17 Den Wortlaut dieser Resolution vgl. in: Charles Schüddekopf (Hrsg.), »Wir sind das Volk!« Flugschriften, Aufrufe und Texte einer deutschen Revolution, Reinbek 1990, S. 39 ff.

gesprochen habe. Meine Frage geht dahin: Wenn ich diesem Vorschlag zustimme und gleichzeitig dahinter sehe Sekretär für Landwirtschaft und Umwelt, dann bin ich ihn natürlich als Bezirkssekretär los. Und diese Frage möchte ich noch beantwortet haben. Dem kann ich eigentlich hier auch nicht so zustimmen, und ich möchte wissen, was die Bezirksleitung dazu sagt. So eine Frage ist in Cottbus noch nicht diskutiert worden.

Vors. Egon Krenz: Genosse Walde, du hast das Wort.

Zuruf: Noch eine Bitte!

NN: Als Vertreter der Genossenschaftsbauern in diesem Gremium möchte ich natürlich auch einen Vertreter der Bauern in unserem höchsten Parteigremium wissen, der mit Sach- und Fachverstand die Interessen der Bauern vertritt. Ich beziehungsweise wir können Genossen Walde in dieser Richtung nicht beurteilen. Ich möchte, daß der Genosse Walde in seinen Darlegungen auch zu seinem Verhältnis zur Landwirtschaft mit spricht.

Vors. Egon Krenz: Genosse Jahn!

Günther Jahn: Ich möchte doch sagen, daß wir davon absehen, daß hier immer von Sparten gesprochen wird – paar Genossenschaftsbauern, paar Frauen. Wir sind ins Zentralkomitee gewählt worden auf dem Parteitag vom Standpunkt der Gesamtpartei, und als solche treten wir hier auf. *(Beifall)*

Vors. Egon Krenz: Bitte, Genosse Walde, du hast das Wort.

Werner Walde: Genossen! Ich bekenne mich zu meiner Verantwortung im Politbüro und als Erster Sekretär der Bezirksleitung ohne Wenn und Aber und ohne Herumeierei. Ich weiß aus heutiger Sicht, daß ich insbesondere auf dem Gebiete der Kultur Fehler gemacht habe, die ich sehr zu bereuen habe. Meiner Einstellung zu manchen Fragen hat eine falsche Beurteilung zugrunde gelegen. Ich habe mich bei dem Gundermann entschuldigen lassen, ich selbst habe ihn nicht getroffen. Ich trage die politische Verantwortung auch für die Dinge, die hier genannt werden in Hoyerswerda, obwohl ich davon erst nachträglich erfahren habe, aber als Erster Sekretär bin ich für die Lage im Bezirk Cottbus verantwortlich gewesen und bin es noch heute.

Genossen! Ich bin hierher gereist nach langen Konflikten, in einem Konflikt, in dem heute viele, viele Genossen leben: Zurücktreten, weil man seiner Verantwortung nicht entsprochen hat? Und ich habe gestern dazu so im Politbüro um Verständnis gebeten. Die Genossen haben mir gesagt, ich darf mich aus der Verantwortung in einer solchen Situation nicht davonschleichen. Ich stelle mich dem Zentralkomitee, und das Zentralkomitee soll entscheiden, ob und wie ich meine Arbeit weitermache. Ich bin außer mit meiner Frau – mit meiner Partei immer verheiratet gewesen und nie mit einer Funktion, Genossen, und ob in leitender Funktion oder nicht, ich werde nach diesen Lehren – auch in der Wohnparteiorganisation – alles tun, um für die Erneuerung des Sozialismus in der Deutschen Demokratischen Republik zu wirken. Es steht jetzt noch nicht die Frage der Wahl zu diesem Sekretär. Dazu habe ich auch eine Meinung. Aber ich weiß nicht, ob ich sie jetzt schon anbringen soll.

Vors. Egon Krenz: Bitte, bitte!

Hans Modrow: Das ist mir wichtig. Das ist mir vor allem wichtig, ich will das noch einmal kurz begründen. Mir geht es –

Vors. Egon Krenz: Moment. *(Unruhe)*

Bitte, Genosse Modrow, du hast das Wort.

Hans Modrow: Hier geht es nicht darum, daß ich irgend etwas gegen Werner Walde habe. *(Unruhe, Klingel des Vorsitzenden)*

Mir geht es um zwei Dinge. Es muß auch nicht jeder, der Sekretär ist, im Politbüro sein. Und wenn wir die Landwirtschaft führen wollen mit jemand, der in der Landwirtschaft Vertrauen hat, dann ist das nach meiner Meinung der Genosse Chemnitzer. Und das brauchen wir. Wir haben auch dann jemand, und das müssen wir mit einbeziehen – ich habe nichts gegen Werner Walde als Kandidat, wenn er als Erster Sekretär arbeitet, persönlich gar nichts. Mir ging es um die Verbindung zur Landwirtschaft.

Vors. Egon Krenz: Es gibt zwei Bemerkungen dazu, die ich vorgreifen darf, damit der Werner sie nicht machen muß. Ich habe in Vorbereitung dieses Zentralkomitees – das kann sich jeder vorstellen – Konsultationen mit verschiedenen Genossen gehabt. So auch eine kurze Konsultation mit dem Genossen Hannes Chemnitzer, und ihn gebeten, in dieser Frage zur Verfügung zu stehen. Genosse Chemnitzer hat mir mit Argumenten, die viele Genossen haben, erklärt, daß er sich dazu außerstande sieht. Ich habe ihm gesagt, das wären für mich alles keine Argumente, weil heute in einer Situation, die so kritisch ist, jedem Genossen Fragen gestellt werden. Aber er hat dann hinzugefügt, daß er sich gesundheitlich nicht auf der Höhe befindet, um diese Funktion zu erfüllen. Stimmt das, Hannes?

Johannes Chemnitzer: Jawohl, ich habe das so gesagt. Aber ich habe dir dann auch gesagt, falls es das Zentralkomitee für erforderlich hält, ja, bin ich bereit, meine ganze Kraft und meine Erfahrungen einzusetzen. Ich habe besonders die Bitte gehabt, zu berücksichtigen, daß ich selbst spüre in der Bezirksparteiorganisation, daß ich also Vorbehalte habe und Angriffen ausgesetzt bin und nicht mehr das vollständige Vertrauen der Bezirksparteiorganisation besitze. *(Unruhe)*

Zuruf: Das hat keiner!

Ich bin bereit, jede mir zugewiesene Funktion nach bestem Gewissen auszufüllen.

Vors. Egon Krenz: Danke schön. Bitte, Genosse Müller.

Müller[18]: Ich möchte mich aussprechen für die Wahl des Genossen Werner Walde als Kandidat des Politbüros. Ich möchte mich aussprechen gegen die Verbindung mit der Funktion des Sekretärs des Zentralkomitees –

Zurufe: Gut! Gut!

– vor allen Dingen unter dem Gesichtspunkt der schweren Belastung, die Cottbus beim Umweltschutz ausgesetzt ist.

18 Der Vorname des Redners war nicht zu klären.

Zuruf von Moritz Mebel: Richtig! Das ist richtig! – Weiterer Zuruf: Und in der Kohle!

Vors. Egon Krenz: Also steht die Frage – Werner Walde!

Werner Walde: Soll ich mich noch äußern zu der Frage Vorschlag Sekretär Landwirtschaft? Zunächst muß auch ich sagen, Genossen, – aber das ist ja keine Neuigkeit für euch –, auch ich stehe in Cottbus unter ziemlichem Druck zurückzutreten. Gestern nachmittag, nachdem das Politbüro vormittags, die Genossen des Politbüros mir gesagt haben, ich darf nicht zurücktreten in Cottbus, auch nicht wegen der Signalwirkung auf andere Genossen, besonders auf die Kreissekretäre im Bezirk Cottbus und andere leitende Genossen, bin ich gestern nachmittag vom Genossen Egon Krenz angerufen worden mit der Frage und mit der Bitte, eine solche Funktion des Sekretärs zu übernehmen. Ich bin vor Schreck, Genossen, nahezu in Ohnmacht gefallen. *(Einsetzende Unruhe)*

Ich habe Genossen Egon Krenz vor einigen Wochen – laßt mich, darf ich zu Ende reden – *(Klingel des Vorsitzenden)* – ich habe Genossen Egon Krenz vor einigen Wochen in der Zeit der Auseinandersetzung versprochen, daß ich mit ihm durch dick und dünn gehen werde. Ich habe nie geahnt, wie schnell Egon Krenz – sicherlich, weil er keine Alternative gestern sah – mich dazu beim Wort nehmen wird.

Und ich habe überlegt. Es ist die Wahrheit, Genossen, ich habe begrenzte Erfahrungen auch auf dem Gebiet der Landwirtschaft mir aneignen können, wie das jeder andere Erste Bezirkssekretär sich aneignen konnte. Das reicht selbstverständlich nicht. Ich habe mich nicht um diesen Auftrag, liebe Genossen, beworben, und ich weiß, wie schwer es mir fallen würde, ihn erfolgreich im Auftrag der Partei zu realisieren. Kriege ich den Auftrag, dann zerreiße ich mich, um die Partei nicht zu enttäuschen. Ich gehe davon aus, daß ich lernfähig bin – (*Wachsende Unruhe)* – daß ich im allgemeinen immer ein Ohr gehabt habe für die Meinungen der Spezialisten, der Wissenschaftler. Ich weiß, daß ich die Landwirtschaftsfunktion nie so durchführen könnte, wie sie bisher durchgeführt worden ist. Denn sie kann nur zweierlei, sie kann im Bunde mit Praktikern und Wissenschaftlern mitarbeiten an der konzeptionellen Erneuerung des Sozialismus in der Landwirtschaft, und sie kann versuchen und muß versuchen, die Parteiarbeit zu organisieren.

Wenn es im Zentralkomitee einen besseren Vorschlag gibt – und den sollte es geben –, dann, liebe Genossen, werde ich tief durchatmen und versuchen, Vertrauen in Cottbus wieder zu gewinnen und versuchen, meine Parteiarbeit dort zu machen.

Vors. Egon Krenz: Genossen, es hat einer dafür gesprochen, es hat einer dagegen gesprochen. Genosse Walde hat auf die Fragen geantwortet. Ich stelle zur Abstimmung: Wer dafür ist, daß Genosse Werner Walde Kandidat des Politbüros wird, über etwas anderes haben wir ja noch gar nicht entschieden, wer dafür ist, daß Genosse Walde Kandidat des Politbüros bleibt, bitte ich um das Handzeichen. – Danke schön. – Gegenstimmen? – Eins, zwei, drei, vier, fünf.

Zuruf: Ich hätte eine Zwischenfrage: Wie wird jetzt die Frage des Sekretärs für Landwirtschaft gelöst? – Gegenrufe: Das kommt doch noch!

Das kommt, wenn wir zur Abstimmung über die Sekretäre des Zentralkomitees sprechen.

So, jetzt kommt die Frage, über Genossen Hans-Joachim Willerding abzustimmen. Genosse Willerding ist Kandidat des Zentralkomitees, und bevor wir die Frage seiner Wahl ins Politbüro erörtern, möchte ich vorschlagen, ihn zum Mitglied des Zentralkomitees zu wählen. – Gibt es dazu Fragen? – Wenn das nicht der Fall ist, bitte ich um Abstimmung. Wer dafür ist, daß Genosse Willerding Mitglied des Zentralkomitees wird? – Danke schön. Gegenstimmen? – Stimmenthaltungen? – Das ist nicht der Fall. Damit ist Genosse Willerding einstimmig zum Mitglied des Zentralkomitees gewählt.

Ich möchte zwei Bemerkungen zu diesem Vorschlag machen. Genossinnen und Genossen, es wurde in Vorbereitung auf die heutige ZK-Tagung davon gesprochen, auch jüngere Kräfte in die Parteiführung aufzunehmen. Die Genossinnen und Genossen, die jetzt ins Politbüro gewählt worden sind, gehören einer Altersgruppe an, da bin ich der Jüngste, und älter. Und ich denke, es wird gut sein, auch ein Zeichen zu setzen, daß unsere Partei zu jener Tradition zurückkehren kann, die ja viele, viele Jahre dagewesen ist, junge Kräfte in die Führung. Und deshalb wird ein Mann, der gut ausgebildet ist, der sich in politischen Funktionen bewährt hat, der über einen sauberen Charakter verfügt, wird da vorgeschlagen für diese Funktion, dann auch als Sekretär für internationale Arbeit. Wer dafür ist –, gibt es Anfragen an Genossen Willerding? Bitte schön!

Egon Winkelmann: Ich möchte mich für diesen Vorschlag aussprechen. Genosse Willerding ist ein auf internationalem Gebiet geachteter Genosse, sowohl bei den kommunistischen und Arbeiterparteien als auch bei sozialdemokratischen und sozialistischen Parteien. Er ist auch imstande, mit Vertretern bürgerlicher Parteien zu sprechen. Ich trete hier auf als Generalsekretär der Liga für Völkerfreundschaft, die wir Freunde in aller Welt gewinnen wollen, von links bis halbrechts, sage ich immer, und ich hoffe allerdings, daß Genosse Willerding, wenn er Sekretär wird – dafür bin ich unbedingt –, ein Gespür hat mal für diese Gesellschaft, die Liga für Völkerfreundschaft, – *(Heiterkeit)* – damit man sich auch einmal mit einem Sekretär, mit der Parteiführung beraten kann. *(Klingel des Vorsitzenden)*

Vors. Egon Krenz: Also es wurde für gesprochen. Möchte jemand gegen Genossen Willerding sprechen? Das ist nicht der Fall. Wer dafür ist, bitte ich um das Handzeichen. – Gibt es Stimmenthaltungen? – Gegenstimmen? – Das ist nicht der Fall. Damit ist Genosse Willerding einstimmig zum Kandidaten des Politbüros gewählt.

Das Sekretariat, Genossen! Wollen wir auch über jeden abstimmen? *(Zustimmende Zurufe)*

Zuruf von Moritz Mebel: Eine Frage!

Ja, bitte!

Moritz Mebel: Ich bin mir nicht im klaren, obwohl ich das Statut noch nie so genau studiert habe wie in diesen Tagen, –

Zurufe: Lauter!

– ich bin mir nicht im klaren, obwohl ich das Statut noch niemals, ich muß das gestehen, so genau studiert habe wie in diesen Tagen, ob die Sekretäre des Zentralkomitees unbedingt Mitglieder des Politbüros sein müssen und ob das – das ist für mich wirklich eine prinzipielle Frage – ob das zweckmäßig ist. Das betrifft nicht alle Sekretäre, möchte ich gleich sagen, und nicht, weil du da vorne stehst, Egon. Sondern es ist für mich eine Selbstverständlichkeit, daß der Generalsekretär Mitglied des Sekretariats ist. *(Heiterkeit)*

Vors. Egon Krenz: Ich habe dich verstanden. Bloß jetzt haben wir über alle Vorschläge, die ich für das Politbüro unterbreitet habe, abgestimmt. Das heißt, unser Politbüro ist gewählt mit Ausnahme der von mir unterbreiteten Vorschläge Günther Kleiber und Genosse Gerhard Müller –

Zurufe: Dohlus!

– und Genosse Dohlus; die drei Genossen sind nicht gewählt. Damit ist das Politbüro in seiner Zusammensetzung gewählt. Jetzt müssen wir zur Wahl des Sekretariats kommen, wobei ich auf deine Frage antworten möchte. Diese Praxis wurde in unserer Partei unterschiedlich gehandhabt. Es gab schon Zeiten, wo Sekretäre des Zentralkomitees nicht dem Politbüro angehörten, und es gab auch – und es wird auch in anderen Parteien unterschiedlich gehandhabt. Es hängt von der souveränen Entscheidung des Zentralkomitees ab. Aber: Aus meiner Erfahrung, die ich in den letzten Jahren gemacht habe, ist es natürlich zweckmäßig, daß die Sekretäre des Zentralkomitees, die einen wesentlichen Teil der Arbeit zu bewältigen haben, dem höchsten Führungsgremium zwischen den Tagungen des Zentralkomitees, dem Politbüro, angehören sollten.

Also stimmen wir ab. Genosse Krenz – Generalsekretär des Zentralkomitees. Wer dafür ist, daß er das Sekretariat leitet, bitte ich um das Handzeichen. Danke schön. Gibt es Gegenstimmen? Stimmenthaltungen? – Danke schön für das einmütige Vertrauen.

2. Genosse Wolfgang Herger – Sekretär des Zentralkomitees, verantwortlich für die Bereiche Staats-, Rechts- und Sicherheitsfragen. Fragen brauche ich keine mehr zu stellen. Wer damit einverstanden ist, bitte ich um das Handzeichen. – Danke. Gegenstimmen? – Stimmenthaltungen? – Das ist nicht der Fall. Damit ist die Frage entschieden.

3. Genossin Inge Lange – Sekretär des Zentralkomitees, Leiterin der Frauenkommission. Gibt es dazu Fragen? – Nicht der Fall. Wer dafür ist, bitte ich um das Handzeichen. Danke. – Gegenstimmen? – Eins, zwei, drei, vier, fünf, sechs.

Zuruf: Stimmenthaltungen!

Stimmenthaltungen? – Keine.

Genossin – eh, Verzeihung – Genosse Siegfried Lorenz – Sekretär des Zentralkomitees, verantwortlich für den Bereich Parteiorgane. Wer dafür ist, bitte ich um das Handzeichen. – Danke schön. Gegenstimmen? – Stimmenthaltungen? – Danke für das einmütige Vertrauen für Genossen Lorenz.

Genosse Rauchfuß – Sekretär des Zentralkomitees, verantwortlich für den Bereich Wirtschaftspolitik sowie Handel und Versorgung, wofür wir ja bisher zwei Sekretäre hatten. Wer dafür ist, bitte ich um das Handzeichen. – Danke schön. Gegenstimmen? – Eine. – Stimmenthaltungen? – Keine. Somit ist das bestätigt.

Genosse Günter Schabowski – verantwortlich für den Bereich Agitation und Propaganda. Wer dafür ist, bitte ich um das Handzeichen. – Danke. Gegenstimmen? – Stimmenthaltungen? – Nicht der Fall, so beschlossen.

Zuruf: Eine Stimmenthaltung!

Eine Enthaltung, Genosse Axen.

Genosse Günter Sieber – Sekretär des Zentralkomitees. Wer dafür ist, bitte ich um das Handzeichen. – Gegenstimme? – Stimmenthaltungen? – Ist nicht der Fall, so beschlossen.

Werner Walde. Da ist jetzt die Frage: Sekretär des Zentralkomitees, verantwortlich für den Bereich Landwirtschaft und Umweltschutz. Bitte, Genosse.

NN: Ich bitte um eine Erklärung von Genossen Werner Walde. Und da sich Hannes Chemnitzer erklärt hat, daß er, ungeachtet der Gespräche, die der Generalsekretär mit ihm geführt hat und seines Gesundheitszustandes, bereit ist, sich dieser Aufgabe zu stellen, den Vorschlag unterbreiten, Genossen Hannes Chemnitzer zum Sekretär für Landwirtschaft zu wählen. *(Beifall)* Er kann auf diesem Gebiet, wir alle haben ihn hier im Zentralkomitee auch kennengelernt, wie er sich in diesen Fragen profiliert hat, und in seiner Tätigkeit in Neubrandenburg, der ja nun wirklich ein Bezirk vorwiegend mit Landwirtschaft ist, hat er Erfahrungen in ausreichendem Maße gesammelt. Und außerdem kommt er aus Gera. *(Heiterkeit)*

Vors. Egon Krenz: Damit könnte ich einverstanden sein, obwohl ich es bedaure, daß wir uns gestern abend nicht so einigen konnten, dann hätte ich ihn nämlich vorgeschlagen, auch für die Wahl als Kandidaten des Politbüros.

Zuruf: Das können wir noch nachholen!

Nein. Bitte.

NN: Ich stelle den Antrag, daß über die Kandidatur des Genossen Chemnitzer nachträglich als Kandidat des Politbüros abgestimmt wird.

Zurufe: Nein!

Vors. Egon Krenz: Bitte!

Moritz Mebel: Wir können das doch nicht einfach beugen. Wir haben ja eben davon gesprochen, der Genosse Chemnitzer, falls er als Sekretär gewählt wird, ist Sekretär des Zentralkomitees und er muß nicht unmittelbar Mitglied des Politbüros sein.

Vors. Egon Krenz: Also stimmen wir ab. Es gibt einen Vorschlag, nachträglich über Genossen Chemnitzer als Kandidat des Politbüros abzustimmen, und es gibt einen dagegen. Also stimmen wir ab. Wer dafür ist, daß Genosse Chemnitzer zusätzlich zu den gewählten Mitgliedern …

Margarete Müller: Egon, darf ich vielleicht noch mal?

Vors. Egon Krenz: Bitte!

Margarete Müller: Ich wäre sehr dafür, aber dann bitte ich doch das Zentralkomitee zu überlegen, ob aus dem Bezirk Neubrandenburg dann zwei die Landwirtschaftspolitik bestreiten. Ich würde dann sehr gerne zurücktreten.

Zurufe: Nein!

Ich möchte nicht, daß dann irgendwie was herauskommt, hier wird die Landwirtschaftspolitik aus einem Bezirk gemacht.

Vors. Egon Krenz: Nein. Also Genosse Chemnitzer würde sowieso nicht im Bezirk bleiben. Diese Frage wird nicht verbunden. Aber ich bin laut Statut verpflichtet, über die Frage abstimmen zu lassen, weil ein Antrag gestellt worden ist, Genossen, und dazu verpflichtet mich das Statut. Wer also dafür ist, Genossen Chemnitzer zum Kandidaten des Politbüros zu wählen, bitte ich um das Handzeichen. – Danke schön. – Gegenstimmen? – Eins, zwei, drei, vier, fünf, sechs, sieben Gegenstimmen.

Zuruf von Edwin Schwertner: Zehn Gegenstimmen.

Drei, vier, fünf Stimmenthaltungen.

Zuruf: Und acht Enthaltungen!

So, Genossen, sowas kommt aus Unentschlossenheit. So, das heißt, wir müssen jetzt abstimmen, daß Genosse Walde von der Liste als Sekretär des Zentralkomitees zurückgezogen wird und Genosse Chemnitzer zum Sekretär für Landwirtschaft gewählt wird.

Siegfried Lorenz: Genosse Krenz, es kommt jetzt eine unglückliche Situation. Wir haben über Genossen Walde abgestimmt unter der Voraussetzung zunächst einmal, daß er Kandidat des Politbüros wird, unabhängig ob er Erster Sekretär bleibt oder Sekretär des Zentralkomitees wird. Wenn wir jetzt eine neue Frage haben, müßten wir erst darüber entscheiden, wer wird Sekretär des Zentralkomitees für Landwirtschaft. Entscheiden wir uns für den Genossen Walde, erübrigt sich eine weitere Abstimmung über eine Kandidatur des Genossen Chemnitzer im Politbüro. Entscheiden wir uns für Genossen Chemnitzer, muß die Frage seiner Wahl als Kandidat des Politbüros noch mal zur Diskussion gestellt werden.

Widerspruch im Saal: Nein! – (Klingel des Vorsitzenden)

Vors. Egon Krenz: Also, zur Debatte stand: Genosse Walde zum Sekretär des Zentralkomitees zu wählen. Wer dafür ist, bitte ich um das Handzeichen. – Eins, zwei ...

Zuruf: Nein!

Ja natürlich!

Zuruf: Richtig!

Ist richtig. Ich muß hier doch abstimmen über die Vorschläge, Genossen. Eins, zwei, drei, vier, fünf. Danke schön. Damit bleibt Genosse Walde Kandidat des Politbüros – *(Unruhe)* – und wird nicht Sekretär des Zentralkomitees. Jetzt steht die Frage: Wer dafür ist – oder: Da wir die Fragen nicht an Genossen Chemnitzer gestellt haben: Gibt es Fragen an Genossen Chemnitzer? Bitte!

NN: Ich möchte nur noch eine Bemerkung machen. Ich kenne etwas den Bezirk Neubrandenburg. Ich verstehe die Sorgen, die Genosse Johannes Chemnitzer geäußert hat. Aber ich weiß auch, daß Genosse Chemnitzer durch seine Arbeit, durch sein Auftreten, durch seinen Charakter, durch seine Bescheidenheit, durch die Art und Weise, wie er aufgetreten ist im Bezirk Neubrandenburg nicht nur in der Parteiorganisation ein außerordentlich hohes menschliches Ansehen genießt, so daß er sich darüber hinwegsetzen sollte, daß es jetzt Gegner gibt.

Vors. Egon Krenz: Jawohl! Wenn wir davon ausgehen, Genossen, über wen was gesagt wird, dann dürfte ich hier überhaupt nicht weiterreden.

Zuruf: Richtig!

Genosse Chemnitzer, noch Bemerkungen?

Zuruf: Nein!

Wer also dafür ist, Genossen Hannes Chemnitzer zum Sekretär des Zentralkomitees zu wählen, bitte ich um das Handzeichen. – Danke schön. Gegenstimmen? – Stimmenthaltungen? – Nicht der Fall.

Zuruf: Doch, eine!

Eine Stimmenthaltung. Damit ist die Frage entschieden.

Zuruf: Ich stelle einen Antrag, ihn jetzt nachträglich als Kandidat – Zurufe: Ist doch gewählt! (Unruhe, Heiterkeit) – Zuruf: Bitte um Entschuldigung! (Klingel des Vorsitzenden)

Das war – *(lacht)* – jetzt ein Mißverständnis.

Wer dafür ist, Genossen Hans-Joachim Willerding zum Sekretär des Zentralkomitees, verantwortlich für internationale Fragen, zu wählen, bitte ich um das Handzeichen. – Danke schön. Gegenstimmen? Stimmenthaltungen? – Das ist nicht der Fall. Einstimmig beschlossen. Für die Leitung des Bereiches Kultur wird Genosse – bitte?

Zuruf von Hermann Kant: Ich möchte dazu etwas sagen!

Ja, ich muß ja erst aussprechen. *(Heiterkeit)*

Zuruf von Hermann Kant: Ja, ich habe mich nur gemeldet, habe dich nicht unterbrochen!

Ach so. Für den Bereich Kultur wird Genosse Klaus Höpcke vorgeschlagen. Wer möchte sich dazu äußern? Genosse Kant!

Hermann Kant: Liebe Genossinnen und Genossen! Ich muß euch mit einer komplizierten Angelegenheit behelligen. Ich bitte nämlich darum, die Leitungen der beiden Kommissionen vorerst – ich werde das gleich begründen – kommissarisch zu besetzen. Aus der Tatsache, daß der Bereich Kultur nicht bereits mit einem Mitglied des Politbüros versehen wird, schließe ich, daß der eine oder andere die Absicht hat, den vorgeschlagenen Vorsitzenden der Kommission eventuell in diese spätere Funktion zu empfehlen.

Dazu habe ich etwas zu sagen. Ich kenne den Genossen Klaus Höpcke sehr, sehr lange, und zwar eigentlich immer von seinen positivsten Seiten her. Wir haben manches miteinander ausgefochten gegen Leute, die nicht unsere Freunde sind. Also von daher gibt es nur Zustimmung von mir. Aber ich kann dem ZK gegenüber nicht verschweigen, daß es auch eine Seite gibt, die stark genug ist, um zu bitten, zwischen dem Parteitag, von dem ich hoffe, daß wir ihn bald haben, und diesem heutigen Beschluß einen Punkt zu setzen, ein Pünktchen, ein Fragezeichen, ein Bedenkzeitzeichen für den Genossen Höpcke. Die Seite, die ich meine, ist eine sehr ausgeprägte Neigung zur, sagen wir mal, Selbstdarstellung, was in dem äußerst sensiblen Bereich der Kultur, der Künste, mit dem wir ja zur Zeit alle sehr viel zu tun haben, natürlich eine nicht ganz unwichtige Angelegenheit ist. *(Beginnende Unruhe)*

Ich habe am Beginn der letzten Woche in der »Jungen Welt« gelesen, wie eine Mitarbeiterin – *(Wachsende Unruhe, Klingel des Vorsitzenden)* – aus dem Verlagswesen dem Genossen Höpcke auf seine einseitige, eine Seite große Erklärung im »Neuen Deutschland«, wofür er schon immer war, ein paar Fragen zu seiner Arbeit gestellt hat.[19] Ich bin sicher, er kann das alles konkret beantworten. Aber ich schlage vor, ihm ein gewisses Bedenkzeichen zu setzen, daß sozusagen bis zum Parteitag noch nicht feststeht, das also ist der künftige Mann im Bereich der Kultur und im Politbüro dafür.

Vors. Egon Krenz: Bevor der Genosse Höpcke die Frage beantwortet, möchte ich etwas zu deinem Antrag sagen. Auf dem nächsten Parteitag wird ohnehin ein neues Zentralkomitee und ein neues Politbüro gewählt, so daß all die Entscheidungen, die wir heute treffen, Entscheidungen sind bis zum Parteitag. Das trifft sowohl die Mitglieder und Kandidaten des Politbüros, Sekretäre als auch die gewählten Kommissionen.

Ich bitte aber um Verständnis, Genossen, wenn wir schon nicht für diese wichtigen Bereiche Kultur und Wissenschaft ein Mitglied des Politbüros bestimmen können, daß wir dann nicht noch vor das Wort »Leiter« »kommissarischer« Leiter setzen. Da bringen wir bloß die Partei durcheinander. *(Beifall)*

Zuruf: Natürlich!

Entweder wir entscheiden uns dafür, daß sie die Leiter dieser Kommissionen sind, und das bis zum Parteitag, oder wir müssen andere Lösungen vorschlagen. – Wer möchte sich äußern? Genosse Minetti!

Hans-Peter Minetti: Zu dem, was Hermann sagt, ihr kennt euch genauer oder intimer, aber auf der anderen Seite gibt es eine Tendenz zur Selbstdarstellung, möglicherweise schlägt da was von den Künstlern ins Ministerium für Kultur durch – *(Heiterkeit)* – und insofern ist das – Klaus, sei nicht einsam, aber ich möchte dann sagen, ich wünsche mir mehr Höpckes.

Zuruf: Ja, genau!

Vors. Egon Krenz: Danke schön. Es gibt jetzt einen Gegen-, nein, es war ja kein Gegenvorschlag. So. Bitte, Genosse Scheler!

Werner Scheler: Ich habe eine Frage. Sie bezieht sich auf die Leiter dieser Kommissionen. Wie sollen denn diese Kommissionen aussehen? Gibt es denn dazu Vorstellungen?

Vors. Egon Krenz: Es werden die Leiter der Kommissionen sein, die sich ja im wesentlichen auf die zuständigen Abteilungen des Zentralkomitees stüt-

19 Vgl. das Interview mit Klaus Höpcke, in: ND, 28./29. Oktober 1989, sowie den Artikel »Arten des Muts«, in: Junge Welt, 20. Oktober 1989.

zen. Es ist ja ein Kompromißvorschlag, Genosse Scheler, der damit zusammenhängt, daß ich keinen Vorschlag machen kann, diese Genossen in die Führung zu wählen, weil sie nicht Mitglieder des Zentralkomitees sind. Das ist der einzige Grund, und deshalb werden sie mit dieser Vollmacht des Zentralkomitees ausgestattet, um mit diesen Abteilungen des Zentralkomitees entsprechend zu arbeiten.

Zuruf von Hermann Kant: Aber entschuldige, Egon, dein Kurs Politbüro liegt doch an mit dieser Benennung.

Natürlich liegt der an, aber laut Statut können wir ihm nicht folgen. Bitte, Genosse Hager!

Kurt Hager: Ich würde vorschlagen, dem Gedankengang von Egon zu folgen. Der Parteitag wird über die Wahl eines oder mehrerer Genossen entscheiden, die für den Bereich Wissenschaft, Bildung und Kultur im Politbüro zuständig und verantwortlich sind. Jetzt kann man kein Provisorium machen, sondern jetzt sollte man Klaus Höpcke als Leiter der Kulturkommission einsetzen, wählen, und dabei kann er sich stützen auf die Arbeit der Abteilung Kultur, und er kann sich stützen auf die Kulturkommission, die bereits besteht und die man personell vielleicht hier und dort verändern könnte, aber ein Provisorium auf keinen Fall. *(Beifall)*

Vors. Egon Krenz: Also es gibt jetzt – bitte!

Egon Winkelmann: Ich bin auch für Klaus Höpcke, aber ich habe eine Frage: Wer leitet die Abteilung Kultur?

Vors. Egon Krenz: Die Frage, wer leitet die Abteilung Kultur, steht im Moment nicht zur Debatte. Genossin Ragwitz hat einen Brief an mich geschrieben, der noch nicht dem Politbüro vorgelegen hat, die Zeit war noch nicht dafür da. Diese Frage steht heute nicht zur Debatte. Das könnte die nächste Tagung des Zentralkomitees entsprechend zur Kenntnis nehmen bzw. beschließen. Möchtest du die Fragen beantworten, Klaus?

Klaus Höpcke: Ich will nicht die Ironie aufnehmen wegen der Selbstdarstellung. Es ist dieses Gespräch im »Neuen Deutschland« tatsächlich aufgrund der Tatsache gewesen, daß Harald Wessel vor zwei Jahren den schlimmen Artikel gegen den Film »Die Reue« geschrieben hatte[20], doch ein so starkes negatives Echo gekommen ist, daß ich einfach sagen muß, das hat der Genosse Wessel wie auch ich in dieser Tiefe, in diesem Umfang, wie integres Denken und Fühlen seinerzeit verletzt worden war, das muß ich einfach zur Kenntnis nehmen, so daß manche Leute –, ich habe zum Beispiel am Tag vor diesem Artikel in Leipzig diskutiert und habe anonymisiert über den Inhalt der Aussagen zur Kulturpolitik Zustimmung erhalten. In dem Moment, wo ich gesagt habe – im Zusammenhang mit einer Frage – mein Diskussionspartner war der Genosse Dr. Harald Wessel, gab's einen Sturm der Entrüstung. Also, Hermann, ich sehe das inzwischen auch, daß es anders gemacht hätte werden müssen.

20 Vgl. ND, 31. Oktober 1987.

Daß ich mich gelegentlich publizistisch äußere, das glaube ich, sollte meine Aufgabe sein, sowohl in der Arbeit, die ich bis jetzt gemacht habe, wie der, die hier zur Debatte steht. Und also die Äußerung, die ich in der »Jungen Welt« vom 21. September gemacht habe, derer schäme ich mich in keiner Weise, um es wenigstens so zurückhaltend hier zu sagen.

Was die Arbeit angeht, wonach weiter gefragt wurde: Kulturabteilung – das wird eben im Laufe der Arbeit zu überlegen sein, wen wir da als Leiter der Abteilung vorschlagen. Das wird dem Zentralkomitee selbstverständlich vorzulegen sein. Und ich meine auch, so wie Genosse Hager das gesagt hat, daß die Kulturkommission da ist und sicherlich in diesem oder jenem Punkt personell ergänzt oder umgeändert wird.

Vors. Egon Krenz: Ich möchte, weil diese Frage heute schon einmal in einem anderen Zusammenhang auftrat, noch folgendes dazu sagen, Genossinnen und Genossen: Wenn ein Genosse in die Parteiführung gewählt wird, so gehe ich davon aus – vielleicht ist das ein falsches Verständnis der Verantwortung, aber ich gehe davon aus –, daß die Parteiführung mit einer einheitlichen Stimme spricht. Das heißt, wenn es Probleme gibt, die ausgesprochen werden müssen, dann muß man sie in der Parteiführung selber ausdiskutieren. Die Tatsache, die wir in Vorbereitung dieses Plenums gehabt haben, würde ich als eine gewisse Ausnahmesituation betrachten, daß auch das Zentralkomitee sich stets gebunden fühlt an die Beschlüsse, die gefaßt worden sind. Und wenn wir das nicht machen, Genossinnen und Genossen – das will ich hier in aller Deutlichkeit sagen –, dann sehe ich große Schwierigkeiten für unsere Partei.

Zuruf: Sehr richtig! (Beifall)

Und deshalb wird Selbstdarstellung künftig immer verbunden sein mit der Darstellung der Politik der Partei. *(Beifall)*

Wenn wir uns so einigen können – und ich frage Klaus Höpcke, ob er bereit ist, unter diesen Bedingungen die Funktion anzunehmen –, wäre ich dafür.

Klaus Höpcke: Daran kann es keinen Zweifel geben.

Vors. Egon Krenz: Also ist die Sache in Ordnung. Wer dafür ist, daß Genosse Klaus Höpcke zum Leiter der Kulturkommission gewählt wird, bitte ich um das Handzeichen. Danke schön. Gegenstimmen? – Stimmenthaltungen? – Damit ist Klaus Höpcke einstimmig gewählt.

Die gleiche Frage steht für die Wahl des Genossen Gregor Schirmer zum Leiter der Kommission Wissenschaft und Volksbildung des Politbüros. Genosse Gregor Schirmer – gibt es Anfragen an ihn? Bitte!

Gerhard Holtz-Baumert: Ich würde für Gregor Schirmer sprechen. Ich komme – wie ihr wißt – aus dem literarischen Bereich, Gregor Schirmer aus dem wissenschaftlichen. Woher kenne ich ihn? Aus der Arbeit der Fraktion des Kulturbundes in der Volkskammer über mehrere Jahre. Und ich habe ihn dort sehr schätzen gelernt als einen ungeheuer sachlichen, zur Diskussion bereiten, menschlich sehr warmen, bescheidenen Genossen. Ich spreche sehr für ihn.

Vors. Egon Krenz: Genosse Neuner!

Gerhart Neuner: Ich spreche ebenfalls für Genossen Gregor Schirmer. Ich kenne ihn aus der komplizierten Arbeit zur Führung der Gesellschaftswissenschaften, aus der Ermutigung, die er uns gegeben hat, die Studien zum Parteitag so zu machen, daß wir Probleme und Fragen aufwerfen. Ich bin für ihn.

Vors. Egon Krenz: Genosse Scheler!

Werner Scheler: Ich bin für den Vorschlag, habe aber eine Frage: Es gibt eine Kulturkommission, aber es gibt keine Wissenschaftskommission. Ich glaube, es ist höchste Zeit, daß das Zentralkomitee darüber beschließt.

Vors. Egon Krenz: Wenn die Genossen einverstanden sind, sollten wir den Genossen Schirmer, falls wir ihn wählen, beauftragen, dem Politbüro eine solche Kommission zu unterbreiten, die dann der nächsten Tagung des Zentralkomitees zur Beschlußfassung vorgelegt wird. Einverstanden? – Gut. – Wer also damit einverstanden – bitte?

NN: Ich bin auch für den Vorschlag des Genossen Schirmer, würde aber bitten, da wir einen großen Bereich Naturwissenschaften auch haben, die auch entsprechende Erwartungen stellen in die Zusammensetzung der Parteiführung, daß wir in die Kommission Wissenschaft, die gebildet werden soll, dann auch eine Reihe von Naturwissenschaftlern aufnehmen, weil diese Frage sofort an uns gestellt wird.

(Unruhe)

Vors. Egon Krenz: Das ist eine Frage, die dann schon der nächsten Tagung des Zentralkomitees obliegt. Genosse Schirmer, bist du bereit, die Funktion zu übernehmen?

Gregor Schirmer: Ja, ich bin dazu bereit.

Vors. Egon Krenz: Wer dafür ist, den bitte ich um das Handzeichen. – Danke. Gegenstimmen? – Stimmenthaltungen? – Das ist nicht der Fall. Damit ist Genosse Schirmer einstimmig – bitte?

Otto Reinhold: Ich möchte – einstimmig gewählt …

Vors. Egon Krenz: … gewählt, ja.

Otto Reinhold: Ich möchte eine andere Frage aufwerfen, die auch in meiner Parteiorganisation diskutiert wird. Wir alle haben empfunden die Lähmung unserer Parteiführung in den letzten Monaten, in den Sommermonaten. Ich selbst war nicht in der Lage, in der Parteiorganisation und auch anderswo, wo ich diskutiert habe, Auskunft zu geben: Wer ist dann der 2. Sekretär? Wer vertritt dann überhaupt die Parteiführung? Es kann ein älterer Genosse krank werden, es kann ein jüngerer Genosse krank werden …

Zuruf von Moritz Mebel: Was wir nicht wünschen!

Was wir keinem wünschen, was ich Dir, Egon, vor allem nicht wünsche.

Zuruf von Egon Krenz: Also, ich kann dem Zentralkomitee sagen, daß mir die Ärzte beste Gesundheit bescheinigen.

Was ich für erforderlich halten würde und worüber ich zu beraten und nachzudenken bitte, wäre, einen wirklichen 2. Sekretär im Sekretariat des Zentralkomitees zu benennen, zu bestimmen.

Vors. Egon Krenz: Ich würde vorschlagen, Genossinnen und Genossen, diese Frage heute nicht zu entscheiden, sondern sie dem Politbüro zur Erörterung zu überweisen, damit sie dann besprochen werden kann und möglicherweise der nächsten Tagung des Zentralkomitees unterbreitet werden kann. Einverstanden?

Genossinnen und Genossen, damit haben wir nun wieder ein Politbüro und ein Sekretariat. Aus dem Politbüro sind entsprechend ihren Wünschen die Genossen Hermann Axen, Kurt Hager, Werner Krolikowski, Erich Mielke, Erich Mückenberger, Alfred Neumann, Horst Sindermann, Willi Stoph und Harry Tisch ausgeschieden. Bei allem, Genossinnen und Genossen, was kritisch über das gesamte Politbüro gesagt werden mußte, denke ich, haben wir unseren Kampfgefährten herzlich zu danken. Einige von ihnen standen unter Spaniens Himmel, im antifaschistischen Widerstand, in faschistischen Zuchthäusern mit ihrem Leben für die Ideale ihrer Weltanschauung ein. Sie sind als Aktivisten der ersten Stunde in den Trümmern des Krieges, als die DDR nicht mehr als eine Vision war, mit allen am Frieden und an einer neuen Gesellschaft interessierten Kräften die ersten schweren Schritte zum Neubeginn gegangen. Sie haben den Aufbau des Sozialismus in der DDR mit organisiert und seine gute Entwicklung in vielen Jahren mitgeprägt. Sie alle haben Grund, Genossinnen und Genossen, mit erhobenem Haupt den Dank unserer Partei, unseres Zentralkomitees und unsere besten Wünsche für ihre Gesundheit entgegenzunehmen. *(Beifall)*

Und ich denke, wir schließen in diesen Dank für die geleistete Arbeit auch die Genossen ein, die wir heute nicht wieder in die Parteiführung gewählt haben. Genossinnen und Genossen! Wenn es eure Zustimmung findet, treten wir jetzt in eine halbstündige Pause, sagen wir ruhig in eine 35minütige Pause ein und setzen fort um 12.30 Uhr.

Zuruf: Es gibt noch eine Wortmeldung.

Bitte!

NN: Es steht zu Recht die Frage, auch von dir, ob nicht das Zentralkomitee darüber befinden sollte, was über das, was heute hier in der Tagung des Zentralkomitees heute nachmittag und an den folgenden Tagen besprochen und zum Ausdruck gebracht wird, an die Öffentlichkeit geht, der Öffentlichkeit kundgetan wird, und was vorbehalten bleibt der internen Diskussion des Zentralkomitees. Ich glaube, das bedarf einer grundsätzlichen Entscheidung und darf nicht einzelnen Genossen überlassen sein.

Vors. Egon Krenz: Ich hatte vor, das zu Beginn der nächsten Sitzungsstunde bekanntzugeben. Aber da die Frage aufgeworfen ist, möchte ich folgende Vorschläge unterbreiten. Es wird vorgeschlagen:

1. Die Rede des Generalsekretärs und die gesamte Diskussion der Plenartagung werden im »Neuen Deutschland« im Wortlaut veröffentlicht, soweit die Autoren nicht selbst Vorschläge zur Kürzung unterbreiten. Die Rede wird im Wortlaut von ADN in das In- und Ausland gesendet. Über die Diskussion im Plenum werden von ADN Kurzfassungen gegeben, die sich auf die durch die Diskussionsredner autorisierte Fassung stützen. Also: Für alles, was aus den

Diskussionsbeiträgen nach draußen geht, ist der Redner letzten Endes selbst verantwortlich, er muß den Beitrag freigeben.[21]

2. Am Ende jeder Tagessitzung, also das wäre jetzt heute abend, werden Genosse Günter Schabowski sowie weitere Mitglieder des Zentralkomitees, die wir euch jeweils vor Abschluß der Beratung vorschlagen werden, vor der In- und Auslandspresse im Internationalen Pressezentrum über den Verlauf der Tagung informieren und entsprechende Fragen beantworten. Das wird deshalb notwendig sein, Genossinnen und Genossen, weil das Interesse für die Tagung außerordentlich groß ist und es sicherlich eure Zustimmung findet, daß wir die Presse nicht zu der Tagung und auch nicht in den Vorraum vorgelassen haben.

Zuruf: Richtig!

Das Zentralkomitee ist das Zentralkomitee, und ich denke, diese Souveränität müssen wir uns erhalten – trotz aller Anfragen, die es von allen Seiten gibt. Und das sollte auch in Zukunft so bleiben. Wir sollten bei aller Offenheit nicht unter dem Druck der Presse reden, sondern dem eigenen Gewissen verpflichtet sein.

Zuruf: Sehr richtig!

3. Eine Arbeit von Presse, Funk und Fernsehen hier im Tagungsraum – aha, habe ich schon vorweg genommen. Dann käme der nächste Punkt: Um eine kontinuierliche Berichterstattung im Laufe der Tagung über ADN, für Rundfunk und Fernsehen sowie für die In- und Auslandspresse zu gewährleisten, wird ADN vom Verlauf der Tagung in Meldungen berichten. Genosse Heinz Geggel wird dem ADN dafür Hinweise geben. Es wäre also zweckmäßig meiner Meinung nach, Genossinnen und Genossen, daß wir die Zusammensetzung des Politbüros und des Sekretariats einschließlich der beiden gewählten Vorsitzenden der Kommissionen jetzt schon bekanntgeben, damit eine klare Deutung da ist, daß wir eine Führung haben, die handlungsfähig ist. – Genosse Modrow.

Hans Modrow: Es geht um folgendes, Egon: Wir haben beim letzten Mal beim Kommuniqué die Debatte gehabt. Ich hatte einen Antrag, Genosse Hager hatte einen anderen gestellt. Jeder von uns weiß, wie unglücklich wir draußen mit diesen Formulierungen leben. Es ist nach meiner Meinung notwendig, daß die Formulierung über die Veränderung in der Parteiführung mit Beginn, spätestens um 14.00 Uhr, nach der Mittagspause formuliert vorgelegt wird, weil wir das Kommuniqué erst zum Schluß haben. Aber in diesem Falle müssen wir uns ja zu Formulierungen treffen. Nach meiner Meinung ist notwendig, daß wir zwischen dem, was wir uns hier in Kameradschaft und aller

21 Zur Presseberichterstattung vgl. ND, 9.,10. sowie 11./12. November 1989. Vgl. außerdem Schritte zur Erneuerung (1), Egon Krenz, Referat auf der 10. Tagung des ZK der SED. Aktionsprogramm der SED. Diskussionsreden, Berlin 1989; Schritte zur Erneuerung (2), Schriftlich eingereichte Diskussionsbeiträge. 10. Tagung des ZK der SED, 8. bis 10. November 1989, Berlin 1989. Diese Materialien enthalten jedoch zum einen nicht alle der gehaltenen Diskussionsbeiträge; zum anderen geben sie nicht das gesprochene Wort, sondern die vom Redner »freigegebene«, korrigierte Fassung der Beiträge wieder.

Verantwortung im Plenum zu sagen haben, als eine Sache sehen, aber auch wissen müssen, daß wir Formulierungen zu setzen haben, die dann zu den Kaderfragen draußen zu vertreten sind und die das ZK in gemeinsamer Abstimmung dann auch bestätigt.

Vors. Egon Krenz: Ich würde vorschlagen, wir werden nach draußen berichten, daß nach gründlicher Aussprache, denn das kann man ja sagen, wir haben zwei Stunden nur dieser Frage gewidmet, daß nach gründlicher Aussprache die Parteiführung in der Zusammensetzung gewählt worden ist und daß den ausscheidenden Genossen, und da müßte man die ausscheidenden Genossen noch einmal nennen, daß ihnen der Dank des Zentralkomitees ausgesprochen worden ist. Kann man so vorgehen? Ja? – Bitte!

NN: Kann man nicht einfach nur mitteilen, wie die Zusammensetzung des Politbüros ist, welches wir gewählt haben, und die beiden Kommissionen?

Zurufe: Sehr gut! Sehr richtig!

Vors. Egon Krenz: Nur das mitteilen?

Zurufe: Ja! Jawohl!

Bitte!

Moritz Mebel: Liebe Genossen! Ich möchte es nicht verschweigen, daß im Protokoll meine Bemerkung fehlt, nicht, weil es meine war, warum die beiden Genossen ihres Amtes eigentlich enthoben wurden.[22] Es ging um Genossen Mittag, ich habe persönlich nichts gegen ihn, und schon gar nichts gegen den Genossen Herrmann, aber wir stehen doch vor unseren Mitgliedern der Partei. Die wollen das wissen, und wenn das Politbüro geschlossen zurückgetreten ist, dann nicht, weil es unseren Dank hat, sondern weil es schwerwiegende Fehler getan hat, die auch wir mittragen. Dazu bekenne ich mich. Es wäre falsch, wenn wir diesen Satz hineinbringen würden. Wir kämen in eine unmögliche Situation vor der Partei, vor dem Volk.

Vors. Egon Krenz: Also, Linie für die Berichterstattung: Das Politbüro ist vor der Sitzung zurückgetreten mit den entsprechenden Bemerkungen, wie ich sie gemacht habe. Wenn ihr einverstanden seid, könnte man ja die Ausführungen, die ich dazu getroffen habe, könnte man ja veröffentlichen.

Zuruf: Genau! Jawohl!

Ja? Dann hat das Zentralkomitee das Politbüro in folgender Zusammensetzung gewählt und dann hat das Sekretariat das Politbüro – also das Zentralkomitee das Sekretariat in folgender Zusammensetzung gewählt. Einverstanden? *(Unruhe)*

Zuruf: Neu vorlegen!

Bitte?

Zurufe: Vorlegen! Lieber neu vorlegen!

Welche Formulierung neu vorlegen?

22 Die Frage Mebels und die Antwort Stophs (»weil sie ihren Aufgaben nicht gerecht geworden sind«) waren nicht in das gedruckte »rote« Protokoll der 9. ZK-Tagung aufgenommen worden (vgl. SAPMO-BArch, DY 30/IV 2/1/703).

Hans Modrow: Egon, du hast einleitend sehr herzliche Worte gesprochen zu den einzelnen Genossen, die ich teile, darüber rede ich nicht. Ich bitte, daß vorgelegt wird und stelle das als Antrag, die Formulierung, die gemacht wird zu den Veränderungen mit Kommentaren, die es dazu gibt. Der Beschluß zu den Personen ist einmütig gefaßt, aber die Kommentierung der Sache muß das ZK auch in Gemeinsamkeit vertreten.

Vors. Egon Krenz: Also, es wird vorgeschlagen, die Pause zu nutzen, damit Genosse Heinz Geggel formuliert den Teil, der über die erste Teilsitzung des Zentralkomitees gewesen ist. – Bitte?

Zuruf: Schabowski muß den Auftrag haben.

Der Genosse Geggel ist der Leiter der Abteilung Agitation, Mitglied des Zentralkomitees unserer Partei. Genosse Heinz Geggel, wo bist du? Hast du die ganze Debatte verfolgt?

Zuruf von Heinz Geggel: Jawohl!

Du kannst dem Zentralkomitee anschließend den Vortrag unterbreiten? Einverstanden?

Zuruf von Heinz Geggel: Jawohl!

Gut. – Dann machen wir jetzt bis 12.30 Uhr Pause.

Egon Krenz leise am Präsidiumstisch: Ich laß'mir doch nicht dauernd von Modrow dazwischen …

(Pause bis 12.30 Uhr)

Vors. Egon Krenz: Genossinnen und Genossen! Am 18. August 1989 verstarb im Alter von 66 Jahren nach schwerer Krankheit unser Genosse Horst Brasch. *(Die Anwesenden erheben sich von ihren Plätzen.)* Mit Genossen Brasch hat unsere Partei einen standhaften Kommunisten und glühenden Internationalisten verloren. Von den Hitlerfaschisten in die Emigration getrieben, nahm er schon in frühester Jugend als Mitglied der Gruppe der KPD, als politischer Leiter der Deutschen Jungkommunisten und als Vorsitzender der antifaschistischen Jugendkommission Freie Deutsche Jugend in Großbritannien aktiv am Kampf gegen Faschismus und Krieg teil.

Als Aktivist der ersten Stunde gehörte Genosse Brasch zu den Begründern der Freien Deutschen Jugend, war Minister für Volksbildung in der Landesregierung Brandenburg, Zweiter Sekretär der SED-Bezirksleitung Karl-Marx-Stadt und Staatssekretär im Ministerium für Kultur. In den letzten eineinhalb Jahren seines Lebens hat Genosse Brasch als 1. Vizepräsident und Generalsekretär der Liga für Völkerfreundschaft sich große Verdienste bei der Stärkung des internationalen Ansehens der DDR, der Festigung der Völkerfreundschaft und des Friedens erworben.

In jeder Funktion, die ihm die Partei übertrug, kämpfte Genosse Horst Brasch unermüdlich für die Durchführung der Beschlüsse der Partei und für die Entwicklung des Sozialismus in der DDR. Als im politischen Kampf erfahrener Kommunist hat er seine Aufgaben stets im Interesse des Wohls und des Glücks der arbeitenden Menschen erfüllt. Unsere Partei wird Genossen Horst Brasch ein bleibendes Andenken bewahren. Ihr habt euch zu Ehren unseres Genossen Horst Brasch von den Plätzen erhoben. Ich danke euch. *(Die Anwesenden nehmen wieder Platz.)*

Wir haben die Aufgabe, das Protokoll der 9. Tagung zur Kenntnis zu nehmen.

Edwin Schwertner: *(Liest vor:)* »Protokoll der 9. Tagung des ZK der SED am 18. Oktober 1989. Zu Beginn gab Genosse Erich Honecker eine Erklärung ab und bat, ihn aus gesundheitlichen Gründen von seinen Funktionen zu entbinden.

Zur Diskussion sprachen acht Genossen: die Genossen Moritz Mebel, Manfred Ewald, Hans Modrow, Hans-Joachim Hoffmann, Manfred Banaschak, Günter Schabowski, Heinz Keßler, Kurt Hager. Genosse Egon Krenz, Generalsekretär des ZK der SED, sprach zur aktuellen politischen Lage und zu den Aufgaben der Partei.

Beschlußfassung:

1. Das Zentralkomitee entsprach der Bitte des Genossen Erich Honecker und dem Vorschlag des Politbüros und entband ihn von der Funktion des Generalsekretärs des Zentralkomitees, als Mitglied des Politbüros und des Sekretariats, vom Amt des Vorsitzenden des Staatsrates und von der Funktion des Vorsitzenden des Nationalen Verteidigungsrates. Die Abstimmung erfolgte mit einer Gegenstimme.

Das Zentralkomitee würdigte das langjährige Wirken des Genossen Erich Honecker für die Partei und die Deutsche Demokratische Republik und sprach ihm für sein politisches Lebenswerk den herzlichen Dank aus.

2. Auf Vorschlag des Politbüros wurde Genosse Egon Krenz einstimmig zum Generalsekretär des Zentralkomitees der Sozialistischen Einheitspartei Deutschlands gewählt.

3. Der Volkskammer der DDR ist der Vorschlag zu unterbreiten, Genossen Egon Krenz, Generalsekretär des ZK der SED, zum Vorsitzenden des Staatsrates und zum Vorsitzenden des Nationalen Verteidigungsrates der DDR zu wählen.

4. Die Genossen Joachim Herrmann und Günter Mittag wurden von ihren Funktionen als Mitglied des Politbüros und Sekretär des Zentralkomitees der SED entbunden. Die Abstimmung erfolgte mit einer Stimmenthaltung.

5. Der Volkskammer der DDR ist der Vorschlag zu unterbreiten, Genossen Günter Mittag aus der Funktion des Stellvertreters des Vorsitzenden des Staatsrates abzuberufen.

6. Das Politbüro wurde beauftragt, der nächsten Tagung des Zentralkomitees Vorschläge zur Festlegung der persönlichen Verantwortung im Politbüro und im Sekretariat des ZK sowie der notwendigen personellen Veränderungen zu unterbreiten.

7. Die Rede des Genossen Egon Krenz wurde einstimmig bestätigt.

8. Das Kommuniqué der 9. Tagung des Zentralkomitees wurde nach Diskussion bestätigt.«

Vors. Egon Krenz: Gibt es Fragen zum Protokoll, Genossen? – Das ist nicht der Fall. Damit ist das Protokoll bestätigt.

Entsprechend des Auftrages, den uns das Zentralkomitee gegeben hat, hat Genosse Schabowski jetzt das Wort.

Günter Schabowski: Genossen! Wir schlagen euch folgende Formulierung für die Information über die Wahl des neuen Politbüros durch das Zentralkomitee vor:

»Das Zentralkomitee der SED hat auf seiner 10. Tagung am Mittwoch in Berlin ein neues Politbüro gewählt. Das bisherige Politbüro war, wie zuvor Generalsekretär Egon Krenz mitgeteilt hatte, geschlossen zurückgetreten. Entsprechend einer Entscheidung des Zentralkomitees wurde über die vorgeschlagenen Mitglieder und Kandidaten des Politbüros einzeln abgestimmt. Als Generalsekretär wurde Egon Krenz einstimmig gewählt.«

Und jetzt haben wir eine Form des vereinfachten Aufrechnens finden müssen, weil nicht in jedem Falle die Zahl der Stimmenthaltungen genau feststellbar war und weil im allgemeinen bei solchen Abstimmungen entscheidend ist, daß man sagt, ist einstimmig gewählt worden oder mit Mehrheit gewählt worden. Es kommt – wir nennen die Zahlen, ja, ich will nur andeuten, warum wir das in dieser etwas vereinfachten Form gemacht haben. Ihr hört euch das an und urteilt selbst darüber.

»Weiterhin wurden von den 157 anwesenden stimmberechtigten Mitgliedern des ZK folgende Mitglieder des Politbüros gewählt: Hans-Joachim Böhme (mit 91 Stimmen), Werner Eberlein, der zugleich zum Vorsitzenden der Zentralen Parteikontrollkommission gewählt wurde (einstimmig), Wolfgang Herger (einstimmig), Werner Jarowinsky (mit drei Gegenstimmen), Heinz Keßler (mit zwei Gegenstimmen), Siegfried Lorenz (einstimmig), Hans Modrow, der dem Zentralkomitee gleichzeitig als Kandidat für die Funktion des Vorsitzenden des Ministerrates vorgeschlagen wurde (mit einer Gegenstimme), Wolfgang Rauchfuß (mit vier Gegenstimmen), Günter Schabowski (einstimmig), Gerhard Schürer (ohne Gegenstimmen bei sieben Stimmenthaltungen).

Zu Kandidaten des Politbüros wurden gewählt: Inge Lange (mit zehn Gegenstimmen), Margarete Müller (einstimmig), Günter Sieber (einstimmig), Werner Walde (mit fünf Gegenstimmen), Hans-Joachim Willerding, der zuvor einstimmig zum Mitglied des Zentralkomitees gewählt worden war (einstimmig).

Zu Sekretären des Zentralkomitees wählte das Plenum: Egon Krenz zum Generalsekretär, Johannes Chemnitzer ... *(Unruhe)*

Zuruf: Chemnitzer fehlt im Politbüro!

Oh, oh, oh, habt ihr recht. »Zu Kandidaten des Politbüros wurden gewählt« muß Hannes Chemnitzer selbstverständlich mit rein und zwar als erster. Wir würden denn, Genossen, also genauso in der Formulierung verfahren wie bei den anderen Genossen, das heißt, ich hab' jetzt nicht die exakte Zahl vorliegen; ob es einstimmig war, kann ich nicht sagen. Heinz, war einstimmig?

Zuruf von Heinz Geggel: Einstimmig!

Einstimmig. Also: Zu Kandidaten des Politbüros wurden gewählt als erster in der Liste der Kandidaten des Politbüros alphabetisch Johannes Chemnitzer in Klammern einstimmig und dann weiter Inge Lange und so fort.

Also: »Zu Sekretären des Zentralkomitees wählte das Plenum: Egon Krenz, Johannes Chemnitzer, Wolfgang Herger, Inge Lange, Siegfried Lorenz, Wolfgang Rauchfuß, Günter Schabowski, Günter Sieber, Hans-Jochen Willerding.«

So, Moment, Sekunde bloß – aha. – »Da laut Statut der Partei« – das haben wir ein bißchen geändert – »da laut Statut der Partei keine Persönlichkeit, die bisher nicht dem Zentralkomitee angehört, in das Politbüro oder das Sekretariat gewählt werden kann – und zu dieser Frage dort erst der Parteitag entscheiden kann –, beschloß das Plenum, Klaus Höpcke zum Leiter der Kulturkommission beim Politbüro und Gregor Schirmer zum Leiter der Kommission Wissenschaft und Volksbildung beim Politbüro zu wählen. Entgegen dem ursprünglichen Vorschlag« – letzter Satz – »wurden folgende Genossen nicht als Mitglieder bzw. als Kandidaten des Politbüros gewählt:« – es folgen die Namen Horst Dohlus, Günther Kleiber, Gerhard Müller.

Vielleicht lese ich noch einmal diese Formulierung vor, weil die –

Vors. Egon Krenz: – man muß drei Dinge noch machen. Erstens: Man muß reinnehmen, daß das Politbüro geschlossen zurücktrat und einstimmig durch das Zentralkomitee bestätigt worden ist, daß zuvor die Mitglieder des Politbüros, die den Antrag gestellt hatten, aus eigenem Willensentschluß, ja, dem Zentralkomitee – das ist, glaube ich, ein Unterschied, das muß man mitteilen – daß diese Genossen vorher um Entlastung gebeten hatten. Es ist ja ein Unterschied, ob man vorher bittet oder ob man nachher nicht gewählt wird. Diesen Unterschied würde ich doch bitten zu machen. Und dann muß man machen bei Jochen Willerding »vom Kandidaten des ZK zum Mitglied des ZK«, weil er ja Kandidat des ZK war. Und dann muß man machen nicht »eine Persönlichkeit«, keine Persönlichkeit, sondern: kein Mitglied der Partei. Persönlichkeiten sind wir alle, ja, aber wir sind Mitglieder der Partei. Also diesen …

Günter Schabowski: Ja. *(schreibt, Unruhe)* Sekunde noch mal … *(Unruhe)*

Zuruf: Chemnitzer ist als Sekretär nicht genannt.

Doch, doch. Egon, darf ich nur noch mal an die Formulierung erinnern, die erwähnt wurde, die vielleicht doch ausreicht: »Das bisherige Politbüro war, wie zuvor vom Generalsekretär mitgeteilt, geschlossen zurückgetreten.« Da fügen wir jetzt nur noch den Satz ein –

Vors. Egon Krenz: – und da fügen wir ein, daß in Vorbereitung der ZK-Tagung hatten die und die Genossen dem Generalsekretär mitgeteilt –

Günter Schabowski: – daß sie dem ZK den Vorschlag unterbreiten, sie von ihrer Funktion als Mitglieder des Politbüros zu entbinden.

Vors. Egon Krenz: Genosse Jahn!

Günther Jahn: Ist es klug, hier schon vom Ministerpräsidenten, Vorsitzenden des Ministerrates zu sprechen? *(Unruhe)*

Willi Stoph: Wenn ihr reinschreibt: mit der Beschlußfassung des ZK, der Volkskammer zu empfehlen, den Genossen Modrow und so weiter …

Hans Modrow: Das steht aber nicht in dem Text, wo zu meiner Funktion Politbüromitglied steht.

Günter Schabowski: Der kommt unten ran –

Zuruf: Extra!

– müssen wir trennen.

Zurufe: Jawohl! Richtig!

Ich würde so sagen …

Vors. Egon Krenz: Also Genossen, ich weiß nicht, es war ja ein Auftrag gegeben, sich grundlegend zu halten an das, was ich hier gesagt hatte, weil manches dort klarer gesagt war. Aber jetzt müßte ja dann hier das Politbüro in seiner Zusammenfassung und dann das Sekretariat in seiner Zusammenfassung und dann müßte man sagen, daß das Zentralkomitee bei Neubildung der Regierung vorschlägt, der Volkskammer vorschlägt, Genossen Modrow zum Vorsitzenden des Ministerrates zu wählen und bei Neuwahl des Präsidiums der Volkskammer Genossen Jarowinsky zum 1. Vizepräsidenten zu wählen.

Ist das – sind die Staatsrechtler, die hier sind –, gibt's da Einwände?

Zuruf: Vorzuschlagen!

Vorzuschlagen. Gut. Bitte, Genosse Hager.

Kurt Hager: Mir ist das peinlich, das hier zu sagen – *(Unruhe, Klingel des Vorsitzenden)* – du hast ursprünglich in der Rede, im Text der Rede, einen Abschnitt gehabt, den du jetzt bei der Wahl der Mitglieder und Kandidaten des Politbüros fortgenommen hattest und wo du sprichst über jene Genossen, die von sich aus den Antrag gestellt haben auszuscheiden, und wo du nach meiner Meinung sehr würdig über das Leben und den Kampf dieser Genossen sprichst. Wird man das nun verschweigen oder wird man das veröffentlichen? Wird unsere Partei imstande sein, Genossen, die jahrzehntelang gekämpft haben, einen Dank auszusprechen, oder werden wir das ganz intern zur Kenntnis nehmen? Das ist meine Frage.

Vors. Egon Krenz: Ich hatte mich dazu eindeutig geäußert. Bitte schön.

Günter Schabowski: Ich habe jetzt ja nur vorgelesen die Mitteilung über die Wahl. Und im Anschluß an die Mitteilung der Wahl kommt die Rede oder kommen die Ausführungen, die der Generalsekretär gemacht hat. Danach, also weil doch, oder noch einfacher, sagen wir als Informationstechnologie die Tatsache vorne ranstellen sollte, käme danach: »Zu Beginn der Plenartagung hatte Egon Krenz erklärt« – und dann kommt im vollen Umfange – bis auf diese Bemerkungen, wer ist für die Abstimmung im Block usw. – selbstverständlich kommen die Ausführungen des Generalsekretärs, und die lautet, also die von dir hier erwähnte Stelle würde lauten: »Egon Krenz teilte mit, daß aus dem Politbüro entsprechend ihrem eigenen Wunsch Hermann Axen, Kurt Hager, Werner Krolikowski, Erich Mielke, Erich Mückenberger, Alfred Neumann, Horst Sindermann, Willi Stoph und Harry Tisch ausgeschieden sind. Wir alle, Genossinnen und Genossen, haben unseren Kampfgefährten herzlich zu danken. Einige von ihnen standen unter Spaniens Himmel, im antifaschistischen Widerstandskampf, in faschistischen Zuchthäusern mit ihrem Leben für die Ideale ihrer Weltanschauung ein. Sie sind als Aktivisten der ersten Stunde in den Trümmern des Krieges, als die DDR nicht mehr als eine Vision war, mit allen am Frieden und an einer neuen Gesellschaftsordnung interessierten Kräften die ersten schweren Schritte zum Neubeginn gegangen. Sie haben den Aufbau des Sozialismus in der DDR mit organisiert und seine gute Entwicklung in vielen Jahren mitgeprägt. Die Erneuerung unserer Gesellschaft, die Rolle« und so weiter – jetzt geht es dann – also die kommt voll, diese Formulierung, ja, die kommt voll!

Vors. Egon Krenz: Einverstanden, Kurt?

Kurt Hager: Gut.

Günter Schabowski: Und ist auch Verständnis dafür, daß wir den eigentlichen Wahlvorgang und seine Resultate so davorstellen, ja? Sonst, wie gesagt, ist es zu kompliziert.

Vors. Egon Krenz: Genosse Brünner.

Horst Brünner: Ich habe eine kurze Frage. Wenn im Kommuniqué mitgeteilt wird, Vorschlag des ZK an die Volkskammer bezüglich Ministerpräsidenten und 1. Vizepräsidenten des Vorsitzenden, werden wir heute abend die Frage gestellt bekommen, ob wir auf den Präsidenten der Volkskammer verzichten als Fraktion der SED.

Zuruf: Richtig!

Ist das klar, daß wir das dann mit ja beantworten? Für mich eine Frage, ob wir das heute schon so sagen müssen.

Vors. Egon Krenz: Es gibt ein Problem. Daß wir darauf verzichten würden, wenn wir das ankündigen, und die Leute das entnehmen, wäre vielleicht gar nicht das Verkehrteste. Aber es gibt jetzt, soweit ich weiß, nicht den Begriff des 1. Vizepräsidenten – *(Unruhe)*

Zuruf: Es gibt nur Stellvertreter!

– es gibt nur Stellvertreter des Präsidenten, und insofern würden wir damit, ohne uns mit den Blockfreunden abzustimmen, eine neue Funktion schaffen. Deshalb lassen wir das möglicherweise bei Präsident Volkskammer weg, weil ja der Volkskammerpräsident noch amtiert. Im Unterschied – aber die Regierung ist ja zurückgetreten – *(Zurufe)* – ja, amtiert weiter. Kann man so verfahren?

Günter Schabowski: Also wir lassen den Vorschlag 1. Vizepräsident weg –

Vors. Egon Krenz: – jawohl!

Günter Schabowski: Eine andere Möglichkeit wäre zu sagen, für das Präsidium der Volkskammer vorzuschlagen –

Zurufe: Nein!

– und dann – *(Unruhe)*

Zurufe: Nein! – Zuruf von Siegfried Lorenz: Völlig weg; das wirft mehr Fragen auf!

Vors. Egon Krenz: So, Genossen, ich bitte doch, daß wir bald zur Sache kommen. Bitte schön!

NN: Wie verfahren wir mit den beiden Kommissionen? Folgt das noch? Dazu möchte ich unter Umständen einen Vorschlag machen.

Vors. Egon Krenz: Bitte!

Günter Schabowski: »Da laut Statut der Partei«, also ich verlese die Formulierung zu den Kommissionen – »da laut Statut der Partei kein Mitglied, das bisher nicht dem Zentralkomitee angehört, in das Politbüro oder das Sekretariat gewählt werden kann und in dieser Frage erst der Parteitag entscheiden kann« …

Vors. Egon Krenz: Nein, ich hatte da gesagt, daß ich eine exaktere Formulierung gemacht hatte. In meiner Rede war drin, daß entsprechend dem Statut das Zentralkomitee keine Möglichkeit hat zu kooptieren. *(Unruhe)*

Zuruf: Brauchen wir das denn?

Günter Schabowski: Es geht bloß darum, daß wir …

Vors. Egon Krenz: Moment. Wenn ihr für wahrheitsgemäße Informationen seid, dann muß man für das sein, was ich gesagt hab'! – Ja, bitte!

NN: In der Mitteilung könnten wir sicherlich darauf verzichten. Ich denke, nach dem Statut ist nicht gefordert, daß ein Leiter einer Kommission unbedingt ein Mitglied des Politbüros sein muß. Deswegen …

Vors. Egon Krenz: Also, es wird vorgeschlagen, entnehme ich deinen Worten, einfach zu schreiben: Zum Vorsitzenden der Kulturkommission wurde der und der gewählt und zum Vorsitzenden der Bildungskommission der und der – ohne weitere Erklärung. – Einverstanden? *(Zustimmende Zurufe)* Bitte!

NN: Trotzdem bitte ich doch, die Meinung zu berücksichtigen: Da wir nur aus den Reihen der Mitglieder und Kandidaten des ZK wählen können, die Mehrheit der Mitglieder nun nicht gleich die Stelle im Statut kennt und erst recht nicht die Bevölkerung und enttäuscht darüber sein wird, daß wir nicht mehr neue Vorschläge bestätigt haben, doch darauf zu verweisen, daß das bis zum Parteitag gilt. *(Heftiger Widerspruch)*

Viele Zurufe: Nein!

Vors. Egon Krenz: Also Genossen, ich würde doch darum bitten, daß wir uns über jeden Vorschlag, den wir machen, auch in der Wirkung klar sind. Übergangskandidaten sollten wir nicht proklamieren. Bitte schön!

NN: Die Kommission sollte heißen: Kommission für Wissenschaft und Bildung, nicht Wissenschaft und Volksbildung.

Günter Schabowski: Ja, einverstanden, ist gut. Registriert!

Vors. Egon Krenz: So, und jetzt muß man sich wirklich überlegen, ob man einfach das so mitteilt – *(Zurufe)* – einfach so mitteilt, ja? Gut. Bitte schön!

NN: Ich möchte noch eine Frage stellen: Spricht etwas dagegen, diese Kommission zu nennen »Kommission für Wissenschaft, Bildung und Gesundheitswesen«?

Vors. Egon Krenz: Ja, da spricht dagegen, daß der normale Bürger auf der Straße nicht genau die Struktur des Parteiapparates durchschaut. Weil diese Verbindung ist ja hier bei uns im Zentralkomitee eine, die sich aus den Notwendigkeiten ergeben hat, und ich glaube, über Fragen der Struktur des Parteiapparates ist weiter nachzudenken, und das schließt nicht aus, daß Genosse Gregor Schirmer in dieser Zeit auch verantwortlich ist für die Anleitung der Abteilung Gesundheitswesen im Zentralkomitee. – Bitte!

Günter Pötschke: Ich möchte doch noch einmal zu bedenken geben, was die Formulierung mit beiden Kommissionen angeht, wenn wir es so machen, wie es vorgeschlagen wird, ich bin dafür, daß man es korrekter und verständlicher macht. Denn es wird sich sofort die Frage ergeben, wieso sind Kultur, Volksbildung und Wissenschaft nicht im Politbüro vertreten. Deshalb würde ich doch versuchen, eine Erklärung zu geben, warum für diese Verantwortungsgebiete Kommissionen gebildet werden. *(Unruhe)*

Vors. Egon Krenz: Also Genossen, ich möchte noch einmal sagen, ich hatte dazu eine konkrete Formulierung in meinem Vorschlag drin. Ich wiederhole das zum dritten Mal. *(Unruhe)* Ich habe leider meine Formulierungen weggegeben ...

Zuruf von Günter Schabowski: Genossen, das ist der außergewöhnlichen Lage geschuldet, ja.

Demokratie ist eine schwere Sache, jetzt verstehe ich manchen Dialog. Jetzt hat einer dafür und einer dagegen gesprochen, und ich möchte bitten, das zu verstehen, Genossen, jetzt wird vorgelesen, und wenn dann noch einer eine Bemerkung hat – sonst debattieren wir über Geschäftsordnungsfragen bis morgen früh.

Günter Schabowski: Egon, ich darf verlesen.

Vors. Egon Krenz: Bitte!

Günter Schabowski: Für die Leitung des Bereiches Kultur wird Genosse Klaus Höpcke und für die Bereiche Wissenschaft und Volksbildung ...

Zurufe: Bildung!

Entschuldigung, Entschuldigung, ich hab's jetzt eben – ist richtig. Aber ich bin entlastet: Ich verlese nur den Text der Rede von Genossen Krenz, ja – für die Bereiche Wissenschaft und Bildung der Genosse Professor Gregor Schirmer vorgeschlagen. Da jedoch beide nicht dem Zentralkomitee angehören und eine Kooptierung in das Zentralkomitee durch das Statut nicht vorgesehen ist, wird vorgeschlagen, sie zu Leitern folgender Kommissionen zu wählen und so weiter und so weiter. Sie würden damit ... *(Unruhe)* Moment ...

Vors. Egon Krenz: Was jetzt kommt, brauchen wir nicht weiterzusagen ...

Günter Schabowski: Moment, doch, doch – *(liest)* in diesen Funktionen an den Sitzungen – ach so, brauchen wir ja nicht – *(liest)* des Politbüros und Sekretariats – weil ja immer nur vom Bereich Kultur die Rede ist. Damit ist nicht gesagt, daß sie als Sekretäre oder anstelle von Sekretären fungieren. Also, wir können das so machen, wenn das allgemein verstanden wird. Das ist zwar nicht sehr viel weitergehender, als wenn wir das so formulieren, ja. Sonst müssen wir sagen: Sie werden an den Sitzungen des Politbüros und des Sekretariats teilnehmen. Und dann ist die Frage auch ... *(Unverständlicher Zuruf)*

Vors. Egon Krenz: Gut, einverstanden.

Günter Schabowski: Gut, verbleiben wir so, machen wir so, ja. *(Unverständlicher Zuruf)* Bitte?

Vors. Egon Krenz: Für die Wissenschaftler ist das schon nicht schlecht, daß wir wieder einen Professor haben. Würde ich so lassen. Gut. – Bitte? *(Unruhe, Klingel des Vorsitzenden)*

Lothar Stammnitz: Ich bin mir darüber im klaren, daß ich etwas Schwerwiegendes sage, wenn ich bitte, auf die Danksagung in dem jetzt verlesenen Text zu verzichten. Ich beziehe mich auf ein Wort, das du als Generalsekretär eben gesprochen hast, daß wir uns als Zentralkomitee der Wirkung jedes Satzes, den wir hier formulieren und als Zentralkomitee bestätigen, in der Partei und im Volke wirklich gewissenhaft zu überlegen haben.

Und ich muß hier sagen, daß ich hinter der Formulierung für die Genossen, vor allem für eine bestimmte Gruppe, voll stehe und die Formulierung im Zentralkomitee sogar bestehen lassen würde, aber die Diskussion zu den einzelnen Genossen, die hier ausgeschieden sind auch auf eigenen Wunsch, sind graduell so unterschiedlich und liegen in einer Schräglage von 100 bis 0,1 Prozent, daß nicht mit gleicher Weise allen Genossen gleicher Dank gesagt werden kann. Ich denke, bis zu den Drohungen, als es um die Gewerkschaftsführung ging, daß die Gewerkschaft gespalten wird durch die Gewerkschaftsmitglieder, wenn nicht der sofortige Rücktritt von Harry Tisch erfolgt. Ich kenne den Harry rein persönlich lange genug, aber ich glaube, in der Politik können nicht persönliche Sympathien oder Antipathien zählen, hier zählt, wie sich unsere Partei vor den Massen, vor der eigenen Mitgliedschaft abbildet, und wir bilden uns –

Zuruf von Egon Krenz: Darf ich dich mal ... Entschuldigung.

– und wir bilden uns mit dieser Formulierung nicht so ab, wie es die Leute von uns erwarten. Die erwarten kritische Haltungen von uns – *(Unruhe)* – die fordern Aufdeckung der Ursachen. Ich will nicht erklären, allein der Antrag des Genossen Hager das letzte Mal, die Formulierung aus welchen Gründen wegzulassen aus dem Kommuniqué bei den zwei Genossen Mittag und Herrmann, hat einen Riesenschaden gemacht. Und wir stehen doch den Genossen gegenüber in der Diskussion und müssen für jeden einzelnen erklären, nicht für eine Gruppe von zehn oder zwölf Genossen.

Vors. Egon Krenz: Ich möchte zwei Bemerkungen dazu machen. Die erste: Das Kollektiv der Parteiführung, das gesamte Politbüro, hat die Verantwortung übernommen. Das ist klar ausgedrückt worden. Und an anderer Stelle wurde gesagt, daß ausscheidenden Genossen der Dank ausgesprochen worden ist, und vielleicht entferne ich mich jetzt zu weit von dem, was du sagst, was die Massen fordern. Aber wenn unsere Partei nicht mehr in der Lage ist, denen zu danken, die unter spanischem Himmel gekämpft haben, dann sind wir weit genug gekommen. *(Beifall)*

Zuruf von Lothar Stammnitz: Ich habe über eine Differenzierung gesprochen.

Ja, ja, deshalb steht da: »einige von ihnen haben unter spanischem Himmel« und so weiter und so fort. Also, Genossen, ich bitte um Verständnis, aber wir müssen das miteinander trennen. Damit bin ich einverstanden. Aber daß wir hier nun nicht mal mehr ein Wort des Dankes an Genossen sagen, die vierzig Jahre und länger gearbeitet haben – ich weiß nicht, ob das die vielen fleißigen Kommunisten im Lande verstehen.

Zuruf: Das ist unanständig!

Politischer Anstand gehört auch in diese Zeit. Dafür bekenne ich mich voll.

Ich weiß nicht, ob man sich so einigen kann. Ich bin jetzt etwas emotional geworden. Aber, Genossen, ich bitte um Verständnis. Wo politische Notwendigkeiten vorliegen, bin ich gerne bereit, daß wir abstimmen. Bitte schön. Gibt es für den Vorschlag des Genossen Lothar Stammnitz Mehrheiten im Zentralkomitee?

Zuruf: Ich bin für deinen Vorschlag!

Wer dafür ist, daß wir den Dank des Zentralkomitees an die Genossen aussprechen, bitte ich um das Handzeichen. – Danke schön. Gegenstimmen? – Eins, zwei, drei, vier Gegenstimmen. Also bleibt so. Gut, Genossen. Noch was? – Ja bitte!

NN: Soweit ich das verstanden habe, wurde gesagt, daß der Genosse Chemnitzer als Kandidat des Politbüros einstimmig gewählt wurde?

Günter Schabowski: Ist nicht einstimmig gewählt worden. Ich hatte ja nicht die Angabe vorliegen: Zehn Gegenstimmen.

Vors. Egon Krenz: Also bleiben wir bei der Formulierung: »Ihnen wurde für die langjährige« und so weiter »Dank und Anerkennung ausgesprochen«.

Günter Schabowski: Dann müssen wir darüber entscheiden, ob wir also das referierend machen oder ob wir den Wortlaut bringen. Entschuldigung, also ...

Vors. Egon Krenz: Ich würde ...

Günter Schabowski: Also: »Egon Krenz teilte mit, daß entsprechend ihrem eigenen Wunsch die« – betreffenden – »Genossen ausgeschieden sind.« Nächster Satz: »Wir alle haben unseren ....

Vors. Egon Krenz: Ich würde das dann referierend machen, weil es sonst ....

Günter Schabowski: »Er sprach ihnen den Dank des Zentralkomitees für die geleistete Arbeit aus« – oder so.

Vors. Egon Krenz: »Das Zentralkomitee dankte den Genossen für« das und das ... *(Unruhe, Zurufe)*

Günter Schabowski: Geht ja nicht, das ist ja nicht – wir bringen doch deine Rede hier, ich kann doch nicht plötzlich einen Satz machen: »Das Zentralkomitee dankte ... sie standen unter Spaniens Himmel.« Ich halte »unter Spaniens Himmel« für wichtig, daß wir die Dinge machen. Wir machen vorne eine referierende Bemerkung, daß du ihnen den Dank ausgesprochen hast für ihre Arbeit im Interesse der Partei und der Deutschen Demokratischen Republik.

Vors. Egon Krenz: Jawohl!

Günter Schabowski: So eine Formulierung. Einverstanden? Und dann kommt: »Sie standen unter Spaniens Himmel ...« und so weiter.

Vors. Egon Krenz: So wie ich's formuliert hatte: »Einige von ihnen standen« und so weiter – *(Unruhe)* – weil ich's hier reingenommen hatte, jetzt gleich zu Kaderfragen, dadurch …

Günter Schabowski: Also, das geht ja – das ist ja furchtbar. Darf ich einen letzten Vorschlag machen?

Vors. Egon Krenz: Bitte!

Günter Schabowski: Ich bin dafür, da es sich hier um eine Rede handelt im Unterschied zu der Nachricht, wirklich die Rede wirklich so zu bringen, wie sie der Generalsekretär gehalten hat.

Zuruf: Jawohl!

Vors. Egon Krenz: Gut. Einverstanden?

Zurufe: Ja!

Danke schön.

Günter Schabowski: Das haben alle mit angehört, und alle stimmen damit mehr oder weniger überein. Würdest du mir noch eine kurze Information gestatten, ja?

Vors. Egon Krenz: Bitte.

Günter Schabowski: Genossen! Es ist euch oder manchen von euch nicht verborgen geblieben, daß also sich hier vor dem Zentralkomitee im Laufe des Nachmittags eine große Gruppe von Werktätigen einfinden wird aller Wahrscheinlichkeit nach, verursacht durch eine Initiative, die von einem Bereich der Akademie der Wissenschaften ausgegangen ist. Diese Genossen, zwei Genossen, waren am Sonntag bei mir. Ich habe versucht, ihnen das auszureden. Sie waren nicht davon zu überzeugen. Inzwischen haben sie sich an andere Parteikollektive gewandt, und es hat auch der Berliner Rundfunk also bis jetzt – wir haben das jetzt beendet, ja – in seinen Nachrichten bis gegen 10.00 Uhr, 10.30 Uhr, immer wieder davon gesprochen, daß sich eine solche Kundgebung hier vor dem Zentralkomitee einfinden wird. Das ist eben nur symptomatisch für die Lage, die wir in den Redaktionen haben. Also die Intendanten der Rundfunkstationen sind nicht mehr in der Lage, also für jeden Mitarbeiter die Hand ins Feuer zu legen, und sie greifen dann auch zu solchen Praktiken.

Jetzt haben wir das abgestellt, aber das ändert nichts mehr daran, wahrscheinlich nichts mehr, daß sich einige tausend Genossen hier einfinden werden.[23] Diese Genossen kommen nicht hierher, soweit uns das bekannt ist, um irgendwelchen Radau zu veranstalten oder zu randalieren, sondern sie wollen a) ausdrücken – so wurde uns das gesagt, Helmut[24] – *(Unruhe, Klingel des Vorsitzenden)* – also ihre Verbundenheit mit den Bestrebungen des Zentralkomitees und der Politik der Erneuerung, und sie haben die Bitte oder den Vorschlag, daß das Politbüro geschlossen zurücktreten sollte, das Zentralkomitee ein neues Politbüro wählen sollte. Und außerdem vertreten sie – soviel wir

23 Vgl. den Bericht über die Demonstration vor dem ZK-Gebäude, in: ND, 9. November 1989; Berliner Zeitung, 9. November 1989.

24 Gemeint ist Helmut Müller, der 2. Sekretär der SED-Bezirksleitung Berlin.

wissen – die Forderung auf Durchführung oder Einführung einer Parteikonferenz. Ich will es jetzt nicht weiter hier kommentieren. Ich will damit nur ausdrücken, womit wir zu rechnen haben.

Vorschlag ist, wenn es zu dieser Zusammen-, zu dieser Kundgebung – oder wie man das nennen will – zu dieser Ansammlung kommen sollte, würden die Genossen Müller, Schabowski und möglicherweise – das müßten wir nach Zweckmäßigkeit entscheiden – Günter Sieber als der künftige Erste Sekretär, aber auch ohne ihn ist es möglich, wir würden rausgehen, und ich würde einige – ich sage mal – beruhigende Worte an sie richten, ihnen den Dank ausdrücken für die Verbundenheit, die sie mit der Arbeit des Zentralkomitees ausdrücken, die Übereinstimmung, die zwischen ihnen und uns besteht in der Entschiedenheit, den Kurs der Erneuerung fortzusetzen, und sie dann auch davon informieren, daß einer ihrer Wünsche oder eine ihrer Vorstellungen heute morgen bereits Teil der Arbeit des Zentralkomitees gewesen ist. Und was ihre Forderung nach einer Parteikonferenz anbelangt, würde ich ihnen sagen: Genossen, auch diese Frage steht auf dem Zentralkomitee zur Diskussion. Aber die dauert drei Tage, und erst am dritten Tag werden die Entscheidungen gefällt darüber. Also wir haben das entgegengenommen, ich werde auch eure Forderung dem Zentralkomitee übermitteln. Also in dieser Weise, sagen wir mal, fünf oder zehn Minuten zu ihnen zu sprechen, wenn Einverständnis besteht.

Vors. Egon Krenz: Genosse Bauer!

Roland Bauer: Es gibt eine Ergänzung, die ich dazu machen könnte. Gestern wurde an der Universität für diese Demonstration geworben unter dem Motto: »Protestdemonstration – fordert den Rücktritt des Politbüros und des Zentralkomitees«. Das ist ein kleiner Unterschied.

Hans Modrow: Ich bitte, daß du den Brief verliest, den ich, den die ZK-Tagung vor einer Stunde gekriegt hat.

Günter Schabowski: Ich würde dann unter Umständen bitten, wenn ich ihn verlesen habe, daß Helmut sich noch mal äußert zu eurer konkreten Kenntnis der Dinge, ob es mit dem übereinstimmt, was ich hier gesagt habe.

»Lieber Hans! Sicher weißt Du – *(Unruhe, Klingel des Vorsitzenden)* – daß sich heute ab 16.00 Uhr vor dem ZK-Gebäude Tausende Genossen der Parteibasis versammeln in höchster Sorge und in Bereitschaft, für eine wahrhafte Erneuerung der Partei zu kämpfen. Wir wollen mit Genossen des ZK direkt ins Gespräch kommen, die Hoffnungsträger für die noch zu vollziehende Wende sind. Unsere Hauptforderung ist: Parteikonferenz sofort. Im Angesicht der historischen Verantwortung des Augenblicks bitte ich Dich von ganzem Herzen: Sprich Du mit uns, wir sind die Partei.«

Das ist irgendein Initiativstab der Willensbekundung, ein Genosse Stefan Rempel. Würde ich zunächst mal sagen, insofern ein Unterschied zu dem, was ich hier informiert habe, als davon die Rede ist, Parteikonferenz sofort. Nur, Parteikonferenz sofort ist ja ein äußerst gummiartiger Begriff. Wir können ja nicht heute sofort eine Parteikonferenz machen, ja.

Vors. Egon Krenz: Also, Genossen, ich spreche zur Geschäftsordnung. – Moment. Es ging darum, daß hier von einer möglichen Demonstration gesprochen wird. Und wenn eine mögliche Demonstration stattfindet, dann sollten Genossen, in diesem Fall würde ich zustimmen, Genosse Schabowski, Genosse Müller und Genosse Sieber …

Zurufe: Sieber nicht!

Genosse Sieber ist Sekretär des Zentralkomitees. Also gut, sollten die Genossen Müller und Schabowski mit den Genossen sprechen.

Zuruf: Und Genosse Klemm!

Bitte?

Zuruf: Horst Klemm!

Horst Klemm als der verantwortliche 1. Kreissekretär der Akademie der Wissenschaften. Es handelt sich vorwiegend um Berliner Genossinnen und Genossen, und davon sollte man auch ausgehen.

Was hier auch beschlossen wird, Genossen, müssen wir erst besprechen. Und ich denke doch, es gibt noch so viel Dialogbereitschaft, daß man zuerst darauf hört, was das Statut uns an Pflichten aufgibt. Wir dürfen nun auch nicht in Panik verfallen. Panik war in der Politik nie ein guter Ratgeber. Ich bin dafür, zu verfahren, wenn die Sache so herangereift ist. Und damit wir dann unsere Tagung nicht zu unterbrechen brauchen, gehen Genosse Schabowski und Genosse Müller raus.

Zuruf: Und Klemm!

Und Klemm noch dazu. So, bitte schön!

Hermann Kant: Eine Frage: Wie ist dafür gesorgt, daß dieses Kommuniqué verstanden wird als eines, das sich zunächst ausschließlich mit Kaderfragen befaßt? Wie ist das gekennzeichnet? Denn wir haben eben von bestimmten Erwartungen wie Parteikonferenz, Parteitag gesprochen. Wie wird es gesichert, daß die Leute nicht sagen: Da steht ja gar nichts von unserer Hauptforderung?

Vors. Egon Krenz: Soweit ich das in Erinnerung habe, stand der erste Satz drin: »Zu Beginn wurden Kaderfragen behandelt.« Und der letzte Satz: »Die Tagung des Zentralkomitees geht weiter.«

Zuruf von Hermann Kant: Das genügt mir.

Günter Schabowski: Das ist eine, eine Sachinformation, wenn man so will. Wir berichten ja morgen und schon heute über die Rede des Generalsekretärs, die geht ja sofort über alle Sender sozusagen. Morgen ist das Zentralorgan voll mit der Rede und mit der Diskussion. Heute abend findet, wie gesagt, diese kurze Zusammenkunft mit der Auslandspresse und mit der Inlandspresse statt. Also, wir haben ein Maß an Informationen. Das ist einfach eine Methode, die man normalerweise praktiziert, damit ein so wichtiger Tatbestand nicht absäuft. In der Masse der Informationen wird daraus eine Extra-Nachricht gemacht, sachliche Nachricht, ja. Natürlich bleibt den Redaktionen dann überlassen, also abgesehen vom Zentralorgan, das zu machen, was sie machen können.

Vors. Egon Krenz: So, Genossen, ich bitte doch, daß wir zur Arbeit schreiten. Wir haben einen Tagesordnungspunkt. Und bevor wir zu diesem Tagesordnungspunkt kommen, muß ich mitteilen, welche Genossen des Zentralkomitees aus welchen Gründen nicht an der Tagung teilnehmen. Folgende Mitglieder und Kandidaten des Zentralkomitees haben sich für die 10. Tagung entschuldigt: Horst Schumann – krank, Herbert Ziegenhahn – krank, Jendretzky, Hans – auf ärztliches Anraten, Horst Sölle – krank, Erich Honecker – krank, Hans Pischner – krank.

Es gibt weiterhin einen Vorschlag, bevor ich das Wort zur Rede ergreife, daß wir heute und morgen und übermorgen ein Aktionsprogramm der Partei beraten. Dazu muß ich folgende Vorbemerkung machen: Seit der 9. Tagung des Zentralkomitees sind gute drei Wochen vergangen. Wie ereignisreich diese drei Wochen waren, weiß jeder, der in diesem Saal sitzt. Und deshalb gehen wir davon aus, daß es ein Diskussionsangebot ist und im Laufe der Tagung vervollständigt werden muß, und zwar so, daß wir es am Mittwoch bzw. am Freitag nach Tagung des ZK oder zum Schluß der Tagung des Zentralkomitees beschließen können, so daß wir vorschlagen, folgende Redaktionskommission zu bilden: Siegfried Lorenz als Leiter, Eberhard Heinrich, Wolfgang Herger, Helmut Koziolek, Hans Modrow, Werner Scheler, Gerd Schulz, Gerhard Schürer, Hans-Jürgen Trümper, Moritz Mebel, Wolfgang Junker, Hans-Joachim Hoffmann, Helmut Semmelmann, Alexander Schalck, Gerhard Beil, Horst Brünner, Wolfgang Rauchfuß, Werner Frohn, Oskar Fischer, Helga Labs, Hans-Jochen Willerding, Günther Jahn, Arnold Zimmermann und Heinz Mirtschin als Sekretär.

Das heißt, wenn heute abend das ZK zu Ende ist, müßte die Kommission tagen, und ich bitte jeden Genossen, der Vorschläge hat, sie zu unterbreiten, damit wir dann die Vorschläge entsprechend aufnehmen können und wir bei der Beschlußfassung schon einen möglichst großen Konsens haben. Einverstanden? – Dann können wir so verfahren. Die Redaktionskommission ist bestätigt.

Siegfried Lorenz: Genossen! Wir fahren in der Tagesordnung fort, kommen jetzt zum Referat über die nächsten Aufgaben der Partei. Das Wort hat der Generalsekretär, Genosse Egon Krenz.

Vors. Egon Krenz[25]**:** Liebe Genossinnen und Genossen! Unsere 10. Plenartagung hat die Aufgabe, im kollektiven Gedankenaustausch und Meinungsstreit die aktuelle Situation in unserer Gesellschaft aus der Sicht unserer Partei kritisch und selbstkritisch zu analysieren und Schlußfolgerungen für die politische und organisatorische Arbeit der SED zu ziehen; die Grundlagen für die Vorbereitung unseres XII. Parteitages zu legen und den Genossinnen und Genossen unserer Partei, den Bürgerinnen und Bürgern unseres Landes mit

25 Vgl. den veröffentlichten Wortlaut des Referats von Egon Krenz, in: ND, 9. November 1989; Schritte zur Erneuerung (1), S. 3 ff. Die dort nicht veröffentlichten Sätze oder Satzteile sind im folgenden kursiv hervorgehoben.

einem Aktionsprogramm unsere Vorstellungen für die revolutionäre Erneuerung des Sozialismus in der DDR zu unterbreiten; offen und sachlich zu beraten und alles zu tun, was der Einheit und Geschlossenheit unserer Partei dient, die Verbindung einer kollektiven Führung mit den Mitgliedern der Partei stärkt und unumstößliche Garantien dafür schafft, daß Fehlentwicklungen wie in der Vergangenheit ausgeschlossen werden.

Ich verstehe diese Rede als ersten Beitrag für die Diskussion. Der Meinungsaustausch soll und wird den vom Politbüro vorbereiteten Entwurf für das Aktionsprogramm unserer Partei ergänzen und bereichern. Am Ende sollten eine einheitliche Grundorientierung und vor allem die Entschlossenheit zum gemeinsamen Handeln unseres Zentralkomitees stehen, mit dem wir vor unsere Partei, vor unser gesamtes Volk treten können.

Die Gefahren, die vor unserem Land und *die auch* vor unserer Partei stehen, verlangen ein konstruktives, auf die Lösung der gegenwärtigen und zukünftigen Aufgaben gerichtetes Handeln. Die Situation in der DDR ist angespannt und sehr widersprüchlich. *Wir befinden uns in einer politischen Krise*. Das Stimmungsbild ist gekennzeichnet von einer bisher nicht gekannten Aufbruchstimmung. Sie hat sich zuerst an der Basis, mitten im Volk unter den Bürgern, darunter *vor allem auch* in den Grundorganisationen unserer Partei, geäußert. Eine Volksbewegung ist entstanden und drückt sich in vielen Formen aus – in selbstbewußten Demonstrationen wie im vielstimmigen Dialog. Diese Volksbewegung hat den Prozeß der Überprüfung und der Veränderung ausgelöst. Unüberhörbar hat sich demokratisches Selbstbewußtsein entwickelt, das eine sozialistische Gesellschaft einfordert, in der jeder sein Leben in eigener Verantwortung leben und ein Gemeinwesen mitgestalten kann, das sich als lebendiges und schöpferisches Werk eines souveränen Volkes versteht.

Wir alle erleben ein nie dagewesenes Volksgespräch. In ihm wird ungeahnter, origineller und engagierter Geist im Meinungsstreit für einen lebenswerten Sozialismus sichtbar. In diesem Dialog sind viele elementare Forderungen formuliert worden. Sie finden sich auch in unserem Aktionsprogramm wieder. Es gibt auch illusionäre Vorstellungen – und auch das darf und kann niemand überhören – ebenfalls antisozialistische Auffassungen. Das beunruhigt viele Bürger, die Tag für Tag erleben müssen, wie zügellos sich die Feinde des Sozialismus in die inneren Angelegenheiten des Volkes der DDR einmischen und seine berechtigten Forderungen auszunutzen versuchen, um den Sozialismus zu beseitigen und damit alles, was die Arbeiterklasse, die Genossenschaftsbauern, *die Intelligenz* und alle anderen Bürger, was das gesamte Volk an Gutem geschaffen hat. Deshalb muß unsere Gesellschaft weiterhin wachsam bleiben. Das Eigenständige und Unverwechselbare, was in vierzig Jahren DDR entstanden ist, sollte niemand leichtfertig aufs Spiel setzen.

Zugleich wird das gegenwärtige Bild von der Einsicht und Haltung der übergroßen Mehrheit der Bevölkerung, vor allem der Arbeiterklasse und der Genossenschaftsbauern, gekennzeichnet, daß bei aller unaufschiebbaren Aufarbeitung brennender Probleme, bei allem notwendigen Dialog, bei allem berechtigten Widerspruch nicht weniger wichtig bleibt, täglich die Aufgaben an jedem Arbeitsplatz zu erfüllen.

So richtig es ist – und die aktuelle Lage ist der Ausdruck dafür –, daß der Mensch nicht vom Brot allein lebt, so richtig ist auch, daß er auch das Brot braucht, die Milch, das Licht und die Wärme. Jeder, auf welcher Position er im aktuellen Geschehen auch steht, trägt als Bürger unseres Landes seine Verantwortung für das Funktionieren der Gesellschaft, für das Funktionieren des Alltags. Worüber in Rathäusern und auf der Straße, in Arbeitskollektiven und in Gremien auch debattiert wird, immer muß an das Zusammenleben der Bürgerinnen und Bürger dieses Landes und an unsere Verpflichtungen gegenüber der Außenwelt gedacht werden.

Wir leben nicht auf einer Insel. Wir sind Teil eines sehr sensibel reagierenden europäischen Organismus. Niemand kann so tun, als ginge es nur um seinen eigenen Herd. Wir alle sind gefordert, uns mit der Anspannung all unserer geistigen und auch moralischen Kräfte aus eingefahrenen Denkgleisen herauszureißen. Politik ohne Wissenschaft führt in die Irre. Wir brauchen Vernunft, und Wissenschaft ist konzentrierte Vernunft. Das Wort vom Denken als erster Bürgerpflicht ist aktuell, und Nachdenklichkeit gehört dazu.

Ohne ein von jeder Schablone befreites Denken und ohne gründliches Nachdenken werden wir die Sachlichkeit, die für das Finden tragfähiger Lösungen unbedingt erforderlich ist, nicht erreichen. Sachlichkeit, Sachkenntnis und Besonnenheit sollten der große gemeinsame Nenner aller sein, die Verantwortung in dieser unserer Gesellschaft tragen beziehungsweise bereit sind, sich an dieser Verantwortung zu beteiligen. Es geht um nichts Geringeres, Genossinnen und Genossen, als um die Zukunft dieses Landes als sozialistischer Staat im Herzen Europas. Unsere Bündnispartner im Warschauer Vertrag und im RGW schauen und bauen auf uns.

Uns alle, Genossinnen und Genossen, schmerzt es tief, wie unsere Partei in die öffentliche Kritik geraten ist. Es schmerzt viele um so mehr, da sie in Tausenden Stunden ihres Lebens die Pflicht gegenüber dem Allgemeinwohl höher angesetzt haben als ihre persönlichen Interessen. Es schmerzt unsere Veteranen, die im antifaschistischen Widerstand für ein besseres deutsches Land ihr Leben riskiert haben. Es schmerzt die Hunderttausende Genossinnen und Genossen, die im Alltag unserer Gesellschaft über ihre beruflichen Verpflichtungen hinaus viele zusätzliche ehrenamtliche Verantwortung für das Fortschreiten unseres Landes übernommen haben. Es schmerzt uns alle. Wer dieses Aufbauwerk der Menschen bei aller berechtigten Kritik entwürdigt, der muß sich auch fragen lassen, welche Achtung er vor den arbeitenden Menschen, vor ihrem Fleiß und vor ihrer Ehre hat!

Die Mehrzahl der Mitglieder unserer Partei, der Grundorganisationen, Funktionäre aller Ebenen bemühen sich, ihrer Verantwortung gerecht zu werden, leisten viel Arbeit und kämpfen. Manchem wurde in der Vergangenheit Unrecht getan, wenn seine Meinung, die Protest gegen unverständliche oder falsche Entscheidungen der Parteiführung war, zu Parteistrafen oder gar Parteiausschluß führte. Solche Entscheidungen sind nunmehr zu überprüfen und, wo notwendig, rückgängig zu machen.

Die auf unsere Partei, vor allem auf ihre Führung, konzentrierte Kritik resultiert aus der von uns in der Gesellschaft wahrgenommenen Verantwortung. Wer entsprechend seiner historischen Mission und dem Auftrag der Verfassung mit seinem Programm vorangegangen ist, der muß nun in der Stunde des offenen Widerspruchs auch bereit sein, für diese Verantwortung ohne Wenn und Aber geradezustehen. Wie wir diese Republik als Teil des Volkes mit dem ganzen Volk aufgebaut haben, so müssen wir als Teil des Volkes auch dem ganzen Volk Rechenschaft geben. Dazu bekenne ich mich *persönlich*, dazu bekennt sich das Politbüro, und dazu sollte sich auch das Zentralkomitee bekennen. Aus meinem Verständnis für Verantwortung habe ich in dieser schwierigen Situation den Auftrag des Zentralkomitees übernommen, als Generalsekretär zu arbeiten, obwohl ich die Schwere dieser Tätigkeit kenne *und obwohl ich manches noch nicht weiß.*

Die Frage, die alle bewegt, ist, Genossen: Was hat zum gegenwärtigen Zustand der Gesellschaft geführt? Unsere Partei hat große geistige Anstrengungen unternommen, um ihren Führungsanspruch zur Geltung zu bringen. Und viele Genossen haben ihn mit ihrer Arbeit getragen. Und doch, Genossen, ein Grundmangel unseres bisherigen existierenden Systems war eine solche Beziehung zwischen Partei und Staat, daß die Partei diesen Anspruch letzten Endes doch in hohem Maße administrativ durchzusetzen versuchte.

Das künftige politische System des Sozialismus muß so beschaffen sein, daß die Partei einen Führungsanspruch durch größtmöglichsten Anspruch an sich selbst vertritt – durch demokratisch und mit Wissenschaftspotential erarbeiteten Vorlauf zur Lösung anstehender Probleme, durch eine überzeugende Gesellschaftskooperation, durch die Lernfähigkeit im Dialog mit allen gesellschaftlichen Kräften, durch die Kompetenz ihrer Mitglieder, durch harte Arbeit jeder Parteiorganisation, jeder Genossin und jedes Genossen.

Tatsache ist: Die heute in aller Öffentlichkeit behandelten Probleme und Fragestellungen sind nicht über Nacht und auch nicht erst im letzten Sommer entstanden. Die tiefgründige Analyse der Entwicklung der DDR nach dem VIII. Parteitag der SED wird uns zu manchen neuen Erkenntnissen führen. Heute wissen wir zum Beispiel, daß der Ansatz für den XI. Parteitag der SED nicht auf einer realen Einschätzung der Lage beruhte. Aus den Erkenntnissen, die uns jetzige Analysen vermitteln, wird deutlich, daß damals bei der Formulierung ökonomischer Aufgaben nicht von der Realität, sondern von subjektiven Wunschvorstellungen ausgegangen wurde. Hinzu kam: Es wurden aus den bedeutsamen internationalen Entwicklungen, wie sie sich vor allem in der Sowjetunion, aber auch in anderen sozialistischen Ländern vollzogen, nicht die richtigen Schlußfolgerungen gezogen. Die Führung unserer Partei ging zu unseren besten Freunden auf Distanz. Gesetzmäßige Prozesse der Entwicklung des modernen Sozialismus, die sich seit Jahren abgezeichnet hatten, wurden nur oberflächlich, nicht in ihrer allgemeinen Gültigkeit erfaßt. Eine

Reihe neuartiger Prozesse in der Entwicklung der Produktivkräfte, weltwirtschaftliche und weltpolitische Trends wurden in ihrer vollen Bedeutung für grundlegende zukunftsbestimmende Entscheidungen nicht umfassend genug erkannt.

Negative Erscheinungen, die aus den ungelösten objektiven Entwicklungsproblemen und auch zunehmend aus subjektiv bedingten Fehleinschätzungen resultierten, hatten sich auf vielen Gebieten ausgebreitet: in der Wirtschaft, in der Informationspolitik und den Medien, im Kultur- und Geistesleben, in der Volksbildung, in der Arbeit staatlicher Organe, gesellschaftlicher Organisationen und nicht zuletzt in unserer Partei.

Anstatt Lösungen von Problemen zu beraten, wurden allgemeine Losungen in Umlauf gebracht und stereotyp wiederholt, um in Ordnung zu bringen, was noch nicht in Ordnung ist. Anstatt Probleme sofort und direkt anzusprechen, ließ man sich von der Haltung treiben, sie eines Tages bei günstigeren Konstellationen wieder in den Griff zu bekommen. Anstatt unsere Genossen und alle Bürger ins Vertrauen zu ziehen und sie so für eine engagierte Mitarbeit zur Lösung zu gewinnen, wurde versucht, ihnen ein DDR-Bild zu suggerieren, das immer weniger den Alltagserfahrungen der Menschen entsprach. Konflikte wurden verdrängt und notwendige Antworten oft durch Administration und Gängelei ersetzt.

Tatsache ist auch: Die vorhandenen vielfältigen Formen der Demokratie blieben hinter den breiter werdenden Interessen und Bedürfnissen der Bürger zur Mitsprache zurück. Die politische Reife der Bürger und ihre Bereitschaft, sich mit ihrer unverwechselbaren und selbstbewußten Individualität in die Gesellschaftsgestaltung einzubringen, wurden unterschätzt. Auf diesem Boden wuchsen bürokratisches Verhalten und Herzlosigkeit auch im Umgang mit Bürgern. Die Mißachtung der Individualität und Kompetenz in der beruflichen und gesellschaftlichen Tätigkeit führte oft zu Ignoranz gegenüber geistigem Volksvermögen und ließ Schöpfertum verkümmern.

Tatsache ist nicht zuletzt: Unsere Wirtschaftspolitik ist hinter den Realitäten zurückgeblieben. Neue Anforderungen an unsere Wirtschaft, auch wachsende außenwirtschaftliche Probleme wie die Erhöhung der Erdölpreise, die Verknappung und Verteuerung der Rohstoffe, wurden nicht mit notwendigen Veränderungen in der Volkswirtschaft beantwortet. Große Investitionen, die nicht ausreichend zum Wachstum des Nationaleinkommens beigetragen haben, nahmen bedeutende materielle und finanzielle Ressourcen in Anspruch. Der unverantwortliche Verschleißgrad der Ausrüstungen in der Industrie hat zu einem überhöhten und ökonomisch völlig uneffektiven Instandhaltungs- und Reparaturbedarf geführt. Trotz sehenswerter Leistungen im Bereich von Wissenschaft und Technik hat sich in der DDR dennoch die Zahl der manuell Tätigen im letzten Jahrzehnt nicht verringert.

Mit dem ungenügenden Einsatz von Nationaleinkommen für die Akkumulation in den produzierenden Bereichen fehlten die Mittel für die Überführung wichtiger wissenschaftlich-technischer Ergebnisse in die Produktion. In den letzten Jahren vergrößerte sich ständig das Mißverhältnis zwischen Zuliefer- und Finalproduktion. Es entstanden Löcher in der materiell-technischen Versorgung. In ihnen verschwand viel volkswirtschaftliche Effektivität. Produktionsprozesse mußten mit einem enorm hohen und oft hektischen Aufwand in Gang gehalten werden, was die Werktätigen ebenso wie die Leiter der Betriebe und Einrichtungen und Kombinate erheblich belastete. Es entwickelte sich ein teures Wechselspiel von Produktionsstillstand wegen Mangel an Material und Zulieferungen auf der einen sowie Überstunden, Sonnabend- und Sonntagsschichten auf der anderen Seite. Die unrhythmische Produktion untergrub die Arbeitsmoral und förderte Verletzungen der Arbeitsdisziplin. Der hohe Rang, den die Werktätigen fleißiger und guter Arbeit seit Generationen beimessen, dieses wertvollste Kapital unseres Landes, wurde ungenügend beachtet.

Das Prinzip, daß nur verbraucht werden kann, was vorher erwirtschaftet worden ist, wurde sträflichst verletzt, die Einheit von Wirtschafts- und Sozialpolitik inkonsequent durchgesetzt. Den Leistungsrückständen in der Produktion standen steigende Sozial- und Subventionsausgaben gegenüber. Der Ausgleich sollte durch Aufnahme ständig steigender Kredite erreicht werden. Dafür haben wir heute teuer zu bezahlen. Mit der ungenügenden Durchsetzung des Leistungsprinzips entstanden unsoziale Nebenwirkungen wie Schattenwirtschaft, Schmiergelder und Abhängigkeiten durch Beziehungen.

All das hatte schwerwiegende Auswirkungen auf die Stimmung im Lande. Die Unzufriedenheit in der Bevölkerung nahm zu. Unruhe und Unsicherheit breiteten sich aus. Demonstrationen setzten ein, deren Teilnehmer in ihrer überwiegenden Mehrheit für notwendige Veränderungen in der sozialistischen Gesellschaft eintraten, unter die sich aber auch sozialismusfeindliche, *ja konterrevolutionäre*, auf Konfrontation und Konflikt bedachte Kräfte mischten.

Solche und andere gesellschaftliche Ursachen haben auch eine Schlüsselfunktion für die persönliche Entscheidung von über 200 000 DDR-Bürgern, ihre Heimat zu verlassen oder verlassen zu wollen. Ohne den Einfluß des Gegners, seine Absichten und seine Kampagnen gegen den Sozialismus in der DDR zu unterschätzen, müssen wir uns doch eingestehen, daß die eigentlichen Ursachen dieser für unsere Gesellschaft schmerzhaften Abwanderung in unserem Lande selbst zu suchen sind. Viele Menschen hatten den Glauben an die Veränderbarkeit der gesellschaftlichen Zustände in der DDR verloren und sahen für sich keine Lebensperspektive. Im Vergleich mit den Problemen und Mängeln, den Schwierigkeiten und Widersprüchen im Alltag verloren selbst die anerkannten sozialen Errungenschaften des Sozialismus in der DDR an Motivationskraft.

Bei den Bürgern, die die DDR verlassen haben, handelt es sich – bis auf Ausnahmen, die es natürlich auch gibt – weder um Gegner des Sozialismus noch um Kriminelle.[26] Es sind *in der Mehrheit* Bürger, die keine oder nur ein-

26 Im Jahre 1989 hatten bis Anfang Oktober 139 726 DDR-Bürger ihr Land verlassen. Vgl. SAPMO-BArch., DY 30/IV 2/2039/309.

gegrenzte Möglichkeiten für die volle Entfaltung ihrer Persönlichkeit, für die Befriedigung ihrer individuellen Bedürfnisse und Interessen bei uns sahen, und natürlich Egoismus ist mit im Spiel. Es sind überwiegend Menschen, die in unserer Gesellschaft groß geworden sind und deren Weggang wir bedauern und der große Lücken in unsere Gesellschaft und unsere Produktion reißt.

Mit dem 40. Jahrestag der DDR wurde noch einmal die historische Wahrheit unterstrichen: Die Errichtung der Arbeiter-und-Bauern-Macht, einer sozialistischen Gesellschaft auf deutschem Boden, die Gründung der Deutschen Demokratischen Republik, war Ausdruck einer großen revolutionären Umgestaltung. Das war das Fundament für all das in den vier Jahrzehnten Geschaffene, das trotz aller Mängel und Fehler, über die wir jetzt kritisch und offen sprechen, nicht gering geachtet wird – schon gar nicht von all denen, die mit Herz, Hand und Verstand am Aufbau dieses Staates mitgearbeitet haben.

All das, was gut und wertvoll ist in unserem Land, ist nicht allein Resultat der Initiative deutscher Kommunisten, sondern Ergebnis gemeinsamen Wirkens aller gesellschaftlichen Kräfte, der Anstrengungen, der Arbeit von Millionen. Zweifellos ist es diese historische Leistung unseres Volkes, die Genossen Michail Gorbatschow und viele andere gute Freunde und Genossen aus aller Welt bewogen hat, mit ihrer Anwesenheit in Berlin gerade bei dieser Gelegenheit ihre Solidarität mit den Bürgern des sozialistischen deutschen Staates und Anerkennung für das von ihnen Geleistete auszudrücken. Entschiedener Antifaschismus, konsequentes Engagement für die Sache des Friedens und der Abrüstung gehören zu den grundlegenden politischen Prinzipien, zu den Grundwerten unseres Landes, derer sich die Bürgerinnen und Bürger der DDR vor niemandem in der Welt zu schämen brauchen.

Doch dieses Jubiläum der DDR fiel auch in jene Zeit, in der die Führung unserer Partei nicht verstand, die herangereiften Probleme der weiteren inneren Entwicklung der DDR in ihrer ganzen Schicksalhaftigkeit zu erfassen und dafür gemeinsam mit den Bürgern notwendige Lösungen zu finden. Dies war um so folgenschwerer, als die Gegner des Sozialismus diese Versäumnisse massiv nutzten, um unserer Arbeiter-und-Bauern-Macht zu schaden.

Schlagartig rückte die Existenz sich verschärfender Widersprüche aus der Tiefe der Gesellschaft ins Bewußtsein der Gesellschaft, in die Öffentlichkeit, als sich im August durch die Ausreise vieler DDR-Bürger eine außerordentliche Lage herausbildete. Deutlich wurde, daß aus längerer Zeit angestauten, unbewältigten Problemen schwerwiegende Konflikte entstanden waren und unser Land in eine politische Krise geraten war.

Wir standen an einem Scheideweg. Mit der Erklärung des Politbüros vom 11. Oktober begannen wir, uns der negativen Entwicklung entgegenzustellen. Eine Woche danach fand die 9. Tagung des Zentralkomitees statt. Sie zeichnete in groben Konturen die Grundrichtung für eine revolutionäre Erneuerung des Sozialismus in der Welt. *Sie konnte keine fertige Konzeption vorlegen und kann es auch heute nicht, weil die Entscheidungen der 9. Tagung des Zentralkomitees in einem kurzen Zeitraum heranreiften*. In voller Breite setzte sich aber mit der 9. Tagung des Zentralkomitees der gesellschaftliche Dialog überall im Lande fort. Er sprach sofort viele an, grenzte nirgendwo Personen oder Probleme aus der Debatte aus und machte Schluß mit Bevormundungen und der Verkündung absoluter Wahrheiten. Die offene Debatte über das, was die Menschen bewegt, das gemeinsame Suchen nach Lösungen, der Streit um die jeweils beste Variante entwickelt sich in vielen, nicht in allen Fällen zu einer Schule demokratischen Umgangs miteinander für alle Beteiligten. *Und es ist schade, daß gerade jene, die uns den Vorwurf machen, mit Andersdenkenden nicht umzugehen, auch in der Kultur des Streites nicht immer Fairneß an den Tag legen.* Vielerorts entstehen aus zunächst spontanen Diskussionen Formen demokratischen Mitwirkens der Bürger an der Entscheidungsfindung, die offiziell und offensichtlich dauerhaften Charakter annehmen. Das Politbüro des Zentralkomitees ist der Meinung: Neue Bürgerbewegungen, die auf dem Boden der Verfassung der DDR wirken wollen, sollten zugelassen werden.[27]

Die vielschichtige Entwicklung in der DDR spiegelt sich zunehmend in unseren Massenmedien wider, in denen schon nach kurzer Zeit wohltuende Veränderungen und ein neuer, erfrischender Geist unübersehbar sind. Wir sehen aber auch die Verantwortung der Journalisten, wir sehen sie vor allem vor dem gesamten Volk darin, daß sie die eingeleitete Erneuerung mit persönlichem Engagement und Besonnenheit, mit Sachkenntnis und Weitsicht befördern und ihren großen gesellschaftlichen Auftrag nicht durch Sensationslust in den Augen der Öffentlichkeit verkleinern. Begonnen hat die öffentliche, sachkundige Erörterung gesellschaftlicher Probleme und von Wegen zu ihrer Lösung. Das ist gut so, und das sollten wir fördern.

Heute kann man feststellen: In der DDR hat ein gesellschaftlicher Aufbruch zu einem erneuerten Sozialismus begonnen. Er stellt uns vor Anforderungen, die die Anspannung aller Kräfte an jedem Platz erfordern. So wollen wir uns den herangereiften Aufgaben im Vorfeld des XII. Parteitages gemeinsam stellen. Wir müssen selbstkritisch einschätzen: Wir waren auf den offenen Ausbruch der Konflikte, auf die neuen Fragen in unserer Gesellschaft nicht vorbereitet.

Versuche einzelner Mitglieder und Kandidaten des Politbüros, Alternativvorstellungen im Bereich der Ökonomie, in der Medienpolitik, in der Jugendpolitik, zu internationalen Aufgaben und anderen Fragen zur Diskussion zu stellen, fanden keine Mehrheit, ja mehr noch, wurden verdächtigt, die Gesamtpolitik der Partei in Frage zu stellen. Die mit der Politik des VIII. Parteitages in der DDR eingetretenen Erfolge führten zu einer unanfechtbaren Dominanz einzelner Genossen. Die Kollektivität im Politbüro war immer weniger gewährleistet. Kritik und Selbstkritik blieben unterentwickelt. Das führte in der Folge immer öfter zu subjektivistischen Entscheidungen. Die

27 Das SED-Politbüro hatte am 7. November 1989 festgelegt, daß das Innenministerium am 8. November die Anmeldung des »Neuen Forum« als Vereinigung zulassen sollte. Vgl. SAPMO-BArch, DY 30/J IV 2/2 A/3252. Siehe dazu weiter unten.

Lage wurde falsch eingeschätzt und deshalb auf Fragen nicht reagiert, die das Leben längst aufgeworfen hatte. Kluge und gutgemeinte Ratschläge unserer besten Freunde, die Zeit nicht zu verpassen, wurden in den Wind geschlagen. Es gab Anzeichen politischer Arroganz. Entscheidungen, die kollektive, besonnene Beratung erfordert hätten, entstanden aus spontaner, oftmals auch aus persönlicher Verärgerung. Der Blick für das Leben war verlorengegangen.

Alle Mitglieder des bisherigen Politbüros sind sich bewußt, daß sie sich – bei allem Ansatz zum Widerspruch, *darüber waren sich alle einig* – zu lange mit dieser Situation abgefunden und nicht rechtzeitig genug mit kollektiver Kraft Einspruch gegen autoritäre Erscheinungen erhoben haben. Die Überzeugung, mit demonstrativer Einheit und Geschlossenheit die Partei zu führen, war tiefer als die Einsicht, mit dem persönlichen Beispiel des Widerspruchs das gemeinsame Nachdenken und Handeln auszulösen. Heute wissen wir: Einheit und Geschlossenheit brauchen zuvor den gemeinsamen, scharfen, politischen Streit.

Das Politbüro hat als Kollektiv, als Kollektiv auf Signale aus der Mitgliedschaft und von anderen befreundeten Kräften ungenügend und zu spät reagiert, ja mehr noch: Wenn Kreis- und Bezirksleitungen Informationen über die wirkliche Lage lieferten, wurden Arbeitsgruppen in Bezirke und Kreise geschickt, um zu beweisen, das die Lage anders ist. Das Politbüro war in seiner analytischen und konzeptionellen Arbeit ernsthaft zurückgeblieben. Innere Probleme wurden vor allem als Folgen äußerer Entwicklungen angesehen. Es wurde nicht nach den wirklichen Ursachen geforscht, sondern ebenfalls, bestenfalls an Symptomen kuriert. So wurde Verantwortung für gesellschaftliche Fehlentwicklungen und damit der Weg zu notwendigen Erkenntnissen verdeckt.

Mangel an Realitätssinn drückte sich in der Überbewertung erreichter Ergebnisse, in der Darstellung von Erstrebtem als schon Erreichtem, in der Verdrängung oder gar Negierung von Rückständen, Mängeln und Fehlern aus. Sichtbar für alle war das besonders in den Medien, die in diesem Sinne angeleitet wurden. Die politische Kultur verfiel. In der Gesellschaft kam Selbstkritik völlig aus der Mode. Kritik an negativen Erscheinungen wurde mit der Begründung, man dürfe dem Feind keine Munition liefern, mehr und mehr den westlichen Medien für ihren Kampf gegen den Sozialismus in der DDR überlassen. Hinzu kamen abwartende bis ablehnende, teils dogmatische, teils überhebliche Tendenzen gegenüber der Entwicklung in der Sowjetunion, die unserem engen Kampfbündnis mit der KPdSU nicht dienlich waren und die bis zu der von vielen Bürgern mit Unverständnis und Protest aufgenommenen Streichung des »Sputnik« von der Postzeitungsliste der DDR führten.[28]

28 Am 19. November 1988 war im ND mitgeteilt worden, daß das sowjetische, deutschsprachige Digest »Sputnik« in der DDR nicht mehr vertrieben würde. Gleichzeitig waren fünf sowjetische Spielfilmproduktionen, die sich kritisch mit der Geschichte der Sowjetunion auseinandersetzten, aus den Kinos genommen worden.

All das lähmte Initiative, verschüttete Bereitschaft zum gemeinsamen Überwinden von Schwierigkeiten. Die Autorität der Parteiführung, ihre in Jahrzehnten konsequenten Kampfes für die Interessen des Volkes errungene Verbundenheit mit den Massen, worauf wir immer stolz waren, erlitt schweren Schaden. Gerade in den Wochen, als die inneren Spannungen in der DDR zunahmen, die Welle illegaler Ausreisen einsetzte und an der Destabilisierung des Sozialismus interessierte Kreise in der BRD und in anderen NATO-Staaten den in Ausmaß und Schärfe bisher nicht gekannten psychologischen Feldzug gegen die DDR begannen, hatte das besonders schwerwiegende Konsequenzen, *und leider war das die Zeit der Abwesenheit unseres ehemaligen Generalsekretärs, durch Krankheit bedingt.*

In dieser Situation machte sich mangelnde Kollektivität und Einheitlichkeit im Politbüro besonders bemerkbar. Einerseits bestand die Auffassung, es gelte einfach, entsprechend den Beschlüssen der 7. ZK-Tagung weiterzuarbeiten, andererseits reifte die Erkenntnis heran, daß zur Bewältigung der neuartigen Herausforderungen alte Antworten nicht mehr ausreichten. Es gab jedoch noch immer keine offene Diskussion, keine kollektive Meinungsbildung. Das Politbüro trat nicht vor das Zentralkomitee, um es mit dem Ernst der Lage vertraut zu machen, obwohl Mitglieder und Kandidaten des Zentralkomitees das vorgeschlagen hatten.

Als ab 15. August auf Vorschlag von Genossen Erich Honecker während dessen krankheitsbedingter Abwesenheit Genosse Günter Mittag mit der Vertretung des Generalsekretärs beauftragt war, in der Zeit also, als kluges, entschlossenes, einheitliches Handeln besonders dringlich war, gab es an der Spitze der Partei Sprachlosigkeit. Das beeinträchtigte die Handlungsfähigkeit der Partei und begünstigte die Destabilisierung im Lande, die von den westlichen Medien geschürte Psychose und die Ausbreitung krisenhafter Erscheinungen.

In der zweiten Augusthälfte wurden in den Politbürositzungen aktuelle Fragen der Entwicklung in der DDR und vor allem die zunehmende Ausreisewelle behandelt, so auf Initiative mehrerer Mitglieder des Politbüros am 29. August in einer grundsätzlichen Diskussion über die Lage und die weitere Vorbereitung des XII. Parteitages.[29] Aber der im Auftrag des Generalsekretärs amtierende Genosse Günter Mittag hielt es nicht für notwendig, die Partei – wie von Mitgliedern des Politbüros gefordert – darüber zu informieren, in der Öffentlichkeit entsprechend Stellung zu beziehen und unverzüglich mit den Ersten Sekretären der Bezirksleitungen zusammenzutreffen, *die noch dazu während einer Volkskammertagung in Berlin weilten.*

Auch in weiteren Sitzungen des Politbüros wurden dringliche Forderungen zur notwendigen Veränderung der Informationspolitik und zur Arbeit der Medien abgewiesen. Die Veröffentlichung weiterer allgemeiner Grundsatzartikel

29 Zum Verlauf der SED-Politbürositzung vom 29. August 1989 vgl. Stephan, »Vorwärts immer, rückwärts nimmer!«, S. 96 ff.

zur Vorbereitung des Parteitages und von Zustimmungserklärungen aus Betrieben wurde als ausreichend angesehen. Da die Ausreisen lediglich auf feindliche Einwirkungen zurückgeführt wurden, gab es auch nur Vorschläge zur Lösung der aktuellen Probleme in den Botschaften der BRD und zu Gesprächen mit dem ungarischen Außenministerium.

Nachdem Versuche, eine grundlegende Stellungnahme des Politbüros zur aktuellen Lage und zu den notwendigen Konsequenzen zu erarbeiten und zu veröffentlichen sowie eine entsprechende Information für die Parteiorganisationen herauszugeben, unterbunden worden waren, ergriff Genosse Egon Krenz in Absprache mit einer Reihe anderer Genossen die Initiative. Sie fand den heftigen Widerspruch des Genossen Erich Honecker. Daraufhin erfolgte im Politbüro eine zweitägige, mit aller Härte und politischer Schärfe geführte Diskussion. In ihr wurde der Ernst der Lage in der Partei und in der Gesellschaft deutlich gemacht. Zugleich wurden Vorschläge zur Aktivierung der Partei und zur Veränderung der Situation unterbreitet. Genosse Honecker zog aus dieser Debatte keine Schlußfolgerungen. Daraufhin wurde auf einer anschließenden Beratung des Sekretariats des Zentralkomitees mit den Ersten Sekretären der Bezirksleitungen am 12. Oktober die Vertrauensfrage aufgeworfen.

Am 17. Oktober faßte das Politbüro auf Vorschlag des Genossen Willi Stoph, *der sich bei der Herbeiführung der Wende große Verdienste erworben hatte*, nach einer erneuten scharfen Auseinandersetzung einstimmig den Beschluß, Genossen Erich Honecker von der Funktion des Generalsekretärs zu entbinden sowie die Genossen Joachim Herrmann und Günter Mittag abzuberufen. Auf der 9. Tagung des Zentralkomitees am folgenden Tag wurden diese Entscheidungen des Politbüros beschlossen.

Es sei hier noch einmal unterstrichen, daß im Politbüro seit längerer Zeit einzelne Vorschläge zum Beispiel zu notwendigen Veränderungen der Wirtschaftspolitik vorgelegt wurden. Sie fanden jedoch keine Mehrheit, weil durch manipulierte Fakten des damaligen Sekretärs des ZK, Genossen Günter Mittag, der das Vertrauen des Generalsekretärs besaß, falsche Einschätzungen in der Parteiführung vorherrschten. So konnten die Genossen, die sich jedem Durchbrechen traditioneller Strukturen, jeder Öffnung der Partei, jeder Forderung nach Korrektur an der Politik hartnäckig widersetzten, den Kurs so lange weiterbestimmen, bis schließlich mit der Sitzung des Politbüros vom 11. Oktober, der 9. Tagung des Zentralkomitees und der Wahl eines neuen Generalsekretärs die längst fällige Wende in der Parteiführung eingeleitet wurde.

Alle diese Fragen bedürfen einer weitgehenden, konsequenten und vollständigen Klärung. Diese Zeit zählt zweifellos zu den dramatischsten und kompliziertesten in der Geschichte unserer Partei. Die Auseinandersetzung darüber, wie es zu einer solchen schwerwiegenden Fehlentwicklung kommen konnte, muß letztlich zu Garantien führen, die für immer eine Wiederholung ausschließen. Wir müssen uns darüber im klaren sein: Die Wende, die wir wollen, ist noch lange nicht vollzogen, und wir müssen mit Widerstand gegen sie rechnen. Diese Chance muß jedoch anders als in ähnlichen Situationen der Vergangenheit genutzt werden. Es geht weder um kosmetische Korrekturen, weder um Flickwerk noch um Fehlerüberwindung oder gar um eine rückwärtsgeführte Diskussion. Es geht darum, die Bedingungen für die Erneuerung des Sozialismus so zu schaffen, daß ein Zurück zu alten Zuständen nicht mehr möglich wird. Es gilt, die wirklichen Wurzeln, die uns in diese Situation gebracht haben, aufzudecken und restlos zu beseitigen. Damit verbunden sind, solche Bedingungen und Strukturen zu schaffen, die nicht nur die begonnene Erneuerung unumkehrbar, sondern solche Krisensituationen nicht wiederholbar machen und dem Sozialismus eine neue Qualität verleihen.

Liebe Genossinnen und Genossen! So langfristig die Probleme in der DDR herangereift sind, so kurzfristig, ja so spontan wurde die unmittelbare Wende eingeleitet. Das neue Gesellschaftsprogramm ist erst im Entstehen. Das hat bei allen Nachteilen und Belastungen für das gesellschaftliche Leben auch den Vorteil für unsere Gesellschaft, für alle Bürger unseres Landes, für unsere ganze Partei, daß es schon von Beginn an offen ist für jeden Vorschlag, der uns voranbringt auf dem Weg zu mehr Sozialismus, zu mehr erlebbarer Demokratie, zu mehr Lebensqualität.

Auf dieser Tagung muß sich das Zentralkomitee über alle Fragen grundsätzlich verständigen. Wenn nötig, im harten Meinungsstreit. Es geht um die richtige gemeinsame Position, die uns in die Lage versetzen muß, am Ende mit einer Stimme, mit der Stimme des Zentralkomitees unserer Partei zu sprechen und mit dem Aktionsprogramm alle Mitglieder der Partei in den schweren Kampf um die Wiedergewinnung des verlorenen Vertrauens zu führen. In den letzten Tagen erreichten uns viele Schreiben von Grundorganisationen und Kreisleitungen unserer Partei mit der Überlegung, eine Parteikonferenz einzuberufen. Wir verstehen diese Forderung. Sie ist von dem Wunsch getragen, daß unsere Partei wieder Vertrauen gewinnt und zur Aktion kommt. Das Zentralkomitee muß dazu auf dieser Tagung eine Entscheidung treffen.

Wir wollen, daß mit dem Aktionsprogramm der Sozialistischen Einheitspartei Deutschlands dies erreicht wird. Mit ihm wollen wir in die öffentliche Debatte. Wir wollen deshalb alle unsere Kraft darauf konzentrieren, uns in den Grundorganisationen und Parteigruppen über Inhalt und Anspruch des Aktionsprogramms und der 10. Tagung zu verständigen, um im Sinne der Erneuerung die Parteiwahlen und die Kreis- und die Bezirksdelegiertenkonferenzen vorzubereiten und durchzuführen. Genossen, denken wir daran, für unseren XII. Parteitag haben wir nur noch ein gutes halbes Jahr Zeit, und die müssen wir durch Arbeit nutzen, damit der Parteitag eine klare Orientierung für Gegenwart und Zukunft unseres Landes geben kann.

Vielleicht machen wir doch jetzt die Mittagspause.

Siegfried Lorenz: Wir unterbrechen jetzt die Rede und treten ein in die Mittagspause bis 15.30 Uhr. Ich wünsche guten Appetit!

(Mittagspause bis 15.30 Uhr)

Vors. Egon Krenz: Genossen! Bevor wir das Referat fortsetzen, hat der Leiter der Redaktionskommission, Genosse Lorenz, das Wort.

Siegfried Lorenz: Genossen! Wir haben uns im Politbüro mit der Frage der Gründung von Vereinigungen beschäftigt, also insbesondere was die Fragen des Umgangs mit dem »Neuen Forum« –

Zurufe: Lauter!

– was die Frage des Umgangs mit dem »Neuen Forum« anbetrifft, um auf diesem Gebiet eine konstruktive Art zu bekommen des weiteren Vorgehens. Es ist bekannt, daß von verschiedenen Parteiorganisationen, Bezirks- und Kreisleitungen hier eine klare Entscheidung auch von uns, von der Zentrale gefordert wird. Und es gibt jetzt im Politbüro einen Standpunkt, den wir hier vortragen möchten und bitten um Zustimmung, weil das doch immerhin eine Entscheidung von nicht geringer Tragweite ist.[30]

Es wird folgendes vorgeschlagen: Genosse Friedrich Dickel wird beauftragt, unter Berücksichtigung der Veränderungen, die seit der ablehnenden Entscheidung über die Anmeldung zur Gründung des »Neuen Forums« eingetreten sind, neue Entscheidungen nach folgenden Grundsätzen zu treffen: Von den dafür zuständigen staatlichen Organen können Anmeldungen zur Gründung von Vereinigungen entgegengenommen werden, wenn die Festlegungen der Vereinigungsverordnung erfüllt sind. Sie können bestätigt werden, wenn im Zusammenhang mit den Anmeldungen die Verfassung der DDR als Grundlage des politischen Handelns ausdrücklich anerkannt wird.

Der weitere Prozeß bis zur staatlichen Anerkennung als Vereinigung ist entsprechend der Vereinigungsverordnung zu gestalten. Den Antragstellern sollte angeboten werden, sie im Gründungsprozeß bei der Ausarbeitung der Unterlagen zu beraten. Die juristische Beratung und Vertretung durch Rechtsanwälte sind zulässig. Das betone ich – ich tue hier nur die juristisch-rechtliche Seite vortragen, die politische steht im Referat von Genossen Krenz.

Für den Fall, daß verfassungswidrige Ziele in das Statut aufgenommen werden, ist die Anerkennung zu versagen. Bei späteren Änderungen des Statuts, die gegen die Verfassung verstoßen, oder rechtswidrigen Aktivitäten besteht die Möglichkeit des Widerrufs der Anerkennung. Verantwortlich: Innenminister.

Zweitens: Auf die Eingaben von Frau Bohley und Frau Seidel, die von Rechtsanwalt Gysi vertreten werden, ist am 8. 11. zu reagieren. Ihnen ist ein Gespräch vorzuschlagen, das seitens der Regierung von Genossen Dr. Mehnert, Leiter der Rechtsabteilung des Ministerrates, und Genossen Benedix, Stellvertreter des Leiters der Hauptabteilung Innere Angelegenheiten des MdI, auf der Grundlage der in Punkt 1 festgelegten Grundsätze geführt wird. Über das Gespräch ist eine Pressemitteilung zu veröffentlichen.[31]

30 Vgl. dazu die in den Politbürositzungen vom 31. Oktober und 7. November 1989 behandelten Vorlagen und getroffenen Festlegungen in: SAPMO-BArch, DY 30/J IV 2/2 A/3252 und 3255.

31 Vgl. ND, 9. November 1989.

Drittens: Die Leitungen und Grundorganisationen der SED nutzen diese Entscheidung, um die Möglichkeit des Dialogs mit allen Bürgern über die Erneuerung des Sozialismus auf der Grundlage der Linie der 10. Tagung zu verbreitern und zu versachlichen. Die leitenden Parteiorgane und die Grundorganisationen unserer Partei nehmen auf die zu erwartenden Gründungsprozesse in ihrem Verantwortungsbereich Einfluß, um vor allem Verfassungstreue zu sichern und antisozialistischen Tendenzen entgegenzuwirken. Das schließt auch die gezielte Mitwirkung von Genossen in den entstehenden Vereinigungen ein.

Und viertens: Die von den Genossen in den Volksvertretungen geführten Gespräche und Aktivitäten mit Vertretern der verschiedenen Bürgerinitiativen sind weiterzuführen, denn die sind ja in vielen Orten – Dresden, Karl-Marx-Stadt und so weiter – bereits in vollem Gange. Über diese Festlegungen und die Verfahrensweise sind unverzüglich die Vorsitzenden der Räte der Bezirke und die Räte der Kreise zu informieren.

Vors. Egon Krenz: Es geht faktisch, Genossen, darum, daß wir eine Linie haben, die im Grunde genommen in den meisten Bezirken schon angewandt wird. Bitte, Genosse Wendland!

Günter Wendland: Ich beziehe mich auf den Satz, daß sozusagen die Vertretung durch Rechtsanwälte möglich ist. Das ist eine generelle Frage, daß bei Rechtsfragen ein Rechtsanwalt vertreten kann. Dieser Satz könnte den Eindruck erwecken, daß wir es sozusagen gestatten. Das halte ich nicht für nötig.

Vors. Egon Krenz: Aha.

Siegfried Lorenz: Einverstanden.

Vors. Egon Krenz: Also, der Generalstaatsanwalt macht darauf aufmerksam, den Satz über die Rechtsanwälte zu ... *(Unverständliche Zurufe)* Verstanden. *(Unruhe)*

NN: Wann soll dieser Standpunkt oder diese Stellungnahme wem übergeben werden?

Siegfried Lorenz: Unverzüglich.

Zurufe: Wem?

Vors. Egon Krenz: Den Vorsitzenden der Räte der Kreise und Bezirke und natürlich den Leitungen unserer Partei.

Gerhard Beil: Genossen, ich möchte folgendes sagen: Wir verschleißen unsere Genossen, wenn wir über die Vorsitzenden der Räte der Kreise oder über die Vorsitzenden der staatlichen Organe unsere Partei darüber informieren, daß wir – ich finde die Haltung richtig – sie jetzt wieder ändern müssen. Mich beunruhigt folgende Lage – ich möchte das mal sagen – zu dieser Sache: Wir stehen zwar jetzt nicht in der Diskussion, aber da die Sache in deinem Referat angesprochen wird, nehme ich an, daß wir darüber befinden müssen. Seit Wochen korrigieren wir uns auf einigen Gebieten; jeweils unter dem Druck, den wir haben, müssen wir Maßnahmen zurücknehmen, die wir vorher begründet haben, die wir den Genossen erläutert haben. Dann nehmen wir sie zurück und erläutern sie ihnen danach. Aber wir stehen nicht allein den Leuten vom »Forum« gegenüber, sondern unseren Genossen unten, die wir brauchen. Das ist das eine hier. Das ist beim »Neuen Forum« gewesen, zuerst innerhalb zwei Stunden abgelehnt, ich weiß heute noch nicht, warum wir nicht vierzehn Tage warten konnten und sagen, wir prüfen das. Ich will nicht nach hinten blicken, das hat jetzt keinen Zweck. Ich bitte nur, daß wir bei allen Maßnahmen, die wir heute vorschlagen, und allen Stellungnahmen nicht den nächsten Schritt, sondern schon den übernächsten und den dritten und vierten sehen, damit wir nicht diesen Schritt unter dem Druck anderer Dinge morgen schon wieder korrigieren oder ändern müssen.

Zuruf: Richtig!

Das ist mein einziges Anliegen. Liebe Genossen, ich habe Sorgen, daß wir bestimmte Dinge, Forderungen, heute noch aufrechterhalten, die, wenn wir sie zeitig genug einbringen, uns etwas bringen können, wie das im internationalen Geschäft üblich ist. Wir müssen heute eine Politik machen, die unter ganz anderen Bedingungen ist. Wir müssen auch taktische Varianten bringen und sagen: Bitte, das bringen wir ein als Partner, damit wir nicht bloß Gegner von jemandem sind. Diese Überlegung habe ich. Unter diesem Gesichtspunkt würde ich begrüßen, wenn wir zuerst die Partei informieren –

Zuruf: Ja!

– ganz schnell, die Genossen. Und dann in der zweiten Linie die, die's betrifft. Wenn die wieder nicht vorbereitet sind und wenn das nicht klappt! Die meisten Genossen der Führungspositionen unserer Partei sitzen hier im Saal, liebe Genossen, und das geben wir raus, kurz vorm Fernschreiben: Ich halte das für problematisch.

Siegfried Lorenz: Vielleicht darf ich folgendes sagen: Der Zeitdruck ist entstanden, weil die Entscheidung im Politbüro, man muß das so sagen, wie es ist, nicht früher zustande gekommen ist. Nummer eins. Ich will keine weiteren Erklärungen dazu geben. Nummer zwei: Es geht jetzt darum, daß der rechtliche Termin der Eingabe, der rechtlichen Eingabe über die abgelehnte Ordnung fällig ist.

Zuruf: Heute!

Heute. Das heißt, wir sind gezwungen, heute, nicht irgendwann, eine solche Entscheidung zu treffen. Der Vorschlag geht davon aus, es zu tun.

Drittens: Die Lage in den Kreisen und in den Bezirken ist heute im Umgang mit Vertretern des »Neuen Forums«, mit ihren Sprechern oder wie sie sich auch bezeichnen wollen, schon längst eine andere als zu früheren Zeitpunkten. Es ist eine Situation, wenn auch unterschiedlich, aber eine Situation entstanden, daß man beginnt, konstruktiv auf bestimmte Vertreter des »Neuen Forums« zuzugehen, besonders auf jene, die sich klar erklären, die auch öffentlich beruhigend einwirken, die auch Chaos verhindern wollen, was hier und da droht, Platz zu greifen, und wir stehen ganz eindeutig vor der Frage, ob wir diese Linie ohne Wenn und Aber, wohl wissend, um welche Risiken sich das handelt, ob wir diese konstruktive Linie weitergehen, und zwar alle, vom Norden bis zum Süden und so weiter, oder nicht. Wohl wissend, daß das eine neue Situation für unsere Partei darstellt, eine Situation der Auseinandersetzung, eine Situation des Dialogs, der mit Streit und Widerspruch verbunden ist und der hier und da auch verbunden ist mit Attacken, bitte schön, auch feindlichen Attacken, gegen die Grundlagen des Sozialismus. Das ist die Frage, um die es heute geht und die zu entscheiden ist.

Vors. Egon Krenz: Bitte schön!

NN: Die Frage ist für mich, wie reagieren wir, wenn diese Bewegungen sagen: Auf der Grundlage der Verfassung ja, aber ohne den Paragraph 1.[32] Denn darum wird es ja im wesentlichen gehen. *(Zustimmende Zurufe)* Wir brauchen eine Konzeption für die Beantwortung dieser Frage; denn sie werden ja darauf bestehen, daß dieser Paragraph 1 verschwindet, und dann sagen: Wir sind dafür, für die führende Rolle, aber die Partei muß sich das erarbeiten und das darf nicht administrativ festgelegt werden. Also – auf die Frage müssen wir, brauchen wir eine Antwort.

Siegfried Lorenz: Richtig. Man kann jetzt nicht schon auf alle taktischen und sonstigen Varianten eingehen. Wir müssen uns darüber im klaren sein – ich rede jetzt von meinen Erfahrungen und meinen Gesprächen: Sie sind bereit, diesen Zulassungsprozeß, wie er sich nun nennt, einzugehen, machen ihre Angebote, machen ihre programmatischen und auch organisatorischen Vorstellungen, sind auch sich darüber im klaren, daß das nicht eine Sache ist, heute genehmigen, morgen geht's los, sondern daß dieser Zulassungsprozeß – das liegt ja auch in ihrem Interesse – eine gewisse Zeit braucht. Sie sind sich ja auch nicht einig. Das ist vielleicht sogar nicht mal schlecht. Und dann muß die Auseinandersetzung geführt werden. Aber bitte: Die Anerkennung der Verfassung ist klar. Aber wenn sie dazufügen, daß sie auch für die Veränderung der Verfassung eintreten – das sagen sie ja jetzt schon laut –, ist das eine Frage, die schon – wie man so sagt – das weitere politische Vorgehen erfordert, und ich glaube nicht, daß wir die hier so stehenden Fußes entscheiden können. Aber das müssen wir einkalkulieren, selbstverständlich.

Zuruf: Paragraph 1 gehört auch zur Verfassung!

Vors. Egon Krenz: Natürlich gehört der zur ...

Siegfried Lorenz: Die jetzige Verfassung! Wir können doch die Verfassung nicht ändern!

Vors. Egon Krenz: Moment, Moment, – jetzt hat das Wort der Innenminister.

Friedrich Dickel: Liebe Genossen! Ich möchte nichts hinzufügen –

Zuruf: Lauter!

– ich möchte nichts hinzufügen, was hier der Problematik, daß das in erster

32 In Artikel 1 der DDR-Verfassung war die führende Rolle der SED in Staat und Gesellschaft festgeschrieben. Die beiden ersten Sätze dieses Artikels lauteten: »Die DDR ist ein sozialistischer Staat der Arbeiter und Bauern. Sie ist die politische Organisation der Werktätigen in Stadt und Land unter Führung der Arbeiterklasse und ihrer marxistisch-leninistischen Partei.« Der Halbsatz »unter Führung der Arbeiterklasse und ihrer marxistisch-leninistischen Partei« wurde auf Antrag aller Fraktionen der Volkskammer, also einschließlich der SED-Fraktion, bei fünf Stimmenthaltungen auf der 13. Tagung der Volkskammer am 1. Dezember 1989 aus der Verfassung der DDR gestrichen.

Linie eine politische Frage ist. Das ist logisch. Das hat sich – wie sagt man – im Verlaufe der letzten Wochen so entwickelt, wie es jeder kennt. Mittlerweile ist das schon unten in den Kreisen und Bezirken. Mir liegen die Informationen vor, daß bei fünf Kreisen – und es ist anzunehmen, daß wahrscheinlich noch heute oder morgen die Vorsitzenden der Räte, auch in Abstimmung mit den verantwortlichen Genossen der Bezirksleitungen, in eine solche Situation kommen, daß sie gar nicht anders entscheiden können.

Zur sachlichen Seite, zur sachlichen Seite: Die Anerkennung, die Beantragung zur Anerkennung bedeutet erst einmal nach dem rechtlichen Grundsatz, daß wir registrieren und teilen ihnen dann mit: Das ist registriert, bitte sehr, reichen Sie Ihre entsprechenden Unterlagen ein, die Fragen werden geprüft. – Dann steht nach der Verordnung von 1975 über die Vereinigungen eindeutig fest: Es müssen die einzelnen Auflagen über Umfang, Grundlage, wieviel Mitglieder, Statut usw. vorgelegt werden.

Ob wir das im einzelnen durchhalten, weiß ich jetzt nicht, aber Fakt ist, daß das jetzt mittlerweile schon – wie sagt man – in den Kreisen, Städten und in den Bezirken Fakt ist. Wir müssen nur über eins uns im klaren sein: Wenn wir diesen Schritt jetzt tun, daß wir unseren Organen – selbstverständlich, das ist ja, soviel ich weiß, auch vorgesehen, daß die Ersten Sekretäre der Bezirks- und Kreisleitungen direkt orientiert werden, damit erst einmal die Partei organisiert ist. Aber zugleich stehen natürlich die staatlichen Organe, und das sind im Konkreten die Vorsitzenden der Räte der Kreise und ihre Stellvertreter Inneres, stehen im Mittelpunkt dieser Frage. Und da werden natürlich diese Vertreter, wie immer sie heißen mögen, des »Neuen Forums« und anderer Vereinigungen und Gruppen, wie sie sich heute darstellen, werden hergehen und werden natürlich diesen Schritt benutzen und werden sagen: Das ist faktisch die Anerkennung. Ich sage das: Die drehen doch heute jede Sache dreimal rum. So, ich wollte nur sagen, ja, wir müssen uns wirklich im klaren sein. Aber ich vertrete den Standpunkt, wir konnten nicht umhin, über die Partei und die staatlichen zuständigen Organe auch – wie sagt man – zu informieren und ihnen das Recht zu geben. Und das ist natürlich in erster Linie eine politische Entscheidung. Darüber müssen wir uns klar sein.

Vors. Egon Krenz: Also, Genossen, ich möchte, damit wir die Diskussion nicht bis ins Endlose führen, folgendes sagen: Unsere 1. Sekretäre der Kreisleitungen, Genosse Beil, da gebe ich dir vollkommen recht, können nicht danebenstehen. Aber sie stehen auch nicht daneben. Die erwarten von uns heute eine Antwort. Die erwarten nicht erst seit heute eine Antwort, sie erwarten schon seit längerem eine Antwort. Und wenn wir heute – wir haben das bis heute auch deshalb gemacht, weil wir meinen, es handelt sich hier doch um eine einschneidende Entscheidung, daß wir nicht als Politbüro – nicht aus Feigheit, sondern aus prinzipieller Erwägung – nicht als Politbüro diese Entscheidung treffen, ohne mit dem ZK, das ja jetzt zusammen ist, die Frage zu konsultieren. Das war also unser innerer Beweggrund. Die Partei wartet auf eine Antwort. Das ist Nummer 1.

Nummer 2, das unterschiedliche Reagieren zu verschiedenen Zeiten – gebe ich dir recht. Aber das zu analysieren würde viel Zeit erfordern. Auf jeden Fall hängt das auch damit zusammen, daß wir das Zustandekommen dieser Gruppierung und ihr Programm usw. nicht rechtzeitig analysiert haben. Es gab einen Vorschlag des Innenministers, ein Interview zu der Frage zu geben, das die ganzen Dinge ein bißchen moderater gemacht hätte, nicht gleich auf Verfassungsfeindlichkeit zu orientieren. Es wurde aber dieses Interview abgelehnt, es wurde dieses Interview zusammengestrichen zu einer Drei-Zeilen-Meldung, die uns viel Schaden zubereitet hat –

Zuruf von Siegfried Lorenz: Sehr viel!

– sehr viel Schaden! Jetzt sind wir in diese Situation gekommen, und deshalb muß ich sagen, ist es notwendig, daß wir versuchen, unserem Grundsatz treu zu bleiben, politische Fragen mit politischen Mitteln zu lösen. Und das bedeutet – insofern habe ich mich durch Genossen Dickel auch vorher informieren lassen – noch keine Anerkennung. Das bedeutet gewissermaßen die Einleitung dieses Prozesses auf der Grundlage der Verfassung der Deutschen Demokratischen Republik. Aber wir nehmen zunächst einen Druck weg, der sich weiter dann eskalieren wird. Darüber müssen wir uns einig sein. – Bitte!

Gerhard Beil: Also ich bin dafür, daß wir das heute machen. Aber ich habe aus den Worten von Fritz Dickel entnommen, seine Sorge, was er sagte: Ich weiß nicht, ob wir das durchhalten. Darum geht es mir. Ich möchte nur Sicherheit haben, daß wir heute anfangen nachzudenken, wie der dritte oder vierte Schritt unserer weiteren Maßnahmen ist und uns nicht das bestimmen lassen, ob die jetzt sagen mit Paragraph 1 oder nicht, oder Artikel 1 oder nicht, ob die sagen, das ist Anerkennung oder nicht. Damit wir nicht immer bloß reagieren müssen. Wir müssen den vierten, fünften Schritt erkennen, den sie eventuell tun könnten, um agieren zu können. Mehr will ich nicht. Und ich bin dafür, daß wir das heute so machen.

Zuruf: Das ist richtig!

Vors. Egon Krenz: Genosse Krolikowski!

Herbert Krolikowski: Ich habe noch eine Sache – der Punkt 3, der vorgetragen worden ist. Wenn das als Fernschreiben rausgeht, sollte man die Formulierung übergehen, daß die Partei Einfluß auf die Gründung nimmt. Ich halte das für nicht günstig. Wir wissen nicht, ob ein solches Fernschreiben und wie es gebraucht wird. Das muß man sich gut überlegen.

Vors. Egon Krenz: Das kann man erläutern durch die Ersten Bezirkssekretäre, die hier sind, in den nächsten Tagen, wenn sie wieder zurück sind. – Bitte, Genosse Schulz!

Gerd Schulz: Ich möchte vorschlagen, daß auch mit den Blockparteien das kurzfristig konsultiert wird, denn wir brauchen sie ja für das neue Vereinigungsgesetz, das wir heute vorschlagen, wo wir sowieso vor der Frage stehen, wie wir künftig mit diesen Dingen umgehen, und wenn wir sie bei der Entscheidung nicht konsultieren, könnte das wieder eine Wirkung haben für die nächsten Schritte, die wir vorhaben.

Vors. Egon Krenz: Gut. Genossin Zellmer!

Christa Zellmer: Ich stehe voll zu dem, was Siegfried Lorenz sagte. Ich habe die gleiche Erfahrung gemacht. Ich habe vorigen Freitag mit den uns allen bekannten Herrn Henrich und weiteren Damen und Herren des Bürgerkomitees ein Gespräch gehabt. Er hat sich voll bekannt zur Verfassung, ohne diesen Artikel 1 ins Gespräch zu bringen. Er hat gesagt: Wir wollen an der Erneuerung des Sozialismus mitmachen und, Frau Zellmer, wir sind überhaupt nicht daran interessiert, Ihnen die führende Rolle abzusprechen. Das war ein offenes Gespräch und hat doch etwas dazu beigetragen – *(Unruhe)* – was er sagt, zitiere ich, ja, aber ich bin der Meinung, es hat doch etwas dazu beigetragen, die Situation in Frankfurt etwas zu entkrampfen.

Vors. Egon Krenz: Genosse Krack, und dann hat sich keiner weiter gemeldet.

Erhard Krack: Ich habe einen Vorschlag zu unterbreiten. (…)[33] Wir haben ja jeden Tag damit zu tun. Wir haben die Verfügung des Ministers des Innern, daß das eine staatsfeindliche Sammlungsbewegung ist. Demzufolge nehmen alle örtlichen Organe, ganz gleich, wie sie heißen, eine staatsfeindliche Anmeldung nicht an. Und mit diesem, was Fritz Dickel vorgeschlagen hat, ist es ja schon so, daß wir es annehmen, und schon haben wir eine andere Situation. Wie wir das entscheiden können – (…).[34]

Ich will eine zweite Sache sagen, ja. Damit könnten wir erreichen, daß doch einige Dinge anders gesetzt werden. Ich meine auch, daß man uns immer wieder unterstellt, indem man sagt, ihr nehmt es nicht entgegen, ja, weil ihr der Meinung seid, wir sind gegen die führende Rolle der SED. Wir könnten da Ansätze finden. Zweitens. Ich schlage auch vor aufgrund der Erfahrungen, daß wir unbedingt eine kurzfristige Verständigung vornehmen mit den Parteien des Demokratischen Blocks. Wir brauchen die Zustimmung.

Und drittens: Ich würde vorschlagen, Genossen, daß wir sofort unsere Partei informieren, aber hielte es für angemessen und richtig, wenn der Staat den Staat informiert –

Zuruf von Wolfgang Herger: Das ist vorgesehen! – Zuruf von Egon Krenz: Der Staat den Staat?

– ja, also der Staat informiert die Räte der Bezirke und so weiter. Ich halte das für richtig.

Vors. Egon Krenz: Also gut, Genossen, wir sind uns einig. Oder gibt es einen neuen Gedanken dazu?

NN: Nur eine Bemerkung, anlehnend an das, was Genosse Beil gesagt hat. Wir haben bei uns im Bezirk auch mit Vertretern bereits anderer Masseninitiativen einschließlich der SDP gesprochen, die sich ganz offiziell konstituiert haben. Wir müssen damit rechnen, daß auch diese Leute mit ähnlichen Positionen an uns herantreten. *(Unruhe)* Darum geht es meiner Meinung nach,

33 Ein Satz ist an dieser Stelle, weil unverständlich, ausgelassen.
34 Der ausgelassene Halbsatz ist nicht zu verstehen.

nicht nur um das »Neue Forum« – *(Wachsende Unruhe)* – sondern es geht auch um andere. Wir müssen genau überlegen, wie das formuliert wird. *(Unruhe)*

Zuruf von Siegfried Lorenz: Neues Forum ist nur ein Beispiel ...

Vors. Egon Krenz: Es geht um die Bürgerinitiativen und nicht um die Parteien. – Bitte!

NN: Ich habe einen Vorschlag, Genosse Krenz. Ich bin für das, was jetzt hier gesagt wird, daß das der Partei von der Partei gegeben wird und den staatlichen Organen von den staatlichen Organen gegeben wird. Und ich möchte darum bitten, daß wir eine Gruppe bilden von kompetenten Genossen, die uns am Ende des Plenums einen Vorschlag machen, wie wir auf diesem Gebiet weiterarbeiten.

Vors. Egon Krenz: Also, wir geben das jetzt raus über den Weg der Partei, über den Weg des Staates und entlasten Genossen Herger von der weiteren Teilnahme an der Plenartagung, damit er das mit den Blockparteien, befreundeten Parteien bespricht, damit hier ein einheitliches Vorgehen gewährleistet ist. – Einverstanden so?

Dann nehme ich jetzt das Wort zur Weiterführung der Rede.[35]

Genossen, ich komme zu der Frage: Was wollen wir mit der revolutionären Erneuerung des Sozialismus in der DDR erreichen?

Die in unserem Land eingeleitete Wende will die grundlegende Erneuerung der sozialistischen Gesellschaft. Die dafür auszuarbeitende Gesellschaftsstrategie kann nur von der Erkenntnis ausgehen, daß der Sozialismus ein sich ständig verändernder Organismus ist. Eine ihm verpflichtete Gesellschaftsstrategie ist nicht ein für allemal fertig, nicht abgeschlossen, nicht endgültig. Ausgehend von den sich rasch wandelnden Realitäten, muß sie ständig kritisch überprüft, präzisiert und schöpferisch weiterentwickelt werden. Das kann nur in einem kollektiven Dialog-, Erkenntnis- und Lernprozeß in der Partei und in der ganzen Gesellschaft geschehen. Ziele und Inhalte dieser Gesellschaftsstrategie können sich nur aus der souveränen Entscheidung der Mehrheit des Volkes herleiten.

Eine Kernfrage sieht unsere Partei darin, wie es gelingt, die Potenzen der Arbeiterklasse als führende Klasse für das gesellschaftliche Ganze noch besser zum Tragen zu bringen. Das erfordert, das Bündnis der Arbeiterklasse mit den Genossenschaftsbauern, der Intelligenz und den anderen Werktätigen auf ein qualitativ neues Niveau zu heben, damit jede Klasse und jede Schicht ihre spezifischen Fähigkeiten, Traditionen und Haltungen noch produktiver in die revolutionäre Erneuerung einbringen können. Die wissenschaftlich-technische Revolution zu meistern verlangt entschieden, daß Arbeiterklasse und Intelligenz näher zusammenrücken.

Die sozialen, geistig-kulturellen und demokratischen Bedürfnisse und Ansprüche der Bürger unseres Landes sind aus der sozialistischen Entwicklung

35 Wie im ersten so werden auch im folgenden zweiten Teil der Rede nicht veröffentlichte Sätze bzw. Satzteile kursiv hervorgehoben.

gewachsen. Sie unterliegen zugleich vielfältigen Veränderungen. Unsere Gesellschaftsstrategie wird danach beurteilt, wie sie jedem einzelnen ausreichend Möglichkeiten eröffnet für seine Persönlichkeitsentwicklung, welchen Spielraum sie ihm für die individuelle Lebensgestaltung schafft. Die Bürger – reich an Wissen, politisch interessiert und motiviert, *wie selten in einem Land der Welt* – verstehen sich zu Recht als mündige Bürger. Sie wollen sich in den Willensbildungs- und Entscheidungsprozeß auf allen Ebenen einbringen. Der Mensch als bewußtes Subjekt gesellschaftlicher Prozesse, als unverwechselbare, kreativ und verantwortungsbewußt handelnde Individualität – das ist die entscheidende Quelle zur Lösung der vor uns liegenden komplizierten Aufgaben.

Unsere Strategie wird auf eine dynamischere Entwicklung in Wirtschaft, in Wissenschaft und Technik und entsprechenden sozialen Fortschritt orientieren. Das setzt eine beschleunigte Entwicklung und ökonomisch effektivere Nutzung der Produktivkräfte voraus. Erforderliches Wirtschaftswachstum wird jedoch nur zur Grundlage für wirklichen Fortschritt, wenn es zugleich den ökologischen Erfordernissen entspricht.

Von wachsendem Einfluß auf die innere Entwicklung sind die internationalen Veränderungen. Die Friedensfrage bleibt die Grundfrage unserer Zeit, *auch wenn manche auf Kundgebungen nicht darüber sprechen*. Der Abrüstungs- und Entspannungsprozeß ist noch keineswegs unumkehrbar geworden. Zum politischen Dialog gibt es heute und in Zukunft keine vernünftige Alternative.

Die Welt des Sozialismus befindet sich in tiefgreifenden Umwälzungsprozessen. Sie sind von dem Erfordernis diktiert, die inneren Potenzen und Triebkräfte des Sozialismus entsprechend den veränderten Bedingungen produktiver zu machen. Nur so kann die Absicht imperialistischer Kreise durchkreuzt werden, die mit den Wandlungsprozessen einhergehenden Widersprüche und Schwierigkeiten auszunutzen, um dem Sozialismus eine strategische Niederlage beizufügen.

Die Erneuerung des Sozialismus in der DDR vollzieht sich künftig unter noch weltoffeneren Bedingungen. Die Auseinandersetzung und der Wettbewerb zwischen Sozialismus und Kapitalismus werden sich verstärkt auf den Feldern Ökonomie, Demokratie und Ideologie entwickeln. Weiter zunehmen wird die Internationalisierung des Wirtschaftslebens und der Druck der globalen Probleme. Die DDR kann deshalb weniger denn je isolierte Wege gehen. Nur in enger Zusammenarbeit mit der Sowjetunion, den anderen sozialistischen Ländern und in Kooperation mit kapitalistischen Ländern sind die neuen Aufgaben zu bewältigen.

Unser Bild vom Sozialismus in einer sich dynamisch wandelnden Welt ist präziser zu kennzeichnen. Wir sind dafür, in einem kritischen und produktiven Erfahrungsaustausch der sozialistischen Länder eine moderne Sozialismus-Konzeption auszuarbeiten. Eingebunden in Geschichte und Gegenwart, stehen wir in einer gemeinsamen Verantwortung. So wenig es – wie wir heute wissen – ein einheitliches Modell des Sozialismus geben kann, so sehr wird die weitere Entwicklung sowohl neue, sozialismustypische Gemeinsamkeiten als auch unterschiedliche Varianten hervorbringen.

Die Ausarbeitung einer neuen Gesellschaftsstrategie kann nicht auf der Beteuerung abstrakter Prinzipien beruhen. Es geht einzig und alleine um die Bestimmung eines Sozialismus, in dem die Menschen sich selbst verwirklichen und durch ihre Arbeit zunehmend ihre Bedürfnisse und Interessen befriedigen können. Der Sozialismus, den wir meinen, kann nur das Werk der Volksmassen selbst sein.

Wir brauchen bei der Ausarbeitung unserer Gesellschaftsstrategie nicht bei Null anzufangen. Zu den Grundlagen der Erneuerung unserer sozialistischen Gesellschaft der DDR gehören die politische Macht der Arbeiter und Bauern, das gesellschaftliche Eigentum an den hauptsächlichen Produktionsmitteln, die Verantwortung unserer Partei in der Gesellschaft und das Bündnis aller demokratischen Kräfte unseres Landes. Wer diese Grundlagen in Frage stellt, sollte sich gründlich überlegen: Will er das gesellschaftliche Chaos, will er Destabilisierung an der sensiblen Trennlinie zwischen Sozialismus und Kapitalismus, will er gefährdete Arbeitsplätze, will er soziale Unsicherheit anstatt der sozialen Sicherheit für alle. Das kann natürlich andererseits nicht bedeuten, daß Errungenes erstarrt. Auch hier ist immer wieder zu prüfen, was entwicklungs-, erneuerungs- und reformbedürftig ist. Eine wirkliche Stabilisierung der Grundlagen des Sozialismus verlangt deshalb ständige Erneuerung.

Zukunftsgestaltung kann weniger denn je bloße Fortschreibung der Gegenwart sein. Ausgangspunkt der Erneuerung können nur die Erfahrungen und Bedürfnisse des Volkes sein. Davon ausgehend sind die neuen gesellschaftlichen Gestaltungsmöglichkeiten zu erkunden und realistische Orientierungen auszuarbeiten. Wir brauchen eine realistische Zukunftsvision, einen Sozialismus, der in der Wirtschaft effektiv, im Sozialen gerecht, in der Politik demokratisch, im moralischen Sinne sauber und in allem den Menschen zugewandt ist.

Vieles, was für die freie Entwicklung des einzelnen Voraussetzung ist, hat unsere Gesellschaft geschaffen: soziale Sicherheit, hohe Bildung, vielseitige Ausbildung. Vieles, was für die Entwicklung des einzelnen unverzichtbar ist, muß noch weiter geschaffen oder ausgestaltet werden: das tatsächliche Mitspracherecht der Bürger bei der Entscheidung großer Fragen der gesellschaftlichen Entwicklung und der Zukunft sowie bessere Bedingungen für die Selbstverwirklichung des einzelnen. Unserem Bekenntnis zur freien Entwicklung und Entfaltung der Individualität jedes einzelnen haben jetzt gut überlegte, praktische Taten auf allen Gebieten zu folgen.

Die Individualität der Menschen ist konsequent als gesellschaftliche Triebkraft und Quelle von Innovationen zu begreifen und im Interesse des einzelnen und der Gesellschaft zu nutzen. Die Achtung und Entfaltung der Individualität gehören zur Lebensqualität des Sozialismus und zur Ausbildung eines positiven Lebensgefühls. Wir müssen ständig und künftig gesellschaftliche Freiheit vor allem als demokratische Suche nach Varianten und Bestimmung der günstigsten Möglichkeiten weiteren Fortschritts verstehen. Die für die Freiheit unverzichtbare Einsicht in das gesellschaftlich Notwendige muß selbst frei sein. Dafür sind die entsprechenden politischen Voraussetzungen zu schaffen und zu garantieren.

Wir stehen vor der Aufgabe, den Sozialismus in unserem Lande in einem großen gesellschaftlichen Konsens zu einer leistungsorientierten und sozial gerechten Gesellschaft weiterzuentwickeln. Das wird mit der Erkenntnis einhergehen, daß Leistungsziele, soziale Ziele und soziale Sicherheit nicht konfliktfrei und widerspruchslos in Übereinstimmung gebracht werden können. Wir müssen uns diesen Widersprüchen und Konflikten stellen. In der Mitverantwortung aller gesellschaftlichen Kräfte sind in einem kollektiven Lernprozeß humanistische Lösungen zu finden und gemeinsam zu verwirklichen.

Die sozialistische Gesellschaft kann nur eine demokratische Gesellschaft sein. Bei allem, was geschaffen worden ist, erkennen wir heute deutlich, daß das demokratische Potential der Arbeiter-und-Bauern-Macht und der sozialistischen Produktionsverhältnisse unzureichend erschlossen wurde. Dialog, streitbares Ringen um die bestmöglichen Entscheidungen, Meinungsfreiheit, hohe Autorität von Moral und Recht, klare Verantwortlichkeiten und effektive Kontrollmechanismen, Bedingungen für kompetente und rasche Entscheidungen müssen zu Wesenszügen der sozialistischen Demokratie werden. Nur so können wir überzeugend die Alternative zur bürgerlichen Demokratie bekräftigen, zur Dominanz der Sonderinteressen des Kapitals, zur Käuflichkeit von Politik, zur Kommerzialisierung der Medien, zu eklatanten Menschenrechtsdefiziten und zur Verletzung allgemeinmenschlicher moralischer Werte *durch das Kapital*.

Wir streben eine moralische Erneuerung unserer Gesellschaft an. Vieles haben bzw. hatten wir erreicht, aber manches ist auch verlorengegangen. Wir bekennen uns zu einem Sozialismus, in dem die moralischen Werte der Arbeiterbewegung ebenso wie die allgemeinmenschlichen Werte, die aus dem geschichtlichen Wirken unterschiedlicher Klassen, Weltanschauungen, kirchlicher und anderer Gemeinschaften hervorgegangen sind, in die Vermittlung von Lebensidealen einfließen. Gewissen und Moral müssen einen weitaus höheren Stellenwert in Politik, Ökonomie und anderen Bereichen einnehmen.

Wenn wir heute über die revolutionäre Erneuerung des Sozialismus und die Möglichkeiten seiner Realisierung nachdenken, dann heißt das auch, unser Kulturverständnis, vor allem unser Verständnis von Kulturpolitik, kritisch zu überdenken. Dabei geht es um Kultur in allen gesellschaftlichen Bereichen, in der Arbeit, in der Freizeit, in den Künsten, in den Medien, in der Politik. Und es wird auch darum gehen, eine kulturelle Gesamtkonzeption als unverzichtbaren Bestandteil unserer Gesellschaftsstrategie zu entwickeln.

Unser Bündnis mit den Schriftstellern und Künstlern, mit allen Kulturschaffenden, die öffentliche Verständigung über die in den Kunstwerken angebotenen Beiträge zur geistigen Aneignung unserer Wirklichkeit, die besondere Weise, mit der Kunst Weltsicht und gesellschaftsgestaltende Aktivität befördern kann, all das sind wesentliche Produktivitätsquellen unseres gemeinsamen Handelns bei der Verwirklichung des Sozialismus. Eine neue, dem Menschen würdige Kultur zu schaffen gehört zu den historischen Aufgaben des Sozialismus überhaupt. Die politischen, sozialen und kulturellen Verhältnisse in der DDR auf ihre kulturhistorische Substanz hin zu untersuchen wird deshalb eine wichtige Aufgabe der kulturwissenschaftlichen und künstlerischen Analyse in Vorbereitung unseres Parteitages sein.

Der humanistische, von den Bedürfnissen und Interessen der Menschen bestimmte Charakter unserer Gesellschaft muß sich auch im äußeren Erscheinungsbild der Lebensumwelt niederschlagen. Sauberkeit und ästhetische Gestaltung gehören ebenso dazu wie eine menschengerechte Architektur, Stadt- und Siedlungsgestaltung.

Die mit der Gesellschaftsstrategie unserer Partei angestrebten revolutionären Veränderungen können und wollen wir in Partnerschaft mit allen dazu bereiten Kräften durch tiefgreifende Reformen verwirklichen. Sie sollen in ihrer Gesamtheit dem Sozialismus in unserer Republik eine neue Qualität verleihen. Der wissenschaftliche Sozialismus hat sich in der Auseinandersetzung mit den Zuständen und geistigen Strömungen der Zeit entwickelt. Dadurch kamen Karl Marx und Friedrich Engels mit zwingender Logik zu ihrem Weltbild, das zu unserem wurde. Jede Generation von Kommunisten muß dieses Weltbild genauer zeichnen, vervollständigen und bereichern. Ausgangspunkt ist die exakte Analyse der gesellschaftlichen Prozesse, der Fortschritte, der Errungenschaften ebenso wie der Fehler, Versäumnisse und Irrtümer. Auf dieser und keiner anderen Basis entwickeln wir den Sozialismus, eine Gesellschaftsordnung, die unterwegs bleibt zu neuen Ufern. Wir bekennen uns zu der Marxschen Erkenntnis: »Wir nennen Kommunismus die wirkliche Bewegung.«

Unsere Partei braucht die Gesellschaftswissenschaften. Gefaßte Beschlüsse sind keine Verbotstafeln für weitergehende wissenschaftliche Überlegungen. Auch auf gesellschaftswissenschaftlichem Gebiet gilt: Wer neue Ziele und Wege erkundet, wird durch seine Forschungsergebnisse immer bisher Gewohntes, Praktiziertes und Gedachtes in Politik, Ökonomie und anderen Bereichen in Frage stellen, durch neue Erkenntnisse ergänzen und verändern, neue Alternativen aufzeigen. Dazu muß er die Wirklickeit so analysieren, wie sie sich bewegt. In Vorbereitung unseres Parteitages haben Wissenschaftler der Parteiinstitute, der Akademie der Wissenschaften, der Universitäten und Hochschulen eine große Anzahl von Studien ausgearbeitet, die gründliche Analysen und vorwärtsweisende Ideen und Vorschläge enthalten. Die Studien werden gründlich ausgewertet und ihre Verfasser sowie weitere Wissenschaftler in die Arbeiten zur Vorbereitung des Parteitages einbezogen.[36]

36 Vgl. dazu Daniel Küchenmeister/Gerd-Rüdiger Stephan, War die DDR reformfähig? In: Wolfgang Benz/Jörg Leuschner (Hrsg.), Geeinte Nation – geteilte Geschichte, Salzgitter 1993, S. 67 ff.; Rainer Land/Ralf Possekel, Namenlose Stimmen waren uns voran. Politische Diskurse von Intellektuellen aus der DDR, Bochum 1994, S. 36 ff.

Ich komme zur ökonomischen Lage der DDR und zu den notwendigen Wirtschaftsreformen.

An diesem Wendepunkt, Genossinnen und Genossen, prüfen wir mit großem Ernst Soll und Haben in der Wirtschaft unseres Landes. Der Blick in ihr Hauptbuch fällt nicht so erfreulich aus, wie es allzu glatte Berichte in der Vergangenheit oft widerspiegelten. Es gibt bedeutende Leistungen, an die wir anknüpfen können; wir übernehmen aber auch wirtschaftliche Lasten, die den Neubeginn außerordentlich erschweren.

Über lange Zeit wurde ein beträchtliches Wachstum des Nationaleinkommens erreicht. Der Umstieg auf die Intensivierung der Produktion vollzog sich mit positiven Ergebnissen. Das Wort »umfassend« in diesem Prozeß allerdings kennzeichnet eher das Ziel als den erreichten Stand. Bedeutende Kapazitäten der Hochtechnologie, der Veredlungschemie und Veredlungsmetallurgie entstanden. Der Zuwachs an wirtschaftlicher Kraft wurde in hohem Maße für soziale Zwecke eingesetzt. Es bleibt eine ungewöhnliche Leistung der DDR, seit 1970 mehr als drei Millionen Wohnungen neugebaut oder rekonstruiert zu haben. Zur gleichen Zeit wurden jedoch dringendste Reparaturmaßnahmen nicht durchgeführt. Besonders problematisch ist der Zustand der rund eine Million Wohnungen in privaten städtischen Mietshäusern. In einigen Städten wie Görlitz, Meißen, Brandenburg und nicht zuletzt Leipzig ist der Erhaltungszustand von Teilbereichen dieser Städte besorgniserregend. In diesen Städten sind Tausende von Wohnungen nicht mehr bewohnbar. Das alles hat zur Folge, daß nach wie vor viele Bürger mit ihren Wohnbedingungen und dem baulichen Zustand ihrer Städte unzufrieden sind. Das wird durch den nun schon seit fünf Jahren anhaltenden, *verstärkten* Berlin-Einsatz bezirklicher Baukapazitäten zusätzlich angeheizt. Die Lage verlangt, zum Abschluß des Einsatzes bezirklicher Baukapazitäten in der Hauptstadt Berlin neue Entscheidungen zu treffen. Die Rückführung von Baukapazitäten aus den Südbezirken hat dabei Vorrang. Zugleich sind wir dafür, daß im Bau befindliche Vorhaben ordnungsgemäß zu Ende geführt werden. Das ist ein Gebot volkswirtschaftlicher Vernunft.

Die nüchterne Analyse gebietet festzustellen, daß die ökonomische Politik bei unbestreitbaren Erfolgen zugleich schwerwiegende Probleme anwachsen ließ und vor sich herschob: Die Akkumulation, vor allem die produktive Akkumulation, blieb beträchtlich zurück. Wichtige Proportionen gerieten aus dem Lot – das Verhältnis zwischen Akkumulation und Konsumtion, zwischen Zuliefer- und Finalproduktion. Die halbherzigen Bemühungen, das Leistungsprinzip voranzubringen, konnten die verbreitete Praxis der Gleichmacherei nicht zurückdrängen. Es gelang bei weitem nicht, ein starkes ökonomisches Interesse an guter Arbeit zu schaffen. Die Verletzungen der ökonomischen Gesetze schlugen immer schmerzhafter auf den Alltag der Menschen durch. Fehlende Zulieferungen und verschlissene Technik behinderten die Arbeit.

Erläutert sei das an der schwerwiegenden Fehlentwicklung der Akkumulation in unserem Lande. Einerseits ging die Akkumulationsrate insgesamt von

1970 bis 1989 von 29 Prozent auf 21 Prozent zurück. Die Dramatik liegt darin, daß dies ausschließlich den Anteil der produktiven Bereiche schmälerte. Die produktiven Investitionen sanken in diesem Zeitraum von 16,1 Prozent auf 9,9 Prozent. Dagegen blieb der Anteil der nichtproduktiven Akkumulation mit neun Prozent etwa gleich. Das ermöglichte einerseits, das unverzichtbare Wohnungsbauprogramm zu finanzieren, andererseits verschliß die materiell-technische Basis in nicht wenigen Bereichen unserer Volkswirtschaft, weil die einfache Reproduktion nicht mehr gesichert werden konnte.

Was dennoch erreicht wurde, ist dem Fleiß und dem Einsatz der Arbeiter, der Ingenieure, Techniker zu danken, auch vieler Leiter, die bis an die Grenze ihrer physischen Leistungsfähigkeit arbeiten. Vieles ist nur durch Überstunden und Sonderschichten, durch Einfallsreichtum und mit Talent zum Improvisieren geschaffen worden. In den letzten Monaten wurden die Widersprüche in unserer Wirtschaft so offensichtlich und gravierend, daß sich viele Werktätige, Ingenieure, Wissenschaftler, Techniker, ganze Kollektive mit kritischen Stellungnahmen und begründeten Vorschlägen an das Zentralkomitee wandten.

Wir stimmen mit allen Genossinnen und Genossen sowie Kolleginnen und Kollegen, mit allen Bürgern überein, die fordern: Es ist das Wichtigste, ja das Allerwichtigste, dafür zu sorgen, daß überall ordentlich, zügig, hintereinanderweg gearbeitet werden kann. Sie warnen zugleich vor Luftschlössern und leichtfertigen Versprechungen. Ja, wir wollen mit beiden Beinen auf dem Boden der Tatsachen stehen, wenn wir die nötigen Veränderungen in Angriff nehmen. *Und die folgenden Worte werden bestätigen, daß wir nicht in der Lage sind, wesentliche Veränderungen im Sinne einer Erhöhung der Sozialleistungen vorzunehmen.*

Das gebietet, vor dem Zentralkomitee noch einmal auszusprechen, daß über einen längeren Zeitraum das Prinzip verletzt wurde, wonach nur verbraucht werden kann, was vorher erwirtschaftet wurde. Die Leistung blieb hinter den Planzielen zurück, während die Konsumtion, der Wohnungsbau und viele Bereiche der Sozialpolitik schneller wuchsen als vorgesehen.

Diese Situation spiegelt sich auch im Staatshaushalt wider. Wir haben immer von ausgeglichenen Staatshaushaltsplänen gesprochen. Dabei wurde jedoch die Tatsache nicht beachtet, daß der Ausgleich zu einem Teil auf der Ausschöpfung von Kreditquellen beruhte. *Aus diesen Quellen wurde beispielsweise ein Teil des Wohnungsbauprogramms und Maßnahmen in der Bildung, im sozialen und kulturellen Bereich finanziert. Die Verbindlichkeiten des Staatshaushaltes gegenüber dem Kreditsystem stiegen von 12 Milliarden Mark im Jahre 1970 auf über 120 Milliarden Mark im Jahre 1988. Das Anwachsen der Subventionen in diesem Zeitraum von 8 Milliarden Mark auf 58 Milliarden Mark spielt dabei eine große Rolle. Der Preis dafür war ein starker Rückgang der produktiven Akkumulation. Am schwersten wiegt unsere Schuldenlast im nichtsozialistischen Wirtschaftsgebiet. Es muß hier gesagt werden, daß bereits in den Jahren 1971 bis 1980 21 Milliarden Valutamark von dort mehr importiert wurden als wir exportierten. Die Exportziele des*

Fünfjahrplanes 1986–90 wurden auch in Folge ungenügender Effektivität um insgesamt 14 Milliarden Valutamark unterschritten. Zugleich liegt der Import um rund 15 Milliarden Valutamark über der vorgesehenen Höhe. Die Verbindlichkeiten der DDR gegenüber nichtsozialistischen Ländern betragen nach Angaben der Bank rund 20 Milliarden Dollar.

Wir müssen deshalb die Exporte zur Bezahlung von Zinsen, für die notwendigen Kredittilgungen und die weiter steigenden Anforderungen an Importen zur Versorgung von Volkswirtschaft und Bevölkerung durchführen. Die Importwünsche, die Anforderungen an den Tourismus und die damit verbundenen Erwartungshaltungen können deshalb gegenwärtig keineswegs alle befriedigt werden. Zuvor brauchen wir eine Exportoffensive, gilt es, die Leistungen zu steigern und hohe Exportüberschüsse zu erreichen, um Gegenwart und Zukunft zu beherrschen. Dafür muß ein zunehmender Teil des produzierten Nationaleinkommens eingesetzt werden, der für die innere Verteilung nicht zur Verfügung steht.

Für die schnelle Zuspitzung dieser wirtschaftlichen Widersprüche in den achtziger Jahren dürfen wir nicht in erster Linie nur äußere Ursachen verantwortlich machen. Vor allem liegen sie im zögernden und inkonsequenten wirtschaftspolitischen Reagieren. Sie liegen auch in der Scheu, die Wahrheit über den Zustand der Wirtschaft zu sagen, und in unserem Unvermögen, im Konsens mit der Mitgliedschaft der Partei und der Bevölkerung Lösungen zu suchen. Wir wollen uns hier auf diese kritischen Feststellungen zur Wirtschaftslage zunächst beschränken. Sie unterstreichen, daß es unbedingt notwendig ist, eine noch tiefgründigere Analyse durch die Regierung vorzunehmen und, wo notwendig, in der Volkskammer darzulegen.

Die generelle Veränderung der Wirtschaftspolitik, verbunden mit einer radikalen Wirtschaftsreform, ist unabdingbar. Die gesellschaftlichen Ziele, die für die kommenden Jahre gestellt werden, haben wieder den wirtschaftlichen Möglichkeiten des Landes zu entsprechen. Diese sind durch die derzeitigen Potenzen und Widersprüche begrenzt und müssen durch ein tragfähigeres Wirtschaftssystem erweitert werden. Grundgedanken hierfür, in die schon viele Überlegungen von Wirtschaftspraktikern und Wirtschaftswissenschaftlern eingeflossen sind, enthält der euch vorliegende Vorschlag für das Aktionsprogramm unserer Partei. Ich möchte nichts wiederholen, aber den Ansatz für dieses weitreichende Vorhaben noch etwas verdeutlichen. Wir stehen vor der Notwendigkeit, die bedeutenden Reserven zu erschließen, die unserer sozialistischen Planwirtschaft, die dem gesellschaftlichen Eigentum an den Produktionsmitteln innewohnen. Es gibt keinen Zweifel, daß die Erneuerung der Gesellschaft ohne dynamisches Wirtschaftswachstum nicht gelingen könnte. Die wirtschaftlichen Ergebnisse bestimmen den Handlungsspielraum in vielen gesellschaftlichen Bereichen, wie andererseits die politischen, geistigen und kulturellen Bedingungen tief auf die ökonomische Leistungsfähigkeit einwirken.

Als Dringlichstes stehen Sofortmaßnahmen zur Stabilisierung der wirtschaftlichen Situation auf der Tagesordnung. Hier brauchen wir noch mehr, vor allem sehr konstruktive Ideen, die möglicherweise auch der Redaktionskommission zugehen können, damit sie in unser Programm aufgenommen werden. Damit einhergehen sollte die Ausarbeitung einer neuen Wirtschaftsstrategie und schließlich der Wirtschaftsreform.

Ein neues Wirtschaftssystem kann nicht auf dem Wege einer bloßen »Vervollkommnung« von Elementen des bisherigen gestaltet werden, sondern nur durch seine grundsätzliche Neugestaltung. Es darf kein neues, starres, sondern es muß ein dynamisches, flexibles System sein, das zur Erneuerung fähig ist. Zugleich wird es nicht möglich sein, den alten Wirtschaftsmechanismus sofort abzustellen und ihn mit einem Schlag durch einen neuen zu ersetzen.

Da der laufende Reproduktionsprozeß aufrechtzuerhalten ist, ist es zweifellos notwendig, den Übergang vom bisherigen zum neuen Wirtschaftssystem ebenso besonnen zu organisieren wie die konzeptionelle Ausarbeitung und konsequente schrittweise Verwirklichung einer umfassenden Wirtschaftsreform. Wir können und dürfen keine hastigen Schritte tun, keine haltlosen Versprechungen machen, keine ungedeckten Schecks ausstellen. Wir dürfen nichts in Gang setzen, was ungenügend durchdacht ist und künftige Schritte verbaut. *(Beifall.)*

Ich rufe nicht zum Leisetreten auf, wohl aber zur Beachtung der Realität und zur diesbezüglichen Nutzung auch von Erfahrungen, die woanders gemacht worden sind. Deshalb sollte zunächst im Zusammenhang mit dem Plan 1990 ein wirtschaftspolitisches Stabilisierungsprogramm ausgearbeitet werden. Dazu gehört unbedingt ein Programm der Entwicklung der Konsumgüterproduktion, insbesondere zur Steigerung der Produktion von der Bevölkerung besonders gefragter Waren. Vorhandene Lücken in der normalen Versorgung der Bevölkerung wollen wir rasch schließen. Es geht auch um eine höhere Veredlung und Verbreiterung des Sortimentsangebots bei solchen Erzeugnissen, bei denen wir über eine ausreichende eigene Rohstoffbasis verfügen. Ich denke dabei auch an Milch- und Fleischprodukte. Das Angebot von Obst und Gemüse ist zu verbessern. Zu Recht erwarten die Bürger die planmäßige Versorgung mit Waren des täglichen Bedarfs bis Ladenschluß.

Wir halten es für notwendig, die Subventionspolitik, die in den gegenwärtigen Diskussionen von vielen Werktätigen kritisiert wird, zu analysieren, Vorschläge auszuarbeiten und erst danach, nach gründlicher Diskussion, zur Entscheidung vorzulegen. Es geht um ausgewogene und differenzierte Maßnahmen zur Veränderung der Subventionspolitik bei Gewährleistung der sozialen Sicherheit. Alle Elemente der Subventionspolitik, die dem Leistungsprinzip widersprechen sowie zur Verschwendung und Spekulation führen, sollten beseitigt werden. Die Subventionspolitik kann nur bei strikter Wahrung der Interessen der Bürger verändert werden. *Auf diesem Gebiet stehen wir nicht unter Zeitdruck, so daß jeder Schritt vorher mit der Bevölkerung beraten werden kann. Den Bürgern, die ihr Geld in Spareinlagen angelegt haben, muß Sicherheit gegeben werden.*

Unbeachtet dürfen wir nicht lassen, daß es eine nicht geringe Anzahl von Haushalten gibt, deren monatliche Einkommen unter dem Durchschnitt liegen. Für sie darf sich das Lebensniveau auf keinen Fall verschlechtern, wenn Subventionen aus dem Staatshaushalt für Waren des Grundbedarfs und Tarife differenzierter eingesetzt werden.

Wir müssen also ohne Wenn und Aber erkennen: Die außenwirtschaftliche Stabilisierung ist lebensnotwendig für das Bestehen des gesamten Wirtschaftsgefüges der DDR. Deshalb müssen wir das außenwirtschaftliche Geflecht nutzen, um in den nächsten ein bis zwei Jahren unsere Situation zu stabilisieren. *Dafür können wir auch an den Interessen von Wirtschaftskreisen und Regierungen großer Staaten wie der BRD, Frankreich und Österreich sowie Japan anknüpfen.*

Der Wohnungsbau sollte wesentlich stärker auf die Werterhaltung und Instandsetzung konzentriert werden. Eine zu starke, einseitige Fixierung auf Neubauzuwachs an den Stadträndern hat den normalen Reproduktionszyklus der gesamten Bausubstanz in den Städten aus den Fugen gehoben. Den Zustand der Städte, also der Alltagskultur auf den Straßen, setzen die Menschen unmittelbar mit ihrem Verhältnis zum Sozialismus und der Politik unserer Partei in Verbindung. Ohne Zweifel ist es nötig, Städtebaupolitik als eine wesentliche Führungsaufgabe der Regierung zu betrachten und sie in unmittelbarem Kontakt mit den Bürgern umzusetzen. Wir schlagen deshalb vor, daß die Regierung eine Arbeitsgruppe »Gesellschaftskonzeption und Städteentwicklung« bildet und sie beauftragt, Vorschläge für eine wirksame und rasche Wende auch auf diesem Gebiet auszuarbeiten. In den Vordergrund treten dabei die Klein- und Mittelstädte und in den Großstädten die innerstädtischen Gebiete mit ihrer beträchtlich verschlissenen Bausubstanz.

Bei aller Dringlichkeit dieser Maßnahmen gilt es gleichzeitig, eine Wirtschaftsstrategie vorzubereiten, die diesen Namen verdient. Sie erfordert gründliche wissenschaftliche Vorarbeiten sowie die öffentliche Diskussion von Prioritäten und Alternativen, um zu einem weitgehenden Konsens zu kommen über die anzustrebenden Ziele und die Wege dorthin. Viele grundsätzliche Fragen gilt es zu beantworten. Ich will nur einige ansprechen: Welche Wandlungen sollen sich in der Qualität des Wirtschaftswachstums vollziehen? Es geht in erster Linie um eine höhere Lebensqualität. Sie ist das eigentliche Wachstumsziel. Und es geht um den langfristigen Übergang zum intensiven Reproduktionstyp. Machen wir uns nichts vor. Was bisher auf dem Wege der Intensivierung getan wurde, war noch mit extensiven Zügen vermengt. An dem gestiegenen Aufwand für das Endprodukt ist das sichtbar. Die einseitige Fixierung auf hohe quantitative Zuwachsraten führt in die Irre. Entscheidend ist das wachsende Endprodukt.

Wie können wissenschaftlich-technische Fortschritte beschleunigt und in volkswirtschaftlicher Breite wirksam gemacht werden? Die berechtigte Freude über hervorragende wissenschaftlich-technische Leistungen darf uns nicht vergessen lassen, daß letzten Endes nur Produktivität, Kosten und Exportrentabilität zählen. Die Auswahl der Gebiete, auf denen die DDR an der Entwicklung von Hochtechnologien teilnimmt und Spitzenleistungen anstrebt, erfordert gründliche und kompetente Entscheidungsvorbereitung. Ohne Konzentration der Akkumulationskraft auf lebenswichtige Bereiche, auf die neuralgischen Abschnitte der wissenschaftlich-technischen Revolution kann unser Land nicht vorankommen. Doch in der Vergangenheit ist die Investitionspolitik zu weit gegangen. Dies geschah zu Lasten der Instandsetzung, der Modernisierung und Rationalisierung. Letzteres haben wir stets als Hauptweg der intensiv erweiterten Reproduktion bezeichnet. Doch die Realität entsprach dem nicht immer. Künftig muß dieser Kurs nicht nur propagiert, sondern durch die planmäßige Verteilung der Ressourcen konsequent realisiert werden. Wir wissen, daß es viele leidenschaftliche Kämpfer für den wissenschaftlich-technischen Fortschritt in unserer Wirtschaft gibt. Doch die gegenwärtigen Regelungen und Praktiken spornen sie nicht an, sondern benachteiligen sie oftmals. Das müssen wir ändern.

Wie fördern wir überhaupt die Wissenschaft? Sie zählt in der Praxis und nicht nur verbal zu den wichtigsten Aufgaben der Partei. Viele Wissenschaftler haben zu Recht darauf aufmerksam gemacht, daß negative, hemmende Faktoren in den letzten Jahren immer stärker zutage traten. Das betrifft ungenügende, ja rückläufige materiell-technische Ausstattung, kurzsichtige Lenkung der Wissenschaft auf Tagesaufgaben und Vernachlässigung der Grundlagenforschung, Fehlen ausreichender internationaler Kommunikationsmöglichkeiten, Rückgang der Leistungsfähigkeit im internationalen Vergleich.

Natürlich kann eine Erneuerung der materiell-technischen Basis von Forschung und Ausbildung nicht von heute auf morgen geschehen. Aber klar ist, ohne Spitzentechnik ist keine wissenschaftliche Spitzenleistung möglich. Wir müssen Wege finden, um dieses Problem schrittweise und auf Schwerpunkte orientiert zu lösen. Der Rang der Wissenschaft und ihrer Institutionen und Gremien in Staat und Gesellschaft muß angehoben werden. Die Autorität des Wissenschaftlers sollte erhöht und sein Rat geachtet werden. Wissenschaftliche Ergebnisse dürfen nicht als störend abgetan werden. Durch intensive Grundlagenforschung sorgt die Wissenschaft für den Vorlauf für morgen und übermorgen.

Die Wirtschaft kann nur bestehen, wenn sie sich stärker in die internationale Arbeitsteilung einbringt, insbesondere im RGW und im EG-Markt. Bestrebungen einer gewissen Autarkie, denen lange gefolgt wurde angesichts drängender Zwänge des Tages, haben sich auf die Dauer als Irrwege erwiesen. Es gilt, die Vorteile zu realisieren, die wir aus der Spezialisierung ziehen können, aus der Konzentration auf das, wo wir an Tradition verfügen und Stärken besitzen: Werkzeugmaschinen, Textilmaschinen, polygrafische Maschinen, wissenschaftliche Geräte, vieles ließe sich hier noch aufführen. Bei der Beantwortung der schwierigen Frage können uns die Erfahrungen anderer, insbesondere auch kleinerer Industrieländer, von großem Nutzen sein, die ebenso wie die DDR stark in die internationale Arbeitsteilung eingebunden sind.

Wie nutzen wir das gesellschaftliche Arbeitsvermögen besser? Es kann doch niemand mehr übersehen, daß bei uns ein Mißverhältnis zu Lasten der produktiven Bereiche herrscht. Das müssen wir überwinden, zielstrebig und besonnen. Erforderlich ist, die Zahl der Verwaltungs- und Bürokräfte zu verringern. Im Handel und in den Dienstleistungen hängt besonders viel davon ab, wie es uns gelingt, die materiell-technische Basis so zu stärken, daß die Bedingungen dafür gegeben sind, die Arbeitszeit voll auszunutzen.

Die Stärkung der Investitionskraft der Volkswirtschaft wird über einen längeren Zeitraum unerläßlich für die gesellschaftlich erforderliche Effektivität unserer Wirtschaft sein. Bei der Erhöhung der Akkumulationsrate stehen wir vor der Notwendigkeit, Kompromißlösungen bei der weiteren Verbesserung des Lebensniveaus und den unumgänglichen Exportüberschüssen zu suchen.

Welche Richtungen schlagen wir langfristig für die Rohstoff- und Energieversorgung der Volkswirtschaft der DDR ein? Bei der Beantwortung dieser Frage ist mehreres zu bedenken: die Aufwendungen und die ökologischen Folgen der Eigenproduktion ebenso wie Möglichkeiten für den rationelleren Einsatz, den Ausbau energie- und rohstoffgünstiger Produktions- und Exportstrukturen, aber auch die Erschließung von Importquellen.

Prioritäten sollten für die Entwicklung des Lebensniveaus der Bevölkerung in den neunziger Jahren insgesamt und für die verschiedenen sozialen und Einkommensgruppen gesetzt werden. Unzweifelhaft wandeln sich international langfristig die Bedürfnisstrukturen der Bevölkerung. Insgesamt wachsen sowohl der Verbrauch an Konsumgütern als auch die Leistungen für die Wiederherstellung und Erhaltung der natürlichen und gebauten Umwelt. Einen wachsenden Rang bekommen die Gesunderhaltung der Menschen bis ins hohe Alter und ein kulturvolles Arbeiten und Leben. Auch in den neunziger Jahren bleibt der Wohnungsbau eine sehr wichtige sozialpolitische Aufgabe – wie gesagt, mit mehr Betonung von Instandhaltung und Modernisierung.

Die gegenwärtigen wirtschaftlichen Probleme und Widersprüche der Volkswirtschaft in der DDR sind kein Beweis für das Scheitern der Planwirtschaft. Sie sind aber Beweis, daß keine Wirtschaft Subjektivismus, Verschwendung und Verletzung volkswirtschaftlicher Gleichgewichtsbedingungen ungestraft toleriert und »demokratischer Zentralismus« nicht nur auf dem letzten Wort betont werden darf.

Auch künftig muß das Volkseigentum die ökonomische Basis des Sozialismus bleiben. Auch die zentrale staatliche Planung ist unverzichtbar. Der springende Punkt besteht darin, die Vorzüge der sozialistischen Planung mit den stimulierenden Wirkungen des Marktes in Einklang zu bringen. Das erfordert eine neue Stellung der Betriebe und Kombinate im Wirtschaftssystem, die ihnen ermöglicht, sich als sozialistische Warenproduzenten voll zu entfalten. Sie müssen ihre eigene Verantwortung auf dem Markt voll wahrnehmen können. Als Dreh- und Angelpunkt betrachten wir deshalb die Eigenerwirtschaftung der Mittel, worin wir ein Grundprinzip unserer sozialistischen

Leistungsgesellschaft sehen. Wir erstreben eine marktorientierte sozialistische Planwirtschaft.

Was sollte die zentrale staatliche Planung in der Hand behalten und gewährleisten? Ausgeglichene volkswirtschaftliche Proportionen und Bilanzen, damit nicht mehr verteilt wird als erwirtschaftet werden kann; eine effektive volkswirtschaftliche Struktur und Qualität der Produktion, die zuverlässige Versorgung mit Rohstoffen und Energieträgern und stabile Staatsfinanzen bei einem ausgeglichenen Verhältnis von Kauf- und Warenfonds. Die zentrale staatliche Planung wird so konsequent auf die Wahrung der gesamtgesellschaftlichen Interessen gerichtet. Dazu hätte sie sich der Staatspläne und Staatsaufträge zu bedienen. Alles andere bleibt das weite Feld des eigenverantwortlichen und beweglichen Handelns der Kombinate und Betriebe. An ihnen ist es, dies mit kooperativer, vertraglich geregelter Zusammenarbeit für die Bedürfnisse des Binnen- und Außenmarktes auszufüllen.

Zur Wirtschaftsreform sollte eine Konzeption gehören, wie vielfältige Formen des staatlichen und genossenschaftlichen sozialistischen Eigentums an Produktionsmitteln entwickelt werden. Immer ist das Ziel, hohe wirtschaftliche Flexibilität und Effektivität zu erreichen.

Auch Verantwortung und Eigenständigkeit der örtlichen Volksvertretungen und ihrer Räte müssen sich erhöhen. Sie sollen künftig selbst darüber beschließen, wofür sie den geplanten Gesamtfonds einsetzen. Dieser Grundsatz könnte Schritt für Schritt in der bezirksgeleiteten Industrie, im örtlich geleiteten Bauwesen, im Verkehrswesen, im Handel, in der örtlichen Versorgungswirtschaft angewendet werden, ebenso im Bildungsbereich, im Gesundheits- und Sozialwesen, in der Wohnungswirtschaft, im kulturellen und in anderen örtlich geleiteten Bereichen.

In unseren Außenwirtschaftsbeziehungen steht die UdSSR an erster Stelle. Die Zusammenarbeit mit der UdSSR ist die entscheidende Gewähr für die kontinuierliche Erfüllung der eigenen volkswirtschaftlichen Aufgaben. In ihr gibt es noch viele Reserven. Unser Anliegen ist es, sie schneller wirksam zu machen, ohne Vorbehalte gegenüber neuen Formen, wie etwa gemeinsamen Betrieben und Forschungskollektiven. Den Ausschlag geben Aufwand und Nutzen.

Gegenüber den anderen sozialistischen Ländern führen wir die konstruktive Zusammenarbeit fort, unabhängig von den unterschiedlichen Wegen der Wirtschaftsreform. Wir orientieren uns dabei an den ökonomischen Interessen der DDR. Das schließt ein effektiveres Miteinander im RGW ein.

Im Handel mit dem nichtsozialistischen Wirtschaftsgebiet halten wir an dem Prinzip des gegenseitigen Vorteils fest. Unsere Hand für die Weiterentwicklung und Vertiefung der konstruktiven Zusammenarbeit mit den kapitalistischen Ländern, darunter auch der BRD, bleibt ausgestreckt. Vor allem im Interesse der produktiven Akkumulation sind wir bereit, alle Formen der Zusammenarbeit mit Konzernen und Firmen der BRD und anderen kapitalistischen Ländern zu prüfen. Die DDR ist bereit, mit Konzernen und Firmen kapitalistischer Länder zu kooperieren, Lizenzen und Technologien auszutauschen, Leasinggeschäfte durchzuführen[37] sowie die Gestattungsproduktion weiterzuentwickeln.

Wir sind auch dafür, die ökonomische Zusammenarbeit mit der BRD bei einigen großen Objekten auf dem Gebiet der Energie, des Umweltschutzes, der Chemie und anderer Zweige zu entwickeln, die beiden Partnern nutzt.

Die Wirtschaftsreform ist unmittelbar mit einer verantwortungsbewußten Umweltpolitik zu verbinden. Sie muß eine größere Bedeutung erhalten. Das um so mehr, da aufgrund der hohen Konzentration der Bevölkerung und der industriellen und landwirtschaftlichen Produktion in den Ballungsräumen sowie der notwendigen Nutzung der Braunkohle und Salze als wesentlichste Bodenschätze eine hohe Belastung der Umwelt entstanden ist. Mit einem Aufwand von 9,75 Milliarden Mark wurden seit 1980 Anlagen der Industrie und der Landwirtschaft mit moderner Umwelttechnologie aus- und nachgerüstet sowie Maßnahmen zur Trinkwasserversorgung und des Gewässerschutzes durchgeführt. Trotzdem, Genossen, ist es in Ballungsgebieten mit einem hohen Anteil an Grundstoffproduktion wie zum Beispiel im Raum Zittau–Görlitz, im oberen Elbtal und in bestimmten Gebieten in den Bezirken Halle und Leipzig noch nicht gelungen, die Umweltbelastungen entscheidend zu reduzieren.

Umweltschutzmaßnahmen müssen von vornherein fester Bestandteil der Pläne und Konzeptionen für die Entwicklung der Volkswirtschaft oder ihrer Zweige sein. Bei neuen oder rekonstruierten Produktionsanlagen ist gleichzeitig über die notwendige Umwelttechnik nachzudenken. Es darf nicht zugelassen werden, daß Umweltschutzmaßnahmen erst im nachherein beschlossen werden. Die jetzige falsche Bewertung von Investitionen, die den Umweltschutz als unwirtschaftlich ausweisen, ist zu beseitigen. Jeder Leiter in der Wirtschaft sollte mit den ökologischen Anforderungen an die Produktion genauso konfrontiert werden wie mit denen des Marktes. Mit dem neuen Fünfjahrplan darf nicht mehr zugelassen werden, daß noch alte, längst überholte Technik produziert wird, die die Umwelt belastet, obwohl es längst neue effektive und umweltfreundliche Lösungen gibt.

Es bleibt Grundsatz sozialistischer Umweltpolitik, sie mit Unterstützung breitester Bürgerinitiative zu verwirklichen. Dazu gehört auch eine offene Information über die Umweltdaten – wie bereits teilweise eingeführt – und eine öffentliche Diskussion der Bürger und der gesellschaftlichen Organisationen über die Prozesse der Lebensumwelt. Es sollte gewährleistet werden, daß alle Entscheidungen zur Festlegung von Standorten, die Einfluß auf die Lebensumwelt haben, öffentlich unter Leitung der örtlichen staatlichen Organe durch den entsprechenden Auftraggeber verteidigt werden. Die unterbreiteten Vorschläge, Gutachten und Hinweise sollten bei der Entscheidung mit vorgelegt und berücksichtigt werden.

Auf den Punkt gebracht, Genossen, werden wir so vorgehen, daß die Stabilität der Wirtschaft zunimmt, die Ökologie strikt beachtet, die soziale Sicher-

37 Die letzten beiden Worte wurden veröffentlicht, aber im ZK nicht vorgetragen.

heit der Menschen bewahrt und ihr Interesse an guter Arbeit erhöht wird. Überall sollten Bedingungen dafür geschaffen werden, daß der Fleiß und die Initiative der Werktätigen größtmöglichen Nutzen bringen kann. Zugleich werden die weitreichenden und tiefgreifenden wirtschaftlichen Umgestaltungen gewissenhaft ausgearbeitet und konsequent auf den Weg gebracht. Dafür brauchen wir dringend den Rat und die Sachkunde der vielen klugen und erfahrenen Ökonomen in unserem Lande.

In der Landwirtschaft gibt es seit längerem eine intensive gemeinsame Arbeit mit Praktikern und Wissenschaftlern und einen konstruktiven Dialog mit den befreundeten Parteien und Massenorganisationen, um tragfähige Antworten für neuentstandene Fragen zu finden. Die erarbeiteten Vorschläge sollten in Vorbereitung des XII. Parteitages zur öffentlichen Diskussion gestellt werden.

Die zu geringe volkswirtschaftliche Akkumulationskraft der letzten Jahre ist auch an der Land- und Nahrungsgüterwirtschaft nicht spurlos vorbeigegangen. Besonders ernst ist die Situation in der Tierproduktion und in der Nahrungsgüterwirtschaft hinsichtlich der Arbeitsbedingungen, des Arbeitsmaßes und der Arbeitsschwere, der Arbeitskräftesituation und des fehlenden Nachwuchses. Das alles sind Folgen des nicht rechtzeitig gelösten Widerspruchs zwischen rückläufigem Arbeitsvermögen und dem Tempo der Modernisierung der materiell-technischen Basis.

Die Pläne entsprechen seit Jahren weder in der Qualität, Struktur noch Quantität dem Bedarf der Landwirtschaft. Viele Erwartungen, die durch das von höchster Stelle gegebene Versprechen auch nach dem XIII. Bauernkongreß genährt wurden, bleiben unerfüllt. So bleiben Initiativen im Rationalisierungsmittelbau eine entscheidende Voraussetzung für die Stabilität der Produktion und Verarbeitung. Es ist unumgänglich, daß die Regierung bereits mit dem Plan 1990 sichtbare Verbesserungen bei der Bereitstellung von Ersatzteilen und Ausrüstungen gewährleistet und für den neuen Fünfjahrplan die Konsequenzen zieht.

Es ist an der Zeit, gemeinsam mit den Genossenschaftsbauern und Arbeitern gründlich über die weitere Vervollkommnung der sozialistischen Produktionsverhältnisse auf dem Lande zu beraten. Es geht darum, diese Verhältnisse so auszugestalten, daß sie wirksamer dazu beitragen, die Agrarproduktion zu erhöhen und effektiver zu gestalten. In diesem Zusammenhang vertreten wir die Auffassung, daß die Entscheidungen zur Entwicklung der LPG, der Kooperation, zur Art und Weise der Zusammenarbeit der Kollektive der Pflanzen- und Tierproduktion durch die Bauern selbständig entsprechend den konkreten Bedingungen auf der Grundlage langfristiger Entwicklungskonzeptionen zu treffen sind. Es steht außer Zweifel, daß die Genossenschaftsbäuerinnen und Genossenschaftsbauern alles gründlich und besonnen prüfen und klug entscheiden werden.

Wir sind dafür, im Sinne unserer Agrarpolitik den Wirtschaftsmechanismus zu erneuern, damit die Eigenverantwortung der Betriebe und das Leistungsprinzip eine neue Qualität erlangen. Das liegt im Interesse jedes einzelnen Genossenschaftsbauern und Arbeiters und unserer ganzen Gesellschaft. Wenn sich die Menschen auf dem Dorf zu Hause fühlen wollen, muß der Gestaltung der Lebensbedingungen mehr Aufmerksamkeit gewidmet werden. Dazu gehören eine gesicherte Versorgung mit Waren des täglichen Bedarfs und mit Dienstleistungen sowie der planmäßige Ausbau der Infrastruktur.

Im Sinne des gesellschaftlichen Aufbruchs sind neue Überlegungen über Inhalte und Formen der Interessenvertretung der Frauen notwendig. Auf der Grundlage der Werte und Ideale des Sozialismus sowie der großen Leistungen der Frauen selbst ist ihr Einfluß in der Gesellschaft, vor allem durch eine verstärkte Teilnahme an der Machtausübung in Politik, Staat und Wirtschaft, weiter zu erhöhen.

Von entscheidender Bedeutung dafür ist die weitere Ausprägung der gemeinsamen Verantwortung von Mann und Frau für die Familie. Dem entspräche unter anderem auch die eigenverantwortliche Entscheidung der Ehegatten über die Inanspruchnahme sozialpolitischer Maßnahmen sowie die Ausarbeitung von Vorschlägen zu ihrer variantenreicheren Nutzung. Das läge sowohl im Interesse der Persönlichkeitsentwicklung der Frauen als auch der Männer und Kinder.[38]

Ich komme zu dem Abschnitt: Mehr Sozialismus heißt mehr Demokratie.

In der Erklärung vor der Volkskammer am 24. Oktober habe ich – in Übereinstimmung mit den Vorsitzenden der anderen Parteien – Grundpositionen für das Verhältnis zwischen Staat und Bürger dargelegt.[39] Die Gesellschaft aus der politischen Krise herauszuführen erfordert die Reform des politischen Systems. Im Entwurf des Aktionsprogramms werden dazu Schritte vorgeschlagen.

Wir müssen heute feststellen, daß die vorhandenen politischen Machtstrukturen nicht ausreichend demokratisch funktionierten. In der Praxis wurde die Entwicklung sozialistischer Demokratie auf das Prinzip des demokratischen Zentralismus reduziert und auch der wiederum auf eine Seite, die zentrale staatliche Planung und Leitung der Gesellschaft. Dadurch ist die Aufnahmefähigkeit der unterschiedlichen Interessen, Bedürfnisse, Meinungen und Ideen blockiert gewesen. Es funktionierte von oben nach unten, erwies sich aber in der umgekehrten Richtung als nicht ausreichend arbeitsfähig. Das Ziel des politischen Reformprozesses kann nur sein, einen gesellschaftlichen Konsens zur Lösung der Probleme im Rahmen einer sozialistischen Gesellschaftsordnung zu schaffen.

Das vertrauensvolle Bündnis der Parteien und gesellschaftlichen Organisationen ist eine Errungenschaft des Sozialismus in der DDR und eine wichtige Grundlage für die Erneuerung unseres politischen Systems. Die mit der SED zusammenarbeitenden Parteien, ihre Funktionäre und Mitglieder leisten mit ihren Vorschlägen und Taten dazu einen eigenständigen Beitrag.

38 Die letzten beiden Absätze der Rede wurden veröffentlicht, aber im ZK nicht vorgetragen.
39 Vgl. die Rede von Egon Krenz, in: Volkskammer der DDR, 9. Wahlperiode, 10. Tagung, Dienstag, den 24. Oktober 1989, Stenografische Niederschrift, S. 223 ff.

Die SED tritt dafür ein, die Zusammenarbeit im demokratischen Block und in den staatlichen Gremien neu zu gestalten. Wir gehen davon aus, daß die Werte und Ideale des Sozialismus der gemeinsame Nenner für alle Parteien des Demokratischen Blocks sind.

Auf dieser Grundlage wollen wir stets den Konsens für mögliche Interessenkonflikte zwischen den Parteien und Organisationen finden. Die Vorschläge der befreundeten Parteien zum XII. Parteitag geben uns viele Anregungen. Sie müssen vom Zentralkomitee gründlich ausgewertet werden. Damit die enorm gewachsene politische Aktivität der Menschen zum gesellschaftlichen Voranschreiten führt, brauchen wir neue Wege wie bewährte Organisationsformen. Die Ausschüsse der Nationalen Front müssen vielerorts aus dem Schatten treten. Dazu will unsere Partei beitragen. Wir sind dafür, durch Wahlen die Ausschüsse der Nationalen Front zu stärken. Der Nationalrat der Nationalen Front arbeitet an entsprechenden Vorschlägen.

Erneuerung des Sozialismus – das heißt und das hat sich erwiesen – benötigt ein konstruktives, verständnisvolles Miteinander zwischen dem Staat und den Kirchen sowie den Religionsgemeinschaften. Das von beiden Seiten bejahte Prinzip der Trennung von Staat und Kirche wird dabei nicht aufgehoben. Über viele von den Kirchen in letzter Zeit aufgeworfene Fragen muß nachgedacht und entsprechend den gesellschaftlichen Erfordernissen und Möglichkeiten entschieden werden. Bei Achtung der Überzeugung und des Auftrages des jeweils anderen sollte es uns im Miteinander darum gehen, das Leben in unserem Land sinnerfüllter zu gestalten. Es entspricht dem gemeinsamen Interesse von Staat und Kirche, daß sich das in einer Atmosphäre ungestörter Arbeit sowie der Achtung der Rechte und der Würde des Menschen vollzieht.

Die sozialistische Demokratie, die wir anstreben, wird im hohen Maße von der Tätigkeit unseres sozialistischen Parlaments und der von ihm gewählten Regierung bestimmt. Gestern ist bekanntlich die Regierung zurückgetreten. Auch der Volkskammerpräsident hat sein Amt zur Verfügung gestellt. Von der Tagung des Zentralkomitees schlagen wir vor, darüber im zentralen Demokratischen Block zu sprechen und eine Tagung der Volkskammer einzuberufen. Auf ihr sollte über die Neuwahl des Präsidenten der Volkskammer und die Wahl eines neuen Vorsitzenden des Ministerrates, der mit der Neubildung der Regierung und einer Regierungserklärung beauftragt wird, entschieden werden.

Die Regierung hat – so legt es die Verfassung fest – die einheitliche Durchführung der gesamten Staatspolitik zu leiten. Sie muß dazu die politischen, ökonomischen, kulturellen und sozialen sowie die ihr übertragenen Aufgaben für die Landesverteidigung real wahrnehmen. Dafür halten wir ihre gründliche Reorganisation für erforderlich. Es gilt, ihren Charakter als Koalitionsregierung vollständig auszuprägen und Effektivität und Sparsamkeit in ihrer Arbeit zu sichern. Wir werden die Verantwortung der Zentrale der Partei deutlich von der Verantwortung der Regierung abgrenzen. Unsere Gesellschaft braucht eine vorausschauende Gesetzgebungsarbeit der Volkskammer, die von den Bedürfnissen unseres Volkes ausgeht und Rechte und Pflichten eindeutig und ohne Hintertüren regelt.

Im einzelnen heißt das aus unserer Sicht:

- Erarbeitung eines Vereinigungsgesetzes, um das Recht auf Vereinigung der Bürger zur Verwirklichung ihrer Interessen in Übereinstimmung mit den Grundsätzen und Zielen der Verfassung auszubauen;
- Erarbeitung eines Gesetzes, welches das Recht der Bürger, sich im Rahmen der Grundsätze und Ziele der Verfassung friedlich zu versammeln, garantiert;
- Erarbeitung eines Mediengesetzes, das die objektive Widerspiegelung der gesellschaftlichen Wirklichkeit in den Medien sichert, die Tätigkeit in- und ausländischer Journalisten in der DDR grundsätzlich regelt und den Mißbrauch der Medien verhindert;
- ein neues Wahlgesetz, das eine freie, allgemeine, demokratische und geheime Wahl gewährleistet und in jedem Stadium der Wahl die öffentliche Kontrolle garantiert. Zu dieser Kontrolle sind wir in der DDR – wie die Vertretung der Rechtsanwälte feststellte – ohne internationale Beteiligung in der Lage;
- kurzfristige Änderung der Bestimmungen über Staatsverbrechen sowie über Straftaten gegen die staatliche Ordnung im Strafgesetzbuch;
- Abschluß der gegenwärtig laufenden Arbeiten an einer neuen Strafprozeßordnung, in der unter anderem das Recht auf Verteidigung weiter ausgestaltet werden müßte, bis 1990;
- Erarbeitung eines Gesetzes über die staatliche Sicherheit, das auch die Tätigkeit des Ministeriums für Staatssicherheit, seine Befugnisse und die Grundsätze seiner Arbeitsweise regelt;
- Überarbeitung des VP-Gesetzes, um entsprechend den neuen Erfordernissen die Aufgaben und Befugnisse exakter festzulegen;
- Überarbeitung der Wehrgesetzgebung, insbesondere Schaffung eines zivilen Wehrersatzdienstes;
- Überarbeitung des Zollrechts mit dem Ziel, für den Bürger überschaubare Rechtsvorschriften zu schaffen.

Und, Genossinnen und Genossen, der vorliegende Entwurf des Reisegesetzes bedarf einer gründlichen Überarbeitung. Das Gesetz muß überschaubarer werden und den Bürgern mehr Erleichterung bringen. Und trotzdem will ich in aller Deutlichkeit sagen: Es liegt nicht an irgendwelchen Unvollkommenheiten bei der Vorbereitung, es liegt auch an den ökonomischen Möglichkeiten, die damit verbunden sind, die manche Frage aufwerfen. Und diese Frage muß geklärt werden, bevor allgemeine Erklärungen abgegeben werden können.

In Auswertung der vielfältigen Vorschläge zur weiteren gesellschaftlichen Entwicklung der DDR sollte die Veränderung bzw. Neufassung weiterer rechtlicher Regelungen geprüft werden. So steht aus unserer Sicht längerfristig auf der Tagesordnung, ein neues Strafgesetzbuch auszuarbeiten. Unsere Gesellschaft steht generell vor der Notwendigkeit, unter den Bedingungen der neunziger Jahre gründlich zu prüfen, was strafbar sein muß und was nicht, welche Paragraphen neu und präziser zu fassen sind. Besonderes Gewicht erhalten die strikte Wahrung der Unabhängigkeit des Richters, das uneingeschränkte Wirken der Rechtsanwälte für den Rechtsschutz der Bürger und die durchgreifende Aufsicht der Staatsanwaltschaft über alle Untersuchungsorgane.

An dieser Stelle, liebe Genossinnen und Genossen, erscheint mir noch eine Bemerkung notwendig: Manche sind in einen Zustand der Verklärung geraten und tun so, als sei die DDR der einzige Staat der Welt, in dem es noch eine Polizei sowie Schutz- und Sicherheitsorgane gibt. Es bedarf wohl keiner besonderen Argumentation, um deutlich zu sagen, daß es im Interesse aller Bürgerinnen und Bürger unseres Landes liegt, wenn bei aller Konfrontation politischer Ansichten der ordentliche Lebensrhythmus unserer Gesellschaft, das friedliche Zusammenleben aller Bürger, die ungestörte Arbeit und nicht zuletzt die verfassungsmäßigen Grundlagen unseres Staates garantiert bleiben. *(Beifall)*

Staatliche Sicherheit und öffentliche Ordnung sind Grundbedingungen für die Erneuerung unserer Gesellschaft, *denen sich unsere Sicherheitsorgane stellen*. Wir bezeugen den Genossen, die sich dieser Aufgabe gerade auch in diesen Tagen so aufopferungsvoll widmen, unsere Hochachtung. Genauso deutlich aber sagen wir, daß überall, wo Befugnisse überschritten wurden, die eingeleiteten disziplinarischen bzw. strafrechtlichen Maßnahmen unserem Verständnis von Recht und Gesetz entsprechen.

Die Verfassung legt fest, daß sich in der Arbeit der Volkskammer und der örtlichen Volksvertretungen Vorbereitung, Durchführung und Kontrolle vereinen. Dem Rechnung tragend, schlagen wir vor, daß das Komitee der Arbeiter-und-Bauern-Inspektion von der Volkskammer gewählt wird, ihr rechenschaftspflichtig ist und in ihrem Auftrag arbeitet. Bisher war die ABI ein Organ des Zentralkomitees der SED und des Ministerrates. Als Organ der breitesten Volkskontrolle prüft die Arbeiter-und-Bauern-Inspektion, wie in Staat und Wirtschaft die Gesetze verwirklicht und die Beschlüsse der Volksvertretungen durchgeführt werden. Nicht unbedingt notwendige Kontrollorgane in der Zentrale sollten abgeschafft werden.

Wir sind dafür, die Aufgaben des Volkskammerausschusses für Nationale Verteidigung zu erweitern. In seiner Zuständigkeit sollten künftig auch Fragen der inneren Sicherheit liegen.

Auf der 9. Tagung des Zentralkomitees habe ich den weiteren Ausbau der Verfassungskontrolle durch größere Vollmachten des Verfassungs- und Rechtsausschusses der Volkskammer vorgeschlagen. Inzwischen wurde verschiedentlich angeregt, noch einen Schritt weiter zu gehen und einen Verfassungsgerichtshof zu bilden, der über die Einhaltung der Verfassung wacht. Diesen Vorschlag sollten wir unterstützen.

Unsere Partei schlägt weiter vor, die Amtsperiode der höchsten Repräsentanten unserer Staatsmacht, also des Vorsitzenden des Staatsrates, des Volkskammerpräsidenten und des Ministerpräsidenten, gesetzlich auf zwei Wahlperioden zu beschränken.

Die Erneuerung der sozialistischen Demokratie erfordert, Bürgerwille und Bürgerinitiative auf dem Boden der Verfassung in den Städten und Gemeinden ungehindert zu entfalten.

Richtig ist es, den Vertretern von Bürgerinitiativen die Möglichkeit zu geben, ihre Ansichten in den örtlichen Volksvertretungen darzulegen. Sie sollten in ständige oder zeitweilige Kommissionen, in Arbeitsgruppen oder Arbeitskreise einbezogen werden, um an praktischen Lösungen gemeinsam zu arbeiten.

Zur Durchsetzung der Eigenverantwortung der Städte und Gemeinden sind die personellen, materiellen und finanziellen Grundlagen der Kommunalpolitik weiter zu stärken. Wir schlagen vor, mit dem Volkswirtschaftsplan und dem Staatshaushaltsplan für 1990 erste Maßnahmen festzulegen, daß die Städte und Gemeinden über stabile eigene Einnahmen verfügen, über deren Einsatz sie selbst entscheiden können.

Die Räte der Bezirke, Kreise und Städte müssen in den Stand versetzt werden, entsprechend den örtlichen Schwerpunkten selbst über den Einsatz und die Verteilung der Kader des Staatsapparates zu entscheiden. Es ist gut, wenn angesichts der derzeitigen Lage in Leipzig, Dresden und anderen Städten Mitarbeiter aus staatlichen Organen und aus Verwaltungen zeitweilig in Einrichtungen des Gesundheitswesens, des Verkehrswesens, von Handel und Versorgung sowie im Dienstleistungsbereich arbeiten.

Den Genossen im Ministerrat wird empfohlen, im Zusammenhang mit der Ausarbeitung der Direktive für den Fünfjahrplan Vorschläge für den Ausbau einer leistungsfähigen Kommunalwirtschaft in den Städten und Gemeinden zu unterbreiten. Den Städten und Gemeinden sollten Kapazitäten, die kommunale Dienste leisten, zugeordnet bzw. unterstellt werden. Das gilt namentlich für die Betriebe der Stadt- und Gebäudewirtschaft. In diesem Zusammenhang sollte geprüft werden, bestimmte Dienstleistungsbetriebe, Freizeiteinrichtungen und weitere in Volkseigentum befindliche Objekte in volle kommunale Verantwortung von Städten und Gemeinden zu übergeben.

Die Parteigruppen der SED in den örtlichen Volksvertretungen und die Grundorganisationen unserer Partei in den örtlichen Räten sollten nicht mehr zulassen, daß Beschlüsse der Bezirks- und Kreistage, der Stadtverordneten- und Stadtbezirksversammlungen sowie der Gemeindevertretungen durch den Rat oder durch Eingriffe übergeordneter Organe außer Kraft gesetzt werden, genauso wie zentrale Beschlüsse zu verwirklichen sind. Mit all dem werden Schritte zu einer kommunalen Selbstverwaltung vollzogen, *die im Rahmen des demokratischen Zentralismus wirken*.

Mit der Reform des politischen Systems unterstützen wir alles, was der revolutionären Erneuerung des Sozialismus dient. Zugleich aber weisen wir Auffassungen, Konzeptionen und Plattformen zurück, die über die Veränderung verfassungsmäßiger Grundlagen auf eine Erosion oder gar auf den Umsturz der sozialistischen Staats- und Gesellschaftsordnung hinauslaufen. Wir sind eine reformfreudige, aber keine reformistische Partei.

Zu Fragen der Außenpolitik: Wir leben in einer Welt voller Abhängigkeiten, Bewegungen und Widersprüchen. Das erfordert, die Dinge so zu sehen, wie sie sind, und nicht nur, wie wir sie uns wünschen.

Die positiven Tendenzen in der weltpolitischen Entwicklung gewinnen vor allem dank der dynamischen Friedenspolitik der sozialistischen Staaten an Kraft. Schrittweise reifen neue Möglichkeiten für eine durchgreifende Gesundung der internationalen Beziehungen. Sie dürfen nicht ungenutzt bleiben. Gleichzeitig übersehen wir nicht, daß einflußreiche Kräfte in der NATO durch das Festhalten an der Politik der Stärke weitere Fortschritte auf dem Wege zu Abrüstung und Sicherheit aufhalten. Wir haben uns offenkundig auf einen Zeitraum einzustellen, Genossen, in dem sich rasche Veränderungen in der Welt vollziehen, in dem Elemente der Kooperation, des Wettbewerbs und der Konfrontation aufeinander einwirken, in dem die Lage widerspruchsvoll bleibt und Zuspitzungen nicht ausgeschlossen werden können. Die DDR muß deshalb verteidigungsfähig sein und Streitkräfte besitzen, um ihren Bündnisverpflichtungen in ihrer friedenspolitischen Verantwortung gerecht zu werden. Wir danken den Genossen der Nationalen Volksarmee für ihre treue Pflichterfüllung, um Verletzungen des Hoheitsgebietes der DDR zu verhindern und das friedliche Leben der Bürger der DDR gegen jeglichen Angriff von außen zu schützen.

Unter Berücksichtigung der widersprüchlichen internationalen Tendenzen hat unsere Außenpolitik einen aktiven Beitrag zu leisten, um den Frieden zu stärken und für unseren Kurs der Erneuerung die günstigsten äußeren Bedingungen zu schaffen. Der Maßstab ist auch hier, entschieden den Interessen der Bürger zu dienen. Es geht vor allem darum, das enge Bündnis mit der UdSSR und den anderen sozialistischen Ländern auszubauen, den aktiven Beitrag zur Sicherheit und Zusammenarbeit im Rahmen des gemeinsamen Friedensprogramms zu erhöhen, die breitestmögliche Zusammenarbeit mit allen Kräften der politischen Vernunft zu entwickeln, die dazu bereit sind, und die aktive Teilnahme der Volksmassen am Ringen um Frieden und Abrüstung zu fördern.

Die eingeleitete Wende bedeutet für uns zugleich, die DDR als demokratischen, dem Antifaschismus verpflichteten, humanistischen, weltoffenen und jederzeit berechenbaren sozialistischen Staat zu stärken. Wir wissen, daß wir auf Sympathien und Aufgeschlossenheit aller rechnen können, die in der Existenz und in der Friedenspolitik der souveränen Deutschen Demokratischen Republik einen unabdingbaren Faktor der Sicherheit und Stabilität in Europa sehen. Wir sind entschlossen, das Bündnis und das Zusammenwirken mit der KPdSU und der UdSSR den Erfordernissen der Zeit entsprechend qualitativ zu bereichern und weiterzuentwickeln. Dabei können wir uns auf das mehr als dreistündige Gespräch mit Michail Sergejewitsch Gorbatschow während des Arbeitstreffens am 1. November in Moskau berufen, und es zeigte – diese Ergebnisse liegen ja dem Zentralkomitee vor –, daß wir völlige Übereinstimmung in allen Fragen erreicht haben.[40] Das betrifft die Bewertung des Wesens und der Ergebnisse der revolutionären Umgestaltungsprozesse in unseren Ländern ebenso wie das Herangehen an die internationalen Fragen im Zeichen des neuen politischen Denkens, im Interesse der Lösung globaler Probleme der Menschheit.

In der gegenwärtig nicht einfachen Zeit für unser Land haben die Worte von Michail Gorbatschow für uns besonderes Gewicht: »Außer euch selbst ist es wohl unser Volk, das euch am meisten Gutes und Erfolg wünscht.« Unsere Partei unterstützt uneingeschränkt die Umgestaltung und Erneuerung in der Sowjetunion und wird die dabei gesammelten positiven Erfahrungen für die Lösung der Aufgaben nutzen, die sich aus der eingeleiteten Wende ergeben. Zum Bruderbund mit der Sowjetunion darf es keine Halbherzigkeiten geben. Es ist unser gemeinsames Ziel, im engsten Schulterschluß dafür zu wirken, mit intensiver ökonomischer Kooperation, zunehmendem Erfahrungsaustausch und der Förderung menschlicher Kontakte eine neue Qualität umfassender Zusammenarbeit einzuleiten. *(Beifall)*

Ich glaube, es entspricht zutiefst dem Empfinden der übergroßen Mehrheit der Parteimitglieder und vieler Bürger unseres Landes, daß unsere Freundschaft nicht mehr nur eine Freundschaft der Losungen und Deklarationen ist, sondern, wie es Tradition in unserer Partei ist, wieder eine Freundschaft der Tat wird. Die Gesellschaft für Deutsch-Sowjetische Freundschaft als traditionsreiche, alle Bevölkerungsschichten unseres Landes umfassende Massenorganisation kann dazu einen bedeutenden Beitrag leisten.

In der allseitigen Zusammenarbeit mit allen sozialistischen Staaten, im schöpferischen Erfahrungsaustausch mit den Bruderparteien dieser Länder sehen wir eine wesentliche Gewähr für den Erfolg der Erneuerung in der DDR. Wir verfolgen mit großer Aufmerksamkeit die bei ihnen eingeleiteten Prozesse, ohne die dabei gemachten Erfahrungen schematisch auf unsere Bedingungen zu übertragen. Wir sind für ein gegenseitig anspruchsvolles, gleichberechtigtes Vertrauensverhältnis, in dem alle lernen und gewinnen, geben und nehmen.

Besonderes Interesse haben wir an der Entwicklung der Beziehungen zu unseren sozialistischen Nachbarstaaten. Bei der weiteren Ausgestaltung der traditionell freundschaftlichen Beziehungen mit der ČSSR sind wir bereit, auch neue Wege zu beschreiten und die Potenzen unserer beiden Staaten weitaus stärker zum Wohle der Menschen auszuschöpfen. Schon in der nächsten Woche wird es Gelegenheit geben, mit den führenden Repräsentanten der ČSSR darüber zu sprechen.

In den Gesprächen mit dem Präsidenten und dem Vorsitzenden des Ministerrates der VR Polen sowie dem Ersten Sekretär des Zentralkomitees der PVAP

40 Vgl. die Gesprächsniederschrift des Treffens von Gorbatschow und Krenz am 1. November 1989, in: Hertle, Der Fall der Mauer, S. 462 ff.

am 2. November in Warschau wurde der beiderseitige Wille bekundet, die Zusammenarbeit mit unserem unmittelbaren Nachbarn im Osten zum Nutzen der Völker der DDR und der VR Polen weiter auszubauen.[41] Sie stellt einen wichtigen Faktor der Sicherheit und des Friedens in Europa dar.

Die DDR erfüllt ihre Bündnisverpflichtungen im Warschauer Vertrag. Gerade in der heutigen Umbruchsituation sind wir für ein effektiveres Zusammenwirken im Rahmen der sozialistischen Verteidigungskoalition. Wir werden uns aktiv an den kollektiven Bestrebungen beteiligen, sie noch stärker von einem militärpolitischen in ein politisch-militärisches Bündnis umzuwandeln. Bei allen Unterschieden und Problemen sind wir bereit, unsere Kräfte und Potenzen im Interesse unserer gemeinsamen Sache zu vereinen. Wir werden unsere konstruktiven, realistischen Vorstellungen in die Zusammenarbeit der Mitgliedsländer des RGW einbringen. Hierbei darf man sich nicht auf Erklärungen beschränken, sondern muß durch eigene Beiträge die gemeinsamen Aufgaben meistern helfen.

Zur Identität unserer sozialistischen Republik gehört seit ihrer Gründung das unermüdliche Wirken für Frieden und Abrüstung. Es resultiert aus der Verpflichtung, sicherzustellen, daß von deutschem Boden nie wieder Krieg ausgeht. An der Seite der Sowjetunion und der anderen Verbündeten werden wir das Unsere tun, damit das Jahr 1990 ein Jahr neuer Friedensschritte wird. Eine Verständigung über einschneidende Vereinbarungen zur Verringerung der nuklearen Arsenale sowie zu weiteren bedeutsamen internationalen Fragen erhoffen wir uns vom vereinbarten Gipfeltreffen zwischen Michail Gorbatschow und George Bush.[42]

Die DDR wird ihre Anstrengungen verstärken, damit schnellstmöglich bei den Wiener Verhandlungen Übereinkünfte über konventionelle Streitkräfte sowie über neue vertrauens- und sicherheitsbildende Maßnahmen möglich werden. Dazu gehört auch, die beschlossenen einseitigen Abrüstungsschritte konsequent zu verwirklichen. Als konkreten Beitrag zur Vertrauensbildung und mehr Berechenbarkeit wird der Nationale Verteidigungsrat der DDR den Entwurf der Militärdoktrin erörtern und ihn danach den zuständigen Ausschüssen und dem Plenum der Volkskammer zur öffentlichen Beratung und Beschlußfassung unterbreiten. In diesem Sinne wird die DDR auch auf dem Seminar der 35 KSZE-Staaten zum Problem der Militärdoktrinen wirken, das Anfang des nächsten Jahres stattfinden soll.

Es bleibt ein erstrangiges sicherheitspolitisches Anliegen der DDR, daß so bald wie möglich Verhandlungen über taktische Kernwaffen in Europa aufgenommen werden. Jetzt, da sich die Aussichten auf eine erste Übereinkunft in Wien verbessern, sollte die Aufnahme dieser Verhandlungen noch 1990 möglich sein. Auf dem Wege zu weitreichender Abrüstung und Vertrauensbildung

41 Vgl. ND, 3. November 1989. Zur Berichterstattung über diese Treffen im SED-Politbüro siehe: SAPMO-BArch, DY 30,/J IV 2/2 A/3255, sowie das Lesematerial für die 10. ZK-Tagung, in: SAPMO-BArch, DY 30/IV 2/1/704.

42 Das sowjetisch-amerikanische Gipfeltreffen fand am 2. und 3. Dezember 1989 vor Malta statt.

sind auch Teilschritte sinnvoll. Das ist seit langem unser Standpunkt. Deshalb unterstützen wir die von Michail Gorbatschow in Helsinki erklärte Bereitschaft der UdSSR, gemeinsam mit allen Nuklearmächten und den Anliegerstaaten Garantien für eine kernwaffenfreie Ostsee zu vereinbaren, und begrüßen den Entschluß, einseitig ihre dort stationierten kernwaffenbestückten U-Boote zu verschrotten.[43]

Effektive Abrüstung in Europa ist nur möglich, wenn eine solch bedeutende Waffenkategorie wie die der Seestreitkräfte nicht ausgespart bleibt. Als Beitrag der DDR, mehr Sicherheit zur See zu erreichen, schlagen wir vor, ein multilaterales Abkommen über die Verhinderung von Zwischenfällen auf bzw. über Ost- und Nordsee abzuschließen. Die DDR ist bereit, ihre konkreten Vorschläge dazu allen Anrainerstaaten bzw. allen KSZE-Staaten zu unterbreiten.

Wir begrüßen, daß die chemischen Waffenvorräte der USA 1990 vom BRD-Territorium abgezogen werden sollen. Mitteleuropa würde damit chemiewaffenfrei. Wir regen an, daß die betroffenen Staaten, vor allem aber die DDR, die ČSSR und die BRD, Verhandlungen bzw. Expertengespräche aufnehmen, um diesen Zustand völkerrechtlich abzusichern, sicherheitspolitisch vorzubereiten und zu kontrollieren.

Unsere Lage im Zentrum Europas, unsere Geschichte und unsere Zukunft bedingen, daß sich unsere Außenpolitik in hohem Maße unserem Kontinent zuwendet. Die DDR wirkt weiterhin als aktiver Teilnehmer am KSZE-Prozeß mit. Daher gelten die Verpflichtungen im eigenen Lande ebenso wie in den Beziehungen mit allen an diesem Prozeß beteiligten Partnern. Für uns sind Völkerrecht und innerstaatliches Recht kein Gegensatz. Die notwendige neue Qualität der sozialistischen Demokratie und die Ausgestaltung unseres sozialistischen Rechtsstaates muß mit einer umfassenden Konzeption zur Wahrung der Interessen unseres Landes und seiner Bürger in allen Bereichen verbunden sein. Damit werden wir zugleich neue Räume schaffen, um uns aktiver in die europäischen Entwicklungen einzuschalten. Wir treten dafür ein, das für 1992 anberaumte KSZE-Treffen auf höchster Ebene in Helsinki abzuhalten.

Der sozialistische deutsche Staat ist bereit, seinen Anteil am Bau eines gemeinsamen europäischen Hauses zu leisten. Von grundlegender Bedeutung muß dabei bleiben, daß an jenen politisch-territorialen Realitäten nicht gerüttelt wird, die wir zu den Fundamenten des zu errichtenden Hauses Europa zählen. Uns beunruhigen die Tendenzen in der Politik imperialistischer Kräfte, die auf die Überwindung des Sozialismus in Europa abzielen. Dies festzustellen ist angesichts der wiederauflebenden Forderungen nach Revision der in Europa bestehenden Grenzen von höchster Aktualität. Deshalb erfüllt es uns mit Sorge, daß in der BRD der Ungeist von Nationalismus und Revanchismus erneut ins Kraut schießt und der Neonazismus im Vormarsch ist.

43 Dieser Vorschlag wurde von Michail Gorbatschow anläßlich seines Staatsbesuches in Finnland am 26. Oktober 1989 unterbreitet. Vgl. dazu die Berichterstattung in der Tagespresse am 27. Oktober 1989.

Was die Beziehungen zur BRD betrifft, so bekräftigen wir: Die Existenz zweier souveräner, voneinander unabhängiger deutscher Staaten, vernünftiges Miteinander und Berechenbarkeit in ihren beiderseitigen Beziehungen bleiben unverzichtbare Voraussetzungen für die Stabilität auf unserem Kontinent.

Wie die BRD ist die DDR ein souveräner Staat. Beide können durch kluge, wohlüberlegte Schritte dazu beitragen, den Frieden in Europa und über seine Grenzen hinaus zu stärken. Deshalb lassen wir keinerlei Zweifel an unserer Bereitschaft aufkommen, in Übereinstimmung mit dem Grundlagenvertrag und dem Gemeinsamen Kommuniqué vom September 1987 die Zusammenarbeit auszubauen und auf eine höhere Stufe zu heben.[44] Wir werden dabei um so besser vorankommen, wenn sich die BRD ohne Wunschdenken und konjunkturelle Schwankungen von Vernunft und Realitätssinn leiten läßt.

Die sozialistische DDR setzt gegenüber der BRD die Politik der friedlichen Koexistenz, der Achtung der territorialen Integrität, der vollen Souveränität, der Gleichberechtigung und Nichteinmischung fort. So wie der Sozialismus in der DDR nicht zur Disposition steht, so können die Grenzen zwischen der DDR und der BRD bzw. zu Westberlin nicht in Frage gestellt werden. Es bleibt beim Grundsatz von Helsinki: Unverletzliche und gesicherte Grenzen sind eine grundlegende Bedingung für den Frieden in Europa.

Mit ihrer jeweiligen eigenen innen- und außenpolitischen Kompetenz ausgestattet, sollte keiner der beiden deutschen Staaten den anderen bevormunden. Das bezieht sich insbesondere auf die angemaßte »Obhutspflicht für alle Deutschen«. Es liegt im Interesse der gutnachbarlichen Zusammenarbeit der beiden deutschen Staaten und des Friedens in Europa, daß sich die Regierung der BRD entschließt, die Staatsbürgerschaft der DDR zu respektieren.

Wir meinen: Die DDR und die BRD müssen gerade in dieser bewegten Zeit stabilisierende Faktoren der europäischen Staatenbeziehungen bleiben und Impulse für mehr Sicherheit und Zusammenarbeit geben. Aus aktueller Sicht möchten wir über die bereits in Gang befindlichen Verhandlungen mit der BRD hinaus folgende Vorschläge unterbreiten:

– Die Bildung einer parteienübergreifenden Arbeitsgruppe beider Staaten, die einen Vergleich der Militärdoktrinen der DDR und der BRD vornehmen und den Regierungen und den höchsten Volksvertretungen Vorschläge zur Beschlußfassung unterbreiten, die auf das Erreichen der Angriffsunfähigkeit von Nationaler Volksarmee und Bundeswehr zielen. Diese Arbeitsgruppe könnte auch den Regierungen und Parlamenten darüber hinaus Vorschläge unterbreiten, wie im Ergebnis von Abrüstungsmaßnahmen freiwerdende finanzielle Mittel in bestimmtem Umfang zur Lösung grenzüberschreitender ökologischer Probleme eingesetzt werden können.

44 Vgl. dazu: Dokumentation zu den innerdeutschen Beziehungen. Abmachungen und Erklärungen, hrsg. vom Presse- und Informationsamt der Bundesregierung, Bonn 1989, S. 21 ff. sowie S. 399 ff.

– Die bereits im September 1987 vereinbarte Bildung einer Gemeinsamen Wirtschaftskommission sollte unverzüglich in Angriff genommen werden. Wir wollen unsere wirtschaftliche Zusammenarbeit enger und vertraglich geregelter gestalten sowie kooperative und ständige Formen dafür schaffen. Die stabilisierende Funktion des Handels zwischen der DDR und der BRD sollte ausgebaut werden.

– Wir schlagen vor, eine Konsultationsgruppe von Experten beider Staaten zu bilden, die Vorschläge zu Fragen des Reiseverkehrs und des Tourismus in beiden Richtungen unterbreitet.

– Zwischen den zuständigen Ministerien der DDR und der BRD sollten Möglichkeiten eines kommerziellen Austausches von ausgewählten Fachzeitschriften, einschließlich von Modejournalen, geprüft werden. Dieser Austausch sollte den freien Verkauf dieser Publikationen nach dem Prinzip der Gegenseitigkeit in beiden Staaten einschließen.

Wir greifen gern Überlegungen in der BRD auf, Fernsehprogramme der DDR in das Kabelnetz der BRD einzuspeisen und damit einer Empfehlung der KSZE-Schlußakte sowie nachfolgender Dokumente zum freien Informations- und Meinungsaustausch zu entsprechen.

Was all diese Vorschläge anbetrifft, gehen sie an den Interessen von Berlin (West) nicht vorbei. Wir sehen vielfältige Möglichkeiten, die Beziehungen zwischen der DDR und Berlin (West) weiter auszugestalten.

Die DDR bleibt auch in Zukunft ein zuverlässiger Partner der Staaten Asiens, Afrikas und Lateinamerikas. Sie wird engagiert die berechtigten Vorschläge dieser Staaten, ihre Suche nach eigenständigen Wegen zur Lösung ihrer nationalen und sozialen Probleme ebenso unterstützen wie die Bemühungen um friedliche Regelung regionaler Konflikte, das Streben nach einer neuen internationalen Wirtschaftsordnung auf gleichberechtigter Grundlage fortsetzen.

Durch den Dialog im Inneren der DDR erfährt unser Dialog nach außen nunmehr eine wesentliche Bereicherung. In diesem Zusammenhang möchte ich bekräftigen: Wir sind zum Dialog mit breitesten Kräften, mit Kommunisten, Sozialdemokraten, Grünen, Liberalen und Christdemokraten, mit den Friedensbewegungen, kurzum mit allen bereit, denen die Sorgen und Probleme der Menschen und Völker am Herzen liegen. Hier sehen wir zugleich ein bedeutendes Tätigkeitsfeld auch für alle anderen Parteien und Organisationen der DDR, von denen die Außenpolitik unserer Republik mehr als bisher mitgetragen werden soll.

Es gehört zu den anerkannten Leistungen unserer Partei, einen wirksamen Beitrag zum Dialog und zu gemeinsamen Initiativen mit sozialistischen und sozialdemokratischen Parteien erbracht zu haben. Leider ist es in jüngster Zeit in den Beziehungen unserer Partei, insbesondere zur SPD, zu Belastungen gekommen. Die Lebensfragen unserer Zeit erfordern, unseren Kurs des Dialogs mit sozialdemokratischen und sozialistischen Parteien unbeirrt fortzuführen. Wir sind bereit, die Zusammenarbeit zwischen SED und SPD fortzusetzen, insbesondere auch zu den sicherheitspolitischen Fragen. Das um so mehr, als zwischen unseren Parteien der Entwurf eines Dokuments zur Herstellung struktureller Angriffsunfähigkeit in Mitteleuropa weitgehend vereinbart worden ist.

Wie bereits auf der 9. Tagung unseres Zentralkomitees unterstrichen, bleiben wir bei unserer festen internationalistischen Verbundenheit mit unseren Kampfgefährten in den kommunistischen und Arbeiterparteien. Das wichtigste Anliegen ihrer internationalen Tätigkeit sieht unsere Partei auch künftig darin, über unterschiedliche Auffassungen und Meinungsverschiedenheiten der Kommunisten, über grundsätzliche Divergenzen der Kräfte der Arbeiterbewegung hinweg, die Gemeinsamkeiten, das Zusammenwirken zwischen ihnen im Interesse des Überlebens und der Lösung anderer globaler Probleme der Menschheit zu fördern.

Ich komme damit zum abschließenden Kapitel: Die Erneuerung des Sozialismus und ihr Anspruch an unsere Partei.

Inmitten harter Kämpfe stehend, ist uns mehr denn je bewußt: Die Kraft, die wir Kommunisten brauchen, gibt uns die Einheit und Geschlossenheit unserer Partei. Um so bitterer wirkt die Wahrheit, daß das Vertrauensverhältnis zwischen Parteiführung und Basis der Partei gestört ist. Der Formierung der Partei muß daher die ganze Kraft des Zentralkomitees, seines Politbüros und des Generalsekretärs gelten. Geschlossenes Handeln aller Genossinnen und Genossen setzt ein tragfähiges politisches Konzept des Zentralkomitees für die eingeleitete Wende voraus. In Tausenden Briefen an das ZK der SED haben Genossinnen und Genossen, haben viele Partei- und Arbeitskollektive, Wissenschaftler, Künstler und andere Persönlichkeiten ein Aktionsprogramm der Partei gefordert, das dem Ernst der Lage gerecht wird und Lösungsrichtungen aufzeigt. Sie haben dafür ihre Vorschläge unterbreitet. Dieses Aktionsprogramm sollten wir behandeln und, wenn möglich, beschließen. Wir wollen es nach gründlicher Diskussion beschließen und gemeinsam mit allen an der sozialistischen Perspektive der DDR interessierten Kräften unseres Volkes verwirklichen.

Unsere Sozialistische Einheitspartei Deutschlands kann die Erneuerung des Sozialismus in der DDR nur führen, wenn sie sich selbst erneuert. Wir haben die Kraft, wir haben den Willen, und wir haben die Potenzen dafür. Unsere Partei verfügt über jahrzehntelange Führungserfahrungen beim Aufbau einer Gesellschaft, die dem Antifaschismus, dem Frieden und dem Internationalismus verpflichtet ist. Niemand kann die historische Wahrheit aus der Welt reden: Ohne die Sozialistische Einheitspartei Deutschlands, ohne die Einheit der Arbeiterbewegung, ohne die Einheit unserer Partei gäbe es keinen sozialistischen deutschen Staat. *(Beifall)*

Die initiierte Wende in der deutschen Geschichte, aus dem Friedensstaat DDR – eh –, aus dem der Friedensstaat DDR hervorging –Verzeihung –: Sie initiierte die Wende in der deutschen Geschichte, aus der der Friedensstaat DDR hervorging. Sie verband sich mit den progressiven Kräften der Gesellschaft und nahm mit ihnen den Weg zu neuen gesellschaftlichen Horizonten auf.

Wir haben unsere Verantwortung immer als Verpflichtung verstanden, alles Fortschrittliche in der Gesellschaft aufzuspüren, für die Entwicklung des Sozialismus zu nutzen und den Menschen ein Leben in Frieden und sozialer Sicherheit zu garantieren. Daran kann niemand vorbei. Das gilt auch in dieser Stunde, wo es um den revolutionären Umbau unserer Gesellschaft zur Schaffung von Garantien für mehr Sozialismus durch mehr Demokratie geht.

Wir müssen die Erneuerung des Sozialismus und die Erneuerung der Partei fest miteinander verbinden. Dazu bedarf es einer starken handlungsfähigen, von neuem demokratischem Selbstbewußtsein durchdrungenen SED.

Das erfordert:

- die Schaffung aller Garantien für eine demokratische Meinungs- und Willensbildung in allen Parteikollektiven, für verstärkte demokratische Initiativen der Grundorganisationen, für eine schöpferische Arbeit aller Parteiorgane;
- ein flexibles Reagieren auf die sich ständig verändernden Bedingungen des Sozialismus, eine ständige demokratische Diskussion und einen Meinungsbildungsprozeß, der sich sowohl von unten nach oben als auch umgekehrt vollzieht;
- eine Neugestaltung des Verhältnisses von Wissenschaft und Politik, den Meinungsstreit in der Wissenschaft und die Ausarbeitung von Alternativen zur politischen Entscheidungsfindung, die Überwindung von Dogmatismus und Schematismus;
- eine Entflechtung von Partei und Staat, die neue Möglichkeiten für die Demokratisierung der Entscheidungsfindung einräumt, die Übereinstimmung von Verantwortung und Kompetenz garantiert und notwendige gesellschaftliche Kontrollmechanismen schafft;
- die Negation der Administration und die Wahrnehmung der Verantwortung durch unsere Partei über ihr politisch-konzeptionelles und inhaltlich orientiertes Wirken, die Gewinnung von Mehrheiten in den Volksvertretungen und in der Bevölkerung durch Sachverstand, Orientierung und Durchsetzungsvermögen;
- konstruktiven Dialog und ständige Öffentlichkeit als Ausdruck einer veränderten Arbeitsweise der Partei und einer generell notwendigen neuen politischen Kultur in unserer Gesellschaft. Zusammen mit den anderen Parteien nimmt die SED ihren spezifischen Platz im politischen Gefüge unserer Gesellschaft ein. Sie nimmt ihre Verantwortung wahr, indem sie im demokratischen Willensbildungs- und Entscheidungsprozeß ihren Beitrag einbringt, unterschiedliche soziale, politische und ideologische Interessen aufgreift und sie auf dem Boden der sozialistischen Verfassung vertritt und ausgleichend wirkt beim Gegeneinander unterschiedlicher Interessenlagen;
- klare politisch-strategische, theoretische und ideologische Orientierung der Partei auf die gesellschaftliche Erneuerung, Beförderung des offenen, schöpferischen Meinungsstreits auf allen Ebenen; Erweiterung des Handlungsspielraumes für selbständige Initiative und Aktivität aller Grund-,

Kreis- und Bezirksorganisationen im Rahmen der zentral gefaßten Beschlüsse; Stärkung der Rolle der Grundorganisationen für die Entwicklung des Gesamtwillens der Partei; Priorität der Parteitage, Parteikonferenzen, aller gewählten Leitungen gegenüber den Mitarbeitern des hauptamtlichen Parteiapparats;

- stärkere Öffentlichkeit der gefaßten Beschlüsse auf allen Ebenen; Gewährleistung einer regelmäßigen kadermäßigen Erneuerung leitender Parteiorgane durch die Festlegung von zeitlichen Begrenzungen für Funktionsträger bis zum Generalsekretär des Zentralkomitees der SED; offene Ausprägung individueller Persönlichkeitsprofile seitens der führenden Funktionäre der Partei; Verwirklichung des Leistungsprinzips für hauptamtliche Parteiarbeiter; Herstellung eines produktiven Wechselverhältnisses zwischen Wissenschaft und Politik für alle Seiten der Parteiarbeit.

Diese Anforderungen mit Leben zu erfüllen bedeutet, mit einem wissenschaftlichen Führungsstil Pragmatismus in der Partei zu überwinden. Dazu gehört, im Leninschen Sinne eine wahrhaftige innerparteiliche Demokratie zu entwickeln, die den Einfluß unserer Parteimitglieder auf die Politik und die ganze praktische Tätigkeit der Partei sichert.

Die Erneuerung unserer Gesellschaft stellt eine alle Seiten unserer Arbeit betreffende Herausforderung an unsere Partei dar. Auf erneuerter Grundlage haben wir unter völlig veränderten Bedingungen die Fähigkeit auszuprägen, alle fortschrittlichen Kräfte in unserer Gesellschaft anzusprechen und mit ihnen neue Wege zur Entwicklung des Sozialismus zu gehen. In diesem Sinne ist es erforderlich, ein neues Statut auszuarbeiten und dem XII. Parteitag zu empfehlen, einen Beschluß über die Vorbereitung eines neuen Parteiprogramms zu fassen.[45] Zu bestimmen ist dabei, wie unsere Partei mit neuen Inhalten, Vorschlägen und Formen ihre Verantwortung bei der Erneuerung des Sozialismus in allen Bereichen des gesellschaftlichen Lebens in der DDR behauptet und täglich neu erringt.

Vom Zentralkomitee bis in jede Grundorganisation müssen wir entschieden die Vielfalt der Ideen und Auffassungen der Genossen im Meinungsstreit herausfordern, um zu Bewertungen und Entscheidungen gesellschaftlicher Prozesse zu gelangen, die von allen mitgetragen und bewußt umgesetzt werden. Das ist die Grundlage bewußter Disziplin in der Partei, die sich aus Wissen, Überzeugung und gemeinsamer Verantwortung ergibt und jede Hörigkeit ausschließt. Das entspricht dem Wesen des demokratischen Zentralismus. Er muß von allen bürokratischen und formalen Einschränkungen befreit werden. Die wachsende Vielfalt der Meinungen muß zum kraftvollen einheitlichen Handeln führen.

Eine solche Qualität des innerparteilichen Lebens muß jetzt sehr schnell in jedem Parteikollektiv erreicht werden. Nur so werden die Kommunisten der

45 Der XII. Parteitag der SED sollte, so war es auf der 7. Tagung des ZK im Dezember 1988 festgelegt worden, im Mai 1990 stattfinden.

DDR die Parteitagsdiskussion im ganzen Lande inspirieren und eigene konstruktive Lösungsvarianten für Entwicklungsprobleme und Interessenwidersprüche im Sozialismus einbringen können. Die Menschen, die Probleme und die Zeit drängen.

Bei all dem, was unsere Partei bei der Umgestaltung der Gesellschaft anpackt, bauen wir im besonderen Maße auf die junge Generation und insbesondere auf die FDJ. Deshalb verstehen wir die von der 12. Tagung des Zentralrates der FDJ gefaßten Beschlüsse als eine Aufforderung auch an unsere Partei und die ganze Gesellschaft, der staatsbürgerlichen Erziehung der Jugend bedeutend mehr Aufmerksamkeit zu schenken, ihre Überlegungen und Vorschläge sehr ernst zu nehmen, ihre Selbständigkeit und ihren Drang nach Eigenverantwortung zu akzeptieren, sie in allen Fragen und auf allen Ebenen in die Entscheidungsfindung einzubeziehen und die Möglichkeiten für die Vertretung ihrer Interessen grundlegend auszubauen.[46] Das Vertrauen der Jugendlichen und Studenten in unsere Partei und ihr Einsatz für die begonnenen gesellschaftlichen Umwälzungen werden sich in dem Maße entwickeln, wie ihr Wort gehört wird und ihre Tat gefragt ist.

Als Kandidaten wollen wir jene Jugendlichen gewinnen, die bereit sind, für die Ziele und Ideale des Sozialismus ihre ganze Persönlichkeit einzusetzen und sich bei der Erneuerung der sozialistischen Gesellschaft mit Leidenschaft und Können mit an die Spitze zu stellen. In diesem Sinne verbieten sich Kampagnen und formale Vorgaben zur Gewinnung von Kandidaten unserer Partei.

Die Mitgliederversammlungen in den Grundorganisationen der SED sollten vor der Beschlußfassung zur Aufnahme in die Partei konsequent die im Statut festgelegten Anforderungen zugrunde legen. Dabei wollen wir stets beachten, daß junge Menschen, die in unsere Reihen streben, immer – aber gerade auch heute – viele Fragen haben und manches auch noch in Frage stellen.

Wir dürfen nicht darüber hinwegsehen, daß die Erscheinungen von Erstarrung und Stagnation in der Partei nicht wenige Genossinnen und Genossen veranlaßten, der Partei enttäuscht den Rücken zu kehren. In diesem Jahr stehen den 36 000 Kandidatenaufnahmen 66 000 Austritte, Streichungen und Ausschlüsse gegenüber. Andere Mitkämpfer wurden aus der Partei ausgeschlossen. Zuschriften an das Zentralkomitee zeigen, daß viele ehemalige bzw. mit ungerechtfertigten Parteistrafen belegte Mitglieder der SED ihre Treue zur Partei dennoch nicht aufgegeben haben. Wir sollten die Parteikontrollkommissionen beauftragen, eine schnelle und unvoreingenommene Prüfung solcher Parteiverfahren vorzunehmen. *(Beifall)*

Ebenso müssen die Parteikontrollkommissionen Beschwerden und Hinweise von Mitgliedern der Partei, aber auch parteilosen Bürgern untersuchen, wo Mitglieder der Partei ihre Funktion zum persönlichen Vorteil mißbrauchten. Die statutenmäßigen Rechte und Pflichten der Parteikontrollkommissionen

46 Zu den Beschlüssen der 12. Tagung des Zentralrats der FDJ vgl. ND, 27. sowie 28./29. Oktober 1989.

und der Revisionskommissionen aller Ebenen sind wiederherzustellen und in vollem Umfange wahrzunehmen. Wo erforderlich, sind diese Kommissionen kadermäßig zu stärken. An ihre Spitze gehören Genossen, die Vertrauen genießen. Verfehlungen von Genossen, die dem Ruf unserer Partei schaden, sind ohne Ansehen der Person aufzudecken, entsprechend dem Statut zu ahnden und bei Verletzung von Gesetzen der DDR den Gerichten zu übergeben.

Das Zentralkomitee bekräftigt die volle und uneingeschränkte Gültigkeit des Statuts der Partei für jeden Genossen, ohne Ausnahme, und ruft die Mitglieder und Funktionäre der Partei auf allen Ebenen auf, konsequent entsprechend den Normen unserer marxistisch-leninistischen Partei zu handeln und jegliche Verletzung des Statuts zu unterbinden.

Das Politbüro sollte beauftragt werden, in Vorbereitung der bevorstehenden Parteiwahlen eine Wahldirektive auszuarbeiten, die es gestattet – ausgehend vom Statut – die innerparteiliche Demokratie noch konsequenter durchzusetzen und überall eine kritische und schöpferische Erörterung der vielfältigen Ideen und Vorschläge zur Bewältigung der neuen Aufgaben zu gewährleisten.

Zugleich ist eine neue Wahlordnung des Zentralkomitees vorzulegen. Ihr Anliegen sollte sein, den demokratischen Charakter der geheimen Wahl weiter auszugestalten, das Recht, daß jedes Mitglied der Partei als Delegierter in die Leitung gewählt werden kann, zu sichern und die Möglichkeit zu bieten, daß mehr Kandidaten für die Leitungen kandidieren als zu wählen sind. Das Politbüro erachtet es für notwendig, die Beitragsrichtlinie der SED auf der Grundlage vorliegender Vorschläge und Hinweise zu überarbeiten. In einer Atmosphäre lebendiger innerparteilicher Demokratie entwickeln sich Kader, die fähig sind, Entwicklungsfragen der Gesellschaft dialektisch zu erfassen, das heißt schonungslos zu analysieren und kühne Wege zu ihrer Lösung zu finden. Wir brauchen mehr Kader, vor allem auch jüngere, deren Charakterstärke, Sachkompetenz und moralische Integrität, deren marxistisch-leninistische Bildung, deren politisch-ideologische Standhaftigkeit und Toleranz, schließlich deren feines Gespür für die Sorgen und Nöte der Menschen auch Andersdenkende überzeugt und sie für die Mitarbeit an der Erneuerung des Sozialismus gewinnt. Unsere Partei verfügt über viele solcher politisch und fachlich hochgebildeten Funktionäre und Mitglieder. Und das macht auch heute unsere Stärke aus.

Die Tätigkeit der Parteiorganisationen aller Ebenen, ihrer gewählten Leitungen sowie aller Funktionäre unserer Partei ist entsprechend den neuen Anforderungen umzustellen. Mit Ehrlichkeit, Sachkompetenz und energischem, verantwortungsvollem Handeln wollen wir das Vertrauen der Bürgerinnen und Bürger unseres Landes in die Partei, *die ihre Interessen vertritt*, wiedergewinnen. Die Parteileitungen aller Ebenen sind noch vor den Parteiwahlen durch die Aufnahme fähiger und aufrichtiger, vor allem jüngerer Genossinnen und Genossen zu stärken.

Die Aktion zum Umtausch der Parteidokumente ist mit einem Beschluß der Mitgliederversammlung zu Ende zu führen, in dem auf der Grundlage einer kurzen, realen Einschätzung der Kampfkraft der Grundorganisation die nächsten konkreten Aufgaben im jeweiligen Verantwortungsbereich festgelegt werden.[47] Vor den Kreis- und Bezirksleitungen steht nach dem Plenum die Aufgabe, entsprechend den konkreten Bedingungen ihre Maßnahmen zur Auswertung unserer 10. Tagung zu beschließen.

Das Wichtigste, Genossinnen und Genossen, bleibt, daß alle Mitglieder und Kandidaten des Zentralkomitees, die Mitglieder des Zentralkomitees und aller Leitungen unserer Partei, die Genossen in den Gewerkschaften, in der Freien Deutschen Jugend und in den anderen Massenorganisationen, daß alle Kommunisten, gleich, wo sie arbeiten, über den Inhalt unseres Aktionsprogramms, die Diskussion und die weiteren Beschlüsse unserer 10. Tagung in Mitgliederversammlungen der Grundorganisationen mit allen Genossinnen und Genossen ins Gespräch kommen. Die Grundorganisationen der Partei, die Arbeitskollektive, das sollten die gewichtigsten Gesprächspartner der Zukunft sein. Wir wollen unsere Politik der Erneuerung offensiv und konstruktiv in die Massen tragen. Mit dem intensiven Gespräch in unseren Reihen stärken wir uns für den Dialog mit allen Bürgerinnen und Bürgern im Interesse dieses Landes, das unser aller Heimat ist.

Das sollte der Diskussionsbeitrag des Politbüros sein. *(Beifall)*

Siegfried Lorenz: Liebe Genossinnen und Genossen! Ich danke unserem Generalsekretär für das Referat. Wir sind der Meinung, daß es wahrscheinlich unzweckmäßig ist, jetzt unverzüglich mit der Diskussion zu beginnen, zumal wir noch eine Entscheidung zu treffen haben. Aber bevor wir sie in der Lage sind zu treffen, muß eine Konsultation im Politbüro erfolgen. Und ich würde deshalb vorschlagen, daß wir in eine Pause von einer Viertelstunde eintreten und dann die Entscheidung hier dem Zentralkomitee vortragen. Gibt es Einverständnis? Gut. Danke schön.

Vors. Egon Krenz: Einen Moment mal, Genossen!

Günter Schabowski: Genossen, ich bin ja draußen gewesen, vor dem Hause des Zentralkomitees findet ja noch immer ein großes Meeting von etwa 12 000 Genossen statt, würde ich schätzen, so etwa. Und ich muß wenigstens darüber informieren, da ich mit eurer Billigung daran teilgenommen habe. Also es ist eine echte Parteiversammlung, die da draußen stattfindet, ja, das möchte ich hier sagen. Die hat nichts mit diesen mehr oder weniger fragwür-

47 Die 7. Tagung des SED-Zentralkomitees vom 1./2. Dezember 1988 hatte festgelegt, vom 1. September bis 31. Oktober 1989 in allen Parteigrundorganisationen den Umtausch der Mitgliedsbücher und Kandidatenkarten durchzuführen. Damit waren im gleichen Zeitraum persönliche Gespräche mit allen SED-Mitgliedern und -Kandidaten verbunden. Vgl. ND, 3./4. Dezember 1988, sowie: Direktive des ZK der SED sowie ausgewählte Formulare und Belege für die Durchführung des Umtausches der Parteidokumente der SED in der Zeit vom 1. September bis 31. Dezember 1989 (SAPMO-BArch, DY 30/J IV 2/2 A/3192). Der Bericht über den Verlauf und die Ergebnisse des Umtausches der Parteidokumente 1989 ist überliefert in: SAPMO-BArch, DY 30/J IV 2/3 A/4879.

digen Massenveranstaltungen zu tun, die uns ja in letzter Zeit so beunruhigt haben.

Also, die Genossen, die dort sind, sind aus einer ganzen Reihe von Berliner Betrieben, nicht nur aus Wissenschaftsinstitutionen, muß ich sagen. Also als ich rauskam, sprach gerade ein Arbeiter aus Secura. Genossen bekennen sich rückhaltlos zum Kurs der Erneuerung. Sie nehmen also eine konstruktive und solidarische Haltung ein auch zur Arbeit des Zentralkomitees. Die Losungen, die dort immer wieder gerufen worden sind, waren: »Wir sind die Partei!« Sie drücken die Erwartung aus, daß also doch eine Parteikonferenz stattfindet – ich muß das hier sagen – damit sich auch das Zentralkomitee neu legitimiert. Ich habe ihnen den Dank des Zentralkomitees ausgedrückt für die Solidarität, für die Verbundenheit, die sie bekunden mit dem Zentralkomitee, und für die Tatsache, daß sie mit solcher Entschiedenheit sich für den Kurs der Erneuerung engagieren.

Ich habe ihnen mitgeteilt, daß der Generalsekretär also nicht zu ihnen kommen konnte, weil er sich also mitten im Referat befindet, und ich habe ihnen zum Ausdruck gebracht, daß ihre Einstellung also geteilt wird vom Zentralkomitee, was die Entschiedenheit anbetrifft, den Prozeß der Erneuerung fortzusetzen und ihn unumkehrbar zu machen.

Ich habe sie über die Wahl informiert, es stellte sich heraus, ich fragte sie direkt, ob es angebracht ist, ob sie es alle schon wissen, sie wußten es noch nicht alle trotz der Herausgabe an den Rundfunk. Das haben sie mit großem Interesse und natürlich auch mit unterschiedlichen Reaktionen entgegengenommen. Aber vor allem waren sie tief befriedigt von der Tatsache, daß der Generalsekretär heute früh vor das Zentralkomitee getreten ist und in Respektierung der Rolle des Zentralkomitees dort erklärt hat, daß das Politbüro, das also in seiner Gesamtheit die Verantwortung für die Entwicklung trägt, zurückgetreten ist und daß dort dann neue Vorschläge gemacht worden sind und daß diese Vorschläge sehr gründlich diskutiert worden sind, und im Ergebnis dieser Diskussion ist also, sind diese Resultate entstanden.

Natürlich war – ich habe auch die Namen verlesen. Die Reaktion darauf war unterschiedlich. Das will ich hier noch einmal sagen. Also es kamen auch Rufe derart – das soll man alles nicht generalisieren, sondern ich sage es nur als Symptom für die Stimmung, also es war ihnen zu wenig Ausdruck für Erneuerung, einigen, ja, auch personelle Erneuerung.

Dann will ich eine Sache noch sagen oder noch eine Geschichte. Noch immer findet diese Kundgebung da draußen statt. Die Rednerliste nimmt zu. Die Genossen sind in einer derartigen Weise angetan, es ist enorm, wie die da reden. Jetzt ist die Erwartung, daß Egon spricht. Aber das liegt auch im Sinne mehr einer Erwartung, die sich dort kundtut.

Mit den Organisatoren der Veranstaltung hoffen wir, daß wir die Veranstaltung bis 18.00 Uhr also zu Ende bekommen, um so mehr, als ich glaube, die wesentlichen Fragen dort beantwortet zu haben, auch die Frage nach der Parteikonferenz. Ich habe ihnen gesagt, Genossen, das ist eine Sache, die muß man ausdiskutieren. Es gibt vieles, was dafür spricht. Aber ich will nicht verhehlen, daß es im Zentralkomitee Genossen gibt, die der Meinung sind, es sei nicht gut, weil es einen unerhörten Kräfteaufwand bedeutet. Wir machen quasi zwei Parteitage. Aber ich bin mit dieser Vorstellung nicht durchgekommen, sie haben dann also dazwischengerufen und so weiter, obwohl es eine konstruktive Haltung war, die sie eingenommen haben, auch zu dem Redner, ja. Aber sie wissen Bescheid, und infolgedessen besteht die Chance, daß die Sache bis 18.00 Uhr zu Ende geht, ohne daß Egon da eventuell raustreten muß.

Das wäre auch deshalb für jetzt schon nicht mehr ungefährlich, sage ich mal, weil natürlich eine so lange Kundgebung sich in Berlin also bemerkbar macht, auch bei den gegnerischen Kräften, und wir damit rechnen müssen, daß aus der Gethsemanekirche also irgendeine Truppe hier anrollt und dann also da rumkrakeelt und rumjohlt und sozusagen ein provokatorisches Moment in diese Versammlung bringt. Ich wollte nur davon informieren.

Die letzte Bemerkung: Die Erwartung ist enorm hoch, daß unmittelbar nach der Tagung des Zentralkomitees – was sich ja eigentlich von selber versteht – die Mitglieder des Zentralkomitees sofort in die Grundorganisationen gehen. Für uns heißt das natürlich, daß wir uns verständigen müssen hier, also in Berlin, darüber, daß die Berliner Genossen also in möglichst viele Parteiversammlungen in den Grundorganisationen gehen und die Ergebnisse der Tagung des Zentralkomitees dort erläutern. Soviel.

Vors. Egon Krenz: Also machen wir jetzt eine Viertelstunde Pause. Ich weiß nicht, um welche Probleme es geht, die sind möglicherweise entstanden, als ich dort gesprochen habe. Also bis 18.00 Uhr Pause, ja.

(Pause bis 18.00 Uhr)

Vors. Egon Krenz: Genossen! Ich bitte um Verzeihung, daß wir uns verständigt haben. *(Unruhe)* Kommt, nehmt mal Platz. – Es ist eine außerordentlich komplizierte Situation eingetreten, die wir zwar heute früh in dem Ausmaße nicht voraussehen konnten, die sich angedeutet hatte auch im Abstimmungsverhältnis und auch bei der Darlegung der Dinge. Es gibt eine große Anzahl von Parteiorganisationen – nicht von Bürgerversammlungen –, von hauptamtlichen Parteisekretären, Kreisleitungen und so weiter, Protestbriefe an Genossen Böhme und an Genossen Chemnitzer, die die Wahl beider Genossen in das Politbüro nicht verstehen, sondern die Sache ablehnen.

Es spricht gegen meine innere Einstellung und gegen mein inneres Gefühl, diesen Stimmungen nachzugeben; weil heute ist es eine solche Forderung – welche Forderung ist es morgen? Nur, Genossinnen und Genossen, die Situation darf auch nicht unterschätzt werden, weil in einem solchen Bezirk wie Halle einige angedroht haben – jetzt muß ich sagen »einige«, weil man nicht genau weiß, wer das ist, wir sind ja nicht vor Ort –: Wenn hier keine Entscheidungen getroffen werden, daß dann gestreikt wird. Alles kann man natürlich gebrauchen, nur keine Unruhe – ich meine, Unruhe gibt es ohnehin, aber keine

Streiks in den Betrieben. Deshalb hat der Genosse Achim eine Erklärung vorbereitet, die er dem Zentralkomitee vortragen könnte. Wie wir dann entscheiden, ist unsere kollektive Angelegenheit.

Ich bitte auch um Verständnis, wenn ich das hier so darlege. Aber für eine solche Situation hat wahrscheinlich kein Genosse von uns Erfahrung. Es ist eine völlig neue Situation, vor die wir gestellt sind. Und es gibt die gleiche Sache beim Genossen Hannes Chemnitzer, wo sich vor der Bezirksleitung sogar eine Demonstration entwickelt, in Neubrandenburg, vor der Bezirksleitung Neubrandenburg, wobei dort die Sache insofern meiner Meinung nach, das würde ich auch sagen, etwas anders liegt, weil während der Genosse Achim ja in Halle weiterarbeiten soll, und wenn er dort die Unterstützung nicht hat und sein eigenes Bezirkssekretariat und seine eigene Bezirksleitung ihn ablehnen, wird es also nicht möglich sein, mit ihm auch in der Zentrale weiterzuarbeiten, ihm eine andere Funktion zu geben. Die Sache bei Hannes Chemnitzer ist insofern etwas anders, weil ja ein einziger Bezirk nicht darüber entscheiden kann, wer als ein Sekretär des Zentralkomitees gewählt wird. Aber trotzdem – ich will das nur als ein Argument geben, trotzdem bleibt die Sache gespannt. Und wenn wir morgen oder übermorgen dann noch Wahlen nachziehen, ist das natürlich nicht mit einem Vertrauenszuwachs für das Zentralkomitee verbunden.

Ich stehe auch, während ich diese Worte sage, unter dem Einfluß, unter dem Eindruck – besser gesagt, nicht dem Einfluß, sondern unter dem Eindruck – der gerade erlebten Kundgebung vor dem Hause des Zentralkomitees.[48] Ich kann also bestätigen: Es war eine Freude zu sehen, wer sich dort versammelt hat. Das war unsere Partei, das waren nicht andere Leute. Es waren junge Genossinnen und Genossen mit unseren roten Fahnen, mit unseren Bildern, mit unseren Losungen, die vor allem die Frage beantwortet haben wollten: Wann findet die Parteikonferenz statt? Ich habe mich nicht dazu hinreißen lassen, eine solche Antwort zu geben.

Ich habe ihnen gesagt, und das haben sie zumindest, glaube ich, mit Verständnis aufgenommen: Ihr redet zu Recht von Demokratie. Nun verlangt nicht von mir als einem einzelnen, daß ich dem Beschluß eines Zentralkomitees vorgreife. – Ich denke, das war richtig und zweckmäßig. Ich habe ihnen gedankt für ihre Arbeit, habe das absichtlich getan, weil das Leute sind, die aus den Betrieben gekommen waren, und nicht jene, die jeden Tag irgendwo demonstrieren. Und ich habe ihnen gesagt, daß wir ein Programm der Erneuerung, ein Programm der Verbesserung des Sozialismus beschließen, habe ihnen gesagt, welchen Sozialismus wir anstreben und was wir damit wollen – wie man das in einer improvisierten Kundgebung macht –, und ich hatte den Eindruck, sie sind mitgegangen, während trotzdem immer wieder die Frage kam: Wann ist der Parteitag? Wann ist die Parteikonferenz? Also, Genossinnen und

48 Krenz hatte gegen 18.00 Uhr zu den Teilnehmern der Kundgebung gesprochen. Vgl. ND, 9. November 1989.

Genossen, es ist schon so, daß unser Plenum unter außergewöhnlichen Umständen stattfindet. Und wo außergewöhnliche Umstände sind, ist es eben notwendig, auch diese Diskussion zu führen.

Ich gebe als erstes Genossen Böhme das Wort.

Hans-Joachim Böhme: Genossinnen und Genossen! Das heutige Abstimmungsergebnis hat mir zu denken gegeben, und das erste Echo aus dem Bezirk Halle beweist mir, daß ich das Zentralkomitee bitten muß, mich von der heute morgen erneut übernommenen Funktion als Mitglied des Politbüros zu entbinden. Gleichzeitig möchte ich das Zentralkomitee informieren, daß ich in einer Sitzung der Bezirksleitung Halle am Sonnabend auch um meine Entbindung als Erster Sekretär der Bezirksleitung bitten werde.[49] Ich bin von der Partei in langen Jahren so erzogen worden, daß es nie um Personen, sondern nur um unsere gemeinsame kommunistische Sache geht. Dieser Sache kann ich in diesen Funktionen nur dienen, wenn mich das volle Vertrauen meiner Bezirksparteiorganisation trägt. Das ist aber durch die Demonstrationen in Halle und durch die unüberhörbaren Forderungen nach meinem Rücktritt offensichtlich nicht mehr gegeben. Ich möchte ausdrücklich erklären, daß ich von ganzem Herzen zu der Politik der Erneuerung stehe, die mit dem 9. Plenum eingeleitet wurde und der diese Tagung mit dem Referat unseres Generalsekretärs, der Diskussion und dem Aktionsprogramm die notwendigen Impulse verleihen wird.

Ich versichere dem Zentralkomitee, daß ich mich auch künftig mit meiner ganzen Kraft für unsere Partei und zum Wohle des Volkes einsetzen werde.

Zuruf von Siegfried Lorenz: Egon!

Vors. Egon Krenz: Bitte!

Siegfried Lorenz: Genossen, ich möchte einen Vorschlag machen – in der Situation, in der sich Genosse Böhme befindet und auch Genosse Chemnitzer und, wie wir wissen, ja auch einige andere Erste Sekretäre der Bezirksleitungen und auch Kreisleitungen – es ist ja nicht so, daß das nur die Führung betrifft –, die Situation müssen wir, glaube ich, sehr ernst nehmen und nicht nur vom Standpunkt des Prinzips entscheiden, sondern auch vom Standpunkt der notwendigen Vernunft, die wir jetzt in dieser Situation, glaube ich, brauchen.

Ich hätte folgenden Vorschlag, auch deswegen, weil wir jetzt einzelne Briefe bekommen, von Akademie-Instituten, von einzelnen Parteisekretären, von Sekretären der Bezirksleitungen – also die Repräsentativität des Gesamten ist sehr unterschiedlich gelagert. Wir sollten den Bezirksleitungen, die es betrifft und deren Ersten Sekretäre sie ja sind, die Möglichkeit geben, souverän und in voller Verantwortung eine Entscheidung herbeizuführen. Ich wäre deshalb dafür, sofort, unverzüglich die Bezirksleitung von Halle einzuberufen und die Bezirksleitung von Neubrandenburg einzuberufen. Sofort, das

49 Am 9. November 1989 entband die SED-Bezirksleitung Halle Hans-Joachim Böhme von der Funktion des Ersten Sekretärs. Nachfolger wurde am 11. November 1989 der langjährige FDJ-Funktionär Roland Claus. Vgl. ND, 13. November 1989.

heißt, heute Nacht noch oder morgen früh. Zweitens, den jeweiligen Ersten Sekretären die Möglichkeit zu geben, sich dort zu erklären und dort unmittelbar entgegenzunehmen, wie die Haltung der gewählten Leitungen der Partei in Neubrandenburg und in Halle ist, und eine Entscheidung herbeizuführen, die ihre Funktion als Ersten Sekretär der Bezirksleitung betrifft; und drittens, nach diesen Entscheidungen der Plenartagungen hier im Zentralkomitee eine neue Entscheidung über ihre Mitgliedschaft im Politbüro herbeizuführen.

Ich hielte das im Sinne auch einer Beachtung und Berücksichtigung der demokratischen Prinzipien in unserer Partei für zweckmäßig. Wir müssen es nur schnell machen, damit die Komplikation nicht befördert wird durch Zeitverzug, den wir ja in letzter Zeit in genügender Anzahl hatten.

Vors. Egon Krenz: Genosse Müller!

Müller[50]: Liebe Genossen! Ich möchte meine Meinung auch dazu sagen. Wir haben im Zusammenhang mit den gegenwärtigen gewaltigen Angriffen des Gegners eine ganze Reihe von Ersten Bezirkssekretären verloren. Wir haben Genossen verloren, die immer für die Partei gestanden haben. Wir haben leitende Genossen aus dem Politbüro und aus den Kreisleitungen hinter uns gelassen. Ich wäre für den Vorschlag, den der Genosse Lorenz gemacht hat, und wenn wir das für richtig halten, auch in diesen Bezirken die Parteisekretäre zusammennehmen in den Grundorganisationen, die wir erreichen, und eine volle Zustimmungserklärung zu dieser Sache herbeiführen, daß das Zentralkomitee zwei Genossen gewählt hat und die Entscheidung unten, nun sage ich auch mal, ganz demokratisch bestätigt oder nicht bestätigt wird. Aber ich würde die Entscheidung des Zentralkomitees, daß beide Genossen jetzt ins Politbüro gekommen sind, nicht aufheben. Denn dann müssen wir damit rechnen, daß jeder andere 1. Kreissekretär, Bezirkssekretär auf die gleiche Art und Weise das Vertrauen abgesprochen bekommt und wir auf eine Demonstration reagieren. Wenn die Frage so steht, muß ich ganz ehrlich sagen: Wer demonstriert denn? Die ganze Partei? Oder wer demonstriert dort? Sind das Leute, die sich überhaupt nur unter dem Namen Partei verstecken? Oder wer ist das? *(Unruhe)*

Ich würde sagen, dazu braucht man Informationen, um das beurteilen zu können, und den Vorschlag des Genossen Lorenz annehmen und die Sache so im Bezirk behandeln und dann auf der nächsten Sitzung des Zentralkomitees zu entscheiden, ja oder nein. *(Unruhe)*

Vors. Egon Krenz: Gibt es zu dem Vorschlag vom Genossen Lorenz eine gegenteilige Auffassung?

Zuruf von Moritz Mebel: Nur ein …

Moment! Der Genosse Müller und dann du. Bitte!

Gerhard Müller: Ich stehe ja im Grunde vor der gleichen Situation, und ich glaube, wir können die Sache nicht so einfach beurteilen. Wenn ich – wir haben am Sonntag Bezirksleitungssitzung. Ich zweifele nicht daran, daß die

50 Der Vorname des Redners war nicht zu klären.

Bezirksleitung sagt, mach weiter, aber damit kommen wir doch in eine Lage, die für die Partei nicht erträglich ist.[51] Das Zentralkomitee hat mir heute nicht das Vertrauen ausgesprochen, ins Politbüro gewählt zu werden. Wenn die Bezirksleitung mir das Vertrauen ausspricht, weiterzumachen, heißt das, die Bezirksleitung stellt sich im Grunde genommen gegen das Zentralkomitee. *(Große Empörung)*

Zurufe: Nein! – Zuruf: Das muß ich als Beleidigung auffassen!

Siegfried Lorenz: Laß mal dein Problem ruhen, laß erst mal die anderen entscheiden.

Vors. Egon Krenz: Ich habe dir gestern schon im Politbüro gesagt, daß ich der Meinung bin, daß man, gleich auf welcher Funktion man heute ist, darum kämpfen muß, in der Funktion zu bleiben. Wenn man nicht …

Zuruf von Gerhard Müller: Natürlich kämpfe ich!

So. Und das ist nicht verbunden mit der Mitgliedschaft als Kandidat oder Mitglied des Politbüros. Wer jetzt nicht kämpft, Genossen, die Flinte ins Korn werfen ist für alle von uns leicht. Jetzt kann keiner die Flinte ins Korn werfen. Und deshalb kämpfe ich so darum, daß diese Sache in Ordnung gebracht wird. Und deshalb – Genosse Mebel, dein …

Moritz Mebel: Nur – ich hätte nur folgenden Vorschlag: Die Bezirksleitung ist natürlich eine Autorität. Nehmt dazu die Sekretäre der größten Betriebe, die Arbeiterklasse nehmt dazu. *(Unruhe)* Dann haben wir eine richtige autoritäre Entscheidung, und dann wird die Sache getragen oder nicht. Ich glaube, das wäre gut.

Vors. Egon Krenz: Also, Genossinnen und Genossen, Vorschlag: Die Genossen Böhme und Chemnitzer versuchen jetzt sofort, die Tagungen der Bezirksleitungen in ihren Bezirken einzuberufen, begeben sich nach Hause, werden die Bezirksleitung gemeinsam mit den 1. Kreissekretären durchführen, die zum Teil sogar Mitglieder der Plenartagungen sind, und vielleicht sogar der größten Betriebe.

Zuruf: Das wird eine Zerreißprobe, Egon. Das wird eine Zerreißprobe, sage ich dir!

Versucht zu kämpfen. Ist jemand aus Neubrandenburg hier, der über eine große Autorität verfügt? *(Unverständliche Zurufe)* Bitte? *(Unverständliche Zurufe)*

Zuruf: Fritz Dallmann! – Zuruf: Margarete!

Also, Fritz und Margarete[52] fahren mit. Und wer fährt mit nach Halle?

Zuruf: Helmut Morche.[53]

Gut, Helmut. In Ordnung. Und dann wird …

Zuruf: Ich fahre mit nach Halle.

51 Am 11. November 1989 wurde Gerhard Müller als 1. Bezirkssekretär der SED in Erfurt von Herbert Kroker abgelöst. Vgl. ND, 13. November 1989.

52 Gemeint war Margarete Müller.

53 Helmut Morche rückte am 11. November 1989 zum 2. Sekretär der SED-Bezirksleitung Halle auf.

Sehr gut. Und der Auftrag ist, Genossen, zu kämpfen, sich vor unsere Funktionäre zu stellen und damit auch ein Signal zu geben, daß wir, daß wir um jeden einzelnen kämpfen. *(Beifall)* So einfach können wir die Plätze nicht räumen. Ich bin mir bewußt, daß wir möglicherweise –, aber dann, welche Beschlüsse wir dann fassen, müssen wir neu überlegen. Also einverstanden, Genossen? *(Zustimmende Zurufe)* Also, auf, auf zum Kampf und jetzt einen guten Abend. Morgen früh geht es weiter um 10.00 Uhr. Und dann der Zeitplan so, wie wir ihn traditionell kennen.

Zuruf: Moment!

Günter Schabowski: Genossen, eine Sekunde, für die heutige Information, die wir der Presse geben wollen, Briefing, wie das auf gut deutsch heißt, ein Vorschlag für die Dinge. *(Zurufe, Unruhe)*

Siegfried Lorenz: Es gibt den Vorschlag, – das geht kurz –, daß außer Genossen Schabowski, – *(Anhaltende Unruhe)* – der diese Presseberatung, oder wie sich das nennt, leitet, als Mitglieder des Zentralkomitees noch teilnehmen: Genosse Manfred Banaschak, Chefredakteur der »Einheit«, Erich Postler, Erster Sekretär der Bezirksleitung Gera, und die Genossin Marianne Weinhauer, Abteilungsleiter im Textilkombinat Cottbus. Gibt es Einverständnis? – Gut. Dann wird so verfahren. Danke schön.

10. Tagung des ZK der SED, Donnerstag, 9. November 1989, 2. Beratungstag, Beginn: 10.00 Uhr; Ende: 20.45 Uhr

Vors. Egon Krenz: Liebe Genossinnen und Genossen! Wir setzen die Beratungen des Zentralkomitees fort. Ich möchte darüber informieren, daß die Sitzungen der Bezirksleitungen in Halle und Neubrandenburg stattgefunden haben und daß die Situation so ist, daß beide Genossen nicht das nötige Vertrauen ihrer Bezirksleitungen haben.[54] Das heißt, wir müssen diese Frage neu erörtern. Ich würde aber empfehlen, daß wir sie am Ende der Diskussion erörtern, damit wir morgen die Frage entscheiden und nicht durch übereilte Entscheidungen neue Fragen bekommen. Kann man sich so einigen?

Zurufe: Ja.

Danke schön. Zweitens, Genossinnen und Genossen: Ich habe Gelegenheit genommen, mir gestern abend die Berichte über unser Plenum im Fernsehen, im Rundfunk anzuhören, und habe diese Frage heute morgen im Politbüro auch aufgeworfen. Ich glaube, wir müssen unsere hier anwesenden Genossen, die auf dem Gebiet der Medien arbeiten – vor allem im Rundfunk, im Fernse-

54 Am 9. November 1989 hatten die SED-Bezirksleitungen Halle und Neubrandenburg beschlossen, die bisherigen Ersten Sekretäre Hans-Joachim Böhme und Johannes Chemnitzer abzulösen. Dem ZK wurde jeweils empfohlen, diese Kaderentscheidungen zu berücksichtigen. Vgl. ND, 10. November 1989.

hen, in den Zeitungen –, wir müssen sie bitten, die Verantwortung als Parteijournalisten voll wahrzunehmen. *(Beifall)*

In den Dokumenten, die wir bisher besprochen und beraten haben, begonnen mit der Erklärung des Politbüros, haben wir von volksverbundenen Medien gesprochen, und das ist etwas anderes als oppositionsverbundene Medien. Ich sage das nicht, um irgendwo Barrieren aufzubauen, daß der frische Wind, den wir uns alle gewünscht haben, gestoppt wird. Aber ich glaube, wir müssen die Medien als unentbehrliche kämpferische Partner bei der Durchführung unserer Parteipolitik, beim Aufbruch unserer Gesellschaft verstehen, und das kann nicht nach eigenem Ermessen der Medien erfolgen.

Vor allem die Genossinnen und Genossen, die in den Medien arbeiten, sind dem Parteistatut unterworfen, und wenn über die Plenartagung des Zentralkomitees berichtet wird nach Sympathie oder Antipathie, die dieser oder jener Genosse hat, dann braucht man sich nicht zu wundern, wie das auf die Kreis- und Bezirksparteiorganisationen wirkt. Und wenn dann der Generalsekretär noch damit zitiert wird im Rundfunk, daß er auch unterstützt hat die Einberufung eines Sonderparteitages, ich ein solches Wort niemals in den Mund genommen habe, dann muß ich entschieden protestieren, daß so was über unsere Sender läuft. *(Unverständliche Zurufe)*

Ich bin nicht bereit, meine Autorität als Generalsekretär vor dem Plenum in Frage zu stellen, und ich bitte, daß die Genossen im Rundfunk, die dafür die Verantwortung tragen, dazu auch in der Diskussion Stellung nehmen.

Berichterstattung muß eine wahrheitsgetreue Berichterstattung und keine entstellte Berichterstattung sein. Wenn wir zulassen, daß die Medien in Wort und Bild unsere aufopferungsvoll arbeitenden Partei- und Staatsfunktionäre der Öffentlichkeit sozusagen vorführen, dann brauchen wir uns nicht zu wundern, daß einer nach dem anderen zurücktritt. Ich bin für kritische Berichterstattung. Aber kritische Berichterstattung ist etwas anderes als Anklage jener Genossinnen und Genossen, die sich hart in den Kämpfen der Partei eingesetzt haben. Und eine entscheidende Säule auch meiner Rede war gestern: Wir dürfen nicht zulassen, daß das, was in vierzig Jahren geschaffen worden ist, in Frage gestellt wird. Und ich sage ganz ehrlich: Wer etwas anderes will, muß das sagen. Nicht mit mir! So prinzipiell stelle ich die Frage. Ich habe gestern das Vertrauen des Zentralkomitees bekommen in der Annahme, daß wir gemeinsam eine Politik durchsetzen wollen, die Politik der Erneuerung, aber nicht die Politik der Zulassung der Opposition in Presse, Rundfunk und Fernsehen. *(Beifall)*

Wer seine Helden nur unter den Demonstranten sucht, Genossen, der scheint zu vergessen, daß das normale Funktionieren unseres Alltages trotz allem noch immer das Bestimmende ist, und nach wie vor, ohne die Demonstranten abzumindern oder ohne sie zu kritisieren, ohne sich mit ihnen auseinanderzusetzen, bleiben doch aber wohl die Helden unserer Zeit diejenigen, die dafür sorgen, daß das Leben weitergeht. Und deshalb ist es richtig – *(Beifall)* – und deshalb ist es richtig, wenn wir unsere Genossinnen und Genossen in den Medien – ich rede immer nur über die Genossinnen und Genossen – beauftragen, im Blick zu behalten, daß die Arbeiter-und-Bauern-Macht der DDR das Entscheidende ist und demzufolge – *(Beifall)* – und demzufolge auch die Arbeiter und Bauern mehr Gehör finden müssen in unseren Medien.

Zurufe: Sehr richtig!

Wenn wir über Demonstrationen und Kundgebungen ausführlicher und interessanter berichten als über die Schwierigkeiten der Arbeit, dann wird offensichtlich vergessen, auf welchen Säulen unsere Arbeiter-und-Bauern-Macht ruht. Die Berichterstattung über die Demonstrationen greift zur Zeit jede neue Losung der Demonstrationen auf und verbreitet sie sofort als allgemeine Forderung. Dabei wird jede Eskalation der Forderungen einfach mitgemacht. Es kann doch nicht sein, daß durchs Fernsehen oder weiß ich wie eine einzelne Losung sofort zu einer Losung der ganzen Partei wird! Die Losungen, die hier für die Aktion der ganzen Partei werden, das müssen Losungen sein, die hier von unserer Tagung des Zentralkomitees ausgehen.

Hinzu kommt, während die Losungen der Demonstranten in den Medien verbreitet werden, finden Argumente, die die Ersten Bezirkssekretäre oder die 1. Kreissekretäre auf diesen Dialogen sagen, überhaupt keine Widerspiegelung mehr. Aber wir können doch die Dinge mit dem Dialog nicht einseitig führen. Der Dialog ist doch eine Angelegenheit mindestens von Zweien. Mit der Aufzählung von vielen Städten an einem Tag, wo überall Demonstrationen stattfinden, werden wir nicht dazu beitragen, Ruhe zu schaffen. Wäre es nicht möglich, Informationen über Demonstrationen, die in kleineren Städten und geringeren Dimensionen stattfinden, in den Lokalzeitungen zu behandeln? Warum muß das alles in die zentralen Medien rein? *(Unverständlicher Zuruf)*

Wenn es so weitergeht, das will ich in aller Deutlichkeit sagen, ist damit zu rechnen, daß zu den Forderungen auf unserer ZK-Tagung auch Forderungen aus den eigenen Reihen weiter an das Politbüro kommen. Es ist ja die jetzige Führung, die zuläßt, daß die Partei, daß Mitglieder des Zentralkomitees, daß Staats- und Parteifunktionäre öffentlich in die Enge getrieben werden, das können wir nicht der vergangenen Führung mehr anhängen, Genossen, das sind wir, die das zulassen, und dazu müssen wir uns bekennen, und ich sage hier noch einmal: Ich bin nicht dazu bereit. Wir brauchen den Aufbruch der Partei, aber nicht den Zusammenbruch der Partei.

Zuruf: Sehr richtig!

Es ist ein hektisches Bemühen vieler Leute zu beobachten, neuer oder moderner als jede von der Partei initiierte gesellschaftliche Erneuerung zu erscheinen, sich aus der bisherigen Verantwortung zu stehlen und sich in den Medien auf Kosten der Partei zu profilieren. Ich denke, Genossen, auch die

55 Aufgrund ihrer Zugehörigkeit zum »Demokratischen Block der Parteien und Massenorganisationen« wurden CDU, LDPD, NDPD und DBD im offiziellen Sprachgebrauch als »Blockparteien«, aus Sicht der SED alternativ auch als »befreundete Parteien« bezeichnet.

Blockparteien[55] haben bisher Verantwortung mitgetragen, und es wird jetzt so getan, als ob alle Verantwortung auf den Schultern der SED liegt. Ich bin bereit, wir haben uns dazu bekannt, aber es muß auch klar sein, daß nicht sich einige aus der Verantwortung stehlen und wir sozusagen die Angeklagten des Volkes sind. Bei weiterer Zunahme dieser Erscheinungen werden sich alle schnell öffentlich einig sein, daß die Erneuerung ohne unsere Partei viel schneller vorankommen würde als unter Führung unserer Partei.

Manche Journalisten verstehen sich offensichtlich plötzlich als Privatpersonen, und ich denke, sie müssen sich wieder als Mitglieder unserer Partei verstehen. Und dabei sollte das Chefredakteurprinzip das Entscheidende sein. Die Chefredakteure unserer Parteipresse sind dem Statut unterworfen, wie ich das bereits sagte, und in diesem Sinne müssen wir die Medien anleiten und nicht in dem Sinne, daß also Administration wieder einsetzt. Das ist ja ein Unterschied. Es geht nicht um Tabus. Ich will das ganz ausdrücklich sagen, sondern um mehr Verantwortungsbewußtsein. Es ist verantwortungsbewußter von jedem Chefredakteur und jedem Redakteur zu prüfen und in dieser Situation, in der wir uns befinden, mehr denn je, was in unseren Medien den Kräften der Erneuerung zu mehr Sozialismus nutzt und woraus der Gegner unserer Partei in der DDR Nutzen ziehen kann. Wir sollten allen Journalisten wirklich politisch-ideologisch klarmachen, daß besonders Kräfte, die jetzt unsere Partei angreifen, möglicherweise mehr im Sinn haben, als nur einzelne Funktionäre anzugreifen.

Die 9. Tagung hat unsere Medien kameradschaftlich in eine offene Mitverantwortung einbezogen. Dieser Verantwortung werden sie nur gerecht werden, wenn das Wort der Partei auch in der öffentlichen Meinung entsprechend überzeugend dargelegt wird. Wir sind für eine radikale Wende in der Medienpolitik. Aber auch dafür muß es klare Prinzipien und Prämissen geben. Sonst wird aus dem Aufbruch zu mehr Sozialismus eine Abkehr vom Sozialismus. Wir müssen dazu ein klares Wort sprechen, Genossinnen und Genossen.

Ich habe das deshalb hier zu Beginn der Tagung gesagt und auch im Auftrag der Genossen des Politbüros, damit wir hier auch in einheitlicher Sprache sprechen, mit einheitlichem Ausgangspunkt sprechen. Denn das, was die Genossinnen und Genossen am meisten von uns fordern – so habe ich das auch der Kundgebung gestern entnommen –, ist, daß die Partei in die Offensive kommt, und die Partei kann nur in die Offensive kommen, wenn sie einheitlich und geschlossen auftritt. Das wollte ich zu Beginn sagen.

Als erstes hat das Wort Genossin Christa Hermann, 1. Sekretär der Kreisleitung Reichenbach. Dann folgt Wolfgang Junker.

Christa Hermann: Liebe Genossinnen und Genossen! Ich habe von vielen Genossen und Bürgern des Kreises Reichenbach den Auftrag erhalten, hier zu den sie bewegenden Problemen, Fragen, Zweifeln und auch Forderungen zu sprechen. Es gibt auch für mich vieles, was ich in Frage stelle; nicht die Rolle und Verantwortung unserer Partei, aber wie ich als 1. Sekretär einer Kreisleitung dieser Verantwortung immer gerecht wurde bzw. wie von der

Parteiführung oftmals nur sehr zögernd, unzureichend oder auch überhaupt nicht auf viele kritische Probleme, die unsere Menschen berühren, auf Schwierigkeiten, Hemmnisse und Gängeleien reagiert wurde, worüber wir informiert hatten. Ja, Genossen, ich fühle mich in die Verantwortung genommen. Aber ich möchte hier auch deutlich sagen, daß die allgemeine Formulierung in dem uns jetzt noch vorliegenden Aktionsprogramm, daß das Zentralkomitee die volle Verantwortung für die Lage übernimmt, daß ich und die Genossen aus dem Bezirk Karl-Marx-Stadt, die hier im Saal mit sitzen, nicht einverstanden sind. Es wurde aber darüber ja gestern schon in unserer Beratung und im Referat von Egon Krenz dazu Ausführungen gemacht.

Genossen, ich möchte auch hier deutlich sagen: Ich bin seit 1986 im Zentralkomitee. Über die reale Lage, das muß ich heute bewerten, wurde ich nie richtig informiert. Ja, ich möchte sagen, ich bin belogen worden. Und ich bin der Meinung, ausgehend von den Ausführungen unseres Genossen Egon Krenz gestern, daß die Genossen, vor allem auch der Genosse Mittag, für ihr Verhalten in dieser Beziehung zur Verantwortung zu ziehen sind. Genossinnen und Genossen! Aus Disziplin gegenüber der Partei reagierte ich manchmal zu spät oder habe trotz gegebener kritischer Informationen an übergeordnete Leitungen nicht ungeduldig genug nachgehakt. Das werde ich in Zukunft ändern, wenn ich weiter in dieser Funktion bleiben darf. Ja, ich habe zu oft aufgegeben, weil Genossen des Apparats des Zentralkomitees und Minister, an die ich mich persönlich gewandt hatte, selbst keine Lösungen schaffen konnten, es oftmals oder überhaupt nicht für notwendig hielten, mir zu meinem Anliegen eine Information zukommen zu lassen.

Diese Erkenntnisse insgesamt tun sehr weh. Ich habe das auch Genossen und Bürgern des Kreises gesagt. Für mich gibt es kein plötzliches Umdenken oder, wie es andere, die Menschen auf der Straße sagen, eine »Wendehalspolitik«. Und die hat es auch meiner persönlichen Meinung nach bei führenden Politikern in den letzten Tagen unserer Partei gegeben. Und das hat uns sehr in der Diskussion und im Auftreten, im offensiven Auftreten geschadet. Aber es gibt bei mir ein sehr ernsthaftes Nachdenken darüber, was wir in jeder Grundorganisation, im Kreis und bis in die Parteiführung und Regierung anders, besser und konsequenter machen müssen, damit sich unser wichtigster Auftrag, alles für den Menschen und mit den Menschen zu tun, erlebbarer umsetzt. Ich will mich nicht aus der Verantwortung mogeln und werde mit meiner ganzen Kraft und der Mehrheit der Genossen des Kreises Reichenbach dafür arbeiten, daß unsere Partei wieder Vertrauen im Volk erhält. Und ich möchte hier einfügen, Genossen, die Bemerkungen von Genossen Krenz zur Medienpolitik finden meine absolute, volle Unterstützung. Der Vertrauensverlust ist sehr groß und sehr schwer. Die führende Rolle unserer Partei wird in verstärktem Maße in Frage gestellt. Das erleben wir in Gesprächen, Zusammenkünften und Demonstrationen immer und immer wieder. Es sind sehr, sehr harte Worte, die wir uns anhören müssen, und ich will hier auch sagen, daß sich das in den letzten Tagen weiter verschärft hat und begünstigt wurde durch zu spätes Reagieren auch von seiten unserer Regierung, durch Halbherzigkeiten und vieles andere mehr.

Ich möchte einige Fragen und Probleme aufgreifen, die mir die Arbeitskollektive, die Bevölkerung des Kreises mit auf die heutige Tagung gegeben haben, die sie vor allem in ihrer täglichen Arbeit, in ihrem täglichen Leben berühren.

In allen Gesprächen mit Arbeitskollektiven wurde sehr nachdrücklich auf seit langem vorhandene Störungen, Diskontinuitäten im Arbeitsablauf verwiesen. Es gab kaum Reaktionen, ja vieles hat sich in der Vergangenheit hartnäckig verschlechtert. Unsere Forderung geht dahin, nun tatsächlich eine solide Übereinstimmung zwischen Plan, Bilanz und Verträgen zu sichern. Dazu ist es dringend notwendig, den Umfang der Planungs- und Abrechnungskennziffern radikal zu minimieren. Das böte in der Volkswirtschaft eine Senkung von unnötigem Verwaltungsaufwand und Bürokratie; Arbeitskräfte würden für die Schaffung materieller Werte frei. Wir brauchen eine ehrliche Ergebnisabrechnung, eine spürbare Vereinfachung der Planung in unserer Volkswirtschaft. Unsere Menschen fordern eine öffentliche Darstellung zur Erarbeitung und Verwendung unseres Devisenhaushaltes.

Wir brauchen grundlegende Voraussetzungen – im Aktionsprogramm wird dazu vieles gesagt – für die wissenschaftlich-technische und auch für die Forschungsarbeit. Ich darf einige Gedanken dazu vielleicht in Ergänzung äußern. Diese Veränderungen müssen beginnen bei der eigenständigeren Entscheidung der Betriebe zu den Schwerpunkten, sich fortsetzen über einen minimalsten Vorbereitungsaufwand. Das geht bis dahin, daß es unmöglich ist, die materielle Absicherung und Erprobung von Bestellzeiten über zwei bis vier Jahre für Forschungsarbeiten zu legen. Der Betrieb muß also Bestellungen für Teile auslösen in einer Phase, in der noch gar keine echte Forschungsarbeit möglich ist.

Völlig neue Überlegungen zur Notwendigkeit, Umfang und Inhalt der Pflichtenheftordnung sind nach vielen Aussagen notwendig.[56] Zur Zeit erscheint die Pflichtenheftarbeit vor allem zur Befriedigung von Gutachterstellen da zu sein. Wir brauchen eine wissenschaftlich-technische Arbeit, die sich schnell in volkswirtschaftlicher Leistungssteigerung, in neuen exportfähigen Gebrauchswerten und gewünschten Konsumgütern niederschlägt. Wir brauchen eine wesentlich effektivere Investitionspolitik, Genossen. Wir unterstützen, daß die Schwerpunkte neu gestellt werden müssen. Es kann nicht mehr sein, daß Investitionen jahrelang vorbereitet werden, viele das Sagen haben, am wenigsten aber die Betriebe selbst. Sie wurden durch zu hohen Investi-

56 »Pflichtenhefte« bezeichneten Arbeitsaufträge von Kombinatsdirektoren oder Betriebsleitern an Forschungs- oder Entwicklungskollektive zur Neu- bzw. Weiterentwicklung von Produkten, Verfahren oder Technologien. Die Pflichtenhefte wurden gegenüber den jeweils wichtigsten Anwendern und Zulieferern, dem Außen- und Binnenhandel sowie dem Amt für Standardisierung, Meßwesen und Warenprüfung der DDR »verteidigt«, letztendlich gegenüber dem Ministerium für Wissenschaft und Technik »abgerechnet«.

tionsaufwand aufgefordert zur Minimierung und damit in der Regel, Abstriche an sogenannten Nebenleistungen bzw. an Arbeits- und Lebensbedingungen in der Vergangenheit vorzunehmen, die uns heute teuer und sehr, sehr kritisch in der Diskussion wieder gestellt und entgegengebracht werden.

So ging bei uns zum Beispiel ein Heizhaus für den Wohnungsbau in Betrieb, aber die Transporttechnik für die Naßentaschung und für andere Tätigkeiten wird bis heute nicht bereitgestellt. Industriebetriebe und die Landwirtschaft helfen hier aus, was aber immer schwieriger wird. »Territorium, laß dir was einfallen!«, das ist zur Losung geworden auf vielen Gebieten, aber so kann es nicht mehr weitergehen. Das Mitspracherecht der Betriebe bei Entscheidungen zu Technologien und Ausrüstungen scheiterte oftmals an Festlegungen auch des Außenhandels. Für Hunderte Millionen Mark wurde zum Beispiel im VEB Renak-Werke Reichenbach investiert, aber um die Bereitstellung der unbedingt notwendigen Ersatzteile – und, Genossen, das sind oft nur so kleine Dichtungen, die es aber in der Republik nicht gibt – mußte vom Betrieb gegenüber dem Kombinat und Außenhandel oftmals im wahrsten Sinne des Wortes bürokratischer Krieg geführt werden, müssen Negativatteste oft mehrmals zu ein und demselben Ersatzteil eingebracht werden, und dann wurde vom Außenhandel immer noch nicht reagiert.

Selbst nachdem sich die Kreisleitung in vielen Fällen eingeschaltet hatte und sich auch an die Staatliche Plankommission, an Ministerien wandte, dauerte die Klärung immer noch über Monate. In unserem Betrieb VEB Vogtlandstoffe mußten moderne, neue Maschinen und Anlagen in Räumen aufgestellt werden, die stark instandsetzungsbedürftig sind, in Räumen, in denen es bei Regen auf die Maschinen regnet und Schüsseln im Produktionssaal aufgestellt werden müssen. An diesen Maschinen arbeiten Frauen in drei Schichten.

Und damit möchte ich zu einem weiteren Problem kommen, zur Verwendung kreislicher Kapazitäten für die Entwicklung im Territorium. Ich unterstütze hier die Aussagen in unserem Entwurf zum Aktionsprogramm. Hier wurde von außen in den Kreis hineinregiert bis zur Schmerzgrenze. Für die Werterhaltung und Instandsetzung an Wohngebäuden, Betrieben, an Einrichtungen des Gesundheitswesens und vielen anderen mußten dringend benötigte Kapazitäten außerhalb des Kreises und Bezirkes eingesetzt werden. Und leider – ich sage das bewußt heute – hatten wir alle soviel Disziplin, das auch zu realisieren. Unsere Bauarbeiter haben absolut kein Verständnis dafür, daß sie in Berlin an teilweise völlig unvorbereiteten Objekten arbeiten mußten. Ja, es gab sogar Beispiele in der Vergangenheit, wo gearbeitete Leistung wieder weggerissen werden mußte und neu begonnen wurde. Und es gibt auch kein Verständnis, daß in Berlin Küchen rekonstruiert werden und bei uns im Kreis Wohnhäuser verfallen. Hinzu kommt ein schmerzlicher Verlust von Baufacharbeitern, da sie im kreislichen Bauwesen für ihre fachliche Arbeit und höhere Produktivität merklich weniger verdienen wie in Industriebetrieben. Das widerspricht dem Leistungsprinzip ebenso wie unterschiedliche Entlohnung für gleiche Arbeit zum Beispiel in Heizhäusern, für Schichtstimulierungen in verschiedenen Industriezweigen, für die Besteuerung von Löhnen und Gehältern und vieles andere mehr.

Und ich möchte an dieser Stelle auch sehr unterstützen die Vorschläge zur Entwicklung des Handwerks auf allen Ebenen in unserer Republik und damit auch in unserem Kreis. Genossen! Unsere Menschen wollen sich für erarbeitetes Geld gute und gewünschte Waren kaufen. Hier muß die Regierung schnell und schneller handeln. Wir spüren im Kreis von zentralen Entscheidungen so gut wie noch nichts! Viele Vorschläge werden dazu unterbreitet; laßt mich einiges im Telegrammstil dazu in Ergänzung vorschlagen. Die Produktion von Konsumgütern muß sich nach dem Bedarf nun endlich auch richten. Zur Verbesserung der Versorgungswirksamkeit, vor allem bei Betrieben, deren Erzeugnisse stark modischen Einflüssen unterliegen – und in unserem Kreis ist die Textilindustrie dominierend –, muß man schnell weg vom starren Bilanzsystem hin zum Direktbezug unter dem Motto: Wer die Verantwortung hat, muß auch entscheiden. Gutachterausschüsse, Klassifizierungs- und Prädikatisierungsausschüsse – ich weiß nicht, was es alles noch gibt – sind nach Auffassung unserer Belegschaft, unserer Bevölkerung in diesen Betrieben absolut überholt.

Dazu gehört auch, den Begriff »Gebrauchswert« neu zu definieren und ihm in der Leistungsbewertung einen wesentlich höheren Stellenwert einzuräumen. Nur weil die Stückzahl rauskommen muß, produzieren Konfektionsbetriebe im Kreis Modelle, Maßstab dabei ist niedriger technologischer Aufwand, die kaum ein Bürger kauft. Es werden Ladenhüter produziert. Hier muß sich schnellstens etwas tun! Die Produktion müßte ihre Erzeugnisse gegenüber dem Einzelhandel und nicht zentralen Warenkontoren vorstellen und verteidigen. Die Direktbeziehungen zwischen Konsumgüterproduktion und Einzelhandel sind in viel größerer Breite herzustellen.

Die Menschen des Kreises fordern eine Neuregelung des Verteilungsprinzips von Waren in unserem Land. Es darf nicht sein, daß bei uns Bürger auf Waren Jahre warten müssen und diese Konsumgüter in anderen Bezirken zum Beispiel zum ständigen Angebot gehören. In gleicher Weise ist es unreal zu fordern, daß sich jeder Bezirk und Kreis zum Beispiel mit Gemüse selbst zu versorgen hat. Blumenkohl und Gurken wachsen nun einmal in anderen Gebieten unserer Republik besser als in unserem Vogtland, und hier gilt auch wieder die Losung: »Territorium, hilf dir selbst!« Die Beziehungen zwischen Groß- und Einzelhandel müssen generell überprüft werden. Die Gängelei des Großhandels gegenüber dem Einzelhandel muß aufhören. Es ist eine Überarbeitung der Preis- und Subventionspolitik notwendig. Die bezirksgeleiteten Kombinate, vor allem für die Lebensmittelindustrie, betrachten wir aus der Erfahrung heraus als überholt und zusätzlichen Verwaltungsaufwand. Bei uns im Kreis haben sie nichts, absolut nichts nach vorn gelöst.

Im Aktionsprogramm sind auch die Aufgaben oder einige Aufgaben zum Gebiet des Sozial- und Gesundheitswesens dargestellt. Sie finden meine volle Unterstützung, und ich erwarte von unserer Regierung und von den Verantwortlichen sehr schnelle Entscheidungen, damit die Arbeit im Gesundheitswesen, begonnen bei den Arbeitsbedingungen, bei den materiellen Voraussetzungen bis zur Entlohnung, nun doch spürbar verändert wird.

Liebe Genossinnen und Genossen! Ich möchte hier zum Ausdruck bringen, daß ich als 1. Sekretär am 29. aber Vertreter der befreundeten Parteien, des Rates des Kreises und der Nationalen Front und die sich als die Sprecher des »Neuen Forums« in unserem Kreis ausgebenden Bürger zu einem Sonntagsgespräch eingeladen habe, und ich möchte aus der Sicht unseres Kreises hier sagen: Das hat sich bewährt, das hat sich sehr bewährt. Es ist uns gelungen, damit den Dialog von der Straße stärker in Räume – und wir wollen in Zukunft sie auch noch viel zielgerichteter zur Lösung von Problemen bringen. Ich möchte mich, ausgehend von den gestrigen Vorschlägen, für die Anerkennung des »Neuen Forums« auf der Grundlage unserer Verfassung aussprechen. Ich habe angeregt im Kreis, den Vertretern des »Neuen Forums« Arbeitsräume für ihre Tätigkeit bereitzustellen. Es gab in den letzten Tagen viele Gespräche mit Vertretern der Kirche. Diese Vertreter der Kirche erwarten sehr schnell ein Zeichen für eine echte Wende, und ich glaube, darin liegt unsere Verantwortung heute und auch in den noch folgenden Stunden. Unter den christlich gebundenen Bürgern gibt es dazu große Hoffnungen und Erwartungen.

Einige abschließende Bemerkungen, Genossen, zu Fragen unserer innerparteilichen Demokratie, der Arbeit unserer Partei. Ich stimme sehr dem Vorschlag zu, eine Statutenkommission zu bilden, und möchte hier den Vorschlag einbringen, daß Arbeitsgruppen des Zentralkomitees alles, aber auch alles an der Basis mit unseren Genossen beraten. Ich will nur wenige Schwerpunkte nennen, die mir die Genossen zu diesen Fragen mit zur heutigen Tagung gegeben haben. Es ist ernsthaft zu überdenken der Organisationsaufbau unserer Partei, auch im Sinne der Reduzierung des Verwaltungsaufwandes in unserem Apparat. Genossen, müssen wir in Zukunft noch Grundorganisationen mit zwei Genossen und der Delegierung eines dritten Genossen von außerhalb aufrechterhalten? Was bringen uns diese Grundorganisationen in diesen Betrieben? Wir sind auch der Meinung, die Arbeit der Parteikontrollkommissionen zu überprüfen und ihre leitungsseitige Unterstellung. Es darf nicht vorkommen, daß Parteifunktionäre Macht und Funktionen für Privilegierte, für Privilegien mißbrauchen. Ich glaube, auch hier ist nachzudenken, ob es nicht neue Formen der Parteikontrolle bereits schon in den Grundorganisationen geben sollte. Die Genossen fordern eine Überarbeitung der Finanzrichtlinie, vor allem mit dem Schwerpunkt der Parteibeitragskassierung. Sie fordern auf jeden Fall die Berechnung des Parteibeitrages auf der Grundlage des Nettolohnes. Die Genossen fordern eine Offenlegung der Verwendung der finanziellen Mittel unserer Partei. Sie fordern – und im Aktionsprogramm und im Referat unseres Genossen Krenz wurde ja dazu ja schon sehr deutlich gesprochen – eine zeitliche Begrenzung für Funktionsträger, und auch wir sind der Meinung, daß in unserer Arbeit das Leistungsprinzip zur Anwendung kommen sollte.

Liebe Genossinnen und Genossen! Wenige Gedanken konnte ich hier heute natürlich nur äußern. Viele Menschen machen sich Sorge um den Sozialismus und viele Genossen auch um unsere Partei in unserem Land. Älteren Genossen, Parteiveteranen, Veteranen der Arbeit, aber auch vielen jungen Menschen tut es weh, wenn das, was in vierzig Jahren erarbeitet wurde, bei vielen Bürgern heute nichts mehr zählt. Sie fühlen sich – und ich meine, mit Recht – in ihrer Arbeiterehre verletzt. Die außerordentlich komplizierten Prozesse und Widersprüche, die sich angestaut haben und jetzt mit aller Gewalt und in ganzer Breite aufgebrochen sind, verlangen einen Umbruch in allen Bereichen, wenn das in vierzig Jahren sozialistischen Aufbaus Geschaffene nicht verlorengehen soll. Sie fordern, auf die Stimme des Volkes deutlicher zu hören; denn das Volk hat die Wende herbeigeführt, auf der Straße, in den Gesprächen und in den vielen Diskussionen, die wir im Kreis geführt haben. Wir brauchen, ohne den Blick für Realitäten zu verlieren, ein schnelles, ein solides Handeln von uns, von unserer Parteiführung – dazu zähle ich mich mit – und vor allem auch von unserer Regierung.

(Beifall)

Vors. Egon Krenz: Zur Geschäftsordnung, ja?

Hermann Kant: Kannst du bitte sagen, wieviel Diskussionsbeiträge bislang angemeldet sind und ob die Zahl uns zwingen könnte, die Redezeit zu beschränken? Dann müßte man das bald machen.

Vors. Egon Krenz: Also, ich werde durchzählen, es sind sehr viele. Ich gebe die Antwort, nachdem Wolfgang Junker gesprochen hat. Einverstanden?

Hermann Kant: Danke.

Vors. Egon Krenz: Christa, vielen Dank für deinen Beitrag. Ich will keine Bemerkungen dazu machen. Ich will nur eins sagen, damit es keine Mißverständnisse gibt, weil du dich auf mich berufen hast zu den Medien: Was ich hier gesagt habe, ist die einhellige Meinung aller Genossen des Politbüros, ja, also nicht meine persönliche Meinung. Damit hier von vornherein klar ist: Hier wird niemand – also es ist unsere kollektive Auffassung. Genosse Junker, und danach spricht Genosse Mebel.

Wolfgang Junker: Liebe Genossinnen und Genossen! Jeder von uns weiß und fühlt, daß die gegenwärtige ZK-Tagung unserer Partei wohl die schwerwiegendste ihrer bisherigen Geschichte ist. Gewiß gab es in der Vergangenheit manche stürmische Tage und ernsthafte Prüfung. Aber das alles war zu einer Zeit, wo wir uns in unserer Republik nicht in einer solchen schweren Krise befanden und wo die damaligen äußeren wie inneren Bedingungen bei der Gestaltung der sozialistischen Gesellschaft nicht mit den heutigen vergleichbar sind. Auch ich möchte am Anfang meines Diskussionsbeitrages hervorheben, daß wir bei aller berechtigten Kritik in diesen schwierigen Tagen nicht zulassen dürfen, daß all die sozialen Errungenschaften in unserer Republik auf den Müllhaufen der Geschichte geworfen werden.

Wir haben uns 1945 auf einen äußerst schwierigen Weg ins Neuland begeben, auf dem gewaltige Aufgaben zu lösen waren. Ohne mich lange daran aufzuhalten, möchte ich sagen, daß die erreichte soziale Sicherheit unseres Volkes und viele Fortschritte im gesellschaftlichen Leben die Früchte des Sozialismus sind. Dahinter steht das große Werk von Millionen arbeitender Menschen unseres Landes. Zweifellos haben wir dabei auch Fehler gemacht und oftmals nicht die richtigen Schlußfolgerungen daraus gezogen. Von allem, was in der Vergangenheit in unserer Partei nicht in Ordnung war, müssen wir uns distanzieren. Dabei müssen wir schonungslos einschätzen, worum es dabei konkret geht. *Das verlangt, unbedingt die volle Wahrheit aufzudecken und öffentlich darzulegen.*[57] Das sind wir vor allem den Mitgliedern unserer Partei in den Grundorganisationen schuldig, die, wie schon in der Rede von Genossen Egon Krenz gesagt, ihr Bestes für die Sache unserer Partei gaben und geben.

Unsere jetzige Lage hat meines Erachtens eine Vorgeschichte. Heute frage ich mich: War der VIII. Parteitag der SED tatsächlich ein so wichtiger Meilenstein in unserer Geschichte? Leistete er wirklich, wie so oft hervorgehoben, eine großen Beitrag für die Theorie und Praxis unseres sozialistischen Aufbaus? Ja, unter dem Einfluß der Beschlüsse dieses Parteitages wurden bedeutsame politische, wirtschaftliche und soziale Maßnahmen eingeleitet. Die von ihm begründete Einheit von Wirtschafts- und Sozialpolitik erwies sich lange Zeit als gute Basis für die Massenarbeit. Doch überschaut man jetzt die Zeit, so muß ich sagen, daß bei all dem Erreichten letzten Endes die eröffneten Möglichkeiten nicht voll ausgeschöpft wurden. Doch nach einem anfänglichen geistigen und wirtschaftlichen Aufschwung kam es mehr und mehr zu subjektivistischen Entscheidungen der Parteiführung. Darüber könnte man viel, viel sagen. Ich werde in diesen Tagen oft gefragt als Mitglied der Regierung: Was hast du denn getan? Was ist denn dein Beitrag zu diesen Fragen gewesen?

Ich möchte eine Frage hier vor dem Zentralkomitee hervorheben, weil mich das Tag und Nacht bewegt. Im Ministerrat erhielten wir Anfang Mai 1988 Kenntnis von einem Material des Genossen Gerhard Schürer mit einer Reihe prinzipieller Vorschläge – ich sage Mai 1988 – zur Veränderung der Wirtschaftspolitik, die er dem damaligen Generalsekretär, Genossen Erich Honecker, unterbreitet hatte.[58] Ich habe in Erinnerung, daß es sich um dringend erforderliche Änderungen der Wirtschaftspolitik handelte, wie zum Beispiel Maßnahmen zur Stärkung der Akkumulation besonders in den produzierenden Bereichen, die ausgewogene Weiterentwicklung der Mikroelektronik

57 Dieser Satz wurde nicht veröffentlicht.

58 Vgl. dazu Hans-Hermann Hertle, Der Weg in den Bankrott der DDR-Wirtschaft. Das Scheitern der »Einheit von Wirtschafts- und Sozialpolitik« am Beispiel der Schürer/Mittag-Kontroverse im Politbüro 1988, in: Deutschland Archiv, H. 2/1992, S. 127 ff. Die entsprechenden Politbürovorlagen sind dok. in: Hans-Hermann Hertle, Vor dem Bankrott der DDR. Dokumente des ZK der SED aus dem Jahre 1988 zum Scheitern der »Einheit von Wirtschafts- und Sozialpolitik«, Berlin 1991 (Berliner Arbeitshefte und Berichte zur sozialwissenschaftlichen Forschung, Nr. 63).

und besonders die Senkung der Kosten und die volle Nutzung aller geschaffenen Kapazitäten mit Modernisierung und damit im Zusammenhang die Förderung des Exports hochrentabler Erzeugnisse des Verarbeitungsmaschinenbaus, den Verzicht auf eine große Anzahl großer Investitionsobjekte und den Einsatz dieser Mittel für die Stärkung der Zulieferindustrie, der Reparaturen und der Versorgungswirtschaft, die Rückführung der von den Bezirken in Berlin eingesetzten Arbeitskräfte und Baukapazitäten bereits 1989 und 1990 in die Bezirke sowie ihr Einsatz in den Bezirken und Kreisen für die produktive Akkumulation, die Versorgungswirtschaft, die Lagerwirtschaft und für die Baureparaturen, notwendige Änderungen – so stand es in dem Papier – der Politik der Subventionen bei Erhaltung sozialpolitisch wichtiger Subventionen, aber entscheidende Maßnahmen gegen Verschuldung, Spekulation, Verluste und gegen massenhaften Abkauf durch ausländische Bürger. Alle in diesem Material nach meiner Erinnerung enthaltenen Vorschläge sind heute aktuelle Forderungen der Werktätigen und werden mit großem Nachdruck in Versammlungen, Zuschriften und teilweise auf Demonstrationen vertreten.

Ich erinnere mich aber auch, daß zur Beschlußfassung im Ministerrat damals nicht diese meines Erachtens durchdachten Vorschläge vorlagen, sondern eine Stellungnahme des damaligen Sekretärs des ZK für Wirtschaftspolitik, Genossen Mittag, die, so kann man heute sagen, mit falschen Argumenten, Halbwahrheiten und Anschuldigungen eine prinzipielle Ablehnung forderte. In meinen Notizen habe ich aus dieser Stellungnahme festgehalten: »Diesen Überlegungen des Genossen Schürer zu folgen würde bedeuten – so hat er gesagt –, in einem umfassenden Maße Beschlüsse des VIII. und XI. Parteitages in Frage zu stellen und somit auch die Einheit von Wirtschafts- und Sozialpolitik.« So war das. Ich weiß nicht, wie dieses Material im Politbüro ausdiskutiert worden ist. Ich war nicht dabei. Genosse Schürer hat mir das gesagt, aber er sagte auch, es sei nicht bis zu Ende diskutiert worden. Darüber müßte Auskunft gegeben werden.

Ich stimme mit Genossen Egon Krenz überein, auf dem Boden von Selbstzufriedenheit und Verstößen gegen das Prinzip der Kollektivität in der Parteiführung traten in den letzten Jahren Erscheinungen von Stagnation und Erstarrung auf. Wir alle spürten von Plenum zu Plenum, daß die Lage immer nachdrücklicher grundsätzliche Entscheidungen zur Verbesserung der Leitung der Partei, der Regierung, Wirtschaft direkt herausforderte. Aber den Mut zur Veränderung habe ich auch nicht aufgebracht. Jetzt stehen wir vor einer Erschütterung mit großem Ausmaß. Die Lage für unsere Partei wird meines Erachtens nach den Informationen, die ich im Bauwesen verfüge, auch heute morgen, von Tag zu Tag schwieriger. Jetzt ist alles eine öffentliche Angelegenheit. Es könnte für uns eine Stärke sein, wenn wir als Partei die Erneuerung wirklich leiten würden. Das haben wir versäumt, schlimmer noch: Wir haben dazu meines Erachtens kein klares Konzept.

Was mich beim Lesen des Materials über das Gespräch Egon Krenz' mit Michail Sergejewitsch Gorbatschow so erschüttert hat, ist dieser Hochmut des Genossen Erich Honecker gewesen.[59] Aber auch die letzten Wochen seit der 9. Tagung des ZK, eine Zeit, wo es oftmals auf den Tag, auf die Stunde ankam, wurden nicht wie notwendig genutzt, wieder in die Vorhand zu kommen. Längst herangereifte Entscheidungen, über die sich im Grunde die vielen Genossen auch hier im ZK – wir haben uns darüber unterhalten – einig waren, erscheinen so als Ergebnis der Protestdemonstrationen, des Drucks der Straße.

Liebe Genossinnen und Genossen! Die Taktik besteht doch offensichtlich darin, daß man täglich neue Forderungen stellt und zugleich Hindernisse für die Realisierung vernünftiger Vorschläge in den Weg legt, die es so gut von unseren Genossen aus den Parteiorganisationen gibt, die so herrlich sind, die uns weiterbringen würden. Zur gleichen Zeit – ich spreche jetzt vom Ministerium für Bauwesen, wo wir bei all unseren Versäumnissen, bei meinen persönlichen Mängeln und Schwächen, in den letzten Jahren mit Fragen der operativen Leitung, mit neuen Gedanken und Reformen des Bauwesens uns abplagen und herumschlagen, viele ausgezeichnete Vorschläge bekommen – erfindet jemand schon wieder eine neue These und wirft sie über unser eigenes Fernsehen, den Rundfunk und selbst mit unserer Parteipresse unter die Massen. Um mich hier auch richtig zu verstehen: Ich bin für eine Medienpolitik, die nichts verschweigt und nichts verheimlicht, aber auch dafür – das hat Egon vorhin gesagt –, daß es in der SED noch Kommunisten und Funktionäre gibt, die mit Herz und Verstand im Partei- und Staatsapparat kämpfen, die sich dem Volke verpflichtet fühlen und das Recht haben, Bewährtes zu verteidigen und Positives hervorzuheben. Doch es gibt schon Tendenzen, speziell im Fernsehen, diese Wahrheit zu mißachten.

Genossen, ich habe mich in den letzten vierzehn Tagen zweimal in Leipzig den Sachen gestellt, den Bauarbeitern, den Abgeordneten, den Volkskammerabgeordneten, mit dem Gesicht zu ihnen; ich habe mich hingesetzt, um konstruktiv aus der entstandenen Lage die Fragen zu klären.[60]

Ich habe ein Sofortprogramm gemacht, daß die Unterstützung der Stadtverordneten gefunden hat. Ja, Genossen, ich muß euch mal folgendes sagen: Ich habe daraufhin Zuschriften des Vorsitzenden des Bezirksvorstandes der CDU, der LDPD bekommen und habe gesagt, nun gut, es ist noch nicht alles klar, aber du bist wenigstens einer, der gekommen ist und klar gesagt hat, wie es weitergehen muß. Aber im Fernsehen, in der Sendung dort oben, ja, die Stadt zerfällt – was ja nicht wahr ist, es sind Teile der Stadt –, da wurde ich als Idiot hingestellt. Was soll das alles? Wenn ich ein Idiot bin, muß die Partei darüber befinden; aber solange die Partei nicht darüber befunden hat, arbeite ich als Minister für Bauwesen dieser Republik und stelle mich mit offe-

59 Die Niederschrift des Gesprächs zwischen Krenz und Gorbatschow vom 1. November 1989 in Moskau lag den ZK-Mitgliedern in einer gefilterten Fassung vor (vgl. SAPMO-BArch, DY 30/IV 2/1/704). Diese ZK-Fassung wurde veröffentlicht in: Stephan, »Vorwärts immer, rückwärts nimmer!«, S. 199 ff. Die vollständige, dem Politbüro zur Kenntnis gegebene Fassung (vgl. SAPMO-BArch, DY 30/J IV 2/2 A/3255) ist dok. in: Hertle, Der Fall der Mauer, S. 462 ff.

60 Zu Wolfgang Junkers Auftritten vgl. ND, 24. Oktober 1989 sowie 2. November 1989.

nem Gesicht der Kritik, bin bereit, für Fehler einzustehen, dafür geradezustehen mit meiner eigenen Person und nichts abzuschieben. Aber ich bin nicht schwachsinnig, ich bin nicht unfähig. Die Wende unserer Politik habe auch ich mit einem kleinen Stück zum Erfolg geführt. Das sage ich hier vor diesem Zentralkomitee.[61]

Genosse Egon Krenz hat prinzipiell zu Fragen des Wohnungsbaus gesprochen, und ich stimme mit dieser Erklärung überein. Als Mitglied des ZK und als der für das Bauwesen verantwortliche Minister muß ich mir natürlich klar sagen, wie die gegenwärtige Lage im Bauwesen und speziell im Wohnungsbau ist, und eine ehrliche Einschätzung meiner Arbeit in den letzten zwanzig Jahren abgeben. Von nicht wenigen Kritikern wird der Vorwurf erhoben, daß wir eine verfehlte Baupolitik betrieben hätten. Ich halte auch aus heutiger Sicht ein solches pauschales Urteil nicht für gerechtfertigt. Wenn wir wirklich richtige Schlußfolgerungen ziehen wollen, müssen die tatsächlichen Tatbestände analysiert werden. Ausgehend davon muß verantwortungsbewußt eingeschätzt werden: Was war richtig, was war falsch? Wir haben zwar erkannt, aber nicht mit dem notwendigen Nachdruck betrieben, und wir hatten auch Sachzwänge. Im Rahmen meines Diskussionsbeitrages ist es natürlich nicht möglich, auf alle das Bauwesen betreffenden Fragen einzugehen und alle Phasen der Entwicklung darzustellen. Und offen gesagt, mache auch ich einen Lernprozeß durch, der bei weitem noch nicht abgeschlossen ist. Um der Wahrheit willen muß ich festhalten, daß die Bauschaffenden dieses Landes, die Kollektive auf den Baustellen, in der Baumaterialienindustrie, in den Projektierungsbüros und Bauämtern, in all diesen Jahren große Leistungen vollbracht haben und ehrlich bemüht waren, mit ihrer Arbeit dem Volke zu dienen. Und es tut für mich weh, wenn auf den Protestkundgebungen wider besseres Wissen dazu überhaupt kein gutes Wort gesagt wird.

Nehmen wir den Wohnungsbau. War es falsch, ein auf zwanzig Jahre berechnetes Programm durchzuführen mit dem Ziel, die Wohnungsfrage als soziales Problem zu lösen?[62] Auf der Grundlage von Analysen und Berechnungen wurde entschieden, den Wohnungsbestand um mehr als 1,2 Millionen Wohnungen zu erweitern und das Niveau der Ausstattung der vorhandenen Wohnungen wesentlich zu erhöhen. Dafür war vorgesehen, mehr als drei Millionen Wohnungen neu zu bauen und zu modernisieren. Die Ziele sind – zumindestens statistisch – bis jetzt erreicht.[63] Uns wirft man die Neubaugebiete

61 Dieser Absatz wurde nicht veröffentlicht.

62 Die 10. Tagung des SED-Zentralkomitees beschloß am 2. Oktober 1973 ein Wohnungsbauprogramm, das vorsah, bis 1990 etwa 3 Mio. Wohnungen zu bauen bzw. zu modernisieren. Damit sollte die Wohnungsfrage in der DDR »als soziales Problem« gelöst werden.

63 Am 22. Februar 1989 verlas Erich Honecker im ZK-Sekretariat eine Statistik der Staatlichen Zentralverwaltung zum Wohnungsbestand in der DDR. Daraus würde deutlich, so heißt es in einem für Egon Krenz gefertigten Protokoll dieser Sitzung, »daß wir in den letzten 17 Jahren zwar drei Millionen Wohnungen neu gebaut hätten, aber der effektive Zuwachs nur eine Million betrage (Abriß von Altbausubstanz, Abriß auf der Grundlage zentraler Entscheidungen, z. B. in der Kohle, Nutzung für andere Zwecke als für Wohnzwecke)«.

am Rande der Städte – sicherlich auch zu Recht – vor und stellt sie den noch ungelösten Bauaufgaben im Innern der Städte entgegen. Zur Entscheidung jedoch, in der ersten Etappe des Wohnungsbauprogramms in erster Linie auf einen möglichst großen Nettozuwachs an Wohnungen zu orientieren, hatten wir angesichts drückender Wohnungsprobleme vieler Bürger gar keine andere Wahl, es sei denn, man hätte sich entschieden, zu Lasten der Industrie und noch anderer Bereiche der Volkswirtschaft bedeutend mehr Potential auf den Wohnungsbau zu konzentrieren. Ich möchte auch darauf hinweisen, daß wir uns Ende der 70er Jahre, Anfang der 80er Jahre intensiv mit herangereiften Fragen der Veränderung der Bauaufgaben beschäftigt haben. Dazu gehört die verstärkte Orientierung auf Modernisierung und Erhaltung, die Hinwendung zum innerstädtischen Bauen und damit in Verbindung die Entwicklung des kreisgeleiteten Bauwesens. Das betrifft auch die Konsequenzen, die sich daraus für Städtebau und Architektur ergeben. Dazu wurden Beschlüsse gefaßt, die auch in den ersten Jahren durchaus positiv wirkten.

Aber nun zu der Frage, warum richtige Konzepte nicht durchgesetzt wurden. Eine ganz entscheidende Ursache war, daß neue Beschlüsse gefaßt und Entscheidungen getroffen wurden, die vorangehende, in der Regel auch ausbilanzierte Beschlüsse aus den Angeln hoben. Ihr erinnert euch sicher, liebe Genossinnen und Genossen, an die Zauberformel »mit den Volkswirtschaftsplänen zu entscheiden«. Aus heutiger Sicht ist der verstärkte und vor allem viel zu lange anhaltende Berlin-Einsatz bezirklicher Baukapazitäten – ich habe das eingangs gesagt – ein Fehler. Er brachte in nicht wenigen Städten geplante Vorhaben des innerstädtischen Bauens zu Fall. Ein Grundübel war, das kreisgeleitete Bauwesen gewissermaßen als die Reserve zu betrachten – meine Genossin Vorredner hat dazu gesprochen –, in die ständig eingegriffen werden konnte, wenn Investitionsvorhaben im komplexen Wohnungsbau oder in der Industrie in Verzug geraten waren oder die Bilanzen nicht aufgingen. Im sicher gut gemeinten Bestreben, die Anzahl der geplanten Neubauwohnungen, Schulen und anderes unter allen Umständen zu sichern, ist so großer Schaden, insbesondere an Glaubwürdigkeit von Zusagen örtlicher Räte gegenüber der Bevölkerung, entstanden. Auch dafür übernehme ich eine Mitverantwortung.

Liebe Genossinnen und Genossen! Viel davon ist der ungenügenden Entwicklung der Leistungsfähigkeit des Bauwesens geschuldet. Ich könnte hier davon sprechen, was wir an Maschinen, wie der Zustand der Bautechnik ist. Auch darüber habe ich dem Politbüro im vorigen Jahr eine offene und ehrliche Analyse vorgelegt. Leider war es nicht möglich, unter bestimmten Bedingungen unseren Vorschlägen nachzugehen. Auch hier wurde wieder beschlossen zu prüfen, mit den volkswirtschaftlichen Plänen zu entscheiden. Aber der Zustand der Bautechnik – und ich fühle mich gegenüber den Bau-

Honecker wird mit den Worten zitiert: »Wir haben sehr viel neu gebaut. Das andere haben wir verkommen lassen. Auf diesem Gebiet gibt es große Schlamperei« (Protokoll der Sitzung des ZK-Sekretariats, 22. Februar 1989, S. 5, in: SAPMO-BArch, DY 30/IV 2/2039/86).

arbeitern in dieser Frage am meisten schuldig – ist so heruntergewirtschaftet, daß man nur Schritt für Schritt mit diesen Fragen noch arbeiten kann.

Sicher spielten hier Leistungsschwächen, die unbegründete Differenziertheit im Leistungs- und Effektivitätsniveau und die mangelnde Durchsetzung des Leistungsprinzips eine Rolle. Aber das ist nur die eine Seite. Die seit Jahren unkontinuierliche Materialversorgung behinderte zügiges Bauen. Ich muß dazu sagen, wir hatten im Bauwesen eine klare Vorstellung von der vorrangigen Steigerung der Produktion von Baumaterialien. Unsere Pläne wurden durchkreuzt, indem die ohnehin knappen Investitionsmittel zum Beispiel für die notwendige Heizölablösung, für die Substitution von chemischen Dämmstoffen, von Bitumen und Stahl eingesetzt werden mußten. Von nicht wenigen Architekten, Städteplanern und Denkmalpflegern wird mir vorgeworfen, auf ihre Hinweise und Vorschläge nicht gehört, ja sie nicht beachtet zu haben. Diesen Vorwurf muß ich anerkennen. In der Tat, hier haben wir und ganz persönlich auch ich oftmals ungenügend nachgedacht und gemeinsam nach akzeptablen Lösungen gesucht. Ich muß aber auch bekennen: Oftmals wohnten bei solchen Fragen zwei Seelen in meiner Brust. In meiner Tätigkeit als Bauminister wurde ich ebenso wie die anderen leitenden Genossen im Bauwesen in erster Linie an der Planerfüllung, an der Anzahl der Wohnungen, an der Einhaltung der Aufwandsnormativa, an der termingerechten Fertigstellung der Vorhaben der Industrie, am Export und vielen anderen Kennziffern gemessen. Das verstellte oft den Blick für andere, nicht weniger wichtige Anliegen. Hier muß sicher auch strukturell etwas geändert werden. Städtebau, Architektur, Denkmalpflege und Stadtökologie müssen ebenso wie Wohnungspolitik und Wohnungswirtschaft zu einem gesellschaftlichen Anliegen mit klarer Bestimmung der Verantwortung, Rechte und Vollmachten der örtlichen Volksvertretungen und ihrer Räte gemacht werden. Die Funktion des Volkes als Bauherr, als gesellschaftlicher Auftraggeber muß ausgestaltet werden. Zu der Frage, wie es auf dem Gebiet des Wohnungs- und Städtebaues 1990 und darüber hinaus weitergehen soll, habe ich in meinem Artikel vom 3. November im »Neuen Deutschland« erste Überlegungen geäußert.[64] Natürlich müssen auch zu vielen anderen Fragen des Bauwesens neue Überlegungen angestellt und mit den betreffenden Kollektiven diskutiert werden.[65]

Liebe Genossinnen und Genossen, entschuldigt bitte eine letzte Bemerkung zur Wirtschaftsreform, wie sie im Aktionsprogramm dargelegt wird. Wir arbeiten daran, Genosse Lorenz als Leiter der Kommission – wenn ich das sagen darf – Genossen auch des Apparates dieses Zentralkomitees. Und ich möchte auch sagen, bei aller Kritik gibt es hier ausgezeichnete Genossen in diesem Apparat, die fähig und treu der Partei gedient haben, *wo nicht alle Möglichkeiten ausgeschöpft sind und für die ich mich freue. Ich freue mich für*

64 Vgl. »Über den Städtebau muß künftig von unten nach oben entschieden werden«, in: ND, 3. November 1989.

65 Dieser Absatz der Rede wurde veröffentlicht, im ZK aber nicht vorgetragen.

diese ehrlichen Genossen dieses Apparates. Natürlich bin ich dafür, daß wir diese Wirtschaftsreform durchführen. Wir dürfen jedoch nicht den Eindruck erwecken, daß die Wirtschaftsreform eine Sache ist, die schnell zu machen geht. Ausgehend von einem gangbaren Gesamtkonzept, muß jeder Schritt genau überlegt und berechnet sein, um das Funktionieren unseres Wirtschaftsmechanismus, den wir haben und der auch noch teilweise ganz gut funktioniert, in jeder Phase zu gewährleisten. Egon, Genosse Michail Gorbatschow hat in dem ersten Telefongespräch und, wenn ich das richtig in Erinnerung habe, auch in deinem Gespräch gesagt: Macht nicht den Fehler noch einmal, daß ihr alles auf einmal anpackt, ja, sondern macht Schritt für Schritt; nehmt lieber Kritik auf euch, daß einiges noch nicht gelöst ist, aber bringt die Wirtschaft, die Landwirtschaft und alles andere nicht durcheinander. – Das werden wir als Zentralkomitee hier zu beherzigen haben. Dafür haben wir uns – ich sage das jetzt – jeder einzelne mit einzusetzen, daß wir diese Frage mit Vernunft machen.

Liebe Genossinnen und Genossen! Die nächsten Tage und Wochen werden höchste Ansprüche an jeden einzelnen Kommunisten, an jedes Mitglied des Zentralkomitees stellen. Jeder von uns – und ich möchte das noch einmal unterstreichen, was Egon gesagt hat – muß auf der Grundlage der Beschlüsse der 10. Tagung selbständig auftreten, entschlossen, aber auch einheitlich und mit der festen Überzeugung, daß unsere Sache gerecht ist, daß unsere kommunistische Wahrheit letzten Endes siegen wird. *(Beifall)*

Vors. Egon Krenz: Bevor ich Genossen Mebel das Wort gebe, möchte ich die Frage des Genossen Kant beantworten. Es liegen 62 Beiträge vor – *(Unruhe)* – das heißt, es wäre sicherlich ratsam, sich zeitlich zu begrenzen. Und trotzdem würde ich vorschlagen, lieber dann heute abend und morgen länger zu diskutieren, als daß wir jetzt sagen: Keiner darf länger als zehn Minuten sprechen. Weil ich möchte gerne, daß das, was die Genossen sagen möchten, auch sagen können. Kann man sich so einigen? *(Zustimmende Zurufe)*

Also die Bitte zu stellen an jeden, so konzentriert wie möglich und für uns alle nach Möglichkeit die Diskussion durchzuführen, auch wenn wir heute abend länger diskutieren. Einverstanden? – Dann hat jetzt Genosse Mebel das Wort. Ihm folgt Genosse Günter Schabowski.

Moritz Mebel: Liebe Genossinnen und Genossen! Mein Antrag auf die schnellstmögliche Einberufung einer Parteikonferenz der SED, den ich auch vom Parteiaktiv der Humboldt-Universität und anderen Einrichtungen des Gesundheitswesens erhalten habe, wird, wie ich hoffe, vom Plenum heute noch bestätigt werden. Die Parteikonferenz behandelt dringende Fragen der Politik und Taktik der Partei und beschließt darüber – Punkt 47, Seite 40 des Statuts. Diese Dokumente müssen schnellstens, aber trotzdem wissenschaftlich fundiert ausgearbeitet und den Mitgliedern als Diskussionsgrundlage vorgelegt werden. Wir wollen und dürfen besonders in dieser komplizierten Lage nicht sozusagen nach hinten diskutieren. Nicht wir, die führende Kraft der Arbeiterklasse, der Genossenschaftsbauern, der Intelligenz in unserer DDR, sondern die großen Massen unseres Volkes, die nicht den Sozialismus ablehnen, sondern seine Deformationen, haben eine Wende eingeleitet. Und das müssen wir offen und ehrlich sagen.

Das Nachdenken über unsere bisherige Tätigkeit hat auf vielfältige Art und Weise begonnen. Nachdenken kann und darf aber nicht der alleinige Inhalt unserer Arbeit in allen Bereichen unserer Gesellschaft sein, denn Nachdenken, Analysieren sind nur mittelbar produktiv. Wenn wir daraus nicht die entscheidenden Signale und Impulse für ein Vordenken ableiten, das haben wir in den letzten Jahren versäumt, und dieses ist in den letzten Monaten eruptiv sichtbar geworden. Wir müssen wieder lernen, die Probleme offen und auch kontrovers zu diskutieren ohne Rücksicht auf Personen. Das impliziert ein kulturvolles Führen des Meinungsstreits, in dessen Ergebnis die beste Variante, getragen von der Majorität, dann bestätigt und ins Leben als einheitliche Meinung des Zentralkomitees unserer Partei umgesetzt wird – bei strengster und straffster Kontrolle. Wer den Anspruch auf Führung erhebt, wem sie übertragen wird, muß auch die volle Verantwortung wahrnehmen. Genossen, die diesen Anforderungen nicht genügen, müssen abgelöst werden. Und so traurig das auch klingt: Ich habe die Ausführungen von Genossen Junker gehört über den Apparat hier im Haus. Ich unterstütze ihn. Aber auch in diesem Haus, im Haus des Zentralkomitees, gibt es führende Mitarbeiter, die als Kommunisten die notwendige Konsequenz ziehen sollten. Ich habe den Ausführungen von Egon Krenz aufmerksam zugehört; ob ich sie alle in ihrer ganzen Tragweite schon richtig erfaßt habe, wird sich zeigen müssen. Voll und ganz bin ich damit einverstanden, daß sich eine solche Situation wie die derzeitige nie, nie wiederholen darf. Die notwendigen im Statut verankerten Garantien müssen geschaffen werden. Jedoch eins kann ich nicht verstehen, ehrlich gesagt, nicht verstehen: Wieso kann die wochenlange Sprachlosigkeit des damaligen Politbüros mit der Krankheit des damaligen Generalsekretärs, Genossen Erich Honecker, erklärt werden?

Wieso war es möglich, daß ein Mitglied des Politbüros die Wirtschaftspolitik in unserem Land fast ausschließlich bestimmt hat, die, wie jetzt offensichtlich wird – und ich muß euch ehrlich sagen, ich bin zutiefst erschüttert, denn das habe ich niemals geahnt –, weit, weit hinter dem proklamierten günstigen Stand zurückgeblieben ist. Ich habe das sehr, sehr vorsichtig formuliert. Am 28. März 1922 schrieb Wladimir Iljitsch Lenin, ich zitiere: »Alle revolutionären Parteien, die bisher zugrunde gegangen sind, gingen daran zugrunde, daß sie überheblich wurden und nicht zu sehen vermochten, worin ihre Kraft lag, daß sie sich scheuten, von ihren Schwächen zu sprechen. Wir aber werden nicht zugrunde gehen, weil wir uns nicht scheuen, von unseren Schwächen zu sprechen, und es lernen werden, die Schwächen zu überwinden!«[66] Ende des Zitats.

Heute geht es nicht nur darum, unsere offensichtlichen Errungenschaften, die durch die harte fleißige Arbeit unseres Volkes in den vierzig Jahren DDR

66 Vgl. Wladimir I. Lenin, Werke, Bd. 33, Berlin 1982, S. 296 ff.

geschaffen wurden, zu preisen. Aber wir dürfen sie auch nicht vergessen, wie das einige Demagogen nur zu gern tun und haben möchten. Es geht darum, bereits erkannte Fehler, die schnell korrigiert werden können, Disproportionen im Produktionsablauf, Probleme in der Subventionspolitik, die unsere Bevölkerung geradezu auf die Barrikaden bringt, mit einem Wort: In der Wirtschaft, der ökonomischen Basis des Sozialismus, durch ein realisierbares Sofortprogramm – ich komme darauf noch zu sprechen – zu beseitigen, gleichzeitig die entstandene Situation zu analysieren und wissenschaftlich fundiert. Genossen, wir haben doch wahrlich kompetente – so glaube ich und bin auch überzeugt – Wissenschaftler, die dafür gutes Geld bekommen, eine hochqualifizierte Arbeiterklasse und Genossenschaftsbauern, die auch mittelfristige und langfristige Konzeptionen erarbeiten können, um sie dem Volk zu einer Diskussion zu unterbreiten.

Das vorliegende Aktionsprogramm ist dazu nicht angetan. Darüber sind wir uns ja alle einig, und ihr wißt, es wird daran gearbeitet. Eine von euch eingesetzte Redaktionskommission, die getagt hat, überarbeitet es gründlich und wird es dem Plenum zur Beschlußfassung vorlegen.

Bitte entschuldigt, das sind sicherlich dilettantische Vorstellungen eines Mediziners. Aber ich möchte noch einmal unterstreichen, ich fühle mich hier im Zentralkomitee nicht in erster Linie als Mediziner, sondern als ein gewählter Vertreter der Partei und verantworte die gesamte Arbeit dieses Plenums. Kurzfristige Maßnahmen könnten darin bestehen, ein klares Bekenntnis zur Erneuerung des Sozialismus in der DDR unter unseren spezifischen nationalen Bedingungen im engen Bündnis mit der UdSSR; so, lieber Egon, wie du das ganz explizit hier in deinem Vortrag dargelegt hast. Und ich möchte, und ich sage das in Wissen und in Kenntnis der Sache, es gibt auch hier im Plenum einige Genossen, die diese Auffassung nicht unbedingt teilen. Schritte zu mehr Selbstbestimmung der Werktätigen über ihre Arbeitsbedingungen, über die Organisation der Arbeitsabläufe entsprechend produktivitätswirksamer Interessen der Beteiligten, selbstverständlich Arbeiter, Meister, Direktoren einbezogen. Effektive Produktionssteigerung unter Anwendung des Leistungsprinzips; Leistungsprinzip auch für politische und staatliche Führungskräfte ohne jegliche Privilegien.

3. Eine grundlegend veränderte Medienpolitik – du hast darüber eigentlich gesprochen –, die ein realistisches Bild der Wirklichkeit gibt und allen auf dem Boden der Verfassung stehenden Gruppen – auch der Kirche – das Wort erteilt. Aber die Arbeiterschaft, die Arbeiterklasse darf dabei nicht vergessen werden. 4. Ein neues Wahlgesetz ohne detaillierte Ausarbeitung unter Zulassung mehrerer Kandidaten. 5. Ich würde auch eine Koalition, den Vorschlag einer Koalitionsregierung unterbreiten. Und schließlich, ich glaube, insbesondere die Frauen, die hier anwesend sind, werden mir zustimmen – aber auch die, die hier nicht anwesend sind –, Einstieg in eine Neuregelung der Subventionen. Und bitte, liebe Genossen Wirtschaftspolitiker, erzählt mir nicht, daß einige Maßnahmen nicht sofort getroffen werden können. Sie müssen getrof-

fen werden, und sie können getroffen werden. Ich meine damit Mieten, Energie, Kinderbekleidung, Nahrungsmittel und so weiter, damit sie unserer Bevölkerung, die sie erarbeitet hat, zugute kommen. Ohne eine breite demokratische Einbeziehung – das sind nur einige Gedanken – aller Schichten der Bevölkerung, der SED und der anderen demokratischen Blockparteien, der Gewerkschaften und weiteren gesellschaftlichen Organisationen, auch neu entstehender, funktioniert das nicht. Deshalb die Forderung nach der Veränderung bzw. neuen demokratischen Strukturen, damit die marxistische Maxime über die dialektischen Wechselwirkungen – auch das dürfen wir nicht vergessen, die Sowjetunion lehrt uns das auch –, die dialektischen Wechselwirkungen zwischen politischem Überbau und wirtschaftlicher Basis wirksam werden können, damit die Worte von Karl Marx – ich zitiere –: »Die Arbeit ist das lebendige gestaltende Feuer« – Ende des Zitats – in der DDR zur erlebbaren Wirklichkeit werden.

Im Zentrum unserer gesamten Tätigkeit muß der Mensch, das Individuum mit all seinen Potenzen und den Möglichkeiten zu ihrer Entfaltung stehen. Dafür muß die sozialistische Gesellschaft die Grundlagen und die gesetzlichen Garantien schaffen. Ich stimme Genossen Michail Gorbatschow – und ich denke, es ist kein Geheimnis, wir haben das hier alle gelesen, deine Unterredung mit ihm – vollkommen zu, ich zitiere: »Antisozialistische und kriminalistische Elemente seien die eine Seite, aber insgesamt könne man das Volk nicht als Feind betrachten. Wenn es sich gegen die Politik auflehne, müsse man überlegen, was an der Politik zu ändern sei, damit sie den Interessen des Volkes und dem Sozialismus entspricht.«

Nur aus einem sachlich und hart geführten Meinungsstreit – ich sage noch einmal: für kleinliche Begleichung persönlicher Rechnungen haben wir wahrlich keine Zeit – kann die Einheit unserer Partei resultieren, kann das erschütterte Vertrauen der Partei, ja des ganzen Volkes in die Führung zurückgewonnen werden. Wir Kommunisten haben nur ein Privileg – ich unterstreiche das Wort Privileg –, mehr und immer verantwortungsvoll zu arbeiten in allen Bereichen unserer Gesellschaft. Wer anders gehandelt hat, muß sich vor der Partei, ja vor dem ganzen Volk der DDR zur Verantwortung ziehen lassen oder stellen.

Liebe Genossen, ich wäre aber doch nicht Arzt, wenn ich nicht wenigstens ein paar Worte zu den brennenden Problemen des Gesundheitswesens – erlaubt mir, ich habe genau elf Minuten gesprochen, wenn ich noch zwei Minuten erbitte – sagen würde. Schwer getroffen hat mich die Tatsache, daß nicht wenige Ärzte ihren beruflichen Eid gebrochen und ihre Patienten im Stich gelassen haben. Dafür gibt es keine Rechtfertigung, auch wenn ihnen mitunter soziale Ungerechtigkeiten widerfahren sind. Auch auf diesem Gebiet ist eine umfassende Analyse notwendig. Aber derzeit gilt es in erster Linie, die medizinische Versorgung der Bevölkerung zu sichern. Wir hatten – zur Gesundheitskonferenz hat der Minister diese Zahl genannt –, wir hatten in der DDR einen Arzt auf 400 Einwohner. Das ist wahrlich Weltspitze. Wieviel werden davon aber unmittelbar in der Betreuung der Bevölkerung wirksam? Solowjew und Semaschko, hervorragende Persönlichkeiten der jungen Sowjetmacht, die auf dem Gebiet des Gesundheitsschutzes tätig waren, haben immer unterstrichen, daß neben der allgemeinen Zugänglichkeit und den unentgeltlichen Gesundheitsleistungen ein einheitliches sozialistisches Gesundheitswesen eine unschätzbare Errungenschaft der Oktoberrevolution darstellt. Wenn ich nicht irre, so haben auch manche Genossen hier bei uns in der DDR diese Ansicht vertreten. Doch wie sieht es in der Praxis aus? Wir haben das Ministerium für Gesundheitswesen, ein Teil der Gesundheitseinrichtungen untersteht dem Ministerium für Hoch- und Fachschulwesen, die Nationale Volksarmee, das Ministerium des Innern, das Ministerium für Staatssicherheit, das Ministerium für Verkehrswesen, der Sport und das Regierungskrankenhaus – befassen sich mit Leitung und Anleitung – also acht leitende staatliche Instanzen für das Gesundheitswesen in unserem kleinen Land! Überall sitzen in leitenden Funktionen Ärzte, und es gibt auch Apparate, in denen Ärzte sitzen. Ob unsere Regierung nicht gerade hier ein verallgemeinerungswürdiges Beispiel schaffen könnte, wie der Apparat zu reduzieren und effektiver zu gestalten ist?

Ich will jetzt das nicht wiederholen. Es tut mir weh. Auf dem VIII. Parteitag, wo ich die Ehre hatte, als Kandidat gewählt zu werden und sprechen zu können, habe ich über die Bürokratie bei der Ausübung unserer ärztlichen Tätigkeit gesprochen und auch aufgeführt, wie viele, nicht nur Dutzende, Hunderte von Berichten und Papieren ein Arzt auszufüllen hat. Geändert hat sich nichts! Im Gegenteil, neue Instanzen wurden geschaffen, neue Formulare und Papiere sind hinzugekommen. Welche Zeitvergeudung mit unnützen Sitzungen und Beratungen!

Und zum Schluß: Natürlich kann ich heute nicht auf wissenschaftlich-politische Probleme in der Medizin eingehen. Aber eine Bemerkung sei mir gestattet, nur eine Bemerkung, wie deprimierend – das kenne ich auch aus eigener Erfahrung mit meinem Kollektiv – ist es für einen Wissenschaftler, für ein wissenschaftliches Kollektiv, den immer geforderten wissenschaftlichen Vorlauf geschaffen zu haben und dann mit ansehen zu müssen, daß er von unserer Industrie nicht realisiert wird, ich räume ein, beziehungsweise nicht realisiert werden kann. Wissenschaft ist in unserer Zeit zur Produktivkraft geworden. Dem müssen wir in vollem Umfang Rechnung tragen. – Ich bedanke mich ganz herzlich für eure große Geduld. *(Beifall)*

Vors. Egon Krenz: Danke. Es spricht jetzt Genosse Schabowski. Ihm folgt Waldemar Liemen.

Günter Schabowski: Liebe Genossen! Ich muß betonen, daß das kein Diskussionsbeitrag ist. Ich muß zu den kritischen Anmerkungen über die Presse, die der Generalsekretär eingangs gemacht hat, eine sachliche Ergänzung liefern. Ich stimme überein als verantwortlicher Sekretär, daß die Fehler in den Zeitungen, die hier heute morgen benannt wurden, unerträglich sind. Das betrifft die Versuche, also in der Führung zu differenzieren durch die Berichterstattung, beispielsweise über die Kundgebung vor dem Zentralkomitee. Das betrifft die offene oder versteckte Diffamierung von Mitgliedern der Führung. Das betrifft auch den Ton, zuweilen rüpelhaften Ton, mit dem sich Journalisten an Gesprächspartner wenden, vor allen Dingen auch an Gesprächspartner aus der Regierung. Und ich bin auch der Meinung, daß man diesen Demonstrationskalender überprüfen muß. Ich bin nicht dafür, daß wir also die Information über diese Demonstrationen liquidieren. Das würde ich für einen groben, schweren Fehler halten. Wir würden uns damit in das gleiche Fahrwasser begeben, das uns zu dieser heutigen Entwicklung geführt hat. Aber wir müssen das nicht in dieser Konzentration machen, und wir müssen es schon gar nicht in dieser Ausführlichkeit machen, die noch bis vor ein paar Tagen festzustellen war. Und da muß man auch fairerweise sagen, liebe Genossen, daß diese Art der uferlos breiten Berichterstattung mit einer Dominanz feindlicher Auffassungen, daß es die nicht mehr gibt. Sondern die Sache ist reduziert auf diese Zusammenfassung. Aber selbst die müssen nicht jede Veranstaltung in jedem kleinen Ort, also dort reflektieren, das muß man vernünftig machen, wir werden uns damit befassen.

Frage: Haben wir Chefredakteurprinzip? In der Parteipresse existiert Chefredakteurprinzip. Das kann überhaupt nicht anders sein. Ja, ich möchte euch sagen: Das Chefredakteurprinzip existiert überall, weil man nicht fünf Minuten vor Redaktionsschluß also eine Vollversammlung einberufen kann, um zu entscheiden, ob eine Meldung hineinkommt; da muß der Chefredakteur entscheiden. Wenn der Chef falsch entscheidet, hat er sich am nächsten Tag zu verantworten, und so geschieht es woanders auch und nicht anders bei uns. Und der Chefredakteur ist dem Herausgeber verpflichtet. Und für die Parteipresse ist die Partei der Herausgeber, und alle sind auf die Linie der Partei verpflichtet.

Also Chefredakteurprinzip klar. Haben die Chefredakteure versagt? Und da, Genossen, das ist der springende Punkt, und deshalb stehe ich hier. Ich möchte euch sagen, daß die Lage in den Redaktionen bitterernst ist. Die Chefredakteure in den meisten Redaktionsinstitutionen stehen zur Disposition. Das betrifft den Chefredakteur des »Neuen Deutschlands«, das betrifft Genossen Adameck, also verdienstvolle Genossen, dem ist schon in der Partei, in der Kreisleitung der Partei bedeutet worden, daß also die Mannschaft des Fernsehens nicht mehr gewillt ist, mit ihm zusammenzuarbeiten. Das betrifft den Rundfunk, wenn ich Fernsehen und Rundfunk nenne, handelt es sich um Apparate mit Tausenden von Mitarbeitern, Rundfunk an die 900 Mitarbeiter; und ähnlich sieht's in der Bezirkspresse aus. Wir haben den Rücktritt des Genossen Griesheim von der »Freien Erde«; Genosse Rudi Röhrer, Leipzig – der Stand der Dinge, den ich habe: »Bitte um Ablösung durch das Sekretariat.« Genosse Oberrück, Gera, also will seinen Rücktritt erklären; Genossen Schiedewitz, Neubrandenburg, wird ähnliches bekannt; Genosse Krüger, Halle, ähnliches bekannt. Ich will hier also jetzt die Liste nicht noch verlängern. Ich will damit nur andeuten: Die Situation ist ungemein kompliziert. Hier haben wir die Quittung für die fehlerhafte Politik und den fehlerhaften

Umgang mit der Presse in der Vergangenheit zu begleichen. Und wir müssen – also ich führe das hier im Grunde nur deshalb aus, Genossen, damit wir nicht jeden Morgen hier den Generalsekretär nötigen dazu, eine Erklärung zur Presse abzugeben. Wir können bestimmte Dinge im Moment sichern, generale Dinge. Wir müssen aber aus den Sachen, die Erich, eh, die Egon gesagt hat, die Konsequenzen ziehen. Also wir müssen zum Beispiel ganz elementar sichern eine einwandfreie politische Berichterstattung über die Beratungen des Plenums. Das ist das Allerwichtigste. Eine einwandfreie Berichterstattung über jegliches Auftreten von Mitgliedern der Führung, also von Mitgliedern des Zentralkomitees wie von Mitgliedern des Politbüros. Das sind die wichtigsten Dinge. Die Methoden dazu können nur wieder Methoden der Administration und Gängelei sein, wenn man das mal in Anführungszeichen sagen will, anders ist es nicht möglich. Aber wir werden klarmachen dabei, daß das Übergangsschritte sind. Aber wir müssen es sichern, es hilft alles nichts.

Ich möchte dazu sagen: Die Stimmung in den Redaktionen ist dennoch nicht katastrophal, sondern sie stimmt im großen und ganzen mit der Stimmung in der Partei und in der Bevölkerung überein. Das ist die Lage. Zweite Sache: Sie ist natürlich im Unterschied zu manchen anderen Bereichen besonders geprägt von der Verbitterung darüber, daß die Journalisten pauschal verantwortlich gemacht werden für die Fehler, die sie in der Vergangenheit publizistisch mit vertreten haben, obwohl sie im Grunde überhaupt keine Möglichkeit hatten, etwas dagegen zu tun. Und die dritte Sache ist, daß sie zugleich – das sind meine Erfahrungen bei Begegnungen mit den Redaktionen, mit einigen Redaktionen – bei allen Einschränkungen, die aus den vorangegangenen Punkten kommen, von Verbundenheit mit dem Kurs der Partei, mit dem Kurs der Erneuerung, von einem großen Bestreben, sich selber neu zu verstehen, ihre Aufgabe zu verstehen und einen wertvollen schöpferischen Beitrag zur Durchsetzung also der Linie der Erneuerung zu leisten.

Ich sage deshalb, Genossen: Es wäre nicht gut, wenn wir also hier nur uns also in der Haltung verfestigen, also die eigentlichen Lumpen sind die Journalisten. Können wir nicht machen, sondern wir müssen alle, und nicht nur die Sekretäre für Agitation oder die Abteilung Agitation, sondern, Genossen, jeder von uns, ich bitte insbesondere die Genossen der Bezirksleitungen, denn auf die Zeitungen haben wir ja im Grunde zur Zeit überhaupt keinen Einfluß, es bestehen ja keine Kontakte, und die Chefredakteure nach Berlin zu rufen und ihnen etwas zu erzählen, finde ich sinnlos, ja. Sondern ich bitte die Bezirksleitungen eindringlich, daß sie sich mit den Redaktionen zusammentun und daß sie ihnen eindringlich bewußt machen, welche ungeheure Verantwortung die Redaktionen übernehmen, um den Kurs der Erneuerung und die Linie der Partei und des Zentralkomitees mit durchsetzen zu helfen, und welche große Chance die Journalisten dabei haben. Das soll man zugleich sagen und kameradschaftlicher Helfer und Freund und Berater ihnen sein. Ich glaube, Genossen, wir müssen auch lernen, mit einer veränderten Presse zu leben, *ohne daß ich diese Entartungen gutheiße, über die ich am Anfang gesprochen habe und die, das sage ich auch den Journalisten, wenn ich mit ihnen zusammenkomme, im Grunde nichts weiter sind als die übelsten Methoden also des Bodensatzes der westlichen Presse, ja; über die sogar die seriöse westliche Presse sozusagen peinlich berührt ist, ja, und den Mist müssen wir nicht mitmachen. Und wenn man so mit ihnen spricht, dann haben sie es auch schnell verstanden, daß das eine Masche ist, die man nicht akzeptieren kann und die sich nicht mit dem Kurs der Erneuerung vereinbart.*[67] *(Beifall)*

Vors. Egon Krenz: Herzlichen Dank. Das Wort hat Waldemar Liemen. Es folgt Fritz Dallmann.

Waldemar Liemen: Liebe Genossinnen und Genossen! Mein Diskussionsbeitrag entstand gestern abend, weil ich mir sagte: Du darfst nicht schweigen, jetzt erst recht nicht! Voller großer Hoffnungen habe ich auf den Tag gewartet, um das Konzept, das Aktionsprogramm zu erfahren, was unsere Parteiführung in dieser schweren Situation unserem Volke vorschlägt, damit wir uns draußen nicht mehr nur als Einzelkämpfer verteidigen müssen, sondern auch endlich mehr in die Offensive gehen und wieder Initiative ergreifen können. Ob allerdings unsere Erwartungen eintreten über unser Programm, da bin ich mir nicht sicher. Ich hätte in jedem Falle konkretere Maßnahmen und nicht nur Hauptrichtungen erwartet, schon gar nicht solche allgemeinen Formulierungen, daß die Versorgung verbessert werden soll und anderes. Sie sind nicht ausreichend. Das haben wir in der Vergangenheit auch schon mehrfach beschlossen. Mir ist vieles zu allgemein-konkret, zumal die Zeit gegen uns läuft. Ich stütze mich hier auf ein Fernschreiben, das ich gestern von meiner Zentralen Parteileitung dazu erhielt, die gleichzeitig nach den Ansätzen zur Eindämmung der Ausreisewelle anfragt. Das bewegt sie sehr stark, wie wir das in den Griff bekommen wollen. Unsere Kumpel sind auch enttäuscht vom Entwurf des Reisegesetzes, vor allem durch die halbherzige Herangehensweise.

Liebe Genossen! Ernste Tage und Wochen, verbunden mit hoher gesundheitlicher Anspannung und Aufregung, des Kampfes im wahrsten Sinne des Wortes für die Wahrung der Würde und des Ansehens unserer Partei liegen hinter uns, die wir ständig unmittelbar den Arbeitskollektiven gegenüberstehen, und es ist nicht abzusehen, wie das weitergehen soll. Die Lage im Betrieb ist sehr ernst. Es gibt viele stürmische und emotional geladene Auseinandersetzungen und Diskussionen. Alles wird auf die Partei und ihre führenden Funktionäre abgeladen. Auch vor Verleumdungen wird dabei nicht zurückgeschreckt. Man fühlt sich dabei manchmal wie ein Gejagter. Damit müssen wir fertig werden, so schwer das auch ist. Und die Presse macht da tüchtig mit. Vielleicht verstehe ich das auch alles nicht mehr. Leider zeigen bei weitem nicht alle unsere Genossen Flagge, lassen Beschimpfungen unserer Partei einfach über sich ergehen beziehungsweise haben mitunter Angst, offen aufzutreten. Das betrübt mich. Wo ist der Klassenstandpunkt? Liebe Genossen,

67 Die letzten beiden Sätze wurden nicht veröffentlicht.

es gibt Einbrüche in unserer Parteiorganisation, Genossen legen das Dokument hin, weil sie die Politik der Partei nicht mehr verstehen, weil sie enttäuscht und entmutigt sind und weil sie teilweise das Vertrauen zu ihrer Partei verloren haben. In den letzten drei Tagen verließen uns 80 Genossen, so daß es inzwischen bald 200 sind von unseren 2300 Parteimitgliedern. Dem stehen 50 Neuaufnahmen gegenüber. Es ist noch nicht abzusehen, wie das weitergeht. Unser 10. Plenum ist dabei wohl auch ein entscheidendes Zünglein an der Waage, ja, ich glaube, sie ist sogar schicksalhaft für unsere Partei, so ernst sehe ich das.

Es macht sich in diesen Tagen in unseren Reihen ideologische Labilität breit. Wir haben alle Hände voll zu tun, die Betriebsparteiorganisation zusammenzuhalten und sie in den Kampf zu führen. Aber insgesamt lassen wir uns doch mehr oder minder von den Ereignissen treiben, die uns täglich aufgezwungen werden. Es gibt viele kritische Hinweise und viele Forderungen zur Veränderung. Der Macht- und Funktionsmißbrauch einiger ehemaliger Mitglieder des Politbüros und anderer Funktionäre hat unter unseren Parteimitgliedern Abscheu und bittere Enttäuschung hervorgerufen. Am wenigsten wird aber zur Zeit darüber gesprochen, wie wir die Produktion sichern, die Arbeitsproduktivität und Effektivität erhöhen, die Arbeitszeit besser auslasten und die Kosten senken wollen. Das ist Ernst, das ist aber doch die Quelle unseres Lebens, damit sich unser Volk in der Lebensqualität künftig mehr leisten kann. Hat die Presse vor unserem Erneuerungsprozeß vorwiegend über Erfolgsmeldungen in der Produktion berichtet, so ist heute zu erkennen, daß kaum noch über Planerfüllung gesprochen wird, und wenn schon, dann meist nur darüber, was nicht klappt. Arbeiter kommen am wenigsten zu Wort. Aber unsere Menschen, unsere Werktätigen vollbringen doch auch heute in unseren schweren Tagen Leistungen. Meine Parteileitung teilte mir zum Beispiel Planstabilität mit, und die brauchen wir doch mehr denn je in jedem Betrieb, damit wir für all das, was wir hier und heute beraten, die Mittel erarbeiten, zumal ich erschüttert war, was ich über unsere katastrophale Wirtschaftslage in der Republik hier gehört und gelesen habe. Darüber wurde das ZK wissentlich falsch unterrichtet. Im Namen meiner Kumpels und im Namen der ZK-Mitglieder des Bezirkes Suhl fordern wir dafür die Bestrafung der Verantwortlichen. Das ist unser Standpunkt. Schlimm wird es für uns, was die Wiedergewinnung des Vertrauens unserer Menschen betrifft, wenn wir viele Versprechungen machen und sie dann nicht einhalten können. Darüber mache ich mir als Parteisekretär eines großen Betriebes ernstlich Gedanken. Das muß doch doppelt unterstrichen werden: Auch für manche Intellektuelle unseres Landes, die heute in großem Maße das Wort führen und lautstark erklären, daß auch Demonstrationen auf der Straße Arbeit sei. Das kommt bei unseren Arbeitern nicht an, weil sie wissen, daß davon noch kein Stück Ersatzteil mehr ins Geschäft kommt.

Wir haben in unserem Kalibetrieb Werra ohne Anleitung von oben bereits eine Vielzahl von Maßnahmen eingeleitet, um vorhandenen Ballast der Leitungstätigkeit über Bord zu werfen, die materielle Stimulierung effektiver zur Wirkung zu bringen und Probleme der Arbeits- und Lebensbedingungen besser zu lösen. Auch an das Papier gehen wir. Es ist doch unmöglich, daß ein Steiger heute in jeder Schicht erst 24 verschiedene Formulare ausfüllen muß, alles unter dem Deckmantel der Sicherheit. Damit kommt er doch überhaupt nicht zu seinen eigentlichen Aufgaben mit seinem Kollektiv. Aber es muß sich hier jetzt auch etwas bewegen vom Kombinat und Ministerium, ohne dabei etwas durcheinanderzubringen, sondern die Produktion zu stärken.

Liebe Genossen! Ich hätte in meinem Leben, in meinen 44 Jahren, der ich der Partei und in den 13 Jahren, denen ich dem Zentralkomitee angehöre und dafür mein Herzblut hingegeben habe, nie geglaubt, daß ich einmal vor einer solchen Situation stehen würde. Das zu begreifen fällt mir schwer. Ich habe voll vertraut. In meinen Diskussionsreden, die ich hier im Plenum hielt, wo ich die Interessen meiner Kumpels vertrat, hatte ich eigentlich immer den Mut, wenn man das überhaupt so sagen kann, auch Kritisches darzulegen, wo es bei uns hängt. Und ich habe auch manche offen beim Namen genannt, die mir hinterher böse waren. Aber ich habe mich durchgesetzt. Mir wurde, was ich kritisch sagte als Parteisekretär, auch manchmal verziehen. Ich weiß das. Uns wurde auch geholfen, auch das muß ich sagen. Aber insgesamt waren es nur ganz wenige, die hier im Plenum überhaupt Kritik übten. Das war ja in den Diskussionsreden ein Fremdwort. Meist waren es Erfolgsmeldungen mit Prozenten, obwohl die Diskussionen in den Pausen anders verliefen. Ich bin froh, daß sich das ändert.

Genossen! Ich habe zu allen Entscheidungen hier im Zentralkomitee gestanden und hatte überaus großes Vertrauen zu den Mitgliedern des Politbüros, vor allem auch über eine ehrliche Information zur Lage. Leider wurde ich als ZK-Mitglied arg enttäuscht, auch über die besonderen Privilegien zum Beispiel in Sondergeschäften, die es geben sollte. Darüber wurde bei uns stark diskutiert, und dabei werden wir als Mitglieder des Zentralkomitees natürlich gleich mit in die Pfanne gehauen, obwohl ich nie so ein Geschäft gesehen habe. Ich unterstütze deshalb voll die Feststellung im Aktionsprogramm, die Privilegien zu beseitigen.

Liebe Genossen! Uns bewegen zur Zeit viele Fragen, wie es in unserem Kalibetrieb Werra weitergehen soll. Bekanntlich hat uns der Gebirgsschlag vom 13. März schwer betroffen.[68] In der Grube »Ernst Thälmann« wurden von acht Produktionsbereichen vier zerstört bzw. unzugänglich gemacht. Insgesamt wurden sechs Quadratkilometer Abbaufläche mit unseren besten Salzen, die wir förderten, zerbrochen. Das stellt uns vor ungeheure Probleme. Über allem steht vor unserem Kalibetrieb Werra die schwierigste Aufgabe, auch weiter Bergbau zu betreiben, ohne dabei die Sicherheit unserer Kumpels und ihrer Wohngemeinden zu gefährden, obwohl die BRD-Kaliwerke drüben in Hessen nach wie vor ihre Laugen über unseren Abbaufeldern versenken.

68 Vgl. dazu ND, 14. März 1989.

Verhandlungen mit der BRD laufen, aber bisher ohne Ergebnisse. Über all das gibt es im Betrieb zu Recht viele Diskussionen und auch Fragezeichen. Riesige Probleme stellen sich hier unseren Grundlagen- und Anwendungsforschungen, die nach der Forschungskonzeption mehr vor Ort verlagert werden sollen. Damit zeigt sich allerdings, daß die vorgesehenen Maßnahmen sehr schleppend verwirklicht werden. Es fehlen die notwendigen Kader. Wahrscheinlich will auch keiner aus der Forschung vom Kombinat an die Werra. Diese große Verantwortung kann man unserem Betrieb nicht allein überlassen.

Liebe Genossen! Wir können uns auch nicht mehr länger damit abfinden, daß die Entlohnung im Kalibergbau schon längst nicht mehr der Schwere der Arbeit und ihren Gefahren entspricht. Wir forderten hier seit Jahren Veränderungen, ohne daß das ernstgenommen wurde. Viele junge Menschen verlassen den Betrieb, weil sie in anderen Betrieben – man höre und staune – in der Normalarbeitswoche das gleiche bzw. mitunter mehr verdienen als in der Schichtarbeit im Bergbau unter Tage. Das ist doch völlig unnormal. Genosse Jarowinsky kennt das. Offensichtlich muß in diesen Betrieben der Lohnfonds schneller wachsen als die Arbeitsproduktivität. Solche Undiszipliniertheiten wurden eben in unserer Wirtschaft geduldet – sogar auf Kosten des schweren Berufes des Bergmanns. Uns fehlen heute 200 Facharbeiter und 350 Schichtarbeiter. So ernst ist die Lage. Wer soll denn noch die Großgeräte unter Tage fahren? Und auch in den Kraftwerken und bei den Instandhaltern gibt es ernste Probleme. Wir haben uns deshalb an den Ministerrat gewandt, um hier Veränderungen zu erreichen, zumal die Kaliindustrie ein devisengünstiger Exporteur unserer Republik ist, und Devisen brauchen wir doch sehr dringend.

Das waren nur einige Probleme, die mir unsere Kumpels auftrugen. Genossen, insgesamt schätzen wir die ideologisch-politische Lage und Stimmung in unserem Betrieb als sehr gespannt ein. Es gibt auch haßerfüllte Werktätige, denen es nicht um sachliche Erörterungen, sondern um Konfrontation geht. Das sind aber die wenigsten. Vieles ist berechtigt, was gesagt wird, das haben wir uns anzunehmen. Voller großer Erwartungen ist der Blick auf unsere 10. Tagung gerichtet. Die Kumpels erhoffen spürbare Verbesserungen nach vorne auf allen Gebieten, alles andere zählt nicht. Treffen wir ihre Erwartungen, dann können wir uns auch weiter auf ihre Leistungen verlassen, dessen sind wir gewiß. Ich kann dem Zentralkomitee versichern, daß wir kämpfen. Wir halten trotz alledem den Kopf hoch, obwohl ich selbst unter Druck stehe, weil ich die Politik als ZK-Mitglied mitgetragen habe, die zu dieser ernsten Situation führte. Und warum das so war, das hat Genosse Krenz hier gesagt. Und ich hoffe, daß das meine Kumpels auch gut lesen.

Ich bitte das Politbüro und unseren Generalsekretär, dafür zu sorgen, daß nach dem 10. Plenum das Handeln von der Parteiführung bis in jede Parteigruppe sichtbar und spürbar im Mittelpunkt stehen. Laßt nicht zu, daß sich unsere Partei zersetzt, haltet sie in fester Hand, das ist unsere größte Sorge. Unsere übergeordneten Leitungen sollten überhaupt jetzt ihre besten Kader zur Unterstützung der politischen Arbeit in die Grundorganisationen schicken.

Das wäre auch ein neuer Anfang, weil das in den vergangenen Jahren schwer vernachlässigt wurde. Glück auf! *(Beifall)*

Vors. Egon Krenz: Ich denke, mit dem Vorschlag muß man unbedingt einverstanden sein. Er geht ja aus der Rede auch hervor. Ich würde nur für die folgenden Beiträge noch eine Bitte haben. Wo konkrete Vorschläge vorhanden sind für das Aktionsprogramm, sie auch zu machen. Wir sind nämlich in einer sehr komplizierten Situation, Genossen. Ich weiß nicht, ob das nicht deutlich genug in der Rede zum Ausdruck gekommen ist. Wir müßten vieles machen, aber wir können vieles nicht machen. Die Zahlungsbilanz, darüber habe ich gestern gesprochen, sie setzt uns Grenzen, sie fesselt uns für politische Entscheidungen, die notwendig wären. Und deshalb ist es sehr, sehr wichtig, daß wir nicht den Eindruck erwecken, daß wir irgend etwas könnten, daß irgendeiner Wunder vollbringen kann.

Ich habe gestern absichtlich in meiner Rede gesagt oder in der Rede, die im Politbüro bestätigt worden ist, gesagt: Aus meinem Verständnis für Verantwortung habe ich die Funktion des Generalsekretärs übernommen, obwohl ich weiß, wie schwer sie ist und obwohl ich vieles noch nicht weiß. Und darunter ist auch zu verstehen, daß jeden Tag neue Fakten auf den Tisch kommen, die unsere ökonomische Lage betreffen. Und ohne Ökonomie geht alles andere nicht.

Zuruf: Richtig!

Das ist eine Frage, die brauche ich hier in diesem Kreis nicht zu erläutern, Genossen und Genossinnen. Und deshalb bitte ich bei aller Notwendigkeit der Konkretheit, vielleicht, wo solche Vorschläge da sind, solche Vorschläge direkt zu benennen, damit wir hier im Plenum auch entsprechende Entscheidungen fällen können.

Das Wort hat jetzt der Genosse Dallmann, ja, und dann folgt Genosse Hermann Kant.

Fritz Dallmann: Liebe Genossinnen und Genossen! Ich spreche zu euch im Auftrage der über 650 000 Mitglieder der Vereinigung der gegenseitigen Bauernhilfe. Unserer sozialistischen Massenorganisation gehören 91 Prozent aller Genossenschaftsbäuerinnen und -bauern unseres Landes an. Sie setzen so wie das ganze Volk der DDR hohe Erwartungen in diese Tagung unseres Zentralkomitees. Der bisherige Verlauf der Beratung bestätigt mir, daß die Genossenschaftsbauern und -gärtner in einer Reihe mit den Bürgern unseres Landes stehen, die in der zurückliegenden Zeit ihre Verantwortung, ihre Vorschläge und Hinweise zu den Hauptfragen der gesellschaftlichen Entwicklung und zu den notwendigen Fortschritten in ihrer eigenen Arbeit mit tiefem Ernst zum Ausdruck brachten. Es erhebt sich zu Recht die Frage: Wie werden die Genossen zur Verantwortung gezogen, die schwerwiegende Fehler in der Wirtschaft verursacht haben?

Genossen, wir stehen zu unserer Verantwortung für die stabile Versorgung der Bevölkerung mit Nahrungsmitteln und der Industrie mit Rohstoffen. Wir stehen hinter den Beschlüssen der Partei, wenn sie der Ratlosigkeit ein Ende setzen. Dafür müssen wir in unseren Reihen Klarheit schaffen, wie es hier auf unserem 10. Plenum geschieht. Es ist der Wille der Mitglieder der VdgB, das genossenschaftliche Eigentum zu stärken, die LPG und GPG weiter zu festigen und die genossenschaftliche Demokratie weiter zu entfalten. Unser Eigentum an Grund und Boden, die Ställe und das Vieh, die Maschinen und Geräte, unseren Fleiß und unser Können nutzen wir zum Wohle unseres Volkes. Das ist unsere Bündnispflicht. So sagt es auch das von unserer Organisation in den Medien veröffentlichte Bauernwort. Hier haben die Mitglieder der VdgB ihren Standpunkt formuliert.[69]

Die Wiederbelebung der Organisation im Jahre 1982 hat sich als richtiger Schritt erwiesen. Mit dem politischen Wirken unserer Mitglieder haben wir in den letzten vergangenen Jahren in den Dörfern viel erreicht. Diese Tatsache war in den letzten Wochen Gegenstand zahlreicher freimütiger Gespräche unter den Genossenschaftsbauern. Von ihnen geht auch die Forderung aus, daß unsere sozialistische Massenorganisation künftig noch mehr die Interessen ihrer Mitglieder in den LPGen und GPGen vertreten muß. Wir sind der Meinung, daß mit dem Wachsen der Klasse der Genossenschaftsbauern ist auch ihre Fähigkeit gewachsen, über die eigene Arbeit eigene Entscheidungen zu treffen. Doch zu Recht stellen viele Bauern die Frage: Was dürfen wir bisher eigentlich selbst entscheiden? Die Praxis ist doch so, daß staatliche Organe für die Genossenschaftsbauern festlegen, was auf den Feldern angebaut werden soll. Weshalb gibt es zum Beispiel LPG, die auch auf solchen Flächen Kartoffeln anbauen, wo mehr Steine als Kartoffeln vorhanden sind. Das ist die Folge auch, daß die Technik dann kaputtgeht. Statt formal anzuordnen, daß jede LPG um jeden Preis Gemüse produziert, sollten wir auf die Bauern hören und ihnen vertrauen. Sie wissen wirklich besser, wo welche Frucht wächst und auch den höchsten Ertrag bringt. Und die Genossenschaftsbauern sind verantwortungsbewußt genug, die Interessen der ganzen Gesellschaft dabei zu berücksichtigen. Das könnt ihr mir glauben, ich kenne die Bauern.

Demgegenüber sind dringend staatliche Entscheidungen nötig, die der Verschwendung von Nahrungsmitteln Einhalt gebieten. Das trifft auch auf solche Erzeugnisse zu, die die Mitglieder der VdgB und des VKSK in ihrer Freizeit zusätzlich für die Bevölkerung produzieren. Zu viel von dem, was die Bauern und Gärtner im Dorf schaffen, wird durch Versäumnisse im staatlichen Aufkauf, im Handel sowie durch Nichtvorhandensein – und das ist die schwerwiegendste Frage – von Verarbeitungskapazitäten wieder zunichte gemacht. Damit können wir uns nicht einverstanden erklären.

Große Unzufriedenheit löst es aus, daß die Genossenschaftsbauern nicht eigenverantwortlich über die Verwendung ihrer erarbeiteten finanziellen Mittel entscheiden können. Im Grunde schreiben die Räte der Kreise alles vor. Sie regeln sogar die Höhe der Vergütung. Das steht sehr häufig im Wider-

69 Vgl. die Erklärung des VdgB-Zentralvorstandspräsidiums und der VdgB-Volkskammerfraktion »Unser Bauernwort für einen starken Sozialismus und das Wohl der Bürger in der DDR«, in: ND, 4./5. November 1989.

spruch zu dem, was die Genossenschaftsbäuerinnen und -bauern tatsächlich geleistet haben. Wenn wir davon reden, das Leistungsprinzip durchzusetzen, dann muß auch den LPG und GPG die Möglichkeit zur Entscheidung eingeräumt werden.

Liebe Genossinnen und Genossen! Damit die Landwirtschaft als leistungsfähiger Teil der Volkswirtschaft auch künftig ihrer Verantwortung gerecht werden kann, ist nach unserer Meinung eine grundlegende Änderung der Reproduktions- und Grundfondsstrategie auf dem Gebiet der Landtechnik erforderlich. Es macht uns Bauern Probleme, daß der Zustand der Technik immer schlechter wird und die Versorgung mit Ersatzteilen noch immer nicht funktioniert. Die Landwirtschaftsbetriebe produzieren 13 Prozent aller Rationalisierungsmittel, die im Republikmaßstab hergestellt werden, also nicht wenig. Die Hälfte davon sind aber Ersatzteile. Ich meine, das macht deutlich genug, wo der Hase im Pfeffer liegt. Der Zustand unserer Landtechnik wird immer weniger eine Frage der Ersatzteile, sondern ein dringendes Problem des verwirklichten Ersatzes durch neue Technik. Für unsere bäuerlichen Handelsgenossenschaft trifft das in ähnlicher Weise zu. Wir erwarten durch Maßnahmen der Regierung und der Staatlichen Plankommission eine neue, eindeutige Einordnung der Versorgungsaufgaben der bäuerliche Handelsgenossenschaften in den volkswirtschaftlichen Reproduktionsprozeß für den Handel mit Baustoffen, Brennstoffen und Artikeln für Haus, Hof und Garten.

Auch in einer Vielzahl herkömmlicher Ställe machen die Arbeitsbedingungen unseren Tierpflegern das Leben schwer. Es rächt sich, daß wir weder für die Erhaltung und Rekonstruktion alter Ställe noch für den Bau neuer und anderer Ausstattungen eine Strategie haben. Wir wissen gar nicht, wie wir das anfassen wollen. Wir müssen vor vielen Genossenschaftsbauern den Hut ziehen, wenn sie trotz veralteter Bedingungen ihre Pläne erfüllen. Vor allem viele ältere Bäuerinnen verdienen unsere Achtung. Mancher geht auch weg aus dem alten Stall und aus dem Dorf, weil er's anderswo leichter hat. Und viele Jungen wollen von vornherein nicht in der Tierproduktion arbeiten. In diesem Jahr zum Beispiel ist der Plan der Nachwuchsgewinnung für die Tierproduktion nur zu 65 Prozent erfüllt. Die Erstbewerbung für das kommende Jahr ist nur zu 55 Prozent abgesichert. Das muß doch zu denken geben. Die Vorstände unserer Organisation kämpfen deshalb darum, in den Genossenschaften und Dörfern die Arbeits- und Lebensbedingungen zu verbessern und ein gesellschaftliches Klima zu schaffen, für das sich junge Leute begeistern. Genosse Krenz, du hast in deinen Ausführungen den Genossenschaftsbauern und -gärtnern für ihre Arbeit gedankt. Wir freuen uns über diese Anerkennung. Wir stellen die Frage, ob der Dank sich nicht auch darin äußern könnte, daß wir den Bauern und Gärtnern ebenfalls eins von diesen besagten Ferienheimen übergeben? Das Versprechen, das die Partei auf dem XIII. Bauernkongreß – unabhängig von der Person – gab, ist noch nicht eingelöst.[70]

70 Der XIII. Bauernkongreß tagte am 21. und 22. Mai 1987 in Schwerin.

Liebe Genossinnen und Genossen! Ich bin stolz darauf, daß die Mitglieder unserer Organisation auch in dieser für uns alle so angespannten Zeit so zuverlässig ihre Arbeit machen. Das spürt auch jeder, der nicht im Dorf zu Hause ist. Wir dürfen uns trotzdem nicht zu dem Trugschluß verleiten lassen, daß die Genossenschaftsbauern und die anderen Dorfbewohner etwa keine Fragen hätten. Auf einige habe ich bereits hingewiesen. Genossen, ich habe mit vielen Bürgern in meinem Heimatdorf und in der Kreisstadt Röbel gesprochen. Auch zahlreiche bewährte Funktionäre und Mitglieder der VdgB waren mit den Genossenschaftsbauern im Gespräch. Überall kam deutlich zur Sprache, manche waren auch hart und bitter. Wir dürfen die Sorge darin auf keinen Fall überhören. Es gibt im Dorf auch bestimmte Sorgen. Ich habe aus den Gesprächen entnommen, daß wir alle angestrengt arbeiten müssen, damit die Bürger unseres Landes wieder Vertrauen in unsere Partei gewinnen. Deshalb müssen wir über alles offen und auch kritisch reden. Ich meine, es ist in vielen Dörfern höchste Zeit, die Versorgung mit Waren des täglichen Bedarfs zu verbessern, das Netz der Handels- und Dienstleistungseinrichtungen dichter zu machen und für eine niveauvolle Gastronomie zu sorgen. Entscheidungen unserer Regierung müssen das gewährleisten. Es darf nicht weiter zugelassen werden, daß sich HO und Konsum in immer mehr Dörfern aus ihrer Verantwortung verabschieden. Verkaufsstellen haben zum Teil nur wenige Stunden am Tage geöffnet. Zahlreiche Gaststätten sind überhaupt geschlossen. Vielerorts haben LPG und VdgB gemeinsam alte Gaststätten rekonstruiert, neugebaut, Bäckereien, Mostereien, Fleischereien und viele weitere kommunale Einrichtungen geschaffen.

Unsere Organisation wird auch künftig jährlich 20 Millionen Mark für die Entwicklung der Dörfer, besonders für verbesserte Arbeits- und Lebensbedingungen, zur Verfügung stellen. Die Landwirtschaft allein kann jedoch nicht wettmachen, was andere im Dorf an Verantwortung nicht tragen wollen und zum Teil auch nicht tragen können. Die Einwohner erwarten, daß sich der Staat an der Entwicklung der Gemeinden im größeren Maße beteiligt und mehr Mittel aus den Abgaben der LPG an den Staatshaushalt wieder in die Dörfer zurückfließen.

Liebe Genossinnen und Genossen! Als Mitglied des Zentralkomitees unserer Partei unterstütze ich die zahlreichen konstruktiven Vorschläge von den Bürgern unserer Republik zur breiten Entfaltung der sozialistischen Demokratie. Sie kommen aus allen Bereichen des gesellschaftlichen Lebens, auch von Genossenschaftsbauern und Genossenschaftsgärtnern. Die Forderung zur Qualifizierung der Arbeit der Volkskammer als höchstem Organ der Macht des Volkes begrüße ich aus vollem Herzen. Ich werde mich persönlich dafür einsetzen, daß der notwendige neue Arbeitsstil in der Fraktion der VdgB gepflegt wird.

Der Bildung eines Ausschusses für Umweltschutz stimmen wir Bauern zu. Die VdgB wird ihren Beitrag zu einer erfolgreichen Arbeit leisten. Außer unseren Abgeordneten und Nachfolgekandidaten in der Volkskammer sind über

20 000 Volksvertreter mit dem Mandat der VdgB in den Bezirks- und Kreistagen sowie in den Gemeindevertretungen tätig. Sie haben künftig eine höhere Verantwortung. Mit der Kraft unserer Organisation werden sie dafür plädieren, daß in den Plänen für das nächste und kommende Jahr den Genossenschaften mehr Platz zur eigenen Entscheidung gelassen wird. Sie sollten sich auch dafür einsetzen, daß andere Bereiche der Volkswirtschaft die Arbeit in der Landwirtschaft besser absichern helfen. Im Interesse der Bauern und Gärtner verstärken wir VdgB-Mitglieder ... *(Klingel des Vorsitzenden, Fritz Dallmann unterbricht seine Rede)*

Zwischenruf von Egon Krenz: Mach weiter, das galt nicht dir!

Bin gleich zu Ende – unseren Einfluß in den LPG- und GPG-Vorständen sowie in den Kooperationsräten. Von unseren Mitgliedern und Funktionären sind nicht wenige Mitglieder der Sozialistischen Einheitspartei Deutschlands. Wir insbesondere erwarten von der Führung unserer Partei, daß sie uns für die Bewältigung der kommenden Aufgaben wieder den Rücken stärkt mit Beschlüssen, die die begonnene Veränderung dauerhaft machen. – Danke für die Aufmerksamkeit. *(Beifall)*

Vors. Egon Krenz: Danke schön. Ich werde nun nicht unbedingt Genossen Kant, der wegen der Zeit vorhin Anfragen stellte, in die Schwierigkeit bringen, in fünf Minuten fertig zu werden *(lacht)*, sondern werde ihn bitten, nach der Pause das Wort zu ergreifen. Aber, Genossen, der Vorsitzende der Redaktionskommission, Genosse Lorenz, hat ums Wort gebeten, um einen Vorschlag zu unterbreiten.

Siegfried Lorenz: Liebe Genossen! Es gehen dem Zentralkomitee gestern und schon vor unserer Tagung und auch jetzt noch zur Stunde viele Vorschläge, Forderungen zu, darunter auch nicht nur von Grundorganisationen, sondern inzwischen auch von Kreisleitungen, Sekretariaten von Kreisleitungen und nicht zuletzt auch von einigen Bezirksleitungen, die mit der Frage und mit dem Vorschlag verbunden sind, entweder einen außerordentlichen Parteitag einzuberufen, einen vorgezogenen Parteitag durchzuführen oder eine Parteikonferenz einzuberufen. Wir haben heute früh in der Redaktionskommission beraten und uns dazu einen Standpunkt gebildet, den wir hier dem Zentralkomitee vorgelegt haben.

Er läuft auf folgendes hinaus: Erstens, daß wir vorschlagen, eine Parteikonferenz einzuberufen; zweitens diese Parteikonferenz zu einem frühestmöglichen Termin, also noch im Jahre 1989. Drittens: In den Mittelpunkt einer solchen Parteikonferenz müßten die Fragen der Erneuerung der Partei gestellt sein, zumal diese Fragen – ich erinnere auch an die gestrige Kundgebung der Berliner Genossen, aber nicht nur dort – diese Fragen sehr elementar, leidenschaftlich und auch konstruktiv aufgeworfen werden. Wir sind der Meinung, daß man das fördern muß, produktiv machen muß, nicht dämpfen darf, weil wir gerade jetzt und jetzt erst recht das gesamte geistige Potential der Partei brauchen für die weitere Entwicklung unserer Gesellschaft. Viertens sind wir der Meinung, entsprechend unserem Statut, daß diese Parteikonferenz die

Möglichkeiten der Veränderungen in der Zusammensetzung des Zentralkomitees einschließt, eine Forderung, die ja auch von unseren Genossen in starkem Maße erhoben wird. Fünftens sind wir der Überzeugung, daß wir alle Möglichkeiten besitzen, entsprechend des Statutes und nach den Grundsätzen der innerparteilichen Demokratie diese Parteikonferenz auf demokratischer Basis unter voller Wahrung des Statutes durchzuführen und ihr, was wir für außerordentlich wichtig halten, einen eindeutigen Arbeitscharakter zu geben, ohne alles Drum und Dran, was möglicherweise von früheren Konferenzen dieser Art in Erinnerung ist. Sechstens sind wir der Meinung, daß die Entscheidung darüber möglichst heute noch gefällt werden sollte durch das Zentralkomitee. Und ich bitte deshalb, diesen Vorschlag der Redaktionskommission in die weitere Erörterung hier der Probleme einzubeziehen, und bitte das Zentralkomitee, eine Entscheidung heute noch so oder so herbeizuführen. – Ich danke. *(Beifall)*

Vors. Egon Krenz: Genossen, ich schlage vor, daß wir den Vorschlag der Redaktionskommission in die weitere Diskussion einbeziehen und über ihn abstimmen am Ende der heutigen Sitzung, damit, falls wir uns dafür entscheiden, er heute abend bereits veröffentlicht werden kann. Weil doch diese Frage immer weiter geht, und ich sage ganz ehrlich, bevor die Sache eskaliert mit einem Sonderparteitag und so weiter und so fort, ist es besser, wir gehen diesen Weg, weil ein Sonderparteitag meiner Meinung nach schlecht vorzubereiten wäre. – Bitte?

Gerhard Holtz-Baumert: Ich möchte fragen, ob es nötig ist, bei dem jetzt schon vorhandenen Echo erst die Diskussion abzuwarten, ob man nicht möglichst jetzt schon –

Zustimmende Zurufe: Ja!

– abstimmen sollte. Ich bin sicher, die Mehrheit wird für diesen Vorschlag sein. *(Zustimmende Zurufe)*

Vors. Egon Krenz: Es ist ein Antrag gestellt worden. Gibt es gegenteilige Auffassungen? Möchte jemand gegen den Antrag des Genossen Holtz-Baumert sprechen?

Zuruf von Kurt Seibt: Zusammensetzung der ZRK ebenfalls mit reinzunehmen!

Aha, das ist, glaube ich, ein richtiger Gedanke. Und wenn es nun zur Abstimmung kommt, dann möchte ich doch vor der Abstimmung noch einen Vorschlag unterbreiten. Ich habe jetzt nicht noch mal exakt nachgesehen – aber gestern abend – im Statut. Ich würde doch sagen, sie entspricht damit der Forderung sehr vieler Genossinnen und Genossen von Grundorganisationen, Kreis- und Bezirksleitungen der Partei und dann erst die anderen, weil ich denke doch, daß das Entscheidende für die Parteikonferenz unsere Leitungen sind. So wichtig auch die anderen Genossen sind, ja. Also diesen Veränderungsvorschlag würde ich unterbreiten, einschließlich des Vorschlages, den Genosse Seibt unterbreitet hat. Gibt es weitere Vorschläge, Genossinnen und Genossen?

Zuruf von Moritz Mebel: So schnell wie möglich in die Massenmedien! – Zurufe: Ja!

Also, wer für die Annahme dieses Beschlusses ist, bitte ich um das Handzeichen. – Danke schön. Gegenprobe. – Das ist – bitte? *(Unverständlicher Zuruf)* Stimmenthaltungen? – Damit ist einmütig beschlossen, die Parteikonferenz vom 15. bis 17. Dezember durchzuführen.[71] *(Beifall)*

Und mit diesem Beschluß gehen wir bis 12.30 Uhr in die Pause.

(Pause bis 12.30 Uhr)

Vors. Egon Krenz: Das Wort hat Genosse Hermann Kant. Ihm folgt Hans Modrow.

Hermann Kant: Liebe Genossinnen und Genossen! Wenn ich euch von 500 Briefen spreche, darf ich das, weil sie gerade euch angehen. Es sind sehr kritische Schreiben, und ein von uns erhobener Anspruch auf eine führende Rolle in der Gesellschaft müßte sich nicht zuletzt im Umgang mit Kritik bewähren. Die Rede ist vom Echo auf einen offenen Brief, den die »Junge Welt« veröffentlicht hat.[72] Ohne Übertreibung: Hätte ein neuartiger Virus alles übrige Papier in der DDR zerfressen und nur dieses Bündel verschont, reichte es völlig zur Beschreibung dessen, was ist und nicht sein soll, was nicht ist und doch sein müßte, was als gut und bewahrenswert an diesem Lande gilt und was man nicht länger an ihm dulden will. Nicht länger dulden – so drücken die Korrespondenten das aus. Drei von vieren sind Mitglieder unserer Partei, 97 von 100 lassen sich bei allem Zorn sachlich vernehmen. Auf sachlich oder nicht komme ich gleich noch. Jeder zweite spricht von Versuchen, das, was er beschreibt, schon an anderer Stelle loszuwerden. Fünf belegen, daß diese Versuche mit ihrem Ausschluß oder Austritt endeten. So gesehen, ist dies keine erfreuliche Post. In ihr wird unsere Unzulänglichkeit im Umgang mit Widersprüchen und Widersprechern dargelegt.

Zum Stichwort Sachlichkeit, wie versprochen. Unter heftigsten Beschuß – das Wort wähle ich mit Bedacht – bin ich bei einigen, offenbar befehlsgewohnten Armeeangehörigen geraten. Nein, nein, nicht erst, seit ich öffentlich erklärte, meine Volkspolizei solle mein Volk nicht schlagen. Eine allzu verkürzte Formulierung, sicher, hinter der allerdings eine Überzeugung steht, die mir niemand ausreden wird: Es ist keine Verklärtheit – Verklärtheit, das war wohl deine Vokabel gestern, lieber Genosse Krenz –, die mich sagen läßt, der Unterschied zwischen Polizei und Volkspolizei muß so deutlich bleiben wie etwa der Unterschied zwischen Eigentum und Volkseigentum. Ich füge hinzu,

71 Der Beschluß über die Einberufung der 4. Parteikonferenz der SED wurde einschließlich Tagesordnung und Delegiertenschlüssel umgehend den Nachrichtenagenturen übermittelt. Vgl. ND, 10. November 1989.

72 Hermann Kant monierte an den Jubiläumsfeierlichkeiten zum 40. Jahrestag der DDR »Pomp und Gepränge und diese elendige Selbstzufriedenheit«. Das Schlechteste an der DDR in ihrem jetzigen Zustand sei, daß »es sie so wie derzeit gibt«. Vgl. Junge Welt, 9. Oktober 1989.

der Unterschied zwischen Demonstranten und Schlägern muß so deutlich bleiben wie der Unterschied zwischen Ordnung und Chaos. Aber über alles das kann man in Ruhe reden. Die erste Polizeieinheit – Volkspolizeieinheit –, die mich dazu einlädt, kann mit mir rechnen.

Vorher aber eine Frage an uns alle: Kann es uns gefallen, daß die häufigsten Vokabeln in dem briefbeschriebenen Papier »Mut« und »Ermutigung« lauten? Es sollte sich verstehen, daß wir Änderungen brauchen, in deren Ergebnis kein Mut mehr nötig ist, um die Wahrheit zu sagen. Auch das Zentralkomitee sollte das Seine tun – tut das Seine, wenn man den bisherigen Verlauf dieses Plenums nimmt –, damit die DDR ein Land wird, das keine Helden nötig hat, wenn Wahrheit und Warnung, Kritik und Selbstkritik zu Wort kommen müssen. Wenn wir das schaffen, wenn unsere Partei sich als eine Kraft zu erkennen gibt, die aus ihren Fehlern wieder gelernt hat, daß sozialistische Politik immerfort durch die Gütekontrolle von Kritik und Selbstkritik muß, wenn wir das glaubhaft machen können, aber nur dann, müßten wir auf eine führende Rolle nicht pochen. Was übrigens, was die führende Rolle angeht, etwas ganz anderes ist als das Machtmonopol, von dem Herr Hano jeden Abend singt.[73] Wir müssen auf eine führende Rolle nicht pochen; sie fiele uns zu, und wir nähmen sie unanfechtbar ein.

In Zeiten freilich, in denen das Wort »Fehler« lediglich in der Losung »Nur keine Fehlerdiskussion!« vorkam, ist solcher Ausspruch fast gänzlich – machen wir uns nichts vor – ausgehöhlt worden. Unsere wiederholte Erklärung, der Führungsanspruch unserer Partei stehe so wenig zur Disposition wie der historische Auftrag, Sozialismus in die Welt zu bringen und auf der Welt zu halten, diese Erklärung muß doch, wenn sie überhaupt Sinn haben soll, nicht nur uns, sondern vor allem der Mehrheit jener einleuchten, denen wir unsere Führungsarbeit anbieten. Daß wir diesen Anspruch in die Verfassung und in die Statuten verschiedener Organisationen, des Schriftstellerverbandes zum Beispiel, geschrieben haben, bringt uns in diesem Augenblick der Geschichte auch nicht weiter. Um es so drastisch auszudrücken, wie es die Lage erfordert: Die Massen – ja, ich nenne eine halbe Million oder eine ganze Million Menschen, die auf unseren Straßen sind, die Massen – die Massen machen uns Beine, und wir reden von unserer führenden Rolle dabei – noch eine grandiose Augenauswischerei!

Damit kein Zweifel aufkommt, liebe Genossinnen und Genossen: Ich will die führende Rolle für uns, jeder, der in den politischen Kampf geht, will sie. Die anderen wollen sie auch. Wir aber müssen sie schon deshalb behalten, müssen sie schon deshalb wiederbekommen, weil man, wenn man Volkseigentum wirklich beibehalten und vor Korruption und Reaktion schützen will, eine wirklich sozialistische Partei benötigt. Von unserer Geschichte, vom Selbstverständnis unserer Mitglieder, von unserer politischen und philosophischen Substanz her sind wir eine solche Partei, und wir allein sind es.

73 Horst Hano war der für das ARD-Fernsehen akkreditierte Berichterstatter in der DDR.

Nun müssen wir nur noch sorgen, daß wir es wieder in allen Belangen werden. Das Potential ist da, das sage ich, das Potential ist gegeben. Allein in 500 Briefen dokumentiert sich ein riesiges Reservoir aus politischer Klugheit, Verantwortungsbewußtsein und schon fabelhafter Fähigkeit, Sachlage, Hemmnisse und Chancen präzise beim Namen zu nennen. Jeder kennt, jeder kennt Lenins berühmte Köchin, die den Staat regieren können müsse. Nun, die Köchinnen, die der »Jungen Welt« und mir geschrieben haben, wissen zumindest, wie man den Staat nicht regieren sollte, und von den veränderungswürdigen Bereichen, die Egon Krenz gestern im Aktionsprogramm benannt hat, fehlt keiner in ihren Briefen. Vielleicht wäre es aber gut, den einen oder anderen Spruch, der besonders ungeeignet für das Regieren dieses Staates war, weil er dessen Bürger besonders ergrimmte, ausdrücklich zurückzunehmen.

Ich bestreite das Primat der Ökonomie doch nicht mit einem einzigen Wort. Aber es gibt auch eine Dringlichkeit psychologischen und ideologischen Verhaltens. Ich nenne also einige Beispiele: Unser Lebensstandard ist, verglichen mit dem der Ärmsten, beachtlich; verglichen mit dem der Reichsten, ist er ärmlich. Letzteres hält man aus, solange einem nicht per Vergleichsakrobatik das Gegenteil erzählt wird. Oder die fatale Aussage zur Mauer! Diese Anlage, die nach meiner Überzeugung mit ihren Entstehungsbedingungen verschwinden könnte, diese Anlage ist nun wirklich nicht populär zu machen. Es wird sich herausstellen, daß wir aus der Vorkrise in die Krise geraten sind – wenn wir das einmal untersuchen –, es wird sich herausstellen, daß wir in die Krise geraten sind, als man den Bewohnern unseres Landes etwas von weiteren hundert Jahren sagte.[74] Der Konditionalsatz, Genossen, der noch dranhing, ging doch schon in einem Stöhnen unter. Auf Leipzigs Olympia können wir ja zurückkommen, wenn Leipzig zur Solidität einer weltberühmten Messestadt zurückgefunden hat.[75] Vor der Meinung sei gewarnt, Genossinnen und Genossen, diese Geschichten hätten sich mit dem Weggang ihres Autors erledigt. Sie werden uns immerfort zitiert werden, zum Beispiel immer dann, wenn wir von führender Rolle sprechen. Um gleich die Frage zu beantworten, ob der Redner so auch geredet hat, als jener Autor noch da war, sagt der Redner: Ja, er hat. Das und noch mehr!

Ich möchte aber, da ich von Leipzig gesprochen habe, auch etwas zu Berlin sagen. Liebe Genossinnen und Genossen! Die schönste Demonstration, die ich hier kenne, die beste, die wirklich wunderbare in diesem Lande ist die zum Gedenken von Karl und Rosa. Ich habe sie, solange ich in Berlin lebe, zweimal nur auslassen müssen, weil ich im Krankenhaus lag. Ich möchte das nie versäumen. Aber das letzte Mal habe ich mich also gefürchtet, geschämt und

74 Honecker kündigte in einer Rede auf der Tagung des Thomas-Müntzer-Komitees in Berlin am 18. Januar 1989 an, die Mauer »wird in 50 und auch in 100 Jahren noch bestehen, wenn die dazu vorhandenen Gründe noch nicht beseitigt sind«. Vgl. ND, 19. Januar 1989.

75 Auf der 8. Tagung des SED-Zentralkomitees am 22./23. Juni 1989 hatte Honecker bekanntgegeben, daß sich die Stadt Leipzig beim IOC um die Ausrichtung der Olympischen Sommerspiele im Jahr 2004 bewerben werde. Vgl. SAPMO-BArch, DY 30/IV 2/1/697.

ergrimmt. Ich kam mir vor wie bei der Luftschau: Auf einhundert Demonstranten stand einer und hielt Ausschau, ob nicht irgendwo ein falsches Schild getragen werden würde. Das hatte doch nichts mit dem Vorgang zu tun, zu dem wir uns versammeln. Und ich finde, es wäre großartig, wenn wir bei der kommenden Demonstration ganz Berlin im Geiste von Karl und Rosa wieder auf den Beinen hätten.

Liebe Genossinnen und Genossen! In schwierigen Zeiten, solchen etwa, die im Zeichen von Trümmern und Hunger standen, in solchen schwierigen Zeiten hat die SED ihren Führungsanspruch auf die einfachste Weise angemeldet, nämlich indem sie eben führte. Erinnere ich mich so falsch, wenn ich meine, daß die Redewendung »Du als Genosse« immer dann zum Einsatz kam, wenn gleich besonders zerrender und zehrender Einsatz verlangt werden würde? »Du mußt die Führung übernehmen«, hieß es, und wir taten das. Neuerdings aber hören wir, wir dürfen nicht mehr, was wir einmal mußten. Entrüstung ist keine Antwort auf diesen Sachverhalt. Wenn wir ihn ändern wollen, müssen wir nach seinen Gründen fragen und müssen uns der Auskunft stellen, wir selber seien ein Teil dieser Gründe. Wir wissen das inzwischen ganz gut, aber die Wiedereinübung der Tugend Selbstkritik bringt nur dann etwas, wenn man sie durchhält, bis aus dem, was zu üben war, eine tiefsitzende Gepflogenheit geworden ist. Falls wir uns allzu schnell beruhigen, werden wir die Unruhen nicht los. Hat er eben von Unruhen gesprochen? Hat der nicht von Demonstrationen, Manifestationen, Dialog, offenen Worten oder – welch schöner Begriff – Sonntagsgespräch geredet? Nein, liebe Genossinnen und Genossen, ich habe keine dieser eher beschwichtigenden Formulierungen gewählt, sondern tatsächlich Unruhen gesagt. Der Versuche, mit Vokabeln und Schönworten einer anstrengenden Wirklichkeit zu entkommen, sollten wir müde sein. Wer den Aufruhr nicht will, darf Unruhe nicht zur Willensbekundung einfärben.

Keine Presseschelte jetzt, aber ich kann jenem Kollegen nicht zustimmen, der in mehreren Interviews erklärte, man solle die Medien, die inzwischen gute Arbeit leisteten, in Ruhe lassen. Ehe aus einem Verhalten eine taugliche Haltung für jedes Wetter geworden ist, wird eine Menge genutzter Zeit verstreichen müssen; tatsächlich aber könnte eine furchtlos funktionierende Presse der Drehzapfen unserer Reformen sein. Klammer auf: »Reform« heißt übrigens laut meinem alten Brockhaus »Die planmäßige Umgestaltung bestehender Einrichtung unter Abstellung ihrer Übelstände«, und die gelegentliche Scheu vor dem Wort ist mir da gar nicht verständlich. Gäbe es eine solche Presse als Selbstverständlichkeit unseres Lebens und gälte für sie der Grundsatz »Wer stiehlt, der wird genennt«, würden sich Bauherren wie Bauleute überlegen, ob sie an krummen Wegen Häusle bauen. Beherrschten wir die Kunst, einander die Wahrheit zu sagen, wären wir fast schon über den Berg. Informiertheit ist nun einmal Voraussetzung allen demokratischen Handelns, allen demokratischen Handelns. Also auch in dieser Partei und diesem ZK.

Weshalb wir das Politbüro ersuchen sollten, seinem Zentralkomitee stets zu sagen, worin es Meinungsverschiedenheiten gab oder wann es nicht weiß, wie es sich zu bestimmten Schwierigkeiten am besten verhalten sollte – mit allem gebotenen Ernst, Genossen, und mit dem nötigen Respekt für dich, Genosse Krenz. Auch mit eurer tatsächlichen Kollektivität, auch mit dem statutengerechten Verhältnis zwischen Zentralkomitee und Politbüro, auch mit einer Stellung des Generalsekretärs, die ihn wirklich erreichbar bleiben läßt für Hinweise und Kritik aus den Reihen der ganzen Partei, auch mit diesem und vielem anderen, das den Zentralismus erst demokratisch macht, müssen wir uns ausstatten, wenn wir im Wettstreit um die führende Rolle bestehen wollen.

Auf der Parteikonferenz, ich stimme diesem Vorschlag sehr zu, die ganz dringlich scheint, auf dieser sollte eine entsprechende Ordnung vorgelegt und beschlossen werden. Die Frage der vollgültigen Stellvertretung gehört unbedingt dazu, denn als es jüngst im Lande und auch in dessen Volkskammer um die Frage ging, ob eine Person drei Hüte tragen müsse, gab nicht zuletzt die Problematik der führenden Rolle den Hintergrund dafür ab. Wenn mit einer einzigen Krankheit gleich drei entscheidende Vakanzen entstehen, haben wir uns verwundbarer gemacht, als wir uns leisten können.

Liebe Genossinnen und Genossen! Es gehört zu den Ungerechtigkeiten, die Nachfolger ertragen müssen, daß sie mit einem Argwohn zu wirtschaften haben, den ihre Vorgänger – doch die nicht allein – aufgebaut haben. Eine Patentmedizin dagegen gibt es nicht, aber in einem der Briefe las ich etwas, das sich als Mittel eignen könnte. »Die« – steht da und ist auf jedermann gemünzt, der sich um eine führende Rolle bewirbt – »die müßten immer das Gefühl haben, daß wir sie jederzeit befragen könnten.« Ja, wenn solches Gefühl in Umlauf käme und von dem Wissen begleitet würde, daß die SED eine Partei der »planmäßigen Umgestaltung bestehender Einrichtungen unter Abstellung ihrer Übelstände« sei, dann brauchten wir um eine führende Rolle nicht zu werben, wir hätten sie auf legitimste Art. Dann brauchten wir bei harter Arbeit nur noch zu wachen, daß sich keiner unserer guten Vorsätze wieder schlafen legt. Aber dabei, glaube ich, werden uns meine und eure Briefschreiber wie auch die Verfasser des einen oder anderen Transparents von nun an schon gehörig helfen. *(Beifall)*

Zuruf von Horst Brünner: Genosse Egon?

Vors. Egon Krenz: Ja bitte!

Horst Brünner: Einen Moment, ich möchte zur Geschäftsordnung sprechen!

Vors. Egon Krenz: Bitte!

Horst Brünner: Ich bitte, die Frage stellen zu dürfen, ob es nicht sinnvoll wäre, daß hier gestattet wird im ZK, den Diskussionsrednern unmittelbar noch eine Anfrage zu stellen? Nach dem, was du als Generalsekretär gesagt hast gestern, ist ja die Diskussionsrede eine Öffentlichkeitserklärung und mir scheint, wenn also Fragen sind, die breite Fragen wieder auslösen in einem Teil der Öffentlichkeit, sollte man dem Diskussionsredner durch Anfragen die Möglichkeit dann geben, sie selber auch gleich zu beantworten. Also es geht um die Frage, ist es gestattet, Anfragen zu stellen?

Vors. Egon Krenz: Du hast dich zur Geschäftsordnung gemeldet, du kannst zur Geschäftsordnung sprechen.

Horst Brünner: Dann darf ich bitte an Genossen Hermann Kant kurz drei Fragen stellen, die kann er kurz in zwei Sätzen beantworten.

Erstens: Wer sollte die Randalierer in Schach halten, wenn nicht die Schutz- und Sicherheitsorgane entsprechend dem erteilten Auftrag zur Herstellung von Sicherheit und Ordnung? Zweitens: Warum hast du bisher nie ein Wort zu den Verursachern dieser Situation gesagt, auch heute hier nicht in deinem kurzen Beitrag? Und drittens: Was war dein Ziel, daß gerade du als Mitglied des Zentralkomitees auch diese Fragen berührt hast? Haben das nicht genügend andere?

Hermann Kant: Die Frage drei wollen wir mal vorläufig streichen, die hast du dir nicht gut genug überlegt. Aber auf die beiden ersten Fragen … *(Unverständlicher Zuruf)* Ja, das ist eine Verdächtigung, die Frage drei.

Zuruf: Aber du verdächtigst doch auch!

Ja, jetzt bin ich mal dran. Ich antworte jetzt auf die eine Frage beziehungsweise zwei Fragen. Erstens: Wer soll die Randalierer in Schach halten? Das haben wir am vergangenen Wochenende sehr genau studieren können, wie man das machen kann.[76] Da hat eine halbe Million – ich gehe mal von einer halben Million aus, vielleicht war es auch eine ganze –, da hat eine halbe Million Menschen stundenlang in dieser Stadt mit schärfsten – schärfsten! – Haltungen für bestimmte Überzeugungen oder Forderungen demonstriert, von denen jetzt überhaupt nicht gesagt werden muß, ob sie berechtigt oder unberechtigt waren, welche – welche nicht. Das ist jetzt nicht das Thema. Aber der Appell vorher an alle Beteiligten, daß keine Gewalt geübt werden dürfe, dieser Appell hat auf eine hervorragende Weise gegriffen, auf eine ganz hervorragende Weise. Das heißt, die Veranstalter sind ausgegangen von der Tatsache, daß sie es mit einem gebrannten Volk zu tun haben, das ins Gespräch geholt und in die Überlegungen einbezogen werden soll. Das hat glänzend funktioniert. Das andere … *(Verschiedene unverständliche, sehr aufgeregte Zurufe, Unruhe)*

Zuruf: Du verwechselst die Situation!

Nein, ich verwechsle nicht die – nein, Moment, Moment, ich verwechsle überhaupt nicht die Situation.

Zuruf: Die Lage …

Nein, ich verwechsle überhaupt nicht die Situation, aber ihr habt ein bißchen die Situation verwechselt. Wenn ich – ich bleibe bei den Briefen, ich – *(Unruhe)* – hört mal zu, damit wir uns nicht noch mehr mißverstehen. Ich werfe doch nicht dem einzelnen Genossen, der dort steht und in der Tat wild

76 Zur Demonstration von 500 000 DDR-Bürgern am 4. November 1989 auf dem Berliner Alexanderplatz vgl. Initiativgruppe 4. 11. 89, 40 Jahre DDR – TschüSSED, Berlin 1990; Walter Süß, Die Demonstration am 4. November 1989 – ein Unternehmen der Stasi? In: Deutschland Archiv, H. 12/1995, S. 1240 ff.; siehe auch ND, 6. November 1989.

gewordenen Leuten zu Teilen gegenübersteht, vor, daß er in seiner Angst oder in seiner Überzeugung, es sei jetzt das einzige, was dazu noch zu machen ist, zuschlägt. Das mache ich doch nicht. Aber, wenn wir davon reden, müßt ihr, bitte, mir auch das Recht einräumen, daß ich zum Beispiel davon ausgehe, daß ein Mädchen, das zehn Jahre lang in meiner Familie lebte an Tochter statt, daß dieses Mädchen mit acht Schrauben auf dem Knöchel im Krankenhaus liegt, weil jemand so zugedroschen hat, daß das nicht anders mehr repariert werden kann, wenn überhaupt.[77] Also, das müssen wir auch – ich spreche von der Angemessenheit oder der Verhältnismäßigkeit der Mittel. Das ist doch etwas, was die Polizei als erstes lernen sollte! Ihr seid doch, liebe Genossen, so wie wir jeder auf unserem Platz, wir sind alle dazu da, nachzudenken über die Ergebnisse unseres Handelns. Und ich werfe niemandem vor, der sich sozusagen aus einer Zwangslage befreien mußte.

Aber ich gehe wieder von meinen Briefen aus, die zu großen Teilen dokumentieren, daß diese Zwangslage das einzige ist. Da steht zum Beispiel folgender schöner Satz, da steht der Satz – entschuldige bitte, ich bin hier zu etwas gefragt worden, ich muß das ausdrücken dürfen –, da steht zum Beispiel der schöne Satz: »Seit wann zählen denn Faschos für Dich zum Volk?« Steht da, von einem Polizeioffizier geschrieben. Die nächste Frage könnte ja sein: Seit wann sind denn für dich Faschos Menschen? – Nein, nein, auf dieser Argumentationslinie dürfen wir uns nicht bewegen, nicht bewegen, und das kriegt ihr mir nicht ausgeredet. Aber ich wiederhole, ich wiederhole mein Angebot, daß wir nicht das Plenum unseres Zentralkomitees dafür nutzen, daß wir ihm nicht die Zeit nehmen, ich wiederhole mein Angebot: Ihr bestimmt das Gremium eurer Polizei, zu dem ich komme, und ich stehe euch einen Abend, einen Morgen, einen ganzen Tag Rede und Antwort. *(Unruhe)* So, die zweite Frage habe ich … *(Unruhe, Klingel des Vorsitzenden)* Entschuldigung.

Zuruf von Egon Krenz: Nein, ich wollte nur damit …

Ja!

Horst Brünner: Die zweite Frage war, warum du dich immer nur über die Schutz- und Sicherheitsorgane äußerst und nicht über die Verursacher. Ich habe nicht nach einer friedlichen Demonstration gefragt am Sonnabend, sondern nach dem Einschreiten gegen Rowdys und Randalierer, die mit Gewalt gegen die Ordnung vorgegangen sind. Ich frage dich deshalb zweitens: Warum sagst du dazu nichts bislang?

Hermann Kant: Also, abgesehen davon, daß ich zum ersten Mal öffentlich hier in so ein Gespräch über diese Vorgänge gerate und also folglich kaum vorher darüber reden konnte – ich rede über die Verursacher bestimmter Ge-

77 Nina R., die als Fotoreporterin für die Illustrierte »Freie Welt« arbeitete, war am 7. Oktober 1989 von uniformierten Kräften krankenhausreif zusammengeschlagen worden. Ihr Erinnerungsbericht ist dok. in: Vera Oelschlegel, »Wenn das meine Mutter wüßt'«, Berlin 1991, S. 246. Vgl. zu den Übergriffen der Volkspolizei und des MfS auch: Daniela Dahn/Fritz-Jochen Kopka (Red.), Und diese verdammte Ohnmacht. Report der unabhängigen Untersuchungskommission zu den Ereignissen vom 7./8. Oktober 1989 in Berlin, Berlin 1991.

walterscheinungen, über die Verursacher rede ich schon relativ lange, liebe Genossinnen und Genossen. Ich will das mal sagen, wenn ihr schon so etwas fragt, müßt ihr die Antworten aushalten. Ich bin nach dem 17. Juni 1953 und in Folge des 17. Juni 1953 zum Leiter der Westarbeit der Humboldt-Universität ernannt worden von der Partei, und ich habe in dieser Zeit, in der Hochzeit des Kalten Krieges, mich andauernd zu befassen gehabt mit Burschen, aus denen sozusagen Ideen kamen, die noch nicht tot sind. Also das hat bis zur Schließung der Grenze angedauert. Ich war mehr in Westberlin zur politischen Arbeit als sonstwo, und da war hin und wieder genug Gelegenheit, herauszufinden, wer solche Ideen hat. Seitdem – wer ein bißchen was von mir liest, Verzeihung, wer ein bißchen was von mir liest, müßte doch wissen, daß ich zu solchen Dingen nie geschwiegen habe. Schämt euch doch, solche Fragen zu stellen. Ich danke. *(Empörtes Raunen, Unruhe, Klingel des Vorsitzenden)*

Vors. Egon Krenz: Also wir müssen natürlich auch im Zentralkomitee die notwendige Kultur des Streits einhalten, und ich denke ... *(Unverständlicher Zuruf)*

Zuruf: Beide! Beide!

Moment, ich hatte noch nicht – und ich denke, daß wir gerade jetzt Sachlichkeit und Besonnenheit brauchen. Ich schlage deshalb vor, doch zur Kenntnis zu nehmen, daß das Staatsoberhaupt der Deutschen Demokratischen Republik vor der Volkskammer die Ereignisse bedauert hat.[78] Ich möchte doch die Frage aufwerfen, wo so was noch gemacht wird und was noch gemacht werden soll, wenn das Wort des Staatsoberhauptes vor der Volkskammer nichts mehr gilt. Mehr als Bedauern und eine Kommission einsetzen, die sich mit diesen Dingen beschäftigt, sah ich keine Möglichkeit. Ich schlage deshalb vor, um die Dinge nicht weiter zuzuspitzen, daß morgen unser Genosse Wendland, der Generalstaatsanwalt, das Wort ergreift, um zum Stand der Ermittlungen etwas zu sagen, damit die Dinge abgeschlossen werden. Wir können alles gebrauchen, Genossinnen und Genossen, aber wir brauchen jetzt nicht eine Zerreißprobe hier im Zentralkomitee und schon gar nicht für Dinge, die zwar bedauernswert sind, aber die man nicht aus der Welt schaffen kann, die auch sich nicht wiederholen sollen, auch das wurde in der Volkskammer gesagt. Es hat eine Erklärung des entsprechenden Ausschußvorsitzenden gegeben, es hat eine Stellungnahme des Staatsrates dazu gegeben. Gestattet mir bitte die Frage, Genossinnen und Genossen: Was soll mehr gemacht werden, Hermann?

Hermann Kant: Ich sage nicht (...)[79]

Vors. Egon Krenz: Gut, dann ist in Ordnung. Bloß das Problem hatte ich nicht aufgeworfen hier. Das Wort hat Genosse Modrow.

78 Egon Krenz hatte am 24. Oktober 1989 in der Volkskammer mitgeteilt: »Bekannt sind die unterschiedlichen Reaktionen auf polizeiliche Maßnahmen gegen Störungen der öffentlichen Ordnung. Daß es bei einigen Demonstrationen zu Härten kam, ist zu bedauern.« Vgl. Volkskammer der DDR, 9. Wahlperiode, 10. Tagung, Dienstag, den 24. Oktober 1989, Stenographische Niederschrift, S. 226.

79 Der folgende Teilsatz ist unverständlich.

Hans Modrow: Liebe Genossinnen und Genossen! Jeder von uns empfindet, daß noch nie in der Geschichte unserer Partei eine Tagung des ZK in einer solchen Verantwortung und in einer solchen Bewährungsprobe stand wie die heutige. Es geht in dieser Zeit um die Existenz der Partei und um die Existenz des Sozialismus in unserem Lande. Dabei sind Gefühle, die jeder von uns hat und auf die niemand verzichten kann, Eindrücke, die Wertungen und die Betrachtung der Dinge in unserem Land und in unserer Partei natürlich in hohem Maße für jeden von uns subjektiven Momenten unterlegen. Das ist normal und darf auch nicht durch Forderungen und Ansprüche wie Schulterschluß, gemeinsame Verantwortung und ähnliches eingeschränkt werden. In einer solchen Betrachtung liegt schon die erste Beschränkung für eine wirklich gründliche Analyse der real existierenden Lage. Diese ist aber die erste Voraussetzung, um auch konstruktive, reife Schritte zu einem tiefgreifenden Wandel und zu Reformen für einen erneuerten Sozialismus mit neuer Qualität zu gehen.

Die heutige Tagung des ZK steht unter einem Druck hoher Erwartungen, aber auch schon unter großem Zweifel zu ihrer Entscheidungsfähigkeit. Dabei haben wir Zweifel nach der 9. Tagung des ZK weiter genährt, und nicht nur durch die davor liegende Fehlentwicklung, falsche Lageeinschätzung, Schönfärberei und Fehler. Das ist wie das andere, wiegt schwer und belastend. Schon der XI. Parteitag hat, besonders weil es zur Sowjetunion kein klares Verhältnis mehr gab und Lehren aus anderen Bruderländern[80] nicht gründlich beachtet wurden, die Chance zum damals schon notwendigen Wandel vergeben. Jetzt haben wir die Wende erklärt, aber die Partei hat es bisher nicht vermocht, sich sichtbar und überzeugend an die Spitze zu stellen. Ich will nur Stichworte sagen: Der quälende Prozeß in den Gewerkschaften, der notwendige Erneuerungen schon wieder unglaubhaft gemacht hat, eine Erklärung des Kollegiums des Ministeriums für Volksbildung,[81] die nur als erneute Bremse zu verstehen war, die Erklärungen der Bündnispartner in diesen Tagen verdienen in diesem Zusammenhang sogar Achtung. Sie zeigen, so selbstkritisch müssen wir schon sein, daß jene, die in unserer Führung noch bis in die jüngste Zeit erklärten, wir müssen uns Zeit nehmen, man darf jetzt nicht drängeln, die Lage muß man richtig erkennen, die Lage nicht erkannten und von Zeit träumten, die uns in Wirklichkeit nicht gegeben war.

Der 4. November in Berlin und die Demonstrationen in den Städten wie Leipzig, Dresden und nun schon fast über unser ganzes Land, sollten uns eine harte und klare Lehre sein, und die eigentliche Prüfung für unsere Tagung wird es sein, ob wir sie erkennen und begreifen und nun genügend weitreichende Schritte gehen und vollziehen. Das Sekretariat der Bezirksleitung Dresden – und aus dieser Verantwortung habe ich hier natürlich auch noch zu

80 Mit den »Bruderländern« sind die Mitgliedstaaten des Warschauer Vertrages gemeint.

81 Vgl. das »Diskussionsangebot« des DDR-Volksbildungsministeriums »Standpunkte und Fragen zur Erneuerung der Schule«, in: ND, 8. November 1989.

sprechen – hat in dieser Situation seine Position mit Werktätigen des Edelstahlwerkes Freital am 3. November beraten, seinen Standpunkt zur Frage: »Was wir wollen und wofür wir unsere ganze Kraft einsetzen«, als Orientierung für die Partei und für den Kampf um das Vertrauen der Bürger aller Klassen und Schichten der Öffentlichkeit unterbreitet.[82]

Die Arbeiterklasse ist und bleibt die führende Kraft in unserer Gesellschaft, und sie kann ihre Interessen nur mit einer marxistisch-leninistischen Partei ihrer Klasse verwirklichen. Seit Wochen haben wir in Dresden den offenen Dialog aufgenommen und grenzen uns dabei von niemandem ab. Dabei haben wir die Bitternis erlebt, mit der breite Massen leben, und ich habe dabei manche Bitternis für unsere Partei heruntergeschluckt und an manches gedacht, was ich selbst in der Partei in der letzten Zeit erleben mußte. Im Gespräch mit Genossen Michail Sergejewitsch Gorbatschow weist er – was der Egon geführt hat – auf Probleme dieser Art hin und stellt insbesondere auch die Situation des Genossen Willi Stoph dar.[83] Jetzt geht es aber nicht um Bitternisse, weil sie uns nicht weiterbringen. Aber sehr, sehr viele Genossen in unseren Grundorganisationen empfinden sie vor allem, und nicht um uns geht es hier, die wir im Plenum sitzen. Manches, was in den letzten Tagen geschehen ist, macht uns sozusagen nicht freier. Wir alle sind verpflichtet und veranlaßt, uns der Partei an ihrer Basis, in den Grundorganisationen, besonders in den Betrieben, viel entschiedener zuzuwenden. Denn hier geht es wirklich darum, daß die Partei ihre Aktionsfähigkeit behält, und wenn wir wollen, daß wir als Partei offensiv handeln, dann müssen wir das mit den Mitgliedern unserer Partei tun, sichern und gewährleisten.

Was in der Gewerkschaft unter Druck der Mitglieder quälend entschieden wurde, hat inzwischen schon den Druck gegen die Gewerkschaften und ihre Einheit gefördert. Wo wir uns als regierende Partei mit Konsequenz und in Verantwortung zeigen mußten, haben wir durch Abwarten und Zaudern den Vertrauensverlust weiter beschleunigt. Die Position der FDJ-Fraktion der Volkskammer in der Diskussion mit ihrem Präsidenten war ein Angebot, dem Jugendverband eine Chance zu geben für politische Anerkennung und Zustimmung unter der Jugend.[84] Und wir brauchen sie so ganz entschieden gerade unter der Jugend! Unsere Bündnispartner haben hingegen manche Initiative ergriffen, und sozusagen heute setzen wir uns mit ihren Vorschlägen, Angeboten auseinander. Auf der Straße werden Forderungen zu freien Wahlen und für einen Volksentscheid zur Verfassung erhoben. Wir müssen uns diesen Fragen stellen wie auch den Fragen zur Identität der Bürger der DDR, die unser Gegner mit Verweis auf die anhaltende Ausreisewelle aufwirft. Das und noch mehr ist seit der 9. Tagung des ZK geschehen. Es hat gerade den erst ge-

82 Vgl. Sächsische Zeitung, 4./5. November 1989.

83 Vgl. Hertle: Der Fall der Mauer, S. 476.

84 Am 27. Oktober 1989 forderte die FDJ-Fraktion in der Volkskammer eine Stellungnahme des DDR-Parlaments zur Lage im Lande. Volkskammerpräsident Horst Sindermann lehnte dies ab.

wählten Generalsekretär der Partei nicht gerade unterstützt. Zur Wahl des Vorsitzenden des Staatsrates steht aus meiner Sicht nicht die Frage der gewählten Person zur Überlegung, aber die Institution des Staatsrates selbst. In der Tradition unseres Landes und aus den jüngsten Erfahrungen in anderen Ländern – und ich verweise hier auf die Situation in der Volksrepublik Polen mit besonderem Hinweis – wäre die Schaffung eines Amtes eines Präsidenten mit entsprechender Verantwortung ein zu gegebener Zeit zu überlegender Schritt.

Was wir brauchen, ist eine Volkskammer, die mit und durch ihre Arbeit Zeugnis davon gibt, daß sozialistische Demokratie bei uns möglich und gestaltbar ist. Um die jetzt überall geforderte wirkliche Rechtsstaatlichkeit in unserem Lande durchzusetzen, müssen wir rasch eine intakte, kompetente höchste Volksvertretung schaffen, die wir gegenwärtig nicht haben. Dazu gehört, daß der Abgeordnete als Vertreter des Volkes wirklich tätig sein kann und nicht nur zur Abstimmung in die Kammer eingeladen wird. Geschieht hier in allernächster Zeit, in den nächsten Tagen nichts Bedeutsames, geht der Vertrauensverlust weiter. Wenn wir von anderen harte Arbeit fordern, müssen wir sie jetzt vor allem selber leisten.

Auf der 7. Tagung des ZK gab es Genossen, die mir – nicht hier am Podium, aber in der Pause – sagten, du bist mit deiner Rede bis an den Rand des Möglichen gegangen.[85] Das wollte ich auch, und daß es so war, hat sich zwischen der 7. und der 8. Tagung des ZK wohl auch deutlich gezeigt. Heute weiß ich genau, daß ich noch viel zuwenig gesagt habe und daß das, was ausgesprochen wurde, bei weitem nicht reicht und damit die Frage der Verantwortung auch für meine Person mit aller Entschiedenheit bleibt. Ich sage das nicht aus Selbstdarstellung, zu der der Hermann sich mit Recht schon ablehnend geäußert hat, sondern: Wir sollten nicht glauben, daß wir von heute an und für alle Zukunft frei davon sind, so betrachtet zu werden, als würden wir an oder über den Rand gehen, wenn wir unsere eigenen Einschätzungen und Positionen darlegen. Das zu verhindern wird zu beachten und dafür wird immer wieder neu zu kämpfen sein. Die Wende ist von der Straße ausgegangen, und wir dürfen das Leninsche Prinzip nicht vergessen, daß eine Partei, die ihre Fehler nicht erkennt und anerkennt, die Kraft zur Führung verliert. Wenn unser Nachdenken wieder erst den Druck der Straße braucht, unser Mut nicht aus uns selbst wächst und unser Platz nicht mitten im Dialog des Volkes ist, dann haben wir weder die Kraft noch das Recht noch das Vertrauen, um künftig die Zustimmung der Partei und der Menschen zu gewinnen.

Es wurde von der außerordentlichen Lage gesprochen und zugleich auf die Parteikonferenz verwiesen. Aber wir stehen heute vor allem mit der Beratung

85 Vgl. die Rede von Hans Modrow vor dem Zentralkomitee, in: 7. Tagung des ZK der SED, 1./2. Dezember 1988. Aus den Diskussionsreden, Berlin 1988, S. 89 ff. Ein kritischer Bericht Modrows über die Lage im Bezirk Dresden, der im Januar 1989 an Honecker abgesandt wurde, wurde zum Auslöser einer großangelegten Untersuchung der Bezirksparteiorganisation unter Leitung von Günter Mittag, die im Frühjahr 1989 durchgeführt wurde.

unseres Zentralkomitees in dieser außerordentlichen Lage. Wir haben sie nicht erst mit der Parteikonferenz. Worin sehe ich den Anspruch an Verantwortung? Wir haben ein neues Politbüro und Sekretariat des ZK gewählt, über Verantwortung gesprochen, die zu tragen ist, und müssen wissen, daß uns auch die Frage nach Schuld und nach Sicherung einer Unwiederholbarkeit der entstandenen Lage gestellt wird. Das Zentralkomitee muß aus der bisherigen Situation heraustreten, um nicht Bestätigungsgremium für geleistete Arbeit des Politbüros zu sein. Darauf haben wir uns doch im wesentlichen seit Jahren beschränkt und kaum noch Einfluß auf die Arbeit des Politbüros genommen. Einer Selbstverständigung des Politbüros, wie es bisher gewesen ist, sollte ein für alle Mal ein Riegel vorgeschoben bleiben. Die Partei wird uns, das Politbüro und das Zentralkomitee, nach dieser Tagung prüfen, ob wir fähig sind, den Prozeß revolutionärer Veränderungen in der DDR zu vollziehen, der die Erneuerung unserer Partei unabdingbar in sich einschließt. Die Wende muß so mit der Erneuerung der Partei selbst beginnen und damit auf das engste verbunden sein. Bloße Anforderungen und Appelle zur Bewahrung und zur Stärkung der Kampfkraft der Partei gehen an der wirklich entstandenen Lage entschieden vorbei. Wie weit wir mit der Vorbereitung dieser 10. Tagung des ZK noch nicht auf der Höhe der Anforderungen waren und sind, zeigt sich in der nun notwendigen Entscheidung über eine Parteikonferenz und im Ablauf der Personalentscheidungen dieser Tagung. Nicht wir haben von vornherein diesen Antrag gehabt, sondern das Plenum hat unter den Forderungen von draußen diesen Entscheid nun heute getroffen. Wenn diese Tagung abgeschlossen ist, müssen wir den ...

Zuruf von Egon Krenz: Du vergißt, daß im Referat des Generalsekretärs von der Parteikonferenz die Rede war, lieber Hans.

Aber die Vorlage, Egon, haben wir praktisch heute eingebracht. Bleiben wir doch ehrlich miteinander.

Zuruf von Egon Krenz: Das ist ja richtig, aber der Beschluß muß im Laufe der Tagung des Zentralkomitees gefaßt werden.

Wenn diese Tagung abgeschlossen ist, müssen wir die Voraussetzungen geschaffen haben, um eine Parteikonferenz wirklich so vorzubereiten, die unsere Partei zusammenführt und ihre Existenz gewährleistet. Um dieser Parteikonferenz auch eine Chance zu der Tagesordnung neue Fragen oder Kaderfragen zum Zentralkomitee und zur Revisionskommission zu geben, sollten auch Genossen überlegen, ob die Erfahrungen des ZK der KPdSU bei einer Beschlußfassung auch für das Zentralkomitee unserer Partei ein Weg wäre, der dieser Parteikonferenz entgegenkommt. Das Statut der Partei ist zu prüfen und den neuen Anforderungen gemäß zu verändern. Das Programm, das dem jetzt notwendigen revolutionären Prozeß der Erneuerung des Sozialismus in unserem Land nicht entspricht, muß überarbeitet werden.[86]

86 Programm und Statut der SED sind abgedruckt in: Protokoll der Verhandlungen des IX. Parteitages der SED, 18. bis 22. Mai 1976, Bd. 2, Berlin 1976.

Das ZK hat den – wenn auch späten – Rücktritt unserer Regierung zustimmend zur Kenntnis genommen. Noch auf der Tagung des ZK müssen wir uns im Prinzip darüber verständigen, und das ist das, was ich hier ausdrücken will, daß diese Regierung nicht nur neue Gesichter, sondern vor allem eine neue Qualität und eine neue arbeitsfähige Struktur braucht. Anstelle des zahlenmäßig großen Ministerrats mit seiner Vielzahl von stellvertretenden Vorsitzenden und Ministern vieler Teilbereiche, insbesondere der Wirtschaft, muß eine wirkliche Regierung – vielleicht nennen wir sie später sogar einmal der »großen Koalition« – treten.[87] Ministerien werden aufzulösen sein, und eine Verwaltungsreform ist durchzuführen. Zwischen Parteiführung und Regierung wird ein völlig neues Verhältnis zu schaffen sein. Die Bündnispolitik muß sich in der Regierung vor allem überzeugend widerspiegeln. Es wird in der Tat darum gehen, die Regierungsfähigkeit des Landes zu bewahren. Jedes Hinauszögern der Entscheidung zu diesen Fragen auch nur um Tage kann zu Auswirkungen führen, die wiederum später kaum zu korrigieren sind.

Drittens: Wenn wir unseren Erklärungen über sozialistische Demokratie Glaubhaftigkeit geben wollen, dann muß die Volkskammer noch in den letzten Wochen dieses Jahres Sitzungen abhalten, die zeigen, daß wir es im Land mit der Demokratie ernst meinen. Die Sache kann doch nicht irgendwo in der Gemeinde beginnen, auf die immer verwiesen wird, sondern in der höchsten Volksvertretung. Dort – und nur dort – kann und darf über die Geschicke des Volkes entschieden werden. Mit der Mißachtung der Volkskammer, die besonders seit dem VIII. Parteitag betrieben wurde, muß radikal Schluß gemacht werden. Entschieden sind die Verantwortung der Regierung gegenüber der Volkskammer und ihrer Kontrolle über die Tätigkeit der Regierung durchzusetzen. Die Souveränität der Abgeordneten ist herzustellen. Wo soll bei einem Bürger das Bewußtsein der Mündigkeit herkommen, wenn er sieht, daß noch nicht einmal der Volkskammerabgeordnete etwas bewegt und Wirkliches zu sagen hat. Seit fast zwanzig Jahren hat die Volkskammerfraktion der Partei keine Arbeit geleistet, und Sprechen in der Volkskammer haben wir kaum gelernt. Hier müssen wir uns unverzüglich auf neue Anforderungen einstellen. Wir werden bald Parlamentsdebatten zu führen haben, wie sie die SED in ihrer ganzen Geschichte noch nie zu führen hatte. Sie werden mitentscheidend für die Führungsrolle sein; denn die Partei muß mit ihrer politischen Aktivität auf die Volksvertretungen wirken und kann sich nicht mehr auf die staatliche Exekutive richten. Bisher übliche direkte Zugriffe auf den Staatsapparat sind zu beseitigen. Dieser, dieser ganze Prozeß muß und wird sich in größter Öffentlichkeit vollziehen. Er wird verbunden sein mit der veränderten Rolle der Medien, mit Offenheit und wahrheitsgemäßer Information

87 Nach seiner Wahl zum DDR-Ministerratsvorsitzenden am 13. November 1989 stellte Hans Modrow vier Tage später sein Kabinett vor. Der neue Ministerrat, gebildet aus Vertretern der SED und der ehemaligen Blockparteien, wurde am 18. November 1989 durch die Volkskammer bestätigt.

zu allen wichtigen Fragen gesellschaftlicher Entwicklung, einschließlich unterschiedlicher Meinungen und Varianten der Ausgestaltung des Sozialismus.

Viertens: Wenn es um die jetzt diskutierbaren Lehren aus der Entwicklung anderer sozialistischer Länder geht, ist vor allem zu beachten, daß überall die Quelle der Krise in der Wirtschaft steckte. Das gilt auch für uns. Wie im politischen Bereich haben wir auch in der Wirtschaft nur die für uns positiven Züge gelten lassen und die vielen anderen in Fülle vorhandenen negativen Zeichen übersehen oder nicht sehen wollen. Zum Teil wurden sie zentral bewußt verfälscht.[88] Auf jeden Fall haben wir sie mit gespielter Selbstsicherheit überdeckt und auch hier der schonungslosen Selbsteinschätzung den Weg verbaut. Gerade diese verzerrte Darstellung, für die der Begriff »Schönfärberei« viel zu harmlos ist und für jeden Werktätigen überprüfbar in einem oft krassen Gegensatz zu seinen Erfahrungen stand, hat uns Stück um Stück unsere Glaubwürdigkeit bei den Massen genommen. Das für eine wirklich funktionierende sozialistische Demokratie völlig ungenügende politische System wirkte so seinerseits hemmend, ja stagnierend auf die Wirtschaft, und die sich verschlechternde Wirtschaftssituation wirkte wiederum als ein Grund, politischen Reformen auszuweichen, ja keine Experimente einzugehen. Als Marxisten gehen wir davon aus, daß politische Stabilität ohne ökonomische Stabilität undenkbar ist. Der Erfolg grundlegender politischer Reformen hängt auf die Dauer gesehen davon ab, ob und wie es uns gelingt, unsere Volkswirtschaft möglichst schnell aus den krisenhaften Prozessen herauszuführen, ihrem qualitativen und quantitativen Wachstum neue Impulse zu geben. Auch so verstehe ich das jetzt oft gebrauchte Wort, daß ohne gute Arbeit überhaupt nichts geht. Im Kern ist das die eigentliche Grundfrage der Erneuerung des Sozialismus, ja es ist seine Lebensfrage. Diese Wahrheit und die daraus folgenden Konsequenzen sollten künftig auch noch stärker den breiten demokratischen Dialog mit prägen.

Zuerst gilt es auch hier, die wirtschaftliche Lage zu sehen, wie sie tatsächlich ist. Und wenn wir das tun, so werden wir feststellen, sie ist ernst, sehr ernst. Wichtige Grundziele des XI. Parteitags, der mit seinen Beschlüssen ja ohnehin unter den Anforderungen blieb, werden nicht erfüllt. Die qualitativen Kennziffern der Volkswirtschaft haben sich seit 1985 verschlechtert. Der Rückstand an Effektivität und Produktivität zu den industriell führenden Ländern konnte nicht verringert werden, er stieg sogar weiter an. Zwar haben wir einige Bereiche stark modernisiert, dafür andere, besonders der Infrastruktur und Kommunalwirtschaft, total vernachlässigt. In der Breite der Volkswirtschaft hat die moralische und physische Überalterung der Grundfonds in der letzten Zeit teilweise gefährliche Formen angenommen. Unsere Außenwirtschaftsrentabilität im NSW hat abgenommen. Für notwendige Importe brauchen wir mehr

88 Vgl. dazu das Interview mit Arno Donda, dem Leiter der Staatlichen Zentralverwaltung für Statistik, »Zahlen lügen nicht«, in: Brigitte Zimmermann/Hans-Dieter Schütt (Hrsg.): Ohnmacht. DDR-Funktionäre sagen aus, Berlin 1992, S. 27 ff.

Endprodukte. Andererseits haben wir im Vergleich zu unserem Produktivitätsniveau ein hohes Konsumtionsniveau, das nur auf Kosten eigentlich notwendiger Erhaltungs- und Zukunftsinvestitionen möglich ist. Demgegenüber stehen wachsende Zwänge, Forderungen und Ansprüche der Gesellschaft wie auch der Bürger. Sie liegen vor allem in der Notwendigkeit, in der produktiven Akkumulation entscheidend zuzulegen, vielmehr als bisher für den Erhalt der Umwelt zu tun, auch künftig Jahr für Jahr im NSW hohe Exportüberschüsse zur Zurückzahlung fälliger Tilgungsraten und Zinsen aus Krediten zu sichern und neuen sozialen Ansprüchen gerecht zu werden. Wir brauchen also nicht weniger, sondern entschieden mehr Leistungszuwachs, und das nicht schlechthin im Durchschnitt, sondern qualitativ und in seiner Struktur in neuer Art. Ich halte es für dringend notwendig, und auch diese Forderung wurde im Dialog eindringlich mit auf den Weg gegeben, daß wir gerade auf dem Gebiet der Wirtschaft aus der offenen Darlegung der Lage die Wege zur Veränderung herausarbeiten. Der mündige Bürger muß wissen, wie die Dinge in jenen Bereichen stehen, die auch für sein Leben wichtig und bedeutsam sind, damit er die notwendigen Änderungen mit entscheidet und mit seiner Arbeit und seiner Initiative auch wirklich mittun kann. Das ZK muß zur Einschätzung der realen Lage einen exakten Einblick in den Stand der Staatsfinanzen haben.

Für die weitere Ausarbeitung der Wirtschaftsreform brauchen wir vor allem eine Gesellschaftswissenschaft, die für diese Reform als ständig stattfindenden Prozeß tatsächlich wissenschaftliche Fundamente setzt und nicht nur, wie bisher verbreitet, im nachhinein Politik erklärt, interpretiert und richtigspricht. Ich sehe vor allem drei Grundrichtungen, denen die Wirtschaftsreform gerecht werden sollte:

1. Sie muß in aller Konsequenz sichern, daß die tatsächlichen Bedürfnisse der Menschen, der Wirtschaftseinheiten und natürlich auch der Gesellschaft und nicht irgendwelche Kennziffern der Ausgangspunkt jeglicher Wirtschaftstätigkeit werden. So selbstverständlich das klingt, so müssen wir doch feststellen, daß dies in der Vergangenheit nicht mehr funktionierte, daß es vielfach um Menge, Zuwachsraten und so weiter um jeden Preis ging. Nur so konnte es kommen, daß wir zum Beispiel Jahr für Jahr die Jugendmodeproduktion stark erhöhten, aber zugleich bei nicht wenigen Sortimenten Absatzschwierigkeiten haben, Ladenhüter produziert werden. Kennziffernsysteme, ohne die es auch künftig nicht geht, müssen die tatsächliche Befriedigung dieser Bedürfnisse zum Ziel haben. Wir müssen davon ausgehen, daß die Interessen der einzelnen Werktätigen, ihrer Betriebe und der Gesellschaft als Ganzes durchaus nicht von vornherein identisch sind, daß zwischen ihnen Widersprüche existieren, die ausgestritten werden müssen, um auch bei Entscheidungen auf wirtschaftlichem Gebiet zu einer weitgehenden Übereinstimmung der Auffassungen zu kommen. Auch daraus ergibt sich für mich, daß unser gesamtes künftiges Wirtschaftssystem vom Wirken wahrer sozialistischer Demokratie durchdrungen sein (muß). Widersprüche müssen ausgetragen und als Triebkräfte wirksam werden und dürfen nicht verdrängt und verkleistert werden.

2. Wenn es um Bedürfnisse geht, müssen wir nach meiner Meinung auch das Wesen unserer sozialen Politik neu bestimmen. Wir haben hier ohne Zweifel viel erreicht, und vieles davon gilt es zu bewahren. Aber Erneuerung ist auch hier nötig. Wissenschaftliche Analysen zeigen, daß u. a. folgende Wünsche, Interessen als immer wichtiger von den Werktätigen empfunden werden: qualitativ hochwertige, persönlichkeitsfördernde Arbeit, die auch arbeitsmedizinisch und ökologisch höheren Ansprüchen genügt; ein flexibilisiertes Arbeitszeitregime bei gleichzeitiger Verkürzung der Wochenarbeitszeit – aber hier dürfen wir uns nicht selber durch die Gewerkschaften unter Druck setzen lassen, sondern müssen alles ausdiskutieren – und wesentlich größere Auslastung der Arbeitszeit selbst –, und da liegen große Reserven; ökologisch und sozial progressive Umgestaltung unserer Lebensumwelt; die qualitative Entwicklung unseres Wohnfonds; die Infrastruktur der Städte und Gemeinden mit sehr viel mehr autonomen Gestaltungsräumen für Individuum und für Kollektive; Umstellung der Konsumtion von primär extensiven Tendenzen zu einer mehr auf die Persönlichkeitsentwicklung gerichteten Konsumtion; der Abbau gesundheitlich und auch ökologisch negativer Verbrauchstendenzen im Bereich von Nahrung und Genuß; Entwicklung moderner, innovativer, ressourcensparender industrieller Konsumgüter; Ausbau der Dienstleistungen und der Freizeitmöglichkeiten. Diese individuellen Ansprüche verkörpern durchaus auch gesellschaftliche Notwendigkeiten. Eine solche Neubestimmung sozialer Politik wäre meines Erachtens eine zukunftsträchtige sozialistische Alternative zur kapitalistischen Politik; denn vieles davon ist nur tatsächlich im Sozialismus zu realisieren.

3. Die Wirtschaftsreform sollte auf der Basis des bisher Gesagten eine durchgreifende Ökonomisierung der ganzen Wirtschaft, ja unserer ganzen Gesellschaft bewirken. Die Beziehungen in der Wirtschaft nach innen wie nach außen, untereinander und zu anderen Bereichen, wie der Wissenschaft, müssen tatsächlich Ware-Geld-Beziehungen werden und stets von der Einheit der Frage ausgehen: Wie dient das der Bedürfnisbefriedigung? Was kostet die Sache? Was bringt sie ein? Dabei müssen die Antworten zu Ende gedacht und stets in ihrer Komplexität gesehen werden. Subventions- und Preispolitik gilt es unvoreingenommen zu überdenken. Das Leistungsprinzip als ein Bewegungsprinzip der sozialistischen Gesellschaft muß für den einzelnen gelten wie auch für jede Wirtschaftseinheit. Gute, ehrliche Arbeit muß so abrechenbar und nachprüfbar auf jeder Ebene zum Maß aller Dinge werden. Weder von Sonderrechten noch von Privilegien darf abhängen, was sich der einzelne leisten kann. Es darf auch keine privilegierten Betriebe und Kombinate geben. So wie Lohn und Gehalt in viel stärkerem Maße leistungsabhängig sein müssen, muß das auch für die Betriebe durchgesetzt werden. Die bisherigen Praktiken und auch die ersten neuen Überlegungen zur Durchsetzung des Prinzips der Eigenerwirtschaftung der Mittel werden dem nur ungenügend gerecht und werden uns in dieser Form nicht zum gewünschten Ergebnis bringen.

Größter Aufmerksamkeit bedürfen die Fragen der Geldwirtschaft. Voraussetzung für die Ökonomisierung und für entschieden mehr Eigenverantwortung ist die gründliche Abkehr von einer überzogenen Zentralisierung der Planung und von einer Leitung mit einer aufgeblähten bürokratischen Administration. Das wird den Kollektiven in Industrie und Landwirtschaft jene Räume für Initiative und Kreativität öffnen, die in den letzten Jahren immer kleiner wurden.

Ich bin mir im klaren, daß die Wirtschaftsreform in Etappen durchzuführen und kein einmaliger Akt sein wird. Sie muß sich von nun an als ständiger Lernprozeß vollziehen. Und ich sage offen: Fehler sind dabei möglich und von vornherein nicht auszuschließen. Die Wirtschaftsreform bedarf gerade deshalb der Öffentlichkeit in der Beratung und auch in der Kritik sowie das engste Bündnis mit der Wissenschaft. Alles muß getan werden, um bei der Ausarbeitung der Reform schwerwiegende Fehler zu vermeiden. In diesem Zusammenhang finde ich es als nicht zeitgemäß, daß die Festlegung der 9. Tagung des ZK zur Bildung von Arbeitsgruppen nicht realisiert wurde und in Vorbereitung der heutigen Tagung kaum kompetente Experten, Wissenschaftler und Generaldirektoren genügend einbezogen waren. Wir leisten diese Arbeit nun mühsam im Plenum, sollten aber eine solche Tatsache (sich) nie wiederholen lassen.

Genossen! Ich wollte zur Lage sprechen, Konstruktives anbieten und zeigen: Wir haben in der DDR noch eine Chance für den Sozialismus, ja ich glaube, bei aller Schwere eine wirkliche Chance und eine ganz enorme Verantwortung. Auch im Vergleich zu den anderen sozialistischen Ländern haben wir, was wirtschaftliche und soziale Leistungen anbetrifft, immer noch einen relativ günstigen Ausgangspunkt. Die Massen des werktätigen Volkes unseres Landes treten für den Sozialismus ein, für einen neuen Sozialismus, in dem der Mensch, der mündige Bürger mit seinen Rechten, seiner schöpferischen Fähigkeit und seiner Arbeit das Maß der Dinge ist. Mir persönlich ist bewußt: Wir werden es sehr, sehr schwer haben und hart kämpfen müssen, wenn man in Jahren über uns sagen soll: In der schwersten Prüfung für eine Sozialismus-Entwicklung in der DDR waren sie nicht kleinmütig und haben im besten Sinne des Wortes ihr Bestes für die Sache des Sozialismus und unseres Volkes gegeben. *(Beifall)*

Vors. Egon Krenz: Ich habe vergessen, den nächsten Redner anzusagen. Als nächster spricht Genosse Dickel, Genosse Fritz Dickel, und dann, je nachdem, wie wir dann weiterkommen, Rudolf Winter.

Friedrich Dickel: Liebe Genossinnen und Genossen! Bevor ich zu dem komme, was ich als Auftrag der Genossinnen und Genossen unserer Organe, insbesondere der Deutschen Volkspolizei, zu sagen habe, bewegt mich wie euch alle die tiefe Sorge in unserem Land und unserer Partei. Ich bin nun schon – ich bitte um Verständnis, wenn ich vielleicht etwas sage hier – ich bin nun schon seit sechzig Jahren in der Arbeiterbewegung tätig. Immer hat mich unsere Sache, die Sache des Volkes, mit Optimismus erfüllt, auch in schweren Zeiten: in der Weimarer Republik, in der Illegalität, als Kämpfer in den Interbrigaden in Spanien, im Großen Vaterländischen Krieg in der Roten Armee, in der Zeit des Neuanfangs nach dem verheerenden aller Kriege, bis heute.

Ich sage das deswegen, es gibt ja auch hier im Saal noch einige dieser meiner Generation. Diese Aktivisten der ersten Stunde, auch wenn das Wort vielleicht nicht mehr bei den einen oder anderen gelten sollte, haben mit großer Anstrengung und Verantwortung in den ersten Jahren ihre ganze Kraft eingesetzt, haben ihre Gesundheit geopfert. Und ich sage das hier in aller Verantwortung, mit Zehntausenden, ja Hunderttausenden von Kommunisten, die ehrlich und aufrecht ihre Aufgaben erfüllt haben in all diesen vierzig Jahren. Das steht heute auch zur Diskussion. Und ich glaube, wir tun gut daran, und davon bin ich zutiefst überzeugt, daß unsere Partei auch diese komplizierte Zeit, diese große Bewährung bestehen wird. Den Weg der Neugestaltung mit Zuversicht, Mut und ganzer Kraft erfolgreich werden wir gehen. Er wird uns ohne Zweifel harte Arbeit verlangen, damit wir wieder das Vertrauen unseres Volkes gewinnen, die Partei aus der Erneuerung der revolutionären Umgestaltung geläutert und gestärkt hervorgeht.

Liebe Genossinnen und Genossen! Den Ausführungen des Generalsekretärs und dem Aktionsprogramm stimme ich von ganzem Herzen zu. Gewiß müssen wir noch uns alle viele Gedanken machen. Wir verfügen damit, glaube ich, über prinzipielle Orientierungen zur Aktivierung unserer Partei und zur Führung so notwendiger Erneuerungsprozesse unserer Gesellschaft. Darin sehe ich auch eine große Herausforderung an die Tätigkeit der Deutschen Volkspolizei und der anderen Organe des Ministeriums des Innern, die in vielfacher Beziehung zu unseren Bürgern und unserem gesellschaftlichen Leben stehen. Sie besteht vor allem darin, schöpferisch und initiativreich die Macht des ganzen Volkes, die sozialistische Staats- und Rechtsordnung und die Gewährleistung einer hohen öffentlichen Ordnung und Sicherheit für die Bürger und mit ihnen gemeinsam dafür zu sorgen, daß jeder in unserem Land in Ruhe und Geborgenheit unter Bedingungen hoher Rechtssicherheit leben und seiner friedlichen Arbeit nachgehen kann. Ich kann mit gutem Gewissen hier sagen, daß die Tätigkeit der Deutschen Volkspolizei in all den Jahren und immer darauf gerichtet war und ist, dem zuverlässigen Schutz der sozialistischen Errungenschaften, des friedlichen Lebens und der schöpferischen Arbeit unserer Menschen zu dienen sowie die Würde und Freiheit, das Leben und die Gesundheit der Bürger zu schützen und ihre Rechte zu gewährleisten.

Seit 43 Jahren stehe ich im Dienst der Schutz- und Sicherheitsorgane – ich spreche nicht von früheren Zeiten, also vor 1945. Seit 26 Jahren leite ich das Ministerium des Innern und die Deutsche Volkspolizei. Wir haben die Volkspolizei geschaffen, die fest und mit unserem Arbeiter-und-Bauern-Staat und unserem Volk verbunden ist. Ich stehe fest mit unseren Angehörigen der Deutschen Volkspolizei und unseren anderen Angehörigen fest zu unserer sozialistischen Sache. Seit einigen Wochen ist die Deutsche Volkspolizei massiven Angriffen ausgesetzt. Leider, und das muß ich hier offen so aussprechen, gab es während notwendiger Ordnungseinsätze, entgegen aller Befehle und Weisungen, das sage ich hier ausdrücklich, bei Zuführung und Verwahrung von vorläufig Festgenommenen durch einige Einsatzkräfte Befugnisüberschreitungen und auch Gesetzesverletzungen, die auch wir alle, das heißt unsere Angehörigen, scharf verurteilen. Unsere Dienststellenleiter haben sich dafür entschuldigt, ihr Bedauern ausgedrückt und Maßnahmen eingeleitet, die künftig solche Übergriffe ausschließen. Ich sage hier ausdrücklich: Wir werden alles tun, um eine gründliche Auswertung und Schlußfolgerungen zu ziehen, um den angerichteten Schaden wiedergutzumachen. Ich möchte aber auch zugleich sagen, daß diese Übergriffe einzelner, die ich auch sehr bedaure und für die ich mich bei den betroffenen Bürgern ausdrücklich entschuldige, nicht Anlaß sein dürfen, die gesamte Volkspolizei zu diskriminieren und die Würde und das Ansehen der Zehntausenden ehrlichen, fleißigen, volksverbundenen Volkspolizisten, unserer Abschnittsbevollmächtigten, der Schutzpolizisten, unserer Kriminalisten und so weiter heute in Frage stellen, wie das eben zur Zeit geschieht.

Unser Verfassungsauftrag ist nach wie vor und in der Periode der Erneuerung ganz besonders, den Aufbau der sozialistischen Gesellschaft und die Errungenschaften des Volkes zu schützen und das friedliche Leben und die Rechte der Bürger zu schützen. In diesem Geiste ehrlichen Bestrebens, dem Volke zu dienen, bilden und erziehen wir unsere Angehörigen an unseren Schulen und im System der politischen und fachlichen Weiterbildung sowie in der täglichen politisch-ideologischen Arbeit aus.

Unsere Wachtmeister, Offiziere und Zivilbeschäftigten haben immer wieder unter Beweis gestellt, daß sie aufopferungsvoll für unsere Bürger arbeiten. So war es möglich, Ordnung und Sicherheit in den Städten und Gemeinden kontinuierlich zu festigen, den Kampf gegen die Kriminalität wirkungsvoll zu führen, Brände und Brandschäden zu vermindern sowie die Sicherheit im Straßenverkehr weiter zu stabilisieren, um nur einiges zu nennen. Dabei stehen uns Hunderttausende freiwillige Helfer zur Seite, und viele Bürger arbeiten in einem vertrauensvollen Verhältnis mit unseren Organen zusammen. Das hat wesentlich dazu beigetragen, daß in unserem sozialistischen Land eine solche hohe öffentliche Ordnung und Sicherheit gewährleistet ist, in der die Bürger in Ruhe und Geborgenheit leben und arbeiten können. Sie können abends beruhigt und in Frieden ihre Freizeit, ihre Arbeit – ihre Freizeit und ihr Leben gestalten.

Es ist Tatsache, daß es kaum ein anderes Land gibt mit einer ähnlich niedrigen Kriminalitätsquote – obwohl wir uns auch da nicht zufriedengeben –, wie sie die DDR aufweist. Ich will hier nicht im weiteren auf die oft nicht leicht zu erfüllenden Aufgaben unseres Tätigwerdens eingehen, das kennen Sie selbst, liebe Genossen, zur Genüge. Gewiß wird die polizeiliche Tätigkeit nicht von allen gleichermaßen beurteilt. Was der eine als wertvolle Hilfe für sich empfindet, wenn ihm zum Beispiel das vermißte Kind gesund zurückgebracht wird, betrachtet ein anderer, der zum Beispiel auf Verkehrswidrigkeiten hingewiesen wird, aus seiner Sicht als Bevormundung oder sogar als Schikane.

Nicht selten spielen da die Emotionen eine die Vernunft beeinträchtigende Rolle. Der Erfolg unserer Tätigkeit hängt wesentlich vom richtigen Verhalten und Einschreiten unserer Volkspolizisten, aber auch von der Einsicht der Bürger ab. Unsere Angehörigen sind durch Gesetz und Dienstvorschriften verpflichtet, korrekt, konsequent und höflich ihre Aufgaben zu lösen.

Ich möchte nun noch einmal auf die Ereignisse und Störungen der öffentlichen Ordnung und Sicherheit der ersten Oktobertage zurückkommen. Unsere Führungs- und Einsatzkräfte ließen sich bei ihrem Handeln im Zusammenhang mit den Vorgängen der letzten Wochen von dem Auftrag leiten, der ihnen durch Gesetz über die Aufgaben und Befugnisse der Deutschen Volkspolizei und der Verfassung erteilt ist. Ich kann mir hier ersparen, auf die globale Hetze und die Verleumdungen von westlichen Massenmedien zur Diskriminierung der Deutschen Volkspolizei, der Schutz- und Sicherheitsorgane hier einzugehen. Von unseren Feinden erwarten wir kein Lob.

Es stimmt uns jedoch schmerzlich, wenn das Verhältnis unserer Bürger zur Volkspolizei gestört ist. Während in den Tagen vor und kurz nach dem 40. DDR-Jubiläum in unseren zentralen Medien wenig zu den wirklichen Abläufen dieser Ereignisse in Dresden, Leipzig und Berlin berichtet wurde, obwohl ich hier sage, daß diese einzelnen Demonstrationen, zum Beispiel in Dresden und hier in Berlin, einen ganz anderen Charakter und Ursache hatten – das muß man auch sehen –, lief die Lügenmaschinerie – also ich wiederhole mich: in den zentralen Medien wenig zu den wirklichen Abläufen dieser Ereignisse in Dresden, Leipzig und Berlin berichtet wurde, lief die Lügenmaschinerie der Feinde der DDR auf Hochtouren.[89] Das hat auch bei nicht wenigen Bürgern unseres Landes Emotionen gegen die Schutz- und Sicherheitsorgane und gegen die Volkspolizei insbesondere erzeugt. Auch wir bedauern es sehr, wie ich bereits sagte, daß es in einigen Fällen zu Befugnisüberschreitungen und Rechtsverletzungen durch Angehörige unserer Organe gekommen ist. Diese Angehörigen, gleich aus welchen Gründen sie sich dazu hinreißen ließen, und die sind unterschiedlich, haben in dieser komplizierten Situation unserer Sache großen Schaden zugefügt. Es wäre aber ungerecht, wenn allein diese Dinge, wie das zum Teil von einigen versucht wird, zur einzigen Bewertungsgrundlage für die Tätigkeit der zehntausendfachen Kräfte der Volkspolizei und der anderen Organe der Schutz- und Sicherheitsogane gemacht würde.

Die Einsatzkräfte, darunter viele sehr junge Volkspolizisten, unsere jungen Bürger, FDJler usw., haben besonnen gehandelt, sich trotz tiefster Beleidigungen und Erniedrigungen nicht provozieren lassen. Es muß aber auch darüber Klarheit bestehen, wenn den Maßnahmen, die der Aufrechterhaltung oder Wiederherstellung der öffentlichen Ordnung und Sicherheit und dem Schutz von Leben und Gesundheit dienen, Widerstand und Gewalt entgegengesetzt wird, so ist es unsere gesetzliche Pflicht, dagegen mit angemessenen Mitteln

89 Vgl. dagegen: Schnauze! Gedächtnisprotokolle, 7. und 8. Oktober 1989, Berlin/Leipzig/Dresden, Berlin 1990.

einzuschreiten. Das machte sich leider durch das Verschulden von provokatorisch und gewalttätig auftretenden Kräften notwendig, die, zum Teil auch unter Alkoholeinfluß stehend, in gemeinster Weise und mit brutalsten Mitteln gegen die Einsatzkräfte vorgingen. Ich muß noch einmal hervorheben: Es haben in der Öffentlichkeit Ereignisse stattgefunden, die nach unserem geltenden Recht ungesetzlich sind. Diejenigen, die zu solchen unkontrollierbaren Handlungen der Menschenkonzentrationen aufrufen, waren und sind sich offensichtlich nicht der Gefahr bewußt, die dadurch hervorgerufen wird. Selbst dann, wenn sie friedlich verlaufen, das ist auch eine Antwort an Genossen Hermann Kant, können sie zu ernsten Störungen der öffentlichen Ordnung führen, und das ist des öfteren in letzter Zeit in Erscheinung getreten. Der öffentliche Kraftfahrzeugverkehr wird dadurch lahmgelegt. Eilige Krankentransporte, Versorgungstransporte, der öffentliche Berufsverkehr können wegen dieser Störungen der Ordnung nicht durchgeführt werden bzw. unterliegen einer ernsten Behinderung. Die eingetretenen Störungen der öffentlichen Ordnung und Sicherheit in den Tagen zwischen dem 2. und 8. Oktober in Dresden, Berlin und Leipzig reichen von Behinderungen des öffentlichen Lebens über Sachbeschädigungen, Zerstörungen von öffentlichen Einrichtungen, so zum Beispiel der Anlagen des Eisenbahnverkehrs in Dresden, massiven Angriffen auf Leben und Gesundheit von Bürgern bis zu Aufrufen zu staatsfeindlichen Aktionen und Morddrohungen sowie aktivem Widerstand gegen gesetzlich notwendige Maßnahmen.

Es sträubt sich einem die Zunge, die Gemeinheiten, Beleidigungen und Brutalitäten, den ganzen Haß, mit dem unsere Angehörigen konfrontiert wurden, hier zu wiederholen. Insbesondere in Dresden und Berlin, aber auch in Leipzig, wurden die Einsatzkräfte angespuckt und bedroht, mit Fußtritten, Faustheiben, Steinen, Eisenstangen und Reizsprays angegriffen. In diesem Zusammenhang wurden, wie Sie bereits wissen, über hundert Volkspolizisten teilweise erheblich verletzt. Nicht alle ungesetzlichen Demonstrationen und Kundgebungen oder insbesondere die der jüngsten Zeit, hier stimme ich Hermann Kant voll zu, sind durch die genannten Erscheinungen charakterisiert. Es bleibt aber eine Tatsache, daß auch bei Aktionen, die von ihren Organisatoren oder Befürwortern als sogenannte gewaltlose Demonstrationen deklariert wurden, Einsatzkräfte durch Randalierer, aufgeputschte Störer und kriminelle Elemente, nachweisbar unter ihnen mehrfach Vorbestrafte, massiv tätlich angegriffen wurden. Für Randalierer und Störenfriede, Rowdys und asozial Lebende, die wir ja auch noch haben, sind solche Möglichkeiten der Konfrontation mit den Schutz- und Sicherheitsorganen eine willkommene Gelegenheit. Sie tragen den Keim zur Konfrontation und Gewalt ständig in sich und sind eine ernste Gefahr für Ruhe, Ordnung und Sicherheit in unseren Städten und Gemeinden, unserer Bürger.

Die Bürger unseres Landes, eingeschlossen auch diejenigen, die, aus welchen Gründen auch immer, an Demonstrationen in friedlicher Absicht teilnehmen, haben auch ein Recht auf Sicherheit und ein nach den gesellschaftlichen Normen ablaufendes öffentliches Leben. Ausgehend davon war und ist das Handeln der Volkspolizei trotz der Rechtswidrigkeit von Aktivitäten auch größerer Personengruppen von größter Zurückhaltung und Besonnenheit geprägt. Dazu wurden die Angehörigen unserer Organe, auch in diesen letzten Wochen, durch eindeutige Befehle und Weisungen angehalten. Wir haben alles unternommen, um von vornherein entsprechend unserem Auftrag keine Eskalation und Zuspitzung der jeweiligen Lage und insgesamt zuzulassen. Das befolgten auch die Einsatzkräfte trotz der komplizierten Situation, in die sie gestellt waren. Überall dort, wo die öffentliche Ordnung und Sicherheit erheblich gefährdet war, insbesondere wo Gewalt gegen Bürger, Einrichtungen oder die Sicherheitsorgane praktiziert wurde und deren Eskalation unübersehbare Folgen befürchten ließ, hat die Volkspolizei nach Recht und Gesetz gehandelt. Ich frage hier, auch Genosse Modrow weiß das, was dort in Dresden hätte entstehen können, wenn wir dort nicht eingegriffen hätten, auch mit besonderen Mitteln, das wäre eine unermeßliche Katastrophe für die Menschen geworden.[90] *(Unverständlicher Zuruf)* Dort am Hauptbahnhof meine ich, dort in dieser ganzen Lage. *(Unverständlicher Zuruf)* Bitte? *(Unverständlicher Zuruf)*

Zuruf von Egon Krenz: Ich verstehe nicht!

Ich würde sagen, nicht, sollen die Betreffenden darauf antworten. Gestattet – bitte? *(Unverständlicher Zuruf)* Also Genossen, wenn das nicht geschah, – *(Unruhe, Klingel des Vorsitzenden)* – wenn also jeder Bürger, der sich mit der Gewalt gegen den Staat oder seine Einrichtungen beziehungsweise Sicherheitsorgane nicht identifizierte, hatte er die Pflicht und die Möglichkeit, den Forderungen der Volkspolizei zum Verlassen des Einsatzraumes Folge zu leisten, ohne von ihr behindert zu werden. Das wurde auch mehrfach durch Aufrufe über Lautsprecher und andere Mittel, über stundenlang wurde das durchgeführt, und wir befanden uns in der Gefahr, daß durch das Nichteingreifen diese Lage noch eskaliert wurde.

Zuruf: Der Bahnhof war blockiert. (Weiterer, unverständlicher Zuruf)

Ja. Wie anders hätten sich unsere Angehörigen am Abend des 7. Oktober – diese Frage muß ich hier stellen – verhalten sollen, da beabsichtigt war, zum Palast der Republik und zum Brandenburger Tor zu ziehen.[91] Die Losungen dieser Menschen waren eindeutig durch Gewaltdrohungen geprägt. Und das kann man auch nicht einfach wegwischen und sagen, das waren hier friedliche Demonstranten. Unsere Gäste aus dem Ausland befanden sich zum Teil im Palast der Republik oder auf dem Weg nach Schönefeld bzw. in ihre Residenz. Nur mit Mühe gelang es den eingesetzten Kräften, die dafür festgelegten Straßen wieder freizumachen.

Unsere Angehörigen, die, mit den Lehren der deutschen Geschichte wohl

90 Vgl. Eckhard Bahr, Sieben Tage im Oktober, S. 13 ff.; Heike Liebsch, Dresdener Stundenbuch. Protokoll einer Beteiligten im Herbst 1989, Wuppertal 1991.

91 Vgl. dazu Dähn/Kopka, Und diese verdammte Ohnmacht, S. 15 ff.

vertraut, zum Dienst für das Volk und zum Schutz seiner Interessen im Geiste des Antifaschismus erzogen sind, werden aus der Menge als »Faschisten«, als »Nazis«, als »Verbrecher« und »Bullenschweine« und »SS-Halunken«, eh, eh, und ähnliches beschimpft. Sie sehen sich mit der Situation konfrontiert, wo sie bewußt provoziert und tätlich angegriffen werden. Was soll ein Angehöriger unserer Schutz- und Sicherheitsorgane tun, wenn eine aufgeputschte Menschenmenge sich in Richtung Staatsgrenze bewegt, wenn aus der Menge gerufen wird: »Auf zum Brandenburger Tor!«, »Die Mauer muß weg!« – Egal, wie man heute dazu stehen mag aus der Entwicklung der Geschichte. Diese Grenze ist da und diese Grenze muß geschützt werden, solange wir diesen Auftrag haben. *(Starker Beifall)*

Ja, Genossen, nicht nur Rufe, – nicht nur Rufe! – sage ich hier; unseren Genossen wird, diese psychologische Seite, mit den Händen vor den Augen – mit der Kerze werden ihnen die Augenbrauen verbrannt! Und so sieht die Wirklichkeit im Leben aus. Und da nutzen mir keine schönen Worte, sondern wir haben dafür zu sorgen, daß Ordnung und Sicherheit und unsere Bürger in Ruhe und Frieden leben können. Es kommt hinzu, – *(Beifall)* – es kommt hinzu, daß unsere Angehörigen sehr wohl zu spüren bekommen, wie sich die Hetze in den Massenmedien der BRD und Westberlins gegen sie auswirkt. Diejenigen jenseits – und ich sage auch in voller Verantwortung – diesseits der Grenzen, die bei uns die Machtverhältnisse ändern wollen, richten ihren Hauptstoß heute gegen unsere Partei, gegen die Schutz- und Sicherheitsorgane als ein festes Bollwerk für unsere Arbeiter-und-Bauern-Macht, und auf die Errungenschaften, die wir nicht vergessen dürfen, wie wir das heute auch hier gehört haben, das wir in vierzig Jahren in ehrlicher und aufrechter Arbeit geschaffen haben. Wie unsere vierzigjährige Geschichte zeigt, sind sie ihnen von jeher ein Dorn im Auge. Sie greifen sie heute besonders massiv an, um die Wirksamkeit der Schutz- und Sicherheitsorgane zu lähmen. Das wissen unsere Genossen sehr gut, und sie sorgen dafür, daß diese Absicht der Feinde keine Chance hat.

Einen Gedanken, erlaubt mir, möchte ich in diesem Zusammenhang nicht unerwähnt lassen. Auch Volkspolizisten sind Menschen, sind Bürger mit Gefühlen und Emotionen. Nicht jede Handlung, der sie sich gegenübersehen, ist immer vorausberechenbar. Trotzdem erkläre ich mit aller Entschiedenheit: Dort, wo ein Angehöriger sich nicht nach Recht und Gesetz verhält, wurde – das war in der Vergangenheit so – und wird er auch in Zukunft zur Rechenschaft gezogen. So schmerzlich das auch ist, wir werden über solche, der Autorität und dem Vertrauen zur Deutschen Volkspolizei abträglichen Verhaltensweisen nicht schweigen und auch nicht den Mantel der Nächstenliebe decken.

Vieles, was in letzter Zeit an Haß gegen die Volkspolizei zum Ausdruck kam, an Beleidigungen und Bedrohungen gegen Leben und Gesundheit, richtet sich jetzt, liebe Genossinnen und Genossen, schon gegen die Familienangehörigen. Schon in der Schule. Wenn getankt wird, zeigt man uns den Vogel:

Du kriegst kein Benzin! In den Verkaufshallen werden die Frauen von unseren Genossen schon diskreditiert und verleumdet und beleidigt. So sieht das aus! Ich versichere hier in voller Verantwortung, daß die Angehörigen und ihre Vorgesetzten in der Deutschen Volkspolizei entsprechend der gesetzlichen Pflicht und ihrer Aufgabenstellung, unterstützt durch vielfache Aktivitäten unserer Bürger und ihrer freiwilligen Helfer, besonnen und zurückhaltend fast Übermenschliches geleistet haben. Befugnisüberschreitungen und Machtmißbrauch durch Angehörige unserer Organe wurden in dem fast 45jährigen Bestehen der Deutschen Volkspolizei nicht geduldet und werden auch jetzt und künftig nicht geduldet werden. Das ist ein fester Grundsatz der Erziehung, der Ausbildung und auch der Führung und Leitung unserer Angehörigen.

Genossinnen und Genossen! Auch für uns gilt im vollen Maße, was auf dem 9. Plenum festgelegt wurde und auf unserer jetzigen Tagung beschlossen wird, darüber nachzudenken, gründlich nachzudenken, und ernsthaft, wie wir noch besser und wirksamer unsere Aufgaben erfüllen müssen. Das verlangt, noch härter und effektiver zu arbeiten, und alles, was uns hindert, durch kluges Herangehen, dem Leben zugewandter Tätigkeit unserer Angehörigen mit den Bürgern und für sie, zu überwinden. Der Unterstützung und dem aktiven Mitwirken aller sind wir uns gewiß. Ohne eine hohe Rechtsordnung, liebe Genossinnen und Genossen, die der Entwicklung unserer sozialistischen Gesellschaft entspricht, kann kein gedeihliches Vorwärtsschreiten gesichert sein. Wir stehen fest zu dem Grundsatz der Gleichheit aller Bürger vor dem Gesetz. Insofern werden wir auch die Grundlagen unserer Tätigkeit einer gründlichen Überprüfung, auch hinsichtlich bürokratischer Züge und Hemmnisse, unterziehen müssen. Die Erneuerung und die dazu erforderlichen positiven Veränderungen werden wir konsequent mitgehen und mitgestalten. Als Polizei des Volkes werden wir unsere Pflicht unbeirrt und verantwortungsbewußt erfüllen.

Den Absichten des Feindes, der gerade jetzt alles gegen uns ins Feld führt, um die Destabilisierung und Demontage unseres sozialistischen Staates, die Beseitigung dieser größten Errungenschaft in der so wechselhaften, schicksalsschweren Geschichte des deutschen Volkes zu erreichen, müssen wir gemeinsam verhindern. Wir werden den Weg nach neuen Ufern unserer sozialistischen Gesellschaft konsequent mitgehen und mitgestalten. Ich danke. *(Beifall)*

Vors. Egon Krenz: Genossinnen und Genossen!

Moritz Mebel: Eine Anfrage!

Vors. Egon Krenz: Ja bitte, Genosse Mebel!

Genosse Moritz Mebel: Es gibt überhaupt keine Einwände, was der Genosse Dickel gesagt hat. Ich unterstütze es hundert-, tausendprozentig. Nur, lieber Genosse Dickel, die eine Sache ist, die auf der Straße passiert, die andere Sache ist das, was passiert mit Bürgern, die sich bereits in Gewahrsam befinden. Und da habe ich, das muß ich hier offen sagen, große Bauchschmerzen. *(Unruhe)*

Vors. Egon Krenz: Ich bitte doch, die Debatte jetzt in dieser Frage abzuschließen. Ich hatte vorhin den Vorschlag gemacht, daß der Genosse Wendland morgen das Wort ergreift. Ich denke, zu einer Reihe Fragen hat Genosse Dickel Stellung genommen. Und damit sollten wir jetzt in die Mittagspause eintreten bis 15.30 Uhr.

(Mittagspause bis 15.30 Uhr)

Vors. Egon Krenz: So, liebe Genossinnen und Genossen, wir setzen die Diskussion fort. Das Wort hat Rudolf Winter. Ihm folgt Günther Jahn.

Rudolf Winter: Liebe Genossinnen und Genossen! Von der 10. Tagung des Zentralkomitees werden konkrete Beschlüsse zur Erneuerung der Partei und des Sozialismus in der DDR erwartet. Mit der Einberufung der 4. Parteikonferenz ziehen wir eine richtige Schlußfolgerung aus der entstandenen Lage. Zu den Konsequenzen gehört auch die strenge Bestrafung der Genossen, die wider besseres Wissen die Meinung der Partei und des Volkes ignorierten und Machtmißbrauch zum Schaden unseres Landes und Volkes begingen. Große Bedeutung hat für uns die Erarbeitung und Umsetzung eines wirkungsvollen Aktionsprogramms. In dem vorgelegten Material sind aber viele Aufgaben nur grob formuliert, ohne konkrete Ziele und Termine zu nennen. Nach meiner Meinung ist das Programm von der Redaktionskommission noch entscheidend zu qualifizieren.

Meine weiteren Ausführungen richten sich auf die Fragen der Wirtschaftspolitik; vielleicht helfen sie auch, diese Arbeit am Programm noch zu verbessern. Im Referat wurde kein Zweifel darüber gelassen, daß der Erfolg der Umgestaltung des Sozialismus in unserem Lande entscheidend von der Leistungsfähigkeit unserer Wirtschaft bestimmt wird. Mit der politischen Wende muß deshalb in schnellen Schritten auch die wirtschaftliche Wende organisiert werden. In diesem Prozeß sind die von den Generaldirektoren und Betriebsdirektoren der Industriekombinate in der Leitungspraxis gesammelten Erfahrungen unverzichtbar. Bisher wurden sie aber nicht einbezogen.

Ich spreche als Generaldirektor des Werkzeugmaschinenkombinates »Fritz Heckert«, das wichtige Aufgaben für die Stärkung der materiell-technischen Basis der Volkswirtschaft zu erfüllen hat und auch ein bedeutender Exportfaktor ist. Unser Kombinat ist seit Jahren mit dem Weltmarkt konfrontiert, so daß wir uns ein gutes Bild über den wissenschaftlich-technischen Fortschritt in der Welt und über die Anstrengungen machen können, die mit dem Export devisenrentabler Erzeugnisse verbunden sind.

Auf was kommt es aus meiner Sicht jetzt an? Erstens dürfen wir die Anstrengungen zur Erfüllung des Volkswirtschaftplanes 1989 – wir dürfen dabei nicht nachlassen, und zwar in keinem Betrieb und in keinem Kombinat. Ich weiß, daß dazu viele Probleme geklärt und Schwierigkeiten beseitigt werden müssen, weil die von uns seit langem angesprochenen Disproportionen in der Volkswirtschaft dazu geführt haben, daß wichtige Zulieferererzeugnisse nicht bedarfsdeckend zur Verfügung stehen. Darüber hinaus fehlen bekanntlich Arbeitskräfte, die nur schwer oder überhaupt nicht ersetzt werden können. Von vielen Werktätigen, besonders in den Produktionsbereichen, den Leitern der Produktion bis zu den Betriebsdirektoren wird eine gewaltige Arbeit geleistet, die nach meinem Ermessen höchste Anerkennung verdient. In vielen Fällen helfen wir uns durch Delegierung von Werktätigen aus produktionsvorbereitenden und Verwaltungsabteilungen in die Produktion. Wir sind der Meinung, Einberufungen zum aktiven Wehrdienst und zum Reservedienst sind zwischen den Wehrkreiskommandos und den Betriebsdirektoren abzustimmen, damit die Produktion nicht noch weiter erschwert wird. Ein Wort zur Planerfüllung im eigenen Haus. Das Werkzeugmaschinenkombinat »Fritz Heckert« hat den Plan per 31.12. 89[92] bei hohen Zuwachsraten erfüllt. Wir leisten – das kann ich hier sagen – eine solide Arbeit. Das trifft auch für den Export, und zwar in alle Wirtschaftsgebiete, zu. Ich glaube, das ist bei den großen Anforderungen an den Valutahaushalt heute eine wichtige Aussage.

Zweitens müssen wir durch die Staatliche Plankommission in kürzester Zeit Entscheidungen zur Bilanzierung des Planes 1990 herbeiführen. Es geht um eine reale Zielstellung und die Herstellung richtiger Proportionen für das Wachstum der Zulieferindustrie und der Finalproduzenten. Die volle Bedarfsdeckung, das sage ich hier mit vollem Bewußtsein, der Finalproduzenten mit Zulieferererzeugnissen muß erzwungen werden, auch wenn dafür Kapazitäten und Investitionen umverteilt werden müssen. Hier zählen die Tage und nicht vielleicht Wochen oder Monate.

Drittens ist es notwendig, das mit viel bürokratischem Aufwand verbundene System der zentralen Leitung und Planung völlig neu zu gestalten. Der Ministerrat und seine Organe haben sich auf volkswirtschaftliche Grundsatzfragen zu konzentrieren. Dazu gehören grundsätzliche Entscheidungen zur Erreichung einer hocheffektiven Struktur der Volkswirtschaft, einschließlich der Export-Import-Struktur, die proportionale Entwicklung der Zweige, die Steuerung strukturbestimmender Investitionen, die Vervollkommnung der Wirtschaftsorganisation im Zusammenhang mit der Proportionierung der Volkswirtschaft. Eingeschlossen muß in die Überlegungen auch die bezirksgeleitete Industrie werden. Es gehört auch dazu die Durchführung der Jahres- und Perspektivplanung auf der Grundlage weniger Hauptkennziffern. Dazu sind die Vorgabe- und Abrechnungskennziffern für die Kombinate und Betriebe radikal zu verringern. Zur Beseitigung von Reibungsverlusten im Leitungsprozeß sollte die Anzahl der für die Leitung der Volkswirtschaft verantwortlichen zentralen Organe des Ministerrates stark reduziert werden. Ich unterstreiche die Ausführungen des Genossen Hans Modrow zu dieser Frage. Es ist sinnvoll, anstelle der bestehenden Industrieministerien für die gesamte metallverarbeitende Industrie ein einziges Ministerium zu bilden. Auch der Strukturaufbau der Staatlichen Plankommission ist auf die neuen Bedingungen auszurichten bei entscheidender Reduzierung der Beschäftigten.

92 Im gedruckten »roten« Protokoll ist als Datum der 30. Oktober 1989 angegeben.

Gleichzeitig ist die Zahl der vielen Kontrollorgane radikal zu reduzieren. In den letzten Jahren wurden bei auftretenden Schwierigkeiten in der Volkswirtschaft häufig nicht die dafür verantwortlichen Ursachen beseitigt, sondern Kontrollorgane zur Überwachung der Prozesse gebildet. So entstanden zum Beispiel die Planinspektion, die Energieinspektion, die staatliche Qualitätsinspektion und andere. Wir brauchen diese vielen Inspektionen überhaupt nicht.[93] Sie kosten nur Arbeitskräfte und Geld und erschweren die angestrengte Arbeit der Werktätigen in den Kombinaten und Betrieben. Notwendig ist aus unserer Sicht nur die staatliche Finanzrevision mit einer wirkungsvollen Arbeitsweise. Mit diesen Veränderungen werden nicht nur in den zentralen Organen des Ministerrates viele Arbeitskräfte frei, sondern es entstehen auch günstige Bedingungen für den Abbau von Leitungs- und Verwaltungspersonal in den Kombinaten und Betrieben. Der Vergleich mit kapitalistischen Industriebetrieben zeigt nämlich, daß dort auch unter den Bedingungen der Fabrikautomatisierung mindestens sechzig Prozent der Gesamtbeschäftigten in produzierenden Bereichen tätig sind. Bei uns ist der Anteil wesentlich niedriger. Darüber hinaus setzen wir viele Produktionshilfsarbeiter ein für Leistungen, die bei der Konkurrenz zum größten Teil durch Fremdbetriebe verrichtet werden. Davon kommen wir gegenwärtig nicht ab, das weiß ich, aber den Aufwand für Leitungs- und Verwaltungsarbeit können und müssen wir kurzfristig reduzieren.

Viertens halte ich es auch in Übereinstimmung mit anderen Generaldirektoren für notwendig, die Kombinate zu leistungsfähigen, sozialistischen Industriekonzernen weiterzuentwickeln. Dazu gehört die Erhöhung der Eigenverantwortung der Kombinate und Betriebe von der Forschung und Entwicklung der Erzeugnisse bis zum Absatz. Dazu gehört auch, das Prinzip der umfassenden Eigenerwirtschaftung anzuwenden und die Werktätigen mit Hilfe des Leistungsprinzips auf höchste Ergebnisse zu orientieren. Es sind auch Möglichkeiten zur persönlichen materiellen Stimulierung der Werktätigen in Abhängigkeit von den erreichten ökonomischen Ergebnissen, also vom Gewinn, zu schaffen. Das gibt's bisher in den Regelungen für die Eigenerwirtschaftung nicht, aber erst dann wird die Eigenerwirtschaftung viel wirkungsvoller. Es ist auch an der Zeit, darüber nachzudenken, wie sich interessierte Werktätige am Anlagevermögen der Betriebe beteiligen können und neben der Motivation zu hohen Leistungen auch die so dringend notwendige Akkumulationskraft der Volkswirtschaft erhöht wird. Denn wir haben ja aus dem Bericht des Genossen Krenz gehört, daß wir hier noch große Lücken haben, um die Akkumulationskraft in der Wirtschaft zu erhöhen. Ich sehe hier eine günstige Möglichkeit, wenn wir sie richtig durchdenken, eine große Wirkung zu erreichen. Natürlich beschreiten wir damit Neuland, aber der sozialistische Aufbruch in

93 Die Zahl der zentral erfaßten Kontrollgruppen bzw. der Arbeitsgruppen mit Kontrollfunktionen wurde im Entwurf eines Ministerratsbeschlusses vom 19.Dezember 1989 mit 97 angegeben (vgl. BArch-Berlin, DC-20, I/3–2883).

unserem Land stellt viele neue Aufgaben, und wir sollten uns nicht scheuen, auch in dieser Richtung zu beginnen.

Nach meiner festen Überzeugung ist auch mit der bereits in der Leitungstheorie beginnenden Auffassung Schluß zu machen, daß weltstandsgerechte Erzeugnisse nur in bestimmten Zweigen entwickelt und produziert werden können und danach die ganze Aufmerksamkeit immer nur auf diese Zweige gerichtet wird. Denn alle Überlegungen zur Entwicklung neuer Erzeugnisse sind nur durch die Möglichkeiten der internationalen Arbeitsteilung und Kooperation mit renommierten Firmen im RGW und NSW bis zur Bildung gemeinsamer Betriebe, also Joint Venture, einzubeziehen. *Da wachsen neue Möglichkeiten.*[94] Auch in Auswertung der Beratung zwischen Genossen Krenz und Genossen Gorbatschow, über die wir informiert sind, sind hier bisher nicht bekannte Maßstäbe in der Kooperation mit SW- und NSW-Partnern zu meistern. Wenn wir von sozialistischen Industriekonzernen sprechen, müssen wir natürlich auch an die Kollektivierung der Leitung herangehen, also Vorstände bilden, Aufsichtsräte; *meiner Meinung nach alles Dinge, die uns vorwärts helfen und das Interesse und auch die Wirksamkeit unserer Arbeit – das Interesse an unserer Arbeit und auch die Wirksamkeit weiter erhöhen.*[95]

Ein Wort zur Zulieferindustrie. Trotz hoher eigener Leistungen für die Entwicklung und Produktion von Zulieferbaugruppen sind wir natürlich auf niveau- und qualitätsgerechte Erzeugnisse der spezialisierten Zulieferindustrie angewiesen. Bei wichtigen Erzeugnissen wird die Zulieferindustrie, bezogen auf das erforderliche technische Niveau und die Zuverlässigkeit, unseren Anforderungen nicht gerecht. Diese Situation macht erhebliche Beistellimporte für die Exportproduktion erforderlich. International hat sich gerade in der Zulieferindustrie sowie für einige wesentliche Maschinenbaugruppen eine breite, über Ländergrenzen gehende Arbeitsteilung und Spezialisierung in vielen Stufen entwickelt. Das Innovationstempo in diesen Bereichen ist hoch, und dem Finalproduzenten werden eigenständig neue erprobte Lösungen angeboten. Gegenwärtige Praxis in unserer Volkswirtschaft ist, daß der Finalproduzent Entwicklungsforderungen mit sehr großem Vorhaltewinkel stellen und mit hohem Leitungsaufwand ständig um die Durchsetzung ringen muß. Damit hat der Finalproduzent auch viel Kapazität für die wissenschaftlich-technische Erarbeitung der Entwicklungsforderungen aufzubringen.

Es ist dringend notwendig, in der Zulieferindustrie eine marktorientierte Arbeit durchzusetzen und dort aus eigenem Antrieb solche Erzeugnisse zu entwickeln und in die Produktion überzuleiten, die zur Sicherung des wissenschaftlich-technischen Höchststandes der Finalproduktion benötigt werden. Indem Zulieferererzeugnisse bei Sicherung der vollen Bedarfsdeckung im Inland im größeren Umfang zu exportieren sind, erhalten sie auf dem Markt den Charakter von Finalerzeugnissen und damit gleiche Stimulierungsbedingun-

94 Dieser Satz wurde nicht veröffentlicht.
95 Die zweite Hälfte des letzten Satzes wurde nicht veröffentlicht.

gen. *Vielleicht klingt das komisch, wenn ich davon ausgehe, daß auf der einen Seite Zulieferungen für unsere Finalerzeugnisse fehlen und auf der anderen Seite von Export in diesen Zweigen spreche. Erstens geht es hier um ein Programm, das auch auf lange Sicht aufgebaut werden muß; zweitens bin ich aber auch der Meinung, daß kurzfristige Maßnahmen zur Proportionierung hier schon viel tun können, also schon im nächsten Jahr wichtige Schritte dazu eingeleitet werden müssen – oder fürs nächste Jahr.*[96] Ich bin mir darüber im klaren, daß dazu in der Zulieferindustrie die materiell-technischen Voraussetzungen geschaffen werden müssen. Aber solche Entscheidungen sind eben gerade Fragen für die jetzt notwendige Wirtschaftspolitik.

Fünftens. Von größter Bedeutung für die weitere Leistungsentwicklung unserer Volkswirtschaft ist die Beschaffung von Arbeitskräften für die produzierenden Bereiche. Auch größte Anstrengungen zur Rationalisierung und Automatisierung reichen nicht aus, um bestehende Defizite auszugleichen, ganz gleich, aus welchem Grund sie entstanden sind. Da im Handel, in den Dienstleistungs- und medizinischen Bereichen ebenfalls Arbeitskräfte benötigt werden, müssen die Reserven durch Beseitigung bürokratischer und aufwendiger Arbeiten in der Volkswirtschaft selbst und durch Reduzierung der hauptamtlichen Kräfte der Partei, des Staatsapparates und der gesellschaftlichen Organisationen gewonnen werden. Ich bin überzeugt, daß es möglich ist – und da habe ich mich mit vielen Genossen unterhalten, *und auch nicht erst heute, das sind Überlegungen, die schon lange zurückgehen, aber heute besonders aktuell werden. Ich bin überzeugt, daß es möglich ist,* mit der Veränderung von Arbeitsinhalten die im hauptamtlichen Parteiapparat eingesetzten Kader um fünfzig Prozent zu reduzieren bei gleichzeitiger Verbesserung der politischen Arbeit. Auch im Staatsapparat und in den gesellschaftlichen Organisationen sind ähnliche Maßstäbe anzulegen. Wir gewinnen damit Arbeitskräfte, der Staatshaushalt spart personelle und sächliche Kosten, zweckentfremdete Wohnungen, *in denen häufig solche Organisationen untergebracht sind,* werden frei, und was das Allerwichtigste ist: Die Werktätigen in der Volkswirtschaft schöpfen neuen Mut und werden selbst zu höheren Leistungen angeregt.

Wenn wir diese Aufgaben mutig und sofort in Angriff nehmen, werden wir – so bin ich fest überzeugt – vorwärtskommen. Nach meinem Dafürhalten müssen die festen Konturen der Wirtschaftsreform bis zur Parteikonferenz auf dem Tisch liegen. *(Beifall)*

Vors. Egon Krenz: Ich danke sehr herzlich. Genossinnen und Genossen! Bevor Günther das Wort nimmt, muß ich noch mal von der Tagesordnung abweichen. Euch ist ja bekannt, daß es ein Problem gibt, das uns alle belastet: die Frage der Ausreisen. Die tschechoslowakischen Genossen empfinden das allmählich für sich als eine Belastung, wie ja früher auch die ungarischen. Und: Was wir auch machen in dieser Situation, wir machen einen falschen Schritt. Schließen wir die Grenzen zur ČSSR, bestrafen wir im Grunde ge-

96 Die letzten beiden Sätze wurden nicht veröffentlicht.

nommen die anständigen Bürger der DDR, die dann nicht reisen können und auf diese Art und Weise ihren Einfluß auf uns ausüben. Selbst das hätte aber auch nicht – würde nicht dazu führen, daß wir das Problem in die Hand bekommen, denn die ständige Vertretung der BRD hat schon mitgeteilt, daß sie ihre Renovierungsarbeiten abgeschlossen hat. Das heißt, sie wird öffnen, und wir würden auch dann wieder vor diesem Problem stehen.[97]

Und der Genosse Willi Stoph hat als amtierender Vorsitzender des Ministerrates eine Verordnung vorgeschlagen, die ich jetzt hier doch verlesen möchte, weil sie vom Politbüro bestätigt worden ist, aber doch solche Wirkung hat, daß ich das Zentralkomitee nicht ohne Konsultation lassen möchte.

»Beschluß zur Veränderung der Situation der ständigen Ausreise von DDR-Bürgern nach der BRD über die ČSSR

Es wird festgelegt:

1. Die Verordnung vom 30. November 1988 über Reisen von Bürgern der DDR in das Ausland findet bis zur Inkraftsetzung des neuen Reisegesetzes keine Anwendung mehr.

2. Ab sofort treten folgende zeitweilige Übergangsregelungen für Reisen und ständige Ausreisen aus der DDR in das Ausland in Kraft:

a) Privatreisen nach dem Ausland können ohne Vorliegen von Voraussetzungen (Reiseanlässe und Verwandtschaftsverhältnisse) beantragt werden. Die Genehmigungen werden kurzfristig erteilt. Versagungsgründe werden nur in besonderen Ausnahmefällen angewandt.

b) Die zuständigen Abteilungen Paß- und Meldewesen der Volkspolizeikreisämter in der DDR sind angewiesen, Visa zur ständigen Ausreise unverzüglich zu erteilen, ohne daß dafür noch geltende Voraussetzungen für eine ständige Ausreise vorliegen müssen. Die Antragstellung auf ständige Ausreise ist wie bisher auch bei den Abteilungen Innere Angelegenheiten möglich.

c) Ständige Ausreisen können über alle Grenzübergangsstellen der DDR zur BRD bzw. zu Berlin (West) erfolgen.

d) Damit entfällt die vorübergehend ermöglichte Erteilung von entsprechenden Genehmigungen in Auslandsvertretungen der DDR bzw. die ständige Ausreise mit dem Personalausweis der DDR über Drittstaaten.

3. Über die zeitweiligen Übergangsregelungen ist die beigefügte Pressemitteilung am 10. November zu veröffentlichen.«

Diese Mitteilung hat folgenden Wortlaut:

»Wie die Presseabteilung des Ministeriums des Innern mitteilt, hat der Ministerrat der DDR beschlossen, daß bis zum Inkrafttreten einer entsprechenden gesetzlichen Regelung durch die Volkskammer folgende zeitweilige

97 Wegen der Besetzung des Gebäudes durch 130 ausreisewillige DDR-Bürger war die Ständige Vertretung der Bundesrepublik Deutschland in Ost-Berlin am 8. August 1989 für den Besucherverkehr geschlossen worden. An der Schließung wurde über das Ende der Besetzung hinaus festgehalten und dies mit dringend erforderlichen »Renovierungsarbeiten« begründet.

Übergangsregelung für Reisen und ständige Ausreisen aus der DDR ins Ausland in Kraft gesetzt wird.«

Und dann kommen faktisch die vier Punkte, die ich nicht noch einmal vorzulesen brauche.[98]

Ich sagte: Wie wir's machen, machen wir's verkehrt. Aber das ist die einzige Lösung, die uns die Probleme erspart, alles über Drittstaaten zu machen, was dem internationalen Ansehen der DDR nicht förderlich ist. Genosse Hoffmann?

Hans-Joachim Hoffmann: Genosse Krenz, könnten wir nicht dieses Wort »zeitweilig« vermeiden? Das erzeugt andauernd den Druck, als hätten die Leute keine Zeit und müßten sofort und so schnell wie möglich. Könnten wir nicht – ich kenn' den Gesamttext jetzt nicht – können wir das nicht vermeiden oder umschreiben?

Vors. Egon Krenz: Ja, man muß schreiben: »Entsprechend der gesetzlichen Regelung durch die Volkskammer folgende Übergangsregelung« und einfach »zeitweilig« streichen dann. Übergangsregelung ist ja eine zeitweilige.

Fritz Dickel: Bis zum Inkrafttreten des Reisegesetzes.

Vors. Egon Krenz: Also bis zum Inkrafttreten des Reisegesetzes geltende folgende Dinge, ja? *(Unruhe)* Einverstanden, ja? *(Unruhe)* Genosse Dickel, siehst Du da eine Schwierigkeit? Ist richtig so, ja? *(Unruhe, Klingel des Vorsitzenden)*

Fritz Dickel: Was die Veröffentlichung angeht ...

Zuruf: Lauter!

Was die Veröffentlichung angeht, vielleicht wäre doch zweckmäßig nicht das Ministerium des Innern, obwohl wir die praktische Durchführung machen, daß das Presseamt des Ministerrates das veröffentlicht. Denn das ist ja eine Verordnung des Vorsitzenden des Ministerrates.

Vors. Egon Krenz: Ja, ich würde sagen, daß der Regierungssprecher das gleich macht, ja.[99] *(Unverständlicher Zuruf)* Bitte?

Manfred Banaschak: Ja besteht nicht überhaupt die Gefahr, wenn wir einen solchen Passus aufnehmen, »zeitweilig« ...

Zurufe: Lauter!

Wenn wir einen solchen Passus aufnehmen, der besagt »zeitweilig« oder »Übergangslösung«, könnte das nicht eher die Wirkung haben, daß man meint, wer weiß, was kommt ... *(Unruhe)*

Zuruf: Das wurde gerade gesagt! (Unruhe, Weitere Zurufe)

Vors. Egon Krenz: Deshalb wird gesagt, daß wir sowohl »zeitweilig« wie auch »Übergangsregelung« vermeiden und sagen: Bis zum Inkrafttreten des Reisegesetzes, das von der Volkskammer zu beschließen ist, wird das und das und das angeordnet. – Einverstanden, Genossen?

98 Vgl. ND, 10. November 1989.
99 Tatsächlich wurde der gerade erst neuernannte DDR-Regierungssprecher Wolfgang Meyer von ADN für die Verbreitung der Meldung verantwortlich erklärt. Vgl. ebd.

Zurufe: Ja!

Gut. Danke schön. Das Wort hat Günther Jahn.

(Egon Krenz leise, bei abgeschaltetem Saalmikrophon, nur zu seinen Nachbarn am Präsidiumstisch: Das ist doch immer gut, so was zu machen!)

Nach Günther Jahn folgt Günter Sieber.

Günther Jahn: Liebe Genossinnen und Genossen! Zunächst ist es mir ein Herzensanliegen, von der zentralen Tribüne dieser bedeutsamen 10. Tagung unseres Zentralkomitees ein Wort des Dankes an die treuen Genossen meiner Bezirksparteiorganisation und an die zuverlässigen Mitstreiter unseres Havellandes zu richten. In den schweren Tagen der Oktoberwochen und des Novemberbeginns haben sie sich in den Betrieben und örtlichen Volksvertretungen bei der Dialogführung und Angriffsabwehr wacker geschlagen. Parteisekretäre und Bürgermeister, Gewerkschaftsfunktionäre und Verbandsaktivisten haben tapfer und unverzagt ihren Kopf für Sachen hinhalten und sich verantworten, teilweise sogar demütigen lassen müssen, die ursächlich nicht auf ihrer Ebene entstanden waren. Doch sie haben gekämpft und kämpfen weiter, tapfer, mutig und unverzagt, trotz alledem. In dieser bekenntnisfordernden Zeit, wo sich der politische Weizen von der Spreu, die echten Kämpfernaturen von den Schönwettergenossen, die ehrlichen Erneuerer von den Profilsüchtigen zu trennen beginnen, gelten mein Gruß und mein Respekt unseren Streitern an der Basisfront. Mein aufrichtiger Dank gilt allen Werktätigen des Havelbezirks, die bei konträr geführtem Dialog nicht nachgelassen haben, ihre Berufspflicht zu erfüllen. Es wird gerade in diesen Tagen nicht nur rechtschaffend, sondern in vielen Bereichen wahrhaft aufopferungsvoll gearbeitet. Die Erfüllung der Planaufgaben – das ist jetzt das Allerwichtigste.

Genossinnen und Genossen! Nie zuvor war mir ein Diskussionsbeitrag vor einem Plenum so schwergefallen wie dieser vor unserer 10. Tagung. Ihm sind Tage der Gewissenskonflikte und Nächte der Schlaflosigkeit vorausgegangen. Mit meiner inneren Selbstreinigung bin ich noch lange nicht am Ende, Aber nur mit seelischem Gleichgewicht ist ein neuer Anfang möglich. Ich jedenfalls möchte weder zu denen gehören, die sich im routinehaften Übereifer selbstkritische Asche aufs Haupt streuen, noch zu jenen, die so tun, als hätten es sie schon immer gewußt und gesehen –

Zuruf von Egon Krenz: Sehr richtig!

– und nur nicht so konnten, wie sie wollten. Nein, so nicht. Ich bekenne und bereue. Als Mitglied des Zentralkomitees und Erster Sekretär einer Bezirksleitung saß ich mit am politischen Steuerrad, habe es selbst nicht zeitig genug herumgerissen und somit Schaden verursacht. Doch soviel Verantwortungsgefühl habe ich noch, um zu sagen: Fahrerflucht wird nicht begangen! Und ob ich den Führerschein entzogen bekomme oder nicht, das entscheidet nicht die Straße, sondern die Genossen meiner Bezirksparteiorganisation. *(Starker Beifall)*

Worin sehe ich erste persönliche Antworten auf die parteiliche Frage: Wie konnte es geschehen?

1. Ich handelte in der zwar gutgläubigen, jedoch irrigen Auffassung, daß unsere Klassenposition in jedem Falle mit der Spitzenmeinung identisch sei. Kamen Zweifel hinsichtlich dieser Deckungsgleichheit auf, siegte eine falsch verstandene Parteidisziplin. Heute begreife ich und handele danach, daß nur die parteiliche Position wahrhaftig und verfechtbar ist, hinter der die Meinung unserer Parteikollektive steht und die auch vor der Öffentlichkeit Bestand hat, die mit dem eigenen Parteigewissen ohne Wenn und Aber vereinbar ist.

2. Ich habe zwar meiner Informationspflicht genügt, über Probleme und Widersprüche berichtet, jedoch war dazu viel an taktischen Überlegungen und diplomatischen Formulierungen dabei. Die Rückkopplung »von oben nach unten« wurde beim Ansatz »von unten nach oben« von vornherein einkalkuliert. Heute schaue ich der ungeschminkten Wahrheit betroffen ins Gesicht, aber auch mit dem unumstößlichen Vorsatz: je markanter die Lagedarstellung und je kantiger ihre Interpretation, desto dringlicher und vehementer ist die Entscheidungsabforderung zu ihrer positiven Veränderung.

3. Ich habe zwar in meinen Reden oder bei anderen Auftritten die Dinge oft beim richtigen Namen genannt, jedoch bei Veröffentlichungen mich aus vermeintlich guter Absicht einer Selbstzensur unterworfen. Die kritischen Stellen fielen dem Rotstift zum Opfer. Die Grundtorheit bestand in der Meinung, man dürfe dem ideologischen Gegner keine Munition für dessen Medienfeldzug liefern. Heute wissen und spüren wir, daß unsere kritisch-lebensnahen Medien dem Feind nicht nur die Munition entziehen, sondern – vorausgesetzt, es wird wahrheitsgemäß und volksverbunden berichtet – zu ideologischen Offensivwaffen werden.

4. Ich selbst habe zwar das Leitmotiv geprägt: Wir reden nicht über, sondern mit unseren Kunstschaffenden, jedoch wurden besonders an kritischen Punkten wiederholt Offenheit und Vertrauen dadurch geschmälert, daß wir den kritischen Künstlerblick auf gesellschaftliche Zustände als persönliche Angriffe auf uns Funktionäre gedeutet hatten. Ein Parteiarbeiter muß aber die menschliche Größe aufbringen, eine Theaterszene oder einen Kabarettext – auch und gerade dann, wenn sie sehr schmerzhaft unter die Haut gehen – als das zu nehmen, was sie sind: Anregung zur Veränderung oder Erneuerung.

Soviel zu meinen ersten Überlegungen. Allerdings setzte sich bei mir nicht erst um den 7. Oktober die Erkenntnis durch, daß es so wie bisher nicht weitergehen kann. Und da muß ich noch einmal auf eine bestimmte Äußerung vom Genossen Harry Tisch zurückkommen, die ihm am 13. Oktober, als das 9. Plenum noch am 15. November stattfinden sollte, auf der Elbewerft in Boizenburg herausrutschte: Und nun gibt es Leute, die fordern diese ZK-Tagung schon morgen.[100] – Zu diesen Leuten gehörte auch ich. Man könnte heute über diese Äußerung hinweggehen. Harry ist sie auch ja nur herausgerutscht, weil er wie ein Löwe gekämpft hat, aber dahinter verbirgt sich ja eine ganz prinzipielle Frage für morgen. Es kann doch in diesen ach so komplizierten

100 Vgl. ND, 14./15. Oktober 1989.

Zeiten durchaus wieder mal vorkommen, daß etliche ZK-Mitglieder der dringlichen Meinung sind, es müsse kurzfristig ein Plenum einberufen werden, und dann wäre es Sache des Führungskollektivs unseres Politbüros, den Vorschlag intern zu prüfen, und es läge nicht im Ermessen eines einzelnen Mitglieds des Politbüros, dies öffentlich abzulehnen. Etliche Parteiorganisationen, viele, viele Genossen und eine wahre Flut von Zuschriften haben mich und euch beauftragt: 1. Wählt ein vertrauenswürdiges und handlungsfähiges Politbüro; 2. beruft die Parteikonferenz zum frühestmöglichen Zeitpunkt ein; 3. Beschließt ein Aktionsprogramm mit Sofortmaßnahmen.

Die ersten beiden Punkte haben wir schon abgearbeitet. Und ich – das möchte ich hier ganz eindeutig sagen – ich kann nur in meine Bezirksparteiorganisation zurückkehren, wenn wir auch den dritten Punkt, ein Aktionsprogramm, beschließen. Wir können hier konträr diskutieren, wie wir wollen, aber einen Konsens, Genossinnen und Genossen, müssen wir finden: die einmütige Verabschiedung des Aktionsprogramms. Und wenn wir es einmütig verabschiedet haben, dann muß aber auch jedes ZK-Mitglied im Sinne dieses Aktionsprogramms auftreten und nicht, daß man dann im ND liest, »Das ZK-Mitglied tritt so auf«. in der »Jungen Welt« tritt man wieder so auf, und in »Sinn und Form« ist ein anderer aufgetreten – das wäre der Tod unserer Grundorganisation, Genossen. *(Beifall)*

Diese Plenumsdiskussion ist frei von Ergebenheitsadressen, aber das, was uns bei früheren ZK-Tagungen nahezu routinehaft über die Lippen ging, ist diesmal von ganz besonderem Gewicht, nämlich die persönliche Erklärung: Mit der Rede unseres Generalsekretärs bin ich mit allen Akzenten und Nuancen voll einverstanden. Das Aktionsprogramm für die Erneuerung des Sozialismus in der DDR eröffnet die neue Etappe vom sondierenden Dialog zur konstruktiven Partnerschaft. Unsere Genossen, die zeitweilig mit Bitternis spürten, wie alle möglichen Wortführer in ein ideologisches Vakuum vorstießen, werden nun mit beiden Händen nach dem Aktionsprogramm greifen, sich seine Grundlinie für das Handeln erschließen und uns alles abverlangen, wenn wir es mit ihnen erörtern. Endlich konstruktiv in die Diskussionsschlacht einzugreifen – diese Chance geben uns die Beschlüsse der 10. ZK-Tagung. Nutzen wir sie. Und nutzen wir sie nicht als Einzelkämpfer, sondern als formierte Kraft der Parteikollektive.

Ich muß noch einmal auf die Zwischenbemerkung vom Genossen Egon Winkelmann zurückkommen, das war bei dem Tagesordnungspunkt Wahl des neuen Politbüros, es sei vom Genossen Modrow ein mutiger Schritt gewesen, sich an die Spitze der Demonstration in Dresden zu stellen. Jawohl, für Dresden mag das sogar richtig gewesen sein, und dann findet das auch meine Zustimmung. Aber es wäre falsch, daraus zu schlußfolgern, daß es feige war, wenn sich andere Erste Bezirkssekretäre – zum Beispiel ich in Potsdam – sich nicht an die Spitze von Demonstrationszügen in vergleichbarer Situation bewegten. Die erste Losung, die sie trugen »Genosse Jahn – Zahn um Zahn« – da hätte ich ja noch mitgehen können, weil ich noch alle 32 Zähne habe. *(Hei-*

terkeit) Aber was dann folgte – »SED raus aus den Betrieben« oder »Stasi raus« und alle diese Losungen, da sage ich mir: Da kannst du doch nicht mitmarschieren!

Zuruf von Bernhard Quandt: Richtig!

Und da gebe ich keine Prinzipien auf, nur weil ich da die Sympathie von 25 000 auf einmal hätte haben können. Da trete ich so auf, daß ich meinen Kommunisten im Bezirk noch gerade ins Gesicht sehen kann. Das will ich hier mal prinzipiell feststellen. *(Beifall)* Meine Dialogpartnerschaft nach der 9. ZK-Tagung vollzog sich in ganz anderer Reihenfolge. Die hätten mich immer gern in ihre Kirche gezerrt und auf Straßen und Plätze, und ich mußte mich »feiger Hund« schimpfen lassen, aber ich habe gesagt, lieber ein feiger Hund als ein dummes Schwein.

Zuruf: Richtig! (Weitere, zustimmende Zurufe)

Ich ging zuerst ins Stahlwerk zu den Siemens-Martin-Öfern, und dann ging – kam 'ne Weile nichts, und dann ging ich erstmal ins Karl-Marx-Werk zu den Autodrehbauern. Danach ging ich zu unserer VP-Bereitschaft. Die hat aber saubere Hände, bei uns gab's keine Verletzten in Potsdam, das muß ich natürlich hinzusagen, auf beiden Seiten nicht. Aber das möchte ich auch mal sagen: Zu unseren VP-Bereitschaften zu gehen und das dann auch in der Presse zu bringen – denn wir sind ja keine Illegalen –, da gehörte auch Mut dazu, und dieser Mut war unsere Klassenpflicht in dieser Situation. *(Beifall)*

Und dann ging ich natürlich zu den Studenten der Pädagogischen Hochschule, und immer wieder, und immer wieder Arbeit mit meinen 1. Kreissekretären, nicht nur, um sie in den Kampf zu führen, sondern auch, um ihre Kampfmoral hochzuhalten. Der Schulterschluß war in dieser Situation ganz, ganz wichtig und ist auch weiter wichtig. Im umfassenden Dialog gebührte der Arbeiterklasse das erste Wort, und nach dieser 10. ZK-Tagung muß sie das dominierende Sagen weiter haben. Alle Unterstützung jetzt den Parteiorganisationen in den Betrieben! Popularität braucht ein 1. Bezirkssekretär, jawohl, Popularität ja, aber auf Kosten der Prinzipienlosigkeit? Nein, nein und nochmals nein!

Seit der Veröffentlichung der Erklärung des Politbüros bis zu dieser Tagung des Zentralkomitees waren 269 Kandidaten als neue Mitkämpfer unserer Bezirksparteiorganisation aufgenommen. Wer sich in diesen stürmischen Tagen in unseren Kampfbund einreiht, das ist wahrhaftig kein Konjunkturritter. Er weiß um die Bürde der Verantwortung und die Schwere der Aufgabe, die er mit seinem Bekenntnis zur Partei übernimmt. Deshalb nehmen wir ihn mit offenen Armen, ohne Rücksicht auf Statistik und Kategorie.

Auf der 6. Tagung im Juni 1988 beschloß unser Zentralkomitee die Thesen zum 70. Jahrestag der Gründung der KPD.[101] In der 10. These steht folgender

101 Vgl. 70 Jahre Kampf für Sozialismus und Frieden, für das Wohl des Volkes. Thesen des Zentralkomitees der SED zum 70. Jahrestag der Gründung der Kommunistischen Partei Deutschlands, Berlin 1988.

Satz: »Für den weiteren Weg war besonders jene Einsicht von Gewicht, daß die Kräfte, die für eine menschenwürdige Gesellschaft, für Frieden, Humanität und sozialen Fortschritt einstehen, immer wieder neu aufeinander zugehen müssen.«[102] Jawohl Genossen, das sind unsere eigenen Beschlüsse! Alle Dialogpartner müssen aufeinander zugehen, ob sie sich nun gegenseitig gefallen oder nicht. Die Genossen der SED und die Sprecher des »Neuen Forums«, die Vertreter des Demokratischen Blocks und die neuentstandenen Vereinigungen, damit aus den vielfältigen Reformvarianten sozialistischer Erneuerung die jeweils beste entspringt. Nur eine Alternative darf es nicht geben: die Umkehr zum Kapitalismus als Vorstufe imperialistischer Wiedervereinigung.

Aufrichtiger Dialog setzt natürlich ein Minimum an Anständigkeit der Gesprächspartner voraus. Dialogveranstaltungen, das beobachten wir in jüngster Zeit, sollen aber zu Tribunalen umfunktioniert werden, um gezielt den kämpfenden SED-Funktionär zu Fall zu bringen. So wird eine regelrechte Diffamierungskampagne in Gang gesetzt, um den Leumund zu beschädigen und bis zum Rufmord hochzuschaukeln. So sollen unsere Genossen verheizt und nervlich fertiggemacht werden. Das werden wir aber nicht hinnehmen und nicht zulassen. Was wir Kommunisten jetzt brauchen, ist die Solidarität der Genossen untereinander, der Frauen unserer Genossen, auch der Kinder untereinander, ja, die Solidarität der ganzen Genossenfamilie. – Der Schulterschluß als gegenseitiger Kraftquell ist jetzt eine ganz, ganz wichtige Sache.

Liebe Genossinnen und Genossen! Auf den Tag genau, an dem uns der Entwurf eines Aktionsprogramms für die Erneuerung des Sozialismus vorgelegt wurde, waren 1917 in der »Iswestija« Lenins Worte abgedruckt worden: »Der Sozialismus wird nicht durch Erlasse von oben geschaffen, seinem Geist ist der fiskalisch-bürokratische Automatismus fremd. Der lebendige, schöpferische Sozialismus – das ist das Werk der Volksmassen selbst.« Lenin fügte dem noch hinzu: »Nur der wird siegen und die Macht behaupten, der an das Volk glaubt, der bis auf den Grund der lebendigen Schöpferkraft des Volkes tauchen wird.«[103] Davon ausgehend haben wir Vertrauensverlust in Vertrauensgewinn umzukehren. Mit dieser 10. ZK-Tagung entscheidet sich, ob wir weiter an Initiative verlieren oder Initiative wieder in den Griff bekommen. Das verlangt zuallererst Bekennermut und Ehrlichkeit, Besonnenheit und Kämpfertum.

Auch mein erster Weg und der kürzeste Weg nach diesem Plenum wird mich in die Grundorganisationen der Hochburgen der Arbeiterklasse und der Zentren der Arbeiterjugend führen. Dort wurzelt die Macht und entscheidet sich die Erneuerung. Ich kenne keine Heldenstädte der DDR, aber ich kenne Heldentum in den Produktionsstätten. Und dort müssen wir jetzt hin. Gehen wir beherzt und mutig an die titanenhafte Arbeit! *(Beifall)*

Vors. Egon Krenz: Das Wort hat Günter Sieber. Ihm folgt Wilfried Poßner.

102 Ebd., S. 28.
103 Vgl. Wladimir I. Lenin, Werke, Bd. 26, Berlin 1980, S. 233 ff.

Günter Sieber:[104] Liebe Genossinnen und Genossen! Ich weiß, nach der Entscheidung und der Wahl gestern sollte ich eigentlich über ein anderes Thema hier auf dem schon jetzt für mich denkwürdigen Plenum sprechen. Aber über dieses Thema kann ich nicht sprechen; denn wie für so viele jetzt schon – und es werden sicherlich noch mehr in Zukunft sein – ist die Wendung für mich persönlich zu einer jähen Wendung geworden, im Sinne dessen, was wir früher als jähe Wendung formulierten.

Vielleicht habe ich dabei einen Vorteil insofern nämlich, als meine bisherige Entwicklung nicht frei war von solchen ziemlich schnellen und entgegengesetzten Wendungen, was die Funktion, was den Beruf und was die Tätigkeit betraf. Und oftmals habe ich es bedauert, d. h. mich selber bedauert, daß im Grunde genommen länger als acht Jahre nie eine Funktion, eine Arbeit gereicht hat. Jetzt möchte ich mich nicht mehr so sehr dafür bedauern, obwohl es jedesmal ein neuer Anfang war, manchmal von Punkt Null, neue Erkenntnisse erforderte und nur ein Teil dessen, was man bis dahin gelernt hatte, eingebracht werden konnte.

Nun, ich dachte, es wird einmal ja damit vorbei sein. – Einmal ist es ja auch damit vorbei, aber wie man sieht, galt das noch nicht für mich. Die letzten zehn Jahre, neun Jahre war ich hier Abteilungsleiter im Zentralkomitee hier, wie ihr wißt. Es wurde die Frage gestellt nach dem Apparat des Zentralkomitees, nach den Genossen des Apparates. Ich kann nicht für alle sprechen, darf das auch gar nicht, habe auch gar keinen Auftrag, kann nur für mich und vielleicht für die, die in meiner unmittelbaren Nähe tätig gewesen sind, sprechen. Jeder Apparat, Genossen, hat seine Regeln, braucht seine Regeln. Das war so und wird auch in Zukunft so sein. Vielleicht, ganz bestimmt, finden wir bessere Regeln, als wir sie bisher hatten. Vielleicht haben wir auch gelernt, die, die wir hatten, besser anzuwenden. Aber so wie die Genossen vor mir, der Günther, ein Held war ich nicht. Ich hatte nicht einmal übermäßigen Mut; ich will nicht sagen feige – das war ich nicht, das will ich auch nicht sein. Es hat keinen Zweck, sich etwas anzudichten, nur weil man glaubt, das macht zur Zeit einen guten Eindruck und will gehört werden. Ich muß euch ehrlich sagen, es ist auch schwer vorstellbar, zurückschauen, wie das hätte ausssehen sollen, ein solcher Held, die es hoffentlich in Zukunft nicht mehr zu geben braucht; da gebe ich Genossen Kant vollkommen recht, solche Art von Helden. Sehr schwer, sich das vorzustellen.

Aber eins bleibt natürlich, Genossen: Jede Funktion, jede Funktion hat Spielraum. Es gibt kein Amt, keine Funktion, keine Tätigkeit, die einem nicht Spielraum läßt im Rahmen der Regeln, im Rahmen der Ordnung und wie man das nennt. Und die Frage für uns alle, für mich, ist: Hast Du diesen Spielraum genutzt? Oder hast Du so getan, als gäbe es den nicht, das wäre natürlich viel bequemer. Den Spielraum nutzen, das heißt auch Risiko eingehen. Und ich

104 Der schriftlich vorbereitete, stark von dem gehaltenen abweichende Beitrag Siebers ist dokumentiert in: Schritte zur Erneuerung (1), S. 173 ff.

muß nicht so sehr, für mich überhaupt nicht mehr, für meine Genossen, die Genossen meiner Abteilung und viele, die mit uns zusammenarbeiten, zusammengearbeitet haben, sagen, dort, wo es möglich war, einigermaßen, wo es notwendig war, wo Gefahren offensichtlich drohten, haben sie den Spielraum genutzt. Besonders dann und dort, wo es um solche für uns lebenswichtigen, überlebenswichtigen Fragen wie die Beziehungen zur KPdSU und Beziehungen zu sozialistischen Bruderparteien gegangen ist, und unbeschadet dessen, welche Richtung die Dinge nach dem XI. Parteitag genommen haben: Die Beziehungen auf den entscheidenden Ebenen für die internationalen Kontakte, besonders zur KPdSU, waren stabil und unerschütterlich, handlungsfähig und, was sich besonders in der gegenwärtigen Zeit zeigt, für uns von ungeheurer Bedeutung.

Natürlich heißt Spielraum, Genossen, auch sich manchmal zu entscheiden, ihn selber zu erweitern. Ich weiß, es ist besonders, wenn sich's um Befehle handelt in der Armee, eine furchtbar schwere Geschichte. Da gibt es ganze Romane und Tragödien darüber, wenn man das tut. Auch das ist geschehen. Und ich möchte mich persönlich bedanken bei Genossen Erich Mielke, ohne dessen, ohne dessen – wie soll man das formulieren? – Einsatz ist das beste Wort – es vielleicht schwer gewesen oder unmöglich gewesen wäre, in bestimmten Situationen Schaden zu begrenzen und abzuwenden, auch, ja Genossen, auch für die eigene Funktion, für die eigene Person. Darüber müssen wir uns alle selber klar werden und werden sicherlich, genauso wie ich das tue, tausend Gelegenheiten jetzt finden, die wir verpaßt haben, die wir hätten nutzen sollen, wo mehr möglich war, als wir hätten tun sollen.

Aber hier gilt eben der Spruch, der inzwischen ja sich so tragisch erfüllt hat: »Wer zu spät kommt, den bestraft das Leben«. Und viele unserer Schicksale, unserer zukünftigen Möglichkeiten, für die Partei zu kämpfen, sind wohl damit verbunden. Wie, Genossen, glaubt ihr wohl, soll die Strafe aussehen? Das ist ein philosophischer Spruch, aber wir sehen ja, er hat sich bewahrheitet. Wir haben festgestellt, Schuld trägt nicht die Partei, Schuld tragen nicht die Millionen ehrlicher Parteimitglieder und Millionen von Werktätigen, die uns unterstützt haben. Die Schuld kommt auf uns zu. Genossen, das ist für mich, und ich denke, für wohl alle von uns, so relativierend, was unser persönliches Schicksal angeht, und so auffordernd, die Größe der Zeit oder der Größe der Zeit durch die Größe der Haltung und der Person, auch die Größe, die wir versäumt haben, zu rechtfertigen. Wir werden sehr, sehr viele Gelegenheiten dafür noch kriegen, das tun zu können.

Aber ich möchte nicht Genossen Hermann Kant zitieren, den ich gelesen habe, besonders den Zwischenaufenthalt, erschienen zu einer Zeit, als ich noch in Polen tätig war. Da mußte ich ihn lesen, mehrmals sogar (*lacht*). Sondern einen gleichfalls sehr großen Dichter, Goethe, der da sagt: »Nur der verdient sich Freiheit wie das Leben, der täglich sie erobern muß«. Setzt anstelle des Wortes Freiheit »Funktion«, dann habt ihr unsere heutige Situation. Da habt ihr sogar die Situation bezogen auf den Begriff Führung und führende Rolle.

Anders, Genossen, als täglichen Kampf, täglichen Beweis, täglichen Mut, schaffen wir es nicht, schaffe ich es nicht, schaffen wir wahrscheinlich es alle nicht.

Die letzten Wochen, Genossen, aber nicht nur die, waren erfüllt von Gesprächen mit Genossen, besonders der Parteien, wo solche Prozesse ähnlich wie bei uns schon Jahre und mitunter sehr viele Jahre verlaufen. Ich glaube, man muß niemanden auffordern hier, daß wir diese Prozesse nunmehr und schnellstens mit anderen Augen ansehen müssen, als wir sie oft angesehen haben, und das gilt nicht nur für die KPdSU. Und daß es eine grausame Illusion war, zu glauben, im Sinne dessen, ach wie gut, daß nicht wir sind wie jene. Es gibt, Genossen, aus diesen Prozessen, obwohl wir keine Zeit haben, sehr, sehr viel zu lernen. Sie sind alle spezifisch. Aber sie haben bei weitem mehr Ähnlichkeiten, vielleicht ist Gemeinsamkeiten etwas zu viel, mehr Ähnlichkeiten, als man schlechthin annimmt.

Und faßt man das, was wir gehört haben, in Moskau, in Warschau, auch in Budapest, zusammen, so kommen einige besonders markante Merkmale heraus, und zwar die Feststellung, die erste Phase ist die allerallerschwerste. Den bedeutenden Teil ihrer Schwierigkeiten, so erklären die Parteien, die sie in der nachfolgenden Zeit hatten – nach der ersten Phase – sind Schwierigkeiten, die entstanden sind in der ersten Phase, aus vielen Gründen, weil der Hauptwiderspruch, Genossen, und bedenkt, wie aktuell das ist, dieser Phase darin besteht, daß angesichts eines verschiedenartigen, in der Stärke, in den Druckpunkten, unterschiedlichen, aber generell vorhandenen Drucks der Widerspruch zwischen dem notwendigen, schnellen Reagieren, manchmal dem stundenschnellen Reagieren – wir erleben es – und dem auch rasend schnell wachsenden Demokratiebewußtsein hart aufeinandertrifft. Wir erleben das und werden das in den nächsten Tagen weiter erleben.

Die meisten der Genossen sagen uns: Wenn ihr könnt, trotz allen Drucks, trotz allen Zeitdrucks, entscheidet zugunsten des Demokratiebewußtseins! Auch das wird euch Kritik einbringen. Auch das wird euch Schwierigkeiten machen. Auch das schützt euch nicht vor Fehlern. Auf alle Fälle macht ihr nicht so viele Fehler, als uns durch Nichtbeachtung dieses Grundsatzes in der ersten Phase unterlaufen sind.

Ein zweiter Grundsatz ist – Grundsatz ist falsch ausgedrückt –, besser gesagt, ein zweites Merkmal: In dieser ersten Phase besteht ein Riesenbedarf an Konzeptionen. Das merken wir fast körperlich, wie es uns geht auf allen Gebieten der Gesellschaft, der Politik, der Wirtschaft, Kultur, und gleichzeitig aber ein Minimum an Vorlauf. So schätzen die Parteien das für sich ein. Ich glaube, Genossen, obwohl wir sehr, sehr viele kluge Menschen haben, die auch in der Vergangenheit vorausdenken konnten, aber gewaltig und ausreichend ist unser Vorlauf ebenfalls nicht. Und die Schwierigkeit besteht darin, daß wir trotz des Drucks diesen Vorlauf schaffen müssen. Und sie sagen in dem Moment: Paßt auf, daß Wissenschaft und Praxis zusammenbleiben. Aus irgendwelchen Gründen ist das da und dort auseinandergelaufen. Die Wissenschaftler waren für sich, die Praktiker waren für sich. Die Lösungen, die herauskamen, machen uns mitunter bis heute noch zu schaffen, weil es Modelle waren, weil es Vorstellungen waren, die nicht konfrontiert werden konnten, besonders auf dem Gebiet der Wirtschaft, mit den praktischen Erkenntnissen des Zustandes der Wirtschaft überhaupt. So wie sie überhaupt meinen, es war – und die KPdSU-Genossen sagen im Grunde genommen bis heute noch – für uns am allerallerschwersten, starten zu müssen in groß angesetzten Zielen und den Zustand unseres Landes nicht zu kennen oder über den Zustand des Landes sich Illusionen zu machen, keine Inventur, keine Bilanz und wenig Analysen zu haben. Das, sagen sie, hat uns die nächsten Phasen ungeheuer erschwert. Vielleicht haben wir, da unser Land nicht so groß ist, und der Bericht hat es gezeigt, wenn auch nicht viel Erfreuliches, viel Besorgniserregendes, aber doch die Voraussetzungen, real, so real wie nur möglich ohne Schminke den Ansatzpunkt zu finden und nicht in Illusionen und Denkschlösser zu verfallen.

Dann sagten sie: Ihr braucht Zeit! Ihr braucht Zeit! Ihr könnt sie euch nur erkämpfen, indem ihr die Reserven des ersten Zugriffs maximal nutzt. Was verstehen sie unter den Reserven des ersten Zugriffs? In der Produktion war das Arbeitsdisziplin. Ihr kennt das noch aus der Zeit nach dem XXVII. Parteitag der KPdSU. Aber sie meinen auch auf politischem Gebiet. Vergleichsweise könnte man sagen, daß es uns doch, Genossen, so denke ich und nicht nur ich, sondern viele, mit denen ich gesprochen habe, gut gelungen ist, sehr gut gelungen ist, den Genossen, die dort arbeiten, die Reserven des ersten Zugriffs auf dem Gebiet der Medien zu nutzen.

Das muß kein Widerspruch sein zu dem, was heute früh festgestellt wurde über die Lage und die Gefahren. Ich möchte sogar unterschreiben im Hinblick auf die Ausführungen von Genossen Gorbatschow vor den Verantwortlichen der Presse anläßlich des Chefredakteurwechsels der »Prawda«.[105] Man kann es nicht dick genug unterschreiben und nicht rechtzeitig genug berücksichtigen. Aber zunächst muß man sagen, diese Reserve haben wir genutzt. Ich weiß nicht, was es alles bedeutet, ich kann mich nicht mal für die Zahl verbürgen, ein Journalist hat mir das gesagt, ein Genosse, der in der Medienpolitik zu Hause ist, aber zur Zeit soll die Einschaltquote der »Aktuellen Kamera« bei 42 Prozent liegen, die von ARD liegt oder lag schon immer bei 8,7 Prozent.

Zuruf von Egon Krenz: Der Herr Rau hat mir eben erzählt beim Gespräch, entschuldige, daß man in der BRD sehr bedauert, daß man nicht überall unser Fernsehen einschalten kann. Unser Fernsehen sei interessanter als das in der Bundesrepublik.[106]

105 Vgl. Prawda, Moskau, 25. Oktober 1989 (russisch).

106 Krenz war an diesem Tag in der Mittagspause der ZK-Tagung zwischen 14.30 und 15.30 Uhr mit dem nordrhein-westfälischen Ministerpräsidenten Johannes Rau zusammengetroffen. Die Niederschrift dieses Gespräches ist dok. in: Heinrich Potthoff, Die »Koalition der Vernunft«. Deutschlandpolitik in der 80er Jahren, München 1995, S. 982 ff.

Möglicherweise, Genossen, werde ich sogar am Dienstag schon in der »Berliner Zeitung« in einer Weise genannt werden, was mir persönlich nicht im geringsten Spaß und Vergnügen bereitet und bestimmt meiner Frau auch nicht. Aber trotzdem würde ich dabei bleiben, bei dem, was ich sage. In dem Bestreben, uns zunächst einmal Luft zu schaffen, müssen wir die Genossen anerkennen, muß man sie auch loben, muß man ihnen auch Mut machen, daß sie im Gespräch mit uns bleiben; denn es war ein Gebiet, Genossen, wir diskutieren doch über unsere Medien, die Presse, nicht erst seit dem XXVII. Parteitag der KPdSU. Das bewegt doch unsere Partei seit Jahrzehnten, und es ist ein großer Teil unseres Kummers, daß über so lange Zeit keine Reaktion, nicht die geringste, irgendwie nachteilige erfolgt sind. Und das, Genossen, hat ein Vakuum unter den Journalisten erzeugt, die ja verkrüppelten unter den Bedingungen, die ihre Fähigkeiten, die, wie wir ja sehen, ganz andere sind, als wir sie bisher erlebt haben, nicht zur Anwendung bringen konnten.

Hohe Achtung habe ich vor den Auslandsjournalisten, vor allem der großen Gruppe begabter Leute, die wir in Moskau sitzen haben und die es besonders schwer hatten, besonders schwer hatten, die eine große Disziplin gezeigt haben, eine richtige Disziplin in dem Falle, weil es eine richtige und eine falsche gibt, und die jetzt mit vollem Einsatz dafür arbeiten, daß das, was Leitlinien unserer Politik zur KPdSU heute sind, voll verwirklicht wird.

Das gleiche gilt, denke ich, auch für die Genossen des Fernsehens. Wenn dort eine Lage war ähnlich eines Schnellkochtopfs, dem man das Ventil zuschweißt, ihn auf Flammenstufe III setzt und aus dem Zimmer geht, und es knallt tatsächlich mal was durch, Genossen, darf man sich nicht wundern. Es hat sogar, gemessen an der Lage, so wie sie mir aus der Redaktion bekannt ist in den letzten Jahren, Gott sei Dank, und so soll es bleiben, verhältnismäßig wenig geknallt.

Gibt es andere erste Reserven? Doch, Genossen, es gibt sie. Vielleicht tun wir uns auch ein bißchen zu schwer, ein bißchen zu langsam, wenn es um die sogenannten Vorzüge geht oder die Privilegien. In Berlin haben die Berliner den Eindruck – nun rede ich doch über Berlin –, manches ist nur noch reiner Trotz, der reine Versuch zu sagen: Wollen wir mal sehen, wollen wir mal sehen. Sie meinen bestimmte Straßenregelungen, sie meinen, obwohl die schon anders sind, aber doch noch nicht ganz anders, sie meinen, ob unbedingt die so großen Autos sein müssen, die eigentlich nur, so zeigen meine internationalen Erfahrungen, von Supermächten oder Entwicklungsländern gefahren werden. Dort sind sie noch größer. *(Heiterkeit)*

Da wir beides nicht sind, sollten wir eine Lösung finden, recht bald, Genossen. Heute früh bin ich, wie schon jahrelang, zur Arbeit gelaufen, nicht, weil ich volkstümlich sein will, sondern weil das die Gesundheit, der Arzt das von mir erpreßt hat, und es macht auch Spaß. Da treffe ich zwei am Bahnhof Alexanderplatz, die guckten, erkannten mich und sagten: Haha, da ist jetzt ein Wendehals, der nicht fliegt, sondern der läuft. *(Heiterkeit)* Ich sage: Hei, ihr beiden, ihr bringt es nicht fertig, mir meinen morgendlichen Spaziergang zu versauen. Wegen euch fahre ich nicht mit dem Auto, weder mit dem blauen noch mit dem schwarzen, noch mit einem großen oder kleenen, ich loofe weiter.

Und, Genossen, so meine ich das auch. Ich möchte auch alleine laufen: denn man soll eine Chance haben in dieser Parteiorganisation wie der Berliner Parteiorganisation, wo so vieles, vieles wie in jeder Hauptstadt zusammenläuft, herausgebildet hat, Tradition hat, alte und neue, wenigstens eine kleine Chance zu haben und sie nicht schon verloren zu haben, bevor man überhaupt ein einziges Wort gesagt hat. So ist doch die Lage.

Das letzte – sicher gibt es noch mehr Reserven des ersten Zugriffs: Ich weiß, wie die in den Bezirken schon genutzt worden sind, man muß darüber nachdenken. Es sind solche Elemente, die uns im Augenblick nicht viel kosten, die nicht viel Zeit brauchen, die emotionale Spannungen abbauen. Dazu gehört, Genossen – das ist nicht nur ein erster Zugriff, das ist ernster –: Da und dort, wo es Verstöße gegen das Gesetz gegeben hat, soll man nicht warten, bis das zum Gegenstand von oppositionellen Bewegungen oder sonst irgend etwas geworden ist, sondern das müßte das Wichtigste für unsere Parteikontrollkommissionen sein, von uns aus selbst in Ordnung zu bringen, bevor es zum Gegenstand von wüsten Verleumdungen, Hetzen und Lügen und Gerüchten geworden ist.

Nebenbei gesagt, Genossen, das gehört auch zum Apparat des Zentralkomitees: Die Mitarbeiter hier haben keine Ladenstraße – weil auch Genossen danach fragen – sie haben kein Schwimmbad, und sie haben auch keinen Tennisplatz. Sie haben einen Laden, den man schon lange aus hygienischen und bautechnischen Gründen sperren müßte, der den Namen »Tante-Emma Laden« nicht verdient, denn das ist eine weltweite Beleidigung für alle Läden dieses Typs. *(Unverständlicher Zuruf)* Du meinst nicht hier im Hause? Es geht mir um die Genossen, die hier sind; um die ging's mir.

Zuruf von Egon Krenz: Es wird in Wandlitz ab Sonnabend eine Kaufhalle geben, in der es Waren gibt, die in der ganzen DDR – die nur in der DDR zu erhalten sind. – Zuruf von Moritz Mebel: Sehr gut! (Beifall)

Das letzte, was uns die Genossen gesagt haben, scheint mir das Wichtigste: Es ist das gleiche, was Gerhard Beil hier gesagt hat. Ihr habt so, wie es uns auch gegangen ist, augenblicklich mehr als beide Hände voll zu tun, den Kopf nicht frei und kommt nicht zum Schlafen. Aber denkt daran, und da lest bitte schön, Genossen, herzlichst mal das Gespräch mit dem Genossen Rakowski, der über zehn Jahre die Szenerie in Polen erlebt und teilweise mitgestaltet hat: Denkt daran, daß ihr heute entscheiden und vorbereiten müßt eure Stellung in der Zukunft.[107] Und sie sagen: Wir hatten immer, Genossen, so sagten sie, in jeder Phase nicht ausreichend genug Phantasie, um uns vorstellen zu können, was auf uns zukommt. Und wir haben es uns auch zu wenig vorgestellt, und

107 Vgl. die Aufzeichnungen des Gesprächs von Krenz mit dem Ersten Sekretär des ZK der PVAP, Mieczyslav Rakowski, am 2. November 1989 in Warschau in: SAPMO-BArch, DY 30/J IV 2/2 A/3255.

jedesmal war unsere Partei unvorbereitet, jedesmal – so sagten sie – im Grunde genommen bis heute, sind wir hinterhergelaufen und brauchten wir lange, um die Partei auf die Linie einzustellen.

Deshalb, Genossen, unterstütze ich sehr, daß unmittelbar nach diesem Plenum eine nicht große, aber doch sehr kluge Gruppe erfahrener Genossen – es ist nicht die Frage, wie groß sie ist, es ist eine Frage mehr, daß sie wissen, wer über was gefragt werden kann – zusammentritt und arbeitet an den Varianten der möglichen Entwicklung im nächsten Abschnitt hinsichtlich seiner ökonomischen, seiner politischen, ideologischen Zeitbezogenheit und das, was man tun muß, um die Partei einzustellen. Zum Beispiel diejenigen, die – ganz gleich, wann das sein wird, die Wahl zur Volkskammer – diesen Wahlkampf führen sollen, führen müssen. Sie sollten jetzt auf die Schule geschickt werden, nicht auf die Lehrgänge, die dort laufen, sondern um jene Fertigkeiten zu lernen – der Egon sprach heute schon davon –, die man als ein Parlamentarier, Parlamentarier unserer Partei, braucht. Und wir wissen ja ehrlich im Moment schon kaum in den Geschäftsordnungen richtig Bescheid. Uns kann man ja schon im parlamentarischen Verfahren überfahren, ohne daß eine Vorlage zur Diskussion steht. Es war ja so, Genossen, es ist ja so. Warum sollten wir auch etwas lernen, was wir nicht brauchten? Um da zwei Stunden zu sitzen? *(Heiterkeit)*

Das wäre eine der Möglichkeiten, sich einzustellen. Wir haben die Parteischulen, eine Riesenkapazität. Dann sollten wir sie auch nutzen. Noch können wir sie nutzen. Deshalb denke ich, Genossen, die Forderung der Zeit ist der Kampf gegen die Zeit, um die Zeit, für die Zeit. *(Beifall)*

Vors. Egon Krenz: Das Wort hat Genosse Wilfried Poßner. Dann folgt Wolfgang Herger.

Wilfried Poßner: Liebe Genossinnen und Genossen! Auf dem 9. Plenum, mit dem 9. Plenum wurde eine Wende eingeleitet mit dem Ziel, die politische und ideologische Offensive wiederzuerlangen. Heute, rund drei Wochen später, muß gesagt werden: Das ist bisher nicht gelungen. Wir haben die Offensive nicht, noch nicht. Ein neuer Aufbruch war nötig. Er war es unbedingt und ist es noch. Aber mit Halbherzigkeit ist da meines Erachtens nichts zu machen. Schon das 9. Plenum selbst, seine Kaderentscheidungen und ihre Begründung – besser öffentliche Nichtbegründung – war eine solche Halbherzigkeit. Seit dem Plenum hat sich die Einschätzung der Lage in unserem Land nicht verbessert. Das Auftreten und Verhalten führender Genossen, allzu vorschnelle Wendeerklärungen, Rücktritte ohne Rechenschaftslegungen, das Hinhalten der Volkskammer – all das bestärkte viele Menschen, vor allem Jugendliche auch, in ihrem Gefühl, die Reden des Generalsekretärs und des Staatsratsvorsitzenden Egon Krenz seien möglicherweise nur Manöver, man stehe selbst in den führenden Gremien der Partei nicht dahinter.

Unsere Glaubwürdigkeit ist erschüttert. Das nicht zu verstehende Lavieren einzelner Genossen hat viele Funktionäre der Partei und der gesellschaftlichen Organisationen, auch der FDJ und der Pionierorganisation, in den Augen der Genossen und der Bevölkerung diskreditiert, letztere oft zu Unrecht. Und ist es auch noch so gut gemeint und noch so ehrlich in der Absicht – was, in Anführungsstrichen – »von oben« kommt, wird zur Zeit mit tiefem Zweifel belegt, und zwar solange, solange wir nicht konsequent genug offenlegen, was die Ursachen sind, die uns in diese Situation brachten. Dazu war die Rede des Generalsekretärs auf unserem Plenum ein erster, ein sehr wichtiger Schritt. Weitere müssen gegangen werden. Es geht nicht um Tribunale, es geht nicht um das Festmachen der Schuldfrage an nur einigen wenigen, einzelnen Genossen. Fehlentscheidungen sind möglich, ist doch jeder Schritt der Entwicklung des Sozialismus ein Schritt in unbekanntes Neuland. Fehler sind dabei nicht ausgeschlossen. Aber ich meine auch: Verantworten müssen sich jene Genossen, die – und so habe ich die Rede des Generalsekretärs verstanden – wissentlich die Partei und ihr Zentralkomitee nicht wahrheitsgemäß informiert haben, die subjektivistische Entscheidungen trafen, Entscheidungen, die uns in diese schwierige Situation gebracht haben. Und solange sich diese Genossen nicht erklären, sie sich nicht verantworten, ihre Motive nicht offenlegen, solange kommt meines Erachtens auch unser Zentralkomitee aus dieser Defensive nicht heraus. Dazu wird, dazu muß auf der beschlossenen Parteikonferenz geredet werden.

Tausende Menschen in unserem Lande sind aufgebrochen, zu viele leider in Richtung BRD, die Mehrheit aber, darunter viele Genossen und FDJler, noch immer mit dem Ziel, einen erneuerten, einen besseren Sozialismus im Ergebnis grundlegender Reformen zu schaffen. Ein neues politisches Selbstbewußtsein ist entstanden. Es artikuliert sich mehrheitlich kompetent, mitunter leidenschaftlich, zornig, protestierend. Die Partei als Ganzes, die eigentlich an die Spitze dieser Bewegung gehört, ist ihr hinterher, noch immer.

Unser konzeptioneller Ansatz war bisher in einigen Bereichen nicht kühn genug, konnte es wahrscheinlich auch nicht sein. Mit der Rede des Generalsekretärs und der bisherigen Diskussion auf dem Plenum wird manches klarer. An einigen Stellen, zum Beispiel in Sachen Registrierung des Antrags auf Zulassung oder Nicht-Zulassung des »Neuen Forums« schwankten wir zu lange. Dem angekündigten Dialog weichen noch zu viele aus. Wo unser klares Wort zu den Ursachen der krisenhaften Entwicklung im Lande fehlt, da reifen im Augenblick Gerüchte und Stimmungsmache. Wo die Menschen das Gefühl haben, durch uns einfach vereinnahmt zu werden, da wachsen Unmut, es wächst auch Zorn.

So laufen wir meines Erachtens mehr und mehr in Gefahr, daß die ehrlich gemeinte Bewegung im Volk von wenigen mißbraucht wird zu einem Generalangriff auf die Partei, der selbst vor physischem und psychischem Terror nicht haltmacht. Um so nötiger war das klare Wort zur Lage, und dieses Wort kann nur heißen: Die durch die 9. Tagung eingeleitete Wende ist erzwungen worden, in erster Linie durch die Ausreisewelle, die in schlimmen Dimensionen andauert, und durch die Demonstrationen. Aber ich sage auch, durch die besorgten Stimmen Tausender Genossen in der Partei in den letzten Monaten, durch Briefe, Eingaben und Reaktionen vieler Bürger, durch das Bekenntnis zur DDR und die Gorbi-Gorbi-Rufe der FDJler, die am Fackelzug am 6. Oktober teilnahmen. Jetzt ist doch die Situation im Lande so, daß sich viel Unsicherheit, Enttäuschung, aber auch leise Hoffnung miteinander verbinden. Noch sind die Ansätze dafür da, Vertrauen nicht wieder-, sondern wirklich neu zu gewinnen. Die wichtigsten davon sind die Bereitschaft der Mehrheit des Volkes, dieses Land auf sozialistischer Grundlage aus seiner augenblicklichen Krise herauszuführen, sind die Disziplin der Arbeiterklasse, die durch ihren tagtäglichen Kampf um die Produktion Schlimmeres an Einbrüchen bisher verhindert hat.

Die führende Rolle unserer Partei, sie muß meines Erachtens neu erkämpft werden. Sie wird uns nicht gesichert durch Paragraphen, nicht durch Nomenklaturen und anderes mehr, sondern nur durch Kompetenz, durch Arbeit, durch unsere Fähigkeit, sie im Bündnis mit anderen Parteien und auf einer breiten demokratischen Grundlage zu verwirklichen.

Mit dem Gesicht zum Volke – das muß zum ständigen Prinzip unserer Arbeit gemacht werden, und dazu sind Verbindlichkeiten in unserer Partei zu treffen, die nie wieder zulassen, daß wir das erst dann erkennen, wenn man mit dem Rücken zur Wand steht. In diesem Sinne Vertrauen neu zu gewinnen, geht nur durch Arbeit, durch Offenheit und durch eine klare Analyse, durch ein kühnes Konzept der Erneuerung, das setzt auf die nur dem Sozialismus eigenen Werte und Ideale, die sicher noch klarer zu definieren sind, ein Konzept, das in keinem Fall bauen darf auf beschwichtigende Versprechungen, die zur scheinbaren Beruhigung der Lage führen sollen.

Ich schlage in diesem Sinne vor, im Aktionsprogramm auf Versprechungen zum Beispiel in Sachen tausend kleiner Dinge, Obst und Gemüse, Ersatzteile zu verzichten, das haben wir so zigmal angekündigt, nie gehalten. Besser ist, es wirklich machen und dann darüber zu reden. *(Beifall)*

Genossen, nicht jeder Vorschlag, der im Augenblick unterbreitet wird, ist vernünftig. Auf einer Einwohnerversammlung in Oberhof wurde zum Beispiel gefordert, das dortige Haus der Jungen Pioniere zu einem Rentnerheim umzufunktionieren. Ich verstehe und teile die Sorge um das Wohl unserer älteren Mitbürger, aber glauben denn allen Ernstes manche Bürger, daß die Rentner, die Omas und Opas, selbst gern in ein Haus ziehen würden im Wissen darum, daß man vorher aus diesem Haus die Kinder im Alter der Unterstufe, Kinder aus industriellen Ballungsgebieten, die sich dort in einem dreiwöchigen Rhythmus erholen, hinausgeschmissen hat? Ich kann und ich will das nicht glauben. Und wie soll das weitergehen? Morgen fordert man die Pionierrepublik, übermorgen die Pionierhäuser, die zentralen Pionierlager. Was hat das mit der Abschaffung von Privilegien zu tun? Ich bin für eine maximale Auslastung aller dieser Einrichtungen. Nichts darf ungenutzt bleiben, aber eben durch die Kinder, die sind auch Volk, und die sollen künftig die einzigen Privilegierten im Lande sein. *(Beifall)* In unserem Land geht es um einen konzeptionell völlig neuen Ansatz für die Gestaltung des Sozialismus.

Das gilt meines Erachtens auch für den Bau eines qualitativ neuen Bildungs- und Erziehungskonzepts unserer Schule, das weit über den 9. Pädagogischen Kongreß hinausgeht, wie die Diskussionen zeigen. Das gilt aber auch für die Ausgestaltung einer neuen FDJ, einer neuen Pionierorganisation. Um es klar und deutlich zu sagen: Vieles muß hier neu durchdacht werden, vieles muß anders gemacht werden. Dazu braucht es des Wortes aus den Kollektiven, aber auch das der Wissenschaften. Seit den Oktobertagen erreichen mich zu diesem Thema zig Briefe, Anrufe, war ich dazu in vielen Gesprächen. Hunderte von Vorschlägen wurden unterbreitet, jeder einzelne wert, weiter diskutiert und geprüft zu werden, um in einem gründlichen, in einem öffentlich geführten demokratischen Meinungsbildungsprozeß zu den richtigen Lösungen zu kommen. Dabei sehe ich für die FDJ und für die Pionierorganisation die breite Erörterung zu einer Neufassung des Statuts als die zentrale Frage an, ist doch damit auch zu bestimmen, wo der Platz der Kinder- und Jugendorganisation im politischen System eines erneuerten Sozialismus sein soll.[108]

Ich meine aber auch: Achtung und Dank des Zentralkomitees verdienen Lehrer und Pionierleiter und Elternvertreter, die auch in dieser schweren Zeit darum ringen, täglich den Unterricht zu sichern und ein interessantes FDJ- und Pionierleben anzuregen. Besonders schwierig ist die Situation für die Geschichts- und Staatsbürgerkundelehrer, für die Lehrer und Studenten der Pionierleiter- und Lehrerbildenden Einrichtungen. Sie brauchen im Augenblick unsere besondere Hilfe. Besorgt stimmt mich allerdings die Art und Weise, wie einige, ich betone einige, nicht alle, Lehrer, Kreisschulräte, Kreisvorsitzende, Freundschaftspionierleiter, aber auch Väter und Mütter gegenwärtig dieses Problem erörtern. Ich betone: einige. Würde man ihnen folgen, dann würde aus der Schule, aus der Pionierorganisation bald ein Spielball, bald ein Tummelplatz der Emotionen. Ich möchte doch an die mahnenden Worte von Krupskaja erinnern, daß man das Kind nicht als lebendiges Eigentum betrachtet, mit dem man machen kann, was man will, daß man das Kind nicht als eine Last oder als ein Spielzeug betrachtet.

Aufgebrochen sind viele Fragen und Probleme, die zu lösen sind, auch zum Selbstverständnis der Schule und der Organisation unserer Kinder. Die Leidenschaft der dazu geführten Debatten ist verständlich. Unverständlich ist mir aber, daß einige mit einem Federstrich all das ausradieren wollen, was über vierzig Jahre auch an Gutem gewachsen ist, und daß wir uns als Pionierorganisation gestern wie heute dafür einsetzten und setzen, den Kindern eine tiefe Liebe zu ihrer Heimat zu entwickeln, ihrer Geschichte, ihren Sitten und Bräuchen nachzuspüren, daß wir sie gemeinsam mit vielen Pädagogen und gesellschaftlichen Partnern anregen, ihre Freizeit sinnvoll zu nutzen, daß es uns um das praktische Erleben sozialistischer Demokratie, um das Wahrnehmen der

108 Am 7. November 1989 hatte das Sekretariat des FDJ-Zentralrats über die weitere Entwicklung von Jugendorganisation und Pionierorganisation beraten. Den verabschiedeten Aufruf »Für eine neue FDJ!« vgl. in: Junge Welt, 8. November 1989.

Interessen der Kinder an der Schule geht, um das Ausprägen humanistischer Charaktereigenschaften – das kann nicht falsch gewesen sein, das war es auch nicht. Es ist einfach nicht wahr, daß diese unsere Organisation an sich ein einziger Irrtum ist. Es ist nicht wahr, daß sie ausschließlich lebte durch den Dirigismus scheinbar verknöcherter Lehrer und Pionierleiter, wie man es im Augenblick hier und da hört. Die Ursachen für die Fehlentwicklung, dafür, daß auch in der Pionierorganisation mancher konzeptionell richtig angelegte Grundgedanke im Leben nicht griff bzw. manches überhaupt nicht reifte an neuen Ideen, die Ursachen liegen tiefer. Ich sehe sie unter anderem darin, daß sich Grundzüge in der Anlage der entwickelten sozialistischen Gesellschaft seit längerer Zeit objektiv überlebt haben, wir es nicht rechtzeitig genug in der ganzen Konsequenz erkannten, oder als wir dann, wissend geworden, an Schranken stießen, nicht energisch, nicht kühn genug Gutes als gut und Falsches als falsch benannten, nicht nur im Zentralrat der FDJ, das war fast überall so im Lande. Meine Achtung gehört jenen ehrlichen Bürgern, die schon früher mehr Zivilcourage besaßen, die Dinge beim Namen zu nennen, und ich bin sehr für Rehabilitierung, wo ungerecht persönlicher Schaden genommen wurde.

Jetzt wird auch gefordert, die Kinder der 1. Klasse nicht mehr aufzunehmen in die Organisation, die Pionierorganisation umzuwandeln in eine lose Interessengemeinschaft im Territorium. Einige Lehrer weigern sich, weiter als Gruppenpionierleiter tätig zu sein. Einzelne FDJ-Funktionäre treffen Pauschalurteile über die Pädagogen und ihre Arbeit. So sehr ich Emotionen verstehe, wer ist frei von ihnen in dieser Zeit, ich appelliere an die Verantwortung aller Genossinnen und Genossen, Kolleginnen und Kollegen, an die Freunde im Jugendverband, an die Pionierleiter und an die Wissenschaftler: Laßt uns nachdenken über eine neue Schule, über eine neue FDJ und eine neue Pionierorganisation, über ihren Platz in und außerhalb der Schule wie auch über neue Möglichkeiten der Interessenvertretung der Schüler insgesamt. Jeder Vorschlag ist gefragt, ja, es muß diskutiert werden, aber es muß auch an den Schulen, in der Kinder- und Jugendorganisation gearbeitet werden, auch an unseren außerschulischen Einrichtungen. »Wegen Diskussion geschlossen!« geht nicht, nicht für die Schule, nicht für die Pionierhäuser, nicht für die Stationen, nicht für unsere Organisationen.

Sachlichkeit und die Verantwortung des Pädagogen, ein gründliches Erörtern inhaltlicher Fragen eines zeitgemäßen, wissenschaftlich abgesicherten Bildungs- und Erziehungskonzepts sind geboten. Dabei darf keine Zeit verloren werden. Natürlich muß ganz aktuell dort, wo die Belastungen von Lehrern außerordentlich hoch sind, entschieden werden, wie da durch die FDJ zu helfen ist. Natürlich sind viele Pionierleiter bereit, mit Hand anzulegen, daß der Unterrichtsausfall in Grenzen bleibt. Natürlich ist ihre Stellung in der Organisation, an der Schule, neu zu bestimmen, bis hin zu Fragen der finanziellen Vergütung ihrer Tätigkeit. Das schließt ein, sich schnell von allem Formalen, allem Bürokratischen zu trennen, was an der Gestaltung eines lebendigen und eines interessanten Pionier- und FDJ-Lebens und an einer schöpferischen Unterrichtsgestaltung hindert. Erneuerung ja, Erneuerung mit Konsequenz unbedingt, Erneuerung für eine bessere Zukunft der Kinder, dafür, daß sich ihre Kreativität, die ihnen eigenen Talente und Begabungen frei entfalten können, im Unterricht und in unserer Organisation, Erneuerung dafür, daß sie an der Schule, daß sie in der Pionierorganisation, in der FDJ lernen, sich ihr Leben einzurichten, daß sie gebildete, selbstbewußte, im Umgang mit der Demokratie erfahrene Staatsbürger werden. Erneuerung mit Augenmaß, aber auch für Bewährtes, mit Erneuerern, die sich gegenseitig achten und die Fähigkeit zu eigenem inneren Wandel des politischen Selbstverständnisses auch ihren Partnern, Freunden, Kollegen und Genossen zutrauen.

Die FDJ, die Pionierorganisation, wir sind Teil der Jugend. Wir sind ein Angebot, und der kategorische Imperativ für uns ist: Wir müssen die Kinder und Jugendlichen gewinnen. Das ist nur möglich auf einer breiten demokratischen Grundlage, in einer sozialistischen Kinder- und Jugendorganisation, in der viele ihre politische Heimat finden und die sich auf der Grundlage von Beschlüssen entwickelt, die bestimmt werden von den Interessen der Kinder und Jugendlichen. Hier ist ein konsequentes Weiter-, ein Umdenken erforderlich. Hier muß den Wünschen und Vorstellungen der Kinder und Jugendlichen stärker entsprochen werden.

Liebe Genossinnen und Genossen! Ich selbst bin 40 Jahre alt. Seit dem XI. Parteitag gehöre ich diesem, unserem Zentralkomitee an. Ich fühle mich mitverantwortlich für die im Lande entstandene komplizierte Situation, frage mich – und ich habe mich das oft gefragt in den letzten Wochen –: Wo hätte man konsequenter, wo hätte man drängender sein müssen? Manches habe ich auch nicht besser gewußt. Mitunter wurden auch unsere Hinweise, die Hinweise der Genossen des Zentralrates der FDJ im Politbüro nicht ernstgenommen, ja, geriet man in den letzten Monaten sogar in Verdacht, den Jugendverband und die Pionierorganisation gegen die Partei stellen zu wollen.

Zuruf von Egon Krenz: Sehr wahr!

Nur weil man im Politbüro im Wissen um die Probleme und Fragen der Jugendlichen anmahnte, die Situation realistischer einzuschätzen und energischer zu handeln. In vielem habe ich vertraut auf die Erfahrungen der älteren Genossen, auf das Urteil jüngerer Mitstreiter. Nie werde ich vergessen meine tiefe Bewegung, als auf dem XI. Parteitag das Bild gezeichnet wurde von Erich Honecker und Ernst Busch im Zuchthaus Brandenburg, von Kurt Hager und Kurt Stern in Spanien, von Hermann Axen und Peter Edel in Auschwitz, von Horst Sindermann und Stephan Hermlin in der Illegalität. Dieses Bild stimmt, auch heute noch. Es gehört zu unserer Geschichte, zu unserem Stolz. Dieses Bild, das für viel mehr steht als nur für die geistige Gemeinsamkeit von führenden Genossen der Partei und großartigen Künstlern für die jüngere Vergangenheit, aber ist in mir zerbrochen. Es ist Geschichte, überlagert von den in der Rede des Generalsekretärs, Genossen Egon Krenz, dargelegten, fast nicht zu begreifenden Geschehnissen der jüngsten Vergangenheit. Irgendwie im Inneren bleibt da ein Stück bitteres Gefühl, sich ein Stück selbst betrogen zu haben, aber auch in jüngerer Vergangenheit betrogen worden zu sein. Ich vertraue auf die Kraft der Partei. Ich vertraue auf den sich abzeichnenden Kurs der Erneuerung, aber niemals, niemals wieder wird es ein unkritisches Vertrauen geben. *(Beifall)*

Vors. Egon Krenz: Genossen! Bevor jetzt das Wort Wolfgang Herger nimmt und danach Genosse Hans-Jürgen Trümper, möchte ich noch folgendes sagen: Der Genosse Schabowski wird wieder – wie gestern abend – Fragen der internationalen Presse zu beantworten haben. Die Konferenz ist zu 18.00 Uhr einberufen. Ich denke, wir sollten ihn auch befreien, selbst wenn wir die Diskussion nachher weiterführen. Es wird vorgeschlagen, daß außerdem die Genossin Helga Labs, der Genosse Gerhard Beil und der Genosse Manfred Banaschak daran teilnehmen, um Fragen der internationalen Presse zu beantworten. Es wird sicherlich, wie man sich denken kann, sehr viele Fragen geben zu unserer Parteikonferenz, weil seit 15.00 Uhr, seit unser Beschluß veröffentlicht ist, die Parteikonferenz durchzuführen, gehen eine Vielzahl von Fernschreiben hier im Zentralkomitee ein, denen eine Parteikonferenz nicht weit genug ist, die einen Sonderparteitag fordern. *(Unruhe)*

Moment, Genossen, das hängt damit zusammen, was hier eben gerade gesagt worden ist. Wir können im Moment jeden Beschluß fassen, das Vertrauen ist weg und jeder wird auf neue Ideen kommen. Ich denke, deshalb sollten wir Genossen Schabowski bevollmächtigen, auch aufgrund des Statuts unserer Partei, wo für einen Sonderparteitag unbedingt zwei Monate notwendig sind, bevor man ihn überhaupt einberufen kann, aufgrund unseres Statuts ganz konsequent die Idee der Parteikonferenz zu vertreten, weil das, was viele Genossen möchten, eine richtige Einschätzung zu haben und auch das Zentralkomitee zu ergänzen, das alles mit einer Parteikonferenz machbar ist, ohne die großen Aufwendungen und so weiter, die notwendig wären für einen Sonderparteitag. Mir scheint, die normalste Argumentation ist in diesem Fall wie auch auf anderen Gebieten die beste Argumentation. Aber es geht nicht, glaube ich, daß wir heute mittag einen Beschluß fassen und heute abend wieder unter dem Druck der Ereignisse einen anderen Beschluß fassen. *(Unruhe.)* Kann man sich so einigen, Genossen?

Zustimmende Zurufe: Ja!

Ja bitte!

Hartmut König: Ich würde noch darauf verweisen, daß es viele Zuschriften gegeben hat, die keinen Sonderparteitag, sondern eine Parteikonferenz gefordert haben.

Zurufe: Richtig! Jawohl!

Wir haben zwei Vorschläge auf dem Tisch, und wir haben uns nach meinem Dafürhalten für den Sinnvolleren entschieden.

Vors. Egon Krenz: Jawohl. Ich wollte bloß die Genossen nicht im unklaren lassen. Es ist eine sehr eigenartige, eine sehr eigenartige Situation eingetreten. Ich war heute in der Mittagspause zu einem Gespräch mit Herrn Rau, und vor dem Staatsratsgebäude standen viele Leute, und man sagte mir, die warten auf Rau. Da denke ich, wenn sie auf Rau warten, dem wirst du das Geschäft mit der Öffentlichkeit nicht überlassen, bin also raus, und es stellte sich heraus, die warteten überhaupt nicht auf Rau, die warteten auf eine Möglichkeit, ihre Gedanken zu äußern zu einigen Fragen der Tagung unseres Zentralkomitees. Und ich habe kurz mit ihnen gesprochen. Und da war sogar jemand gekommen, ein Genosse, der sagt, hier habe ich eine Petition, von soundsoviel Leuten unterschrieben. Also, es entstehen im Moment viele, viele Ideen und viele Gedanken. Und deshalb, glaube ich, hat gerade das an Bedeutung gewonnen, was Günter Sieber vorhin ausgesprochen hat. Deshalb sage ich das einfach. Wir müssen in dieser Situation alles, aber auch alles tun, damit wir auch durch Solidität, durch Souveränität, beruhigend auf die Situation einwirken und keinem das Gefühl vermitteln, wir meinen nur Taktik, sondern wir meinen's wirklich ernst.

Ich denke, mit diesem Mandat rüsten wir Genossen Schabowski aus. Gestern abend ist das allgemein sehr gut angekommen, ja, und er wird das sicherlich heute abend auch wieder machen. Mit den anderen Genossen natürlich. Einverstanden? – Gut! Dann hat jetzt das Wort Genosse Wolfgang Herger.

Wolfgang Herger: Liebe Genossinnen und Genossen! Als Mitglied des Zentralkomitees trage ich Mitverantwortung für die Lage, in die unsere Partei, unser Land gekommen ist. Es ist eine Situation, die nur als politische Krise gekennzeichnet werden kann, auch wenn manche vor diesem schwerwiegenden Wort zurückschrecken möchten. Die Verantwortung dafür trägt nicht unser Volk, trägt nicht unsere Partei, wie das da und dort fälschlicherweise immer noch gesagt wird. Die Verantwortung trägt die Führung unserer Partei.

Es ist nicht so, daß es keine Signale gegeben hätte, Signale vor allem aus unserer Partei selbst. In vielen Gesprächen haben auch mich Genossinnen und Genossen oder Bürger aus meinem Wahlkreis über angestaute und ungeklärte Probleme informiert. Menschen verschiedener Bereiche haben Tausende Briefe an uns geschrieben, um zu begründen, warum sie dieses Land verlassen wollen. Manches dieser Probleme wurde in menschlicher Weise gelöst, getreu unserer marxistisch-leninistischen Grundauffassung, daß der Staat die Bürger nicht verwalten oder gar als Eigentum betrachten darf, sondern ihnen zu dienen hat. Wir haben solche Signale wahrgenommen, auch darüber nachgedacht, sie aber nicht als Aufforderung zum Handeln, als Aufforderung zu grundlegenden Veränderungen in der Führung der Partei verstanden.

Es wird schwer sein, unserer Partei und unserem Volk die Ursachen dafür zu erklären. Sie liegen nach meiner Auffassung nicht in unserer sozialistischen Ordnung, nicht im Volk oder in der Partei. Sie liegen vor allem im subjektiven Bereich. Sie liegen in einem Führungsstil, der weder demokratisch oder demokratisch-zentralistisch, sondern autoritär, autokratisch war. Von Kollektivität war zwar die Rede, aber sie wurde permanent verletzt. Ich habe zwei eklatante Fehleinschätzungen und Fehlentscheidungen im Auge.

Erstens: Eine für uns alle schwerwiegende Fehlentscheidung liegt in den Jahren 1985/86, als wir das wichtigste Signal auch für uns nicht verstanden haben: Den Beginn der revolutionären Umgestaltung des Sozialismus in der Sowjetunion. Natürlich ging und geht es nicht um das Kopieren, das ist doch gar nicht die Frage. Es ging darum, daß wir in Worten Beteuerungen abgegeben haben, daß wir die Umgestaltung in der Sowjetunion unterstützen, aber jeden Gedanken weit von uns wiesen, daß das auch Bedeutung für uns haben könnte. So kamen wir in die gerade für deutsche Kommunisten paradoxe Situation, eine unserer Lebenslosungen »Von der Sowjetunion lernen heißt siegen lernen« zu verlieren, ja regelrecht aufzugeben. Wir meinten, in der DDR sei alles in Ordnung, und man werde schon sehen, wohin das mit Perestroika und Glasnost noch führen könne. Lenin hatte eine solche Haltung kommunistischen Hochmut genannt.

Zweitens. Es gab auch manche Signale an uns, in der Parteiführung müßten Veränderungen vorgenommen werden, ganz normale, aus Altersgründen. Es gab mutige Genossen und auch mutige andere Bürger, die sich mit solchen Vorschlägen sogar in Briefen an uns wandten. Aber wir hatten zu lange die Illusion, die Illusion, eine notwendige Erneuerung des Sozialismus in der DDR sei mit Genossen Erich Honecker und anderen Genossen des bisherigen Politbüros möglich. Zudem – und das war die entscheidende Bremse – hielten wir uns selbst immer wieder das Gespenst der Spaltung der Partei vor Augen. Das war wohl der entscheidende Fehler, der seine Wurzeln in falsch verstandener Parteidisziplin hat, in einer falschen Auffassung von der Einheit der Partei.

Egon Krenz und andere Genossen ergriffen die Initiative zur längst überfälligen Veränderung in der Parteiführung. Ich hoffe – ich möchte beinahe sagen, ich glaube daran –, daß sie nicht zu spät kam, und ich kämpfe darum, daß wir den Vertrauensverlust wieder wettmachen. Und das besonders in unserer eigenen Partei. Deshalb ist es richtig, eine Parteikonferenz so schnell wie möglich einzuberufen, so wie wir das heute beschlossen haben. Ich bin davon überzeugt, wir brauchen auch ein erneuertes Zentralkomitee, und dem wird diese Parteikonferenz dienen müssen.

Genossen, worin sehe ich wesentliche Schlußfolgerungen für unsere Partei? Erstens, es geht um die wahrhaft revolutionäre Erneuerung des Sozialismus in unserem Lande. Es geht nicht um Wende oder um Wendehälse. Es geht um einen grundlegenden Neubeginn. Im Wort Erneuerung steckt, daß wir an Vorhandenem anknüpfen können und müssen. Die Arbeiterklasse, die Genossenschaftsbauern, die Intelligenz, alle Werktätigen unseres Landes haben doch eine Deutsche Demokratische Republik geschaffen, ein sozialistisches Land in Mitteleuropa, das in der ganzen Welt geachtet wird. Dieses Werk darf nicht in Gefahr geraten. Deshalb ist es notwendig, daß unsere Partei – und ich sage das hier ganz bewußt – zusammen mit allen daran interessierten gesellschaftlichen Kräften eine Konzeption erarbeitet, wie in unserem Lande ein moderner Sozialismus ausgestaltet wird, ein Sozialismus, der sich ständig erneuert, ein Sozialismus, der vor allem die ganz normalen Lebensbedürfnisse der Menschen im Auge hat.

Die Erfahrungen der Sowjetunion und anderer sozialistischer Länder, sowohl die positiven wie die weniger positiven, sollten wir besonders beachten. Günter Sieber hat hier darüber gesprochen. Vor allem sollten wir aber vertrauen auf das werktätige Volk unseres Landes, auf diejenigen, die ihr sozialistisches Vaterland lieben – das gibt es, Genossen –, weil sie mit ihrer Entwicklung den Sinn ihres ganzen Lebens verbunden haben. Vor allem sollten wir vertrauen auf die Genossinnen und Genossen unserer Partei selbst, die ihre ganze Kraft – und wir wissen das alle, oft über das normale Maß hinaus – für diese unsere Partei, für dieses unser Land eingesetzt haben und einsetzen.

2. Ich stimme Egon Krenz zu. Die Erneuerung des Sozialismus ist mit der Erneuerung unserer Partei untrennbar verbunden. Ganz entscheidend ist es, wie es uns gelingt, die Kollektivität der Partei auf allen Ebenen wiederherzustellen und Mechanismen einzubauen, die solche Fehlentwicklungen wie in der Vergangenheit, wie Wilfried Poßner hier gerade gesagt hat, ein für allemal ausschließen. Wenige Tage vor der 9. Tagung unseres Zentralkomitees fragte ich einen sehr jungen Genossen: »Stell dir vor, du würdest neuer Generalsekretär. Was würdest du zuerst sagen?« Seine sofortige Antwort: »Ich würde mitteilen, daß ich nicht bis zum Lebensende Generalsekretär sein werde.« Ich unterstütze deshalb den Vorschlag, ein neues Parteistatut auszuarbeiten, in dem eindeutige Regelungen für die Nichtwiederholbarkeit solcher Fehlentwicklungen enthalten sind. Und ich unterstütze den Vorschlag, das in den Grundorganisationen unserer Partei breit zu diskutieren.

3. Auch ich trete ein für eine Reform unseres gesamten politischen Systems. In diesen Tagen wird oft – und wir spüren das alle sehr – sehr zu Recht gesagt: Es geht um die Macht. Ja, Genossen, es geht um die Macht. Es geht um die Macht der Arbeiter und Bauern, um die Macht des werktätigen Volkes. Und das sollte nicht mit persönlicher Macht verwechselt werden. Der Rücktritt der Regierung war ein notwendiger Schritt. Für viele war er ein neuer Schock. Doch wenn es um einen neuen Aufbruch in unserem Land geht, um die Erneuerung des Sozialismus, so ist das vergleichbar mit einer Re-Formation an Haupt und Gliedern. Das mag schmerzhaft sein. Aber es gibt keine andere Alternative.

Ich unterstütze den Gedanken, eine Koalitionsregierung oder eine Regierung der breiten oder der großen Koalition zu bilden, in der unsere Partei, andere Parteien, die verschiedensten gesellschaftlichen Kräfte vertreten sind. Minister, also Diener des Volkes, sollten diejenigen sein, die das Vertrauen des Volkes genießen und die dafür die jeweils größte Kompetenz haben. Was unsere Partei betrifft, so bin ich der Meinung, daß wir uns zu lange damit beruhigt haben – beruhigt haben! –, daß ihre Rolle in der Verfassung festgeschrieben ist. Richtig ist, daß in der Verfassung von der führenden Rolle der Arbeiterklasse und ihrer marxistisch-leninistischen Partei die Rede ist. Es gibt wohl kaum jemanden – so hoffe ich wenigstens – in unserem Lande, der die führende Rolle der Arbeiterklasse, des werktätigen Volkes bestreitet. Doch es gibt jetzt so manchen, wie wir wissen, der die führende Rolle unserer Partei in Frage stellt oder direkt angreift. Darüber kann man debattieren, wie man will, ein solcher Anspruch kann nicht dekretiert werden. Er muß täglich von uns allen errungen werden.

Über Genossen Moritz Mebel kam ein Brief an unsere 10. Tagung des Zentralkomitees von einer Genossin, Genossin Schönebeck, die als Parteisekretärin im Institut für Sozialhygiene und Organisation des Gesundheitswesens »Maxim Zetkin« arbeitet. Diese Genossin schreibt u. a.: »Die führende Rolle unserer Partei ist für mich eine Frage der moralischen Überlegenheit ihres Programms für das Wohl des Volkes, das in seiner praktischen Umsetzung täglich mit der gesamten Partei neu zu erringen ist.«

Liebe Genossen! Wir sollten uns wieder deutlicher an dem orientieren, was Karl Marx und Friedrich Engels im »Kommunistischen Manifest« schrieben: »Die Kommunisten«, so sagten sie, »kämpfen für die Erreichung der unmittelbar vorliegenden Zwecke und Interessen der Arbeiterklasse, aber sie vertreten in der gegenwärtigen Bewegung zugleich die Zukunft der Bewegung.«[109] Genossen, solange wir einer Volksbewegung hinterherlaufen, wird man in uns schwerlich eine führende Kraft erkennen. In der gegenwärtigen Phase unserer gesellschaftlichen Entwicklung sind vielfältige neue Bürgerinitiativen entstanden. Wir sollten uns nicht scheuen, uns dem zu stellen. Wir Kommunisten haben doch ein Programm! Im Dialog und vor allem bei der Lösung konkreter Aufgaben zum Wohle des Volkes wird sich zeigen, wer unser politischer Partner oder wer unser politischer Gegner oder wer einfach nur ein Demagoge ist. Ich sehe eine Grenzlinie: Wer sich den Interessen der überwiegenden Mehrheit unseres Volkes an einem besseren Sozialismus entgegenstellt, gar mit dem Umsturz unserer Gesellschaftsordnung und der Restauration des Kapitalismus spielt, kann nicht damit rechnen, von uns auch noch unterstützt zu werden.

Und schließlich 4. Wir sind uns sicher einig, daß in Zeiten des Aufbruchs, in Zeiten der revolutionären Erneuerung ein ausreichendes Maß an öffentlicher Ordnung und Sicherheit notwendig ist und das mindestens aus zwei Gründen. Zum ersten, weil im Zusammenhang mit dynamischen gesellschaftlichen Veränderungen immer die Gefahr besteht, daß friedlich verlaufende Entwicklungen durch antisozialistische Kräfte in unserem Falle oder auch durch Leute, die eine merkwürdige Freude an Tumulten oder gar gewalttätigen Aktionen haben, ausgenutzt werden, um ein gesellschaftliches Chaos zu erzeugen. Und zum zweiten, Genossen, und ich bitte das nicht zu übersehen, sind gerade öffentliche Ordnung und Sicherheit eine eigene Triebkraft für die Veränderungen, die den Menschen dienen.

Wir schicken uns an, unseren gesellschaftlichen Überbau zu revolutionieren, wirklich sozialistische Methoden und Formen der Arbeit des Staates zu verwirklichen. Dabei bauen wir auf die Mitarbeit, auf die bewußt bejahende Haltung der Angehörigen unserer Schutz- und Sicherheitsorgane. Sie sind nicht Staat im Staate oder auch nicht dazu da, um die Gesinnung der Bürger zu überwachen oder sie einzuschüchtern. Sie sind selbst Teil unseres Volkes. Sie

109 Vgl. Karl Marx/Friedrich Engels, Werke, Bd. 4, Berlin 1959, S. 459 ff.

sind, wie es ihr Name sagt, zum Schutz und zur Sicherheit der Bürger da. Das Wort von der Sicherheitspartnerschaft, das in den letzten Tagen entstanden ist, bringt das in verständlicher Weise zum Ausdruck. Auch das ist ein Beispiel für die Lernfähigkeit aller an Ruhe und Ordnung in unserem Lande wirklich Interessierten.

Wir vertrauen den Genossen in den Schutz- und Sicherheitsorganen. »Ich diene der Deutschen Demokratischen Republik!« Das ist für die meisten von ihnen kein sinnentleertes Ritual, sondern Lebensmaxime. Wir erwarten von ihnen, daß sie auch weiter mit hoher Zuverlässigkeit bereit sind, für den Schutz unserer sozialistischen Errungenschaften einzustehen. Wer allerdings die Gesetze unseres Arbeiter-und-Bauern-Staates verletzt, gehört nicht in die Schutz- und Sicherheitsorgane unseres Volkes. Solange wir uns auf unsere Volkspolizei, die für die Staatssicherheit verantwortlichen Genossen, die Nationale Volksarmee, die Grenztruppen der DDR und nicht zuletzt die Kampfgruppen der Arbeiterklasse verlassen können, solange können wir die revolutionäre Erneuerung vollziehen, ohne in Chaos und Anarchie abzustürzen. *(Beifall)*

Offensichtlich gibt es in der gegenwärtigen öffentlichen Auseinandersetzung einen lebenswichtigen Konsens, den der Gewaltfreiheit. Wir sollten uns mit allen ehrlich an Erneuerung des Sozialismus Interessierten darüber verständigen, daß das eine Grundbedingung der weiteren Entwicklung sein muß. Zugleich halte ich es für notwendig, neue gesetzliche Grundlagen über öffentliche und staatliche Sicherheit zu schaffen. Ich bin mir mit allen entsprechenden Genossen hier im Zentralkomitee einig, daß auch die Schutz- und Sicherheitsorgane unter die Kontrolle der höchsten Volksvertretung gehören. Ich bin mir mit ihnen auch darüber einig, daß zur Erneuerung des Sozialismus auch die Erneuerung dieser Organe gehört. Von besonderer Wichtigkeit ist die politische Arbeit unserer Partei in den Schutz- und Sicherheitsorganen, in den Grundorganisationen unserer Partei in diesen Organen. Wir haben in jeder Beziehung dafür zu sorgen, daß Volkspolizei und Staatssicherheit dem Volke dienen. Freundlicher Umgang mit jedem Bürger – das ist für mich ein ganzes Programm!

Zur Erneuerung gehören auch weitere gesetzliche Veränderungen. Ich unterstütze die Anregung, das Strafgesetzbuch, insbesondere den Besonderen Teil, gründlich zu überarbeiten, um dem Bürger im Hinblick auf seine verfassungsmäßigen Rechte und Freiheiten stärkere Garantien zu geben. Ich stimme Manfred Wekwerth zu, wenn er von Sicherheit und Vernunft spricht.[110] Ich würde es vereinigen wollen: Es geht um Sicherheit mit Vernunft. Wir alle haben in diesen Tagen viele Begegnungen mit unseren Genossen. Wir erhalten Briefe, aus denen große Sorge spricht, aber auch viel Vertrauen in unser Zentralkomitee. Das macht Mut. *(Beifall)*

110 Vgl. den schriftlich eingereichten Diskussionsbeitrag von Manfred Wekwerth, in: Schritte zur Erneuerung (2), S. 304 ff.

Vors. Egon Krenz: Das Wort hat Hans-Jürgen Trümper. Ihm folgt Otto Reinhold.

Hans-Jürgen Trümper: Liebe Genossinnen und Genossen! Zu Beginn meines Beitrages möchte ich meine große Enttäuschung darüber zum Ausdruck bringen, daß Tausende Bürger unsere Republik verlassen haben und daß sich diese Tendenz trotz der angekündigten Veränderungen durch unsere Partei und Regierung fortsetzt. Besonders traurig macht mich, daß es sich überwiegend um junge Menschen handelt. Leider bringen auch viele gestandene Mitglieder unserer Partei ihre Meinungen zu den Ergebnissen unserer Wirtschafts- und Sozialpolitik in den vergangenen Jahren durch ihren Austritt aus unserer Partei zum Ausdruck. Deshalb wünsche ich mir sehr, daß die Ergebnisse der 10. Tagung die breite Zustimmung unserer Genossen und unserer Bevölkerung finden, damit eine Wende in der Entwicklung unseres sozialistischen Staates erfolgen kann.

Liebe Genossinnen und Genossen! In meinem Arbeitskollektiv auf dem Bernhard-Koenen-Schacht in Niederröblingen gibt es nach der 9. Tagung des Zentralkomitees der SED bewegte, zum Teil erhitzte Debatten. Wie bei Bergarbeitern üblich, wird alles offen und deutlich angesprochen, und das nicht erst seit den letzten vier Wochen. In den Diskussionen, die ich und mit mir leitende Kader des Schachtes und des Kombinates vor Ort führten, kam der angestaute Unmut über die mangelhafte Versorgung in den Geschäften, aber auch die unzureichende Material- und Ersatzteilbereitstellung im Betrieb sowie die Verzögerung der Entscheidung zur weiteren Profilierung des Mansfeld-Kombinats zum Ausdruck. Für uns bedeutet die Profilierung als Strukturentscheidung, daß rund 6000 Berg- und Hüttenarbeiter ihre liebgewonnene Arbeit aufgeben und sich für eine neueTätigkeit unter völlig neuen Bedingungen im Verlaufe der nächsten Jahre qualifizieren müssen.

Die lange Verzögerung der Entscheidung zur Profilierung des Mansfeld-Kombinates von fast einem Jahr führte dazu, daß durch gewählte Funktionäre und staatliche Leiter in den Werken und Betrieben des Kombinates unzureichende und hinhaltende Erklärungen abgegeben werden mußten, obwohl in der SED-Bezirksleitung Halle schon am 1.3.1989 in dieser prinzipiellen Frage Übereinstimmung zwischen dem Sekretariat der Bezirksleitung der SED, der SED-Kreisleitung und dem Minister erzielt wurde. Ein Unmaß an Gerüchten und unklaren Vorstellungen der Werktätigen über ihre persönliche Entwicklung im Kombinat führte zu einem Vertrauensbruch aller Werktätigen gegenüber unserer Partei, der Gewerkschaft und staatlichen Leitern. Die Situation hat sich soweit zugespitzt, daß gegen diese Leitungen Mißtrauen ausgedrückt wird, obwohl die Verschleppungen nicht durch diese zu verantworten sind.

Im leidenschaftlich geführten Dialog – wie es auch im Fernsehen zu sehen war – wurden die Arbeits- und Lebensbedingungen der Werktätigen und Entwicklungsrichtungen der Profilierung diskutiert. Besonders hier zeichneten sich notwendige Maßnahmen ab, die hinsichtlich der Arbeits- und Lebensbedingungen und des Umweltschutzes zu klären sind. In den Diskussionen angeführte Probleme wurden durch den Minister, Dr. Kurt Singhuber, am 3.11.1989 nach ausführlichen Gesprächen mit den Werktätigen vor Ort entschieden, wie zum Beispiel Einstellung der Produktion in der Kupferhütte Ilsenburg ab 30.6. 1990, Stillegung der Bessemerei und Kontaktanlage in Hettstedt ab 1.1.1990. Das bedeutet, daß die Umweltbelastungen erheblich reduziert werden. Das bedeutet aber auch, daß Zigmillionen Valutamark zusätzlich als Ausgleich für die dadurch ausfallende Produktion zu erwirtschaften sind.

Unter den Werktätigen und den Bürgern der Territorien und in der Umgebung unserer Hüttenbetriebe wird eine leidenschaftliche und zum Teil demagogische Umweltdiskussion geführt. Eine weitere Ausbreitung solcher Diskussionen und sich denen anschließende Maßnahmen können im wirtschaftlichen Ruin münden. Deshalb auch unsere klare Position zur Kupferproduktion: Wir müssen sie trotz schwieriger Bedingungen weiterführen. Und deshalb überwiegt bei uns der feste Wille, die Wende in der Politik der Partei durch gute Arbeitsergebnisse mit zu organisieren. Dazu kann jeder einzelne an seinem Arbeitsplatz beitragen.

Wir stimmen mit der Rede des Genossen Egon Krenz überein, daß dieser Berg von Arbeit gemeinsam anzupacken ist. Daher haben wir beraten, wie trotz der sich weiter zuspitzenden Wassersituation auf dem Thomas-Müntzer-Schacht und der Verschlechterung der Lagerstättenbedingungen im Werk die Kupferproduktion in diesem Jahr stabil gehalten werden kann und welche Veränderungen für den Plan 1990 zu berücksichtigen sind. Dabei befriedigt uns nicht, daß immer wieder Versorgungsengpässe auftreten, die aus fehlenden Zulieferungen, aber auch durch eigene Leitungsmängel entstehen. Wenn zum Beispiel Schrappkästen, Bohrgestänge und für unsere Arbeit notwendige Werkzeuge nicht ausreichend bereitstehen, dann fördert das nicht gerade den Leistungswillen unserer Arbeitskollektive, ob unter oder über Tage.

Natürlich wird in dieser Zeit auch nachgedacht, wie die Partei- und Gewerkschaftsarbeit verbessert werden kann, wie die Arbeitszeit von Versammlungen und Leitungssitzungen völlig frei gemacht und gleichzeitig die ehrenamtliche Arbeit von APO-Sekretären und AGL-Vorsitzenden tatsächlich wirkungsvoll als solche Arbeit organisiert wird. Viele kritische Hinweise von Arbeitern und Ingenieuren zielen auf die Überwindung formaler Züge im sozialistischen Wettbewerb und beim Erreichen von planmäßigen Neuererzielstellungen, die bisher nur einen Wert für die Statistik darstellten. Ja, es geht so weit, daß Geld an Werktätige für Neuerertätigkeit bezahlt wurde, die schon im Arbeitsvertrag inbegriffen waren.

In der Diskussion spielen auch Fragen zur Realität der Pläne unter Berücksichtigung der ständigen Delegierung von Bergarbeitern für andere Arbeiten eine Rolle, die wir selbst klären müssen, wo wir aber auch die Hilfe der übergeordneten staatlichen Leitung und das Verständnis aller Werke und Betriebe des Mansfeld-Kombinats benötigen. Auch Bergarbeiter sind verpflichtet, ihre Pläne zuverlässig unter den gegebenen Bedingungen zu erfüllen. Wir können über alles reden und diskutieren, aber vorrangig sind wirtschaftliche Aufgaben zu bewältigen, um den Prozeß der Erneuerung und Kontinuität zu ermöglichen. Das heißt konkret: Jedes Kollektiv muß gleichzeitig Vorstellungen unterbreiten: Wie kann das Angebot in unseren Läden erhöht werden, und wie kann der Staatshaushalt entlastet werden? Solche Diskussionen spielen im Kollektiv des Mansfeld-Kombinates eine große Rolle.

Wir sind uns im klaren: Nur durch stabile und bessere eigene Leistungen können wir etwas für uns selbst tun. Das Mansfeld-Kombinat wird noch 1989 Grill- und Haushaltsfolie, Stahlrohrmöbel, Heimwerkerschweißgeräte und Zubehör in Höhe von 2,6 Millionen Mark zusätzlich zum bisherigen Jahresplan und zu den bisherigen Wettbewerbszielstellungen dem Handel zur Verfügung stellen. Darüber hinaus werden wir für zwei Millionen Mark mehr Lieferungen und Leistungen zur Versorgung der Bevölkerung gegenüber unseren bisherigen Verpflichtungen erbringen.

Zur Lösung der in unserem Land anstehenden Probleme und zur Sicherung der neuen gesetzlichen Bestimmungen ist es unumgänglich, den Staatshaushalt zu entlasten. Wir werden Möglichkeiten durch unsere Produktion schaffen, noch in diesem Jahr dem Staatshaushalt finanzielle Mittel in Höhe von fünf Millionen Mark zusätzlich zur Verfügung zu stellen. Wir hoffen, daß nach unserer jetzigen Tagung, auf der eine entsprechende Konzeption vorgelegt wird, den Verantwortlichen auf allen Ebenen nunmehr die Zeit eingeräumt wird, auf der großen Volksaussprache und der 10. Tagung die entsprechenden Veränderungen vorzunehmen. Nicht übersehen haben wir, daß die LDPD und die CDU schneller mit Arbeitspapieren in der Öffentlichkeit waren, welche lebensnah diskutiert wurden. Sie werden aber auch von einigen negativen Kräften benutzt, um Angriffe auf die Partei und ihre leitenden Funktionäre zu starten, die im Bericht behandelt wurden.

In diesen Tagen müssen wir uns viele Wahrheiten über Unzulänglichkeiten und gravierende Fehler anhören. Wir stellen uns diesen Problemen und sind dabei, entsprechend unseren Möglichkeiten in unserem Verantwortungsbereich erste Veränderungen durchzuführen. Dabei stoßen wir vielfach auf Grenzen in materieller und gesetzlicher Hinsicht, die schnellstens von der Regierung der Zeit entsprechend verändert werden müssen.

Und ein letztes Wort: Wir wenden uns gegen Unwahrheiten und bösartige Verleumdungen, die gegen unsere Partei gerichtet sind, und erwarten, daß wir durch Offenlegung von Fakten diesen Lügen offensiv entgegentreten können. Wir lassen nicht all das, was in den vierzig Jahren DDR geschaffen wurde, in den Schmutz ziehen. Das sind wir uns und allen denen schuldig, die jahrzehntelang durch ihre ehrliche Arbeit diese DDR geschaffen haben. *(Beifall)*

Vors. Egon Krenz: ... entschuldigt bitte, liebe Genossen, aber jetzt spricht Genosse Otto Reinhold. *(Heiterkeit)* Also Gedächtnis funktioniert noch. Und nach Otto Reinhold, das ist dann allerdings nach der Pause, Christa Zellmer.

Otto Reinhold: Werte Genossinnen und Genossen! Ganz offensichtlich ist unsere Gesellschaft in eine tiefe Krise geraten. Ich würde das, was Genosse Wolfgang Herger sagte, nicht nur als eine politische Krise betrachten, sondern diese Krise geht über das politische System noch hinaus, sondern es ist eine gesellschaftliche Krise, die in hohem Maße mit einer Krise in unserer Partei ja verbunden ist. Ganz offensichtlich haben wir es mit einem doppelten Autoritätsverlust der Partei zu tun, dem Verlust der Autorität gegenüber der Bevölkerung und dem Verlust der Autorität der Parteiführung gegenüber der Parteibasis, und ich weiß nicht, welcher der beiden Autoritätsverluste der schlimmste ist. Ich glaube, daß wir nur über die Überwindung des Autoritätsverlustes der Parteiführung auch in der Lage sind, die Partei zu jener Kraft zu machen, die konsequent an der Spitze dieser Erneuerung steht. Klar ist, daß die Forderung nach einer Parteikonferenz und die Diskussion Parteikonferenz oder Parteitag ja in erster Linie diesem Mißtrauen entspricht und darauf gerichtet ist, eine Neuwahl, eine Änderung des Zentralkomitees herbeizuführen. Ich würde unsere Lösung – ich habe dafür gestimmt – unterstützen, aber verbunden mit einer Änderung im Zentralkomitee.

Im Referat wurde eine erste Analyse über den Zustand der Partei, den Zustand unseres Landes gemacht und die Frage beantwortet, wie es so weit kommen konnte. Die Tätigkeit der Parteiführung wurde kritisch eingeschätzt, und ich möchte unbedingt die These unterstreichen, daß nicht die Partei, sondern die Parteiführung die Schuld trägt. Jeder trägt dabei seine eigene Verantwortung. Als Mitglied des Zentralkomitees trage ich selbstverständlich für die Tätigkeit des Zentralkomitees die volle Verantwortung. Persönlich trage ich die Verantwortung dafür, daß meine ideologische und propagandistische Arbeit sicher dazu beigetragen hat, die bisherige Politik der Partei theoretisch zu untermauern und zu rechtfertigen. Verantwortung trage ich vor allem dafür, daß ich nicht entschieden um eine Änderung in der Politik der Partei gekämpft habe, obwohl wir dazu eine große Anzahl von wissenschaftlichen Analysen, Vorstellungen und Vorschlägen entwickelt und der Parteiführung vorgelegt haben. In diesem Jahr bis Anfang Juli waren es etwa vierzig solcher Analysen und Studien von Mitarbeitern der Akademie für Gesellschaftswissenschaften, die gründliche Analysen vieler Bereiche des gesellschaftlichen Lebens, vor allem der ökonomischen und der sozialen Entwicklung, Änderungen, Widersprüche, ja, namhaft machen.[111] Die wichtigste Frage ist jetzt, die Partei offensiv in den Kampf zu führen. Aus vielen Diskussionen, die alle von uns in den letzten Wochen und Tagen hatten, geht klar hervor, daß wir über eine große Potenz verfügen für diesen Kampf, daß aber Unsicherheit und Lähmung diese unsere Offensive nach wie vor behindern. Wir setzen bis heute der Offensive gegen unsere Partei nur sehr wenig entgegen. Alle möglichen Kräfte versuchen, sich auf unsere Kosten zu profilieren, aber sie können das bis heute, weil wir nicht unsere eigene Konzeption, unsere eigenen Vorstellungen, unsere eigene Politik offensiv dargelegt haben.

Natürlich müssen wir heute vielfältige Diskussionen führen – auf der

111 Vgl. Akademie für Gesellschaftswissenschaften (Hrsg.), Aus Theorie und Praxis der gesellschaftswissenschaftlichen Forschung, Sonderheft 1989 (interne Reihe), o. O.

Straße und anderswo –, Diskussionen mit den verschiedensten Schichten und Gruppen der Bevölkerung, aber ich glaube, eine unserer entscheidenden Schlußfolgerungen auf dieser 10. Tagung des Zentralkomitees muß sein, daß unsere entscheidende Kraft ist und bleibt die Arbeiterklasse in den Betrieben. Ich betrachte als die wichtigste Aufgabe, dieses Gespräch, das Zusammenwirken mit der Arbeiterklasse in den Betrieben, mit den Grundorganisationen unserer Partei in den Betrieben wesentlich zu verstärken. Es ist ja eine Tatsache, die hier schon hervorgehoben wurde, daß bis heute diszipliniert in der Produktion, in den verschiedenen Bereichen der Wirtschaft, gearbeitet wird, bis heute nicht gestreikt wird und daher vieles im Leben normal in der Versorgung, auf dem Niveau, das wir uns heute leisten können und sich ergibt, vollzieht – *(Unruhe)* – mit vielen Widersprüchen. Und ich würde vorschlagen, ob nicht im Ergebnis zum Ende – *(Anhaltende Unruhe, Klingel des Vorsitzenden)* – oder auch in diesem Aktionsprogramm der Arbeiterklasse, den Genossenschaftsbauern, den Werktätigen unser Dank ausgesprochen wird für diese disziplinierte Arbeit, die viele führen. *(Fortgesetzte Unruhe)*

Ich bin auch der Meinung, daß im vorliegenden Aktionsprogramm die Arbeiterklasse direkt zu wenig angesprochen wird, daß die Gewerkschaften, die gewerkschaftlichen Rechte, die Rechte der Arbeiter, die Lebensbedingungen der Arbeiter verstärkt werden sollten.

Genossen, ich frage mich heute, im Ergebnis besonders der letzten Wochen, ob alle in unserer Partei bereits den Ernst der Lage begriffen haben. *(Wachsende Unruhe)*

Und ich kann diese Frage nicht mit Ja beantworten. Wenn ich nur einige Tatsachen nehme: Mit der 9. Tagung des Zentralkomitees haben wir einen neuen Generalsekretär gewählt und eine Wende eingeleitet. Viele Genossen, auch der Parteiführung, haben in dieser Zeit, die seit der 9. Tagung des Zentralkomitees vergangen ist, eine sehr aktive, eine aufopferungsvolle Arbeit geleistet. Aber ich würde nicht sagen, daß wir das von allen Genossen sagen können, daß wir alles unternommen hätten, um in diesen vergangenen drei Wochen unsere Grundorganisation, unsere Parteiorganisation in den Kampf zu führen. Ich kann auch nicht verstehen, wieso das Reisegesetz in dieser Form ausgearbeitet und veröffentlicht worden ist.[112] Vor vier Wochen wäre das Reisegesetz in dieser Form von größter Bedeutung, von größter Wirkung gewesen. Aber in dieser Form, wie es jetzt veröffentlicht wurde in den letzten Tagen, ist es sofort auf Widerspruch geraten, und wir hätten einige dieser Widersprüche, ja, vermeiden können.

Ich kann auch nicht verstehen, warum, nachdem am 7. und 8. Oktober die Vorkommnisse in Berlin waren, bis heute, das heißt einen Monat danach, keine klaren Untersuchungsergebnisse vorgelegt worden sind. Da wir keine klaren Untersuchungsergebnisse und Schlußfolgerungen vorgelegt haben, kann das nach wie vor ja als ein Instrument gegen uns benutzt werden, und

112 Vgl. ND, 6. November 1989.

überall, in allen Diskussionen, stehen die Fragen der führenden Rolle der Partei und der Angriff auf unsere Sicherheitsorgane im Zentrum. Und ich glaube, wenn wir schneller auf solche Fragen reagieren würden, würden wir diesem Angriff schneller und besser begegnen können. Ich glaube, daß wir den vollen Ernst, – das ist, glaube ich, ja, das Ergebnis und der Sinn unserer 10. Tagung – den vollen Ernst begreifen müssen, die notwendigen Schlußfolgerungen und auch im Tempo der Schlußfolgerungen ziehen müssen. Ohne die SED hätte es in der Deutschen Demokratischen Republik keinen Sozialismus gegeben, und ohne die SED wird es auch in Zukunft keinen Sozialismus in der Deutschen Demokratischen Republik geben.[113]

Unsere Partei ist der Garant für die Erhaltung der sozialistischen Gesellschaft in unserem Lande. Ich glaube, daß wir daraus die Schlußfolgerung ziehen müssen. Aber ich glaube, daß wir zugleich ja uns vor Augen führen müssen, daß dies nicht nur eine Frage des Sozialismus in der DDR ist, sondern in dem Maße, wie der Sozialismus in der DDR einer Erosion unterliegt, in dem Maße ist das Kräfteverhältnis in Mitteleuropa ja zutiefst beeinflußt. Ohne Sozialismus in der DDR wird es auf die Dauer keine zwei deutschen Staaten geben. Daher tragen wir nicht nur eine große Verantwortung für die innere Entwicklung, sondern auch eine große Verantwortung für den Frieden, für Sicherheit in Mitteleuropa.

Im Referat des Genossen Egon Krenz wurde die Analyse der Entwicklung zur Beantwortung der Frage gemacht: Wie konnte es soweit kommen? Genosse Wolfgang Herger sagte: autokratische Führung. Damit bin ich völlig einverstanden. Aber ich glaube, wir müssen dabei berücksichtigen, daß diese autokratische Führung ja den Zustand unserer ganzen Partei geprägt und verändert hat. Für das Verschwinden der innerparteilichen Demokratie, die Tatsache, daß der demokratische Zentralismus immer mehr ohne Demokratie, sondern nur Zentralismus, daß die administrativen Methoden in den Vordergrund gerückt wurden. In vielen Diskussionen wurde ich immer wieder gefragt in den letzten Wochen: Wann haben wir eigentlich in unserer Partei die letzte echte Parteidiskussion durchgeführt? Parteidiskussion nicht zu irgendwelchen Fragen, zu Beschlüssen, wie wir sie durchführen, sondern zu Fragen unserer Grundposition, der Grundlinie in der Gestaltung der Politik unserer Partei. Ich glaube, die letzte war die Diskussion über das Programm unserer Partei. Seitdem, seit Mitte der 70er Jahre, haben wir eine solche Diskussion nicht mehr geführt.[114] Ich glaube, daß daher alle Mechanismen geschaffen

113 Vgl. dazu: Die »sozialistische Identität« der DDR. Überlegungen von Otto Reinhold in einem Beitrag für Radio DDR am 19. August 1989, in: Blätter für deutsche und internationale Politik, H. 10/1989, S. 1175; ders.: Eine sozialistische Alternative zur BRD, in: Horizont, H. 10/1989, S. 8 ff.; ders.: Wie spezifisch ist unser Sozialismus? In: Berliner Zeitung, 12. Oktober 1989.

114 Das letzte gültige SED-Parteiprogramm vgl. in: Protokoll der Verhandlungen des IX. Parteitages der Sozialistischen Einheitspartei Deutschlands, 18. bis 22. Mai 1976, Bd. 2, Berlin 1976, S. 209 ff.

werden müssen, um zu verhindern, daß eine solche Entwicklung sich noch einmal in unserer Partei vollzieht.

Ich möchte zu einer Frage noch sprechen, die für meine Tätigkeit von besonderer Bedeutung ist, das Verhältnis von Wissenschaft und Politik. Zu dieser autokratischen Führungsmethode in unserer Partei gehörte, daß der Wissenschaft eine sehr untergeordnete Rolle zugemessen wurde, besonders ja alle Vorschläge beispielsweise zur Bildung von Beratergremien, Beratungen mit Wissenschaftlern ja nicht durchgeführt wurden, und viele wirkliche Analysen, die die wahrhafte Entwicklung, die tatsächliche Entwicklung in unserem Land, in der Wirtschaft und in anderen Bereichen widergespiegelt haben, wurden als störend empfunden. Es gibt ja sehr viele solcher Analysen, solcher Studien, von den Parteiinstituten, von der Humboldt-Universität, der Akademie der Wissenschaften, von vielen anderen wissenschaftlichen Einrichtungen.[115] Aber viele von ihnen wurden fast wie ein Staatsgeheimnis in die Panzerschränke gesperrt und nicht berücksichtigt und haben in der Diskussion eine untergeordnete Rolle gespielt.[116] Ich kann mich erinnern, daß wir etwa vor zwei oder zweieinhalb Jahren bei uns an der Akademie für Gesellschaftswissenschaften eine Diskussion hatten über die Ausarbeitung einer Demokratiekonzeption, einer Konzeption zur Entwicklung der sozialistischen Demokratie des politischen Systems in der DDR. Der verantwortliche Sekretär unserer Partei hat gesagt: Forschung darüber ist nicht nötig, wir müssen nur die vorhandene Demokratie und die demokratischen Strukturmöglichkeiten besser nutzen. Wir haben daher, fast halb illegal, diese Forschung betrieben, um heute bestimmte Vorschläge für die Gestaltung der sozialistischen Demokratie machen zu können.

Natürlich ist völlig klar, daß die Wissenschaft, besonders die Gesellschaftswissenschaft, einen Beitrag zur Durchsetzung der Politik der Partei leisten muß. Aber sie darf ihre Forschung nicht von aktuellen Tagesaufgaben allein bestimmen lassen, und sie darf nicht allein danach bewertet werden. Sie muß ihren eigenen, spezifischen Erfordernissen und Gesetzmäßigkeiten folgen. Die Wissenschaft kann die Politik nicht ersetzen, aber ihre Aufgabe muß darin bestehen, objektive Analysen grundlegender Entwicklungsprozesse oder Entwicklungstendenzen, Widersprüche, Probleme, Schlußfolgerungen, Varianten vorzuschlagen. Und ich glaube, eine der wichtigsten Schlußfolgerungen, die wir zu ziehen haben, ist, daß diese Rolle, diese Rolle der Wissenschaft in unserer gesamten Politik zur Gestaltung unserer Politik wesentlich vergrößert wird. Und so habe ich auch in diesem Sinne die Vorschläge verstanden, die im Referat des Genossen Egon Krenz, ja, dargelegt wurden.

Dabei gilt es, die Meinungsvielfalt nicht nur zu dulden, sondern diese Mei-

115 Vgl. Michael Brie u. a., Studie zur Gesellschaftsstrategie (Sozialismus in der Diskussion, Bd. 1), Berlin 1989.

116 Vgl. u. a. Peter Kirschey, Wandlitz/Waldsiedlung – die geschlossene Gesellschaft. Versuch einer Reportage – Gespräche – Dokumente, Berlin 1990, S. 37.

nungsvielfalt zu pflegen und aus dieser Meinungsvielfalt richtige Schlußfolgerungen zu ziehen. Das gilt meines Erachtens sowohl für die Partei als auch für die gesellschaftliche Entwicklung insgesamt. Genossen, wenn wir nicht blind sind, so ist ja klar, daß diese Meinungsunterschiede natürlich in unserer Partei schon lange und im Grunde schon immer existiert haben. Die Frage ist nur, wie wir mit diesen Meinungsunterschieden umgehen. Kehren wir sie unter den Teppich oder diskutieren wir sie aus, um im Ergebnis dieser Diskussion zu einheitlichem Handeln, zu einheitlichen Positionen zu kommen.

Jetzt gilt es, eine schnelle Antwort auf die Frage zu finden, welchen Sozialismus wir wollen. Im Referat wurden dafür die wichtigsten Schwerpunkte und Ziele formuliert. Aber es ist völlig klar, daß wir eine solche Konzeption des modernen Sozialismus weder aus der Theorie noch aus irgendwelchen anderen Dogmen ziehen können, sondern daß diese Konzeption das Ergebnis einer breiten Diskussion sein muß, einer breiten Diskussion, in die sowohl Wissenschaftler, Praktiker, alle Kräfte, einbezogen werden, und mir scheint, daß es notwendig ist, diese Diskussion zur Ausarbeitung einer Konzeption des modernen Sozialismus bereits zu benutzen, um einen breiten Dialog zu führen und möglichst viele Ideen einzubeziehen und einen Konsens auf diesem Gebiet zu erreichen. Dabei meine ich, daß wir auch die Diskussion mit den Andersdenkenden nicht schlechthin führen müssen, sondern diese Diskussion auch mit »Neuem Forum«, anderen Gruppen und auch mit den Vertretern der Kirche. Dabei glaube ich, daß wir diese neuen Gruppen natürlich nicht nur mit Verwaltungs- und anderen Methoden, administrativen Methoden, ja bewältigen können, den Umgang mit ihnen führen können. Wir hatten – in letzter Zeit hatte ich viele Diskussionen mit Vertretern solcher Gruppen, und eines der Probleme für sie besteht ja darin, daß sie zwar einen Katalog von Fragen und Problemen auflisten, von denen, wie ich meine, 80, 90 Prozent eigentlich von uns hätten aufgelistet werden müssen und hätten aufgelistet werden können, aber sie haben kaum eigene Vorstellungen, wie Lösungen gefunden werden könnten. Und ich glaube, hier liegt für uns eine große Chance, daß wir besonders in die ideologische Diskussion, in die politische Diskussion mit diesen Gruppen kommen, um hier, ja, unsere Kraft und unsere führende Position praktisch zu beweisen.

In letzter Zeit haben wir ja viel zu Fragen des politischen Systems, ja, diskutiert, auf allen möglichen Foren, Wegen und bei allen Gelegenheiten, aber ich glaube, daß wir nicht außer acht lassen dürfen, daß die Wirtschaftspolitik, die Entwicklung unserer Wirtschaft, nach wie vor die Grundlage unseres gesellschaftlichen Lebens bleibt, daß der Spielraum unserer Politik in anderen Bereichen ja davon bestimmt wird. Wir sind daher bestrebt, zusammen mit dem Zentralinstitut für Sozialistische Wirtschaftsführung und anderen Wissenschaftlern einen Beitrag zu leisten für eine Konzeption einer umfassenden Wirtschaftsreform in unserem Lande. Dabei ist klar, daß wir vor einer Reihe wichtiger Widersprüche stehen, die wir zu bewältigen haben, von denen einige nur schwer zu bewältigen sind.

Der erste Widerspruch, den ich sehe, ist, daß die ökonomischen Anforderungen, die sich aus dem Aktionsprogramm und aus vielen anderen Forderungen ergeben einerseits und die Leistungsfähigkeit, und die Leistungsfähigkeit, die Leistungskraft unserer Volkswirtschaft, in einem Widerspruch zueinander stehen, daß wir Wege finden müssen, um diesen Widerspruch zu lösen. Einer der größten Widersprüche ist der Widerspruch zwischen internationalen Verpflichtungen und der Exportkraft unserer Volkswirtschaft. Ein wichtiger Widerspruch, der, glaube ich, von gesellschaftlicher Bedeutung ist, ist die Tatsache, daß wir der leistungsfähigen Bundesrepublik gegenüberstehen, deren wirtschaftliche Leistungskraft nicht nur groß ist, sondern mit hoher Dynamik sich entwickelt und diesen Wettbewerb bei völlig offenen Grenzen zu führen haben. Das bedeutet, daß wir für unsere Gesellschaftskonzeption ja genau überlegen müssen, welche Gebiete wir besonders entwickeln auf der Basis, über die wir verfügen, um den Sozialismus attraktiv zu machen. Nach unseren Vorstellungen muß die Wirtschaftsreform so angelegt sein, daß sie ohne Bruch, ohne Verzicht auf die erreichten Positionen erfolgt, daß wir nicht nur Bestehendes einreißen können, ohne sofort Neues zu ersetzen. Daß wir nicht eine Form des Subjektivismus durch eine andere Form des Subjektivismus, ja, ersetzen können. Dabei ist nach unseren Vorstellungen, die sich aus den Forschungsergebnissen, aus den Erfahrungen vieler Kombinate ergeben, notwendig, eine Reihe von Problemen sofort zu lösen – Genosse Rudi Winter hat über einige solcher Fragen gesprochen –, daß wir uns aber im klaren sein müssen, daß die Wirtschaftsreform einen längeren Prozeß in Anspruch nimmt. Nach unseren Vorstellungen ist vor allem der ganze Fünfjahrplan 1991 bis 1995 notwendig, um grundlegende Änderungen herbeizuführen. Grundlegende Änderungen, die darauf gerichtet sind, die Effektivität und die Flexibilität zu erhöhen, was mit einem neuen System der Leitung und Planung, mit der bedeutenden Erhöhung der Eigenverantwortung der Kombinate, der Betriebe sich ergibt, daß eine Verbindung von ökonomischer und ökologischer Entwicklung notwendig ist, daß wir den internationalen Kooperationsbeziehungen größte Aufmerksamkeit schenken. Obwohl wir fast 50 Prozent unseres Nationaleinkommens im Außenhandel umsetzen, haben wir eine Politik betrieben, die in vieler Hinsicht auf eine Isolation der DDR in wirtschaftlichen Fragen ... *(Unverständlicher Zuruf)*

Vors. Egon Krenz: Ja, bitte!

Wolfgang Junker: Genosse Generalsekretär, darf ich eine Anfrage an Genossen Reinhold richten?

Vors. Egon Krenz: Ich hoffe, du hast die gleiche wie ich – aber bitte, stelle sie!

Wolfgang Junker: Otto, wir stehen vor der Frage, in der Redaktionskommission das Aktionsprogramm unserer Partei bis morgen mittag oder morgen früh dem Zentralkomitee vorzulegen. Wir mühen uns damit ab, wir machen – versuchen, das Beste daraus zu machen. Genosse Günther Jahn hat hier gesagt, wir müssen mit diesem Aktionsprogramm am Montag oder am Sonnabend in die Parteiorganisationen, sonst – ich will mich jetzt nicht weiter ausdrücken. Lieber Otto, ich bitte dich, ja, wenn du noch bessere Vorschläge hast, hier zum Aktionsprogramm, ganz konkret uns die heute abend zu formulieren, daß wir sie reinbringen können, ja, damit wir also dieses Aktionsprogramm jetzt als Aktionsprogramm machen. Hier sind vorhin gute Vorschläge gemacht (worden). Das nehmen wir alles jetzt mit rein, das soll nicht ausufern, wir wollen nichts versprechen, Genossen, wir wollen das real machen, ich stimme mit Hans Modrow überein in diesen Dingen, auch die Formulierung, daß die Arbeiter und so weiter.

Lieber Otto, tu' uns den Gefallen, mit deinem Geist, oder was weiß ich, wie ich das sagen soll, setz' dich mit hin, formuliere, damit wir das also in Ordnung bringen, ja, damit wir morgen früh oder morgen mittag dem Zentralkomitee ein Aktionsprogramm vorlegen können. *(Klingel des Vorsitzenden, Beifall)*

Vors. Egon Krenz: Es gibt weitere Wortmeldungen zur Geschäftsordnung. Genosse Hager – Moment, gleich Genosse – also Genosse Hager, Genosse Schulz, Genosse König und Genosse Funke.

Kurt Hager: Ich habe mehrere Anfragen an Genossen Reinhold. Ich bitte jetzt – ich wollte sie eigentlich zum Schluß stellen, aber da er schon unterbrochen ist: Erstens, Otto, willst du wirklich den Gedanken, den du geäußert hast, den Dank dafür, daß nicht gestreikt wurde, veröffentlichen?

Otto Reinhold: Ich habe nicht gesagt, den Dank, daß nicht gestreikt wurde, sondern der Dank, daß viele Millionen Arbeiter unter schwierigen Bedingungen ihre Arbeit leisten. *(Unruhe, Klingel des Vorsitzenden)*

Vors. Egon Krenz: So, Moment, Genossen, ich bitte doch die Ruhe zu bewahren. Im Moment hat Genosse Hager das Wort.

Kurt Hager: Ich meine, wir sollten die Krise nicht selbst noch weiter herbeireden. *(Unruhe)*

Zweiter Punkt. Hier wurde der Begriff »autokratische Führung« genannt. Was verstehst du darunter?

Otto Reinhold: Ich verstehe darunter, daß diese Art der Führung die innerparteiliche Demokratie ausgeschaltet hat, immer mehr zurückgedrängt hat, und diese innerparteiliche Demokratie unmöglich gemacht hat. Daß Mut dazu gehörte, wie hier gesagt wurde, einen anderen Gedanken zu äußern als den, der in den Beschlüssen des Politbüros enthalten war.

Kurt Hager: Ich bin nicht einverstanden mit der Antwort, aber das kann ich ja dann gleich sagen.

Otto Reinhold: Du kannst …

Kurt Hager: Und die dritte Frage: Du hast davon gesprochen, daß eine Ausarbeitung über Demokratie von dem verantwortlichen Sekretär verhindert wurde. Wen meinst du damit?

Otto Reinhold: Dich!

Kurt Hager: Mich.

Otto Reinhold: Ja.

Kurt Hager: Gut.

Otto Reinhold: Wir haben bei uns eine Diskussion gehabt – und alle Genossen erinnern sich sehr gut –, wo wir über Forschungsprobleme gesprochen haben, und wir waren der Meinung, und Genossen haben das gesagt, daß eine Forschung unbedingt sein müßte für die Weiterentwicklung der sozialistischen Demokratie. Und dazu hast du diesen Standpunkt vertreten.

Kurt Hager: Gut, ich danke dir, daß du den Namen genannt hast; denn man muß nicht anonym diskutieren. Und die vierte Frage: Du hast von den Studien gesprochen, die im – die im Panzerschrank liegen. Weißt du nicht, oder weißt du es, daß die Studien 1985 in Vorbereitung des XI. Parteitags an alle damals verantwortlichen Genossen weitergegeben wurden und daß die Studien[117], die zu diesem jetzt vorbereitet worden sind, in Vorbereitung also des XII. Parteitages, über hundert Studien, zum großen Teil den Mitgliedern des Politbüros, den Abteilungsleitern, Ministern und so weiter übergeben sind?

Otto Reinhold: Ja, ich meine nicht nur diese Studien, sondern auch viele Analysen, von anderen, auch zum Beispiel von der Akademie der Wissenschaften – *(Unruhe)* – auf die es keine Reaktionen gegeben hat, oder …

Kurt Hager: Ich bin dagegen, daß man irgendwelche Dinge in die Welt setzt, ohne sie konkret zu beweisen. Die Studien sind verteilt, und zwar schon 1985, die Studien sind alle verteilt worden. Das läßt sich absolut feststellen. Und jetzt sind die Studien im Besitz der verschiedensten Genossen bzw. die Kenntnis, daß solche Studien vorliegen, ist vorhanden.

Zuruf: Stimmt!

Das können wahrscheinlich viele Genossen bestätigen. *(Unruhe)*

Vors. Egon Krenz: Genossen, ich habe nicht die Absicht, die weiteren Anfragen zurückzustellen. Wenn ihr wollt, könnt ihr sofort das Wort ergreifen. Bloß, ich halte die Art dieser Diskussion für nicht der Sache angepaßt. Genosse Reinhold hätte Grund, anstatt sich zu rechtfertigen, einen Beitrag zu leisten für das, was wir machen wollen.

Zurufe: Ja! Richtig! (Beifall, unverständlicher Zuruf)

Und ich will noch etwas dazu sagen, Genossen. Es sind mir auch Studien bekannt über die Abweichungen des Genossen Gorbatschow vom Marxismus-Leninismus, lieber Genosse Otto. Wenn schon, dann mußt du die volle Wahrheit sagen![118]

Zurufe: Jawohl!

Und das, glaube ich aber, ist nicht eine Sache, die uns hier heute voranbringt. Wir stehen vor einer so schwierigen Situation und versuchen hier gegenseitig, Schuldzuweisungen zu machen. Wenn sich hier jeder rechtfertigt, dann sitzen wir bis übermorgen abend noch hier. Jetzt brauchen wir konstruk-

117 Vgl. die Studien zur Vorbereitung des Parteitages, in: SAPMO-BArch, DY 30/vorl. SED 42221–42225 (Büro Hager).

118 Vgl. dazu Monika Nakath, SED und Perestroika. Reflexion osteuropäischer Reformversuche in den 80er Jahren (Hefte zur DDR-Geschichte, Nr. 9), Berlin 1993, S. 15 ff.

tive Gedanken, auch wie es weitergeht. Und das muß man vom Institut verlangen können. *(Beifall)*

Otto Reinhold: Genosse Krenz …

Vors. Egon Krenz: Bitte schön!

Gerd Schulz: Ich muß aber trotzdem den Antrag stellen, daß zwei Formulierungen vom Genossen Reinhold durch das Zentralkomitee ausdrücklich zurückgewiesen werden. Das ist zum einen die Formulierung, daß bis heute fleißig gearbeitet wird, weil ich diese Formulierung für politisch verantwortungslos halte –

Zuruf: So ist es!

– und das bestimmten anderen Kräften Auftrieb geben könnte, wenn wir die stehenlassen. Und das ist zum zweiten die Formulierung, daß es jetzt gilt, eine schnelle Antwort zu finden auf die Ausgestaltung der neuen Sozialismuskonzeption. Ich halte beide Formulierungen für politisch nicht richtig und stelle den Antrag, sie zurückzuweisen.

Vors. Egon Krenz: Genosse König!

Otto König: Ich stelle den Antrag, daß darüber beschlossen wird, ob die Rede des Genossen Reinhold veröffentlicht wird oder nicht. Wir gießen unten Öl ins Feuer! *(Starker Beifall)*

Die Arbeiterklasse ist so verärgert! Die gehen auf die Barrikaden! Die brüllten: »Partei raus aus den Betrieben!« Die wollen die Gewerkschaft ablösen, die Parteisekretäre ablösen, und wir halten hier große Reden. Ich habe den Eindruck, der Genosse Reinhold weiß nicht, was an der Basis los ist.

Zustimmende Zurufe: Sehr richtig!

Und wenn ich höre, daß hier gesagt wird, mit 75 bis 85 Prozent dessen, was die Gruppen aufgeschrieben haben, können wir uns identifizieren, jetzt kommt es darauf an, uns an die Spitze zu stellen – na, was meinst du denn, was da unten los ist?! Wir haben bisher unseren Leuten verboten, das »Forum«, das Programm vom »Neuen Forum« zu lesen, und jetzt bringt ihr das in dieser ZK-Tagung so! Wir haben – unsere Leute reagieren folgendermaßen: Wir sind mit dem ersten Tag des ZK-Plenums überhaupt nicht einverstanden, aus den unterschiedlichsten Gründen. Das geht mit der Wahl des Politbüros los. Ich muß das mal ganz ehrlich sagen, um mir das vom Herzen zu reden.

Wir haben am Montag mit 2 000 Leuten in einer Kirche, wo vielleicht 500 Mann reinpassen, uns bis aufs Messer geschlagen und waren froh, daß wir dann im Endeffekt erreicht haben, daß mit denen, die dann noch geblieben sind, eine ordentliche Diskussion möglich war. Dieser Sache müssen wir doch ins Auge schauen. Und heute reden wir hier vom Pult herunter! Was weiß der Teufel, was wir noch alles machen müssen! Es geht um die nackte Existenz, bin ich der Meinung. *(Starker Beifall)*

Zurufe: Sehr richtig!

Vors. Egon Krenz: Genosse Frohn?

Zuruf: Erledigt.

Otto! – Erledigt.

Otto Reinhold: Genossen, ich habe nicht wollen sagen, daß bis heute gearbeitet wird, um anzunehmen, daß morgen nicht gearbeitet wird ... *(Unruhe)*

Empörte Zurufe: Aufhören zu reden! Aufhören!

Vors. Egon Krenz: Also, Otto, ich schlage vor ...

Otto Reinhold: Mir geht es darum, daß wir, und ich bin ja bereit, Vorschläge zu machen, und wir haben schon viele Vorschläge gemacht, um für die konkrete Beantwortung der Fragen zugleich ... *(Unruhe)*

Zuruf von Manfred Ewald: Der Genosse Reinhold hat nicht verstanden, daß wir meinen, er soll Schluß machen! (Anhaltende Unruhe, Klingel des Vorsitzenden)

Vors. Egon Krenz: Also, es gibt den Vorschlag, Otto, daß du deine Vorschläge für das Programm formulierst, erstens. Und zweitens, daß du damit einverstanden bist, daß der Text deiner Rede nicht veröffentlicht wird.

Zurufe: Jawohl!

Und drittens, du mußt jetzt entscheiden, ob du weitermachst oder nicht weitermachst.

Otto Reinhold: So.

Vors. Egon Krenz: Das ist deine eigene Entscheidung, ich kann sie nicht beeinflussen.

Otto Reinhold: Wenn – wenn das –

Zuruf: Mach Schluß, Otto!

– kein Bedürfnis ist, mache ich Schluß.

Vors. Egon Krenz: So habe ich die Anträge verstanden hier. *(Zustimmende Zurufe)* Danke schön. – So, Genossen, jetzt müssen wir uns verständigen. Eigentlich wäre jetzt Schluß der ZK-Tagung des heutigen Tages. Wir schlagen vor, daß wir eine halbe Stunde Pause machen und noch zwei Stunden weitermachen, daß wir morgen früh bereits um 9.00 Uhr beginnen und dann aber versuchen, doch bis 18.00 Uhr zu beenden, weil natürlich am Wochenende eine Reihe von Veranstaltungen sind, wo die Genossen weg müssen. Außerdem hat das eine ganz praktische Frage für die Berliner Genossen. Die haben die Frage, ob sie morgen abend nach der ZK-Tagung eine Kundgebung machen können. Ich würde meinen, eine Kundgebung der Partei nach dieser ZK-Tagung wäre etwas Gutes – *(Zustimmende Zurufe)* – kann man – ja, wäre sehr gut ... *(Beifall)* Bitte? *(Unverständliche Zurufe)* Und deshalb sollten wir bis 18.00 Uhr morgen fertig sein, damit um 18.30 Uhr die Kundgebung stattfinden kann.[119] Einverstanden?

Zustimmende Zurufe: Ja!

Also jetzt Pause bis 18.40 Uhr.

(Pause bis 18.40 Uhr)

119 Zur Kundgebung der SED am 10. November 1989 im Berliner Lustgarten vgl. ND sowie Berliner Zeitung, 11./12. November 1989.

Vors. Egon Krenz: Es gab Diskussionen in der Pause – eine Frage, die hier vor dem Zentralkomitee noch mal gestellt werden muß. Da wir beschlossen haben, alles zu veröffentlichen, was hier gesagt worden ist, sollte man appellieren an die Autoren, stets zu prüfen, was von dem, was hier gesagt worden ist, möglicherweise mehr Beunruhigung als Beruhigung schaffen kann. Also ich will nicht den Vorschlag unterbreiten, daß dieses oder jenes nicht veröffentlicht wird; wir haben einen Beschluß dazu. Aber ich möchte an die Souveränität jedes Diskussionsredners appellieren, sich das von diesem Gesichtspunkt aus noch mal anzuschauen. – Bitte, Genosse Gerhard Holtz-Baumert!

Gerhard Holtz-Baumert: Zur Geschäftsordnung möchte ich was sagen. Genossen, ich mache sicher einen unpopulären Vorschlag. Mein Zettel liegt auch da drin. Und der Stapel ist so dick. Ich weiß nicht, ob in manchem die Substanz unserer Diskussion noch erweitert werden kann. Das wichtigste ist das Aktionsprogramm. Wir müssen der Redaktionskommission – *(Zustimmende Zurufe, Beifall)* – wir müssen der Redaktionskommission Zeit geben und morgen die Diskussion nicht fortsetzen allgemein, sondern zum Aktionsprogramm – *(Beifall)*

Zuruf: Genau!

– und möglichst bald beenden, um rauszugehen. Ich schlage vor, entweder die Diskussion jetzt zu beenden oder fünf Minuten einen neuen Standpunkt für das Aktionsprogramm. Sonst kommen wir alle mit unseren alten Rechnungen, und das geht nicht! Ich ziehe dann auch meinen Diskussionsbeitrag zurück.

Zuruf: Ja, ist richtig. (Beifall)

Vors. Egon Krenz: Ich verstehe den Antrag so, daß wir die Diskussion allgemeinen Charakters aufhören und nur zum Aktionsprogramm reden. *(Unverständliche Zurufe)*

Zurufe: Morgen!

Morgen? – Das heißt, wir führen jetzt bis 20.30 Uhr die Diskussion weiter.

Zurufe: Nein! – Doch!

Doch.

Zuruf: Natürlich.

Und machen morgen …

Zuruf: Es ist ein Antrag gestellt worden, da soll gegen gesprochen werden.

Bitte?

Zuruf: Es ist ein Antrag gestellt worden, nicht mehr weiterzuführen die Diskussion!

Möchte jemand dagegen sprechen? – Ja, bitte!

Otto Arndt: Ich bin dafür, daß weiter diskutiert wird. Meine Eisenbahner draußen und die Kraftfahrer, die erwarten, daß ich hier auftrete, um konkret zu sagen, wie ist bei uns die Lage, und das Konzept gebe, wie es weitergehen soll.

Zuruf: Abgeben!

Vors. Egon Krenz: Bitte?

NN: Ich unterstütze den Vorschlag von Genossen Arndt. Ich bin auch der

Meinung, daß unsere Kumpel vor Ort erwarten, daß wir hier unseren Standpunkt sagen.

Vors. Egon Krenz: Also, Genossen, es wird vorgeschlagen, zunächst heute abend zwei Stunden weiterzudiskutieren und danach erneut zur Frage zurückzukehren, die Genosse Holtz-Baumert gestellt hat. – Bitte?

Zuruf: Ich bin dafür, abstimmen zu lassen, ob wir die Diskussion weiterführen oder den Antrag, den der Holtz-Baumert gemacht hat.

Ja, dann müßte der Antrag hier formuliert werden, ab sofort nur noch zum Aktionsprogramm zu reden.

Zurufe: Jawohl! – Nein, nein! – Ob weiter diskutiert wird!

Ja, Moment, es muß ja jemand, der nach vorne geht, muß ja wissen, wozu er reden soll. – Bitte!

Zuruf: Ich habe den Vorschlag, daß wir nur noch zum Aktionsprogramm reden, aber die Diskussionsbeiträge abgeben und zur Veröffentlichung geben. Dann haben wir draußen auch das Echo. (Unruhe)

So, Genossen, jetzt laßt uns mal vernünftig sein. Die Genossen der Redaktionskommission sind im Moment gar nicht da, die arbeiten nämlich am Aktionsprogramm. Deshalb schlage ich vor, diese zwei Stunden heute abend weiterzudiskutieren –

Zuruf: Mit einer verkürzten Redezeit!

– mit einer verkürzten Redezeit, bitte schön, und dann am Schluß des heutigen Abends zu entscheiden, wie wir es morgen machen. Einverstanden? Kann man sich auf diesen Kompromiß einigen? *(Zustimmende Zurufe)* Dann hat jetzt die Genossin Christa Zellmer das Wort. Nach der Genossin Christa Zellmer folgt Michael Trutti.

Christa Zellmer: Liebe Genossinnen und Genossen! Den Ausführungen des Genossen Egon Krenz stimme ich zu. Mit dem unterbreiteten Aktionsprogramm haben wir erst eine gewisse Grundlage, die es unserer Partei ermöglicht, mit einem geschlossenen Antreten der Mitglieder der Partei wieder in die Offensive zu kommen. Es ist also höchste Zeit, daß konstruktive Vorschläge und denkbare Lösungswege, die aus der politischen Krise führen, von uns ausgehen.

In der Tagung der Bezirksleitung Frankfurt/Oder, die mich beauftragte, im Namen der Mitglieder und Kandidaten der Bezirksleitung zu sprechen, herrschte am Sonnabend die Einschätzung vor, daß es um Sein oder Nichtsein des Sozialismus, um Sein oder Nichtsein unserer Arbeiter-und-Bauern-Macht auf deutschem Boden geht. Wir teilen inzwischen die mehrfach deutlich ausgesprochene bittere Wahrheit: Daß die DDR in diese Situation kommen konnte, ist vor allem von der führenden Partei des Landes zu vertreten, das heißt vom PB und vom ZK, dazu gehöre auch ich.

Dementsprechend ergeben sich auch die Konsequenzen. Das heißt, die Hauptanstrengungen für die Erneuerung müssen von uns getragen werden. Es ist unsere Pflicht, voranzugehen mit einer wissenschaftlich begründeten Gesellschaftsstrategie, Ziele zu erhellen und in der praktischen Politik alle gesellschaftlichen Kräfte zu möglichst gemeinsamen Anstrengungen dafür zusammenzuführen. Das ergab und ergibt sich aus der sozialen Stellung, aus dem revolutionären Charakter der Arbeiterklasse und der Fähigkeit, die Interessen aller Werktätigen am konsequentesten zu vertreten.

Führende Rolle kann wahrlich nicht per Dekret angeordnet werden, sondern muß täglich neu erobert werden. Derzeitig werden in Betrieben und Einrichtungen, auf Demonstrationen und Kundgebungen, in Foren und Tagungen der Volksvertretungen aus den Reihen der befreundeten Parteien und der Partei selbst Vorwürfe an unsere Adresse gerichtet und verbreitet Zweifel geäußert, ob wir tatsächlich lernfähig und in der Lage sind, das verlorene Vertrauen zurückzugewinnen. Die führende Rolle unserer Partei wird zunehmend in Frage gestellt. Genossen, das sind zwar jetzt keine Beiträge zur Erweiterung des Aktionsprogramms, aber ich bitte um Verständnis, weil die Bezirksleitung mich gebeten hat, diesen gemeinsamen Standpunkt auch hier vorzutragen.

Daß sich die Lage nach der 9. Tagung des ZK nicht entkrampfte, sondern weiter zuspitzte, ist meines Erachtens nicht zuletzt auf die – aus welchen Gründen auch immer – letztlich politisch falsche Entscheidung des Präsidiums der Volkskammer zurückzuführen, daß die oberste Volksvertretung, abgesehen von der Erklärung des Vorsitzenden des Staatsrates, bis heute schwieg. Volkskammerabgeordnete in meiner Bezirksleitung mit dem Mandat unserer Partei sprachen darüber in Übereinstimmung mit dem Empfinden aller Genossen von einem unerträglichen Zustand. Und ich muß euch sagen, so wuchs der Vertrauensverlust weiter. Mögliche sofortige gesetzliche Entscheidungen durch das Parlament blieben aus wie zum Beispiel befristete Neuregelung zum Strafgesetzbuch § 213 bis zu seiner endgültigen Neufassung. Und damit stieg der Erwartungsdruck an unsere 10. Tagung weiter und ebenso auch Hoffnungen wie Illusionen, wir könnten nun kurzfristig alles ändern.

Meines Erachtens ist die Lage viel zu ernst, als daß wir auf halbem Wege stehenbleiben können. Wir dürfen es weder bei der Analyse der Ursachen für den radikalen Vertrauensverlust, für die Mißachtung der vielen ernsten Signale von der Basis noch für die Unmenge von Disproportionen in der Volkswirtschaft und allen anderen Bereichen belassen. Zu Recht erwartet man von uns als ZK, von einem Parlament und einer Regierung nicht nur ein Aktionsprogramm, sondern auch Garantien dafür, daß sich ähnliche Deformierungen nicht wiederholen können. Die Wahrheit muß deshalb vollständig aufgearbeitet werden, um die Wirkungsmechanismen bloßzulegen, die dazu führten, uns mit Hilfe von Statistiken, Agitation und Propaganda etwas vorzumachen und dabei die reale Interessenlage der Werktätigen, besonders der Arbeiterklasse, ihre berechtigten Sorgen und gesellschaftlichen Erfordernisse zu verkennen.

Daß gegenwärtig in allen Parteiorganisationen die Mitglieder vielfach enttäuscht um die Ehre als Kommunist und hitzig um richtige Antworten streiten, daß sich gegenwärtig Hunderttausende Bürger im offenen Meinungsstreit Gedanken über die weitere Entwicklung in der DDR machen, ja, daß die Straße als Tribüne, daß Plakat und Losungen zur Willensäußerung genutzt werden, zeugt nicht nur einfach von der Kraft des Souveräns, des Volkes der DDR. Es hat auch meiner Meinung nach mit dem Beharrungsvermögen in einigen Amtstuben, mit noch immer anhaltenden Fehleinschätzungen der Situation und der unabdingbaren gesellschaftlichen Erfordernisse zu tun. Anders sind doch Zaghaftigkeit im Herangehen an Probleme, Schweigen, wo zu handeln war, halbherzige Angebote gesetzlicher Neuregelungen nicht zu verstehen. Damit werden vor allem jene Kräfte innerhalb und außerhalb der DDR bedient, die den Sozialismus diffamieren und auch die DDR auf einen rekapitalistischen Reformkurs drängen wollen. Mehr noch: Enttäuscht und allein gelassen werden so die Millionen Staatsbürger, die mit Besorgnis auf das Anwachsen von bösartigen Verleumdungen und die Mißachtung jeglicher Ergebnisse gemeinsamer 40jähriger Anstrengungen sehen und die bereit sind, die sozialistische Erneuerung aktiv mitzugestalten.

Das mutige Verfechten unserer sozialistischen Sache, die Anstrengungen der Genossen, die tagtäglich in unzähligen Debatten die Glaubwürdigkeit der Partei verteidigen, brauchen jetzt das Aktionsprogramm, brauchen Antworten und zur Diskussion gestellte Lösungsvorschläge des Zentralkomitees. Und, Genosse Otto Reinhold, dein persönlicher Anteil und der Anteil der Akademie der Gesellschaftswissenschaften kann doch nicht das sein, was du dem ZK eben vorgetragen hast! Wir brauchen Lösungswege der Regierung, die keinen Anlaß zur Neubelebung von Zweifeln an unserer Ernsthaftigkeit für eine tiefgreifende Veränderung in Politik, Wirtschaft und allen gesellschaftlichen Bereichen bieten.

Alles, was jetzt zu tun ist, muß unserem guten Verfassungstext zur selbstverständlichen Verfassungswirklichkeit im Leben des Volkes verhelfen. Es wird doch in der Partei und in der Bevölkerung sehr wohl verstanden, was Genosse Egon Krenz vor der Volkskammer und auch in seiner Fernseherklärung zu den erforderlichen Reformen einschließlich der umfangreichen gesetzgeberischen Arbeit gesagt hat und gestern im Detail ausführte. Ja, es bedarf tatsächlich der Besonnenheit, der Gründlichkeit und entsprechenden Zeit der Diskussion vor der Entscheidung. Doch, Genossen, wenn wir etwas zur Diskussion stellen oder entscheiden, dann muß das Hand und Fuß haben, so wie zum Beispiel die Amnestie, aber nicht wie der von vornherein wieder mit vielen Unbekannten und bürokratischem Aufwand versehene Entwurf zum Reisegesetz. Und ich als Vertreterin eines Grenzbezirkes erwarte auch, daß die Maßnahmen zur Verhinderung der spekulativen Abkäufe durch ausländische Bürger Hand und Fuß haben. Und ich bin auch, wie Moritz Mebel sagte, für einen schnellen Einstieg in eine neue Regelung der Subventionen.

Genossen! Volle Herstellung der Rechtsstaatlichkeit muß sich an den Interessen des Volkes, an der Verfassung orientieren. Wir dürfen die Chance zur uneingeschränkten Herstellung von Meinungs-, Presse- und Versammlungsfreiheit, ja letztlich überhaupt zur demokratischen Kraftentfaltung und auch mit neuen Foren und Formen, einfach nicht vergeben. Erneuerung des Sozialismus ist eine Lebensfrage. Ich habe mich gestern schon spontan geäußert zu dieser Bürgerinitiative »Neues Forum«: Genossen, das ist doch längst eine reale gesellschaftliche Kraft, die ihre Akteure, Anhänger und Sympathisanten in allen etablierten politischen Parteien und Organisationen besitzt. Erklärtermaßen will sie auf dem Boden der Verfassung der DDR für die sozialistische Erneuerung in der Gesellschaft wirken. Wo soll das kulturvolle, konstruktive Ausstreiten der Bürger aller Klassen und Schichten zu gesellschaftlichen Entwicklungsfragen, zur Sozialismuskonzeption, zu den vielen kommunalpolitischen Problemen in den Städten und Gemeinden erfolgen? Ich bin der Auffassung: Nicht auf der Straße. Und ich bin der Auffassung, Kirchen sollen Gotteshäuser bleiben. Ich meine, in Rathäusern, in Kulturhäusern, zu bestimmten Themenkreisen, und zwar nach Feierabend oder an den Wochenenden. So haben wir es gemacht. Wir haben ähnlich gearbeitet, wie Günther Jahn das hier gesagt hat. Während der Arbeitszeit in den Betrieben, Genossenschaften und Einrichtungen soll und muß vor allem intensiv und effektiv gearbeitet, in Akademien, Universitäten, Hoch- und Fachschulen muß geforscht, gelehrt und gelernt werden. Und wie ich schon gestern bemerkte: Mich bestärkt dieses Gespräch mit dem Erstunterzeichner dieser Bürgerinitiative, Herrn Henrich, daß unsere Entscheidung, die gestern gefällt wurde, längst überflüssig war. Machen wir doch Schluß mit den Irritationen zwischen gesellschaftlichen Kräften, die alle vorgeben, den Sozialismus in der DDR besser, demokratischer und attraktiver machen zu wollen. Wir brauchen keinen weiteren Verschleiß gesellschaftlicher Kräfte, und unserer guten, ja unserer besten Genossen, sondern endlich eine sachliche, gemeinsame Arbeit aller, die das Land ohne Preisgabe unverzichtbarer sozialistischer Grundlagen aus der entstandenen Situation herausführen wollen. Und ich bin auch der Meinung, wie einer meiner Vorredner sagte: In diesem Prozeß wird sich die Spreu vom Weizen trennen, wird sich zeigen, wer es ehrlich mit dem Sozialismus meint und fähig ist, die besten Ideen und Taten dafür einzubringen.

Genossen! Was wir dringend brauchen, ist die Erhöhung der Qualität der politisch-ideologischen Arbeit in der Partei und in den Arbeitskollektiven, Offenheit in der politischen Arbeit der Partei wie aller anderen gesellschaftlichen Kräfte, Offenheit der staatlichen Arbeit, und zwar jedes Ministeriums, umfassende Information und Beratung des Volkes zu grundlegenden gesellschaftlichen Entwicklungsfragen, intensive, gleichberechtigte Arbeit im Demokratischen Block der Parteien und in der Nationalen Front mit allen politischen und gesellschaftlichen Kräften, auch, ja erst recht mit derzeit sogenannten Andersdenkenden. Das ist mehr denn je das eigentliche politische Kampffeld der Kommunisten. Darauf muß sich unsere Partei meiner Meinung nach mit aller Entschiedenheit zurückbesinnen. Dann finden wir auch die richtigen Konsequenzen für den neuen Arbeitsstil in der Partei und zur sinnvollen, qualifizierten Verwirklichung ihrer führenden Rolle in der sozialistischen Gesellschaft.

Wir brauchen klare Konturen der Verantwortung von Partei und Staat. Das ist unerläßlich. Auch dazu haben wir uns in der Bezirksleitung verständigt. Jeder Genosse soll seine Verantwortung zur Erläuterung der Politik und zur Verwirklichung der Beschlüsse der Partei dort wahrnehmen, wo er arbeitet und lebt. Politisch zu führen muß endgültig freigemacht werden von Bevormundung und Reglementierung der Leiter in Staat, Wirtschaft und anderen gesellschaftlichen Bereichen. Und wir dürfen uns nicht scheuen, uns von Bisherigem zu trennen, ja, uns frei von den Praktiken zu machen, die anderen mehr oder weniger ihre Verantwortung abnahmen und dazu führten, daß die Leitungen der Partei oft bis ins Detail für alles verantwortlich gemacht werden können.

Deshalb unterstütze ich die Denkanstöße und Vorschläge für tiefgreifende Wirtschaftsreformen in Richtung realer Planung und Bilanzierung, in Richtung Orientierung am Bedarf der Bürger und weitgehender Reduzierung von Auflagen, Kennziffern, Kriterien und Berichtsforderungen. Sozialismus neuer Qualität ist ohne Wirksamkeit des Leistungsprinzips ebenso wenig denkbar wie ohne Stärkung der örtlichen Staatsorgane einschließlich ihrer Entscheidungskraft zum Einsatz von Kapazitäten, von finanziellen wie materiellen Fonds.

Wir haben in der Bezirksleitung und auch im Bezirkstag Frankfurt/Oder die grundsätzliche Verständigung zu dringlichen Veränderungen begonnen, sind erste konkrete Schritte gegangen und werden mit den Impulsen dieser 10. Tagung das in unserer eigenen Verantwortung Liegende am 15. 11. in der Bezirksleitungssitzung mit einem von Bezirksleitungsmitgliedern erarbeiteten Programm weiter beraten und in Angriff nehmen. Sicher scheint mir eines: Das Nachdenken, der Wille und Mut zur Erneuerung beginnt in unserer Partei, darf vor keiner Tür, vor keiner Leitung, vor keiner Kommission oder Arbeitsgruppe Halt machen – weder im Bezirk noch in den Kreisen, Städten und Gemeinden und natürlich auch im Hause des Zentralkomitees, des Ministerrates und anderer staatlicher Organe, auch ihres Wirkens nach unten. Und vorstellbar ist mir mit Blick auf den XII. Parteitag auch hier das Aufgreifen von Erfahrungen der KPdSU bis hin möglicherweise zur Verbindung der Aufgaben von Parteikontrolle und Revisionstätigkeit in einer Kommission.

Genossen! Die Arbeit der Bezirksleitung und ihres Sekretariats und analog der Kreisleitungen stellt sich auf einen neuen Stil der politischen Führung, vor allem auf die Arbeit mit den Grundorganisationen, ihren Leitungen und Mitgliedern ein. Parteirapport und ähnliche Entmachtungsformen staatlicher Leiter wurden beendet. Die Vielfalt von Kommissionen zu volkswirtschaftlichen Initiativen und Anwenderseminaren werden neu bedacht. Natürlich haben wir keineswegs vor, so zu tun, als brauche die volkswirtschaftliche Entwicklung künftig nicht die politische Führung, die Ideen und das engagierte Vorbild in Wort und Tat durch die Kommunisten in Forschung, Wissenschaft, Technik und Produktion. Die politische Führung der Volksvertretungen gewährleisten wir über das Wirken der Genossen Abgeordneten, ihrer Parteigruppen beziehungsweise auch Fraktionen und selbstverständlich über die Grundorganisationen in den staatlichen Organen. Verwaltungsrationalisierung, weniger Konferenzen und Beratungen und wenn, dann außerhalb der Arbeitszeit, weniger

Papier, kurze Beschlüsse und ihre konsequente Verwirklichung, ersatzlose Abschaffung zum Beispiel von vielen Inspektionen, Bilanzinspektionen, Energieinspektionen, Qualitätsinspektionen – dafür plädiere ich für die Qualifizierung, wie der Genosse Generalsekretär gestern auch sagte, der Arbeit der ABI und Erhöhung ihrer Rolle. Ausräumen von Gewohnheitsrechten, Arbeit aller Genossen des Parteiapparates vor Ort, zuhören, diskutieren und gemeinsames Zupacken zur besseren Lösung der vielfältigen, vor allem kommunalpolitischen Probleme mit den Bürgern ist der entscheidende Weg, um Vertrauen zurückzugewinnen.

Das zuerst in der Arbeiterklasse, und deshalb werden wir bereits Sonnabend früh mit den Werktätigen im Halbleiterwerk Frankfurt/Oder zusammenkommen. Partei und Arbeiterklasse – das ist und bleibt das Wichtigste. Einen anderen Weg zur Bewahrung und demokratischen Neugestaltung des Sozialismus sehe ich nicht. Deshalb werde ich gemeinsam mit den Mitgliedern des Zentralkomitees aus dem Bezirk Frankfurt/Oder, den Mitgliedern und Kandidaten der Bezirksleitung alles tun, um die Kraft der Bezirksparteiorganisation für die Verwirklichung des Kurses der 10. Tagung des ZK zu entfalten und die 4. Parteikonferenz gründlich vorzubereiten. *(Beifall)*

Zuruf von Hans-Joachim Hoffmann: Zur Geschäftsordnung!

Vors. Egon Krenz: Ja!

Hans-Joachim Hoffmann: Genosse Egon Krenz, ich habe an dich eine große Bitte! Man macht sich jetzt natürlich Gedanken, wie man das ganze auswertet und so. Für viele Fragen habe ich schon eine schlüssige Antwort. Was mir absolut fehlt, das ist die Antwort auf die Frage: Wie ist es eigentlich zu den vielen Schulden gekommen?

Vors. Egon Krenz: Schulden?

Hans-Joachim Hoffmann: Schulden! Könntest du nicht bei der Auswahl der Diskussionsredner entweder den Genossen Ehrensperger oder den Genossen Schalck oder den Genossen Beil oder als Wissenschaftler den Genossen Koziolek zu Wort kommen lassen, die uns das noch ein bißchen näher erläutern, damit wir noch ein paar Argumente bekommen?

Vors. Egon Krenz: Der Genosse Beil hat sich zur Diskussion gemeldet, er ist aber auf der Pressekonferenz. Ich würde vorschlagen, daß wir ihn morgen früh reden lassen.

Hans-Joachim Hoffmann: Das wäre sehr gut.

Vors. Egon Krenz: Hat sich jemand – der Genosse Schalck, glaube ich, hat sich nicht gemeldet, ne?

Zuruf: Der ist doch in der Redaktionskommission!

Redaktionskommission, ist klar. Also, verstanden das Problem. Es spricht jetzt Genosse Trutti. Ihm folgt Genosse Heinz Keßler.

Michael Trutti: Liebe Genossinnen, liebe Genossen! Am Anfang bisheriger Beiträge standen schöngefärbte, sachliche, bildhafte Erklärungen, die uns in der Phase der weiteren Entwicklung der sozialistischen Gesellschaft an einen Punkt brachten, wo wir gemeinsam als Zentralkomitee, und da schließe ich mich als Kandidat mit ein, das Vertrauen unserer Genossen und Werktätigen total verloren. Verlorenes Vertrauen, ich weiß es aus der Erziehung meiner Kinder und der täglichen Arbeit mit meinen Genossen und Werktätigen, wieder zurückzugewinnen bedarf einer langen Zeit, aber vor allem konsequenten Auftretens in allen Punkten, wo man bisher versagte. Wir alle haben die Vorgänge vor und nach der 9. Tagung in allen Erscheinungen an der Haltung unserer Werktätigen und Genossen zu spüren bekommen. Die Wahrheit wird in den Reihen der Arbeiterklasse an der Basis besonders hart und deutlich ausgesprochen. Vertrauensverlust durch unsere Parteiführung und vieler Kommunalpolitiker wurde bisher in unserem Edelstahlwerk Freital mit zwölf Prozent Austritten und Streichungen beantwortet. Trotz der persönlichen Gespräche im Rahmen des Dokumentenumtausches und sich abzeichnender Veränderung der Politik von Partei und Regierung konnten wir diese Tendenz nicht aufhalten. Die Zeit der Unentschlossenheit, der Unehrlichkeit und der Sprachlosigkeit unserer Partei arbeitet gegen uns und ist im Bewußtsein unserer Genossen und Werktätigen schwer auszuräumen.

Als noch junger Genosse muß ich euch sagen: Mich hat es erschüttert, ohne dabei ohnmächtig zu sein, wenn ich mich von Genossen trennen mußte, die zu meinen Vorbildern, geachteten Arbeitskollegen und Mitstreitern gehörten. So etwas, und das sage ich in voller Verantwortung gegenüber unserer Partei, darf sich nicht wiederholen. Kämpfen wir gemeinsam durch klare Aufgabenstellungen in der Ökonomie, durch prinzipielle Anwendung des Statuts für jeden Genossen unserer Partei, gleich, wo er in unserer Struktur steht, für eine ehrliche, kritische, selbstkritische Haltung und vor allem stets für die Hauptklassen unserer sozialistischen Gesellschaft, die Klasse der Arbeiter und die Klasse der Genossenschaftsbauern. Sie sind es, die die Werte unserer Gesellschaft schaffen. Sie sind es, die das Vertrauen erhalten müssen, angehört zu werden, sie sind es, die auch mit unserem wissenschaftlich-technischen Personal zusammenarbeiten möchten, um nach gemeinsamer Realisierung von Lösungen mit besseren und leichteren Arbeitsbedingungen zurechtzukommen. Sie sind es, die stets Vorschläge zur Steigerung der Arbeitsproduktivität und der Effektivität machen. Sie sind es in der Mehrheit ihrer Klasse, die sich nicht auf bisherigen Ergebnissen ausruhen, sondern, wie es sich für diese Klasse gehört, in die Zukunft des Sozialismus schauen, dort, wo sie aufwachsen, lernen, arbeiten und studieren. Sicher, und das vergessen viele, die momentan auf die Straße gehen und damit gesellschaftliche Veränderungen herbeiführen wollen, ist das weltweit anerkannt, was unter Führung unserer Partei geschaffen wurde. Doch Ruhm vergeht schnell, wenn man Führungsprozesse vernachlässigt und die innerparteiliche Demokratie nur von oben nach unten wirkt. Dabei sind wir in vierzig Jahren gesellschaftlicher Entwicklung sozial ein großes Stück vorangekommen, aber wir haben vergessen, daß sich der Mensch auf diesem Weg weiterentwickelt. Das ging schneller, als Politiker und Wissenschaftler formulierten, theoretisch fundierten und prognostizierten. Zwischen Theorie und Praxis klaffte ein großes Loch. Die Wechselwirkung zwischen Produktivkräften und den Produktionsverhältnissen spiegelt sich auf unserer Produktionsweise stark wider und hatte damit ihre Wirkung auf die Einstellung und Lebensweise unserer Menschen in der DDR.

Genossen! Als gewählter Vertreter der Arbeiterklasse in unserem Zentralkomitee hatte ich bereits einmal die Gelegenheit, hier zu sprechen. Ich stellte bereits vor eineinhalb Jahren an unser Politbüro die dringende Forderung, die seit Jahren fehlende Rauchabsaugung, eine außerordentlich wichtige Anlage zur Verbesserung der Arbeits- und Lebensbedingungen unserer Werktätigen und der Bevölkerung der Stadt Freital, in das Investitionsgeschehen einzuordnen. Wir sind schon seit fünfzehn Jahren dabei, dieses Problem zu lösen. Doch seit Jahren werden wir trotz großer Bemühungen unserer Kreisleitung, Bezirksleitung und gewerkschaftlicher Ebenen stets vertröstet, obwohl wir stets, bis auf 1988, plantreu waren und große Mittel an den Staatshaushalt zuführten, darunter auch erhebliche Valutamittel aus dem Export unseres Betriebes. So kann man nicht mit Vorschlägen und Hinweisen der Arbeiterklasse umgehen, auch nicht mit der erklärbaren Tatsache, daß große Investitionen für unsere Schlüssel- und Spitzentechnologien gemacht werden müssen und nur das verbraucht und investiert werden kann, was wir vorher gemeinsam erarbeitet haben. Bereits 1990 – so die Aussage im Umfeld des XI. Parteitages – sollte der Himmel in Freital frei von rotbraunem Rauch und schädlichen Stoffen sein. Das Ergebnis ist bisher wieder das Versprechen, bis Dezember 1992 die Anlage zu errichten. Die Luft ist dicht und schwanger von Schadstoffen wie einst. Im Auftrage der Genossen und Kollegen unseres Edelstahlwerkes erwarten wir nach dem Besuch eines Verantwortlichen vom Bundesvorstand der IG Metall am 22. Oktober eine sofortige einordenbare Lösung dieses Problems für das Edelstahlwerk. Das sind wir den 5000 Beschäftigten und 50000 Bewohnern der Stadt Freital schuldig.

Genossinnen und Genossen! Die Situation, in der wir uns als Partei befinden, ist schwierig, aber nicht hoffnungslos. Gerade in solchen Situationen beweist sich in der Realität und an der Basis, wer trotz mitbegangener Fehler aus diesen gelernt hat. Es zeigt sich, wer gemeinsam mit denen, die am Sozialismus und den durchzuführenden Reformen aktiv, nicht nur mit Worten, sondern mit Taten und Haltungen einsteht. Eine Aufgabe, der auch ich mich stelle und die meiner, unserer Tat vor dem Volk bedarf. Hier liegt der Schlüssel für das neue Antreten unserer Partei.

Den Dialog im Bezirk Dresden, vor allem unter der Führung der Genossen Modrow und Berghofer, mit allen am Fortschritt interessierten Kräften wollen wir als Leitung des Edelstahlwerkes mit unserem Brief an die Werktätigen fortsetzen und in unserem Verantwortungsbereich mit viel, sehr viel Arbeit, denen grundlegende Überlegungen vorausgehen, für die Perspektive angehen. Unter dem Motto, »Der VEB Edelstahlwerk ›8. Mai 1945‹ Freital hat seine vierzigjährige Geschichte – Wie muß seine Zukunft im ersten deutschen Staat der Arbeiter und Bauern aussehen?«, stellten wir uns als Leitung im Forum den Fragen, Hinweisen und Vorschlägen unserer Werktätigen. So viele

Werktätige, die mit ihren Gedanken am Prozeß des weiteren gesellschaftlichen Fortschritts unserer DDR und unseres Werkes teilnahmen, hatten wir noch nie in Versammlungen. Hier zeigt sich deutlich, was wir in der massenpolitischen Arbeit seit Jahren versäumt haben: die breite, aktionsbereite Masse zu formieren und mit ihnen über die lösbaren Fragen des Alltags nach kurz-, mittel- und langfristiger Art zu debattieren und in die Praxis einzuordnen. Und ich bin der Meinung, das neue Aktionsprogramm wird uns dabei eine wesentliche Hilfe sein. Einiges mit eigenen Mitteln dort zu ändern ist Grundlage dieser Diskussionsrede gewesen und in Arbeit. Aber wir stellten auch Mängel fest, die wir als Edelstahlwerk Freital nicht ohne die Einordnung in zentrale Beschlüsse und Entscheidungen lösen können. Ich bitte unser neues Politbüro, unseren Ministerrat, im Namen der Edelstahlwerker in Freital Kenntnis zu nehmen:

Erstens. Wir bekennen uns zu den Grundsätzen der sozialistischen Planwirtschaft. Diese müssen sich aber planmäßig und proportional in der Volkswirtschaft entwickeln. Das ist für uns eine Grundsatzfrage; denn was nützen uns ausgereichte Baubilanzen, die von Baubetrieben nicht realisiert werden können. Gekaufte Anlagen für die Weiterführung der Veredlungsstrategie in unserem Betrieb stehen und warten auf bauliche Realisierung durch den VEB BMK Kohle und Energie Dresden.

Es stört uns sehr, daß wir schon über einen langen Zeitraum Investitionsschwerpunkte vorschlagen, aber immer wieder zu viele Eingriffe von übergeordneten Ebenen vorgenommen werden. Gerade der Arbeiter im Edelstahlwerk muß an noch sehr vielen Stellen schwerste körperliche Arbeit leisten und das mit zum Teil veralteten Anlagen, mit denen Qualitätsanforderungen der Kunden nicht mehr erfüllbar sind. Hier spreche ich vor allen Dingen für die Rekonstruktion der 450er Walzenstraße in unserem Werk.

Drittens. Es befriedigt uns überhaupt nicht, daß der Maschinenbau und andere Industriezweige kaum noch Ersatzteile für Maschinen und Anlagen liefern. Fehlende neue Kleintransporter, Gabelstapler oder auch Schreibmaschinen machen die Planerfüllung zur Kunst der Leiter und Arbeiter. Sicher wissen wir, daß die Herstellerbetriebe gerade dieser Erzeugnisse Exportverpflichtungen auch gegen Devisen haben. Vielleicht ist dort bei Betrachtung der Effektivität der Exporte ein Ansatzpunkt für Veränderungen. Wir jedenfalls haben solche gründlichen Analysen erarbeitet, die für die Produktion notwendigen Importe und die Stützung des Haushaltes für Importe und Exporte in die Betrachtung einbezogen, die eigenen Aufwendungen kalkuliert und das Exportergebnis ermittelt. Dabei stellen wir fest, daß auch wir in der Vergangenheit zum Teil uneffektiv exportierten. Wir haben dies seit Jahresbeginn durch Änderung der Produktions- und Exportstruktur in Ordnung gebracht. Heute bewerten wir unsere Exporte in erster Linie nach dem Verhältnis von Aufwand und Nutzen und dem Ergebnis. Und das ist zur Zeit positiv. Nach unserer Meinung ist das ein Ansatzpunkt für alle Industriezweige, auch bei Konsumgütern, der manche Lücke im Angebot unserer Läden schließen helfen könnte.

Viertens. Mit den Erfordernissen der Ökonomie der nächsten Jahre haben wir uns vertraut gemacht, mit der Anwendung des umfassenden Prinzips der Eigenerwirtschaftung der Mittel stehen wir aber erst am Anfang. Bei allen Vorschlägen und Vorstellungen muß aber die intensiv erweiterte Reproduktion unseres Betriebes gesichert sein, die gegenwärtigen Normative sichern dies in keiner Weise. Über den Weg der Rationalisierung mit eigenen Kräften haben wir in der Bewegung in rationeller Hinsicht bisher einiges erreicht. Die mit eigenen Kräften konstruierte und im eigenen Rationalisierungsmittelbau errichtete zweite Elektroschlackeumschmelzanlage zeigt dies deutlich, obwohl sie erst in der Warmerprobung ist und noch Umweltprobleme gelöst werden müssen. Auf diesem Weg wollen wir weitergehen. Durch die Verbindung der Aktion »Ratio 90« mit den notwendigen Rationalisierungsvorhaben wollen wir unsere Verantwortung für einen entscheidenden Rationalisierungsschub wahrnehmen.

Fünftens. Die Metallurgen und Instandhalter, die mit Umschlag und Transport sowie mit der Versorgung beschäftigten Werktätigen in unserem Betrieb arbeiten unter größter Einsatzbereitschaft rund um die Uhr, auch sonn- und feiertags. Schmelzer, Walzer und Schmied bis zum Erreichen des Rentenalters zu sein, gelingt nicht jedem, trotz enger Verbundenheit mit dem Betrieb und Stolz auf den Beruf. Für diese Berufsgruppe wäre es ein langersehnter Wunsch und Perspektive zugleich, wenn das Rentenalter für diese Berufsgruppen heruntergesetzt werden würde oder finanzielle Vergünstigungen für das Alter erfolgen. Die Bilanzierung und Gewinnung von Nachwuchs- und einsatzfähigen Arbeitskräften sowie die Formierung der Stammbelegschaft sind Probleme, die nicht allein vom Betrieb gelöst werden können. Bei der hohen Bedeutung der Edelstahlerzeugung für die ganze Volkswirtschaft bedürfen sie einer größeren Unterstützung durch die Territorialorgane und unserer Zentrale in vielerlei Hinsicht.

Einen breiten Raum in der Diskussion in unseren Arbeits- und Parteikollektiven nehmen die Fragen der Wirksamkeit des Leistungsprinzips ein. Wir sind uns darüber einig, daß auch wir besonders bei der Bewertung der Leistung des einzelnen Reserven haben. Noch nicht überall werden wir den Anforderungen einer leistungsgerechten Differenzierung gerecht. Deshalb werden wir gemeinsam mit unserem ehrenamtlichen WAO-Kollektiv neue Formen und Methoden finden. Als wirkungsvoll würden wir es ansehen, wenn zu den Prinzipien der Eigenerwirtschaftung auch die Entwicklung des Lohnfonds in Abhängigkeit des Leistungszuwachses der Betriebe gehört. Dann wird für jeden Werktätigen sichtbarer, daß sich gute Arbeit für ihn und die Gesellschaft lohnt.

Dabei bewegen uns auch folgende Fragen: Einheit von Wirtschafts- und Sozialpolitik ja, aber keine Verteilung der Ergebnisse der angestrengt schöpferischen Arbeit nach dem Gießkannenprinzip. Nicht zulassen, daß es Menschen gibt, die bei der Verteilung ihren Anteil geltend machen. Soziale Sicherheit ja – aber nicht um den Preis, daß sich Drückeberger mit den Ergebnissen anderer sicher fühlen.

Genossen! In diesem Zusammenhang möchte ich noch einige Worte verlieren zur Rolle unserer Künstler im verlaufenden gesellschaftlichen Prozeß. Schon von jeher gehörten sie zu den Verbündeten der Arbeiterklasse, wenn es um gesellschaftlichen Fortschritt ging. Wir als Arbeiterklasse verstehen es aber nicht, daß sich einige, die auf Kosten unserer Arbeit studieren durften, finanzielle Werte anreicherten, von denen wir träumen. Sicher, gute Arbeit – gutes Geld ist Ausdruck von Leistung. Aber auch als Arbeiterklasse leisten wir täglich Normales und Hervorragendes, können uns aber nicht 420 000 Mark zurücklegen, wie es ein schauspielernder sozialistischer Jugendheld à la Walter Plathe tat. Hier sind Wertkategorien total verschoben, die stärker beachtet werden müssen. Nach wie vor sind und bleiben die Klassen der Arbeiter und Bauern die Hauptinteressenvertreter unserer Gesellschaft. Sie schaffen den gesellschaftlichen Reichtum. Schriftsteller, Künstler, Kunstschaffende haben ihre Verantwortung in unserer Gesellschaft. Dazu gehört aber auch, daß sie mit ihrer Arbeit solche Möglichkeiten schaffen, besser, ideenvoller und tatkräftiger zu arbeiten. Das verstehen wir unter echtem Bündnisbeitrag Arbeiterklasse – Künstler. Ich meine, hier sollten unsere Künstler den Maßstab für ihr Urteil anlegen: Alles für das Wohl der Arbeiterklasse und der Bauern zu tun, so wie es unsere Zeit bedarf. Dazu gehört eine klare Sprache und ein klares Bekenntnis zur Arbeiterklasse.

Wir stellen uns als Kollektiv des Edelstahlwerkes weiter die Frage: Wie muß unser Betrieb in Zukunft aussehen? Klar ist, es wird immer ein von Werktätigen geführter volkseigener Betrieb sein, in dem wir die Hausherren sind, die Macht ausüben und unseres Glückes eigener Schmied sind. Es ist ein Betrieb, in dem wir seit dem 1. Juli 1949 Stahl für den Frieden und dessen Schutz schmelzen. Konsequent treten wir gegen Gewalt, Terror und Aggressivität von innen und außen auf. Es ist ein Betrieb in einem sozialistischen Staat, in dem wir uns für bessere Arbeitsbedingungen im Werk und bessere Lebensbedingungen im Territorium engagieren.

Wir haben die große Chance, Neues bei der weiteren Gestaltung des Sozialismus mit unserem neuen Aktionsprogramm anzugehen. Alle Wandlungen und Reformen erfordern auch von uns, noch fleißiger und erfolgreicher zu arbeiten. Jeder muß seinen Beitrag im Edelstahlwerk dafür leisten.

Genossinnen und Genossen! Zum Besuch des Genossen Modrow im Edelstahlwerk wurde unter viel Beifall und großer Zustimmung der Grundsatz der Erneuerung unserer Partei formuliert.[120] Auch von unseren Genossen wurde erwartet, klare Analyse der Ursachen für gesellschaftliche Fehlentscheidungen und Fehlentwicklungen, Realismus und Konsequenz in der Analyse der Verantwortungsprozesse in der Leitung, Mut und Weitsicht im Angehen der Reformen und solche Garantien und Sicherheiten zu schaffen, daß sich die Fehler der Vergangenheit nicht wiederholen. In den vielen Foren und Ver-

120 Vgl. Sächsische Zeitung, 4./5. November 1989.

sammlungen wurde mir aber auch immer wieder gesagt, »Micha, sorge da oben mit dafür, daß die Verantwortlichen bestraft werden, die uns in solch eine komplizierte Situation gebracht haben, daß man als Genosse mit abgesenktem Kopf durch das Werk laufen muß. Auch wir werden für begangene Fehler in der Arbeit und im Auftreten als Genosse zur Verantwortung gezogen.

Der Beschluß des heutigen Plenums, eine 4. Parteikonferenz einzuberufen, findet bei den Genossen des Edelstahlwerkes die volle Zustimmung. Und ich persönlich erwarte von dieser Konferenz, entsprechend Punkt 3, daß mehr Arbeiter und Bauern die Interessen der Genossen im Zentralkomitee vertreten können. – Glück auf! *(Beifall)*

Vors. Egon Krenz: Das Wort hat Genosse Heinz Keßler. Ihm folgt Erich Postler.

Heinz Keßler: Liebe Genossinnen und Genossen! Entsprechend dem vorhin genannten Beschluß will ich mich versuchen, auf das zu konzentrieren, von dem ich glaube, daß es das Aktionsprogramm bereichert; bitte aber darum, daß ich meinen gesamten Dikussionsbeitrag in die Publizistik eingeben kann, weil es ja vieles zu sagen gäbe und zu sagen gibt zu denen von uns hier diskutierten Problemen.[121]

Als erstes. Ich trage, wie in der bedeutsamen Rede des Generalsekretärs unserer Partei, des Genossen Egon Krenz, die die Richtlinie für unsere weitere politische Arbeit ist, festgestellt, in welcher Funktion ich auch tätig war, die volle Verantwortung für alle Versäumnisse, Unzulänglichkeiten, kleine und grobe Fehler, kleine und große falsche Ansätze. Zweitens. Ich habe aber auch einen bescheidenen Anteil an dem vielen Guten, was in diesem Lande entstanden ist. Drittens. Ich bin von vielen Mitgliedern der Parteiorganisation der Nationalen Volksarmee, der Grenztruppen der DDR und der Zivilverteidigung aufgefordert, ihrer Forderung nach einer baldigen Parteikonferenz Ausdruck zu geben.

Liebe Genossinnen und Genossen! Neben den 12 000 Armeeangehörigen, die bereits in der Produktion an Schwerpunkten helfen, sind seit dem 30. Oktober dieses Jahres Hunderte Armeeangehörige, vor allem in den Südbezirken, als Kraftfahrer für Versorgungstransporte, als Bus- und Straßenfahrer oder bei der Reichsbahn eingesetzt. Gegenwärtig befinden sich bereits 95 Lokführer, 30 Rangierer im Einsatz. In den nächsten Tagen werden zusätzlich 680 Spezialisten bei der Reichsbahn eingesetzt. Wir prüfen im Zusammenwirken mit den Schutz- und Sicherheitsorganen weitere Möglichkeiten. Wie euch aus der Presse vielleicht bekannt ist, sollen im Ergebnis eines Treffens mit dem Minister für Gesundheitswesen ab 1. Dezember 1989 2 000 Wehrpflichtige zur Unterstützung der Einrichtungen des Gesundheitswesens eingesetzt werden. Aufgrund der entstandenen Lage werden durch uns von Januar bis April 1990 ca. 21 000 Reservisten nicht zum Reservistendienst

121 Der schriftlich vorbereitete, stark von dem gehaltenen abweichende Beitrag Heinz Keßlers ist dok. in: Schritte zur Erneuerung (1), S. 148 ff.

einberufen und stehen damit unserer Volkswirtschaft zur Verfügung. Auch die Einberufungsüberprüfungen vom 8. November bis zum 8. Dezember dieses Jahres werden ebenfalls nicht durchgeführt.

Infolge der in jüngster Zeit an Umfang und Intensität zunehmenden Beschimpfungen von Angehörigen der NVA, inbesondere der Grenztruppen der DDR im Urlaub und Ausgang, haben in allen Teilstreitkräften und in den Grenztruppen Erscheinungen der Verunsicherung zugenommen. Jeder einzelne von uns muß auch hier kämpfen und die Bürger davon überzeugen, daß derartige Verhaltensweisen mit der eingeforderten Meinungsfreiheit nichts zu tun haben.

Im Aktionsprogramm der Partei ist bekanntlich vorgesehen, das Grenzregime zu überprüfen. Dazu werden auch die räumliche Ausdehnung des Grenzgebiets, die dort gültigen Einschränkungen und der Zustand der Grenzsicherungsanlagen gehören. Zur Veränderung des Grenzregimes haben wir die ersten Überlegungen erarbeitet. Dabei gehen wir von dem Grundsatz aus, daß das zukünftige Grenzregime den Anforderungen an den Schutz der sozialistischen Ordnung jederzeit genügt, Erleichterungen für die Bürger der DDR schafft und Belastungen der Volkswirtschaft abbaut. Es wird vorgeschlagen, in etwa das Grenzgebiet an der Staatsgrenze der BRD von gegenwärtig 5 km auf 500 m bis maximal 1 000 m zu verringern. Dadurch würden ca. 450 Ortschaften mit 170 000 Einwohnern aus dem Grenzgebiet herausgelöst werden.

Außerdem arbeiten wir gegenwärtig an der Regelung für einen Zivildienst. Damit könnten nach Beschlußfassung in der Volkskammer ab Mai 1990 neben dem bereits durchgeführten Einsatz in der Volkswirtschaft auch Arbeiten in Einrichtungen des Gesundheits- und Sozialwesens, des Umweltschutzes und der kommunalen Wirtschaft wirksame Unterstützung gegeben werden.

Entsprechend dem Entwurf des Reisegesetzes arbeiten wir zur Zeit an analogen Regelungen für die Angehörigen der NVA, die Grenztruppen der DDR sowie für die Zivilbeschäftigten einschließlich der Familienangehörigen.

Ein letztes Wort zu den schnelleren Veränderungen im Dienstalltag, die die Angehörigen der NVA und der Grenztruppen vom Ministerium, von den Kommandeuren, Politorganen und Parteiorganisationen aller Ebenen mit Recht erwarten. Unter den derzeitigen Bedingungen der Reduzierung, Umstrukturierung und Reorganisation der NVA stellt sich die weitere Verbesserung der Dienst-, Arbeits- und Lebensbedingungen als ein kompliziertes Problem dar. Im letzten Jahr wurden in der NVA und den Grenztruppen der DDR die wesentlichsten militärischen Bestimmungen überprüft, den derzeitigen Aufgaben und Anforderungen angepaßt oder außer Kraft gesetzt. Natürlich kann auch in den Streitkräften wie in der Volkswirtschaft nur das Machbare sofort in Angriff genommen werden. Alles weitere muß unter Beachtung einer angemessenen Verteidigungsfähigkeit, in Abhängigkeit vom jeweiligen Grad der Bedrohung durch die NATO, gelöst werden. Außerdem gehen wir davon aus, daß die uns zur Verfügung stehenden personellen, materiellen und finanziellen Kennziffern bereits mehrfach reduziert wurden und auch künftig und nach Möglichkeit unterboten werden sollen. Daraus ergeben sich zum Beispiel komplizierte Bedingungen auf dem Gebiet des Bauwesens, der Unterkunftsausstattung und auch der Bekleidung der Armeeangehörigen.

In den neuen Dienstvorschriften, die am 1. Dezember in Kraft treten, wird der Erhöhung der Entscheidungsmöglichkeiten und Verantwortung der Vorgesetzten aller Stufen hinsichtlich der Organisation des Dienstes unter Beachtung der konkreten territorialen und militärischen Bedingungen größere Bedeutung beigemessen. Gängelei, Abschieben oder Hochziehen von Verantwortung sowie starre Formen zum Beispiel bei der Organisation des Tagesablaufes, der Ausbildung und der Dienste sollen damit überwunden werden. Neben den grundlegenden Änderungen, die die Dienstbedingungen der NVA und der Grenztruppen unmittelbar beeinflussen, werden umfangreiche Veränderungen im Leben der Armeeangehörigen eintreten.

Das betrifft insbesondere die Verbesserung der Lebensbedingungen der in den Kasernen und Wohnheimen untergebrachten Armeeangehörigen. Für Armeeangehörige, die nicht am Standort wohnen und nicht täglich ihren Wohnsitz aufsuchen können, wird die Anzahl des zu gewährenden verlängerten Kurzurlaubs erhöht. Soldaten im Grundwehrdienst erhalten statt bisher zweimal jetzt mindestens dreimal Urlaub im Halbjahr. Auch Armeeangehörige, die Reservewehrdienst leisten, erhalten differenziert nach Dienstgruppen mehr Urlaub. Um den Wünschen nach erlebnisreichem Urlaub besser gerecht zu werden, wird der Anspruch auf zusätzliche Reisezeit für nicht am Standort wohnende Armeeangehörige erhöht. Wir hoffen, daß diese und andere Festlegungen in Verbindung mit einer interessanten Öffentlichkeitsarbeit und einer überzeugenden Darstellung der Nationalen Volksarmee und der Grenztruppen der DDR dazu beitragen werden, daß wir auch bei der Gewinnung des Nachwuchses für die militärischen Berufe unseren gesellschaftlichen Pflichten nachkommen.

Die Einheit von Volk und Armee, das einheitliche Zusammenwirken aller Waffenträger der DDR und die Waffenbrüderschaft mit der Sowjetarmee und den anderen Armeen des Warschauer Vertrages sind auch in Zukunft unerläßliche Voraussetzung dafür, das friedliche Leben und die schöpferische Arbeit unserer Werktätigen sowie die Zukunft unserer Kinder zu schützen. Ich gebe der festen Überzeugung Ausdruck, daß die Angehörigen der Nationalen Volksarmee und der Grenztruppen der DDR an der Erneuerung der sozialistischen Gesellschaft in der Deutschen Demokratischen Republik aktiv mitwirken werden. *(Beifall)*

Vors. Egon Krenz: Genosse Müller!

Gerhard Müller: Zur Geschäftsordnung! Wenn die Überlegungen, was das Grenzregime anbetrifft, nicht weitergehen, wie das von Heinz Keßler gesagt wurde, würde ich darum bitten, daß wir nur veröffentlichen, daß am Grenzregime gearbeitet wird. Das Grundproblem sind ja nicht die Fünf-Kilometer-Streifen. Bei uns gibt's 22 Gemeinden, die im 500-Meter-Streifen liegen. Und dort steht die Forderung nach der Veränderung des Grenzregimes. Wenn wir es so veröffentlichen, haben wir dort die große Diskussion. Dann sollte man lieber nur sagen, es wird daran gearbeitet, das muß man weiter prüfen.

Vors. Egon Krenz: Bist du einverstanden, von der Veröffentlichung her, ja? Ich denke, erst einmal ist wichtig, daß an der Sache gearbeitet wird, und der Hinweis mit der Veröffentlichung scheint richtig zu sein. – Genosse Postler, danach folgt Genosse Hans-Joachim Hoffmann.

Erich Postler: Genossen! Ich habe meinen Beitrag dagelassen, erstens weil ich gar nicht weiß, ob die Wertungen, die ich mitgebracht habe, heute abend noch stimmen in meinem Bezirk, und zum zweiten, weil ich auch der Meinung bin von Gerhard Holtz-Baumert, wir müssen schnell sehen, daß wir zu einem tragfähigen Aktionsprogramm kommen, daß uns die Genossen abnehmen – einigermaßen abnehmen, ich sage dann noch etwas dazu – und an die Basis kommen, vor allem in die Arbeiterklasse.

Wir diskutieren hier ja teilweise so, als lebten wir in einer völlig heilen Welt. Ich meine, wir sollten uns auf die Fragen konzentrieren, die wirklich von entscheidender Bedeutung sind. Ich möchte folgendes sagen: Erstens, ich möchte es Günther Jahn gleichtun, und den vielen Genossinnen und Genossen, die in diesen Tagen in meinem Bezirk wirklich kämpfen für die Partei und dafür, daß Vertrauen ganz langsam aber immerhin wieder aufgebaut wird, und auch den vielen Arbeiterinnen und Arbeitern, den Genossenschaftsbauern, den Wissenschaftlern, die fleißig arbeiten, damit die Produktion kommt, herzlich danken. Wir können uns stützen im wesentlichen auf die Geschlossenheit des Parteiapparates, der gewählten Bezirks- und Kreisleitungen, in den Parteiaktiven der Grundorganisationen ist es schon sehr differenziert, und bei den Mitgliedern gibt's aggressive Diskussionen, teilweise durch die große Enttäuschung aggressiver als bei manchen Parteilosen.

Zweitens will ich sagen, das Wort »Wende« hat sich längst abgenutzt und wird zu abwertenden Äußerungen mißbraucht, natürlich auch angeregt durch die Demonstration am 4. November in der Hauptstadt. Auf das, was sich jetzt vollzieht und wovon in der Rede von Egon Krenz auf unserer Tagung die Rede war, trifft die Bezeichnung »revolutionärer Umbruch« zu. Das kennzeichnet die Sache genauer und bringt die Größe der notwendigen Veränderungen zum Ausdruck.

Drittens. Hohe Erwartungen werden in unsere Tagung gesetzt, und ich glaube, man kann, ohne Prophet zu sein, schon sagen, wir werden sie nicht erfüllen können. Vor allem hohe Erwartungen in die Richtung, daß wir konkrete Dinge einleiten, die den Produktionsrhythmus verbessern, zu einer effektiven Produktion beitragen und die das Angebot verbessern. Wir werden uns sicher anhören müssen von vielen und oft, daß es wieder im wesentlichen nur Worte sind. Das hängt natürlich einerseits – wir werden morgen das Programm diskutieren, ich habe meine Vorschläge dazu auch gemacht –, hängt einerseits mit dem verbreiteten Mißtrauen zusammen und andererseits auch mit der Offenlegung unserer ökonomischen Situation. Das Schlimmste ist, an der Stelle werde ich emotional, Genossen, dann beruhige ich mich wieder, Genosse Mittag, das Schlimmste ist, daß wir keinen Groschen in der Tasche haben, um diese Fragen ein bißchen zu lösen, nämlich die Produktionsfonds aufzubessern, damit es schnell in der Produktion vorangeht, und daß wir etwas haben, um auch im Angebot bessere Bedingungen zu schaffen.

Zuruf: Da kann man emotional werden, ja!

Und daß der Generalsekretär mit einer solchen Situation hier antreten muß und wir alle ja als Zentralkomitee, so schuldig wir uns dabei fühlen.

Viertens. Es wirkt sehr deprimierend draußen, die fortgesetzte, die sich fortsetzende Ausreisewelle. Immer drängender wird nach den Ursachen gefragt. Für viele aufrichtige Menschen, die fleißig für den Sozialismus arbeiten, ist es Phänomen und Trauma zugleich. Mit jedem Weggang vergrößern sich die Probleme in den verschiedensten Bereichen, und die Belastungen für andere Werktätige werden größer. Es erscheint mir angebracht, zur Analyse der Ursachen dieser Entwicklung auch in den Medien etwas mehr zu sagen und schnelle Entscheidungen zu treffen, um aus Verwaltung und bewaffneten Kräften die größten Lücken zu schließen.

Fünftens möchte ich sagen: Die Enttäuschung über unser Versagen bewirkt, das betonte ich schon, daß manche Genossen sogar noch aggressiver auftreten als die Parteilosen. Es wird die Schuldfrage gestellt. Das Plenum hat ja mit der Rede von Egon Krenz eindeutige Aussagen getroffen. Hier wurde mehrfach in Diskussionsbeiträgen gesagt, die Forderung kommt auch von unten, von den Arbeitern, diejenigen zur Verantwortung zu ziehen. Ja, was heißt denn das im Klartext? Für mich steht die Frage, wenn ich von dieser Tagung zurückkomme, zu beantworten, warum denn dann Genosse Mittag noch Mitglied des Zentralkomitees ist? Wir müssen die volle Wahrheit sagen. Egon hat hier im Referat gesagt, er kennt auch noch nicht alles. Das ist natürlich bitter. Das bedeutet aber, Genossen, daß wir die Wahrheit sozusagen scheibchenweise weitergeben. Das ist vielleicht ein bißchen übertrieben gesagt. Aber immerhin können wir noch nicht mit der vollen Wahrheit auftreten. Das ist bitter, damit werden wir sicher auch leben müssen. Aber das ist eine Sache, wo wir in Zukunft natürlich darauf achten müssen, daß wir sehr konsequent sind.

Sechstens. Auf die in der Verfassung verankerte Führungsrolle der Partei richtet sich im Bezirk der Hauptangriff der oppositionellen Kräfte. Und sie finden dabei viel Unterstützung durch die Bevölkerung und durch die Enttäuschung der Genossen sogar aus den Reihen der Partei. Diese Frage entsprechend den heutigen Bedingungen neu zu formulieren ist eine unserer wichtigsten auch theoretischen Aufgaben, und ich meine, wir müssen die Sache im Aktionsprogramm ganz klar formulieren. Ich sage ja zu Hermann Kant und Wolfgang Herger. Man kann die Führungsrolle der Partei nicht verordnen. Sie muß durch uns vorgelebt werden. Anders geht es nicht.

Vorletzte Sache, siebentens. Ich habe mich sehr gefreut über das Interview, das Genosse Rudi Mittig am Montag gegeben hat dem ND.[122] Das ist etwas zu dieser Sache. Aber ich muß sagen, es gibt natürlich einen starken Druck aufs MfS, und es wäre mir lieb, bei aller Verteidigung unserer bewaffneten Kräfte und unserer Tschekisten, die uns allen am Herzen liegen, das ist völlig klar, und wir vertreten auch den Standpunkt draußen, daß man natürlich dafür jetzt in dieser Zeit dafür sorgen muß, daß in keinster Weise die Sicherheit des Staates und die Sicherheit vor allem der Menschen angetastet wird. Dennoch, wenn es möglich wäre, ein Wort zur Reduzierung von Kapazitäten und Personal zu sagen oder auch eine Position zu den Fragen des Telefon- und Postgeheimnisses, wäre das gut.

Zum Schluß noch eine Bemerkung zum Beitrag von Hermann Kant. Hermann, nur eine – weniger zum Inhalt –, nur eine Sache: Mir klang er so ein bißchen »ich« und »ihr«. Vielleicht wolltest du das nicht, aber das darf uns jetzt nicht passieren. Ich achte deinen Mut, und mit dem offenen Brief hast du wirklich viel getan, bist aufgetreten. Aber wir müssen ja auch ehrlich sein: Es ist auch deine erste Rede im Plenum. Wir haben beide – das eint uns in diesem Falle – geschwiegen, und, wenn auch mit Unterschieden, sind wir beide schuldig. Das wollte ich sagen.[123]

(Beifall)

Vors. Egon Krenz: Zur Geschäftsordnung, ja?

Zuruf von Hermann Kant: Ja!

Bitte!

Hermann Kant: *Ich muß die Redner, die noch den Ehrgeiz haben, zu dieser Sache etwas zu sagen, auf folgendes hinweisen: Das gibt ein Problem. Ich habe auf eine entsprechende Bitte mein Einverständnis erklärt, daß der Gedankenaustausch zwischen dem Generalleutnant und mir nicht in der Zeitung erscheint. Das gilt dann natürlich für die anderen Passagen, die sich darauf beziehen, auch. Danke.*[124]

Vors. Egon Krenz: Es ging darum, Genossen, daß der Dialog zwischen Genossen Brünner und Genossen Kant nach Möglichkeit nicht veröffentlicht werden sollte. Halte ich für richtig, und die Bitte, so verstehe ich sie jetzt, ist, daß auch das, was du jetzt zum Hermann gesagt hast –

Zuruf von Hermann Kant: Dann wird das ja nicht verstanden!

– nicht veröffentlicht werden soll. Einverstanden? – Gut. – Hans-Joachim!

Hans-Joachim Hoffmann: Lieber Genosse Krenz! Ich bin in einer ähnlichen Lage wie der Heinz Keßler. Ich möchte mich in Anbetracht der fortgeschrittenen Zeit und ohne zu wiederholen und sogar etwas aus dem Zusammenhang heraus doch zu einigen Dingen äußern. Nehmt es mir bitte nicht

122 Das Interview mit dem stellvertretenden MfS-Chef Mittig erschien unter der Überschrift »Staatliche Sicherheit – Grundbedingung für Erneuerung und für Bewahrung des Erreichten«, in: ND, 6. November 1989.

123 Dieser Absatz wurde nicht veröffentlicht.

124 Entsprechend wurde auch diese Passage von Kant nicht veröffentlicht.

übel. Es ist nur stichwortartig. Ich bitte, daß mein ganzer Diskussionsbeitrag dann ins Protokoll aufgenommen wird.[125]

Die erste Sache ist: Genauso wie beim 9. Plenum beobachte ich auch heute wieder, daß mit oder daß ohne Liebe und ohne journalistisches Können das Referat des Generalsekretärs veröffentlicht wurde. Ich bin damit nicht einverstanden. Ich muß das den Genossen des »Neuen Deutschland« sagen. Da wird eine ganze Seite, eine ganze Seite, da werden die Leute abgeschreckt, anstatt mit Zwischenüberschriften schon Hinweise, mit Punkten zu arbeiten. Die Leute wollen, die haben jetzt keine Zeit, solche langen Reden zu lesen, damit sie auf das stoßen, was sie interessiert, sondern sie wählen aus. Das war am 9. Plenum schon so und ist jetzt wieder. Wir müssen uns unbedingt mehr Mühe geben. Das ist meine erste Bemerkung.

Die zweite Bemerkung ist: Ich will keine Medienschelte machen. Aber ich frage mich: Wollen wir uns nicht doch einmal überlegen, ob wir nicht nur in Teilen der DDR, sondern überall in der DDR das sowjetische Fernsehen empfangen können? In einigen Teilen von Berlin ist das der Fall, in einigen Teilen von Potsdam und anderen Bezirken. *(Unverständliche Zurufe)*

Aber es gibt Teile, wo das nicht möglich ist. Es wäre nicht nur ein Zeichen, sondern es wäre auch sehr, sehr gut, auch für die Weltsicht.

Zuruf: Das ist eine technische Frage.

Das ist –, ich habe bei mir in der Wohnung, Heinz, ihn gefragt: Kann ich das kriegen? – Ja, wenn der Sender so und so verstärkt wird. – Wird er verstärkt? – Nein, es ist im vergangenen Jahr abgelehnt, zu verstärken. Ich möchte nur, wo wir verstärken können, daß es da verstärkt wird. Das ist, glaube ich, mehr als nur eine politisch-technische Frage, sondern es setzt auch bestimmte Zeichen.

Nächstes: Jetzt will ich über etwas reden, was vielleicht argen Widerspruch hervorruft: Also, bei uns ist –, wir haben ein Politbüro und ein Sekretariat, und alles riecht so nach Bürokratie. In anderen Parteien hat man die leitenden Organe der Partei psychologisch geschickter benannt, nicht, daß alles so nach Sekretären –. Ist nur eine Frage, ob wir, wenn wir schon um die Erneuerung kämpfen, ob wir da nicht auch in der Wahl unserer Worte und unsere psychologische Weiterentwicklung uns Gedanken machen müssen.

Weiter: Jetzt werdet ihr mir gleich sagen: Das geht nicht, das können wir nicht usw. Aber: Viele Menschen haben das Gefühl, etwas Entscheidendes in ihrem Leben zu verpassen. Ich nenne es: die Welt kennenzulernen, moderne Konsumgüter und andere Waren erwerben zu können. Wir haben zum Beispiel die unmodernsten Autos. In einer Zeitung wurde geschrieben: Die DDR ist das einzige Land in der Welt, das Oldtimer in Serie produziert. – Das muß nicht sein! Das Auto ist eine psychologisch sensible Sache. Könnten wir sie nicht ein bißchen moderner machen? Nicht sofort und so, aber wir müssen

125 Der schriftlich vorbereitete Beitrag Hans-Joachim Hoffmanns ist dok. in: Schritte zur Erneuerung (1), S. 185–189.

uns das in der Regierung unbedingt vornehmen! CD-Plattenspieler, Home- und Personalcomputer kann man nirgendwo mit unserer Währung erwerben. Für die meisten Bürger sind hochtechnologische Produkte fast unerreichbar. Aber das trifft auch für Musikinstrumente, Computerliteratur, Hobby- und Freizeitliteratur zu, Software und vieles andere mehr. Ich möchte gerne, wenn die Regierung das bestätigt, so schnell wie möglich der Regierung unterbreiten – ob ich nun noch Minister bleibe oder nicht, das ist ganz egal, aber als ZK-Mitglied werde ich ja doch bis zur Parteikonferenz, denke ich, bleiben –, ein Programm unterbreiten, wo man so schnell wie möglich der Jugend etwas bietet, daß die nicht dieses ganze Zeug nur aus dem Westen beziehen müssen, wenn sie eine Großmutter haben, die betucht ist oder so. Wir müssen hier unbedingt was machen, und wir können schon viel mehr machen, wenn wir einige – das geht auch an meine Adresse – einige äußerst langweilige Sachen, die wir auf diesem Gebiet publizieren, schnell verändern.

Jetzt komme ich auf eine Sache, die möchte ich vorlesen. Eine ganz entscheidende Aufgabe wird die Neubildung einer Regierung sein, die ausschließlich dem Parlament gegenüber verantwortlich ist.[126] Sie darf nicht so groß sein wie die jetzige und auch nicht noch eine kleine Zwischenregierung in der Form des Präsidiums des Ministerrates haben. Also muß die persönliche Verantwortung und Vollmacht der Minister erhöht werden. Eine Kabinettsreform ist in jeder Hinsicht nötig. Der Zustand, daß die Regierung fast ausschließlich nur die Beschlüsse des Politbüros und des Sekretariats des ZK vollziehen darf, muß ab sofort der Vergangenheit angehören. Es ist auch kaum zu erklären, daß nie gemeinsame Beratungen des PB und der Genossen des Ministerrates stattgefunden haben. Die Minister mußten fast alle ihre Vorlagen nach quälenden Abstimmungsrunden – denn wenn drei oder vier Abstimmungspartner da waren, hatte die Vorlage vor einem halben Jahr überhaupt keine Chance, sie mußte ja dann auch noch durch die Abteilungen des Zentralkomitees durchkommen – die Minister mußten fast alle ihre Vorlagen nach quälenden Abstimmungsrunden vor dem Sekretariat oder dem PB begründen und schließlich bestätigen lassen. Über der Regierung stand also eine Überregierung, und selbst Minister, die nicht unserer Partei angehörten, mußten dort erscheinen. Ebenso habe ich erlebt, wie Kandidaten des PB oft stundenlang warten mußten, um schließlich vom Sekretariat des ZK erhört zu werden.

Das alles ist eine Verballhornung des Funktionierens des Verhältnisses zwischen Partei und Staat. Dazu kam noch, wenn es sich um wirtschaftliche Fragen handelt, eine weitere Institution mit Regierungsvollmacht, mindestens Regierungsvollmacht, dazu. Ich meine hier die Wirtschaftskommission des PB, geleitet oder besser gesagt kommandiert mit fragwürdigen Methoden im paramilitärischen Stil. Diese Kommission legte nicht selten eigene Maßnahmen fest, die neue Disproportionen und Widersprüche erzeugten. Das muß

126 Hans-Joachim Hoffmann wurde in die neue Regierung nicht aufgenommen. Neuer Kulturminister wurde Dietmar Keller (SED).

der Vergangenheit angehören. Solche Kommissionen dürfen wir im Zentralkomitee nicht wieder berufen. Das ist eine eklatante Störung der staatlichen Arbeit.

Ja, über alles andere, das gebe ich ab. Ich will nur ein paar Worte sagen: Denkmalpflege: Innerhalb eines Jahres wurde die Denkmalpflegekapazität, die ohnedies nicht ausreicht, um 50 Prozent gekürzt. Das hat wesentlich dazu beigetragen zum Zerfall unserer Innenstädte. Denkmalpflege ist ja doch nicht, daß ein olles Denkmal abgebürstet wird oder irgend so etwas, sondern es geht um die Erhaltung ganz wichtiger Substanzen kulturhistorischer Bauten.

Zuruf: Als der Ausschuß für Kultur der Volkskammer das bedauert hat – nur bedauert –, ist er schwer gerüffelt worden.

Ja, nu' gut, aber du siehst: Wir haben es überstanden, ja. – Wir müssen eine neue – wir haben eine Theaterkonzeption, eine Musikkonzeption. Darüber will ich jetzt nicht reden. Wir brauchen ein landesweites komplexes Programm der kulturell-ästhetischen Erziehung. Ich stimme ein in die Kritik, die hier gegenüber der Volksbildung angestimmt wird, aber nicht ganz. Man macht sich die Sache jetzt zu einfach, wenn man sagt, also die Lehrer sind schuld. Wenn wir an der Volksbildung kritisieren, dann müssen wir die pädagogische Konzeption unserer Gesellschaft unter Führung der Partei kritisieren. Sonst kommen die armen Lehrer, die jetzt wirklich noch so schwer wie noch nie arbeiten müssen, kommen überhaupt zu keiner Ruhe in ihrer Klasse. Das ist unerträglich! Wir müssen ihnen auch von dieser Tagung her sagen: Kämpft weiter, macht weiter, es lohnt sich, fördert unsere Ideale usw.!

Wir brauchen einen vernünftigen Umgang mit finanziellen Fonds. Wir brauchen eine öffentliche Rechenschaftslegung über die Verwendung der Fonds, die weitere Pflege des kulturellen Erbes. Wir müssen uns um den künstlerischen Nachwuchs kümmern, und, das ist eigentlich meine Hauptthese: Wir müssen in allererster Linie Kultur und Kunst für die machen, die den höchsten Anteil am Wachstum des Nationaleinkommens haben, an die müssen wir uns wenden. Wo sind sie? Und welche Bedürfnisse haben sie? Wir brauchen in dieser Hinsicht eine Weiterentwicklung der Kulturpolitik.

Und, liebe Genossen, ich finde es äußerst unglücklich, diese Veröffentlichung mit diesem Gehalt von diesem Plathe da usw.[127] Da haben wir ihm einen Stein einfach nachgeworfen. Aber ich kann euch aus intimer Kenntnis sagen, das ist nicht das Durchschnittsgehalt der Künstler und auch nicht der Schauspieler. Das haben auch viele Schauspieler als sehr unangenehm empfunden. Es gibt nämlich die Masse der Künstler, der Chorsänger, der Schauspieler usw. usf., die nicht in diesem Saus und Braus lebt. Und wer das behauptet, der zerstört unser Bündnis, der macht Stimmung gegen die Leute. Und meine Meinung ist immer, ich krieg' immer die Standardfrage, warum kriegen der Adam und der Schreier soviel Geld. Ich sage: Wenn du genauso singen kannst, und das jeden Abend, kriegst du auch das gleiche Geld. Das ist

127 Vgl. Junge Welt, 21. September 1989.

wirklich, wir müssen sie schützen, wir haben Künstler von Weltrang in unserem Land, um Gotteswillen, liebe Genossen, laßt uns diese Leute in Ruhe. Sie kämpfen für uns, sie setzen sich für unsere Sache ein. Sie sind in der Regel parteilos. Und ich bitte einfach darum, daß wir mit unseren Worten wählerisch umgehen. Ende! *(Beifall)*

Vors. Egon Krenz: Der Genosse Günter Ehrensperger hat mir eine Mitteilung hier geschrieben, daß er bereit wäre, über die Frage der Schulden Auskunft zu geben. Ich glaube, man sollte es tun. Bitte schön, Günter.

Günter Ehrensperger[128]**:** Werte Genossen! Die Frage der Entstehung der Schulden der Deutschen Demokratischen Republik geht in die Zeit Anfang der 70er Jahre zurück – *(Unverständlicher Zuruf)* – geht in die Zeit Anfang der 70er Jahre zurück. Im Jahre 1970 hatte die DDR Schulden in einer Größenordnung von zwei Milliarden Valutamark. 1973 gab es weltweit eine sehr große Preisexplosion. Diese Preisexplosion war damit verbunden, daß der Bezug von Öl und anderen Rohstoffen für die DDR wesentlich teurer wurde. Es hätte damals – 1973 – der Notwendigkeit bedurft, Konsequenzen für den laufenden Fünfjahrplan zu ziehen. Ihr werdet jetzt die Frage stellen: Wurde von dir oder deiner Abteilung, oder wurde von jemand solche Konsequenzen vorgeschlagen?

1973 im November wurde in Zusammenarbeit mit kompetenten Genossen des Ministeriums der Finanzen eine Auswirkungsberechnung vorgenommen. Diese Auswirkungsberechnung ergab, daß wir, wenn wir keine Konsequenzen ziehen, 1980, wenn wir so weiterlebten, 20 Milliarden Valutamark[129] Schulden haben werden. Diese Ausarbeitung habe ich, ich war damals stellvertretender Abteilungsleiter, meinem damaligen Sekretär, Genossen Krolikowski, übergeben.[130] Genosse Krolikowski hat diese Ausarbeitung genommen und ist zum damaligen Generalsekretär gegangen, Genossen Erich Honecker, und hat sie ihm unterbreitet. Ich wurde am gleichen Abend zu ihm bestellt, und er hat mir gesagt, ich habe ab sofort an solchen Rechnungen und Ausarbeitungen nicht mehr zu arbeiten. Das Material bekomme ich nicht wieder, und ich habe zu veranlassen, daß in der Abteilung alle Unterlagen dazu vernichtet werden. Das war der Anfang.

Zum gleichen Zeitpunkt wurde auf Initiative von Genossen der Regierung und der Abteilung, in der ich damals stellvertretender Abteilungsleiter war, nach Wegen gesucht, wie man das Politbüro darüber informieren kann. Es wurde im Jahre 1973 ein Beschluß gefaßt, daß das Politbüro monatlich über die Entwicklung der Verschuldung der DDR im kapitalistischen Wirtschafts-

128 Die Protokollfassung des Beitrags von Günter Ehrensperger ist dok. in: Stephan, »Vorwärts immer, rückwärts nimmer!«, S. 224 ff.

129 Diese Zahlenangabe wurde nicht veröffentlicht.

130 Gemeint ist Werner Krolikowski. Vgl. zu diesem Sachverhalt auch: Handschriftliche Aufzeichnung von Werner Krolikowski vom 16. Januar 1990, dok. in: Peter Przybylski, Tatort Politbüro. Die Akte Honecker, Berlin 1991, S. 323 ff.

gebiet zu informieren ist.[131] Das ist ab 1973 jeden Monat erfolgt. Ich möchte einige Faktoren nennen – oder ich möchte vielleicht jetzt einen Zwischensatz sagen: Wenn man die Sache mit einem Satz charakterisieren will, warum wir heute in dieser Situation sind, dann muß man ganz sachlich sagen, daß wir mindestens seit 1973 Jahr für Jahr über unsere Verhältnisse gelebt haben und uns etwas vorgemacht haben. Es wurden Schulden mit neuen Schulden bezahlt. Sie sind gestiegen, die Zinsen sind gestiegen, und heute ist es so, daß wir einen beträchtlichen Teil *von mehreren Milliarden Mark* jedes Jahr für Zinsen zahlen müssen. Und wenn wir aus dieser Situation herauskommen wollen, müssen wir 15 Jahre mindestens hart arbeiten und weniger verbrauchen als wir produzieren.

Ich möchte einige Faktoren nennen, die es erfordert hätten, daß man laufende Pläne korrigiert, weil sie von außerordentlich großer Bedeutung für die Volkswirtschaft der DDR waren. Die materiellen Mehraufwendungen für die Erhöhung der Erdölpreise für die DDR betrugen insgesamt in dem Zeitraum seit 1973 gegenüber den damaligen Berechnungen des Fünfjahrplanes 145 Milliarden Mark der DDR.

Wir waren gezwungen, das Erdöl tiefer zu spalten, weil wir nicht mehr bekommen haben. Das hat alleine 22 Milliarden Mark gekostet. Sonst hätten wir kein Benzin gemacht. Ich würde nicht sagen, daß das umsonst war. Es gab eine Situation in den 80er Jahren, wo festgestellt wurde, daß die Betonschwellen, die für die Eisenbahn gemacht wurden, schadhaft sind, daß man sie auswechseln muß. Es wurde berechnet, daß das ein Gesamtumfang von 6,6 Milliarden Mark ist. Natürlich kann man das nicht mit einem laufenden Plan verkraften. Wir hatten in dem Winter 1987 Havarien in einem Kraftwerk und in anderen Faktoren, die allein 3,2 Milliarden Mark zusätzliche Aufwendungen gekostet haben. Aber es wurde kein Plan geändert.

Ich möchte hier auch sagen, daß wir alleine für Exportstützungen aus dem Staatshaushalt für die Wismut 1970 bis 80 sieben Milliarden Mark bezahlt haben. Und ich will jetzt aufhören, diese Liste weiter fortzuführen. Ich könnte sie weiter fortführen. Ihr werdet natürlich die Frage stellen: Wenn du das alles gewußt hast, was hast du nun gemacht? Ich muß sagen, ich habe in meiner Funktion, nachdem ich Kandidat war, und auch, als ich Abteilungsleiter war, mehrfach versucht, in Stellungnahmen der Abteilung zu Plänen auf diese Probleme aufmerksam zu machen, und ich möchte nur zwei hier zitieren. Eine vom 20.6.1980 betreffend den Planansatz für das Jahr 1981. Dort heißt es wörtlich: »Es ist festzustellen, daß zu dem Vorschlag, eine weitere Milliarde Valutamark Barkredite bei kapitalistischen Banken aufzunehmen, in der Vorlage widersprüchliche Aussagen gemacht werden. Auf der einen Seite wird vorgeschlagen, in dieser Höhe Barkredite aufzunehmen, andererseits wird eine Stellungnahme der Genossen Kaminski« – das ist der Staatsbankpräsident –

131 Vgl. das Protokoll der Politbürositzung vom 24. April 1973, in: SAPMO-BArch, DY 30/J IV 2/2 A/1675–1676.

»und Polze« – das ist der Präsident der Außenhandelsbank – »beigefügt, die eine solche Kreditaufnahme als ›unreal und nicht durchführbar‹ bezeichnet.« Weiter heißt es in dieser Stellungnahme, die ich unterschrieben habe: »Die dargestellten Zahlungsverpflichtungen der DDR gegenüber dem NSW sind das Kernproblem der noch zu lösenden Aufgaben bei der Vorbereitung des Volkswirtschaftsplanes 1981. Wenn es nicht gelingt, zusätzliche finanzielle Barmittel einzusetzen, müssen Entscheidungen für weitere materielle Lösungen, insbesondere zur Erhöhung der Bereitstellung von Waren für den Export, die dann im Inland nicht verteilt werden können, sowie für die Einsparung konkreter Importerzeugnisse getroffen werden.«

Ich könnte das fortführen, ich will aber noch eines sagen. Aus dem Jahre 1986: »Damit die DDR weiterhin ökonomisch unangreifbar bleibt, ist es für die weitere Arbeit am Fünfjahrplan notwendig, daß mit großer Konsequenz an weiteren Maßnahmen und Vorschlägen zur Verringerung des Sockels« – so wurde diese Schuld genannt – »mit dem Ziel gearbeitet wird, bis 1990 eine Halbierung zu erreichen.« Das war die Forderung, die im Politbüro gestellt worden ist.

Ich habe am 11. November 1987 in einer Stellungnahme an das Politbüro geschrieben: »Die Zahlungsbilanz mit dem NSW weist eine weitere Erhöhung des Sockels von 35,5 Mrd. VM Ende 1987 auf 38,5 Mrd. Ende 1988 aus. Nach Angaben der verantwortlichen Genossen wird eine solche Entwicklung der Zahlungsbilanz und die damit verbundene Zwischenfinanzierung künftig für nicht mehr beherrschbar gehalten. Die Ursache für das Nichterreichen der Aufgabe, einen Exportüberschuß zu erwirtschaften, besteht darin, daß für 1988 in den Bilanzen materielle und finanzielle Ausgaben in Höhe von acht Milliarden Mark Endprodukten zu Preisen zur Verteilung im Inland enthalten sind, die nicht durch Einnahmen erwirtschaftet werden können.«[132]

Genossen, ihr seht daraus, daß ich mich doch in einem großen Zwiespalt als Genosse befunden habe. Mir wurde im Politbüro am 17.11. 1987 gesagt: Der Standpunkt der Abteilung Planung und Finanzen in der Stellungnahme kann nicht so verstanden werden, »wo gesagt wird, daß die Lage ausweglos würde. Das kann doch nicht der Standpunkt einer Abteilung sein.« – Und mir wurde auch gesagt: »In der Stellungnahme der Abteilung wird gesagt, daß die Sache nicht mehr für beherrschbar gehalten wird. Wenn es so wäre, müßten wir aufhören.«

Zuruf von Egon Krenz: Ja, hätten wir mal aufgehört, damals!

Ich kann auch sagen, wer das gesagt hat.

Zuruf von Egon Krenz: Ja bitte!

Genosse Keßler. Das kann ich belegen, dafür gibt es eine Niederschrift, die nicht ich gemacht habe.[133] *(Unruhe)*

132 Die Stellungnahme der Abteilung Planung und Finanzen ist überliefert in: SAPMO-BArch, DY 30/J IV 2/2 A/3072–3077.

133 Vgl. Niederschrift über die Beratung des Politbüros des ZK der SED zum Entwurf des Volkswirtschaftsplanes 1988 am 17. November 1987, S. 12.

So, Genossen, aber jetzt kommt meine Frage, meine Verantwortung. Ich muß hier sagen: Jawohl, ich bin den Weg gegangen bis ins Politbüro. Aber meine Schuld besteht darin, daß ich nicht den Weg ins Zentralkomitee gegangen bin. Das muß ich hier eindeutig sagen, und dafür muß man mich verurteilen. Soweit zu der Anfrage, die hier gemacht wurde, meine Antwort.

Vors. Egon Krenz: Genossinnen und Genossen! Ich würde vorschlagen, die Sache jetzt nicht weiter zu diskutieren, morgen noch den Genossen Schürer zu hören. Denn bei allem, was jetzt hier sicherlich sehr stark auf uns alle wirkt: Es gibt sicherlich auch noch andere Faktoren. Wenn wir beispielsweise mehr für das Erdöl bezahlt haben, haben wir ja auch mehr für die verarbeiteten Produkte eingenommen. Es ist hier noch nicht die volle, die volle Wahrheit gesagt worden, und ich bin dagegen, hier vorwiegend außenwirtschaftliche Dinge anzuführen. Mögen außenwirtschaftliche Dinge da sein, es gibt andere, und wenn diese Frage aufgeworfen ist, dann muß sie zu Ende beantwortet werden. Und ich bitte, dazu morgen den Genossen Schürer noch zu hören. Einverstanden? *(Zustimmende Zurufe)* Damit wir jetzt nicht über Halbheiten diskutieren. – Bitte!

Zuruf von Bernhard Quandt: Ich bitte darum, daß der Diskussionsbeitrag nicht veröffentlicht wird!

Nein, um Gottes willen!

Zuruf von Bernhard Quandt: Das ist unmöglich! Dann laufen uns die letzten Leute weg!

Wir schockieren die ganze Republik!

Zuruf von Bernhard Quandt: Ja!

Günter Ehrensperger: Genosse Krenz!

Vors. Egon Krenz: Ja?

Günter Ehrensperger: Ich muß sagen, was du sagst, stimmt, ich habe –

Zahlreiche Zurufe: Lauter!

– ich möchte hier sagen, was Genosse Krenz sagt, stimmt. Es gibt eine Vielzahl von Faktoren, die im Innern der DDR gewirkt haben, die man dazunehmen muß. Ich habe vorhin nur gesagt: Ich will jetzt aufhören. Ich habe jetzt folgende Frage, Genosse Krenz. Ich habe in meinem Zettel, den ich geschrieben habe, aufgeschrieben, daß ich bereit bin – weil die Frage hier gestellt wurde und die anderen Genossen nicht da waren, ich hatte mich ursprünglich noch nicht zur Diskussion gemeldet, ich habe in meinem Zettel auch aufgeschrieben –, Genossen, daß ich, wenn es gestattet wird, meine Gedanken darlegen möchte zur Wirtschaftsreform. Ich sage das deshalb, und ich habe deshalb darum gebeten, jetzt darum gebeten, weil ich nun schon einmal rede, und ich habe persönlich in den letzten drei Jahren aktiv bei der Vorbereitung der Eigenerwirtschaftung gearbeitet, und ich hatte daraus Erkenntnisse, die möchte ich entweder hier darlegen oder ich möchte sie zu Protokoll geben.

Vors. Egon Krenz: Bitte.

Günter Ehrensperger: Genossen, ich möchte meinen persönlichen Standpunkt zu der im Aktionsprogramm vorgeschlagenen umfassenden Wirtschaftsreform sagen. Ich stütze mich dabei besonders auf Erkenntnisse und praktische Erfahrungen bei der Vorbereitung und Anwendung der Eigenerwirtschaftung der Mittel in 16 Kombinaten der Industrie der DDR in den letzten drei Jahren. Diese Erfahrungen sind ein erster Anfang. Aber es sind nicht mehr nur Vorstellungen, sondern es sind jetzt bereits reale Erfahrungen der Wirtschaftspraxis der DDR. Die Arbeit hat viele politische und ökonomische Erkenntnisse vermittelt. Die erste und für mich sehr wesentliche politisch-ökonomische Erfahrung sehe ich darin: Das Prinzip der Eigenerwirtschaftung der Mittel wird von den arbeitenden Menschen in den Betrieben gut verstanden. Jeder weiß für sich ganz persönlich, daß er nur das Geld ausgeben kann, was er besitzt. Das hängt mit der vorherigen Frage ganz eng zusammen. Und Besitz, Eigentum wird im Sozialismus durch eigene Arbeit erworben.

Mehr, besser und effektiver zu arbeiten und auf diesem Wege sich mehr leisten und besitzen zu können, wird deshalb wie für jeden persönlich auch für den Betrieb, das Kombinat, als natürlicher Zusammenhang erkannt. Es zeugt von der mobilisierenden Kraft des Prinzips der Eigenerwirtschaftung, daß die 16 Kombinate in diesem Jahr bisher 88 Prozent aller Überplangewinne der Industrie erwirtschaften, viele ihre Pläne und Verträge nicht schlecht erfüllen und daß ein hohes Wirtschaftswachstum erreicht werden konnte.

Entscheidend für eine Wirtschaftsreform wird sein, wie wir zu einer Veränderung der Stellung des werktätigen Menschen zum sozialistischen Eigentum an den Produktionsmitteln kommen. Für die Wirtschaftsreform müssen wir von der Erkenntnis ausgehen, daß alle weiterhin unbedingt notwendigen Planvorgaben und Direktiven mit einem starken ökonomischen Eigeninteresse der Arbeiter, der Ingenieure, der Leiter im Betrieb an der effektivsten Nutzung und Mehrung des Volkseigentums ganz eng verbunden werden müssen.

Wir haben in der DDR immer den Charakter des Volkseigentums hervorgehoben, weil es seinem Wesen nach nicht Staatseigentum ist, sondern weil es sich gliedert in konkret genutztes Eigentum in Betrieben und Kombinaten, in Städten und Gemeinden. Eine wirkliche Wende auf dem Gebiet der Wirtschaft kann und muß deshalb von der tatsächlichen Besitzergreifung des Volkseigentums durch die werktätigen Menschen in jeder Wirtschaftseinheit und in jedem Territorium bestimmt werden. Das ist unseres Erachtens die ökonomische Basis für die Herausbildung neuer Inhalte und Formen der sozialistischen Demokratie. Das ist auch die Basis, damit, wie es im Entwurf unseres Aktionsprogramms heißt, die Eigenerwirtschaftung wirklich zum Dreh- und Angelpunkt der Wirtschaftsreform als Grundprinzip unserer sozialistischen Leistungsgesellschaft werden kann.

Die zweite und eigentlich sehr wesentliche Seite einer umfassenden Wirtschaftsreform sehe ich deshalb darin, die Frage zu beantworten: Was wird für das arbeitende Volk in der DDR – für den Arbeiter, für den Meister, für den Ingenieur, für den Wissenschaftler, für den Leiter –, für jeden Werktätigen konkret anders als bisher? Die Erprobung der Eigenerwirtschaftung hat uns sehr bald und sehr deutlich gezeigt, daß wir einen Weg finden müssen, Eigenerwirtschaftung und persönliche materielle Interessiertheit jedes einzelnen werktätigen Menschen unmittelbar und direkt miteinander zu verbinden.

Bisher blieb die Anwendung des Prinzips in den 16 Kombinaten beschränkt auf die materiellen und finanziellen, den Kombinaten zur Verfügung stehenden Fonds für die intensiv erweiterte Reproduktion. Bei Arbeitern und Leitern entstand immer mehr die Frage, was haben die arbeitenden Menschen persönlich davon, wenn von ihnen mehr produziert, die Kosten gesenkt und effektiver exportiert wird? Die Praxis stieß uns sozusagen mit der Nase darauf, daß vor allem die Frage der persönlichen materiellen Interessiertheit gelöst werden muß, daß jeder einzelne spüren muß, ob sein Betrieb gut oder schlecht gewirtschaftet hat.

Seit gut einem Jahr wurde deshalb – ich würde sagen gewissenhaft – mit Generaldirektoren, Parteiorganisatoren, Gewerkschaftlern, Fachleuten aus dem Staatssekretariat für Arbeit und Löhne und Betrieben die Erprobung einer sogenannten normativen Verbindung von Leistung und Lohn für die Beschlußfassung vorbereitet. Danach kann für den Betrieb der Durchschnittslohn in direkter Abhängigkeit von der Steigerung der Arbeitsproduktivität erhöht werden. Damit wird zugleich die Steigerung der Produktion wie der rationelle Einsatz und die Freisetzungen von Arbeitskräften für andere Arbeiten kräftig materiell stimuliert. Eigenerwirtschaftete Lohnmittel sollen auf das nächste Jahr übertragbar werden. Die Verbindung zwischen Arbeitsproduktivität und Durchschnittslohn schafft, wie die Rechnungen bisher ergeben, eine erste – ich betone das Wort erste – praktisch machbare wesentliche Rahmenbedingung für die konsequente Durchsetzung des gegenwärtig so leidenschaftlich diskutierten Leistungsprinzips.

Genossen, Löhne werden in ihrer Höhe bestimmt durch Tarife und durch Normen. Tarife in Form von Lohn- und Gehaltsgruppen, bisher Produktivlöhne genannt, und die Einordnungsmerkmale für die Beschäftigten müssen im Sozialismus Sache des Staates und der Gewerkschaft sein. Das ist die Grundvoraussetzung, damit überall gleicher Lohn für gleiche Leistung gezahlt werden kann. Aber die Normen werden konkret in jedem Betrieb gemacht. Ob sie Leistungen herausfordern oder ihre Zurückhaltung stimulieren, wird davon abhängen, ob dem Betrieb die Lohnmittel in absoluter Höhe vorgegeben sind oder ob sie leistungsbezogen höher oder niedriger sein könnten. Normen ... *(Unruhe)*

Vors. Egon Krenz: Bitte?

Johanna Töpfer: Also, ich muß gegen diese Darlegungen energisch protestieren, weil Genosse Ehrensperger in der Vergangenheit energisch verhindert hat, daß die Gewerkschaften einen umfassenden Einfluß auf die Lohnentwicklung hatten.

Zuruf: Sehr richtig! (Weitere, unverständliche Zurufe)

Vors. Egon Krenz: Bitte!

Herbert Richter: Genosse Generalsekretär! Ich kann mich mit den Ausführungen nicht einverstanden erklären. Ich bin Generaldirektor eines Kombinates, 34 000 Menschen stehen dahinter. Jede Woche stehe ich ein- oder zweimal vor 15 000 Menschen, werde ausgepfiffen, muß mich politisch an der Stelle verantworten. Ich bin nicht bereit, das weiter anzuhören, weil das nicht Wirtschaftsreform ist, weil das die Bürokratie ist, mit der wir unsere Arbeiter in eine Lage gebracht haben, daß sie gegen uns sind. Ich stelle den Antrag, daß die Diskussion abgebrochen wird. Ich kann das nicht mehr so mit anhören.

Vors. Egon Krenz: Es ist ein Antrag gestellt worden, daß der Diskussionsbeitrag des Genossen Ehrensperger abgebrochen wird und er den Rest zu Protokoll gibt, ja? *(Ablehnende Zurufe)*

Nicht? – Abgebrochen wird. Also gut. Wer damit einverstanden ist, bitte ich um das Handzeichen. – Danke schön. – Offensichtlich die Mehrheit.

Als nächster hat das Wort Genosse Eberhard Aurich. Und dann der Genosse Generalstaatsanwalt Wendland.

Eberhard Aurich: Genossinnen und Genossen! –

Egon Krenz: Verzeihung! Und dann der Genosse Generalstaatsanwalt Wendland.

Eberhard Aurich: Genossinnen und Genossen! Ich will hier nicht euch mit einer Rede langweilen. Ihr habt das Material der 12. Tagung des Zentralkomitees der FDJ erhalten.[134] Ich möchte nur einige Bemerkungen zu unserer Arbeit machen. Auch ich habe hier jahrelang an diesem Rednerpult und fast auf jeder zweiten Tagung des Zentralkomitees gesprochen, unsere Erfahrungen eingebracht und dann immer den folgenschweren Satz in meinen Beiträgen gehabt: Dem Bericht des Politbüros stimme ich zu. Ich möchte hier sagen, das habe ich nie aus opportunistischen Gründen getan – aus Vertrauen, auch aus Überzeugung, auch aus Respekt vor Autoritäten.

Aber heute muß ich doch fragen – und ich stelle es hier im Zusammenhang mit dem, was wir auf der 12. Tagung des Zentralrates schon gesagt haben –, daß wir doch betrogen, ja auch verraten wurden. Und ich fordere hier unumgängliche Konsequenzen bis zur Bestrafung der Genossen, die ja hier schon genannt worden sind. Zum Beispiel im Zusammenhang mit der Wirtschaftspolitik hängt auch der Name der Freien Deutschen Jugend, der Einsatz von Tausenden ehrenamtlichen FDJ-Funktionären, von jungen Arbeitern zum Beispiel in Berlin daran, die wir in den letzten Jahren dafür mobilisiert haben, diese Arbeit zu leisten und die uns sehr oft auf diese Fragen aufmerksam gemacht haben.

Zweitens. Solange es noch – und es wird ja noch eine Weile sein – Genossen gibt, in unseren Reihen, in der Partei, auch im Jugendverband, die noch nicht verstanden haben, daß das, was in den vergangenen Wochen und auch gegenwärtig noch geschieht, nicht Feindeswerk ist oder mangelhafte ideologische Arbeit derer, die ideologische Arbeit zu leisten haben – zum Beispiel

134 Vgl. das Referat von Eberhard Aurich auf der 12. Tagung des FDJ-Zentralrates am 26. Oktober 1989, in: SAPMO-BArch, DY 24/AA 97.

von Lehrern, Jugendverband und anderen gesellschaftlichen Organisationen – werden wir es schwer haben und stehen wir den Dingen dann hilflos gegenüber. Hier auf der Tagung wurden dazu deutliche Worte gesprochen. Ich möchte nur auf einen Aspekt noch mal verweisen. Es handelt sich hier nicht nur um subjektive Schuld, bestenfalls die, die einen oder anderen objektiven Prozesse dann nicht erkannt zu haben.

Es handelt sich um einen Widerspruch, daß die Mehrheit der Menschen, maßgeblich der jungen Menschen, immer mehr die von den Werten und Idealen des Sozialismus – mehr oder weniger – natürlich ausgehen und zu ihnen stehen, mit der Art und Weise des politischen Systems, mit der Art und Weise der politischen Leitung der Gesellschaft in immer unmittelbareren Widerspruch gelangten. Und ich glaube nicht, und ich muß mich da auch dagegen wenden, daß es sich um ein Intelligenzproblem handelt.

Auch nicht der jungen Intelligenz, bestenfalls so: Es handelt sich um den »Aufstand« des Verstandes, nämlich den der Arbeiterklasse, der Bauern, der Intelligenz, der jungen Leute gegen Überlebtes, gegen die Tatsache, daß der Verstand nur an einigen Stellen gepachtet sein sollte, und das Gefühl, daß die Weisheit nur einige gepachtet haben, hat doch die Leute letztlich auf die Straße gebracht.

Und ich kann mich auch nicht einverstanden damit erklären, und wir haben uns auf der Tagung des Zentralrates auch damit auseinandergesetzt, und wir müssen uns in solchen Formulierungen sehr hüten, daß es darum geht, die Massen zu formieren. Es geht um was ganz anderes. Es geht um die Souveränität des Volkes, natürlich in seinen Klassenbeziehungen zueinander, und dem haben wir in der Leitung, der politischen Leitung auch im Jugendverband mehr und mehr Rechnung zu tragen.

Genossen! Wir brauchen Garantien, daß es nicht mehr so ist wie noch immer, daß es vom persönlichen Charakter, von der Zivilcourage, vom »Kreuz«, vom »aufrechten Gang«, vom Mut abhängt, ob man seine Meinung sagt oder nicht. Hier ist dazu schon gesprochen worden. Wir sind, die Genossen in der FDJ, leider ja nun für die FDJ auch nicht mehr die Jüngsten. Aber wie wurden wir doch hin und wieder, und nicht nur wir, sondern auch in Kreisen und Bezirken, unterschiedlich natürlich behandelt? Eigentlich immer freundlich, kameradschaftlich, aber doch nicht in seltenen Fällen wie kleine Kinder, denen man ständig die Klassenkampferfahrungen beibringen muß, ohne zu sehen, daß wir schon selber welche haben. Und ja immer mehr und mehr auch in ihnen stehen.

Ich will nur ein Beispiel hier noch einmal nennen, weil mich das so unheimlich bewegt hat. Als wir die Schnauze so richtig voll hatten unter dem Eindruck dessen, was sich um den 40. Jahrestag zugespitzt hatte, und drei Mitglieder des Zentralkomitees, darunter zwei direkt im Zentralrat der FDJ, sich am 9. Oktober in einem Brief an den Generalsekretär mit einer Einschätzung wandten, dann wurde diese Einschätzung, die zugegebenermaßen mit viel mehr Zeit und nicht mit solchen Drücken das eine oder andere noch mehr erfaßt hätte, da wurde diese Einschätzung der Freien Deutschen Jugend von kompetenten Genossen des Zentralrates als größter Angriff der FDJ auf die Parteiführung in vierzig Jahren bezeichnet und in unserer Abwesenheit im Politbüro behandelt und als Mittel benutzt, den jetzigen Generalsekretär gegebenenfalls noch daran zu hindern, die Wende einzuleiten.[135] Ich kann mich damit nicht einverstanden erklären. Und ich habe mittlerweile einen Dankbrief erhalten vom neuen Generalsekretär, den wir auf unserer Zentralratstagung vorgetragen haben.[136] Die wesentlichen Inhalte sind in unserer Rede auf der Zentralrats-Tagung enthalten.

Genossinnen und Genossen! In Egons Rede und im Aktionsprogramm ist davon die Rede, das Vertrauen wiedergewinnen zu wollen. Es ist das Richtige gemeint. Aber ich muß aus meiner Kenntnis, aus Hunderten, ja Tausenden Gesprächen – und letztens sind 1500 Freunde freiwillig Sonnabend nachmittags zu einer fünfstündigen Diskussion in den Zentralrat gekommen und haben die Forderung gestellt, daß wir es künftig auf jeden Fall außerhalb der Arbeitszeit machen, und wir sind dazu auch bereit – muß ich sagen, der Schaden, der mit dieser Entwicklung angerichtet wurde, ist größer, als wir fühlen und als wir denken. Es geht nicht nur um den aktuellen Schaden. Es ist eine Generation im Moment im Spiel, die in ihrem Herzen, in ihrem Perspektivbewußtsein, in ihrem Denken, in ihren Köpfen mittlerweile so betrogen wurde, daß es schwer wird, wieder zu kämpfen um ihr Vertrauen. Wir sind dazu natürlich bereit, und wir tun alles dafür, das wieder zu erreichen. Aber wiederzuerreichen ist es nicht. Es ist nur mit Maßnahmen, mit neuen Ideen, mit neuen Strukturen überhaupt nur neu zu erreichen. Man glaubt uns nichts mehr. Und was hier heute in bezug auf die Partei gesagt wurde, ist ja nur die eine Seite der Sache. Sie sind der sinnentleerten Worte und Phrasen mittlerweile überdrüssig, und wir müssen uns sehr, sehr hüten, mit neuen Worten die Dinge vielleicht lösen zu wollen. Wir müssen es mit Ehrlichkeit tun. Und deshalb glaube ich, daß wir da in der FDJ eine unheimliche Verantwortung haben.

Genossinnen und Genossen! Die ganze Entwicklung der letzten Zeit, und ich sage das auch in voller Verantwortung, und ich sehe auch da meine persönliche, stellt die Existenz der Freien Deutschen Jugend aufs Spiel. Noch ist viel Hoffnung da. Ich sehe die Genossen in der FDJ, die Funktionäre sind, die Jugendlichen vor mir. Wir ringen jeden Tag im Sekretariat des Zentralrates mit den Ersten Sekretären der Bezirksleitungen um unsere Freie Deutsche Jugend,

135 Vgl. dazu Gerd-Rüdiger Stephan, Die Bewertung der politischen Situation in der DDR im Sommer und Frühherbst 1989 durch die Führung der FDJ, in: Jahresbericht 1992. Institut für zeitgeschichtliche Jugendforschung, Berlin 1992, S. 151 ff.; Egon Krenz, Wenn Mauern fallen. Die friedliche Revolution. Vorgeschichte – Ablauf – Auswirkungen, Wien 1990, S. 36 f.; Schabowski, Der Absturz, S. 253 f.

136 Den Dankesbrief von Egon Krenz an Eberhard Aurich vom 23. Oktober 1989 vgl. in: SAPMO-BArch, DY 24/A 11708.

aus den großen Gründen, weil wir eine traditionsreiche Kampfgemeinschaft sind und bleiben wollen.

Viele Jugendliche sind jetzt im Aufbruch. Und ich weiß noch, wie über diese Einschätzung gelächelt wurde, als wir vom XX. Komsomolkongreß gekommen sind und dort Genosse Michail Gorbatschow gesagt hatte, im Komsomol sei die Situation so, daß die Funktionäre auf der einen Seite der Straße sind und die Mitglieder auf der anderen, und meistens noch gegeneinander.[137] Das haben wir nicht für möglich gehalten bei uns. Und wie ist es heute? Natürlich sehe ich da jetzt unsere Verantwortung darin, nicht unmittelbar nur auf die Straße zu gehen, sondern diesen sensibilisierten Jugendlichen, diesen politisierten Jugendlichen, die zu vielem bereit sind, eine neue Chance zu geben in dieser Deutschen Demokratischen Republik für diesen Sozialismus, für den sie in seinen Werten und Idealen sind, und für den sie sich einsetzen. Deshalb stehen wir vor einer ganz energischen und konsequenten Frage. Wir haben sie auf der Tagung des Zentralrates ausgesprochen, und ich möchte sie hier nur thesenartig nennen. Wir sind der Meinung, und die ersten Reaktionen auf die Tagung des Zentralrats haben uns diesen Ansatz bestätigt, wobei ich vorsichtig bin. Wir kommen nur im Jugendverband weiter, und damit erfüllen wir als Genossen im Jugendverband auch unseren Auftrag, wenn wir es ernst nehmen mit dem Wort, daß wir eine neuen FDJ schaffen wollen. Wir halten damit zur FDJ und drücken aus, daß wir sie erneuern wollen.

Erneuerung, wir haben das besprochen mit unseren Funktionären, in einer wirklich demokratischen Aussprache im ehrenamtlichen Kreis des Zentralrats, mit den Bezirksleitungen, wir werden es nächste Woche mit den 1. Kreissekretären tun, mit Wissenschaftlern der Akademie für Gesellschaftswissenschaften, des Zentralinstituts für Jugendforschung. Dort gibt es vor allem folgende Kernpunkte:

Erstens: Wir müssen uns konsequent den Interessen der Jugend zuwenden und diese in der Gesellschaft, im Betrieb, Genossenschaft, Institut, Schule, Universität, Truppenteil, Wohngebieten, Volksvertretungen konsequent vertreten und öffentlich vertreten. Der Wille der Mitglieder muß bestimmen, was im Verband geschieht, und die Leitungen dementsprechend das tun. Keine Einmischung und Gängelei, von wem auch immer. Die FDJ muß die Wege finden, den Willen der Mitglieder in den Willensbildungsprozeß der Gesellschaft einzubringen. Sie müssen spüren, daß wir eine Meinung haben in der Öffentlichkeit, und es müssen – und deshalb spreche ich hier dazu – auch alle anderen Mitglieder der Gesellschaft verstehen, daß die Freie Deutsche Jugend eine öffentliche Meinung hat. Und als die Volkskammerfraktion der FDJ dazu eine ausgedrückt hat, gab es ja schon die größten Mißverständnisse. Das hindert uns nicht daran, es künftig weiter zu tun. Und wir haben deshalb auch diese Woche öffentlich Position bezogen zum Entwurf des Reisegesetzes.

137 Vgl. dazu Ulrich Mählert/Gerd-Rüdiger Stephan, Blaue Hemden – Rote Fahnen. Die Geschichte der Freien Deutschen Jugend, Opladen 1996, S. 237 f.

Zweitens: Wir müssen uns der Frage stellen der Neubestimmung der Position der FDJ als Massenorganisation zur SED, zu anderen Parteien und Massenorganisationen. Wir haben es leider nicht glauben wollen, aber müssen es so deutlich sagen: Die seit 1976 deutlich artikulierte, in unseren Dokumenten demonstrierte, zwar mit allerlei Maßnahmen bekämpfte, sektiererische Einengung der FDJ auf »Helfer und Kampfreserve der SED«, auf kommunistische Erziehung, auf den Zwang der Parteidisziplin ihrer Kader, die mehr und mehr den Interessen der Mitglieder entgegenstand, und ich rede nicht nur unter aktuellen Gesichtspunkten, haben die FDJ in Verruf gebracht und ihren Masseneinfluß geschmälert. Die FDJ will aber und muß, meine ich, eine breite sozialistische Jugendorganisation sein, in der viele freiwillig ihre politische Heimat finden und ihren Interessen nachgehen können.

Und drittens: Natürlich wollen wir darum kämpfen, um den einheitlichen sozialistischen Jugendverband, das steht außer Frage. Bloß, wir brauchen hier ein neues Verständnis dazu. Wir streiten heute darum, wie die Organisation ein Dach für die vielen Interessen sein kann, gleich welcher Partei, gleich welcher Weltanschauung oder welchen religiösen Bekenntnisses, gleich welcher Nationalität, welcher Schicht, welchen Berufs, welcher Ausbildung, welcher körperlicher oder geistiger Leistungsfähigkeit, welchen Geschlechts und welcher Sexualität. Vieles kommt auf uns zu. Forderungen habe ich erhalten: Löst die FDJ sofort auf! Was wir natürlich nicht tun werden. Bildung eines kommunistischen Jugendverbandes sei der Weg. Bünde in der FDJ. Initiativen anderer Parteien wachsen gegenwärtig. Neue Gruppen und Bewegungen entstehen, zu denen wir eine Position haben müssen. Ob es künftig, ich sage das in Erkenntnis oder in Meinung dessen, was uns noch bevorsteht, künftig neben der FDJ noch andere Organisationen gibt, hängt natürlich davon ab, wie es uns gelingt, diese Frage produktiv zu beantworten, der Interessenvielfalt nachgehen zu können und die Jugendlichen für diese neue FDJ zu gewinnen.

Und viertens. Wir brauchen eine neue Demokratie im Verband, wo die Grundorganisationen und Gruppen und andere Basisgruppen eine neue FDJ in den Betrieben und Einrichtungen, im Wohngebiet und in der Freizeit große Verantwortung und Rechte haben, wo sie selbst viel mehr bestimmen, was sie in der FDJ tun. Wir brauchen eine stärkere Zurücknahme dessen, was wir vielleicht an zentraler Einflußnahme dazu tun. Darüber wird nachgedacht, dazu werden Vorstellungen ausgearbeitet. Das alles verlangt unseren Funktionären ein neues Denken ab und eine tiefe Überzeugung, das schaffen zu können. Das muß gelernt werden, das fällt gegenwärtig vielen FDJ-Funktionären schwer, vor allem, weil vieles, was sie jetzt selbst tun müssen, nicht mehr durch staatliche oder auch durch Parteiunterstützung administrativ abgesichert werden kann, was ja bis zu Nomenklaturfragen bei der Wahl von FDJ-Funktionären reicht. Wir werden deshalb in öffentlicher Diskussion ein neues FDJ- und Pionierstatut erarbeiten, ein neues Jugendgesetz und auch eine neue Wahlordnung, die wir schon in Vorbereitung des Parlaments einsetzen müssen.

Genossen! Unsern Kadern fällt es schwer umzudenken. Auch werden wir Verluste dabei haben an Funktionären, auch aus Altersgründen, die lange Zeit nicht in andere Funktionen gekommen sind, auch bei den Mitgliedern. Aber es gibt keinen anderen Weg als den der politischen Überzeugung, woran sich der Verband messen wird. Was wir jetzt erleben, ist insgesamt, wie wir meinen, eine revolutionäre Entwicklung. Neues steht gegen Altes, Neues muß ständig erneuert werden. Ich sage hier persönlich: als Kommunist und noch FDJ-Funktionär stehe ich dafür ein. Danke schön. *(Beifall)*

Vors. Egon Krenz: Das Wort hat – ja, Genosse Stoph!

Willi Stoph: Eine Richtigstellung zum Beitrag vom Genossen Aurich. Es ist nicht richtig, daß die Vorlage der FDJ, die ich im übrigen begrüßt habe und als mutigen Schritt angesehen habe, im Politbüro behandelt wurde, sondern sie war den Mitgliedern Politbüro noch gar nicht bekannt. Die haben wir erst später bekommen, und Genosse Honecker hat sie nur benutzt, um gegen Genossen Egon Krenz und euch drei, die ihr sie unterschrieben habt, zu sagen: Es ist unerhört, daß wir die Jugend dort haben.[138] Also als Angriff gegen Genossen Krenz, der die Vorlage für die Stellungnahme des Politbüros eingebracht hatte, die veröffentlicht wurde am nächsten Tag. Das nur zur Richtigstellung. Wir haben diese Vorlage nie im Politbüro behandelt.

Vors. Egon Krenz: Also, sie lag dem Politbüro vor. Wenn diese Frage schon aufgeworfen ist, muß ich natürlich die Wahrheit sagen. Ich habe die Vorlage zurückgezogen aus folgendem Grunde, Genossinnen und Genossen: Ich hielt es in dem Moment nicht für richtig, daß das Feuer auf die Freie Deutsche Jugend gerichtet wurde.

Zuruf: Das war richtig!

Deshalb habe ich die Vorlage zurückgezogen, damit wir die Probleme klärten, die die Partei betreffen. Das war der Hintergrund. Ich bedaure es, daß man eine solche Arbeitsweise hier noch darlegen muß. Aber wenn es aufgeworfen worden ist, muß man die volle Wahrheit sagen. Und die Vorlage, da muß ich sagen, waren mehrere Genossen der Meinung, daß man sie ernst nehmen sollte. Es waren immerhin drei Unterschriften von ZK-Mitgliedern darunter, die Unterschrift von Eberhard Aurich, Gerd Schulz und von Genossen Poßner. Und Genosse Schulz sollte für diese Tat als Abteilungsleiter des Zentralkomitees abgesetzt werden. So ist die Wahrheit. – So, der Genosse Wendland hat das Wort.

Günter Wendland: Genossinnen und Genossen! Am 24. Oktober erhielt ich durch den Generalsekretär und Vorsitzenden des Staatsrates den Auftrag, Übergriffe anläßlich der Demonstrationen anläßlich des Staatsfeiertages zu untersuchen und einzuschätzen. Ich muß euch sagen, liebe Genossinnen und Genossen: Das war ein Auftrag, der uns nicht leichtgefallen ist. Wir haben noch niemals so etwas in unserem Lande untersuchen müssen, weil es noch nie eine solche Konfrontation gegeben hat. Ich spreche davon aus der Zeit, in der ich

138 Vgl. Stephan, Die Bewertung der politischen Situation, S. 151 ff.

mitverantwortlich bin in der Staatsanwaltschaft, und ich bin 25 Jahre in der Leitung der Staatsanwaltschaft. Das war auch für unsere Genossen belastend.

Und dennoch: Sinn und Moral dieses Auftrags bestanden für mich in zwei Dingen: Diejenigen, die geschädigt waren – wenn es solche gab, und sie gab es –, mußten wissen, daß in unserem Staat Gesetzesverletzungen, Straftaten auch dann und eben dann nicht geduldet werden, auch wenn sie durch Angehörige der Schutz- und Sicherheitsorgane begangen werden. Das mußte klargestellt werden, und wir stimmen da völlig überein mit der Auffassung, die Genosse Dickel hier vertreten hat. Da ging es um die betroffenen Bürger.

Und es gab noch eine zweite Seite: Es ging um die ehrliche, konsequente Auseinandersetzung mit jenen, die so gehandelt haben, weil diese Ehrlichkeit und diese Konsequenz zugleich eine Bedingung war, um Vertrauen und Ansehen zu diesen Organen wiederherzustellen. Und wir haben in unseren Ermittlungen auch feststellen müssen, wieviel Gewalt es gegeben hat gegen Angehörige der Volkspolizei, und im besonderen Maße in Dresden, und wieviel Unflätigkeiten es gab, die hier vor dem Plenum nicht wiederholbar sind. Junge Menschen in Uniform haben viel Beherrschung gezeigt.

Wir haben inzwischen 338 Anzeigen und Mitteilungen bekommen, wobei die Schwerpunkte in Berlin und Dresden liegen. Nach wie vor gibt es immer noch neue Anzeigen und Mitteilungen. Was kann heute festgestellt werden? Im Zusammenhang mit den Ereignissen um den 7. Oktober kam es zu Übergriffen durch Angehörige der Schutz- und Sicherheitsorgane. Das waren insbesondere Tätlichkeiten, aber auch Verhaltensweisen, die die Würde der einzelnen verletzten, im Gewahrsam, gelegentlich bei der Zuführung. Übergriffe bestehen vor allem darin, daß unnötiger Zwang gegenüber Personen angewendet wurde, die in Gewahrsam waren. Diese Personen wurden – es gab Personen, die unbegründet geschlagen wurden, lange Zeit zum Stehen in zum Teil körperlich schmerzhaften Stellungen gezwungen wurden und die auch erniedrigt wurden. Es gab andererseits die Überschreitung gesetzlicher Fristen der Zuführung, was vielfach festzustellen ist. Dafür gibt es Fristen, ich will hier nicht in die Einzelheiten gehen, dafür gibt es Fristen, die sind gesetzlich, an die hat sich jeder zu halten. Es gab Personen, denen gegenüber schon erklärt worden war, daß sie weder strafrechtlich noch ordnungsstrafrechtlich verantwortlich seien, die dennoch weiterhin festgehalten wurden und auch an andere Orte verbracht wurden, und es gab drittens ungesetzliche, erkennungsdienstliche Maßnahmen gegenüber Personen, die in Gewahrsam waren.

Soweit die Tatsachen. Es gab neben diesen ungesetzlichen Maßnahmen Bedingungen, die die Lage erschwerten. Ich habe hier nicht den Standpunkt der Polizeiführung darzulegen, und deswegen muß ich ganz ruhig sagen, ohne Kommentar: Die hohe Zahl der zugeführten Personen führte zu Staus, so daß ihre Unterbringung auf Fahrzeugen, in Garagen und anderen, auch ungeeigneten Räumen geschah, zum Teil ohne Sitzmöglichkeiten und unter unzureichenden sanitären Bedingungen. Die Geschädigten – die Zugeführten wurden erst nach längerer Zeit mit Getränken und Lebensmitteln und, wenn nötig, ärztlich versorgt.

Die Umstände zwingen uns zu der Schlußfolgerung, daß die hohe Zahl der zugeführten Personen nicht bewältigt wurde, woraus sich neue Zuspitzungen ergaben. Exakte Festlegungen, die existieren – und ich muß das betonen, die existieren –, über den Gewahrsam und die Unterbringung von Personen in Gewahrsamsräumen wurden nicht eingehalten. Ich muß aber auch gleichermaßen sagen, daß aus vielen Eingaben und Anzeigen ersichtlich wird, daß die unmittelbare Arbeit der Untersuchungsführer von Sachlichkeit, Menschlichkeit und dem Bemühen geprägt war, den Sachverhalt zu klären und jene Personen zu ermitteln, die Gewalttätigkeiten begangen hatten, und das war der Auftrag, und das mußte sein.

In einer Reihe von Fällen bestätigte sich der Verdacht strafbarer Handlungen durch Angehörige der Schutz- und Sicherheitsorgane. Wir betonen, daß da eindeutige Befugnisüberschreitungen begangen wurden und derzeit gründlich untersucht wird. Wir haben gegen zehn Personen Ermittlungsverfahren eingeleitet. 28 Ermittlungsverfahren werden gegen Unbekannt durchgeführt, weil wir wissen, daß was vorgefallen ist, aber nicht wissen, wer es gemacht hat.

Die Ermittlungen sind nicht einfach, liebe Genossinnen und Genossen. Ich bin heute gefragt worden, und es wurde auch an der Zeit Kritik geübt; das ist mit Recht. Aber bei der Vielzahl der Vorkommnisse insgesamt und des Ablaufes dieser Dinge ist es schwer festzustellen, wer gehandelt hat und wer nicht in Frage kommt. Es waren unterschiedliche Diensteinheiten im Einsatz, und Handlungen sind aus den Angaben, die uns zur Verfügung stehen, auch nicht immer in ihrer zeitlichen Reihenfolge einzuordnen. Es hat nicht immer jeder nach der Uhr geguckt, und wir wissen auch nicht ganz genau, wo es gewesen ist, und wir haben auch keine Beschreibung der Personen, die beschuldigt werden. Anzeigeerstatter können oftmals wirklich nur unzureichende Angaben über Personen machen, von denen sie sagen, daß sie geschlagen, beleidigt oder anders mißhandelt worden sind.

Ich muß auch sagen, daß ein Teil der Anzeigen, der Mitteilungen anonym einging, so daß eine Bearbeitung erschwert ist und die Geschädigten nicht konkret befragt werden können. Zum Teil wurden uns auch Zeugen vorenthalten, das muß man auch sagen. Es ist ja über das Fernsehen gegangen, daß der stellvertretende Generalstaatsanwalt der Hauptstadt dort in der Fennpfuhl-Kirche dieses Material entgegengenommen hat. Bis heute haben wir noch nicht, oder sagen wir ehrlich, bis heute haben wir nur einen Teil der Angaben, um wen es sich handelt. Und uns sind Sachverhalte überliefert, die schwere Vorwürfe enthalten. Wir haben es immer so gehalten, daß wir versuchen, alles aufzuklären, aber das ist nicht einfach, und im Zusammenwirken mit den Untersuchungsorganen ist das eine Aufgabe, die uns außerordentlich fordert. Ich sage das hier deswegen, weil auch deutlich sein muß, daß die Bedingungen dieser Arbeit nicht einfach sind.

Es gibt – und ich möchte die Zeit nicht über Gebühr in Anspruch nehmen –, es gibt Schlußfolgerungen, die sich heute schon ergeben. Die erste Schlußfolgerung ist, daß wir alles tun, daß wir diesen ganzen Prozeß beschleunigen, zu endgültigen Entscheidungen kommen und damit die Ruhe und die Klarheit über diese Fragen wiederherstellen. Es ist außerdem zu sichern, daß unverzüglich Schäden, die entstanden sind, wiedergutgemacht werden. Das betrifft vor allem Sachschäden, aber auch Lohnausfall. Wer unschuldig zugeführt worden ist und wem man nichts nachzuweisen hat, hat Anspruch darauf. Das ist bei uns so, und das ist rechtsstaatlich. Es ist klar, daß alle erkennungsdienstlichen Unterlagen zu vernichten sind, kontrollfähig. Das ist eine Forderung, die gestellt wird. Ich halte diese Forderung für richtig. Wenn wir erkennungsdienstliche Maßnahmen in einem Stadium anwenden, wo sie nicht angewandt werden dürfen, weil sie prozessual nicht vorgesehen sind, dann muß man dafür sorgen, daß nichts in Karteien oder sonstwo ist. Das ist eine Forderung, die gestellt worden ist, sie wird verwirklicht.

Es sind sicherlich auch weitere Maßnahmen zu überlegen, um die Gesetzlichkeit des Handelns der Schutz- und Sicherheitsorgane zu stärken. Wir rechnen dazu die Neufassung des Gesetzes über die Volkspolizei, insbesondere hinsichtlich Zuführung und Gewahrsam, die Eröffnung der Möglichkeit gerichtlicher Nachprüfung polizeilicher Maßnahmen und die Erweiterung der staatsanwaltschaftlichen Aufsicht auch über polizeiliche Maßnahmen.

Ich will auch hier schon sagen: Um insgesamt die Gesetzlichkeit der Tätig keit staatlicher Organe zu erhöhen, ist auch zu entscheiden, ob wir in unser Strafrecht wieder Tatbestände aufnehmen, die früher mal unter dem Namen »Straftaten im Amt« vorhanden waren. Das ist vielleicht keine so gute Bezeichnung, aber der Gedanke, daß es eine spezifische Verantwortung, auch nötigerweise strafrechtliche Verantwortung von Staatsfunktionären für Handlungen sind, die gegen das Gesetz verstoßen, diesen Gedanken bejahe ich. Das stärkt die Verantwortlichkeit und bewahrt uns vielleicht auch – hilft uns auch, dagegen vorzubeugen, gegen Übergriffe. Ich sage als letztes, das ist heute wohl schon übereinstimmende Meinung, daß ein Gesetz über die Untersuchungshaft auszuarbeiten und vorzulegen ist.

Ich bitte, mir aber noch eine persönliche Meinung zu gestatten. Liebe Genossinnen und Genossen! Ich habe gesprochen über den Auftrag, die Verantwortung der Angehörigen der Schutz- und Sicherheitsorgane zu prüfen. Aber ich muß auch sagen, wir haben ja nicht nur zugeführt und in Gewahrsam genommen, sondern wir haben auch inhaftiert, beschleunigte Verfahren durchgeführt und Verurteilungen, die vom Staatsanwalt beantragt worden sind. Es beruhigt mich überhaupt nicht, daß das rechtlich, gesetzlich möglich war. Und es beruhigt mich auch nicht, daß bis zum 15. Oktober alle Personen, die wir in Haft genommen hatten, außer denen, die Gewalt begangen hatten, wieder aus der Haft entlassen waren. Genosse Krenz hat, und das war vor seiner Wahl, mich angerufen und hat von mir verlangt, daß ich diese Dinge auch kontrolliere und sichere, daß außer den Personen, die Gewalt begangen haben oder zu Gewalt aufgeputscht haben, daß außer diesen Personen alle anderen auch nicht mehr weiter Freiheitsstrafe – oder in Untersuchungshaft sind. Das war eine Orientierung …

Zuruf von Egon Krenz: Du gibst das nicht ganz exakt wieder. Ich habe gesagt, du sollst das machen, was das Gesetz vorsieht!

Ich wollte gerade sagen, ich wollte gerade sagen, es ist klar …

Zuruf von Hans Modrow: Ich habe auch mit dir telefoniert!

Wir haben oft telefoniert, Hans. Das war klar, es war ein Auftrag, die Gesetzlichkeit zu gewährleisten. Übrigens habe ich den von dir auch schriftlich bekommen, das muß man ja auch mal sagen, eine Information, tu' das, was das Gesetz verlangt. Das ist etwas, von dem ich meine, das muß auch gesagt werden. Es war ein Auftrag, dafür zu sorgen, daß das, was gesetzlich notwendig ist, zum Schutz, gemacht wird, und das, was nicht notwendig ist, auch unterlassen wird.

Ich muß aber auch sagen: Im Grunde genommen war das der Versuch, mit dem Strafrecht gesellschaftliche Konflikte zu lösen; ein Versuch, der vom Grund her falsch ist, und das betrifft sowohl die Ausreise und das vielfache Verlassen, das man nicht in Einzelstraftaten auffädeln konnte, ebenso die Teilnahme an Demonstrationen, auch wenn wir wissen – und ich bin glücklich, daß das Wort ausgesprochen ist –, daß Demonstrationen es für sich haben, daß man weiß, wie sie anfangen, aber nicht weiß, wie sie beendet werden. Und ich weiß auch, daß in Demonstrationen natürlich die Personen dabei sind, von denen Genosse Fritz Dickel sprach, aber es ist halt Fakt, daß es die Mehrzahl dieser Menschen auch war, die versucht haben, ihre Ansprüche in für uns ungewohnter Form, – daß sie auch nicht in meine Erfahrungen hineinpaßte –, geltend zu machen.

Das Strafrecht darf nicht tiefgreifende soziale Prozesse kriminalisieren, das sage ich heute. Ich habe es aber vorher geschehen lassen. Dafür trage auch ich die Verantwortung, und das bedaure ich nicht, daß ich die Verantwortung trage, sondern daß ich das habe geschehen lassen. Das bedaure ich. Es ist für mich außerordentlich lehrreich gewesen, wie Günter Sieber sagte, das sagte zum Demokratieverständnis, für das man sich entscheiden soll, so wie es nur geht. Alles aufzudecken, das, meine ich, ist ein Beitrag um zu garantieren, daß nie wieder solche Konfrontation zugelassen wird und möglich wird. In diesem Sinne fordert die politische Erneuerung auch die Auseinandersetzung mit sich selbst, nicht besinnlich, sondern entschlossen zur Erneuerung beizutragen. Wir haben diese Erfahrung gezogen, als wir unseren politischen Standpunkt zum Inhalt dieses Paragraphen 213, der so oft schon zitiert worden ist, auch heute hier zitiert worden ist, änderten, fiel die juristische Lösung ganz einfach, weil es klar war, daß wir über solch einen Paragraphen nicht die Treuepflicht des Bürgers zur DDR erzwingen, sondern diesen Paragraphen reduzieren müssen auf das, was sich gehört, nämlich daß die Grenzsicherheit und die Sicherheit der an der Grenze handelnden Personen gewährleistet wird. Aber damit war auch klar, wie man den Paragraphen zu gestalten hat.

Es gibt berechtigte Kritik am zweiten und achten Kapitel des Strafgesetzbuches, das sind Staatsverbrechen und das sind Straftaten gegen die öffentliche Ordnung. Wir haben – ich möchte ausdrücklich hier vor dem Zentralkomitee erklären –, wir haben diese Arbeit begonnen, weil wir es uns nicht erlauben können abzuwarten, bis ein gesamtes neues StGB vorgelegt wird. Das sind dringende Fragen, mit denen man sich beschäftigen muß und die man klären muß.

Aber, liebe Genossinnen und Genossen, laßt mich das aus ganzem Herzen sagen: Unser Strafrecht ist auch nicht bloß schlecht. Wir haben auch was zu bewahren, auch auf dieser Strecke, und wenn der Paragraph 106 am vergangenen Sonnabend zitiert wurde, die staatsfeindliche Hetze, und es wurden die ersten beiden Abschnitte zitiert, dann sage ich: Jawohl, wir werden darüber nachdenken müssen, wie wir sie gestalten. Aber dieser Paragraph – nein, ich wollte eigentlich nicht emotional werden, entschuldigt. Dieser Paragraph 106 hat auch noch einen anderen Absatz, und in diesem Absatz steht drin, daß es in unserem Staat verboten ist, Rassismus, Faschismus und ähnliches zu verbreiten, und niemand – und niemand! – wird diesen Absatz beseitigen. Es sind nicht so sehr viel Staaten der Welt, die sich dazu entschlossen haben, das so – und so eindeutig – in ihr Strafrecht hineinzunehmen. *(Beifall)*

Liebe Genossinnen und Genossen, ich sage, es ist gut, daß wir ein solches Recht haben – für unser Land, für unsere Menschen, für uns als Staatsanwälte, und ich meine, das, was es hier nicht zu ändern gilt, gehört auch zu dem moralischen Antlitz unseres Landes.

Laßt mich einen letzten Satz sagen: Das war meine erste Rede vor dem Zentralkomitee. Ich hätte mir gewünscht, es ist nicht eine Rede, die so emotional belastet ist. *(Beifall)*

Vors. Egon Krenz: Liebe Genossinnen und Genossen! Wir haben den Zeitpunkt bereits überschritten; wir wollten bis 20.30 Uhr arbeiten. Ich denke, man kann diesen Tag nicht in wenigen Sätzen zusammenfassen und darf es auch nicht tun. Aber er war für uns sicherlich alle eine solche Lehre, daß wir sagen: Wir müssen wirklich einen Neuanfang wagen und nicht einfach weitermachen. Wir müssen neu anfangen und das Vertrauen gewinnen. Und deshalb laßt uns morgen über das Aktionsprogramm reden, mit dem wir am Wochenende in die Partei gehen, und laßt uns auch morgen Kaderfragen entscheiden, die anstehen. Die Sitzung ist geschlossen.

10. ZK-Tagung der SED, Freitag, 10. November 1989
3. Beratungstag, Beginn: 09.05 Uhr; Ende: 13.10 Uhr

Vors. Egon Krenz: Genossinnen und Genossen! Wir setzen unsere Beratung fort. Ich halte es für richtig, daß aufgrund bestimmter Ereignisse einige Genossen noch das Wort ergreifen, bevor wir dann direkt zum Aktionsprogramm reden. Zu diesen Genossen zählt zunächst Genosse Gerhard Schürer und dann Genosse … *(Nicht zu verstehender Zuruf)* Ja, bitte!

Frank Fichte: Darf ich bitte einen Antrag zur Geschäftsordnung stellen?

Vors. Egon Krenz: Bitte!

Frank Fichte: Ich bin Kandidat, Frank Fichte ist mein Name, Parteiorganisator im Kombinat Fortschritt. Genossen, ich hatte die gesamte Zeit Verbindung, wie ihr sicher auch, zu meiner Parteiorganisation. Und die Genossen, ich muß das hier so erklären, ich muß das jetzt einmal loswerden, die sind mehr als unzufrieden über den bisherigen Verlauf unserer Tagung. Ich habe hier einen Auftrag zu erfüllen, und ich habe die Bitte, daß ich das als Antrag vorbringen kann.

Ich meine, wir sollten über drei Punkte beraten, entscheiden, nachdenken:

1. Die 10. Tagung sollte nicht zu Ende gehen, bevor wir nicht neu über Kaderfragen des Politbüros beraten haben. Genossen des Politbüros, die zurückgetreten sind und die neu wieder ins Politbüro rein sind, werden – das ist sicher differenziert zu sehen – an der Basis nicht akzeptiert. Es werden uns Halbheiten vorgeworfen.

2. Wir müssen meiner Auffassung nach – das gebietet die Moral – als 10. Tagung entscheiden, ob Genossen, die die Lage verschuldet haben, noch im ZK verbleiben können.

Zuruf: Jawohl!

Das ist, ich meine so, ich habe Informationen: Kollegen von mir, Parteiorganisatoren, werden jetzt dafür verantwortlich gemacht, Kader an der Basis, Parteisekretäre, 1. Kreissekretäre, Bezirkssekretäre, BGL-Vorsitzende, Kommunisten. Die werden serienweise abgewählt, und welche, die gestern hier noch geredet haben und dachten, mit einer Rede kommen sie raus, ich meine, bei denen wird es morgen genauso sein. Und wir sollten hier eindeutig sagen, mit einer Erklärung – und ich habe hier großes Vertrauen zum Beispiel, daß Werner Eberlein diese Sache mit Auftrag in die Hand nimmt –, daß es hier eine Erklärung des ZK noch gibt, wie wir das zu Ende bringen.

Und daß Genossen, ich meine besonders Genossen Mittag – ich bin wahnsinnig enttäuscht darüber –, daß sie hier nicht selber ans Rednerpult gehen und soviel Mut haben und hier Erklärungen abgeben. *(Beifall)*

Zuruf: Jawohl!

Und drittens, Genossen: Ich habe eine riesige Hochachtung vor jedem alten Kämpfer. Ich bin so erzogen worden. Ich bin 1966 als Abiturient mit Kampf in die Partei, weil dazu mal Arbeiter standen, und mir ist es auch gelungen, daß ich mit 18 Jahren Kandidat der Partei wurde. Wir sollten als ZK darüber nachdenken, und jeder sollte es tun, ob nicht Genossen, die hier Mitverantwortung haben, ob nicht Genossen – das fällt mir jetzt wahnsinnig schwer, was ich sage –, die auch ein bestimmtes Alter erreicht haben, heute hier noch erklären, daß sie zurücktreten. *(Beifall)*

In Ehren ist es möglich, daß sie das können, in Ehren ist das möglich. Ich weiß nicht, ob uns das zur Parteikonferenz noch gelingt, daß Genossen in Ehren ausscheiden können.

Zuruf: Richtig!

Die Bitte habe ich. Ich weiß nicht, ob ich das alles richtig gesagt habe. Ich mußte es aber loswerden.

Vors. Egon Krenz: Danke schön. Hier sind drei Fragen gestellt worden: 1. Über Kaderfragen zu entscheiden, die das Politbüro betreffen. Ich hatte gestern den Vorschlag unterbreitet, daß wir am Ende der Diskussion diese Frage entscheiden müssen. Ich würde das auch für richtig halten, weil die Veröffentlichung darüber heute abend ohnehin ja erfolgen würde. Es handelt sich um Vorschläge – ich habe jetzt meine Aufzeichnungen nicht hier –, es geht darum, daß die Genossen Hans-Joachim Böhme, Werner Walde, Hannes Chemnitzer und Inge Lange aus dem Politbüro ausscheiden werden. Sie haben selber im Zusammenhang mit den Fragen, die in den Bezirken standen bzw. mit den Fragen, die im Zusammenhang mit der Frauenpolitik standen, diese Bitte geäußert. Ich würde aber trotzdem vorschlagen, daß wir darüber abstimmen am Abschluß der Diskussion und daß wir dann einen Genossen weiter vorschlagen, der als Sekretär des Zentralkomitees die Verantwortung für die Arbeit in der Landwirtschaft übernimmt.

Aber mir scheint, Genossinnen und Genossen, bei aller Berechtigung und bei aller Ungeduld sollten wir nicht durch Ungeduld weitere Entscheidungen treffen, die wir eine Stunde später vielleicht nicht mehr aufrechterhalten können.

Zuruf von Moritz Mebel: Das ist sehr wichtig, denn zur Zeit tun wir das.

Jawohl, deshalb betone ich das, ja? – Die zweite Frage betraf, ... Entschuldige bitte, daß ich –, eh, betraf die Verantwortung.

Frank Fichte: Die zweite Anfrage ist, ob wir eine Erklärung abgeben können, daß unter Leitung und im Auftrage von Genossen Werner Eberlein die Fragen der Ursachen, der Verantwortlichkeiten, untersucht werden und daß wir aber heute auf der 10. Tagung bereits erste konkrete, praktische Schritte und Signale setzen.

Vors. Egon Krenz: Zweitens – ich habe dich verstanden – sollten wir den Beschluß fassen, auch dann für das Kommuniqué der Tagung, daß das Zentralkomitee die Zentrale Parteikontrollkommission beauftragt, weiter die Analyse der Ursachen vorzunehmen, – *(Unruhe im Saal)*

Zuruf: Nein.

Nicht? *(Anhaltende Unruhe)*

– sondern die notwendigen Vorschläge – also dann bin ich dafür, den Antrag, bevor er beschlossen wird, zu formulieren. Und drittens war der Vorschlag, daß Genossen, die aufgrund ihres Alters empfinden, daß es nicht mehr zweckmäßig ist, weiter im Zentralkomitee mitzuarbeiten, daß die das dem Präsidium mitteilen und daß wir darüber dann – daß wir das am Ende der Tagung zur Kenntnis nehmen. Habe ich das richtig verstanden?

Frank Fichte: Ja. Aber nicht nur wegen des Alters, sondern auch die, die der Auffassung sind, daß sie Mitverantwortung tragen.

Vors. Egon Krenz: Bitte, Genosse Hager.

Kurt Hager: Wenn ich den Antrag richtig verstanden habe, möchte die Parteiorganisation des Kombinates und der Genosse eine Erklärung der Genossen haben, die aus dem Politbüro ausgeschieden sind. Ich bin dazu bereit, zu meiner Verantwortung zu sprechen. Das muß ja nicht lange sein.

Vors. Egon Krenz: Nein, es ging, glaube ich, um mehr. Es ging um die Frage auch der Mitgliedschaft im Zentralkomitee, so habe ich dich verstanden. Genossen, ich möchte aber noch einmal, selbst wenn das als Opportunismus empfunden wird, darum bitten, daß wir die Vorschläge exakt formulieren und nur an die Öffentlichkeit mit Dingen treten, die wir alle gemeinsam tragen. Das sind wir der Verantwortung vor der Partei – dazu sind wir verpflichtet. Und ich bitte deshalb, deinen Antrag zur Geschäftsordnung zu formulieren, mir vorzugeben, und wir werden die entsprechenden Vorschläge dann prüfen und am Ende der Tagung beschließen. Ist das richtig so? Und die Genossen, die das Bedürfnis verspüren, zu ihrer Verantwortung zu sprechen, mögen das tun, aber, Genossen, vergessen wir nicht, daß wir heute abend mit dem Aktionsprogramm auseinandergehen müssen. Bitte, Genosse Kayser.

Karl Kayser: Ich möchte den Vorschlag, der gemacht wurde, daß Genossen aus Altersgründen, aus welchen auch immer, vom Zentralkomitee entbunden werden möchten, den möchte ich persönlich für meine Person in Anspruch nehmen.

Vors. Egon Krenz: Das Wort hat Genosse Schürer. *(Leise zu seinen Nachbarn am Präsidiumstisch: Es ist fürchterlich. Es ist fürchterlich!)*

Gerhard Schürer[139]**:** Liebe Genossinnen und Genossen! Die ungeschminkte Analyse der Ursachen für die Verschuldung, nach der Genosse Hoffmann gestern gefragt hat, zeigt, daß die damit im Zusammenhang stehenden Probleme bereits mit den Beschlüssen des VIII. Parteitages über das sozialpolitische Programm begonnen haben. Mit dem sozialpolitischen Programm 1971, das – so muß ich sagen – so große und positive Wirkungen hatte, wurde die Weiche, wenn damals auch nur um Zentimeter, in die falsche Richtung gestellt. Von da an aber fuhr der Zug von den Realitäten weg, und zwar immer schneller. Wir hatten damals eine Milliarde Dollar Verpflichtungen, und Egon Krenz hat mitgeteilt, daß wir zur Zeit 20 Milliarden Dollar haben.

Unsere warnende Stimme damals war viel zu schwach, und die Reaktion

139 Die von den Stenographen angefertigte Niederschrift des Beitrages von Gerhard Schürer vgl. in: Stephan, »Vorwärts immer, rückwärts nimmer!«, S. 227 ff.

darauf war sehr prinzipiell. Im Februar 1972 sagte Erich Honecker im Politbüro – und ich zitiere hier aus Aufzeichnungen von Genossen Walter Halbritter: »Wir haben nicht die Absicht, die Schulden der DDR in zwei Jahren zurückzuzahlen. Wenn die Regierung und die Staatliche Plankommission so arbeiten, dann torpedieren sie die Beschlüsse des VIII. Parteitages.« Wir haben dann lange Zeit und zu lange geschwiegen. 1973 gab es eine Reihe Informationen, über die Genosse Ehrensperger berichtet hat, die richtig sind. Seit dieser Zeit gibt es auch eine monatliche Information an das Politbüro über die Entwicklung der Verschuldung in der Zahlungsbilanz. Ich habe im Jahre 1976 dann begonnen, diese Frage wieder als dringende Frage aufzurufen. Sicher auch dann noch nicht mit der notwendigen Konsequenz.

Im Jahre 1976 haben wir das erste Mal mit sehr großem Ernst dem Generalsekretär, Genossen Erich Honecker, ein Material gegeben, daß die Sicherung der Zahlungsfähigkeit erfordert, Änderungen in der Wirtschaftspolitik und auch restriktive Maßnahmen durchzuführen. Wir haben das damals nicht beschlossen bekommen, es wurde abgelehnt. Und wir wurden beauftragt, Reserven zu mobilisieren, um diese Fragen zu lösen. An dieser Beratung haben außer dem Genossen Erich Honecker Günter Mittag und Gerhard Schürer teilgenommen.[140]

In dichter Reihenfolge fanden zu diesem Problem der Zahlungsfähigkeit der DDR und der Entwicklung des Exportüberschusses immer wieder Beratungen statt. Im April 1977 wurde in einem Material, was die Genossen Mittag und Schürer dem Generalsekretär gegeben haben, über aktuelle Zahlungsschwierigkeiten der DDR berichtet. Die Vorschläge wurden als restriktiv abgelehnt. Wir wurden beauftragt, die Arbeitsproduktivität weiter zu steigern und dadurch eine Lösung zu suchen. Im Juni 1977 habe ich in einer Beratung bei Genossen Erich Honecker dargelegt, daß die Verschuldung der DDR im NSW rapide steigt. In den Gesprächen wurden einzelne Vorschläge von uns über die Streichung von Investitionsvorhaben und Umverteilung von Fonds zugestimmt, aber grundsätzliche Änderungen der Wirtschaftspolitik und die dazu vorgelegten Vorschläge abgelehnt.

Im Mai 1978 wurde erneut aufgrund der komplizierten Lage im Zusammenhang mit den Jahresplänen bis Ende 1980 aufmerksam gemacht auf die schwierige und weiter angespannte Situation. Das erfolgte durch uns sehr prinzipiell. Genosse Honecker organisierte damals eine Stellungnahme durch den Ministerrat. Und ich muß hier sagen, daß der Ministerrat – und das war in diesem Fall nicht der Ministerrat, sondern eine Abteilung oder ein Bereich des Ministerrates – diese Vorschläge der Plankommission prinzipiell als Modell

140 Vgl. dazu Hans-Hermann Hertle: Die Diskussion der ökonomischen Krisen in der Führungsspitze der SED, in: Theo Pirker/Rainer Lepsius/Rainer Weinert/Hans-Hermann Hertle, Der Plan als Befehl und Fiktion. Wirtschaftsführung in der DDR. Gespräche und Analysen, Opladen 1995, S. 309 ff., sowie: Gerhard Schürer, Gewagt und verloren. Eine deutsche Biographie, Frankfurt/Oder 1996, S. 94 ff.

der Restriktion abgelehnt hat. Es wurde dort formuliert, ich zitiere: »Die Staatliche Plankommission macht die Zahlungsbilanz zum Maßstab der Wirtschaftspolitik. Der Maßstab der Wirtschaftspolitik muß aber die Einheit von Wirtschafts- und Sozialpolitik sein.« Dieses Dokument ist von Genossen Stoph unterzeichnet und wurde nach Behandlung von Genossen Honecker als die richtige Linie bestätigt. Ich wurde in diesem Zusammenhang persönlich scharf kritisiert und verwarnt, daß ich die Parteibeschlüsse durchzuführen habe.

Weitere Beratungen ähnlichen Inhalts, die ich nicht alle im einzelnen zitieren kann, fanden im Oktober 1978, im Februar 1979 und im Juni 1980 statt. Ende Juni 1982 entwickelte sich international ein Kreditboykott gegenüber der DDR. Der Vorsitzende des Ministerrates, Genosse Stoph, unterstützte die Staatliche Plankommission und forderte, ich zitiere, »einschneidende Maßnahmen zur Änderung der Wirtschaftspolitik«. Genossen Stoph wurde im Politbüro geantwortet durch Genossen Honecker: »Die Worte über einschneidende Maßnahmen wollen wir hier nie wieder hören.«

Am 15. Mai 86 – ich muß vielleicht zunächst dazwischen bemerken, daß in den Jahren 1982 bis 1985 bedeutende Exportüberschüsse erreicht wurden aufgrund der damals günstigen Lage beim Export erdölabhängiger Produkte in die BRD, die wir durch die tiefe Spaltung des Erdöls gewonnen hatten. Das hing mit den hohen Erdölpreisen zusammen zu dieser Zeit, die aber dann wieder zurückgingen, und nach 1986 dann gingen dadurch die Exportüberschüsse wieder zurück. In 1986 erhielt ich als Vorsitzender der Plankommission den Auftrag, Vorschläge zu machen, was erforderlich ist, um den »Sockel« zu halbieren. Unter »Sockel« ist immer zu verstehen der Saldo zwischen Forderungen und Verbindlichkeiten im NSW. Es wurde ein solches Material ausgearbeitet, was erforderlich ist; aber die notwendigen Konsequenzen, um zu solchen Exportüberschüssen zu kommen, wurden schon ungenügend dargelegt und schon gar nicht beschlossen oder zugestimmt.

Für alle diese Beratungen, über die ich hier spreche, Genossen, wurde vom Genossen Erich Honecker eine Form geschaffen, der nannte sich der »kleine Kreis« oder manchmal auch der »Kreis der besonders für die Wirtschaft verantwortlichen Genossen des Politbüros«, wo faktisch das Politbüro ausgeschaltet wurde. In wechselnder Zusammensetzung waren jedoch ständig zehn bis fünfzehn Genossen des Politbüros anwesend. Der einzige, der bei diesen Sitzungen niemals anwesend war, war Genosse Keßler, und ich halte es deswegen für ungerecht, daß der Name gestern genannt worden ist. Genosse Keßler wurde im Politbüro mit der Lage konfrontiert und war natürlich dann schockiert und hat diese Bemerkung, die Genosse Ehrensperger zitiert hat hier, gemacht. Und aus meiner Sicht waren sie damals verständlich.

Festgelegt wurden mit all diesen Vorschlägen meistens einige Streichungen von Investitionsaufgaben, einige Veränderungen im gesellschaftlichen Verbrauch und vor allen Dingen die Mobilisierung von zusätzlichen Reserven. Aber eine grundlegende Veränderung der Wirtschaftspolitik wurde abgelehnt.

Meinen eigenen persönlich massivsten Vorstoß zur Veränderung der Situation habe ich im Mai 1988 gemacht. Dort habe ich Genossen Honecker meine Überlegungen zur weiteren Arbeit am Volkswirtschaftsplan 1989 und darüber hinaus mit der Bitte übergeben um eine Rücksprache. Davon hat übrigens Genosse Junker gestern gesprochen. Der Generalsekretär Genosse Erich Honecker hat diese Vorschläge grundsätzlich abgelehnt und mich nicht zu dem erbetenen persönlichen Gespräch empfangen. Genosse Stoph hat danach durchgesetzt, daß diese Überlegungen dennoch dem Politbüro vorgelegt werden. Und dazu wurde dann vom Sekretär des Zentralkomitees, Genossen Mittag, eine Stellungnahme vorgelegt, die meines Erachtens mit falschen Fakten, mit Halbwahrheiten zum Teil, mit Verleumdungen auch das Politbüro falsch informierten, und meine Vorschläge wurden zurückgewiesen.[141] All diese Vorschläge – Genosse Junker hat sie gestern aufgezählt – sind Dinge, die heute als Dinge, die wir jahrelang versäumt haben, hier auf dem Plenum behandelt werden.

Ich bin mir persönlich im klaren, liebe Genossen, daß ich schon vorher, besonders aber nach der Abberufung der Genossen Erich Honecker und Günter Mittag, die Verantwortung voll auf meinen Schultern habe. Die objektiven Faktoren, die Genosse Ehrensperger hier gestern genannt hat, stimmen. Man könnte sie ergänzen. Das hat er aber auch selber gesagt, daß zum Beispiel die notwendigen bedeutenden Aufgaben nach dem Reaktorunfall in Tschernobyl für Lubmin und innere Maßnahmen, nämlich daß wir für dic Mikroclcktronik anstelle der im Fünfjahrplan vorgesehenen 8 Milliarden 15 Milliarden aufgewendet haben oder daß wir den Aufbau der Friedrichstraße beschlossen haben – als der beschlossen wurde, wurde ich übrigens persönlich nicht eingeladen – der überhaupt vorher nicht im Fünfjahrplan enthalten war.

Aber ich glaube, das Wichtigste ist nicht, Genossen, die von außen oder von innen auf uns neu zugekommenen Maßnahmen, sondern das Wichtigste ist, daß all diesen Fragen immer mit der Mobilisierung von mehr Reserven und der Steigerung der Arbeitsproduktivität, der Erhöhung der Leistungen begegnet wurde. Das heißt, die Pläne wurden immer angespannter und, wenn man es heute genau sagt, immer unrealer. Wenn wir als Ministerrat den Plan vorlegten, wurden durch den Sekretär für Wirtschaft in Form von Stellungnahmen ständig weitere Aufgaben zur Erhöhung der Pläne, zur Erhöhung der Leistungen, zur Erhöhung der Arbeitsproduktivität ohne entsprechende materiell-technische Basis gefordert und auch beschlossen. Auf den Seminaren in Leipzig wurde dann nochmals eine Verpflichtungsbewegung organisiert, die in der Regel keine materielle Deckung hatte und die auch zu einem

141 Die Überlegungen Schürers aus dem Jahr 1988 und die Stellungnahme Mittags dazu (»Schürer/Mittag-Kontroverse«) sind dok. in: Hans-Hermann Hertle, Vor dem Bankrott der DDR. Dokumente des ZK der SED aus dem Jahre 1988 zum Scheitern der »Einheit von Wirtschafts- und Sozialpolitik«, Berlin 1991 (Berliner Arbeitshefte und Berichte zur sozialwissenschaftlichen Forschung, Nr. 63).

Problem führte, nämlich daß das nicht mit den Gewerkschaften besprochen war, also keine Rückkopplung von den Generaldirektoren erfolgte, zumindest zu einem bedeutenden Teil nicht, zu den Gewerkschaften und die damit nicht zu dem Ergebnis geführt haben, was daraus genannt worden war.

In Wirklichkeit, und das ist die Wahrheit, an der man nicht vorbeikommen kann, wurden alle Entscheidungen wirksam gegen die produktive Akkumulation. Und deswegen diese Analyse, die vorgestern Genosse Krenz im Referat gegeben hat; denn zu der Konzeption mußten wir ja immer aufgrund der wachsenden Kaufkraft Maßnahmen beschließen, um den Markt einigermaßen nur zu decken, wobei auch dort eine wachsende Disproportion zwischen Kauffonds und Warenfonds sich entwickelt hat. Eine entscheidende Rolle spielten dabei die Subventionen, die von 8 Milliarden 1970 auf die gigantische Größe von 58 Milliarden 1989 gestiegen sind. Wenn man sich überlegt, daß das ein Wachstum um jährlich sieben Prozent ist, bei einem Wachstum des Nationaleinkommens von, ich sage einmal, drei bis vier Prozent, es wurden meistens vier Prozent veröffentlicht, aber bei einer ehrlichen Abrechnung, glaube ich, muß man unter Berücksichtigung der Preisfragen von drei bis vier Prozent sprechen, dann zeigt man, daß das zu Disproportionen führen mußte. Es entstanden diese Disproportionen, die zur Störung der Verflechtung der Volkswirtschaft geführt haben. Die Zulieferindustrie blieb zurück, ganze Zweige veralteten, wurden nicht modernisiert, und es entstanden auch gesellschaftliche Störungen, weil sich die Werktätigen nicht mehr mit dem Plan identifiziert haben.

Ich möchte auch sagen, Genossen, daß einige Beiträge im »Neuen Deutschland« nicht zur Klärung dieser Fragen beigetragen haben. Ich erinnere hier an den Artikel von Jürgen Kuczynski im »Neuen Deutschland«, daß die Subventionen richtig sind.[142] Sie sind zwar mit einigen schlechten Nebenwirkungen verbunden, aber sie sind besser als die Preis-Lohn-Spirale. Und das hat doch die Menschen mehr verwirrt als zur Klärung beigetragen; denn natürlich wollen wir keine Preis-Lohn-Spirale. Niemand, kein Land hat mit der Preis-Lohn-Spirale jemals irgendein ökonomisches Problem zufriedenstellend gelöst. Aber wir sind für die richtige Unterteilung in Subventionen, die sozial berechtigt, dem Sozialismus entsprechend sind, und Subventionen, die zur Verschwendung, Verschleuderung und vor allen Dingen zum Abkauf durch ausländische Bürger führen. Auch Otto Reinholds Artikel zu dieser Frage, der kurze Zeit später entstand, hat mehr Schaden als Nutzen gebracht, und solche Artikel wie »Die Krise der Ute Reinhardt und die Wirklichkeit der DDR« hat alle verwirrt, denn niemand kennt Ute Reinhardt und schon gar nicht ihre Krise.[143]

142 Vgl. ND, 22. Dezember 1988 sowie 28./29. Januar 1989.

143 Vgl. den Artikel des Rektors der Akademie für Gesellschaftswissenschaften beim ZK der SED, Otto Reinhold, in: ND, 14. Februar 1989.

Ich glaube, liebe Genossen, und das muß ich noch erwähnen, daß unser Politbüro seit 1973 über die Lage in der Zahlungsbilanz informiert worden ist. Ich halte für notwendig oder wir haben es für notwendig gehalten, auch aufgrund eines Hinweises von Michail Sergejewitsch Gorbatschow an Egon Krenz, die Zahlen über die Verpflichtungen der DDR hier vor dem Plenum des Zentralkomitees offen zu sagen – viel zu spät, aber es wäre schlimm gewesen, wenn wir mit einer weiteren Unterschlagung dieser Zahlen dieses Zentralkomitee hier belastet hätten. Das betrifft genauso die innere Verschuldung, die Genosse Krenz in bezug auf den Haushalt gesagt hat.[144]

Ich muß jedoch bitten, liebe Genossen – vielleicht wird das schwer verstanden –, meine Antwort auf die Frage des Genossen Hoffmann als interne des Plenums zu behandeln. Die Summe der Verpflichtungen, die Genosse Krenz genannt hat, ist natürlich im Westen bekannt. Sie ist ja von den westlichen Banken nachrechenbar, und sie ist keine Sensation in bezug auf die westlichen Länder. Die Banken fassen die Berechnungen zur DDR zusammen, und zwar in der Bank für internationalen Zahlungsausgleich in Basel, und sind voll im Bilde über das, was bei uns los ist. Es gibt aber auch Signale, daß die ungenügenden Exportüberschüsse der DDR oder sogar Importüberschüsse, die eingetreten sind, den Ruf der DDR als gute Kreditadresse schwächen. Und ich sage es ganz offen: Wir brauchen auch in der nächsten Zeit und sehr dringend unseren guten Ruf, den wir bis zur Stunde als zahlungsfähiges und zahlungspünktliches Land haben. Deshalb hat die Erreichung eines wachsenden Exportüberschusses eine so große strategische Bedeutung.

Ich möchte persönlich, Genossen, noch ein Wort dazufügen. Genosse Egon Krenz hat das Problem behandelt, daß die Einheit der Partei den Meinungsstreit und die Kollektivität voraussetzt. Für das Schicksal der Partei ist das lebenswichtig. Ich selbst lebe seit vielen Jahren in dem Konflikt: Wie weit kann ich mit meiner als Wahrheit erkannten Meinung gehen, wenn sie nicht der offiziellen Parteilinie entspricht? Wie diene ich der Partei am besten – wenn ich mich nach Darlegung der Probleme dem dann gefaßten Beschluß füge? Das habe ich getan, und ich glaubte, es auch tun zu müssen, weil es dem Statut entspricht. Oder wäre es besser gewesen, so weit zu gehen, den Skandal, den Ausschluß, in Kauf zu nehmen? Wie kann ich aber dann der Partei dienen, die Wahrheit zu finden, weiterzuarbeiten und meine Kraft dafür zu geben?

Ich glaube persönlich, solche Konflikte können nur gelöst werden, wenn das, was in Egons Referat gesagt wird, der unbedingte Meinungsstreit vor der Beschlußfassung, wenn das Wirklichkeit wird. Für mich persönlich ziehe ich zugleich die Schlußfolgerung hinsichtlich einer konsequenten Haltung in al-

144 Hier bezog sich Gerhard Schürer auf die Zahlen, die Egon Krenz zwei Tage zuvor dem Zentralkomitee genannt hatte: Verbindlichkeiten der DDR gegenüber den nichtsozialistischen Ländern in Höhe von rund 20 Milliarden US-Dollar und Verbindlichkeiten des Staatshaushaltes gegenüber dem inneren Kreditsystem in Höhe von über 120 Milliarden DDR-Mark.

len als richtig erkannten Meinungen und allen Fragen, die meine Verantwortung betreffen.

Helmut Müller: Ich habe einen Antrag.

Vors. Egon Krenz: Ja, Genosse Helmut Müller!

Helmut Müller: Zu wesentlichen Aussagen, die Genosse Schürer getroffen hat, die die Zahlungsbilanz und die Außenwirtschaft betreffen, die Proportion bzw. Disproportion zwischen Produktion und Konsumtion, volkstümlich ausgedrückt: zwischen Angebot und Nachfrage – soviel mir bewußt ist, trägt doch dafür Genosse Jarowinsky auch Verantwortung. Und ich bitte Genossen Jarowinsky, wenn ich Zustimmung für meinen Antrag finde, daß er sich hier ebenfalls positioniert.

Gerhard Schürer: Genossen, ich darf noch eine Ergänzung zu dem, was ich gesagt habe, machen, um eine richtige Einschätzung und Einstellung zu finden: Die von Egon Krenz genannten 20 Milliarden Dollar Verbindlichkeiten müssen differenziert betrachtet werden. Ein bedeutender Teil davon ist produktiv und langfristig angelegt. Das sind Kredite, die wir aufgenommen haben für den Import modernster Ausrüstungen, für die Olefin- und Aromatenchemie, für die Spaltung des Erdöls, für die Entwicklung der Veredlungsmetallurgie, für die Veredlung der Chemieproduktion, für die technische Ausgestaltung der Textilindustrie und der Möbelindustrie und eine Reihe Importe, die wir in den letzten drei Jahren durchgeführt haben, um die dringendsten Disproportionen zwischen Zulieferern und Finalproduzenten zu beseitigen, einzuschränken oder abzuschwächen, und die im Maschinenbau mit der Modernisierung von Anlagen verbunden sind. Das ist der Teil der Kredite, Genossen, der aus den Vorhaben selbst refinanziert wird. Das ist zwar eine Verschuldung, aber hier gibt es die Garantie der Möglichkeit der Zurückzahlung dieser Schulden durch die Produktion. Und wenn diese Anlagen refinanziert sind, dann stehen sie in vollem Umfange für die DDR-Produktion zur Verfügung.

Aber ein zweiter Teil – und das ist der größere Teil von beiden – das sind über fünfzig Prozent – sind Getreideimporte. Die importiert man, und im nächsten Jahr sind sie weg. Sie sind in den Verbrauch gegangen. Das sind Importe, die wir für die Versorgung der Bevölkerung durchführen, die zum Teil in den Abkauf durch ausländische Bürger usw. eingehen oder über Subventionen weglaufen. Und dieser Teil refinanziert sich nicht, und dieser Teil macht uns die größten Sorgen. Und ich glaube, wenn man in nächster Zeit die weitere Arbeit überlegt, darf man überhaupt nur noch die produktiven Kredite nehmen, damit wir uns die Voraussetzung schaffen, aus dem Stand, den wir gegenwärtig haben, herauszukommen.

Vors. Egon Krenz: Moment, Genosse Müller[145] hatte noch eine Frage, die wird dann der Genosse Jarowinsky beantworten. Aber es gibt weitere Fragen, ja? Bitte, Genosse König!

145 Gemeint ist Helmut Müller.

Otto König: Eine Ergänzung: Ich möchte das bestätigen, was der Genosse Schürer in bezug auf die produktiven Importe gesagt hat. Wir haben selbst als Kombinate eine ganze Reihe davon genommen. Die Zahlungsverpflichtungen werden regelmäßig und ordentlich realisiert. Das, was wir z. B. für die N-Linie genommen haben, für die Intensivierung im Ammoniak, ist zum Teil zu fünfzig, sechzig Prozent realisiert, das heißt zurückgezahlt und bringt dann der Volkswirtschaft Devisen. Ich möchte ausdrücklich unterstreichen, daß es hier um Importe geht, die dazu dienen, die Wirtschaftskraft der Republik zu stärken und die durch Valuta, die wir selbst erwirtschaften, realisiert werden.

Vors. Egon Krenz: Danke schön. Das Wort hat Genosse Jarowinsky.

Werner Jarowinsky[146]**:** Liebe Genossinnen und Genossen! Ich muß das sagen, was alle Genossen, die Verantwortung hier im Politbüro tragen, sagen: daß ich persönlich verantwortlich bin für das, was hier zur Diskussion steht. Ich möchte hinzufügen, daß ich es für mich nicht für so einfach halte, eine persönliche Wende zu vollziehen. Man kann eine Wende in der Politik vollziehen. Wenn es um einen Menschen geht, eine Persönlichkeit und vor allem um einen Kommunisten, dann muß er sich das etwas schwerer machen. Ich habe hier keine einfachen Antworten und keine einfachen Erklärungen, und ich kann auch nicht einfach mit der Vergangenheit brechen. Ich muß überlegen, prüfen, wie wir gemeinsam die Zukunft gestalten und was ich dazu noch beitragen kann, ohne Ansehen meiner Person, und ich bin zu allem dazu bereit.

Einige Bemerkungen zu den Ursachen, Genossen: Ich kann für mich nicht in Anspruch nehmen, Genossen, es nicht gewußt zu haben, es nicht gesehen zu haben. Ich nicht. Ich habe seit langem gesehen, Genossen, und ich muß hier sagen: Generaldirektor Winter, Mitglied des Zentralkomitees, hat gestern hier Vorschläge unterbreitet. Die Vorschläge, die er gestern hier unterbreitet hat, die Beifall gefunden haben und die hier ins Programm aufgenommen werden sollen, diese Vorschläge lagen im Jahre 1969 und 1970 vor. Genosse Winter, stimmt das?

Zuruf von Rudolf Winter: Ja!

Das sind keine neuen Vorschläge. Ich kann den Genossen Biermann fragen, ob solche Vorschläge vorgelegen haben.

Zuruf von Wolfgang Biermann: Ich beantworte eindeutig mit ja.

Und ich könnte einige andere Genossen auch noch fragen. Das ist damals mit einem Federstrich vom Tisch gefegt worden. Wir waren schon so weit damals. Ich muß das ehrlich sagen. Mein Versäumnis, ich habe nicht den Mut entwickelt, was andere Genossen hier gesagt haben, das damals so weitgehend zu sagen. Ich habe auch mit den Genossen gesprochen. Ich habe es im Politbüro nicht so gestellt, ich habe es versucht, unzulänglich versucht, und ich sage, das ist mein Fehler. Ich habe auch mit den Genossen der Führung gesprochen, persönlich, das war mein weiterer Fehler – persönlich, immer wie-

146 Die von den Stenografen angefertigte Niederschrift des Beitrages von Werner Jarowinsky ist dok. in: Stephan, »Vorwärts immer, rückwärts nimmer!«, S. 233 ff.

der aufs neue. Und deshalb sage ich, eine Wende vollziehe ich hier nicht ohne weiteres, und ich bekenne mich auch zu vielem, was in der Vergangenheit gemacht worden ist, weil wir uns das nicht zu einfach machen dürfen.

Aber jetzt zu einigen Gedanken dazu, Genossen. Ich grübele, ich peinige mich wie Genossen auch. Genossen, für mich ist das ein Martyrium, was wir hier erleben und was wir in den letzten Wochen erleben. Das muß so sein, ich will hier auch keine Entschuldigung, keine Rechtfertigung. Genossen, ich glaube und ich bitte, ich will das noch mal hinzufügen, auch um Verständnis. Ich weiß nicht, ob ich das ausdrücken kann. Es liegt etwas in unserem System, es liegt etwas darin, daß es nicht mehr so weiter ging, nicht bloß, weil der eine oder andere versagt und nicht seine Meinung gesagt hat, sondern auch deshalb, weil solche Formen, Methoden der Leitung, Organisation und Struktur bestanden, die das den einzelnen unglaublich schwer gemacht haben. Und ich glaube, hier müssen wir anfangen. Ich will jetzt ein Stichwort sagen, und ich weiß, daß es hier unpopulär ist, und ich weiß, daß es mich auch betrifft: die Frage der persönlichen Macht. Zuviel Macht macht machtlos. Wir haben als Politbüro, der Generalsekretär und vor allem der Wirtschaftssekretär, und wir anderen auch, wir haben zuviel Macht gehabt, die wir gar nicht ausüben konnten, unter Bedingungen, die äußerst kompliziert waren, liebe Genossen. Wir haben hier die Schlußfolgerungen im Aktionsprogramm, und wir haben auch die Antwort dazu. Ich will nur sagen, wenn wir nicht an einigen Fragen der Strukturen, an einigen Fragen des Stils und der Arbeitsinhalte und auch der Gegengewichte, der Gegenkontrollen, denen wir uns aussetzen müssen, wir tun das ja jetzt, wenn wir uns diesen Fragen nicht stellen, wird sich das nicht ändern.

Und Genossen, es war eine sehr bequeme Praxis, und ich will das hier auch mal sagen, und manche Genossen des Zentralkomitees haben diese Praxis auch in reichem Maße ausgeübt. Wenn etwas kompliziert war, hat man es dem Generalsekretär vorher geschickt, und er hat darauf geschrieben: Einverstanden. Erich Honecker –

Zuruf: Sehr richtig.

–, und dann war eine Diskussion im Politbüro überflüssig, und dann war der einzig Schuldige, der einzig Verantwortliche und das einzige Dokument, was überall galt, Erich Honecker. So einfach ist das gewesen. Und das ist etwas mit der persönlichen Macht, die niemand wahrnehmen kann. Und hier ist auch der Genosse Honecker in eine Lage gekommen, die er gar nicht mehr ausüben konnte. Aber, Genossen, jetzt füge ich …

Zuruf von Moritz Mebel: Ihr habt es doch zugelassen!

Ich habe es zugelassen, ich bekenne mich dazu, Genosse Mebel, aber …

Zuruf von Moritz Mebel: Ihr habt doch selbst Genossen Honecker auf diesen Wege geschickt!

Ich habe mit ihm gesprochen, ich habe ihm meine Vorschläge unterbreitet, und Genossen, ich habe dann auch Sanktionen bekommen. Man hat mir dann den Außenhandel weggenommen, den Einfluß auf bestimmte Fragen. Ich wurde ausgeschaltet wie andere Genossen auch, die sich zu kritischen Fragen geäußert haben. Aber Genossen, es geht jetzt nicht darum, hier schmutzige Wäsche oder sonstwie zu waschen, wir wollen Wege suchen, wie wir nach vorn kommen. Genossen, ich möchte jetzt zu einigen Fragen sprechen, die hier gestellt worden sind.

Zuruf von Bernhardt Quandt: Ich bin der Meinung, so leicht kann man es sich nicht machen! – Zuruf: Er macht es sich ja nicht leicht! – Bernhardt Quandt: Selbst wenn du mit dem Politbüro nicht zurechtgekommen wärst, mit dem Genossen Erich Honecker, hättest du die Pflicht und Schuldigkeit gehabt, als Kommunist im Politbüro vor dem Zentralkomitee das zu sagen. So ist es. – Moritz Mebel: Vor dem Zentralkomitee hättet ihr das sagen müssen, und das habt ihr nicht gemacht! (Klingel des Vorsitzenden) Zuruf: Nun laß ihn doch mal ausreden!

Genosse Mebel, ich bekenne mich zu der Schuld und der Verantwortung, die hier im Bericht genannt worden ist, ohne jede Einschränkung – *(Unruhe)* –, ohne jede Einschränkung, ohne jede Einschränkung, ich will das nicht wiederholen, ich habe das eingangs gesagt, und ich betone das noch einmal nachdrücklich. *(Anhaltende Unruhe)*

Genossen! Eine Bemerkung zu den Geldeinnahmen, zur Rolle der Versorgung in diesem ganzen Komplex. *(Weiter Unruhe, Klingel des Vorsitzenden)* Genossen, es ist eine Tatsache, daß im Verlaufe der Entwicklung der Wirtschafts- und Sozialpolitik, hier ist es schon dargelegt worden, die Sozialpolitik und damit auch die Versorgung immer weniger durch die Wirtschaftspolitik getragen worden ist, daß die Leistungen der Wirtschaft aus den hier genannten Gründen immer stärker hinter den im Plan festgelegten Aufgaben der Versorgung zurückblieben, daß die Disproportionen immer größer wurden und daß in den letzten Jahren eine solche Situation eingetreten war, daß die Produktionspläne nicht mehr erfüllt wurden in Größenordnungen.

Im vorigen Jahr wurde der Produktionsplan abgesenkt um sieben Milliarden, der beschlossene Plan, der als Gesetz gefaßt worden ist, mit all den Folgen für die Versorgung, und in diesem Jahr sind es 2,7 Milliarden bereits mit all den Konsequenzen für die Versorgung und natürlich auch mit all den Konsequenzen für die Volkswirtschaft selbst. Ich will es anders sagen: Es ist klargeworden, daß es so nicht mehr ging, daß es mit diesen Methoden nicht mehr ging, mit diesem Stil nicht mehr ging und auch mit diesem Herangehen nicht mehr ging.

Nun eine Bemerkung dazu, Genossen. Was hätte man anders machen können? Zauberformeln gibt es nicht. Es war die Angst und die Furcht vor solch rigorosen Eingriffen, die, wie in Polen, eine solche Lage hätten schaffen können des Absinkens des Lebensstandards und die Angst, vor dem Volk diese Konsequenzen offen darzulegen und das Volk um Mithilfe zu bitten und nachzudenken, die besten Köpfe unseres Landes, welche Wege man suchen kann unter diesen Bedingungen. *(Unverständliche Zurufe)*

Und das ist jetzt in reichem Maße, ich muß sagen, es ist in reichem Maße auf den Tisch gekommen eine solche Fülle interessanter Vorschläge, die dafür Antworten enthalten.

Genossen, hier ist etwas zur Zahlungsbilanz gesagt worden, mit dem ich nicht ganz übereinstimme, weil ich hier eine etwas andere Auffassung habe. Es ist gesagt worden, daß alles mit diesen Entscheidungen zusammenhängt, ja, aber Genossen, andere Länder standen auch vor einer solchen Lage. Japan hat viel mehr Rohstoffe importieren müssen als wir und hat viel mehr Überschüsse erreicht als wir. Ich will den Begriff hier einführen: Strukturpolitik. Genossen, wir haben in der Volkswirtschaft nicht den Mut gefunden, die notwendigen Änderungen der Volkswirtschaftsstruktur einzuführen, die notwendig gewesen wären, um dieser Größenordnung zu entsprechen. Statt dessen wurden große Programme in Gang gesetzt, wie z. B. der Mikroelektronik, die 12 bis 14 Mrd. Mark gekostet haben.

Genossen, ich habe mir in den letzten 14 Tagen einige Materialien beschafft, die bisher in keiner Analyse standen und so dem Politbüro auch noch nicht vorlagen. Ich will euch jetzt mal einige dieser Fakten nennen, um zu zeigen, was die eigentlichen Probleme unserer Leistungsentwicklung sind. Genossen, wir haben für die Mikroelektronik 14 Mrd. ausgegeben. Jetzt sage ich euch mal, was das kostet und was die Produkte bringen. In der Presse, in der Öffentlichkeit, in den Medien haben wir dargestellt, wie ungeheuer wichtig das ist für die ganze volkswirtschaftliche Entwicklung und was das in Zukunft noch bringen wird, um alle anderen Fragen lösen zu helfen, für Konsumgüter usw.

Genossen, der Speicherschaltkreis 64 Kilobit, unsere Hauptproduktion gegenwärtig, 8,9 Mio. Stück Produktion, der Betriebspreis 40 Mark, der Weltmarktpreis eine Mark bis eine Mark fünfzig; der Speicherschaltkreis 256 Kilobit, das ist der, der jetzt groß angekündigt in die Produktion gegangen ist, der kostet bei uns – reine Kosten – 534 Mark, der Weltmarktpreis beträgt gegenwärtig vier bis fünf Valutamark. Vier bis fünf Valutamark, Genossen! Ich muß euch auch hier sagen: Die Stützung allein bei diesem Schaltkreis pro Stück 517 Mark und bei dem 64-Kilobit-Schaltkreis von 40 Mark, 31 Mark Stützungen. Ja, Genossen, das sollten die Zugpferde sein, um die Konsumtion, um die übrige Volkswirtschaft zu entwickeln. So sind die Wahrheiten. Und auch, man kann das doch nicht weglassen, das PKW-Programm mit zehn Milliarden, wo wir nicht ein Ersatzteil mehr haben, wo darüber hinweggegangen wird, hier. Milliarden über Milliarden sind falsch eingesetzt worden, nicht von Experten überprüft vorher.

Und das sind auch Antworten. Wir können uns nicht zurückziehen bloß auf die Bilanzen. Andere Länder haben die Probleme gelöst. Und die Arbeiter stellen uns die Frage: Wir arbeiten nicht weniger oder schlechter. Ihr habt zentral eine falsche Strukturpolitik gemacht. Ihr habt euch nicht getrennt von den Dingen, die nichts bringen. Und Genossen, wenn ich euch hier vortrage, was wir im Export für Möbel bekommen, für Schlafzimmer zum Beispiel 19 Pfennige pro eine Mark, usw. usw. in Valutaerlös. Hunderte und Dutzende solcher

Fragen, die nicht öffentlich diskutiert worden sind. Wir dürften so etwas gar nicht exportieren. Und die hochproduktiven Dinge, ich habe euch gesagt, wie das aussieht hier, sie sind nicht gekommen. Es war Selbstbetrug.

Genossen, und noch etwas. Wir haben hier gesprochen von dem 256-Megabit-Schaltkreis. Ich habe ein Protokoll der Regierung bekommen, von der vorigen Woche, von der Sitzung, Genosse Stoph hat es geschickt. Im Plan stehen 500 000 Stück drin Produktion, 500 000 Stück, es werden in diesem Jahr 90 000 Stück kommen. Wir müssen importieren. Und das kleine Österreich produziert 50 Millionen Stück, und die Weltproduktion sind 800 Millionen Stück. Ich will nur sagen, man muß die Rechnungen mal alle zusammenstellen. Wir müssen wirklich die Analyse auf den Tisch bringen, wir müssen weiter in dieser Entwicklung nachdenken.

Und Genossen, noch eine Bemerkung, die mir wichtig zu sein scheint. Es geht hier um Milliarden, um viele, viele Milliarden, die nicht genutzt wurden und die wir nutzen müssen in Zukunft, wo wir die Struktur ändern müssen. Ein Zehnklassenschüler, der an ein Band gesetzt wird, wo er Produkte herstellt, die in Hongkong von jemand hergestellt werden, der drei Jahre zur Schule gegangen ist, das kann nicht den Erlös bringen, den wir brauchen. Das ist eine Verschwendung von »geistigem Kapital«, wie die Kapitalisten sagen. Wir müssen die Struktur hier ändern, entschuldige bitte, wenn ich hier auch –

Und Genossen, noch etwas, wir diskutieren über Ersatzteile. Ich will mich hier dazu auch einmal äußern. Seit Jahren – und hier hat das ganze Zentralkomitee auch mitgemacht –, Jahr für Jahr immer wieder die gleichen Beschlüsse: Ersatzteile, tausend kleine Dinge usw. Warum kommen sie denn nicht, Genossen? Wir sagen: Weil wir keine Mittel gehabt haben für die Zulieferindustrie. Genossen, wir belügen uns doch selbst! Hören wir auf, uns zu belügen, seien wir ehrlich zu uns selbst! Woran liegt das? Wir haben doch noch nie die Rechnung gemacht, was es die Volkswirtschaft wirklich kostet, daß die Maschinen stillstehen, was es kostet, daß die Ersatzteile nicht gebracht werden. *(Unruhe, Klingel des Vorsitzenden)*

Und, ich meine, wir müssen jetzt die Rechnung machen. Das sind die effektivsten Rechnungen, das sind die interessantesten Rechnungen, das sind die größten Reserven, die wir haben. Und Genossen, ich will auch noch hier hinzufügen: Es ist möglich, durch eine Nutzung dieser bisher nicht genutzten Strukturdifferenzen, durch eine Eingliederung in die internationale Arbeitsteilung einen Großteil dieser Reserven wirklich zu erschließen. Genossen, ist es denn nicht so, daß unsere Betriebe – jetzt rede ich einmal von den Betrieben –, es ist hier gesagt worden, das Leistungsprinzip für den Betrieb gar nicht kennen? Wir haben doch eine reine Kommando- und Abführungswirtschaft, seien wir doch ehrlich, eine reine Abführungswirtschaft. Wer gut arbeitet, führt viel ab, wer schlecht arbeitet, weniger, und wer ganz schlecht arbeitet, wird auch glattgeschrieben, und alles ist in Ordnung.

Mit dem Begriff der Eigenerwirtschaftung haben wir das noch gar nicht gelöst. Ich halte überhaupt den Begriff der Eigenerwirtschaftung für falsch.

Wir müssen damit anfangen, daß jeder Betrieb – und der Betrieb ist die revolutionierende Struktur der Volkswirtschaft – erwirtschaftet, was er braucht, alles erwirtschaftet. Das trifft nicht für alle Betriebe zu, aber für die Mehrzahl der Betriebe. Wir haben dem Betrieb die Mittel weggenommen, die er braucht, um zu wirtschaften. Und Genossen, eine Volkswirtschaft, die ihre alten Produktionsmittel nicht ersetzt, die kann ja gar nicht existieren. Ich habe hier Materialien von der ABI von der vorigen Woche aus dem Bezirk Leipzig vorgelegt bekommen, aus denen hervorgeht, daß die fleischverarbeitenden Betriebe im Bezirk Leipzig – die Leipziger Genossen sind hier, sie können das bestätigen – zu fünfzig Prozent verschlissen sind. Sie arbeiten mit Ausnahmegenehmigung der Hygiene, Monat für Monat. Das ist keine Einsparung, das ist Verschwendung, Genossen.

Ich sage: Ich bin schuld daran. Aber ich suche jetzt den Weg: Wo fangen wir an mit weiteren Veränderungen. *(Unruhe, Klingel des Vorsitzenden)*

Vors. Egon Krenz: Genossen, ich bitte um Verständnis. Ich weiß nicht, ob wir alle noch nicht oder viele, da will ich niemandem zu nahe treten, den Ernst der Lage erkannt haben. Der Druck, der bis gestern auf die tschechoslowakische Grenze gerichtet war, ist seit heute nacht auf unsere Grenzen gerichtet.[147] Es besteht eine große Gefahr, daß uns viele Menschen verlassen, obwohl ein positives Zeichen ist: Von denen, die heute nacht nach Westberlin gegangen sind – der Druck war nicht zu halten, es hätte nur eine militärische Lösung gegeben, Genossen, damit wir uns einig sind, durch das besonnene Verhalten unserer Grenzsoldaten, unserer Genossen vom MdI, vom MfS ist die Sache mit großer Ruhe bewältigt worden –, und über zwei Drittel derer, die heute nacht Westberlin besucht haben, sind inzwischen wieder auf ihren Arbeitsplätzen hier. Das ist ein positives Signal. Aber der Druck nimmt weiter zu. Die Genossen aus den Bezirken sprechen davon, daß die Situation sich nicht verbessert.

Ich bin also dafür, daß wir diese wichtige Frage jetzt nicht durch Rede und Gegenrede beantworten, sondern daß wir eine Kommission des Zentralkomitees beauftragen, die wir im Laufe unserer Tagung bilden, die diese Frage untersucht und der nächsten Tagung des Zentralkomitees bzw. dann auch, wenn notwendig, der Parteikonferenz, eine Antwort gibt. Nur meine ich, bei allem, was wir tun müssen, müssen wir gerade in dieser Frage so vorgehen – und hier bitte ich auch, den Opportunismus zu verstehen –, daß wir keinerlei Angaben nach draußen geben, die die internationalen Banken dazu bringen, diese Dinge gegen uns auszunutzen und nicht für uns zu nutzen. Das, glaube ich, ist außerordentlich wichtig.

Es gibt einen zweiten Fakt. Genosse Honecker, der aus gesundheitlichen Gründen nicht an unserer Tagung teilnehmen kann, hat mich heute vormittag angerufen und darum gebeten, daß die Ausführungen, die zu diesen Fragen

147 An dieser Stelle, es ging mittlerweile auf 10.00 Uhr zu, erwähnt Egon Krenz erstmals die in der Nacht erzwungene Maueröffnung.

gemacht worden sind, daß sie ihm zugänglich gemacht werden – ich denke, das Recht hat er, er ist ja Mitglied des Zentralkomitees –, damit er auch für die nächste Tagung des Zentralkomitees seine Stellungnahme dazu formulieren kann. Ich denke, ein solches Recht muß jeder Genosse haben. Und deshalb sollten wir so verfahren, daß wir jetzt eine Kommission beauftragen, die diese Frage untersucht. Ich möchte darum bitten, daß Genosse Herger eine solche Kommission vorbereitet. Ich sage absichtlich Genosse Herger, weil er durch die wirtschaftlichen Fragen nicht belastet ist, weil er sich mit anderen Fragen beschäftigt hat, und in die Mitglieder des Zentralkomitees berufen werden, die auf diesem Gebiet tätig sind.[148]

Zweitens ist hier ein Antrag eingegangen, der folgendermaßen formuliert ist: »Entsprechend dem Statut der Partei, Artikel 8 und 14, stelle ich den Antrag, Genossen Günter Mittag wegen gröblichster Verstöße gegen die innerparteiliche Demokratie, gegen die Partei- und Staatsdisziplin sowie Schädigung des Ansehens der Partei aus dem Zentralkomitee auszuschließen.« – Der Antrag ist vom Genossen Gerd Schulz unterschrieben. Er stimmt überein mit dem Antrag, der hier geschrieben worden ist. Denn natürlich müßte man in diesem Zusammenhang die Parteikontrollkommission beauftragen, die Dinge weiter zu untersuchen, damit entsprechende Beschlüsse nicht nur hier aus der Situation heraus gefaßt werden.

Es gibt die Frage des Politbüros, die hier noch einmal gestellt worden ist. Genossen, ich bitte um Vernunft. Ich bitte wirklich um Vernunft. Es haben jetzt vier Genossen von dem Politbüro, das wir am Anfang gewählt haben, gebeten zurückzutreten. Stellt man jetzt noch einmal die Vertrauensfrage an das gesamte Politbüro, dann entsteht eine sehr, sehr komplizierte Situation. Die Tatsache, daß das gesamte Politbüro die Verantwortung übernommen hat, drückt aus, daß dazu auch jeder zählt, der aus dem alten Politbüro jetzt in dem neuen Politbüro enthalten ist. Wenn wir aber eine solide Vorbereitung der Parteikonferenz machen wollen, dann brauchen wir ein Führungsgremium, das sich auch auskennt in der Situation. Wenn wir jetzt ein völlig neues Politbüro zusammenstellen und es dann wählen, besteht die Gefahr, daß wir jene Aufgaben, die an uns gestellt sind, nicht mehr lösen können.

Ich bitte deshalb, die Vertrauensfrage des gesamten Politbüros zu verbinden mit der Vertrauensfrage für den Generalsekretär. Wenn das Zentralkomitee der Meinung ist, diese Frage zu stellen, bin ich auch bereit, diese Frage zu stellen. Ich glaube nur, das dient weder der Partei, das dient weder der Sache, und das dient weder den Mitgliedern und Kandidaten des Zentralkomitees generell. *(Beifall)*

Genosse Mebel.

Moritz Mebel: Genosse Generalsekretär, ich glaube, hier im Namen aller Mitglieder und Kandidaten des Zentralkomitees zu sprechen, wenn ich das voll unterstütze, was du gesagt hast. Es könnte nichts Schrecklicheres passie-

148 Vgl. dazu weiter unten.

ren – und ich glaube, das ist nicht übertrieben –, wenn wir jetzt erneut diese Frage aufrollen würden. Das würde der Partei, dem Staat, ja der Existenz unseres Staates schaden. Deshalb unterstütze ich und bitte alle Genossen mit großer Vernunft –

Zuruf: Einschließlich Mebel!

–, obwohl ich ja selbst immer sehr emotional reagiere, das voll und ganz zu unterstützen, was du jetzt gesagt hast. *(Beifall)*

Vors. Egon Krenz: Dann möchte ich folgenden Beschluß formulieren: »Das Zentralkomitee stimmt den Bitten der Genossen Böhme, Chemnitzer, Walde und Lange zu, von ihren Funktionen aus dem Politbüro und aus dem Sekretariat des Zentralkomitees entlastet zu werden.« Gibt es dazu Anfragen? Bitte!

Herbert Krolikowski: Ich weiß nicht, wie ihr das empfindet, Genossen. Genosse Jarowinsky hat hier sehr offen, ehrlich seine Position dargelegt. Mir geht es darum, ich kann das nicht voll beurteilen, aber ich möchte auf keinen Fall, das ist meine persönliche Position, daß wir noch mal eine Abstimmung kriegen.

Zuruf von Egon Krenz: Eben!

Wie würde der Werner dazu stehen? Ist das durchzuhalten nach dem, was er gesagt hat, oder ist das nicht durchzuhalten? Was die Position vom Genossen Schürer ist, ist meiner Meinung nach unterschiedlich zu dem, was der Werner uns hier gesagt hat. Was ist, wenn in zwei oder drei Stunden wieder Leute kommen und sagen, nun stellen wir die Frage zu Werner Jarowinsky? Wir müssen auch mal mit dem Problem zu Ende kommen. *(Unruhe)*

Vors. Egon Krenz: Deshalb hatte ich ja einen Vorschlag unterbreitet.

Herbert Krolikowski: Mein Antrag ist, der Werner soll dazu sagen, wie er die Sache sieht, damit wir nicht erneut Abstimmungsprobleme kriegen.

Vors. Egon Krenz: Bitte!

Manfred Ewald: Ich glaube, daß Genosse Mebel im Namen zumindest der großen Mehrheit des Zentralkomitees hier seine Meinung gesagt hat, und das die Frage, die hier gestellt worden ist, einschließt. Und ich bin ebenfalls dafür, dem zuzustimmen, was Genosse Mebel gesagt hat und was deinem Antrag entspricht. Wir brauchen jetzt, so wie wir entschieden haben, einen festen, klaren, einheitlichen Standpunkt unserer Partei, der Genossen, die wir bestätigt haben, und hinter die müssen wir uns mit all unserem Vertrauen stellen. Das erfordert die Situation. Und ich bitte, in diesem Sinne abzustimmen. Ich bin überzeugt, daß wir uns darüber insgesamt auch einig sind. *(Beifall)*

Vors. Egon Krenz: Also, Genossinnen und Genossen – möchtest du antworten auf die Frage?

Werner Jarowinsky: Ja, ich möchte noch eine ganz kleine abschließende Bemerkung machen, damit meine Darstellungen überhaupt verstanden werden, Genossen. Meine Bemerkungen hatten nur den einen Zweck, hier vor dem Zentralkomitee deutlich zu machen, daß diese Fragen, die ich hier anzusprechen versucht habe, der Rückstand in der Zulieferindustrie, der Rückstand bei den Ersatzteilen, der Rückstand bei Konsumgütern und vielen anderen Bereichen … *(Unruhe)*

Vors. Egon Krenz: Ich hatte die Frage ganz konkret gestellt –

Werner Jarowinsky: Aha.

Vors. Egon Krenz: –, daß diese ganzen Probleme, die damit zusammenhängen, zur nächsten Tagung des Zentralkomitees untersucht werden.

Werner Jarowinsky: Einverstanden, einverstanden.

Vors. Egon Krenz: Jetzt wurde an dich vom Genossen Krolikowski eine Frage gestellt, bist du bereit, darauf zu antworten?

Werner Jarowinsky: Welche Frage ist das – ob ich zurückzutreten bereit bin?

Herbert Krolikowski: Die Frage ist: Ob du es vereinbaren kannst mit dem, was du zum ersten Teil der Frage gesagt hast, daß du weiter im Politbüro bleibst und daß wir nicht erneut den Punkt kriegen, daß wir wieder jemanden aus dem Politbüro rausbekommen. *(Unruhe)*

Vors. Egon Krenz: Zu dieser Frage hatte es bereits einen Antrag des Genossen Mebel gegeben, ja, einschließlich Genossen Jarowinsky.

Werner Jarowinsky: Genosse Krenz, ich kann hier nur Verantwortung übernehmen, wenn das Zentralkomitee mir das Vertrauen ausspricht, auch nach diesen Bemerkungen. Und ich stehe dazu. Und wenn das nicht gegeben ist, bin ich bereit, auch diese Konsequenzen hinzunehmen. Ich muß das hier mit all der gebotenen Klarheit sagen, wie die Frage gestellt ist.

Vors. Egon Krenz: Also, es entsteht eine neue Frage. Wer dem Genossen Jarowinsky –

Zurufe: Nein!

– also, es wurde der Antrag formuliert von mir, daß wir zur Kenntnis nehmen, daß die Genossen Böhme, Chemnitzer, Walde und Inge Lange entsprechend ihrem eigenen Wunsch aus dem Politbüro ausscheiden. – Bitte?

NN: Ich stelle den Antrag, Genossen Jarowinsky zu fragen, ob er nicht selbst der Meinung ist, in diese Liste aufgenommen zu – *(Unruhe)*

Zurufe: Nein!

Vors. Egon Krenz: Moment mal. Ich dachte immer, wir sind uns einig, eine Frage nach der anderen zu machen. *(Zu Jarowinsky am Rednerpult gerichtet: Setz dich mal!)* Wer damit einverstanden ist, daß diese Genossen aus dem Politbüro ausscheiden, bitte ich um das Handzeichen. – Danke schön. – Gegenstimmen? – Stimmenthaltungen? – Das ist nicht der Fall. Damit ist diese Frage entschieden. Zweitens: Wer damit einverstanden ist, daß der Genosse Semmelmann, bisher Leiter der Abteilung Landwirtschaft, als Sekretär des Zentralkomitees für Landwirtschaft gewählt wird, ohne dem Politbüro anzugehören, bitte ich um das Handzeichen. Moment, Genosse Semmelmann, wo bist du?

(Unruhe, unverständliche Zurufe) Aber wir brauchen die Genossen, die arbeiten, Genossen.

Zurufe: Jawohl!

Wer damit einverstanden ist, den bitte ich um das Handzeichen. Danke schön. Gegenstimmen? Stimmenthaltungen? Nicht der Fall. So beschlossen.

Zuruf: Eine.

Eine, Genosse Quandt. So, damit ist das Politbüro gewählt, Genossinnen und Genossen, und muß handlungsfähig sein. *(Starker Beifall)*

So, jetzt kommen wir zur Fortführung der Diskussion, bevor wir über die anderen Anträge abstimmen. Das Wort hat Genosse Mittig.

Rudi Mittig: Liebe Genossinnen und Genossen! Das Leben, der Kampf unserer Partei auf Straßen und Plätzen – und nun selbst hier im Hause des Zentralkomitees – machen deutlich: Die Lage in unserem Land ist äußerst kompliziert und spitzt sich ständig weiter zu. Zu den wesentlichsten Ursachen hat unser Plenum, hat der Generalsekretär unserer Partei, der Genosse Egon Krenz, in seinem Referat gesprochen.

Aus der Sicht des Ministeriums für Staatssicherheit möchte ich besonders all das unterstreichen, was hier bereits über die unverhüllte Einmischung von Politikern und Medien der BRD in unsere inneren Angelegenheiten gesagt wurde. Solche anmaßenden, solche revanchistischen Forderungen, wie sie erst wieder am Mittwoch vor dem Bundestag erhoben wurden, tragen erheblich zur Verschärfung und Anheizung der Lage bei.[149]

Das geht einher mit gesteigerten Aktivitäten imperialistischer Geheimdienste und ihrer Agenturen sowie unterschiedlichster Organisationen, Einrichtungen und anderen Kräften. Aber auch die Feinde im Inneren sehen angesichts der Vertrauenskrise und der Unzufriedenheit breiter Bevölkerungsteile ihre Stunde für gekommen. Die Gefahr nimmt also zu, daß der gerade erst begonnene Prozeß der Erneuerung zunichte gemacht wird. Wenn wir dem nicht wirkungsvoll begegnen, besteht sogar die Gefahr, daß durch antisozialistische Handlungen, durch Anarchie und Zerstörung all das vernichtet wird, was wir in 40 Jahren gemeinsam geschaffen haben.

Unter diesem Gesichtspunkt erlangen das Aktionsprogramm und die Mobilisierung der ganzen Partei für seine Verwirklichung entscheidende Bedeutung. Genossinnen und Genossen der Kreisparteiorganisation des Ministeriums für Staatssicherheit, alle unsere Angehörigen hier in den Bezirken und Kreisen unterstützen voll den Prozeß der revolutionären Erneuerung des Sozialismus. In Wahrnehmung unserer Verantwortung werden wir dazu unter Einsatz aller Kräfte beitragen. Die Ergebnisse unserer Arbeit werden wir noch kritischer analysieren, Fehler korrigieren und die erforderlichen Schlußfolgerungen ziehen.

Zur Gewährleistung der staatlichen Sicherheit der Deutschen Demokratischen Republik wird sich das Ministerium für Staatsssicherheit noch stärker auf die Aufklärung von Plänen und Absichten gegen den Prozeß der Festigung

149 Vgl. den Bericht zur Lage der Nation im geteilten Deutschland von Bundeskanzler Helmut Kohl und die Diskussion darüber, in: Deutscher Bundestag, 11. Wahlperiode, 173. Sitzung, Bonn, Mittwoch, den 8. November 1989, Stenographische Niederschrift, S. 13010 ff.

des Friedens und der internationalen Sicherheit sowie auf die Aufklärung und Abwehr äußerer Angriffe auf die verfassungsmäßigen Grundlagen unseres Vaterlandes, ihre territoriale Integrität und Souveränität konzentrieren. Besondere Bedeutung messen wir dabei der Aufdeckung und Vereitelung von Angriffen imperialistischer Geheimdienste und ihrer Agenturen zu. Im Innern der Deutschen Demokratischen Republik setzen wir unsere Kräfte und Mittel zur Verhinderung und Bekämpfung verfassungsfeindlicher Aktivitäten ein. Das schließt – und das möchte ich ganz bewußt betonen – Maßnahmen gegen Andersdenkende aus.

In voller Verantwortung kann ich erklären: Die Arbeit des Ministeriums für Staatssicherheit erfolgt konsequent auf der Grundlage der Verfassung und anderer Rechtsvorschriften der Deutschen Demokratischen Republik. Gesetzestreue ist unabdingbar für jeden unserer Angehörigen. So wurden und werden sie in den Dienst- und Parteikollektiven erzogen. Wenn es in Einzelfällen zu Gesetzesverletzungen in der Arbeit unseres Ministeriums kam, dann wurde und wird das immer gewissenhaft untersucht und mit aller Strenge geahndet.

Wir unterstützen voll die im Aktionsprogramm vorgeschlagenen Maßnahmen zur Erhöhung der Rechtssicherheit und Rechtsstaatlichkeit und die damit verbundenen Gesetzgebungsakte. Es entspricht auch unserem ureigensten Interesse, wenn ein Gesetz über die staatliche Sicherheit erarbeitet wird, in dem die Tätigkeit des Ministeriums für Staatssicherheit, seine Befugnisse und die Grundsätze seiner Arbeitsweise geregelt sind. Wir sehen auch darin eine wichtige Voraussetzung, um eine größere Offenheit für das Ministerium für Staatssicherheit und seine Arbeit zu erreichen. Eine wesentliche Aufgabe wird es auch in Zukunft sein, materiellen Schäden, insbesondere in der Volkswirtschaft, vorzubeugen, überhaupt schwere Straftaten zu verhindern, das friedliche Zusammenleben und die ungestörte Arbeit, die Rechte und die Würde der Bürger zu schützen.

Um den sich aus der Politik der Partei zur Erneuerung unserer sozialistischen Gesellschaft ergebenden Anforderungen zu entsprechen, wurden Maßnahmen zur Präzisierung der Aufgaben und Struktur sowie zur Erhöhung der Effektivität der Arbeit unseres Ministeriums eingeleitet. Wir sind uns der großen Verantwortung bewußt, dabei von der komplizierten Situation in unserem Land und den daraus resultierenden Erfordernissen an alle staatlichen Organe und damit auch an das Ministerium für Staatssicherheit auszugehen. Auch vor uns steht die Forderung zur Verwirklichung der Gesamtzielsetzung, wie sie im Aktionsprogramm festgeschrieben ist, alle Reserven zu erschließen.

Im Ergebnis gründlicher Beratungen im gesamten Ministerium und in der Kreisparteiorganisation, in Gesprächen mit den Genossen, werden wir das gemeinsam anpacken. Bei allen diesen Maßnahmen muß jedoch – und ich denke, Genossen, wir befinden uns da in Übereinstimmung – die staatliche Sicherheit unbedingt jederzeit gewährleistet sein.

Laßt mich noch einmal unterstreichen das Beispiel, das Genosse Krenz hier zum Ausdruck brachte. Die gestrige Information über die veränderten Möglichkeiten der Ausreisen bewirkte in sage und schreibe einer halben Stunde einen schlagartigen Zustrom an den Grenzübergangsstellen zu Westberlin und einen damit verbundenen Stau, der den sofortigen Einsatz mobiler Reserven in Größenordnungen erforderlich machte.

Bis 4.00 Uhr heute morgen passierten Zehntausende DDR-Bürger die neuen Grenzübergangsstellen in Richtung Westberlin. Bis zum gleichen Zeitpunkt kehrte der überwiegende Teil der DDR-Bürger wieder zurück. Und ich unterstreiche noch einmal: Grenzübergangsstellen sind Handlungsräume, die auf engstem Raum Sicherungskräfte, ehrliche Menschen, die reisen möchten, aber auch Provokateure von Westberliner Seite zum Handeln zwingen und Konfrontationsgefahren mit sich bringen. Es ist also richtig, wenn wir den Einsatzkräften für ihr besonnenes Handeln danken, wenn also Konfrontation verhindert wurde. Und nicht nur an den neuen Grenzübergangsstellen, auch am Brandenburger Tor versuchten Provokateure, gewissermaßen im Kleinformat, die geplante Provokation vom 7. 10. 1989 dennoch durchzuführen, nämlich den Sturm auf die Mauer.

Nun, liebe Genossinnen und Genossen, durch die Medien seid ihr über die ersten auch von unserem Ministerium realisierten Sofortmaßnahmen zur Unterstützung der Volkswirtschaft und des Gesundheitswesens ja bereits informiert. Ich kann heute mitteilen, daß in den nächsten Tagen 1 200 Angehörige unseres Regiments in der Braunkohle zum Einsatz kommen.

Liebe Genossen! Sehr kritisch wurde auf unserer Tagung zur Entwicklung der inneren Lage gesprochen, mit der wir jetzt konfrontiert sind und die wir nun zu bewältigen haben. Bis hin über die sich seit längerem entwickelnden Probleme und Schwierigkeiten, über die zunehmenden Unzufriedenheiten wurde durch unser Ministerium eine Vielzahl von wichtigen und richtigen Informationen an die Parteiführung übergeben.[150] Sie betrafen beispielsweise Probleme der Wirtschaft, das Gebiet des Handels und der Versorgung, das Verlassen der Deutschen Demokratischen Republik sowie insgesamt Reaktionen der Bevölkerung. Sie betrafen vor allem auch Erkenntnisse über die gegnerischen Pläne gegen unsere Republik und das Wirken von Feinden im Innern. Die Verantwortung der Leitung unseres Ministeriums – und der stellen wir uns – besteht darin, daß auch wir nicht mit der erforderlichen Konsequenz um die Beseitigung erkannter Ursachen und Bedingungen und um die Herbeiführung von Entscheidungen zu unterbreiteten Vorschlägen gekämpft haben. Aus heutiger Sicht hätten wir als Mitglieder des Zentralkomitees das vor dem Zentralkomitee stellen, es darüber informieren müssen. Jetzt spüren wir, daß die von uns erarbeiteten Informationen verarbeitet werden und in die reale Einschätzung der Lage durch die Parteiführung einfließen.

Liebe Genossinnen und Genossen! Die Angehörigen unseres Ministeriums sind, wie ihr wißt, einem sehr starken Druck ausgesetzt. Ich möchte vor dem

150 Vgl. dazu Armin Mitter/Stefan Wolle (Hrsg.), Ich liebe euch doch alle! Befehle und Lageberichte des MfS, Januar – November 1989, Berlin 1990.

Zentralkomitee erklären: Die Genossinnen und Genossen der Staatssicherheit, Töchter und Söhne der Arbeiterklasse und der anderen Werktätigen, haben stets mit größter Einsatzbereitschaft dem Volk, dem sozialistischen Staat und unserer Partei verantwortungsbewußt und treu gedient. Sie haben dieselben Sorgen und Probleme wie alle anderen Werktätigen. Ich kann vor euch im Auftrag aller Kollektive versichern: Die Mitarbeiter der Staatssicherheit sind auch unter den gegebenen komplizierten Bedingungen gewillt, die gestellten Aufgaben zu erfüllen. Wir haben keine Illusionen über die Feinde unserer sozialistischen Ordnung und die von ihnen verfolgten Ziele. Wir sind uns bewußt, daß unsere Arbeit heute notwendiger denn je ist. Wir wissen, welche Bedeutung die Gewährleistung der staatlichen Sicherheit der Deutschen Demokratischen Republik für den Frieden und die Sicherheit in Europa hat. Das liegt mir am Herzen, das heute und hier zum Ausdruck zu bringen.

Uns verbindet seit den Anfangsjahren ein enges Kampfbündnis mit den sowjetischen Tschekisten. Dieses Bündnis hat nie Schwankungen unterlegen, und es wird sich auch in dieser schwierigen Zeit bewähren. Im Vertrauen auf die Kraft unserer Partei und den von ihr eingeschlagenen Weg stehen wir fest an der Seite aller, die sich für die revolutionäre Erneuerung des Sozialismus in unserem Lande einsetzen. Für dieses Ziel werden wir mit aller Entschlossenheit kämpfen. *(Beifall)*

Vors. Egon Krenz: Ums Wort hat Genosse Kurt Hager gebeten.

Kurt Hager: Liebe Genossinnen und Genossen! Was wir dringend brauchen, ist ein Aktionsprogramm. Wem das noch nicht klar ist, der hätte das vielleicht heute nacht erkennen können, als der Bundestag geschlossen das »Deutschlandlied« sang und damit offenkundig wurde, welche Pläne realisiert worden sind und was noch beabsichtigt ist.[151] Es ist beabsichtigt, mit unserer Partei Schluß zu machen, und es ist beabsichtigt, die DDR zumindestens in eine große Abhängigkeit zu bringen.

Dem können wir in dieser ernsten Situation nur begegnen durch die Geschlossenheit des Handelns aller Mitglieder unserer Partei, durch eine feste, stabile Parteiführung, wie sie jetzt geschaffen, gewählt worden ist, durch das Vertrauen, das wir dem Generalsekretär des ZK, Genossen Egon Krenz, und den anderen von uns gewählten Mitgliedern geben, durch die enge Verbindung mit der Arbeiterklasse und mit allen anderen Werktätigen und durch eine klare Position sowohl zu dem, was wir in vergangenen Jahrzehnten erreicht haben, wofür wir gekämpft haben, als auch selbstkritisch zu den Fehlern, die wir gemacht haben.

Ich hatte eigentlich nicht die Absicht, hier zu sprechen. Da aber ein Genosse, dessen Namen ich leider jetzt hier nicht genau sagen kann, die Frage nach der Verantwortung gestellt hat, möchte ich kurz dazu einige Bemerkungen machen. Vor kurzem hat mir ein Unbekannter das Werk Lenins »Der linke

151 Vgl. dazu detailliert: Hertle, Der Fall der Mauer, S. 276 ff.

Radikalismus, die Kinderkrankheit im Kommunismus« zugestellt, und in diesem Büchlein waren einige Passagen rot unterstrichen. Und da war unter anderem unterstrichen der Satz: »Einen Fehler offen zugeben, seine Ursachen aufdecken, die Umstände, die ihn hervorgerufen haben, analysieren, die Mittel zur Behebung des Fehlers sorgfältig prüfen, das ist das Merkmal einer ernsten Partei. Das heißt Erfüllung ihrer Pflichten, das heißt Erziehung und Schulung der Klasse und dann auch der Masse.«

In unserer Partei, in allen Klassen und Schichten ist seit Wochen die Diskussion darüber im Gange, welche Fehler gemacht worden sind. Genosse Egon Krenz hat in dem vom ehemaligen Politbüro angenommenen Referat oder mit ihm zusammen ausgearbeiteten Referat eine Analyse der Fehler des Politbüros vorgenommen. Ich muß sagen, daß ich mich in einer ähnlichen Situation wie andere Genossen befinde und mir den Kopf zergrübele über meinen unmittelbaren Anteil an diesen Fehlern.

Ein mir sehr nahestehender Mensch hat mir eine Reihe von Fragen gestellt: Wie erklärst du dir, daß es zu solch einer so wenig analytischen, oberflächlichen Betrachtung der Entwicklung unserer Partei gekommen ist? Ich kann nicht sagen, daß ich nicht über eine Fülle von Informationen verfügte, vor allen Dingen aus den Bereichen der Wissenschaft, der Volksbildung, der Kultur, des Gesundheitswesens. Ich muß aber sagen, daß ich die Analyse dieser Informationen nicht gründlich durchführte und daß ich zu feige war, eine umfassende Beurteilung der Lage, besonders in den letzten Monaten, zu fordern. Feigheit ist aber, wie es bei einem sowjetischen Schriftsteller heißt, der Feind der Wahrheit.

Ich muß auch sagen, daß ich dann ganz offensichtlich immer weiter mich entfernt habe, obwohl man mir ganz klar gesagt hat, wie diese Dinge stehen, vom tatsächlichen realen täglichen Leben, von dem, was eben in den Betrieben oder in den Kaufhallen oder sonstwo vor sich ging. Diese schrittweise Loslösung hat dann auch zu theoretischen Arbeiten geführt, in denen sich dieses reale Leben letztlich nicht mehr so widerspiegelte, wie das hätte der Fall sein müssen. Und ich habe ja besonders durch eine ganze Reihe von theoretischen Beiträgen unsere Politik konsequent verteidigt, aber eben unter dem Gesichtspunkt, (so) muß ich sie heute betrachten, daß hier die Theorie und die Praxis weit auseinanderklafften. Und das betrifft auch die Einschätzungen der innerparteilichen Entwicklung.

Die zweite Frage, die mir gestellt wird: Wie konnte es zu solch falschen Einschätzungen der Prozesse in der Sowjetunion kommen, bei denen nicht der welthistorische Charakter der Umgestaltung, die schmerzhafte und widersprüchliche Durchsetzung einer neuen Qualität des Sozialismus im Vordergrund standen, sondern die Furcht vor dem Überschwappen? Wie konnte es dazu kommen? Aus Überheblichkeit, aus der Meinung, daß uns diese Prozesse letztlich nichts angingen, daß es die inneren Bedingungen der Sowjetunion seien, die die Erneuerung des Sozialismus herbeiführen. Und dazu habe ich beigetragen durch diese unglückselige, durch diese unglückselige Äußerung über die Tapeten, die natürlich sofort vom Gegner aufgegriffen wurde, um deutlich zu machen, daß sich die SED sperrt gegen Erneuerung, gegen einen Wandel.[152]

Ich könnte sagen, daß diese Äußerung in einem ganz anderen Zusammenhang stand, nämlich daß sie zunächst einmal beruhte auf einer Würdigung dessen, was in der Sowjetunion vor sich ging, eine Würdigung unserer Freundschaft zur Sowjetunion, und dann nur betonen wollte, daß es kein Kopieren der Dinge gibt, und das gilt ja sogar, das gilt ja auch heute noch, daß man nicht schematisch übertragen kann. Aber die Nutzung dieses Wortes oder dieses Wortspiels hat uns Schaden gebracht.

Und die dritte Frage, die mir hier wichtig erscheint im Zusammenhang auch mit der Sowjetunion, das ist die Feststellung, die ein sowjetischer Genosse mir einmal gemacht hat. Als wir über die Entwicklung der DDR sprachen und die Entwicklung in der Sowjetunion, sagte er: Ihr habt den Vorteil einer besseren ökonomischen und wissenschaftlich-technischen Entwicklung als wir, aber ihr seid auf dem Gebiet der Demokratie zurückgeblieben. Und ich habe dem Genossen, es war Schachnasarow, gesagt: Lieber Freund, wir haben aber gute demokratische Strukturen, von der Volkskammer angefangen, bis in die örtlichen Volksvertretungen, die gesellschaftlichen Organisationen usw. Und er sagte darauf: Du wirst noch erleben, daß diese Strukturen nicht ausreichen. Das ist zugleich die Antwort auf die dritte Frage: Welches Verständnis vom Sozialismus herrschte denn in der Parteiführung? Steht hinter der merklichen Angst vor der Demokratisierung und Entprovinzialisierung unserer Gesellschaft die Annahme, so der Fragesteller, daß der Sozialismus auf dem gegenwärtigen Stand der Produktivkräfte, unter den Bedingungen eines prosperierenden Kapitalismus keine Überlebenschancen hat? War die inkonsequente und halbherzige Politik der kleinen Schritte, die Politik der Restriktionen und Beschwichtigungen nicht Ausdruck für tiefe theoretische Defizite, auch für eine Entwissenschaftlichung der Politik?

Ich bin heute zu der Überzeugung gekommen, daß einer der entscheidenden Fehler, den wir gemacht haben und den ich mit zu verantworten habe, die Unterschätzung der Rolle der Demokratie, der Mitgestaltung und Mitwirkung der breiten Massen an der Ausarbeitung unserer Konzeption ist. Das gleiche trifft auf die Durchführung der Aufgaben zu.

Genossen! Ich kann nicht sagen, daß diese Analyse, daß sie bereits das endgültige Wort ist. Das kann man, glaube ich, auch gar nicht erwarten, daß man so über Nacht mit allem fertig wird, auch mit den vielen Mißdeutungen, denen man ausgesetzt war. Ich könnte nicht wenige Beispiele dafür anführen, wie man Mißdeutungen – ich will nur eines anführen: In Moskau gab ich ein

152 Das Interview mit Kurt Hager erschien im »Stern« vom 9. April 1987 (vgl. auch: ND, 10. April 1987). Die »Tapeten«-Äußerung lautete: »Würden Sie, nebenbei gesagt, wenn Ihr Nachbar seine Wohnung neu tapeziert, sich verpflichtet fühlen, Ihre Wohnung ebenfalls neu zu tapezieren?«

Interview für ZDF, und da stellte man mir die Frage: Wie stehen Sie zum Dialog?[153] Ich sagte, wir haben den Dialog erfunden, wissen Sie, als die NATO ihre Raketen stationierte, da hat unsere Partei aufgerufen zum Dialog, zu Vernunft und Realismus. Das hat er aber bei der Berichterstattung 'rausgeschnitten, so daß herauskam, ich habe den Dialog erfunden. Ich mußte mich also mit den widerwärtigen Methoden des Gegners abfinden, obwohl ich ja seit langer Zeit weiß, daß wir es hier wirklich mit Leuten zu tun haben, denen die Wahrheit nichts gilt.

Ich will also sagen, Genossen: Wenn das Zentralkomitee der Meinung ist, daß ich aufgrund meines Anteils, und der ist nicht geringer als der Anteil jedes anderen Genossen, an dem, was falsch gemacht wurde, aus dem Zentralkomitee ausscheiden soll und muß, dann nehme ich diese Entscheidung an.

Ich möchte dann noch sagen, wir – noch einmal zurückkommen auf den Anfang meiner Ausführungen. Wir erleben jetzt eine jähe Wendung, eine völlige Veränderung der politischen Situation, die uns vor vollkommen neue Fragen, neue Aufgaben stellt. Hier ist im Plenum mit Recht gesagt worden, daß die Partei ihre führende Rolle nicht durch das Proklamieren, nicht durch Verankerung in irgendwelchen Dokumenten ausüben kann, sondern nur dadurch, daß sie im täglichen Leben und Kampf beweist, daß wir die Verfechter der einzig möglichen Alternative für unser Volk, der einzig möglichen Alternative für die ganze Menschheit sind, daß der Sozialismus notwendig ist, um Glück und Frieden den Menschen zu bringen, daß wir daran arbeiten. Aber künftig werden wir das in einer – ich möchte sagen – Situation des politischen Kampfes, der Auseinandersetzungen mit anderen Parteien und Bewegungen zu tun haben.

Wir werden einen Wahlkampf führen müssen, in freien Wahlen, in dem sich zeigen wird, ob wir Vertrauen haben in der Bevölkerung und besonders in den Betrieben, in der Arbeiterklasse, ob wir es zurückgewinnen dort, wo wir es verloren haben. Aber wir werden um diese Situation nicht mehr herumkommen. Spätestens seit der heutigen Nacht hat sich die Lage in dieser Hinsicht, glaube ich, geändert, und es gibt die große Aufgabe, daß wir wirklich den Staat DDR, die sozialistische Arbeiter-und-Bauern-Macht in der DDR schützen und bewahren und verteidigen durch unser Handeln, daß wir alles tun, um in der Auseinandersetzung, im politischen Kampf zu bestehen. Das werden die nächsten Wochen und Monate für uns sein.

Und deshalb sage ich, daß jetzt alles darauf ankommt – und ich gehe zurück auf die Erfahrungen, die wir gemacht haben, besonders die Erfahrungen des Jahres 1953 –, Genossen, alles darauf ankommt, die Partei zu festigen, zu organisieren, das Parteiaktiv zu formieren. Das ist der erste und wesentlichste Schritt. Damals gab es im Zentralkomitee in einer der Sitzungen, an denen ich teilnahm, auch die verschiedenartigsten Strömungen und Auf-

153 Vgl. dazu auch ND, 13. Oktober 1989.

fassungen.[154] Auch Kapitulationserscheinungen, auch die Tendenz, alles aufzulösen. Ich hoffe, daß wir diese Tendenz nicht sich entwickeln sehen bei uns. Und wir haben uns zum Schluß damals entschieden, die ganze Partei zu mobilisieren. Alle Genossen gingen in die Bezirke und in die Betriebe, und auf diese Weise wurde vieles beherrscht, was sonst vielleicht nicht hätte beherrscht werden können.

Die Situation heute ist schärfer, ernster als 1953. Sie ist deshalb ernster, erstens, weil wir es nicht nur mit oppositionellen, gutgemeinten, dem Sozialismus günstig gesinnten Bewegungen zu tun haben, sondern weil wir es auch mit konterrevolutionären Tendenzen zu tun haben. Sie ist deshalb gefährlicher, weil wir es mit dem »Vorbild« Ungarn zu tun haben, das vom Wege des Sozialismus schon weit abgewichen ist, auf dem Wege zu einer bürgerlichen parlamentarischen Demokratie sich befindet. Und sie ist natürlich auch deshalb gefährlicher, weil nach meiner Überzeugung das, was Bush und andere gesagt haben in bezug auf die Zerstörung des Sozialismus, weiterhin wirkt. Das macht es notwendig – und ich möchte abschließend, bevor ich zu einem Satz über das Aktionsprogramm komme, möchte ich abschließend vor allen Dingen dazu auffordern, daß wir jegliche –, daß wir jetzt nach dieser zweiten Wahl des Politbüros alles tun, um uns hinter diese Genossen zu stellen und nicht zuzulassen, daß wieder, wieder zersetzend diskutiert wird, bis nichts mehr übrigbleibt. Genossen! *(Beifall)*

Und das betrifft auch das volle Vertrauen zu Egon Krenz, der in dieser Situation die Verantwortung übernommen hat. Ich weiß nicht, wie viele den Mut hätten, in dieser Situation das zu machen. *(Starker, anhaltender Beifall)*

Aber Genossen, erinnern wir uns auch daran, daß unsere Partei eine Partei ist mit tiefen historischen Wurzeln. Wir sind doch nicht von gestern, ich meine in dem Sinne: Wir sind doch nicht eine Bewegung, die plötzlich entstanden ist, sondern wir sind aus dem Bund der Kommunisten, aus den revolutionären Sozialdemokraten, aus der Linken in der deutschen Arbeiterbewegung, aus der Kommunistischen Partei Deutschlands hervorgegangen. Wir haben die Einheit geschaffen zwischen Kommunisten und Sozialdemokraten, eine historische Tat, und die müssen wir verteidigen und weiterführen. Wir müssen in diesem Geist unsere Arbeit durchführen.

Das wollte ich hier sagen. Vielleicht ist es zu wenig, aber es ist gewissermaßen entstanden aufgrund einer spontanen Wortmeldung. Und jetzt, wenn ich das Wort habe, darf ich etwas zum Aktionsprogramm sagen. Zum Aktionsprogramm habe ich eine Bemerkung, die betrifft die erste Seite unten und auf der zweiten Seite oben. Auf der ersten Seite heißt es in der vierten Zeile von unten: »Eine überzeugende …«

Siegfried Lorenz: Entschuldige, das ist korrigiert schon.

154 Vgl. dazu vor allem Rudolf Herrnstadt, Das Herrnstadt-Dokument. Das Politbüro der SED und die Geschichte des 17. Juni 1953, hrsg. v. Nadja Stulz-Herrnstadt, Reinbek 1990.

Vors. Egon Krenz: Laß doch mal!

Siegfried Lorenz: Ja, es ist schon korrigiert worden. Er diskutiert auf der Grundlage einer falschen Formulierung.

Vors. Egon Krenz: Es gibt folgenden Vorschlag, Genosse Kurt und Genossen, daß jetzt noch zur Diskussion der Genosse Schabowski spricht als letzter Diskussionsredner und dann Genosse Lorenz das Wort erhält zu den Abänderungen am vorliegenden Entwurf und daß wir dann konkret zu den Seiten des Aktionsprogramms sprechen. Einverstanden?

Kurt Hager: Ich bin einverstanden. Es betraf hier nur die Stelle »Sozialismus und Demokratie«, ja. Aber wenn es schon geändert ist …

Vors. Egon Krenz: Also Genossinnen und Genossen, wir müssen uns jetzt demokratisch verständigen. Es haben jetzt, wenn ich richtig gezählt habe, mit Genossen Hager 31 Genossen gesprochen. 69 Diskussionsbeiträge liegen noch vor. Wir werden also nicht dazu kommen, alle zu hören. Ich weiß nicht, ob es zweckmäßig ist, alle, die nicht gesprochen haben, im ND zu veröffentlichen. *(Unruhe)*

Wir würden diesmal eine Unmenge von Beiträgen haben, aber alle sollten ihren Beitrag abgeben für das rote Protokoll. Kann man sich so einigen?

Zuruf: Ja! (Weitere, nicht zu verstehende Zurufe)

Bitte, Genosse Laßner.

Gerd Laßner: Das können wir nicht machen, daß wir generell sagen: Alle werden nicht veröffentlicht. Ich will an die Mitglieder und Kandidaten die Frage stellen, noch einmal neu über jeden Beitrag zu entscheiden und dann den Beitrag zu übergeben. Ich möchte daran erinnern, ich hatte mich gemeldet, ich bin der einzige aus dem Bereich der Natur- und Technikwissenschaften. Es wird in der Öffentlichkeit erwartet, daß ich mich hier dazu äußere. Und erscheine ich nicht, habe ich keine Position mehr in diesem großen Bereich. *(Unruhe)*

Zuruf: Das ist doch Quatsch!

Vors. Egon Krenz: Bitte!

NN: Ich schlage vor, das wirklich differenziert zu machen. Wir können nicht zurück in die Kollektive. Wir haben uns auf die Diskussion vorbereitet und wollen unseren Standpunkt sagen. Wenn ich morgen oder übermorgen vor der Parteileitung stehe, und am Montag in der Diskussion stehe, und auf dem Plenum nichts gesagt habe, kann ich gleich auf der Stelle bitten, meine Funktion niederzulegen.

Vors. Egon Krenz: Es geht um die Veröffentlichung? Oder um das Halten des Beitrages? – Bitte!

NN: Es geht um die Veröffentlichung.

Zuruf: Nur um die Veröffentlichung.

Vors. Egon Krenz: Bitte!

NN: Wäre es nicht möglich, daß wir eine Broschüre machen, in der Art, wie wir es, glaube ich, schon einmal – *(Unruhe)* – dann erscheint deine Rede sowieso, aber dann die ganze Diskussion, die hier gehalten wird und die Wortmeldungen, die nicht gehalten werden können. Die müssen wir schnell haben und verkaufen können. Ich kann mir vorstellen, daß das eine interessante und spannende Lektüre wird.

Vors. Egon Krenz: Genosse Görlich.

Günter Görlich: Genossen, ich sehe ein, es geht nicht, daß alle 69 sprechen. Aber die Namen müßten genannt werden. Denn man muß merken, daß die sprechen wollten, wenigstens. Das geht nicht, daß wir da die Namen unterschlagen. Wir müssen ja Rechenschaft geben.

Zuruf: Richtig!

Vors. Egon Krenz: Bitte, Genosse Schulz.

Gerd Schulz: Ich möchte einen Vorschlag machen: Der Chefredakteur vom »Neuen Weg« hat in einem Gespräch gestern gesagt, daß er dem Sekretariat des ZK vorschlagen möchte, auf die weitere Herausgabe des »Neuen Weg« zu verzichten.[155] Vielleicht könnte man die nächste Ausgabe des »Neuen Weg« nutzen, um Diskussionsbeiträge zu veröffentlichen. *(Unruhe)*

Vors. Egon Krenz: Also, das sind schon mehrere Fragen gewesen. Ich schlage vor: Erstens, wir schließen die Diskussion ab. Zweitens, die Namen aller Diskussionsredner, die noch zu sprechen beabsichtigten, werden einschließlich ihrer Funktion mit Name und Titel im »Neuen Deutschland« veröffentlicht, und es wird mitgeteilt, daß über die Diskussion eine Broschüre gemacht wird, in der die Diskussionsbeiträge nachgelesen werden können.[156] Einverstanden? *(Zustimmende Zurufe)*

Weil wir sonst drei Tage das »Neue Deutschland« gewissermaßen – einverstanden? Gut. Also, dann hat als letzter Diskussionsredner das Wort Genosse Schabowski.

Günter Schabowski: Liebe Genossinnen und Genossen! Wenn Zeitungen, die vormals im Ruf gedruckter Ladenhüter standen, unversehens zu einer Art Bückware geworden sind, wenn man sich in morgendlichen Schlangen an den Zeitungskiosken über zu wenig Freiverkaufsexemplare der »Jungen Welt«, der »B[erliner] Z[eitung]«, des »Morgens«, der »Neuen Zeit« oder des »Neuen Deutschland« beschwert, dann ist das schon symptomatisch dafür, daß die Medien eine besondere Rolle im Prozeß der Erneuerung spielen.

Richtig zu bewerten ist das wohl nur im Zusammenhang mit dem neu zu definierenden Verhältnis von Sozialismus und Demokratie.

Bei der theoretischen Aufarbeitung der Umgestaltungsprozesse in der Sowjetunion stoßen wir unter anderem auf die Einsicht, daß die Entwicklung der Demokratie die Gesellschaft vor einer Wiederholung von Fehlern der Vergangenheit bewahren kann. Sie wird als der wichtigste Garant dafür gewertet, daß

155 Chefredakteur der Zeitschrift »Neuer Weg« war Werner Scholz, Mitglied der Zentralen Revisionskommission der SED. Die für das »Parteileben« zuständige Publikation wurde kurz darauf eingestellt.

156 Die Liste dieser Wortmeldungen vgl. in: ND, 11./12. November 1989. Die später publizierten, nicht gehaltenen Beiträge vgl. in: Schritte zur Erneuerung (2).

die Umgestaltung in der Sowjetunion unumkehrbar wird. Und diese Idee mündet in dem Satz: Je mehr sozialistische Demokratie, desto mehr Sozialismus.

Natürlich kann niemand sagen, daß wir auf diesem Gebiet bei Null anfangen müßten. Aber trotz der in vier Jahrzehnten Arbeiter-und-Bauern-Macht hervorgebrachten demokratischen Errungenschaften, Erfahrungen, Werte und Formen blieb ein wachsender Demokratiebedarf in der Bevölkerung ungedeckt.

Heute erkennen wir besser, oder genauer gesagt, wir wurden durch die Volksbewegung schmerzhaft darauf aufmerksam gemacht, daß die im Sozialismus existierende Vielfalt und Unterschiedlichkeit von Interessen auch mit Interessenkonflikten einhergeht, die ausgetragen werden müssen. Für ihre Bewältigung im Einklang mit den Zielen und Werten des Sozialismus hat unser politisches System bisher nicht die erforderlichen Spielräume geboten.

Diese Interessen- und Meinungsvielfalt hat eine differenzierte Medienlandschaft zur Folge. Das ist eine Ausgangslage für die Erneuerung. Sie macht zugleich deutlich, daß es absurd ist, davon zu reden, wie es der Gegner tut, die SED schwinge sich zum Kontrolleur der Medien auf. Wie wollte die SED das auch bewerkstelligen bei der Vielzahl von journalistischen Institutionen, die nicht der Partei gehören. Wir sehen diese Frage ganz anders. Im Zentrum der sozialistischen Demokratie steht der mündige Bürger. Seine vielzitierte Mündigkeit bedeutet Handlungsfähigkeit für den Sozialismus und das Wohl aller, beruhend auf solider Informiertheit über gesellschaftliche Vorgänge und Ereignisse, auf Möglichkeiten des öffentlichen Eindringens, von Sachkunde, durch Trainieren der Fähigkeit zum Interessenausgleich im Dialog, der zugleich auch der Kontrolle von Verantwortlichkeiten dienen muß. Die gewählten Machtorgane des Volkes, die politischen Parteien, aber auch andere gesellschaftliche Kräfte, Gruppen und Vereinigungen bieten dafür Spielräume.

Die Medien aber sind dennoch konkurrenzlos als beständige und weitest verbreitete Form des Dialogs zwischen Volk und Partei, zwischen Volk und Regierung. Es geht dabei nicht mehr wie früher um eine Zeitungsseite oder eine Sendung mehr als Tribüne sozialistischer Demokratie. Es geht um die Grundfaktoren, die von der Presse geliefert werden müssen, damit die gesellschaftlichen Willensbildungs- und Entscheidungsprozesse richtig ablaufen.

Die Medien sind dafür unentbehrlich, weil sie die Informationsqualität liefern müssen, die diese Prozesse voraussetzen. Dazu braucht es die Differenziertheit und die Eigenverantwortung der Medien. Von ihnen könnte auch Wesentliches zu den Maßstäben für eine Kultur des politischen Streits im Sozialismus auf der Grundlage der sozialistischen Verfassung beigetragen werden. Aus all diesen Überlegungen heraus begrüßen wir die in Angriff genommene Ausarbeitung eines Mediengesetzes, wozu der Journalistenverband den Anstoß gegeben hat.

Bei alledem erlangt die Arbeit der Kommunisten in den Medien unserer Partei wie in den konsumtionsstärksten elektronischen Medien, die staatlich geleitet werden, wachsende Bedeutung. Meinungs- und Medienvielfalt als Bedingung für den Interessensausgleich in der sozialistischen Gesellschaft ist nicht denkbar ohne eine gesteigerte kommunistische Qualität der Presse der SED. Entschiedener Klassenstandpunkt, die gründliche Verarbeitung der Linie der Partei sind für den Parteijournalisten ebenso elementare Bedingungen für seine Arbeit wie für einen Generaldirektor, der in Risikosituationen, die ja in einer reformierten Volkswirtschaft für den Leiter zunehmen werden, eben die Entscheidung fällen muß, die für den Sozialismus den größten Nutzen verspricht.

Der Parteijournalist muß nicht nur die Verpflichtung von Einzel- und Gruppeninteressen mit gesamtgesellschaftlichen Interessen übersehen und veranschaulichen, vorherrschen muß bei ihm die Methode des Gewinnens des Lesers, des politischen Partners. So verwirklicht sich über unsere Medien gesellschaftliche Führung, gesellschaftliches Voranschreiten der Partei. Deshalb können und dürfen wir die Journalisten niemals wieder in die Lage von politischen Wickelkindern bringen, die sich nur rühren, wenn ihnen das Anleite-Fläschchen gereicht wird. Die fatalen Folgen waren außer einem Schönfärbe-Journalismus auch ein Abwarte-Journalismus, der den Medien der gegnerischen Seite, vornehmlich den Fernseh- und Rundfunkmanipulanten, die Beherrschung des politischen Luftraumes überließ.

Die Aufgabe des entsprechenden Verantwortungsbereiches des ZK sollte darin bestehen, die Stricke der Unselbständigkeit und Unmündigkeit zu den Redaktionen zu kappen und sie durch Beziehungen zu ersetzen, die auf politische Befähigung hinauslaufen. Nicht das Vorenthalten von Verantwortung, sondern ihre Übertragung an die Redaktionen, an die Journalisten, wird ihre schöpferischen Fähigkeiten zur griffigen Umsetzung der Parteilinie für den Tageskampf, vor allem für die Genossen in den Parteiorganisationen, für deren politisches Wirken am Arbeitsplatz, im Wohngebiet usw. gewährleisten. Mündiger Bürger und mündiger Journalist bedingen einander in den Prozessen der sozialistischen Erneuerung. Deshalb muß sich das Verhältnis zwischen Politbüro, Medien und Parteipresse, insbesondere der vom Politbüro beauftragten Abteilung zu den Redaktionen der Parteipresse, ändern.

Ich möchte vorschlagen, die Abteilung so zu benennen, wie es den heutigen Anforderungen besser entspricht. Der Begriff der Agitation scheint mir dafür nicht genügend Spielraum zu bieten. Er berücksichtigt nicht oder ungenügend, welche wachsende Rolle der Information für die Gestaltung des Sozialismus zukommt. Er erfaßt auch nicht den differenzierten Charakter, der unsere Medienlandschaft kennzeichnet und der wiederum zurückwirken muß auf eine differenzierte Informationspolitik, auf vielfältige und zeitgemäße Formen der Kooperation mit Presse, Rundfunk und Fernsehen im Interesse der Erneuerung des Sozialismus wie der Partei, über die ich eingangs gesprochen habe.

Ich denke etwa an eine Bezeichnung wie »Informationspolitik und Medien«. An die Stelle des Anweisens, des Administrierens, des detaillierten Vorkauens, wann, wo, in welcher Schrifttype und mit welcher Stimmlage Meldungen zu publizieren sind, tritt das eigenschöpferische, selbstverantwortliche Handeln der Genossen Journalisten auf der Grundlage der Parteibeschlüsse.

Von der Sektion Journalistik der Karl-Marx-Universität Leipzig liegt ein dickes Kompendium vor, das den Platz, die Aufgaben und die Rolle der Medien in unserer Zeit beschreibt. Man fragt sich danach, wie konnte nur ein einzelner oder wenige einzelne auf die Idee kommen, diese unendlich vielfältigen Züge und Möglichkeiten unserer Zeitungen, der Presse, des Rundfunks und des Fernsehens von einem Blickwinkel her zu dominieren. Die politischen Vertrauenslöcher und Kreativitätslöcher, die dadurch in den Redaktionen entstanden sind, haben wir Schritt um Schritt aufzufüllen. Ich habe hier schon über die prekäre Lage in den meisten Redaktionen informiert. Möglichst aus der Mitte der Redaktionskollektive sind nun gute und bewährte Kommunisten für Leitungsfunktionen auszuwählen. Sie müssen imstande sein, die Mitarbeiter entsprechend den Beschlüssen der Partei zu den Arbeitskonzeptionen und den Leistungen zu führen, die unter den vergleichsweise harten oder härter gewordenen professionellen Bedingungen der Erneuerung von ihnen erwartet werden.

Liebe Genossinnen und Genossen! Den unnachsichtigen Blick auf die Vergangenheit können wir uns nicht schenken, wenn wir alte Fehler unwiederholbar machen wollen. Die Presse der SED, das müssen wir uns eingestehen, hat in den letzten Jahren wenig oder nichts zur Ausprägung neuer und notwendiger Züge der sozialistischen Demokratie beigetragen. Schlimmer noch, sie hatte durch eine ihr oktroyierte, rigorose Schönfärberei die eigene Glaubwürdigkeit gegenüber den Lesern, Hörern und Zuschauern im großen Umfang eingebüßt. Wichtig ist jedoch zu betonen, daß das nicht Schuld der Journalisten ist. Von nicht wenigen von ihnen ist immer wieder versucht worden, zu Ehrlichkeit und Realitätsbewußtsein durchzustoßen, gravierende gesellschaftliche Probleme offen zur Sprache zu bringen. Sie holten sich schwere Brüschen an den gußeisernen Verbotstafeln der Abteilung Agitation.

Die Gerechtigkeit gebietet es, hier festzustellen, daß Genossen der Abteilung selbst, auf die sich allerdings heute die ganze Flut des Zornes und der Kritik wegen einer verfehlten Medienpolitik ergießt und die auch nicht mehr als Partner der Journalisten akzeptiert werden, wiederholt versucht haben, anderen Wind in die Medienlandschaft hineinzulassen. Dabei hatte es nach dem VIII. Parteitag recht hoffnungsvoll begonnen. Der damals neugewählte Generalsekretär, Genosse Honecker, riet wiederholt den Politikern wie den Publizisten zur Tatsachentreue. Von ihm stammt nicht nur der Satz, daß man Geschichte endlich so darstellen müsse, wie sie wirklich war, es wurden auch bessere Geschichtsbeiträge und -bücher geschrieben. Er bestand darauf, daß mit den Retuschen und Wegschnitten historischer Persönlichkeiten auf Fotos, mit diesen Methoden einer vorsintflutlichen Geschichtsklitterung, Schluß gemacht wird. Befreiend war, daß er durchsetzte, über Katastrophen oder Unglücke im Sozialismus ebenso gründlich und ausführlich zu informieren wie über Katastrophen im Kapitalismus. Es war ein Stück gewonnener Menschlichkeit in unserer Presse, Genossen. Die Leser spürten es, als solche Ereignisse die DDR trafen. Sie brauchten ihre Trauer, ihr Leid und ihre Solidarität nicht zu verstecken. Damals war es ja nicht nur in der DDR, sondern auch in anderen sozialistischen Ländern üblich, daß zum Beispiel ein Flugzeugabsturz in einem sozialistischen Land verschwiegen oder untergebuttert wurde, weil nicht sein kann, was nicht sein darf, vielleicht, weil sozialistische Flugzeuge nun mal ewig fliegen wie der sagenhafte Holländer. Damals erhielt selbst das Zentralorgan die Chance, neue Strukturen, Inhalte, ein neues Layout zu konzipieren.

In der zweiten Hälfte der siebziger Jahre und Anfang der achtziger Jahre kamen zu solchen Lockerungsübungen keine neuen mehr hinzu. Die Redaktionen wurden mehr und mehr zu einer Art journalistischer Blumenbinderei, die ungeachtet zunehmender ökonomischer Schwierigkeiten den dafür unmittelbar Verantwortlichen Glorienkränze zu binden hatten. Absurde medienwidrige Praktiken begannen sich breit zu machen. Die politische Verspätung von Nachrichten, also die verzögerte Information über vermeintlich unbequeme Tatbestände, die jeder Bürger schon drei Tage zuvor unter anderem im Fernsehen der BRD serviert bekam, machten die Journalisten zu Weihnachtsmännern der Aktualität. Zu einer spezifischen Form der Information wurde die Nichtinformation. Man vermutete oder wußte, wenn etwas weithin Bekanntes nicht mitgeteilt, also nicht existent wurde, da mußte dahinter gravierend Mißliches stecken. In Kommentaren stieß man häufig auf eine merkwürdige Art der Polemik, das Schattenboxen mit gegnerischen Argumenten, die aber nicht genannt werden durften, weil man Meinungen des Gegners keine Bühne bieten wollte. Die Redaktionen bekamen Leserbriefe, in denen nachgefragt wurde, gegen was oder gegen wen irgendein Kommentar eigentlich zielte. Allen Ernstes wurde den Genossen, die nach Argumentationshilfen suchten, die Empfehlung gegeben, in den eigenen Zeitungen zwischen den Zeilen zu lesen.

In wirtschaftsleitenden Bereichen des Zentralkomitees waren Genossen, ich bin sicher zu ihrem eigenen Leidwesen, eingesetzt, die statt dringend benötigter Hilfe zum Beispiel bei der Bewältigung von Zulieferproblemen unsere Zeitungen durchforsteten, um streng zu ahnden, wenn sich irgendwo ein Journalist der ökonomischen Realität unsittlich zu nähern versuchte. Die Bezirksleitungen in Magdeburg und in Berlin zum Beispiel haben es vor einigen Monaten noch verhindern können, daß journalistische Entgleisungen zur Wahrheit mit Abstrafungen geahndet wurden. Die herausfordernste Täuschung der Leser und der Öffentlichkeit stellten die noch bis vor kurzem veröffentlichten allmonatlichen ökonomischen Statistiken über die Monatsplanerfüllung dar. Diese Herabwürdigung einer ernsten Informationsform wie der Statistik hat bei vielen Arbeitern die Empörung über den Widerspruch angefacht, der sich zwischen Ruhmesfanfaren und der Versorgungswirklichkeit in seiner Arbeits- und Lebenssphäre auftat. Ein besonderes Trauerspiel war die Berichterstattung über die Umgestaltungsprozesse in der Sowjetunion, und Genosse Sieber hat darüber gesprochen.

Das Politbüro sieht die wichtigste Ursache für solche und andere Fehler im

Subjektivismus und im Mißbrauch der Parteidisziplin von Parteijournalisten, die vom Politbüro ausgingen. Das führte zu schädlichen Entscheidungen und beträchtlichen fehlerhaften Entwicklungen im Medienbereich. Ich muß hier außer der allgemeinen Verantwortung, die jedes Politbüromitglied für die Fehlentwicklung im Lande zu tragen hat, noch eine persönliche Verantwortung bekennen, die mir die Wahl in diese Sekretariatsfunktion nicht leicht gemacht hat. Bis zu der mir ans Herz gewachsenen Arbeit an der Seite der Berliner Genossen in der Bezirksleitung Berlin war ich etliche Jahre Chefredakteur des Zentralorgans. Ich war also selbst sowohl Subjekt, aber auch Objekt von Entwicklungen, mit denen wir heute hart ins Gericht gehen müssen. Das wäscht kein Regen ab. Zu dieser Einsicht hat mich nicht zuletzt die lebensverbundene Arbeit in der Bezirksleitung gebracht. Plötzlich hatte man nicht mehr mit den Surrogaten, sondern mit den Menschen selbst, mit den Genossen, mit der ungefilterten Realität zu tun. Das habe ich als eine große, heilsame Lehrzeit empfunden, und in diesem Sinne habe ich mich auch gestern in der Pressekonferenz zu einer diesbezüglichen Frage geäußert.

Ich werde und will versuchen, Genossen, in meiner Branche die Sünden der Vergangenheit wettzumachen, die auch die meinen sind. Ich werde mich mit ganzer Kraft bemühen, im genossenschaftlichen, intensiven Gespräch mit den Redaktionen, mit allen nur möglichen Entscheidungshilfen, die bei den Kommunisten in den Medien vorhandene Skepsis, Unsicherheit und Resignation zu überwinden und sie zu neuem Selbstbewußtsein, zum Einsatz ihrer schöpferischen Fähigkeiten für den Erneuerungskurs der Partei zu bringen.

Ich möchte mich zu dem mit dieser Thematik befaßten Abschnitt des Aktionsprogramms kurz äußern. Vielleicht, liebe Genossen, wäre er zutreffender oder auch redlicher zu überschreiben: Für umfassende Information und Medienfreiheit. Alles, was ich zur Rolle der Parteipresse gesagt habe, könnte falsch verstanden werden in dem Sinne, als handele es sich nicht um freie Medien. In der Tat ist unser Verhältnis, das Verhältnis des Zentralkomitees zum »ND«, prinzipiell nicht anders als beispielsweise das des LDPD-Vorstandes zum »Morgen« oder der Kirche zu ihren Kirchenblättern. Der Abschnitt im Aktionsprogramm kann in der gebotenen Kürze nur elementarste Postulate ausdrücken. Zum Verständnis des Begriffes Medienfreiheit scheinen mir Überlegungen nützlich zu sein, die mir Prof. Dr. Odermann vom Lehrstuhl Kommunikationspolitik der Akademie für Staats- und Rechtswissenschaften mitgeteilt hat. Er formuliert: »Medienfreiheit in einer erneuerten sozialistischen Gesellschaft muß« – nach seinem Erachten – »das öffentliche Verständigungsrecht unterschiedlicher gesellschaftlicher Gruppen auf der Grundlage der sozialistischen Verfassung sein. Eine wesentliche Bürgschaft ist die breiteste Öffentlichkeit. Die strukturelle Sicherheit breitester Öffentlichkeit liegt im Herausgeberprinzip.« Das heißt, Herausgeber des »Neuen Deutschland« ist das Zentralkomitee. »Die Herausgeber, gleich welcher Partei oder Organisation oder gesellschaftlichen Gruppe sie zugehörig sind, sollten für den Inhalt ihrer öffentlichen Aussage verantwortlich sein. Ein sozialistisches Mediengesetz wäre die institutionelle Garantie, die den Staat verpflichtet, alles dafür zu tun, daß die Medien ihren öffentlichen gesellschaftlichen Auftrag erfüllen, Vermittler der öffentlichen Meinung und Einwirker auf sie zu sein, einen demokratischen Meinungs- und Willensbildungsprozeß zu entwickeln und so zu einer wirkungsvollen sozialistischen Demokratie beizutragen. Wie in ihrem Verhältnis zum Staat sollten Herausgeber und Medienverantwortliche sich selbst auf moralisch-ethische Grundnormen ihres innen- und außenpolitischen Wirkens verständigen. Außerdem sollte für die Wahrung der Medienfreiheit und des Berufsethos der Journalisten die bedeutenden Aufgaben der journalistischen Aus- und Weiterbildung betont werden.«

Ich halte das für sehr überdenkenswerte Überlegungen in der Diskussion über die Medienpolitik und über die Medienfreiheit. Auf der Grundlage der geistigen Identität des Kommunisten, liebe Genossen, ist ihm im publizistischen Bereich ein nahezu unbegrenzter Spielraum zur Verfügung gestellt, die Interessen des Volkes und ihre Identität mit der Linie der Partei auszudrücken. Wo kluge Chefredakteure walten, braucht es sicher kaum der Anmahnung der Parteijournalistenpflicht durch den Herausgeber. Die Spielräume, die die Beschlüsse der Partei den Journalisten eröffnen, sind bis jetzt auch nur zu einem Teil erschlossen.

Genossen, ich will hier einfügen, daß ich hiermit Richtungen der Arbeit ausgedrückt habe, die natürlich noch hart mit dem gegenwärtigen Zustand in unseren Redaktionen kontrastieren. Aber darüber habe ich bereits in meinen ergänzenden Bemerkungen zu der Erklärung des Generalsekretärs zu Beginn der gestrigen Tagung des Zentralkomitees gesprochen.

Mit den zu erwartenden Beschlüssen der 10. Tagung und mit der Rede unseres Generalsekretärs, Egon Krenz, die den in seinen vorangegangenen Reden abgesteckten Kurs der Erneuerung prinzipiell erweitert und ausgebaut hat, mit dem Aktionsprogramm, das wir heute zu verabschieden haben, werden wir nun über einen Katalog von kurz-, mittel- und langfristigen Zielstellungen verfügen, der in dieser Vielgestaltigkeit, in diesem Umfang und in dieser inhaltlichen Qualität ein Stück des Ansehens und der Rolle wiedergewinnen läßt, die von uns als größter und in Sachen Sozialismus erfahrenster Partei erwartet wird. Jetzt scheint mir das Wichtigste, daß wir, die Mitglieder des Zentralkomitees, wie es die Berliner Arbeiter auch in ihrem Meeting vor dem ZK ausgedrückt haben, Schulterschluß mit allen Mitgliedern der Partei herstellen. – Danke schön. *(Beifall)*

Vors. Egon Krenz: So, liebe Genossinnen und Genossen! Wir machen jetzt eine Pause bis 11.35 Uhr. Dann hat das Wort der Vorsitzende der Redaktionskommission Siegfried Lorenz. Und es beginnt dann die Aussprache zum Aktionsprogramm.

(Pause bis 11.35 Uhr)

Vors. Egon Krenz: Genossinnen und Genossen! Das Wort hat Siegfried Lorenz.

Siegfried Lorenz: Liebe Genossinnen und Genossen! Wir sind uns wohl alle darüber im klaren, daß mit der Beratung und der Behandlung des Aktionsprogramms unserer Partei eine große Erwartungshaltung verknüpft ist, in den Reihen unserer Partei, unter den Funktionären. Und man kann auch nicht außer acht lassen, daß der Entwurf dieses Aktionsprogramms doch unter recht dramatischen Bedingungen zustande kommt. Wir haben es mit einer ständig wechselnden, sich verschärfenden Situation im Lande und auch in den Reihen unserer Partei zu tun. Und man muß auch in Rechnung stellen, daß vom Zentralkomitee gefaßte Beschlüsse zu Beginn unserer Plenartagungen fortdauernd, man kann schon sagen: stündlich in Frage gestellt werden und dadurch die Verunsicherung wächst, die Lähmung der Partei und auch die Unzufriedenheit zunimmt.

Wir müssen ganz nüchtern von dieser Situation ausgehen, weil daraus für uns alle die hohe Verantwortung erwächst für die nächsten Schritte, die wir hier mit unserem Plenum zu beschließen haben. Wir müssen selbstverständlich über den Tag hinausblicken. Wir müssen Schritte finden, die helfen, die Partei zu formieren. Wir müssen mit unbedingter Ehrlichkeit und Aufrichtigkeit vor unsere Partei treten. Wir müssen ein konstruktives Angebot für einen Neubeginn machen und gut überlegen, daß auf dieser Grundlage wieder eine Vertrauensbasis, wenn auch nicht über Nacht, aber doch wieder geschaffen werden kann.

Unter diesen Gesichtspunkten gestattet mir, zu dem euch vorliegenden Entwurf, den euch die Redaktionskommission unterbreitet, der etwa 25 Genossen des Plenums ja hier selbst angehörten, ein Wort zu sagen:[157]

Erstens: Es handelt sich um eine neue Vorlage. Ich bitte deshalb, den alten Bezugspunkt des ersten Entwurfs nicht mehr zu Rate zu ziehen. Die Grundlage dieser neuen Vorlage ist selbstverständlich die Rede unseres Generalsekretärs zu Beginn unseres Plenums und auch die Grundgedanken oder viele Grundgedanken aus dem ersten Entwurf. Natürlich mußten und müssen wir berücksichtigen, daß mittlerweile eine Flut von Zuschriften und Vorschlägen aus Grundorganisationen und Kreisleitungen zugegangen ist, die wir bemüht waren, weitgehendst mit in den Entwurf einzubeziehen. Hinzu kommen Standpunkte und Überlegungen namhafter Gesellschaftswissenschaftler und anderer Persönlichkeiten des öffentlichen Lebens, die uns in verschiedener Art und Weise kurzfristig auch zugeleitet wurden. Wir stellen auch in Rechnung die Tatsache, daß es mittlerweile einige öffentliche Wortmeldungen gibt, Standpunkte, Positionspapiere, die in unseren Parteizeitungen, in der »Berliner Zei-

157 Die schließlich veröffentlichte Fassung des Aktionsprogrammes unterschied sich nur unwesentlich von dem Entwurf. Vgl. deren Text in: ND, 11./12. November 1989 bzw. in: Schritte zur Erneuerung (1), S. 50 ff.; Vorentwürfe des Aktionsprogramms sind überliefert in: SAPMO-BArch, DY 30/IV 2/2039/89.

tung«, in der »Dresdener Zeitung« und anderen, auch im Zentralorgan, abgedruckt waren. Und schließlich verfolgten wir aufmerksam die Positionen der Blockparteien und gesellschaftlichen Organisationen. Selbstverständlich sind die zahlreichen Hinweise aus der Diskussion des Plenums und auch schriftlich formulierte Hinweise aus den Reihen des Zentralkomitees berücksichtigt worden. Ich möchte dafür danken. Natürlich, ich muß das hier zu Beginn der Behandlung sagen, wir dürfen nicht außer acht lassen, daß der stündliche Druck wächst. Er ist elementar. Er ist aber auch hier und dort organisiert. Wir stehen dieser Tatsache gegenüber und müssen deshalb eine entsprechende Entscheidung auf dieser Grundlage treffen.

Zum Zweiten: Das Grundanliegen des Entwurfes, wie die Überschrift das bereits zum Ausdruck bringt, ist, Schritte zur Erneuerung des Sozialismus zu gehen, sicher erste Schritte. Aber daß es sich um Schritte um eine Erneuerung handelt, das ist die klare und eindeutige Absicht, das ist der durchgehende Gedanke, der dem Entwurf zugrunde liegt, und hier gibt es auch volle Übereinstimmung unter allen Mitgliedern der Redaktionskommission. Dem Sozialismus mit mehr Demokratie eine neue Dynamik zu verleihen, klare Positionslichter zu radikalen Reformen auf dem sozialistischen Fundament unserer Entwicklung, auf dem Fundament des Erreichten vorzuschlagen, das ist die Absicht. Natürlich handelt es sich hier um Schritte, die unverzüglich, unmittelbar nach unserem Plenum in Angriff zu nehmen sind, wo wir nicht zögern dürfen, weil ja viel auf dem Spiele steht. Zugleich aber, und auch darauf möchte ich verweisen, dürfen wir bestimmte Prozesse, besonders das, was unseren Wirtschaftsmechanismus angeht, nicht überstürzt, unbedacht oder gar konfus angehen, um die Grundlage des Alltagslebens womöglich zu gefährden.

Zum Dritten: Ich muß hier das Plenum darüber informieren, weil das in verschiedenerlei Hinsicht auch in der Redaktionskommission eine wesentliche Rolle gespielt hat. Bei aller notwendigen Konsequenz für die Erneuerung, für die wir sind, und daran kann es keinerlei Zweifel geben, und da gibt es auch völlige Übereinstimmung in der Redaktionskommission, aber es gibt genauso Übereinstimmung darüber, daß es wenig Sinn hätte und auch verantwortungslos wäre, wenn wir mit kurzatmigen Versprechungen hervortreten würden. Ich bin selbst der Überzeugung, daß wir keine Politik der ungedeckten Schecks machen können oder das Ausmalen von Bildern, ohne auch ein Gefühl für Realitätssinn zu haben.

Über die ökonomische Situation ist im Referat und in der andauernden Diskussion im Plenum in aller Schärfe gesprochen worden, mit klaren und offenen Worten. Das Volk und die Partei weiß davon erst tropfenweise Bescheid. Das heißt, wir haben es mit der Tatsache zu tun, daß auf der einen Seite der Erwartungsdruck für rasche Veränderungen, auch auf ökonomischem Gebiet, auf dem Gebiet der Versorgung, auf dem Gebiet der Gewährleistung der materiell-technischen Bedingungen der Produktion wächst, sich sogar eskaliert, und immer neue, immer unrealistischere Forderungen hervortreten, die, nebenbei gesagt, auch eine Basis schon deshalb bekommen, weil sie erstrebenswert auch sind. Ich will das nicht außer acht lassen. Aber das steht in überhaupt keinem Verhältnis zu unserer ökonomischen Situation und zu dem, was sich im Lande entwickelt hat, seit langem entwickelt hat. Mit diesem Widerspruch kann die beste Redaktionskommission nicht fertig werden. Ich muß das so offen und so ehrlich hier bekennen. Wir müssen deshalb das verbinden mit einer offenen Darlegung, daß für vieles keine ökonomischen Möglichkeiten bestehen und daß der Denkansatz nicht nur schlechthin sein kann in mehr und höheren Forderungen, sondern in einer völlig neuen Herangehensweise, die wir brauchen bei der Gestaltung unseres wirtschaftlichen Lebens im Sinne der Vorschläge, die Genosse Egon Krenz im Referat gemacht hat, die auch in der Diskussion dargelegt worden sind, nicht zuletzt durch Genossen Hans Modrow als demjenigen, der ja vorgesehen ist, die Regierungsbildung zu übernehmen.

Zum Vierten: Ich möchte als grundsätzlichen Gedanken doch noch hier mit ins Gespräch bringen, daß wir die Überlegung, daß es sich hier um ein Dokument handelt, das wir nach vorn offen halten, zur Diskussion stellen, nicht als der Weisheit letzter Schluß bezeichnen, sei es, wie es sei, wie das Dokument dann letzten Endes auch formuliert wird, doch mit ins Auge fassen, damit wir das große geistige Potential unserer Partei auch fortan für die weitere Ausgestaltung entsprechend mit einbeziehen können. Ich will hier nicht verschweigen, daß dieses Dokument in der jetzigen Gestalt sicher Bestand haben kann, wie wir es auch immer beschließen, bis zur Parteikonferenz und wahrscheinlich dann weiterer Präzisierungen und Vervollkommnungen bedarf. Ich will aber auch nicht die Tatsache außer acht lassen, daß es nach wie vor über die Entscheidung unseres Plenums zur Durchführung einer Parteikonferenz viele, nicht nur zwiespältige, sondern deutlich ablehnende Auffassungen gibt, die mit der Forderung verbunden sind, unbedingt einen außerordentlichen Parteitag und noch dazu zum gleichen Zeitpunkt, den wir für die Parteikonferenz ins Auge gefaßt haben, abzuhalten. Es sind nicht nur Einzelstimmen, es ist eine massive Forderung. Wir müssen diese Frage auch in die Erörterung einbeziehen, weil es keinen Sinn hat, Dinge zu verdrängen, die nun einmal auf der Tagesordnung stehen. Die Redaktionskommission selbst bleibt selbstverständlich bei dem Vorschlag, den das Zentralkomitee ja einstimmig beschlossen hat, aber ich muß die Frage hier zumindestens in Erwägung bringen.

Die letzte Bemerkung schließlich, fünftens: Ich bitte um Entschuldigung, wenn dieses Dokument stilistisch gesehen und auch zum Teil durch Verschreibungen einige Unsauberkeiten enthält. Es ist unter etwas komplizierten Bedingungen zustande gekommen. Ich würde das Zentralkomitee lediglich bitten, solche Art von Bemerkungen, solche Art von Hinweisen, die die Redaktion, die Stilistik, die Verschreibungen usw. betreffen, nicht zum Hauptgegenstand der Erörterung hier zu machen, sondern das sachlich den Genossen der Redaktionskommission zu übermitteln und – bitte vor allen Dingen – die Diskussion über Inhalt, die Denkansätze, über die Substanz zu führen, weil das das Entscheidende ist. Ich danke.

Vors. Egon Krenz: Danke schön. Ihr habt gehört die generellen Bemerkungen. Ich schlage folgende Verfahrensweise vor, daß ich zunächst die Frage stelle, ob es generell Bemerkungen gibt oder ob es besser ist, seitenweise durchzugehen. Bitte!

Alois Bräutigam: Ich hätte eine prinzipielle kleine Frage.

Vors. Egon Krenz: Ja.

Alois Bräutigam: Es wird auf der letzten Seite – zu Recht natürlich – zu Fragen der Entwicklung der Jugend, der Gewerkschaften usw. gesprochen. Aber es wird kein Wort über die antifaschistischen Widerstandskämpfer und über die Veteranen der Arbeit gesagt. Und deswegen wäre meine Bitte, auf Seite 2, wo es heißt: »Das in 40 Jahren Arbeiter-und-Bauern-Macht auf deutschem Boden Erreichte ...« zu ergänzen: »... wofür die Antifaschisten, die Veteranen der Arbeit, alle Bürger unseres Landes ihre Kraft eingebracht haben.« Diese Ergänzung möchte ich von der prinzipiellen Seite her vorschlagen. Ich möchte sagen, ich habe ständigen Kontakt mit dem Zentralausschuß der Volkssolidarität. Die Erwartungen der Veteranen aus dem Lande sind hier, sind drückend.

Vors. Egon Krenz: Jawohl. Ich würde sagen – in diesem Falle machst du ja einen ganz konkreten Vorschlag –, daß wir solche Vorschläge dann auf den Seiten machen, damit wir uns konzentrieren und vielleicht doch seitenweise durchgehen. Bitte!

NN: Ich habe nur die Frage: Können wir das Aktionsprogramm in der Endfassung heute mit nach Hause nehmen? Ich möchte ohne das Aktionsprogramm nicht heimfahren. Ich habe morgen um neun Uhr die Parteiaktivisten im Kreis und nachmittags Bezirksleitungssitzung. Und alles mitzuschreiben, wie das hier dann in der Diskussion formuliert wird, wird mir wahrscheinlich nicht gelingen. Deswegen die Frage.

Vors. Egon Krenz: Deshalb nur die Bitte erst einmal, daß wir seitenweise durchgehen, und dann muß der Genosse Lorenz antworten, wie lange er braucht, um das fertigstellen zu lassen. Genosse Keßler!

Heinz Keßler: Genosse Generalsekretär, ist in die Frage ...

Zuruf: Lauter!

Ich habe eine Frage. Ist in die Fragestellung mit einbezogen: Parteikonferenz oder Parteitag? Oder wollen wir das extra behandeln?

Vors. Egon Krenz: Die Frage Parteikonferenz oder Parteitag ist ja entschieden. Wir haben ja gestern den Beschluß gefaßt, eine Parteikonferenz zu machen. *(Unruhe)*

Oder wollen wir diese Frage schon wieder in Frage stellen? Ich glaube nicht. Genosse Lorenz!

Hans Albrecht: Genosse Generalsekretär! Ich muß noch einmal darauf aufmerksam machen, es wurde hier gesagt, dem Politbüro liegen Schreiben, Dokumente vor zur Einberufung eines außerordentlichen Parteitages. Wir haben uns für die Parteikonferenz entschieden. Siggi Lorenz sagt, es sind nicht nur einzelne, es sind auch Organisationen. Im Statut heißt es aber, wenn ein außerordentlicher Parteitag nicht einberufen wird, können diejenigen Organisationen, die das fordern, ein Komitee bilden, das das Recht eines Zentralkomitees hat, und den Parteitag einberufen. Das ist die Spaltung der Partei.

Zuruf: Genau!

Ich bitte, daß wir das doch noch einmal ernsthaft prüfen. Das ist Paragraph 35, Abschnitt 4. Das ist eine wichtige Frage. Wenn wir sagen: Wir haben entschieden – was passiert dann?

Vors. Egon Krenz: Bitte schön, Genosse Reinhold!

Otto Reinhold: Die Forderungen der Kommunisten, der Grundorganisationen, an den X. Parteitag[158] ausdrücklich unter Beachtung der Gedanken, daß sich diese Forderungen trotz der Kenntnis des Beschlusses zur Durchführung der Parteikonferenz ergeben, sehen folgendermaßen aus: die Einberufung eines thematisch und zeitlich begrenzten außerordentlichen Parteitages in diesem Jahr, auf diesem Parteitag ein neues Zentralkomitee zu wählen, das den Anforderungen der neuen Parteipolitik voll gewachsen ist und das sich auf die Mehrheit der Mitglieder der Partei stützen kann; die Delegierten zu diesem außerordentlichen Parteitag in demokratischer und direkter Wahl zu wählen; sich auf dem außerordentlichen Parteitag die Wende der Parteipolitik – *(Klingel des Vorsitzenden)* – von den Kommunisten bestätigen zu lassen – *(Reinhold unterbricht)*

Vors. Egon Krenz: Nein, nein, ich hatte nur geklingelt, damit du besser zu verstehen bist.

Otto Reinhold: – und damit die Unumkehrbarkeit zu demonstrieren und auf dem außerordentlichen Parteitag Ergebnisse parteierzieherischer Maßnahmen gegen die Hauptverantwortlichen der Partei und Gesellschaft darzulegen und hiervon die Mitglieder des ZK nicht auszuschließen. Das sind die Gedanken der Grundorganisationen, die zur Zeit in einem breiten Maße als Forderungen erhoben werden und die zur Diskussion stehen müssen.

Zurufe: Ja! (Weitere, unverständliche Zurufe, Unruhe im Saal)

Vors. Egon Krenz: Ja bitte, wer wünscht das Wort? Genosse Stoph!

Willi Stoph: Laut Statut muß ein außerordentlicher Parteitag in zweimonatlicher Frist einberufen werden, so daß es also gar nicht möglich ist, in diesem Jahr einen außerordentlichen Parteitag zu machen, wie Genosse Albrecht vorhin vorgeschlagen hat. Außerdem, wir haben heute den 10. November, Genossen. Heute ist veröffentlicht, in Schlagzeilen: »Die 4. Parteikonferenz der SED für den 15. bis 17. Dezember einberufen.«[159] Das hat das ZK gestern beschlossen, und ich bin der Meinung, wir können nicht alle Stunde oder alle paar Stunden nun die Beschlüsse wieder aufheben –

Zuruf: Richtig!

– sondern wir müssen als Partei solche Kraft haben – (*Unruhe, Klingel des*

158 Gemeint ist das 10. ZK-Plenum, nicht der X. Parteitag.
159 Vgl. ND, 10. November 1989.

Vorsitzenden) – daß wir jetzt die gesamte Partei mobilisieren für die Durchführung dieses Beschlusses.

Zurufe: Ganz richtig! Das ist richtig!

Vors. Egon Krenz: Bitte schön!

Christa Hermann: Noch zu dem, was Genosse Stoph gesagt hat: Es wurde von Genossen Siegfried Lorenz vorhin gesagt, daß der Druck von verschiedenen Richtungen kommt. Kann man das definieren? Wir haben zwei Millionen Kommunisten, und ich weiß nicht, ob die übergroße Mehrheit dieser Kommunisten – ich kann für den Kreis im Moment nicht sprechen, weil ich die Lage nicht genau erkennen kann – diesen Sonderparteitag fordert. Ich vertrete den Beschluß, den wir gestern gefaßt haben, so, um auch einen Parteitag gründlich vorbereiten und Ergebnisse vorlegen zu können.

Vors. Egon Krenz: Genosse Kant, dann Genosse Junker.

Hermann Kant: Die Forderungen nach einem Sonderparteitag gehen doch davon aus, daß eine Parteikonferenz nicht zu leisten vermag, was von einem Parteitag erwartet wird. Ich sehe eigentlich nur einen Ausweg aus dieser Klemme: Wenn wir beschließen – soweit das Statut uns das erlaubt –, daß wir die Parteikonferenz mit allen Möglichkeiten ausstatten, die der Parteitag sonst hätte, damit das Inhaltliche, was hier verlangt wird, gesichert bleibt. *(Unruhe)*

Vors. Egon Krenz: Genosse Junker!

Wolfgang Junker: Ich muß voll und ganz das unterstützen, was Willi Stoph gesagt hat, bei dem Beschluß jetzt bleiben. Worauf stütze ich mich? Ich habe heute morgen im Ministerium eine Beratung mit einem Teil der Kommunisten durchgeführt. Sie ist für diese 4. Baukonferenz – *(Große Heiterkeit)*

Zuruf: Alles ist Baukonferenz!

– entschuldigt bitte, Genossen, man darf sich doch einmal versprechen, wenn man Bauarbeiter ist. Also, ich bin für diese Sache.

Ich will jetzt auch sagen, gestern abend, ich habe auch, oder heute nacht, mit meiner Frau gesprochen über die Wohnbezirksparteiorganisation. Die waren gestern, soviel wie niemals zuvor waren gestern auf einer Wohnbezirkskonferenz und haben die 10. Tagung ausgewertet. Dort ist auch gesagt worden: Endlich haben Sie das gemacht mit der Parteikonferenz, ja. Und ich muß der Genossin hier, meiner Vorrednerin hier, sie war auch gestern meine Vorrednerin, voll und ganz zustimmen. Zwei Millionen Kommunisten, und wir dürfen nicht nur immer emotional so und so. Wenn wir das wieder aufheben, Genossen, den Beschluß, den wir gestern gefaßt haben, dann kommt die Politbürogeschichte noch dazu, was heute am Ende ist, und ich sage, am Montag können wir uns dann als ZK-Mitglieder nicht mehr sehen lassen in unseren Grundorganisationen. das ist meine Meinung.

Zustimmende Zurufe: So ist es!

Vors. Egon Krenz: Ich stimme ab. Gibt es andere Meinungen als die, die hier vorgetragen wurden – ja bitte, Genosse Görlich.

Günter Görlich: Hermann Kant hat gesagt, daß wir die Parteikonferenz ausstatten sollen mit den Möglichkeiten eines – ist das überhaupt möglich?

Vors. Egon Krenz: Es gibt zur Parteikonferenz im Parteistatut folgende Bemerkung: »Die Parteikonferenz behandelt dringende Fragen der Politik und Taktik der Partei und beschließt darüber. Sie kann Mitglieder und Kandidaten des Zentralkomitees und der Zentralen Revisionskommission, die ihre Pflichten nicht erfüllt haben, abberufen und die Zahl der Mitglieder aus den Reihen der Kandidaten ergänzen sowie Kandidaten in das Zentralkomitee und in die Zentrale Revisionskommission wählen.« – Bitte! *(Unruhe)*

Hans Modrow: Genossen, ich würde den Vorschlag machen, daß wir jetzt zunächst über das Aktionsprogramm seitenweise diskutieren, daß wir über weitere Informationen uns einen Überblick verschaffen, wie sich die Entwicklung der Situation zu dieser Frage bis zum Ende unserer Tagung entwickelt. *(Unruhe)* Wir sind heute morgen informiert worden, daß in verschiedenen Berliner Parteiorganisationen eine Bewegung sich entwickelt für einen außerordentlichen Parteitag und bereits versucht wird, auch solche Koordinierungsgruppen zu einer Vorbereitung zu bilden. *(Unruhe.)* Deshalb meine ich, daß wir zunächst einmal abstimmen sollten über das Aktionsprogramm. In der Zeit können wir uns weitere Informationen verschaffen. Wir sind doch nicht gezwungen, jetzt unmittelbar diesen Beschluß zu fassen, und wenn wir am Ende der Tagung auf der Grundlage weiterer Informationen auf diesem Standpunkt beharren, der jetzt hier gesagt wurde, daß wir zur Parteikonferenz weiter stehen, dann wird das am Ende der Tagung mitbeschlossen. *(Anhaltende Unruhe)*

Vors. Egon Krenz: Genosse Hager.

Kurt Hager: Erstens schlage ich vor, beim gestern gefaßten Beschluß über die Einberufung der Parteikonferenz zu bleiben. Zweitens schlage ich vor, den Passus aus dem Statut morgen auf der ersten Seite zu veröffentlichen über die Rolle der Parteikonferenz.

Zustimmende Rufe aus dem Saal: Unbedingt. – Das wissen nämlich die meisten gar nicht. – Oder in den Medien heute noch. Damit die Genossen Bescheid wissen!

Vors. Egon Krenz: So, also Genossinnen und Genossen, ich denke, wir sollten so verfahren. Wer dafür ist, daß wir den Beschluß, den wir gestern gefaßt haben, zur Durchführung der Parteikonferenz, aufrechterhalten, bitte ich um Handzeichen. Danke schön. – Gegenstimmen? – Stimmenthaltungen? – Drei Gegenstimmen. Aber trotzdem sind die Gegenstimmen sozusagen verpflichtet, die Idee der Parteikonferenz zu vertreten. Und wir müssen die Sache so machen, wie wir sie im Statut festgelegt haben.

So, jetzt geht es um weitere prinzipielle Fragen. Also Seite 1, und Genosse Lorenz muß dann sofort sagen, wie er dazu steht im Auftrag der Redaktionskommission. Wer wünscht das Wort zu Seite 1? – Genosse Banaschak!

Manfred Banaschak: Eine Bemerkung zum letzten Satz.

Zurufe: Aufstehen!

Vors. Egon Krenz: Ich bitte die Genossen, aufzustehen und zum Saal zu sprechen.

Manfred Banaschak: Der letzte Satz auf der Seite 1 scheint mir inhaltlich erwägbar zu sein: »radikale, revolutionärere Formen« –

Siegfried Lorenz: Nein. Das heißt »revolutionärere Formen«.

Manfred Banaschak: – ich würde vorschlagen statt dessen: »revolutionärer« – als was? – stellen, und wäre nicht besser –, »radikale« ist auch schwer zu begreifen, wer sich alles als Radikaler beweisen möchte, welchen Inhalt er darin sehen mag.

Mein Vorschlag wäre, statt dessen zu sagen: »tiefgreifende Veränderungen sind dafür unerläßlich«, Komma, die – gleich fortsetzen – »die den Arbeitern, den Bauern, den Geistesschaffenden und allen anderen Werktätigen dienen«.

Vors. Egon Krenz: Gibt es dagegen Einspruch?

NN: Ich bin dagegen, weil dieser Begriff »tiefgehend« ist abgegriffen.

Zuruf: Den haben wir immer gebraucht! – Zurufe: Jawohl! – Richtig!

Siegfried Lorenz: Ich bitte um folgendes. Hier ist eine Veränderung nicht vorgenommen. Wir würden vorschlagen zu streichen das Wort »aufgeklärten und demokratisierten Sozialismus«, sondern zu bleiben bei »Konzeption für einen modernen Sozialismus«. Über die demokratische Seite ist weiter hinten noch die Rede. Und zweitens zu verwenden: »radikale Formen sind dafür unerläßlich«.

Zustimmende Zurufe: Sehr richtig!

Vors. Egon Krenz: Einverstanden? – Gut, weiter zu Seite 1. Bitte!

Wilhelm Ehm: Ich habe eine Anfrage, Genosse Krenz. Beim 3. Absatz: Das Zentralkomitee der SED hat zugelassen, daß ernste Fehler des abgelösten Politbüros Partei und Republik in eine tiefe Krise geführt haben.

Ich muß hier erklären, daß ich da nicht zustimmen kann, da ich von all diesen Sachen auf ökonomischem Gebiet keinerlei Kenntnisse hatte. Ich war bis vor zwei Jahren Stellvertreter des Ministers und Chef der Volksmarine und habe mit den ökonomischen Fragen, die heute hier so eine große – und gestern – Rolle gespielt haben, absolut nichts zu tun. Und deswegen kann ich dem nicht zustimmen. Ich fühle mich nicht verantwortlich.

Vors. Egon Krenz: Bitte!

Elke Krieg: Ich möchte mich dieser Meinung des Genossen anschließen. Genossen, das macht sehr betroffen, wenn hier so formuliert wurde, obwohl wir auch unsere Meinung den Genossen der Redaktionskommission aus unserem Bereich gesagt haben, daß das Zentralkomitee sich heute für diese Lage in der Partei und in der Republik, für diese tiefe Krise zu verantworten hat. Es sind viele hier unter uns, die seit relativ kurzer Zeit, seit unserem XI. Parteitag, Kandidaten oder Mitglieder des Zentralkomitees sind. Genossen, ich muß euch sagen, wir sind auch in einen tiefen, inneren Gewissenskonflikt geraten.

Wir haben heute hier und in den letzten Stunden sehr viel gehört, was sich in unserer Partei, in unserem Zentralkomitee, in unserer Parteiführung gezeigt hat. Und ich muß sagen, ich kann so – als Mitglied des Zentralkomitees – dem ich ein halbes Jahr lang angehöre –, und zwar seit der vorletzten Zentralkomitee-Tagung, kann ich mich so nicht dazu stellen. Ich bin der Auffassung, daß wir formulieren, daß das Zentralkomitee durch das Politbüro nicht in die Lage versetzt wurde, die Situation im Land genau zu erfassen, zu analysieren, und deshalb unser Land, unsere Partei in diese Situation geraten sind. So in etwa sinngemäß.

Zurufe: Sehr richtig! – Sehr einverstanden!

So würde ich mich dafür bekennen, vor Ort mit meinen Kommunisten und mit unseren Bürgern im Bezirk Suhl zu diskutieren. Aber so, wie es hier steht, nicht.

Zuruf: Richtig!

Vors. Egon Krenz: Also als Vorschlag: Die 10. Tagung des Zentralkomitees hat sich kritisch und selbstkritisch mit der Lage im Lande befaßt. Das Zentralkomitee wurde durch das abgelöste Politbüro nicht in die Lage versetzt, eine reale Einschätzung vorzunehmen. – Ja?

Kurt Hager: Einspruch.

Vors. Egon Krenz: Ja bitte.

Kurt Hager: Ich glaube, daß diese Formulierung doch dann wieder dem Zentralkomitee zuviel Verantwortung zuweist. Ich würde folgenden Vorschlag machen: Die 10. Tagung des Zentralkomitees hat sich kritisch und selbstkritisch mit der Lage im Lande befaßt. Sie hat ernste Fehler des abgelösten – sie hat festgestellt, daß ernste Fehler des abgelösten Politbüros Partei und Republik in eine tiefe Krise geführt haben. Das Ansehen der Partei bei Millionen Werktätigen wurde geschädigt. *(Unruhe)*

Vors. Egon Krenz: Genosse …

NN: Es tut mir leid. Ich muß mich hier gegen diesen an sich gutgemeinten Vorschlag des Genossen Hager aussprechen.

Zuruf: Lauter!

Ich muß mich leider gegen den Vorschlag aussprechen. Entsprechend dem Statut legt das Politbüro vor dem Zentralkomitee Rechenschaft ab. Das hat es getan, wie auch immer. *(Große Unruhe, Empörung)*

Karl Kayser: Das ist nicht getan worden. *(Sehr erregt)* Wir sind belogen worden, die ganze Zeit über. Ich habe keine Schuld daran, wirklich nicht. Und ich weigere mich auch, das anzuerkennen und nach Hause zu fahren, um zu sagen, du bist schuldig dran. Ich bin erschüttert über das, was ich hier gehört habe. In mir ist alles zerbrochen. Mein Leben ist zerstört. Ich habe geglaubt an die Partei, so bin ich mit der Muttermilch erzogen worden. Ich habe an die Genossen geglaubt!

Vors. Egon Krenz: *(Betreten)* Bitte!

NN: Leider geht es dir nicht allein so, sondern wem eigentlich hier im Saal nicht? Nur, nur, unsere Parteimitglieder und Kandidaten stellen diese Frage an uns als Mitglieder und Kandidaten des Zentralkomitees, warum wir sie als Angehörige des höchsten Organs in dieselbe furchtbar erschütternde Situation gebracht haben. *(Unruhe)*

Zuruf: Hätt'ste doch gefragt vorher!

Moment! Ich möchte …

Vors. Egon Krenz: Also Genossen, macht doch bitte nicht mit Zwischenrufen. – Moment, bitte! *(Unruhe)*

Zuruf: Der Vorschlag des Genossen Hager ist sehr gut. – Zuruf: Jawohl!

Es wird vorgeschlagen, über den Vorschlag des Genossen Hager abzustimmen. *(Unruhe)* Bitte!

NN: Ich bitte, daß ich zu Ende sprechen darf. Ich möchte darauf verweisen, daß die Forderungen, die nachdrücklich zunehmen nach einem außerordentlichen Parteitag, ihre wesentlichste Begründung nach meiner Kenntnis darin haben, daß man dem Zentralkomitee eine große Verantwortung mit zuschreibt. Das ist eine der Hauptbegründungen. *(Unruhe)*

Und wenn wir nicht bei einer Formulierung, wie sie die Genossin vorgeschlagen hat, bleiben und das Zentralkomitee ganz herausnehmen, glaube ich persönlich, daß wir damit keine Resonanz finden. Das wollte ich hier sagen. Ich wäre für diese vorgeschlagene Veränderung.

Vors. Egon Krenz: Genosse Laßner!

Gerd Laßner: Ich möchte einmal ganz emotionslos folgendes sagen: Die Fehler, die gemacht worden sind, sind durchaus aufzählbar, Ökonomie etwa, endlich aufzählbar. Ich kann unter meine Wissenschaftler treten und die Frage beantworten, warum ich hier nicht danach gefragt habe. Ich habe nicht gewußt, daß die Finanzen der Genosse Mittag in der Form verwaltet und nicht der, der die Schecks unterschreibt, die Staatsbank oder der Finanzminister.

Deswegen übernehme ich nicht die Verantwortung, hier nicht nach dem Geld gefragt zu haben, wenn es nicht vorgelegt wurde. Und ich glaube, bei zwei, drei anderen Punkten liegen die Dinge ähnlich.

Vors. Egon Krenz: Bitte schön!

Christa Hermann: Ich möchte hier auf die Veröffentlichung meines Diskussionsbeitrags im gestrigen »Neuen Deutschland« verweisen. Ich habe hier gesagt, und dazu stehe ich, und das ist veröffentlicht worden: »Ja, ich möchte auch sagen, ich bin belogen worden.« Ich glaube, so deutlich muß das auch, und da unterstütze ich auch den Vorschlag vom Genossen Hager aus meiner persönlichen Überzeugung, daß ich mich – so wie die Genossin Krieg hier gesagt hat – in den wenigen Jahren, in denen ich hier mitarbeiten darf, belogen fühle. Ich glaube, das muß man auch so zum Ausdruck bringen, daß wir als ZK insgesamt nicht die Verantwortung tragen.

Vors. Egon Krenz: Ich habe den Eindruck, Genossinnen und Genossen, daß es notwendig ist, über den Antrag des Genossen Hager abzustimmen. *(Unruhe)* Nein? – Bitte, Genosse Hager!

Kurt Hager: Ich möchte eine Ergänzung vorschlagen zu dem, was ich gesagt habe. Man könnte so formulieren: Das Ansehen der Partei bei Millionen Werktätigen wurde geschädigt. Das Zentralkomitee stellt zugleich fest, daß das bisherige Politbüro keine wahrheitsgetreue Information an das Zentralkomitee über die Lage gegeben hat. *(Unruhe)*

Zwischenruf von Christa Hermann: Das ist es immer noch nicht, da fehlt auch noch ein Stückchen!

Na ja, da kann man noch weitergehen.

Christa Hermann: Das Zentralkomitee war über lange Zeit nach meiner Auffassung nicht in der Lage, so wie wir heute diskutieren, wie wir uns heute um das Aktionsprogramm der Partei für die Erneuerung bemühen, in realer Kenntnis der Lage unseres Landes –

Kurt Hager: Einverstanden …

Christa Hermann: – unseres Landes solche Entscheidungen zu treffen und so dafür hier zu wirken. Das haben wir heute erfahren, wie ernst die Situation in der gesamten Partei ist, wie ernst sie in unserem ganzen Lande für den Sozialismus, für die Macht der Arbeiter und Bauern ist. Und darum geht es mir eigentlich. Denn wir müssen die Sache ja nach vorn stellen.

Kurt Hager: Ich bin ja mit dir einverstanden, aber …

Christa Hermann: Ich bin der Auffassung, daß wir – jetzt muß ich mich konzentrieren –, daß wir etwa so formulieren sollten: Die 10. Tagung des Zentralkomitees hat sich kritisch und selbstkritisch – dazu stehe ich auch – mit der Lage im Lande, man kann auch sagen mit der Lage in der Partei, befaßt. Wir haben uns mit dem Land und auch mit der Lage in unserer Partei befaßt. Und wir müssen feststellen, daß wir durch die Führung, durch das Politbüro oder durch das abgelöste Politbüro, über einen längeren Zeitraum nicht in der Kenntnis der konkreten Situation, der Lage unseres Landes und in der Partei, gelebt haben und daß das zu der Krise in der Partei und in unserer Republik geführt hat.

Zuruf: Das ist zu umständlich!

Na ja, das ist zu lang, aber …

Vors. Egon Krenz: Genossen, jetzt hat Genosse Stoph das Wort. Und ich bitte doch, bei dem Grundsatz zu bleiben, daß wir nach Möglichkeit eine konkrete Formulierung anbieten.

Willi Stoph: Ich möchte mich für den Vorschlag vom Genossen Hager aussprechen, mit einer Ergänzung: Das Zentralkomitee hat dazu festgestellt, daß der Generalsekretär, der abgelöste, wie es hier heißt, der abgelöste Generalsekretär und das zurückgetretene Politbüro Partei und Republik in eine tiefe Krise geführt haben. Warum, Genossen? Heute morgen haben wir das Protokoll bestätigt, oder gestern morgen, gestern haben wir bestätigt das Protokoll von der 9. Tagung, und auf der 9. Tagung wurde beschlossen, ja, das Protokoll liegt vor, das haben alle bestätigt, daß der Generalsekretär aufgrund seines eigenen Wunsches und auf Antrag des Politbüros, ja, von der Funktion als Generalsekretär und Mitglied Politbüro und Sekretariat, was er ja nicht drin hatte in seinem Antrag, abgelöst wird.

So, und heute in dem Aktionsprogramm kann man nicht was anderes schreiben, wie im Protokoll steht, ja, was das Zentralkomitee bestätigt hat. Und auf der 10. Tagung ist das Politbüro zurückgetreten, und über den Rücktritt des Politbüros wurde hier abgestimmt, wenn ich das richtig verstanden habe.

Zuruf: Darüber sollten wir abstimmen! (Unruhe) Zurufe: Abstimmen!

Wir müssen uns doch an das halten, was wir beschlossen haben hier gestern, heute, vorgestern. Habe ich mich klar genug ausgedrückt?

Vors. Egon Krenz: Genosse Lorenz, hast du die Formulierung aufgenommen? Ich muß jetzt, Moment, ich kann nicht alles überblicken und noch hier den Satz im Kopf behalten.

Siegfried Lorenz: Ich muß sagen, ich würde bei der von Genossen Hager nicht zuletzt, sondern vorher stehenden Formulierung bleiben. Ich würde zweitens den Gedanken von Genossen Stoph nur insofern noch zur Anwendung bringen, daß ernste Fehler des abgelösten Generalsekretärs und des Politbüros –

Zuruf: Jawohl! (Weitere, unverständliche Zurufe, Gemurmel)

Vors. Egon Krenz: Genosse!

Erich Hahn: Ich bin auch dem Wesen nach für den Vorschlag von Genossen Hager einschließlich der Ergänzung, bitte schön, das ist nicht die Frage. Ich stimme auch mit den Genossen überein, die davon ausgehen, daß die Verantwortung eine unterschiedliche war. Aber ich bin dagegen, an diesem Zusammenhang das Zentralkomitee als Ganzes von jeglicher Verantwortung freizusprechen, das geht nicht. Das geht nicht. *(Zuruf)* Ja, das steht jetzt aber bis jetzt, das steht nicht mehr drin. Es müßte eine Formulierung gefunden werden …

Zuruf: Es steht drin: selbstkritisch!

Selbstkritisch …

Siegfried Lorenz: Kritisch und selbstkritisch wäre ein Angebot. Wenn es zu schwach ist, muß man es verstärken.

Erich Hahn: Ich wollte darauf hinaus, daß das Zentralkomitee die Verantwortung – *(Unruhe, Klingel des Vorsitzenden) –,* daß das Zentralkomitee die Verantwortung dafür zu tragen hat –

Zuruf: – daß es seine Rechte nicht durchgesetzt hat!

– diese Lage zu lange geduldet zu haben oder so ähnlich. *(Unruhe)*

Zuruf: Nein, wir haben unsere Rechte nicht durchgesetzt.

Vors. Egon Krenz: Genossinnen und Genossen, man kann nun sagen, was man will, aber außerhalb der ZK-Tagungen, in den Kaffeepausen, haben auch ZK-Mitglieder anders diskutiert als hier am Rednerpult. Also, wir wollen die Dinge auch nicht vereinfachen. Es ist richtig, daß die Informationen nicht ausgereicht haben. Aber ich habe in meinem Referat gesagt: Ich bekenne mich. Und ich denke, wir sollten hier nicht eine solche Situation schaffen, daß einer dem anderen gewissermaßen sagt, so und so. Wir haben gemeinsam Verantwortung, und die Unterschiedlichkeit der Verantwortung ist hier in dem neuen Text enthalten. – Bitte schön!

Zuruf: Abstimmen!

NN: Ich habe einen Kompromißvorschlag. Und zwar: Die 10. Tagung des Zentralkomitees hat sich kritisch und selbstkritisch mit seiner eigenen Arbeit, mit der Lage der Partei und mit der Lage im Lande befaßt. Und dann so fortfahren, wie Genosse Hager das gesagt hat. *(Zustimmende Zurufe, vereinzeltes Klatschen)*

Vors. Egon Krenz: Einverstanden?

Zurufe: Ja!

Kann man über diese Formulierung abstimmen?

Zurufe: Ja!

Wer dafür ist, den bitte ich um das Handzeichen. – Danke schön. Gegenstimmen? – Stimmenthaltungen? – Also klar. – Weitere Bemerkungen auf Seite 1? – Bitte schön!

NN: Ich habe eine Frage: Hier soll eine Konzeption, eine überzeugende Konzeption für einen modernen Sozialismus erarbeitet werden. Ich nehme an, daß diese Konzeption auf der Parteikonferenz vorgelegt werden muß. Sind Aufträge ausgelöst, oder wer übernimmt die Arbeit?

Siegfried Lorenz: Das ist nicht möglich. In fünf Wochen ist das unmöglich.

Vors. Egon Krenz: Also ich glaube nicht, daß wir so anspruchsvoll sein können, der nächsten Parteikonferenz eine Konzeption oder sagen wir auch ein Parteiprogramm vorzulegen. Wenn die nächste Parteikonferenz stattfindet, dann sollten wir den Beschluß fassen, dem ordentlichen Parteitag, zu dem man sowieso noch mal Stellung nehmen muß, wann der dann stattfindet, den Vorschlag zu unterbreiten, ein neues Programm der Partei zu erarbeiten. Aber, Genossen, ich bitte doch um Verständnis, ich weiß ohnehin noch nicht genau, was wir auf der Parteikonferenz sagen, geschweige denn jetzt schon eine Konzeption des modernen Sozialismus zu haben.

Zuruf: Ich würde »überzeugend« streichen. Nur einfach: Konzeption für einen modernen Sozialismus. Ob die dann überzeugend sein wird, werden wir ja dann sehen, wenn sie vorliegt.

Siegfried Lorenz: Einverstanden.

Vors. Egon Krenz: Ja. Weitere Bemerkungen zu Seite 1? – Bitte schön!

NN: Ja, zum zweiten Absatz. Genosse Lorenz sagte ja bereits, daß es Hunderte Hinweise gab. Ich habe das vielleicht etwas vermißt und würde vorschlagen, nach dem 2. Absatz einzuordnen: Die Grundlagen dieses Aktionsprogramms sind die hundertfachen Hinweise und Kritiken der Bevölkerung, die in Briefen und anderer Form geäußert wurden. Daß also das, was aus der Republik eingegangen ist im Zentralkomitee, auch hier seinen Niederschlag findet. Ich bin persönlich beauftragt worden ... *(Unruhe)*

Siegfried Lorenz: Das macht die Sache länger.

Vors. Egon Krenz: Es ist so, daß ja hier vorne ganz eindeutig steht, es bedurfte der friedlichen Massenproteste der Bevölkerung, der Willensbekundung vieler politischer Organisationen usw. Ich glaube, das ist identisch. *(Zustimmende Zurufe)*

Ja? – Danke schön. So beschlossen. Bitte!

Günter Schabowski (leise zu Krenz am Präsidiumstisch, im Saal nicht zu hören): Egon, gestattest du gerade eine kurze Unterbrechung? – Egon Krenz: Ja. – Günter Schabowski: Also, ich glaube, Egon, man müßte doch dem Zentralkomitee kurz diese Sache hier mitteilen, aus der resultiert, daß wir versu-

chen, zu 14.00 Uhr die Vorsitzenden der Blockparteien zusammenzubitten, mit Hans Modrow und mir, um die Frage der sofortigen Einsetzung, Bildung einer Regierung zu besprechen. (Gemurmel) Gibst du uns die Vollmacht, daß wir bei den Block-Vorsitzenden anrufen?

Vors. Egon Krenz *(laut über das Saal-Mikrophon):* Genossen, es ist eine erwartete, sehr komplizierte Lage entstanden. Die Lage hat sich in der Hauptstadt, in Suhl und in anderen Städten äußerst zugespitzt. Es macht sich Panik und Chaos breit. Arbeiter verlassen Betriebe. Hundert Werktätige haben im VEB Elektromechanik Kaulsdorf aufgehört zu produzieren. Im Berliner Glühlampenwerk steht die Produktion an mehreren Fließreihen in der Hochdrucklampe. Im Bereich der Stadtwirtschaft/Stadttechnik wird das Funktionieren unter großen Anstrengungen aufrechterhalten. Auch in Potsdam haben viele Werktätige die Betriebe zeitweilig bzw. für längere Zeit verlassen, um sich an den Meldestellen der VPKAs, um sich dorthin zu begeben. Beachtenswert: verstärkte Abkäufe von hochwertigen Konsumgütern. Im Parteiaktiv herrscht Unverständnis zu den beschlossenen Reisemöglichkeiten. Aus Erfurt wird informiert, daß es am Grenzübergangspunkt Wartha einen starken Andrang gibt. Die Beunruhigung unter den Genossen ist groß, weil niemand die ökonomischen Auswirkungen und Konsequenzen richtig voraussehen kann. Es herrscht die Meinung vor: Wir stehen vor dem Ausverkauf. Bürger, die im Besitz von Forumschecks sind, fordern den Rücktausch in D-Mark. Im Bezirk Schwerin gibt es eine starke Bewegung auf den Sparkonten. An den Sparkassen im Bezirk Dresden wird ein verstärkter Kundenstrom beobachtet. Vom Grenzübergang Leistungen im Bezirk Erfurt wird soeben informiert, daß der PKW-Stau über drei Kilometer beträgt. Der Sender 100,6 in Westberlin habe für den Abend 19.30 Uhr zu einer Gesamtberliner Kundgebung auf dem Breitscheidplatz in Berlin (West) aufgerufen.[160] *(Unruhe)*

Der Genosse Modrow und der Genosse Schabowski werden sofort Kontakt mit den Vorsitzenden der Blockparteien aufnehmen, daß wir unmittelbar eine Regierung bilden. Unmittelbar eine Regierung, man muß den Modus klären, daß die Regierung handlungsfähig ist, auch wenn sie nicht gewählt ist. Aber es muß eine handlungsfähige Regierung sein.[161] Gibt es Fragen dazu, Genossen?

Manfred Ewald: Egon, können wir unter solchen Umständen in dieser sehr ernsten Situation nicht ganz kurz hier, wenn wir auch noch nicht mit allen und jeder Formulierung einverstanden sind, so schnell wie möglich zum Abschluß dieses Dokuments kommen, damit wir an unsere Kampfplätze gehen können? Das ist mein Vorschlag.

160 Zur Kundgebung vor dem Schöneberger Rathaus vgl. Hertle, Der Fall der Mauer, S. 227 f.; Helmut Kohl, Ich wollte Deutschlands Einheit, Berlin 1996, S. 129 ff.

161 Hans Modrow wurde am 13. November 1989 von der Volkskammer zum DDR-Ministerratsvorsitzenden gewählt, die Regierungsmitglieder wurden am 18. November 1989 bestätigt; vgl. dazu die Protokolle der entsprechenden Volkskammer-Tagungen sowie ND, 14. und 24. November 1989.

Vors. Egon Krenz: Trotzdem müssen wir fragen, ob es grundlegende Veränderungen gibt zu dem Dokument, oder ob wir es im Prinzip beschließen können? – Bitte?

NN: Ich habe noch ein Problem, das möchte ich im Auftrag der Bezirksparteiorganisation Schwerin stellen. Hier wird von den Genossenschaften gesprochen. Und wir haben ja nach 1945 volkseigene Güter gebildet und haben auch eine Arbeiterklasse. Und ich meine, wir müßten mit einem Satz das wenigstens erwähnen. Ansonsten brauche ich nicht in mein Kollektiv zurückkommen, und wir alle nicht in unseren Bezirk Schwerin. Da muß »VEG und LPG« oder – ... Wir können nicht sagen, daß die Wirtschaftsreform nur für die Genossenschaften zutrifft. Guckt euch die volkseigenen Güter an! Sollen wir weiter verfallen? Sollen die Dörfer verfallen? Wir haben unseren Gewinn abgeführt, die ganzen Jahre an den Staat.

Vors. Egon Krenz: Also, du schlägst vor, die VEG mit einzufügen? Gut, einverstanden! – Genosse Axen!

Hermann Axen: Genossinnen und Genossen! Die Information, die der Generalsekretär eben vorgetragen hat, erfordert, daß die von uns gewählte Parteiführung und daß die staatlichen Organe alle, und wir alle, jetzt das Wichtigste tun, was wir können, nämlich um den Sozialismus zu schützen, zu verteidigen und die Arbeit im Land, die Ordnung aufrechtzuerhalten. Deshalb sollten wir unsere Tagung nicht mit der an sich sehr notwendigen, gründlichen Formulierung des Dokumentes weiter verlängern, sondern das Dokument abschließen, die Kaderfragen lösen und den Genossen der Parteiführung, des Politbüros, des Sekretariats und der Regierung die Möglichkeit geben, die notwendigen Maßnahmen zur Sicherung des Sozialismus zu ergreifen.

Zwischenruf: Richtig!

Vors. Egon Krenz: Genosse Hager!

Kurt Hager: Das Wichtigste scheint mir zu sein, daß in der nächsten halben Stunde oder Stunde ein Appell der befreundeten Parteien und gesellschaftlichen Organisationen oder der Regierung an die Bürger der DDR erfolgt, in dem klar gesagt wird, jetzt ist – ich will mich mal, sagen wir mal, noch nicht druckreif ausdrücken –: Jetzt ist Ruhe die erste Bürgerpflicht! Jetzt geht es nicht darum, allen möglichen Gerüchten zu folgen. Jetzt geht es darum, das Vertrauen in die Stabilität unserer Währung zu haben. Auf jeden Fall würden mir schon fünf Sätze genügen, in denen jeder Bürger aufgefordert wird, keine Panik, kein Chaos zu entwickeln, sondern Ruhe zu halten. Das scheint mir das Allernötigste und Unmittelbarste zu sein.

Zweitens: Das Aktionsprogramm könnten wir ziemlich rasch über die Runden bringen, wenn keine grundsätzlichen Einwände sind. Man könnte der Redaktionskommission jetzt die schriftlichen Veränderungsvorschläge geben. Ich zum Beispiel habe nur ein einziges Thema noch. Das will ich formulieren. Aber mit der Vollmacht, noch heute das Aktionsprogramm fertigzustellen und allen Mitgliedern des ZK auszuhändigen, damit sie es mit rausnehmen.

Vors. Egon Krenz: Also Genossen, ich stelle zur Entscheidung. Erstens:

Alle Genossinnen und Genossen, die Vorschläge zum Aktionsprogramm haben, übergeben diese Genossen Lorenz persönlich, und Genosse Lorenz prüft in Übereinstimmung mit denen, die diesen Antrag stellen, ob es zweckmäßig und notwendig ist, sie aufzunehmen. Kann man sich so einigen?

Zurufe: Ja!

Also erstens: Das Aktionsprogramm wird im Prinzip bestätigt. Die Überarbeitung erfolgt durch den Vorsitzenden der Redaktionskommission in Übereinstimmung mit jenen Genossen, die weitere Vorschläge unterbreiten. Zweitens: Es sind einige Kadervorschläge zu beschließen. Es liegen verschiedene Anträge vor, auf die ich jetzt – ich bitte um Verständnis – nicht eingestellt war. Sie lauten: Erstens, Genosse Günter Mittag wird entsprechend dem Statut der Partei, Artikel 14, wegen gröblichster Verstöße gegen die innerparteiliche Demokratie, gegen die Partei- und Staatsdisziplin sowie die Schädigung des Ansehens der Partei aus dem Zentralkomitee ausgeschlossen. Die ZPKK wird beauftragt, sich mit dem Verhalten und den Fehlleistungen des Genossen Günter Mittag zu beschäftigen. Ich möchte zuerst Genossen Günter Mittag bitten, ob er die Absicht hat, etwas dazu zu sagen? – Nicht. Gibt es Meinungen dazu, Genossen? *(Nicht zu verstehende Zurufe, Durcheinander)*

Was kann er dann nicht?

Zuruf: Wenn er ausgeschlossen ist, ist ja die Parteikontrollkommission nicht mehr zuständig! – Lautstarker Widerspruch: Er bleibt doch Mitglied der Partei! – Zuruf: Du hast nicht richtig zugehört! (Weitere Zurufe)

Er wird ausgeschlossen nicht als Mitglied der Partei, sondern als Mitglied des Zentralkomitees. Zweitens: Es ist eine Kommission zu bilden, die die Ursachen und die persönlichen Verantwortlichkeiten für die gegenwärtige ökonomische Situation in der DDR untersucht. Verantwortlich: Genosse Herger, Genosse Eberlein. – Kann man dem folgen?[162]

Einzelner Zuruf: Ja!

Drittens: Euch liegen Arbeitsgruppen vor.

Zurufe: Nein!

Liegen nicht vor? Ach, die liegen nur dem Politbüro vor.[163]

Margarete Müller: Darf ich noch etwas sagen, wenn es um Kaderfragen geht: Es mehren sich ja nun auch schon die Stimmen von draußen, daß ich auch ausscheiden sollte. Entschuldigung, wenn ich das jetzt sage … *(Unruhe)*

Vors. Egon Krenz: Genossen, bleibt vernünftig!

Margarete Müller: Ja, ich bin vernünftig. Ich will bloß noch mal sagen: Ich bin die einzige, die hier dann im Politbüro wäre, die auch keinen Aufgabenbereich hat –

Zuruf von Moritz Mebel: Ja, das kommt nachher! (Unruhe) Zuruf: Laßt uns doch darüber abstimmen, was Margarete vorgeschlagen hat!

162 Die hier beschlossene Kommission wurde zwar noch gebildet, tagte aber nicht mehr (vgl. Protokoll der Politbürositzung vom 14. November 1989, in: SAPMO-BArch, DY 30/J IV 2/2 A/3258).

163 Zu den Arbeitsgruppen vgl. SAPMO-BArch, DY 30/J IV 2/2 A/3256.

Ich möchte bloß, daß wir heute nicht auseinandergehen, und dann in acht Tagen stehen wir wieder vor dem Problem. *(Unruhe)*

Zuruf: Nein!

Ich habe mir das lange überlegt.

Vors. Egon Krenz: Also, ich würde sagen, diese Frage wurde entschieden vorhin. Und wir sollten jetzt abstimmen über den Antrag, der in bezug auf Genossen Günter Mittag gestellt worden ist. Möchte sich jemand dazu äußern?

Zuruf: Abstimmen!

Wer dafür ist, bitte ich um das Handzeichen. – Wer dagegen ist? – Stimmenthaltung? – Damit ist der Beschluß einstimmig angenommen. Zweitens, Genossen, hat der Genosse Kayser vorgeschlagen, daß jene Genossen, die das verspüren, auch dem Zentralkomitee erklären, daß sie von ihrer Funktion zurücktreten. Genosse Achim Herrmann hat ebenfalls einen solchen Antrag an das Präsidium eingereicht. Die Frage wäre also, zu entscheiden, machen wir das heute, oder überlassen wir das der Parteikonferenz? *(Unverständliche Zurufe)*

Bitte?

Zuruf: Parteikonferenz! – Zuruf: Heute!

Ja, bitte!

Günther Kleiber: Ich schlage vor, das der Parteikonferenz zu überlassen. Wenn die Genossen Kayser und der Genosse Herrmann jetzt anfangen, wird der Druck wieder auf uns kommen, daß weitere ZK-Mitglieder –, dann können wir gleich die Parteikonferenz hier abhalten. Ich bitte die Genossen, das zurückzuziehen.

Zuruf: Einverstanden, ich schließe mich dem sofort an.

Vors. Egon Krenz: Einverstanden so, ja? Oder gibt es andere Meinungen? Also ist der Vorschlag – *(blättert, spricht vor sich hin: Jetzt muß ich hier erst mal sehen, wo mein …, blättert weiter)* – gibt es weitere Fragen, die zu entscheiden wären, Genossen? – Bitte?

NN: Wenn ich das richtig verstanden habe, steht doch der Antrag des Genossen Herrmann?

Zurufe: Nein! (Weitere unverständliche Zurufe)

Vors. Egon Krenz: Die Frage wäre, vom Genossen Achim Herrmann –

Zuruf: Ziehe zurück!

Also beschließen wir nicht über diese Fragen. Gibt es weitere Vorschläge zur Beschlußfassung? Genossinnen und Genossen! Ich bitte das – *(Unruhe)* – Kommuniqué vorzulesen. – Hast du eins?

Zwischenruf: Was ist mit den Arbeitsgruppen, Egon? – Egon Krenz leise am Präsidiumstisch: Gib mal her! Gib mal her!

Siegfried Lorenz: Genossen! Es gibt eine Vorlage zur Bildung von Arbeitsgruppen. *(Unruhe)*

Zuruf: Verteilen!

Die Frage ist, ob ich die vorlesen soll.

Zuruf: Ja, das geht am schnellsten!

Das sind viele Namen, das ist alles möglich. Ich könnte mir vorstellen, daß wir die in einen Umlauf an alle Mitglieder und Kandidaten des Zentralkomitees geben, den Rücklauf bis Dienstag im Politbüro haben und dann eine Entscheidung herbeiführen.

Vors. Egon Krenz: Einverstanden, ja?

Zurufe: Ja!

Also Dienstag im Politbüro behandeln und dann in Umlauf geben, ja?

Siegfried Lorenz: Nein.

Egon Krenz: Nein. Heute? Wie soll das praktisch gemacht werden? *(Unverständliche Zurufe)*

Siegfried Lorenz: Mit dem Aktionsprogramm wird die Vorlage ausgegeben, und wer bessere und andere Vorschläge hat: unverzüglich an Büro Politbüro, und am Donnerstag wird eine Entscheidung herbeigeführt durch das Politbüro.[164]

Vors. Egon Krenz: Gut. Das Wort hat Genosse Schwertner zum Entwurf des Kommuniqués. Ich bitte, sehr genau hinzuhören, weil das ist jetzt natürlich hier unter sehr komplizierten Bedingungen – ja bitte?

NN: Genosse Krenz! Ich bitte um Entschuldigung, aber ich habe heute früh einen Anruf bekommen. Die Genossen haben mir von zu Hause bestellt, wenn das Zentralkomitee sich nicht von einigen Genossen verabschiedet, hebeln wir dich aus, daß du aus dem Zentralkomitee herauskommst. Wir müssen über den Antrag von Genossen Fichte noch einmal diskutieren. Es gibt, ich habe das hier gemerkt, Bewegung und auch andere Meinungen, daß wir das nicht bis zur Parteikonferenz verschieben sollten. Es ist die Frage, wie sie in den Bezirken im Prinzip steht: Wenn nicht einer geht – ich weiß nicht, ob wir damit noch eine Lösung erreichen –, daß dann am Ende vielleicht alles rausgefeuert wird. Ich bitte darum, daß noch einmal darüber gesprochen wird.

Vors. Egon Krenz: Dann bin ich für einen Kompromißvorschlag, daß wir in das Kommuniqué aufnehmen: Eine Gruppe von Genossen hat die Bitte geäußert, von den Pflichten eines Mitglieds und Kandidaten des Zentralkomitees entbunden zu werden. Diese Bitte wird der Zentralen Parteikonferenz zur Entscheidung vorgelegt.

Zuruf: Das ist halbherzig, das können wir nicht machen.

Nicht?

Zurufe: Das geht nicht!

Geht nicht?

Hans-Joachim Willerding: Darf ich auch mal was sagen, Genossen? Ich bin einer von denen, die erst seit 1986 unserem Zentralkomitee angehören. Und ich muß sagen, ich empfand es immer als große Ehre, unserem Kollektiv anzugehören und auch in so eine Funktion gewählt worden zu sein. Aber ich

164 Vgl. dazu das Protokoll der Politbüro-Sitzung vom 7. November 1989, in: SAPMO-BArch, DY 30/J IV 2/2 A/3255 sowie vom 8.–10. November 1989, in: SAPMO-BArch, DY 30/J IV 2/2 A/3256.

glaube, eine der wichtigsten Lehren besteht darin, daß jeder von uns sehr ehrlich das hier ausspricht, was ihm auf dem Herzen liegt. Und ich möchte doch ein paar Sachen sagen. Wir sind uns einig, daß die Lage sehr kompliziert ist in unserem Land, aber ich glaube, worüber wir uns noch nicht einig sind, ist, worin die eigentliche Ursache liegt. Und die liegt hier. Wir diskutieren darüber, ob die Glaubwürdigkeit unseres Zentralkomitees größer oder kleiner wird. Ich glaube, niedriger kann sie nicht mehr werden. Die Arbeiter kommen aus den Betrieben, die Genossen, die fordern uns in Dutzenden oder Hunderten Telegrammen. Unter diesem Aspekt, glaube ich, müssen wir Entscheidungen treffen, Entscheidungen, die es ermöglichen, daß die Genossen in den Gruppen und Grundorganisationen sich um eine einheitliche Führung zusammenscharen. Weil ich glaube, weder die Geschichten mit der Grenze noch die zweieinhalb Tage, die wir hier diskutieren, sind dazu angetan, nicht mal das Parteiaktiv um uns zusammenzuschließen. Also insofern halte ich diesen Vorschlag vom Genossen Fichte für unbedingt diskutierungswürdig, weil ich glaube, das Vertrauen in das Zentralkomitee, unabhängig davon, wer welche Verantwortung trägt – und da gibt es auch viel Ungerechtes dabei bei den Vorwürfen, das weiß ich –, aber unabhängig davon ist das Vertrauen in unser Zentralkomitee nicht mehr vorhanden, nicht einmal in unserem Parteiaktiv.

Und ich glaube, unter diesem Aspekt muß man auch den Vorschlag sehen, einen außerordentlichen Parteitag einzuberufen. Ich habe mich vorhin hier der Stimme enthalten, das habt ihr vielleicht gesehen, weil es mehrheitlich anders gesehen wurde. Wir haben auch darüber diskutiert, daß man die Kaderfrage besonders herausstellen muß im Zusammenhang mit der Parteikonferenz. Aber ich glaube, es ist eine der Kernfragen gegenwärtig, und wir dürfen gerade in so einer Situation nicht mit der Macht spielen, und wir tun das, Genossen. Weil die Kernfrage ist unsere Partei, und die Partei versteht uns nicht. Danke schön.

Vors. Egon Krenz: Und worin besteht dein Antrag?

Hans-Joachim Willerding: Mein Vorschlag – wir müssen ja wissen, worum wir kämpfen –, mein Vorschlag besteht darin, daß sich Genossen melden und sagen: Wir stellen unser Amt im Zentralkomitee zur Verfügung. (*Starker Beifall*)

Wir geben der Parteikonferenz die Möglichkeit, neue Genossen in dieses Zentralkomitee als Kandidaten aufzunehmen, die dann auch Mitglieder des Zentralkomitees werden müssen. Ich glaube, das sind wir den Genossen in den Gruppen und Grundorganisationen schuldig.

Vors. Egon Krenz: Genosse Kayser!

Karl Kayser: Ich stelle meine Funktion, Mitglied des Zentralkomitees lange gewesen zu sein, zur Verfügung, aber: Die Gründe zwischen Genossen Herrmann seinem Rücktritt und meinem sind weit auseinanderliegend.

Zuruf: Jawohl!

Ich übernehme keinerlei Verantwortung.

Zuruf: Richtig!

Ich trete nicht aus! Ich wünsche nicht, in der gleichen Liste genannt zu werden, denn dann bleibe ich drin, das ist klar, denn ich habe damit überhaupt nichts zu tun. Ich trete aus: ein Grund – altersmäßig, und das zweite ist, Genossen, mich ekelt das alles an.

Vors. Egon Krenz: Mich auch, ja.

Karl Kayser: Ich finde das katastrophal. *(Mit überschlagender Stimme)* Ich beneide die Genossen Rodenberg und Abusch, die das nicht mehr erleben mußten. Deswegen trete ich aus, aber nicht wegen Herrmann, und da möchte ich nicht auf einer Liste genannt werden – auf gar keinen Fall. Wenn ihr es differenzieren könnt, dann ja, sonst nein!

Vors. Egon Krenz: Also Genossen, dann – bitte, Genosse Wilfried Poßner!

Wilfried Poßner: Genosse Generalsekretär! Ich möchte hier mit Nachdruck und voller Verantwortung den Antrag stellen, Genossen Herrmann aus dem ZK auszuschließen. Wir können sonst nicht mehr bestehen. Ich möchte das in aller Deutlichkeit sagen.

Zuruf: Und das genügt nicht!

Das ist etwas anderes als diese Erklärung eben.

Vors. Egon Krenz: Es gibt den Vorschlag, Genossen Achim Herrmann aus dem Zentralkomitee auszuschließen. Achim, möchtest Du Dich dazu äußern?

Joachim Herrmann: Ich trage alle Konsequenzen aus den Fehlern, die hier zur Sprache gekommen sind im Zusammenhang mit der Lage, die dadurch entstanden ist.

Vors. Egon Krenz: Danke schön. Gibt es Fragen? Gibt es gegenteilige Auffassungen? Wenn das nicht der Fall ist, stimmen wir darüber ab. Wer dafür ist, bitte ich um Handzeichen. – Gegenstimmen? – Stimmenthaltungen? – Eine Stimmenthaltung. Damit ist der Beschluß gefaßt. Ich habe ihn nicht zu kommentieren, aber – Genossen, an die Arbeit, und zwar ... *(Zurufe)* Bitte? *(Nicht zu verstehender Zuruf)* Ja, das Kommuniqué kommt ja noch – Bitte?

NN: Ich selbst gehöre ja zu denen, die innerhalb von Stunden durch Entscheidungen in eine Funktion übernommen worden sind. Und ich habe mein ganzes Leben versucht, mit dieser Partei zu leben. Ich sage das ganz in vollem Bewußtsein. Aber was ich hier erlebt habe, ist so deprimierend, so erschütternd, daß ich's nicht verwinden kann. Ich sage das so ehrlich. Und wenn jetzt gesagt wird: An die Arbeit! Wie sollen wir denn jetzt an die Arbeit gehen? Die Partei ist kaputt im Grunde genommen! So sehe ich das.

Lautstarke Zurufe: Nein! Nein!

Aber entschuldigt, wir kriegen aus Schwerin am laufenden Band, jetzt zum Beispiel, Meldungen mit der Forderung nach der Gründung einer neuen Partei. Im Hydraulikwerk in Parchim sind 50 Genossen gestern ausgetreten. Und so weiter. Es ist eine Lawine. Ich möchte nur darauf hinweisen. *(Unruhe)*

Vors. Egon Krenz: Genossen! Es hat immer schwere Zeiten gegeben. Aber wir dürfen nicht den Mut verlieren, und wir müssen deshalb den Auftrag, den wir hier bekommen haben, früher auseinanderzugehen, so verstehen, daß wir jetzt überall zu kämpfen haben in den Betrieben. *(Beifall)*

Und deshalb, bevor ich noch ein paar abschließende Worte sage, hat das Wort der Genosse Schwertner.

Edwin Schwertner: Kommuniqué: Vom 8. bis 10. November 1989 fand in Berlin die 10. Tagung des Zentralkomitees der SED statt. Zu Beginn der Tagung erklärte der Generalsekretär des ZK der SED, Genosse Egon Krenz, den Rücktritt des bisherigen Politbüros, das für die entstandene Lage die volle Verantwortung übernommen hat. Dieser Vorschlag wurde vom Zentralkomitee einstimmig angenommen. Mit der anschließenden Wahl wurde ein neues Politbüro und Sekretariat des ZK in Einzelabstimmung zu den vorgeschlagenen Kandidaten gewählt.

Im Verlauf der Diskussion während der 10. Tagung des ZK wurden Fakten und Entscheidungen von Bezirksleitungen der SED zu einigen neugewählten Mitgliedern und Kandidaten des Politbüros bekannt, die zu dem Vorschlag führten, die Genossen Hans-Joachim Böhme, Johannes Chemnitzer, Werner Walde und die Genossin Inge Lange von ihren Funktionen zu entbinden.

Das Zentralkomitee bestätigte Genossen Egon Krenz in seiner Funktion als Generalsekretär des ZK. Dem Politbüro des Zentralkomitees der SED gehören auf Beschluß der 10. Tagung des ZK als Mitglieder die Genossen Werner Eberlein, Wolfgang Herger, Werner Jarowinsky, Heinz Keßler, Siegfried Lorenz, Hans Modrow, Wolfgang Rauchfuß, Günter Schabowski und Gerhard Schürer an. Zu Kandidaten des Politbüros wurden die Genossin Margarete Müller und die Genossen Günter Sieber und Hans-Joachim Willerding gewählt. Sekretär des Zentralkomitees wurde Genosse Helmut Semmelmann. Genossen Klaus Höpcke wählte das Zentralkomitee zum Vorsitzenden der Kulturkommission beim Politbüro und Genossen Prof. Dr. Gregor Schirmer zum Vorsitzenden der Kommission Wissenschaft und Bildung beim Politbüro. Beide Genossen nehmen an den Sitzungen des Politbüros und des Sekretariats als ständige Gäste teil.

Das Zentralkomitee beschloß, der SED-Fraktion in der Volkskammer zu empfehlen, Genossen Hans Modrow bei der Neubildung der Regierung für die Wahl zum Vorsitzenden des Ministerrates der DDR vorzuschlagen.

Genosse Günter Mittag wurde entsprechend dem Statut der Partei, Artikel 14, wegen gröblichster Verstöße gegen die innerparteiliche Demokratie, gegen die Partei- und Staatsdisziplin sowie Schädigung des Ansehens der Partei aus dem Zentralkomitee ausgeschlossen. Ebenso wurde Genosse Joachim Herrmann aus dem Zentralkomitee ausgeschlossen.

Die ZPKK wurde beauftragt, sich mit dem Verhalten und den Fehlleistungen des Genossen Günter Mittag zu beschäftigen und gegen weitere Genossen, die gegen das Statut der Partei verstoßen haben, entsprechende Maßnahmen einzuleiten.

Das Zentralkomitee beauftragte das Politbüro, eine Kommission zu bilden, die die Ursachen und die persönlichen Verantwortlichkeiten für die gegenwärtige ökonomische Situation in der DDR untersucht. In einer programmatischen Rede …

Vors. Egon Krenz: Streich mal gleich: »programmatisch«. Schreib: »In einer Rede«!

Edwin Schwertner: In einer Rede formulierte Genosse Egon Krenz die Aufgaben der Partei im Prozeß der Erneuerung der Partei und des Sozialismus in der DDR. Er analysierte die Ursachen, die zur gegenwärtigen politischen Krise in der DDR führten, und begründete Garantien dafür, daß Fehlentwicklungen wie in der Vergangenheit ein für allemal ausgeschlossen werden.

Genosse Krenz begründete den Entwurf eines Aktionsprogramms der SED, das dem Zentralkomitee zur Diskussion und Beschlußfassung unterbreitet wurde. Das Zentralkomitee wählte eine Redaktionskommission, die auf der Grundlage des Referats des Genossen Egon Krenz und der vielen Hinweise und Vorschläge von Mitgliedern des Zentralkomitees sowie der Wortmeldungen Tausender Genossen und parteiloser Bürger des Landes an das ZK den Entwurf zur Beschlußfassung fertigstellte.

Das Referat und das Aktionsprogramm gelten als Grundlage für die Vorbereitung der 4. Parteikonferenz, die zum 15. bis 17. Dezember 1989 nach Berlin einberufen wurde. In Verbindung damit berief das Zentralkomitee Arbeitsgruppen aus Mitgliedern des ZK und weiteren Genossen für die Ausarbeitung von Analysen und Vorschlägen zur Vorbereitung der 4. Parteikonferenz und des XII. Parteitages.

In der Diskussion ergriffen 30 Genossinnen und Genossen das Wort. Weitere 69 Diskussionsmeldungen lagen vor. Alle Namen der Genossen, die sich zur Diskussion gemeldet haben, werden in der Presse veröffentlicht.

Das Zentralkomitee empfahl der Regierung der DDR, eine Regelung für Reisen und ständige Ausreisen aus der DDR in Kraft zu setzen, die bis zur Beschlußfassung über das Reisegesetz gültig ist.

Das ZK sprach allen Mitgliedern der Partei und parteilosen Bürgern für die zahlreichen Briefe und Eingaben, die in diesen Tagen das ZK erreichten und mit denen die Sorge um das weitere Gedeihen des Sozialismus in der DDR und die Bereitschaft zur aktiven Mitarbeit zum Ausdruck gebracht wurden, den Dank aus.[165]

Vors. Egon Krenz: Gibt es Bemerkungen zum Kommuniqué?

Johannes Chemnitzer: Ich habe eine Bemerkung. Im Zusammenhang mit unserer Abberufung wurde gesagt, daß »Fakten und Entscheidungen der Bezirksleitungen« vorgelegen haben. Ich möchte nur das Wort »Fakten« hier noch einmal erklärt haben. Es könnte dann die Frage kommen: Welche Fakten? *(Unverständliche Zurufe)*

Vors. Egon Krenz: »Entscheidungen der Bezirksleitungen« stimmt aber bei der Genossin Lange nicht. Das stimmt nur bei euch.

Edwin Schwertner: Ich dachte an den Antrag und an den Diskussionsbeitrag der Genossin Hermann mit den 40 000 Beschäftigten ihres Kombinats …

165 Das Kommuniqué ist abgedruckt in: ND, 11./12. November 1989.

Christa Hermann: Entscheidungen reicht.

Vors. Egon Krenz: Entscheidungen, ja?

Edwin Schwertner: Einfach »Entscheidungen«?

Vors. Egon Krenz: Gut. Heinz!

Heinz Keßler: Ich habe den Text nicht – Vielleicht, darf ich mal nehmen?

Egon Krenz: Ja bitte, natürlich.

Heinz Keßler: Da gibt es eine Stelle im Zusammenhang mit dem Ausschluß, da wird dann gesagt, das ZK beauftragt das Politbüro, eine Kommission zu bilden, die die Ursachen und die persönliche Verantwortlichkeit für die gegenwärtige ökonomische Situation in der DDR untersucht. Das ist richtig, aber das kommt hinten noch mal, oder?

Zurufe: Nein! Nein! Das ist eine andere Kommission.

Welches ist denn die andere Kommission?

Vors. Egon Krenz: Zur Vorbereitung des Parteitages sollten die eigentlich sein ...

Heinz Keßler: Entschuldigung.

Vors. Egon Krenz: Ja. Vielleicht nehmen wir den Abschnitt raus, daß wir empfohlen haben, eine Erklärung hier über Reisen zu machen.

(Gemurmel)

Bitte?

NN: Nach der jetzigen Formulierung haben wir nur zwei Sekretäre des ZK, den Generalsekretär und Genossen Semmelmann.

Vors. Egon Krenz: Nein. *(Gemurmel)* Das ist aber richtig, wir müssen die Formulierung aufnehmen, zu Mitgliedern des Politbüros sind die und die und die, Sekretäre sind die und die, also so, wie wir das beim letzten Mal ...

Edwin Schwertner: Sekretäre miterwähnen, ja.

Vors. Egon Krenz: Genosse Poßner!

Wilfried Poßner: Ich schlage vor, aufzunehmen, daß eine Broschüre mit allen Diskussionsbeiträgen kommt.

Vors. Egon Krenz: Alle Namen werden veröffentlicht, die Beiträge werden in einer Broschüre veröffentlicht, oder wie? Bitte!

NN: Ich möchte nur noch einmal auf diese Formulierung zurückkommen, die im Zusammenhang mit den Untersuchungen gegen den Genossen Mittag geführt wird. In einem späteren Satz heißt es: »Die ZPKK beschäftigt sich mit ...« Ich bin dafür, dort auch zu sagen »untersucht« die Sache. Denn es müssen ja Konsequenzen herauskommen. Die Zusammenarbeit mit dieser Kommission, die die Verfehlungen untersucht, müssen ja im Grunde genommen übereinstimmen.

Edwin Schwertner: »Zu untersuchen«!

Vors. Egon Krenz: Gut. Bitte, Genosse Naumann!

Herbert Naumann: Man muß noch mal genau prüfen die Zahl der Diskussionsredner. Wenn die hier im Kommuniqué genannte nicht mit der von uns veröffentlichten übereinstimmt, kriegen wir Schwierigkeiten, müssen wir eine Erklärung finden.

Vors. Egon Krenz: Also müßt ihr noch mal genau abstimmen die Zahl der Diskussionsbeiträge, ja?[166] Gut. Bitte!

NN: Beim Passus über das Aktionsprogramm wird nur darauf hingewiesen, daß es dem Zentralkomitee zur Beratung und Beschlußfassung vorgelegt wurde. Es wird aber nichts gesagt, welche Verbindlichkeit wir diesem Aktionsprogramm beimessen. Meiner Meinung nach, wie vorhin diskutiert wurde, daß es zumindest als Arbeitsgrundlage im Hinblick auf die Vorbereitung der 4. Parteikonferenz gilt.

Edwin Schwertner: Das steht hier: »Das Referat und das Aktionsprogramm gelten als Grundlage für die Vorbereitung der 4. Parteikonferenz« und so weiter.

Vors. Egon Krenz: Einverstanden?

Zurufe: Ja!

Genossen, dann bitte ich, über das Kommuniqué abzustimmen. Wer damit einverstanden ist, bitte ich um das Handzeichen. – Danke. – Gegenstimmen? – Stimmenthaltungen? – Das ist nicht der Fall. Damit ist das Ergebnis unserer Tagung zusammengefaßt.

Ich bitte die Ersten Bezirkssekretäre, egal, ob sie noch Verantwortung tragen oder nicht, aber alle Ersten Bezirkssekretäre und die Mitglieder des Politbüros und des Sekretariats zu einer Besprechung, zu der ich auch bitte aufgrund der Lage Genossen Stoph, Genossen Mielke und Genossen Dickel.[167]

166 Die Originalmanuskripte der Beiträge wurden nicht archiviert, sondern einige Tage später zur Veröffentlichung weitergegeben. Vgl.: Schritte zur Erneuerung (1) sowie (2).

167 Nach dem Rücktritt des Ministerrates am 7. November 1989 amtierten die genannten Personen zunächst als Ministerratsvorsitzender, als Minister für Staatssicherheit und als Minister des Innern weiter.

11. Tagung des ZK der SED

im Plenarsaal des ZK-Gebäudes in Berlin, Montag, 13. November 1989 Beginn: 20.30 Uhr; Ende: 22.35 Uhr*

Vors. Egon Krenz: Liebe Genossinnen und Genossen! Ich eröffne die 11. Tagung des Zentralkomitees. Ich bitte um Verzeihung, daß wir mit zweieinhalb Stunden Verspätung beginnen. Die Ursache ist darin begründet, daß die Tagung der Volkskammer länger gedauert hat, als geplant war, und wir natürlich nicht die Sitzung früher verlassen konnten, zumal es in der Volkskammer eine sehr lebendige Diskussion gab und die sicherlich bei den verschiedensten Fraktionen unterschiedliche Gefühle ausgelöst hat.[1] Ich denke, die Lehre, die wir alle ziehen sollten und ziehen müssen als Mitglieder unserer Partei, als Zentralkomitee, daß wir eigentlich die Stärke der Kommunisten, die immer in gegenseitiger Solidarität bestand, daß wir diese Stärke auch in dieser Zeit benötigen, Genossinnen und Genossen.

Und bei allem, was uns vorzuwerfen ist, müssen wir an das denken, was wir auf der letzten Tagung des Zentralkomitees beschlossen haben. Dort gibt es sowohl im Aktionsprogramm als auch – wenn ich das nun zu meiner Person sagen darf – in der Rede, die ich im Auftrage des Politbüros gehalten habe, klare Einschätzungen, und es wäre gut, wenn wir auf dieser Basis generell den Weg zeigen, der jetzt zu gehen ist. Das ist schwer, dafür kann man manchmal auch, wie man gesehen hat, nicht unbedingt den Beifall ernten. Aber wenn wir weiter wollen, wenn wir vorwärts wollen, dann müssen wir jetzt das zur Grundlage nehmen, was in unserem Aktionsprogramm steht, und auf dieser Grundlage argumentieren und auf dieser Grundlage arbeiten.

Das aber nur gewissermaßen als persönliche Vorbemerkung. Euch liegt die Tagesordnung vor. Es gibt –

Zurufe: Nein!

– aber mit der Einladung ist – mit der Einladung ist euch übermittelt worden, daß es heute darum geht, die Frage zu entscheiden, einen außerordentlichen Parteitag einzuberufen.[2] Wenn es zu dieser Tagesordnung Einverständnis geben würde, würde ich sofort das Wort nehmen. Gibt es Einverständnis damit?

* Quelle: SAPMO-BArch, Ton Y1/TD 739.

1 Die Volkskammertagung begann um 10.30 Uhr und wurde um 20.10 Uhr beendet. In der von Krenz angesprochenen »lebendigen Diskussion« dieser Volkskammertagung fiel u.a. Staatssicherheitsminister Mielkes bekanntgewordener Ausspruch: »Ich liebe, ich liebe doch alle ...« Vgl. Walter Süß, Entmachtung und Zerfall der Staatssicherheit, Berlin 1994, S. 21.

2 Vgl. das Protokoll der Politbürositzung vom 12. November 1989, in: SAPMO-BArch, DY 30/J IV 2/2 A/3257. Das mit demselben Datum versehene und von Egon Krenz unterschriebene Einladungsschreiben enthielt als einzigen Tagesordnungspunkt die Einberufung eines außerordentlichen Parteitages. Vgl. dazu SAPMO-BArch, DY 30/IV 2/1/715.

(Zustimmende Zurufe)

Genossinnen und Genossen! Erst vor drei Tagen ging unsere 10. Tagung des Zentralkomitees mit der Annahme des Aktionsprogramms zu Ende, und wir hatten einen Beschluß über die Einberufung unserer 4. Parteikonferenz angenommen. Wir müssen heute klar sagen, daß wir mit Letzterem nicht die schnelle Entwicklung in unserer Partei berücksichtigt haben und vor allem nicht den Forderungen und Erwartungen breiter Teile der Parteibasis entsprochen haben. Der Beschluß des Politbüros von gestern, sofort die 11. Tagung des Zentralkomitees einzuberufen, ist von unserem Willen getragen, keinen Nachtrab mehr zuzulassen und vor allem die Einheit der Partei zu wahren.[3] Die Einberufung eines außerordentlichen Parteitages ist dringend erforderlich. Wir haben heute diese Frage zu entscheiden.

Bei meiner Begründung vor dem Politbüro habe ich mich auf die vielen Briefe, die ich als Generalsekretär aus Grundorganisationen, aus Kreis- und Bezirksleitungen erhalten habe, gestützt[4]. Was besagen diese, man kann fast sagen Zehntausende, Briefe? Ich konnte natürlich nicht alle lesen, aber die, die ich gelesen habe, geben einen Querschnitt. Zunächst, und das ist das Positive: Es gibt Zustimmung zum Aktionsprogramm, obwohl dies noch nicht das Dominierende ist. Das Dominierende ist, daß Hunderttausende Kommunisten in unserer Partei den Vorschlag zur Einberufung einer Parteikonferenz nicht als ausreichend betrachten und statt dessen einen außerordentlichen Parteitag fordern. Ich brauche jetzt aufgrund der Briefe keine Hochrechnung zu machen. Laut Statut können im Falle einer Nichteinberufung des außerordentlichen Parteitages durch das Zentralkomitee die Organisationen, die die Einberufung des außerordentlichen Parteitages verlangen, das Recht haben, ein Organisationskomitee zu bilden, dem die Rechte des ZK zur Einberufung eines außerordentlichen Parteitages zufallen. Genossen, ich brauche diesen Teil des Statuts nicht zu kommentieren.[5] Ich denke, der Ernst der Lage gebietet es, nicht eine Partei zu haben, die eine Parteikonferenz will, und einen Teil der Partei, der einen Parteitag will und dazu die nötigen Unterschriften suchen würde.

Was zeigt sich im Kern? Was zeigt sich politisch? Viele Genossen, vor allem die Grundorganisationen, die Kreis- und Bezirksleitungen, verlangen eine durchgreifende Erneuerung der Partei, um ein Programm der Erneuerung des Sozialismus durchsetzen zu können. Um es klar auszusprechen: Aus den Briefen wird deutlich, daß das Vertrauen in das gegenwärtige Zentralkomitee,

3 Vgl. ebd. sowie ND, 13. November 1989.

4 Auf Beschluß des Sekretariats des ZK vom 31. Oktober 1989 war beim Büro des Politbüros ein Eingabenbüro gebildet worden, das die an das Politüro und ZK-Sekretariat gerichteten Zuschriften mit Vorschlägen und Hinweisen zur Vorbereitung des XII. Parteitages bearbeitete. Vgl. dazu: SAPMO-BArch, DY 30/J IV 2/3 A/4889 und DY 30/J IV 2/3/4457.

5 Vgl. die Artikel 34 und 35 des Statuts der SED in der Fassung vom 22. Mai 1976, in: Protokoll der Verhandlungen des IX. Parteitages der Sozialistischen Einheitspartei Deutschlands, Berlin, 18. bis 22. Mai 1976, Bd. 2, Berlin 1976, S. 282.

die Erneuerung zu führen, nicht gegeben ist. Es wird die Frage gestellt, ob das Zentralkomitee angesichts der Einberufung der Parteikonferenz die Lage in der Partei richtig beurteilt.

Bitternis wird auch darüber deutlich, daß einige für die entstandene Lage besonders verantwortliche ZK-Mitglieder auf der 10. Tagung nicht gesprochen haben. Genossen in den Grundorganisationen, auch Kreis- und Bezirksleitungen, hatten erwartet, daß sowohl ehemalige Mitglieder des Politbüros wie Mitglieder des Zentralkomitees, die nach der 9. Tagung nicht aktiv die Politik der Wende vertreten haben, persönliche Konsequenzen ziehen. Ich muß dies so deutlich sagen, Genossinnen und Genossen, weil es so deutlich in den Briefen steht.

Und noch ein Problem: Unsere 10. Tagung beauftragte die Zentrale Parteikontrollkommission, Fehlleistungen und Verstöße von Genossen zu untersuchen, die gegen das Statut verstoßen haben, und die fordern, entsprechende Maßnahmen einzuleiten. Großes Vertrauen, so bringen die Genossinnen und Genossen zum Ausdruck, besteht in diesem Zusammenhang zu Genossen Werner Eberlein. Gleichzeitig wird die Frage gestellt, wo die Zentrale Parteikontrollkommission die ganzen Jahre war und welche Arbeit sie geleistet hat und was in diesem Sinne vor dem 9. Plenum unternommen wurde. Im Interesse unserer Glaubwürdigkeit sollten wir unseren Beschluß bekräftigen, daß Genosse Eberlein weitere Genossen beruft, die gemeinsam mit der Zentralen Parteikontrollkommission die Verstöße gegen das Statut untersuchen und entsprechende Vorschläge unterbreiten. Ich halte dies auch für notwendig, Genossinnen und Genossen, um jene Genossen in Schutz zu nehmen und sie zu verteidigen, die ehrlich gearbeitet haben und sich nichts haben zuschulden kommen lassen. *(Beifall)*

Genossinnen und Genossen! Wir müssen klar sehen: Die anhaltende Vertrauenskrise innerhalb der Basis unserer Partei in das gegenwärtige Zentralkomitee hat sich mit dem Beschluß über die Parteikonferenz nicht gemindert. Wir müssen unsere eigenen Worte unverzüglich und konsequent ernst nehmen, die in unserem Aktionsprogramm stehen. Innerparteiliche Demokratie hat sich auf die Basis zu gründen! Unsere Genossen fordern einen außerordentlichen Parteitag, die Neuwahl eines Zentralkomitees, das die volle Verantwortung tragen kann und das Vertrauen der Partei genießt. Jetzt geht es nicht mehr um kleinliche Streitereien, was am besten und was am schnellsten geht. Ich habe dies vor 150 000 Berliner Kommunisten am Freitag abend unmittelbar nach unserer ZK-Tagung auch gespürt.[6] Als diese Frage stand, Parteikonferenz oder Parteitag, gab es eigentlich eine ganz klare Haltung auf dem Platz zugunsten eines außerordentlichen Parteitages.

Es geht um die Einheit der Partei für die Erneuerung, und führen wir uns

6 Vgl. ND, 11./12. November 1989. Krenz verdoppelt hier wie vor ihm das »Neue Deutschland« die von der Volkspolizei geschätzte Zahl von 80 000 Teilnehmern an der Kundgebung der SED im Berliner Lustgarten am 10. November 1989.

vor Augen, Genossen, zahlreiche gewählte Strukturen der Partei sind nicht mehr funktionsfähig. Da muß ein Parteitag her; das Zentralkomitee muß in der komplizierten Lage unserer Partei vorangehen, um dem Willen unserer Genossinnen und Genossen, die das erwarten, gerecht zu werden. Setzen wir also damit ein Signal, und hören wir vor allem auf die Genossen in den Grundorganisationen, die vor Ort eine große Arbeit zu leisten haben.

Zusammenfassend möchte ich im Auftrage des Politbüros sagen: Die sich rasant entwickelnde und zum Teil zugespitzte außerordentliche Lage erfordert die schnelle Zusammenkunft des höchsten Organs der Partei in dieser Situation, den außerordentlichen Parteitag. Entscheiden wir uns für die Einheit der Partei! Werden wir unserem Parteinamen gerecht! Entscheiden wir uns für einen außerordentlichen Parteitag! Wenn wir in dieser Situation schwanken, Genossinnen und Genossen, dann laden wir eine zusätzliche schwere Verantwortung auf uns. Es muß klar sein: Wenn wir diesen außerordentlichen Parteitag nicht einberufen, wird er von großen Teilen der Parteibasis gefordert und entsprechend einberufen werden.

Liebe Genossinnen und Genossen! Ich möchte deshalb den Beschlußvorschlag zur Vorbereitung und Durchführung eines außerordentlichen Parteitages unterbreiten: »Die 11. Tagung des Zentralkomitees beruft für den 15. bis 17. Dezember« – gleicher Zeitraum wie Parteikonferenz – »einen außerordentlichen Parteitag der SED nach Berlin ein. Mit diesem Beschluß entspricht die 11. Tagung des Zentralkomitees der SED einer wachsenden Anzahl von Anträgen und Stellungnahmen, die von Genossen aus Grundorganisationen, aus Kreis- und Bezirksleitungen der SED unterbreitet wurden, einen außerordentlichen Parteitag einzuberufen und das Zentralkomitee und die Zentrale Revisionskommission neu zu wählen. Tagesordnung: 1. Zur aktuellen Lage und den Aufgaben der Partei, Referent: Generalsekretär des ZK der SED, Egon Krenz; 2. Rechenschaftslegung der Zentralen Revisionskommission der SED, Referent: Genosse Kurt Seibt, Vorsitzender; 3. Aussprache; 4. Wahl des Zentralkomitees und der Zentralen Revisionskommission der SED; 5. Beschlußfassung.«

Für die Vorbereitung des außerordentlichen Parteitages werden folgende Grundsätze festgelegt – das sind die gleichen Grundsätze, die wir neulich schriftlich vor uns hatten, ich werde sie aber trotzdem noch mal verlesen: »Auf 750 Mitglieder und Kandidaten der SED wird ein Delegierter mit beschließender Stimme zum außerordentlichen Parteitag geheim gewählt. Die Wahl der Delegierten zum außerordentlichen Parteitag erfolgt auf Kreisdelegiertenkonferenzen bis zum 3. Dezember 1989. Den Delegiertenschlüssel für die Kreisdelegiertenkonferenzen legen die Kreisleitungen fest. Parteiorganisationen mit einer Stärke von 750 und mehr Mitgliedern und Kandidaten erhalten die Möglichkeit, ihre Delegierten entsprechend dem Delegiertenschlüssel des Zentralkomitees direkt zum außerordentlichen Parteitag zu wählen. Die Delegierten zu den Kreisdelegiertenkonferenzen werden durch Mitgliederversammlungen oder Delegiertenkonferenzen der Grundorganisationen bzw. der Parteiorganisationen bis zum 26. November gewählt. Die Mitgliederversammlungen und Delegiertenkonferenzen nehmen Berichte ihrer Leitungen über deren Tätigkeit auf der Grundlage der 10. Tagung des Zentralkomitees der SED entgegen und wählen die Delegierten. Zur Wahl als Delegierte auf allen Ebenen können mehr Kandidaten zur Auswahl vorgeschlagen werden, als Delegierte entsprechend dem Delegiertenschlüssel zu wählen sind.«

Soweit der Entwurf des Beschlusses unserer 11. Tagung des Zentralkomitees, der – ich betone es noch einmal – in allen inhaltlichen Dingen identisch ist mit dem euch schriftlich vorgelegten Material zur Einberufung der Parteikonferenz auf der 10. Tagung, mit einer Ausnahme, daß es um den außerordentlichen Parteitag geht.

Ich möchte noch hinzufügen, Genossinnen und Genossen, daß wir im Anschluß an diese Tagung des Zentralkomitees, falls dieser Beschluß gefaßt wird, mit den Ersten Sekretären der Bezirksleitungen beraten würden, damit wir den Parteitag so vorbereiten, daß er auch entsprechend dem Charakter unserer Partei als Partei der Arbeiterklasse vorbereitet wird. *(Unverständlicher Zuruf)* Ich denke, das ist eine ganz, ganz entscheidende Frage, damit wir hier das Leben auch so widerspiegeln, wie es tatsächlich sich in unserer Partei vollzieht.

Gibt es – ach so, eine Minute noch. Es gibt noch eine Bemerkung. Zum Sonderparteitag, oder besser gesagt zum außerordentlichen Parteitag, gibt es in unserem Statut keine klare Aussage über die Stufen der Vorbereitung. Es wäre also durchaus möglich, noch Bezirksdelegiertenkonferenzen durchzuführen. Es ist aber auch nicht notwendig. Und weshalb ich diesen Vorschlag hier nicht unterbreite: aus einem Grunde, Genossen: Wenn wir jetzt erneut den Termin verändern würden, auf das neue Jahr gehen würden, wir würden nur in die Gefahr kommen, daß man uns unterstellt, wir wollen die Sache hinauszögern. Die Hauptfrage dieses Sonderparteitages ist ohnehin, darüber müssen wir uns im klaren sein, die Frage der Wahl eines neuen Zentralkomitees. – Wer möchte sich äußern? – Genosse Kant.

Hermann Kant: Liebe Genossinnen und Genossen! Ich müßte mich über die Reling da draußen schmeißen, wenn ich dies nicht sagte: Bei der Beschreibung der Erwartungen der Genossen, wahrscheinlich auch unserer Erwartungen, fehlt ein wichtiges Element. Die heutige Tagung der Volkskammer hat es noch einmal sehr zugespitzt gezeigt, worin dieses Element besteht, denn in der heutigen Kammersitzung ging es um Fragen der Verantwortung. Es ging um Fragen der Verantwortung, und es ist so, daß bislang durch eine bestimmte Verschämtheit, nennen wir's mal, sozusagen ein wichtiger Punkt in der Kette der Verantwortung nicht genannt wird. Man geht immer drum rum, das ist so ein bißchen wie eine, eine black box, wo irgend etwas passiert.

Also, der Sinn meiner Wortmeldung jetzt besteht darin, liebe Genossinnen und Genossen, wir müssen bei der Vorbereitung dieses vorgezogenen Parteitages auch die Erwartung der Partei erfüllen, daß wir ein Politbüro bekommen und natürlich einen Generalsekretär, die der Kontrolle durch die Partei anders unterworfen sind, als es bislang der Fall war. Es geht nicht anders. Wir sind in einer absolut mißlichen Lage, daß wir jetzt andauernd sozusagen irgendwo an einen Punkt kommen, wo man sagen muß, wo auch der höchste Funktionär sagen muß: »Ja, aber ich konnte nicht anders.« Das geht nicht! Wir müssen eine solche Ordnung unter uns haben, daß, die Frage hin und her, die Kontrolle hin und her, daß das funktioniert, damit wir nie wieder in so eine Lage kommen.

Egon Krenz: Die zweite Wortmeldung, Genossen. – Genosse Mebel.

Moritz Mebel: Ich schlage vor, dem Vorschlag, den Genosse Krenz unterbreitet hat, zuzustimmen und keine weitere Zeit zu verlieren.

Zuruf: Nein, lieber Moritz, das haben wir schon ein paarmal gemacht, und dann haben wir was versäumt.

Ich hab' doch nichts dagegen, du kannst ja was anderes vorschlagen.

Vors. Egon Krenz: Bitte?

Horst Dohlus: Ich kenne viele Briefe, von denen du gesprochen hast. Und es ist an sich so, daß man zum Parteitag Anträge einreicht. Ich würde vorschlagen, in die Beschlußfassung aufzunehmen, bis zum soundsovielten sind Anträge an den außerordentlichen Parteitag an das Zentralkomitee einzureichen.

Vors. Egon Krenz: Das heißt, Aufnahme in den Beschluß: Anträge sind bis zum – das müßten wir noch mal durchrechnen, ja, weil wir haben ja nur noch vier Wochen Zeit – an das Zentralkomitee zu richten. Genosse Keßler.

Heinz Keßler: Liebe Genossen, ich muß eine prinzipielle Frage stellen.

Zuruf: Lauter!

Liebe Genossen! Ich muß eine prinzipielle Frage stellen. Es hat keinen Zweck, drum rum zu reden. Auf der letzten Tagung unseres Zentralkomitees hat der Generalsekretär unserer Partei, nachdem das Politbüro geschlossen zurückgetreten ist, in seinem Referat eindeutig erklärt, daß das gesamte Politbüro für all das, was gewesen und geschehen ist, die Verantwortung trägt.

Dieser oder jener Genosse hat, und dazu gehöre ich auch, entweder hier vor dem Zentralkomitee oder bei anderer Gelegenheit erklärt, daß er, abgeleitet von dieser Feststellung des Generalsekretärs, persönlich die volle Verantwortung für das, was gewesen und geschehen ist, mit trägt. Und natürlich stellen die Genossen, mir geht es zum Beispiel so, an mich die Frage, wenn du also, wie du selbst gesagt hat, in Übereinstimmung mit dem, was der Genosse Generalsekretär gesagt hat, die persönliche Verantwortung mit trägst, wo ist bei dir dann die Garantie, daß du nicht in Zukunft so, wie das in dieser Erklärung zum Ausdruck kommt, gleichermaßen verfährst und dich gleichermaßen verhältst?

Ich habe es aus Gründen der Parteidisziplin, im Unterschied zum Genossen Willi Stoph heute[7] – die Genossen, die mich kennen und die dabei waren, sind Zeuge – vermieden, innerhalb des Politbüros des Zentralkomitees vom Stand-

7 Willi Stoph hatte in der Volkskammer dargelegt, »daß der Ministerrat und ich als sein Vorsitzender den verfassungsmäßigen Pflichten nicht voll nachgekommen sind« und hinzugefügt: »Unsere Kompetenz war bekanntlich wesentlich eingeschränkt. (...) Durch Entscheidungen, die nicht im Ministerrat getroffen wurden, war die planmäßige, proportionale Entwick-

punkt des Grades der Verantwortung zu differenzieren, mich irgendwie herauszustellen oder tiefer zu stellen wie andere, sondern ich hab' mich eingereiht in diese kollektive Verantwortung. Damit geben sich die Genossen natürlich nicht zufrieden und stellen schriftlich oder mündlich die Frage: Wenn du uns das nicht eindeutig beantwortest, können wir dir das Vertrauen weder als Mitglied des Politbüros oder als Kandidat des Politbüros noch in deiner staatlichen Funktion geben, bei aller Würdigung dessen, was du geleistet hast und so weiter und so fort.

So ist konkret in meinem Falle für mich die Situation. Und ich erkläre ganz offen: Wenn ich durch die Tatsache, daß ich als Mitglied des Politbüros des Zentralkomitees gewählt wurde, einer zukünftigen positiven Entwicklung, einer Erneuerung, einer revolutionären Erneuerung des Sozialismus, zu der ich meine volle Bereitschaft hier vor dem Zentralkomitee erklärt habe, im Wege stehe, bin ich bereit, von dieser Funktion zurückzutreten. *(Unruhe)*

Zuruf: Es geht um den Beschluß hier. Ob wir dem Beschluß zustimmen oder nicht!

Na, das hängt ja damit zusammen.

Vors. Egon Krenz: Die Frage ist jetzt, ob wir über den Beschluß abstimmen oder eine Diskussion machen. Ich hab' die Sache so verstanden, daß Genosse Keßler noch mal was zur Verantwortung sagen wollte. Und da möchte ich noch mal ganz eindeutig mich äußern. In der Präambel unseres Aktionsprogramms gibt es dazu klare Aussagen, die kollektive Verantwortung, und es gibt auch die Aussage, die ja hier während der Diskussion aufgenommen worden ist, daß auch Genosse Honecker als ehemaliger Generalsekretär eine hohe Verantwortung trägt. Wir haben außerdem ausgeschlossen aus dem Zentralkomitee Genossen Mittag und Genossen Achim Herrmann. Genosse Mittag ist abgelöst worden als Stellvertreter des Vorsitzenden des Staatsrates, und heute wurde die Frage an Genossen Herrmann gestellt, daß er sein Volkskammermandat niederlegt.[8] Wir haben uns aber entschlossen, diese Frage im Komplex zu stellen, weil's möglicherweise weitere solcher Fragen gibt.

Also, worum es jetzt geht: Wenn jeder jetzt zu seiner Verantwortung sprechen würde, dann würden wir alle, Genossen, sehr unangenehme Fragen gestellt bekommen, alle! Ich weiß nicht, ob jemand hier ist, der sagen würde: Ich nicht!

Moritz Mebel: Ich nicht!

Zuruf von Egon Krenz: Du nicht?

Nein, ich nicht! Obwohl ich die Verantwortung voll und ganz mit trage, das habe ich von Anfang an gesagt, und das möchte ich hier noch einmal sagen. Ich habe mich heute geschämt vor dieser Sitzung der Volkskammer, was ich

lung der Volkswirtschaft stark beeinträchtigt« (vgl. Volkskammer der DDR, 9. Wahlperiode, 11. Tagung, Montag, den 13. November 1989, Stenographische Niederschrift, S. 255). Auf die Nachfrage, wer die Einschränkungen zu verantworten hatte, erklärte Stoph: »Der Vorsitzende des Staatsrates und Generalsekretär des ZK der SED und der Stellvertreter des Staatsratsvorsitzenden, das Mitglied des Politbüros, Mittag« (ebd., S. 258).

8 Vgl. ND, 14. November 1989.

dort gehört habe. Das bedeutet nicht Konfrontation auch der Meinungen. Das soll und muß es geben. Aber wir sind eine Partei –

Zuruf von Egon Krenz: Genau so!

– und das haben wir hier auszutragen und nicht in der ganzen Welt rumzuschmieren.

Zurufe: Genau so! (Lebhafter Beifall)

Vors. Egon Krenz: Bitte schön!

Siegfried Funke: Ich stimme voll zu, daß wir einen Sonderparteitag machen müssen. Das ist mehr als notwendig. Ich möchte auch sagen, daß mir die Genossen, als ich nach Hause kam, ihre große Enttäuschung mitgeteilt haben und ein großes Mißtrauen in uns, daß eine Parteikonferenz beschlossen wurde, um irgend etwas zu umgehen.

Das ist sicherlich auch gesagt worden. Ich muß auch sagen, der Genosse Lorenz hat schon am Freitag oder Donnerstag darauf hingewiesen, was uns passieren kann, wenn wir hier uns nicht für den Parteitag entscheiden, das wird die Spaltung der Partei, hat er gesagt. Ich sage das nicht wegen Rechthaberei oder so was. Aber wir müssen auch endlich begreifen, meiner Meinung nach, wie es Gerhard Beil hier gesagt hat, daß wir überlegen müssen, nicht immer nur einen Schritt hinterherzugehen, sondern vier oder fünf Schritte vielleicht voraus, sonst wirft man uns diese Halbherzigkeit vor und die Unfähigkeit – ich sag das mal so –, die Wende zu vollziehen. Wir müssen diese Gegenschritte beachten, auch jetzt vielleicht noch, wenn es noch Zeit ist. Und wir müssen uns auch heute einen Standpunkt zu den Bezirksdelegiertenkonferenzen erarbeiten. Es wird schon gefordert, und die Kirche hat gestern in einem Kommentar am Morgen gesagt: Junger Wein in alten Schläuchen. Und das ist eindeutig! Sie hat auch gesagt, jetzt müssen wir aufpassen, der Ministerrat ist zurückgetreten, das Politbüro ist auch neu, aber die unteren Ebenen, die sind immer noch mit den alten Leuten besetzt. Da müssen wir aufpassen, daß uns hier nichts passiert, nicht mit den alten Leuten, mit den mittleren Kadern, die da nicht so recht mitspielen.

Zuruf: Ist ja nicht wahr! (Unruhe, Klingel des Vorsitzenden)

Ich möchte auch aus einer anderen Sicht heraus bitten, weil der Genosse Krenz jetzt sagt, wir werden nach der Verantwortung gefragt: Zur Zeit werden draußen in den Betrieben Parteisekretäre reihenweise abgeschlachtet.

Zuruf: Genau!

Sie müssen sich gerade bekennen für das, was das Politbüro getan hat. So ist es im Moment. Ich muß mal sagen, es ist auch schon ein Psychoterror, der hier entwickelt wird. Mir hat heute mal in der Volkskammer dieser Appell gefehlt an die humanistischen Ideale oder Dinge, daß man auch noch unter zivilisierten Menschen ist!

Es gibt einen großen Widerspruch in unserer Gesellschaft. Die Freude über die Reisen ist riesengroß, und die Partei fängt an, sich innerlich aufzureiben. Das ist für mich auch im Moment Sache – deshalb bin ich auch der Meinung, es muß über die Verantwortlichkeiten etwas mehr gesagt werden.

Ich möchte aus einem ganz bestimmten Grunde, aus keinem anderen, als der Frank Fichte am vorigen Freitag gesagt hat, nochmals den Antrag stellen, den alten Genossen, ich kenne sehr viele hier, die ich riesig schätze, heute vielleicht die Möglichkeit zu geben, hier zu sagen: Ich trete (zurück) oder ich stelle mein Amt oder meine Funktion zur Verfügung, daß wir die Möglichkeit haben, als Zentralkomitee, ihnen noch mal in allen Ehren zu danken. Ansonsten – ich sage das – ist das wie ein Faß Dynamit, und sie werden nie wieder aufgestellt. Ich tue das, um den Genossen – und ich sag das auch hier – eventuell das zu ersparen, was sich heute nur in Ansätzen in der Volkskammer abgespielt hat. Ich bitte darum, daß über diesen Antrag vom vorigen Freitag, der ja nicht beraten wurde, noch einmal abzustimmen. *(Beifall)*

Vors. Egon Krenz: Genosse Kurt Hager!

Kurt Hager: Also Genossen, ich möchte mich dafür aussprechen, dem zuzustimmen, was Egon vorgetragen hat, und die Einberufung des außerordentlichen Parteitages zu beschließen. Zweitens bin ich der Auffassung, daß der Parteitag, und das ist ja in der Tagesordnung auch vorgesehen, ein neues Zentralkomitee wählen soll und wählen wird. Wie immer das aussieht, darüber möchte ich mich nicht äußern. Drittens, daß bis zum Parteitag gar kein Grund besteht, daß ein weiterer Genosse oder weitere Genossen zurücktreten. Das wird doch auf dem Parteitag sowieso also erledigt werden durch die Neuwahl. *(Unruhe)*

Wenn wir jetzt anfangen, wieder reihenweise Genossen zurücktreten zu lassen, dann ist das ein Auflösungsprozeß. Also ich komme mir jetzt ein wenig vor, als ob wir in der mittelalterlichen Inquisition wären. Irgendwie ist das jetzt … *(Unruhe)*

Zuruf: Es ist im Moment schlimmer als im Mittelalter!

Nach meiner Auffassung – ich bin sofort fertig – ist es das Richtige, wenn die Genossen, und da knüpfe ich jetzt an das, was Heinz Keßler gesagt hat, an und auch an deine Bemerkungen, Genosse, wenn die Genossen in ihrer Funktion bleiben bis zum Parteitag und wir auf diese Weise eine Geschlossenheit zeigen in der Vorbereitung des Parteitages und die Frage auf dem Parteitag dann automatisch erledigt wird.

Vors. Egon Krenz: Bitte!

Frank Fichte: Ich habe euch gesagt, warum ich das am Freitag beantragt habe, und ich schäme mich dessen nicht. Ich habe eine hohe Achtung vor jedem Kämpfer, vor jedem Kommunisten. Aber, Genossen, an der Basis läuft das ein bißchen anders ab! Ich bin heute vormittag, damit meine Genossen weitermachen können, zurückgetreten, oder egal, wie man das nennt, nicht kapituliert. Wir haben lange darüber diskutiert. Ich bin in meiner Parteiorganisation der kleine Mittag als Parteiorganisator des ZK, und ich habe das alles zu verantworten.

Ich bin 42 Jahre, ich bin seit dem XI. Parteitag – und ich war wahnsinnig stolz darauf – Kandidat des ZK. Ich habe die Möglichkeit gehabt und bin da riesig dankbar, 1982 und 1983 an der Akademie in Moskau zu studieren. Das war was ganz, ganz Großes. Ich bin seit 1. Februar 1976 Parteisekretär – hauptamtlicher. Ich habe alles gegeben in der Zeit, sicherlich auch viele Fehler gemacht, ich muß es sagen, und ich will auch weiterkämpfen. Vielleicht kriege ich eine andere Aufgabe, egal, ich will kämpfen, daß die Partei erhalten bleibt! Ich bin auch nicht auf den Stuhl hier verrückt, ehrlich. Natürlich wäre es was Großes, wenn es weitergeht. Ich verstehe ein paar nicht, ich sage das so, ich verstehe sie nicht, daß sie nicht abtreten. Die Basis verlangt das. Ich bin am Sonnabend auf der Kreisleitungssitzung, am Sonntag auf einem Forum für vier Stunden vor 600 Genossen – vor 600 Bürgern, Genossen waren weniger dort, vorgeführt worden. »Partei – raus aus den Betrieben!«, »MfS weg!«, »Kampfgruppe weg!«, »Fichte weg!« Alles fort!

Und die Genossen stehen da und sagen: Sagt uns, wie geht's weiter? Wir lesen das Aktionsprogramm. Wir finden bloß nichts, wo was zur Partei drin steht, und wie sollen wir denn weitermachen? Machen wir in den Betrieben weiter oder machen wir nicht weiter? Wir wollen weitermachen! 250, 20 Prozent, sind ausgetreten nach der 10. Tagung. Vielleicht ist das bei mir eine blöde Ecke, das geht weiter, die treten weiter aus! Wir kämpfen wie die Verrückten! Die treten weiter aus. Heute wird der 1. Kreissekretär vorgeführt auf einem großen Forum heute abend. An der Basis sind die Genossen kaputt, glaubt mir das! Vielleicht, ich sage noch mal, vielleicht ist es woanders anders. *(Unruhe)*

Zurufe: Nein! Überall!

Ich weiß nicht, ich habe nicht die Erfahrung, wirklich nicht, aber ich glaube, wir gehen wieder bloß einen halben Schritt.

Vors. Egon Krenz: Bitte!

Herbert Richter: Genosse Krenz, am Sonnabend vormittag ist der 1. Kreissekretär unserer Industriekreisleitung zurückgetreten,[9] gestern im Sekretariat das gesamte Sekretariat. Wir haben ein neues, junges Sekretariat gewählt. Wir haben junge Genossen gefunden, die sich an die Spitze gestellt haben. Man hat mir als Generaldirektor noch einmal das Vertrauen ausgesprochen.

Gestern nachmittag hatten wir eine Beratung mit 800 Genossen. Ich möchte sagen, die Beratung war erschütternd, erschütternd, weil Genossen, die 18 und 19 Jahre in der letzten Zeit gekämpft haben für unsere Partei, für unsere Sache, weil sie weiterkämpfen wollen, weil aber nicht klar ist, warum es in der letzten Zeit in diesen Jahren zu einer solchen Situation gekommen ist, daß unsere Partei an dieser Stelle keine klare Position bezieht.

Ich habe folgende Meinung: Als ich gestern nachmittag nach 16.00 Uhr die Mitteilung bekam, daß ein Sonderparteitag ist, habe ich das bekanntgegeben. Der Saal hat Beifall geklatscht, stürmisch und sofort. Ich halte die Entscheidung, die wir heute treffen, für richtig. Ich möchte bitten, zwei Dinge zu berücksichtigen. Ich glaube, wir haben ein Politbüro gewählt, über dessen Mit-

9 Gemeint ist der 1. Kreissekretär der Industrie-Kreisleitung des Gaskombinats »Schwarze Pumpe«.

glieder wir uns alle einig waren. Dieses Politbüro muß unsere Partei leiten bis zum Sonderparteitag. *(Beifall)*

Bloß – ich habe zweitens die Bitte: Wir haben in unserem Zentralkomitee eine Anzahl Genossen, die ihre kollektive Verantwortung bekannt haben. Ich hätte die Bitte an sie, ehrlich und offen auszusprechen, daß die Arbeit dieses Zentralkomitees in Vorbereitung des Parteitages ohne sie verläuft, daß sie bitten, nicht Mitglied des Zentralkomitees zu bleiben. Wir brauchen Ruhe, moralische Sicherheit zur Vorbereitung des Sonderparteitages! *(Beifall)*

Das ist mein Vorschlag.

Vors. Egon Krenz: Genosse Böhme!

Hans-Joachim Böhme: Ich unterstütze den Vorschlag zur Einberufung des außerordentlichen Parteitages.

Zuruf: Lauter! Geh' ans Mikro!

Ich möchte zur Bemerkung des Genossen Krenz über Verantwortung und Neubeginn etwas sagen.

Ich bin sehr dafür, daß wir den Genossen, die wir wieder in das Politbüro gewählt haben, volles Vertrauen entgegenbringen und diese Arbeit stützen. Aber ich bin nicht einverstanden, wenn Genosse Schürer sich heute mit wissentlich falschen Bemerkungen in der Volkskammer profiliert mit der Replik, daß es möglich gewesen sei, als Minister im Ministerrat eine Vorlage einzubringen, wenn die Wirtschaftsleute nicht einverstanden waren.[10] Damit fangen wir von neuem an, wir müssen endlich mal Schluß machen mit einer bestimmten Sache. Ich habe in meinem schriftlich eingereichten Diskussionsbeitrag einige dieser Probleme aufgeworfen, gleichzeitig die Probleme der 7. Tagung ... *(Unruhe)*

Vors. Egon Krenz: Genosse Böhme, ich bitte um Verzeihung. Also, ich möchte gerne Diskussion haben, ich bin für volle innerparteiliche Demokratie, aber wenn es hier um das Schicksal der Partei geht, die Frage noch hier in Streit zu bringen, ob man eine Vorlage einbringen durfte oder nicht, das halte ich wirklich für zu klein! Entschuldige bitte. *(Beifall)*

Hans-Joachim Böhme: Ich auch, Genosse Krenz, und deshalb möchte ich nicht weiter darüber sprechen und nur vorschlagen, daß wir Verantwortung tragen, indem wir diese Dinge wegnehmen und dafür sorgen, daß die Partei geschlossen auftritt.

Vors. Egon Krenz: Jeder will Verantwortung tragen, aber stellt sich vor und sagt: Ich war auch dabei, oder sonst – Ich denke, hier ist ein Antrag gestellt worden, Genossen, und jetzt laßt uns über diesen Antrag abstimmen. Das ist doch eine unerträgliche Situation! Drei-, viermal am Tage kriege ich von verschiedenen Genossen, die erst einmal das vorgeschlagen haben, dann

10 Gerhard Schürer hatte in der Volkskammer den Vorwurf von Minister Hans-Joachim Böhme zurückgewiesen, die Einreichung einer Ministerrats-Vorlage habe an der fehlenden Unterschrift der Staatlichen Plankommission scheitern können. Vgl. Volkskammer der DDR, 9. Wahlperiode, 11. Tagung, Montag, den 13. November 1989, Stenographische Niederschrift, S. 260.

das vorgeschlagen haben, eine andere Meinung. Genossen! Ich bitte auch einmal daran zu denken, wenn man kämpfen will, dann muß man zusammenstehen! Ich bitte um Verzeihung hier. *(Beifall)*

Ich halte das für unerträglich, auch von Mitgliedern des Zentralkomitees an einem Tag einen Brief zu kriegen, wir machen eine Parteikonferenz, am andern Tag unterschreiben die gleichen Genossen, wir machen einen Parteitag.[11] Und wenn wir den heute beschließen, schreiben sie morgen, wir müssen ihn übermorgen machen. Also das ist doch unerträglich!

Wir brauchen doch eine Disziplin in dieser Partei! Wir sind doch kein zusammengelaufener Haufen! Entschuldigt bitte! Ich bitte um Verzeihung, Genossen, aber wir – irgendwo sind ja die Nerven auch …

So, also jetzt ist der Antrag gestellt worden, ob es Genossen gibt, so habe ich dich verstanden, die im Interesse der Einheit der Partei, im Interesse der Arbeit in den Grundorganisationen sagen, aufgrund der Tatsache, daß sie Mitverantwortung tragen, wollen sie bis zum Parteitag nicht mehr im Zentralkomitee bleiben. So hast du das formuliert, ja? Das ist eine schwere Frage. Da müßte sich jetzt jeder Genosse äußern – Genosse Postler!

Erich Postler: Vielleicht machen wir eine Pause, damit sich die Genossen das überlegen können. *(Unruhe, Unverständliche Zurufe)*

NN: Ich möchte eine zweite Frage stellen. Es wird davon gesprochen, daß die Briefe von der Parteibasis analysiert wurden. In der Tagesordnung des Parteitages ist nicht enthalten: Änderungen am Statut. Ich will die Frage aufwerfen, damit wir nicht morgen wieder die Diskussion haben. Machen wir eine Linie, aber das Statut bleibt das gleiche. Das ist die Frage, die Genosse Kant aufgeworfen hat. Es gibt ja eine Reihe von Forderungen, bestimmte Regelungen zu treffen, Kontrollmechanismen zu schaffen. Ich will die Frage nur stellen, damit wir nicht morgen wieder diskutieren. *(Unruhe)*

Siegfried Lorenz: Also Genossen, sicher sind wir uns alle darüber im klaren, daß das Statut, das jetzt geltende Statut, geändert werden muß.

Zweitens ist es sicher schwer möglich, bis zum außerordentlichen Parteitag bereits ein neues Statut vorzulegen, zumal die Forderung der Partei völlig berechtigt ist, wenn Statut, dann muß es in der ganzen Partei diskutiert werden. Und das ist in fünf Wochen unmöglich.[12]

Drittens. Es ist vorgesehen, vielleicht können wir das noch präzisieren, unter dem Punkt Beschlußfassung, der für den Parteitag ins Auge gefaßt ist, zwei

11 In einem Brief an das Politbüro hatte Helmut Müller, ZK-Mitglied und 2. Sekretär der SED-Bezirksleitung Berlin, sich nach der 10. ZK-Tagung selbst bezichtigt, der Einberufung einer Parteikonferenz »voreilig« zugestimmt zu haben, und statt dessen gefordert, einen außerordentlichen Parteitag durchzuführen, um der Gefahr einer Spaltung der SED zu entgehen. Sein Brief war von weiteren 17 Mitgliedern und Kandidaten des ZK unterzeichnet worden. Vgl. dazu: SAPMO-BArch, DY 30/IV 2/1/715.

12 Tatsächlich wurde vom außerordentlichen Parteitag der SED/PDS ein vorläufiges, neues Statut angenommen. Vgl. Außerordentlicher Parteitag der SED/PDS. Partei des Demokratischen Sozialismus, 8./9. und 16./17. Dezember 1989, Materialien, Berlin 1990, S. 139 ff.

Dinge zu beschließen: erstens die Ausarbeitung einer programmatischen Grundlage oder eines neuen Parteiprogramms und das öffentlich zur Diskussion zu stellen über einen längeren Zeitraum und zweitens auszuarbeiten ein neues Parteistatut und ebenfalls zur Diskussion zu stellen, nachdem es im Zentralkomitee behandelt worden ist, und drittens den Auftrag auszulösen, eine neue Wahlordnung in der Partei auszuarbeiten und die ebenfalls zu diskutieren. Aber alles auf einmal und in einer Woche, das ist einfach undenkbar und würde die Solidität auch, die wir ja brauchen in der Partei, das Mitspracherecht unserer Genossen völlig weiter in Frage stellen.

Vors. Egon Krenz: Bitte!

Marianne Weinhauer: Ich möchte nur eine Frage stellen. Ich muß vorausschicken, daß ich für entweder einen vorgezogenen Parteitag oder einen außerordentlichen Parteitag war. Bei unserer letzten Beratung wurde auf das Parteistatut verwiesen, das ich – muß ich zu meiner Schande gestehen – nicht so im Kopf habe, und bekundet, daß ein außerordentlicher Parteitag laut Statut also in zweimonatiger Frist einberufen werden kann.

Zuruf: Innerhalb zweier Monate!

Das war die Begründung zu unserem Beschluß, das wurde von Genossen Stoph formuliert, daß wir uns zu einem Parteitag entschieden haben – *(Unruhe)* – zu einer Parteikonferenz entschieden haben. Ich möchte diese Frage beantwortet haben, weil ich jetzt beim schnellen Durchlesen auch nicht einen Passus finden kann, der dem widerspricht. Also, entweder wir setzen das Statut in diesem Punkt außer Kraft, oder ich habe es überlesen, daß es möglich ist, so zu handeln. Ich muß noch mal erklären, ich bin für einen außerordentlichen Parteitag, weil auch meine Genossen sagen, mit einem alten Zentralkomitee sind solche schnellen Dinge, die die Wende erfordert, nicht möglich.

Vors. Egon Krenz: Also im Statut steht folgendes: Ordentliche Parteitage finden in der Regel einmal in fünf Jahren statt. Das Zentralkomitee kann entweder aus eigener Initiative oder auf Verlangen von mehr als einem Drittel der Parteimitglieder außerordentliche Parteitage in zweimonatiger Frist einberufen. – Und zweimonatige Frist, sagt man mir, ist auslegbar. Das heißt, man kann ihn sofort einberufen für die nächste Woche, aber man muß ihn spätestens bis Ende des zweiten Monats einberufen. Das heißt, daß wir in der Lage sind, ihn einzuberufen. Und noch etwas: Im Falle einer Nichteinberufung, das ist das, was ich vorhin zitiert habe, brauche ich nicht noch einmal darauf zurückzukommen, und dann geht es schon darum, daß Einberufung und Bekanntgabe der Tagesordnung ordentlicher Parteitage mindestens acht Wochen vor dem Tagungstermin erfolgen müssen. Also wenn bei ordentlichen Parteitagen acht Wochen reichen, dann kann ich mir vorstellen, daß man diese Auslegung so treffen kann, daß man innerhalb von zwei Monaten den Parteitag einberufen kann.

Kurt Hager: Genossen, entschuldigt, aber ich möchte noch einmal dafür plädieren, nicht nur den Parteitag einzuberufen, sondern keine Veränderung vorzunehmen, obwohl ich verstehe, was die Genossen bewegt, die hier gesprochen haben. Warum? Dieses Zentralkomitee ist auf dem XI. Parteitag gewählt worden. Es sollte auf dem außerordentlichen Parteitag abgewählt werden und durch ein neues ersetzt werden. Wenn wir jetzt anfangen, eins, zwei, drei, vier, fünf, sechs, zehn Genossen – ich weiß nicht, wer alles in Frage kommt – aufzufordern zurückzutreten – glaubt ihr denn, daß dann das draußen nicht zu einer Welle von Forderungen, ebenso zu verfahren, führen wird? *(Große Unruhe, erregte Zurufe)*

Egon Krenz: Liebe Genossen! (Klingel des Vorsitzenden)

Muß man denn dieser Tendenz nachgeben? Müssen wir das? Oder können wir nicht wirklich mit diesem Zentralkomitee zu dem außerordentlichen Parteitag im Dezember gehen und dort auch die Verantwortlichkeit genau wiedergeben, die jeder, die wir kollektiv haben, und jetzt nicht ein Experiment beginnen. Jetzt ist der Heinz Keßler aufgestanden, als nächster wird Schürer aufstehen müssen, als nächster wird Schabowski aufstehen. Das ganze Politbüro, das wir gewählt haben, wird aufstehen.

Zuruf: Er hat recht! Laß doch abstimmen, Egon, er hat recht!

Egon Krenz: Bitte!

Helmut Morche: Zwei Bemerkungen möchte ich machen. Erste Bemerkung: Genossen, wir entscheiden unter Druck, und dieser Druck liegt auch über der heutigen Entscheidung. Wir können überhaupt nicht mehr zurück, nachdem der Generalsekretär über das Fernsehen diese Entscheidung des Politbüros bekanntgegeben hat.

Zuruf: Jawohl!

Eine andere Entscheidung heute als die, den Parteitag einzuberufen, würde uns der Lächerlichkeit aussetzen. Eine zweite Bemerkung möchte ich machen. Die Forderung von der Basis nach einem außerordentlichen Parteitag auch in meiner Grundorganisation am gestrigen Nachmittag war sehr heftig, weil die Entscheidungsmöglichkeiten auf einer Parteikonferenz nicht den Forderungen der Genossen entsprechen nach komplettem Ersatz dieses Zentralkomitees. Und wir stehen an der Front und müssen uns dafür verantworten, und nicht nur die Mitglieder und Kandidaten des Zentralkomitees, sondern viele meiner Genossen als Sekretäre der Parteiorganisation. Und ich will unterstreichen die Situation. Es sind keine Einzelbeispiele, die hier genannt wurden, wie die Situation an der Basis ist. Mir geht es, Genossen, um die Erhaltung der Einheit der Partei! Die ist ganz gefährdet in dieser Situation, und deshalb bin ich dafür, den Beschluß heute so zu fassen und so zu verabschieden. *(Zustimmende Zurufe, Beifall)*

Vors. Egon Krenz: Genosse Schabowski!

Günter Schabowski: Ich wollte – ich habe eben nicht richtig verstanden – *(Unruhe)* – was der Genosse ...

Vors. Egon Krenz: Der Antrag war, über den Beschluß zur Einberufung des außerordentlichen Parteitages abzustimmen.

Zurufe: Jawohl!

Günter Schabowski: Ja gut, dann ziehe ich ...

Egon Krenz: Ja bitte – du hattest dich doch aber ...

Günter Schabowski: Ich wollte eine Sache zu bedenken geben, Kurt, ja, zu dieser Frage mit dem Ausscheiden aus dem Zentralkomitee. Die Vorstellung, die du geäußert hast, daß ihr und wir alle also auf diesen Parteitag kommen und dort sozusagen noch einmal gucken und sitzen, und dann also werden wir sozusagen nicht wiedergewählt, ist eine Illusion! Wir müssen alle gewählt werden, und wir müssen in Grundorganisationen gewählt werden.

Und nun frage ich euch, Genossen, bei der Lage und bei dem Druck also möchte ich wissen, wie die Parteiversammlung ausgeht, in der die Genossen also, die jetzt also so kritisch betrachtet werden, wie die da rauskommen. Das wird eine ungeheure Belastung werden, das sage ich euch. Und ob wir dabei überhaupt noch gewählt werden, das ist auch eine Frage. Aber wenn darüber schon vorher Klarheit bestünde, dann würde es sicherlich dem Generalsekretär helfen, diesen außerordentlichen Parteitag vorzubereiten, mit einem gewissen Ausblick darauf, daß wir die Einheit und Geschlossenheit der Partei dort sichern können. Also das bitte ich doch zu berücksichtigen. Also wir gehen ja nicht alle mit dem Täschchen auf den Parteitag. *(Beifall)*

Vors. Egon Krenz: Genosse Walde. *(Unruhe)*

Günter Schabowski: Ich schlage vor, abzustimmen, daß wir die Empfehlung unterstreichen an die Genossen, an die sie gerichtet wurde, sich dazu zu entschließen und den Antrag zu stellen, daß sie von ihrer Funktion im ZK entbunden werden.

Werner Walde: Liebe Genossen! Ich bin schon länger der Überzeugung, daß die Erneuerung der Partei die Erneuerung der Kader verlangt. Und wenn die Kader, auch ich, gegenwärtig bei der Vorbereitung des Parteitages, für den ich voll bin, zu einer Belastung geworden sind, oder umgekehrt, ich die Arbeit der Partei erleichtern kann dadurch, daß ich jetzt aus der Funktion eines Mitglieds des Zentralkomitees ausscheide, und das kann für den Bezirk Cottbus, nicht für die DDR, aber für den Bezirk Cottbus ganz bestimmt Bedeutung haben, dann bin ich bereit, das heute abend in einer Liste einzutragen. Und ich denke an Gorbatschow, wie der das gemacht hat. Der hat eine Liste – soviel ich das im Kopf habe – eine Liste ausgelegt oder ein bißchen nachgeschoben, ich weiß das nicht. Aber Genossen, wenn wir den Kampf der Partei erleichtern können dadurch, daß wir jetzt von den Funktionen des Zentralkomitees zurücktreten, dann bin ich das der Partei schuldig. *(Beifall)*

Mit folgender Einschränkung: Die Genossen des Politbüros haben den Auftrag des Zentralkomitees, den Parteitag vorzubereiten. *(Beifall)*

Also ihr habt keine Alternative, Genossen. Und Genossen, ich will noch ein Zweites sagen. Gestern war Sonntag, nicht? Das geht jetzt so schnell. Da habe ich unterschrieben mein Rücktrittsgesuch als Volkskammerabgeordneter.[13]

13 Egon Krenz schlug der SED-Fraktion in der Volkskammer schließlich vor, 27 Spitzenfunktionäre, darunter Werner Walde, von ihrem Abgeordnetenmandat zu entbinden. Deren Platz nahmen SED-Nachfolgekandidaten ein. Vgl. dazu ND, 17. November 1989.

Denn ich habe mir gesagt, wie wirkt denn das nun im Bezirk Cottbus, wenn ich weiter teilnehme an der Arbeit der Volkskammer, wobei ich zur Zeit weiß, daß ich als Erster Sekretär und als Kandidat des Politbüros kein Vertrauen der Wähler mehr habe. Ich habe die Briefe sogar abgegeben, und dann bin ich nach Hause gefahren und hab' gesagt: Walde, du bist ein Schwein. Morgen, heute, fällt eine Entscheidung, und meine Stimme könnte fehlen. Und da bin ich heute früh, obwohl die Briefe schon in Berlin waren, wieder zur Volkskammer gefahren, und ich bin entschlossen, wenn ihr mir das noch gestattet, sozusagen die neue Regierungsmannschaft Modrow mit auf den Weg zu schicken, damit meine Stimme da sein wird. Aber dann lege ich mein Mandat nieder, Genossen, denn ich möchte mal wissen, wie die Zuschauer heute am Fernsehen geguckt haben, wenn sie uns alte Grauköpfe gesehen haben, die wir uns in ihren Augen schuldig gemacht haben. Und wir entscheiden wiederum über die Dinge in der Volkskammer. Das kann nicht gelten für die normalen, für die, für die – Ich meine, das gilt für die, die sozusagen durch ihre leitende Funktion und ihre Fehler und ihre Verantwortung so in die Kritik, in die berechtigte Kritik geraten sind.

Das sind meine zwei Gedanken. Und ich möchte etwas Drittes sagen, Genossen. Ich weiß, daß das Politbüro jetzt ganz andere Sorgen hat. Aber vielleicht ist es möglich, aus den vielen, vielen Mitarbeitern des Zentralkomitees doch eine Gruppe zu bilden, die sich mal ein paar Köpfe macht, was mit den vielen hauptamtlichen Parteisekretären und Kreissekretären geschehen könnte, die jetzt von den Genossen zum Teufel gejagt werden. Die stehen nämlich rum, die machen sich Gedanken – *(Starker Beifall)* – die wissen nicht, wie sie sich verhalten sollen. Die wissen vielleicht nicht, wie sie nächste Woche leben sollen, denn sie werden nahezu gejagt. Und da könnte man sich hier oben – nicht ihr, weil ihr euch um den Parteitag kümmert; aber einige sollten sich darüber auch einen Kopf machen, wie man sich um diese treuen Kader kümmert.

Zuruf: Das ist ja bereits der Fall!

Das wußte ich nicht. Pardon!

Vors. Egon Krenz: Genosse Dickel.

Friedrich Dickel: Liebe Genossen! Wir sind alle unterschiedlich lange Jahre Mitglied der Partei. Ich bin es seit 1931. Wie der einzelne zur Sache gestanden hat, ich glaube, so wie wir uns heute hier zusammengefunden haben, gewählt wurden, haben wir unsere Aufgaben mit mehr oder weniger Erfolg und Verantwortung durchgeführt.

Ich bin seit 1967 Mitglied des Ministerrates. Das, was an Gutem, und das, was auch an Ungutem und was an Fehlern gemacht wurde, muß ich schließlich verantwortlich mittragen. Da komme ich gar nicht drum herum. Ob ich das persönlich in meinem Ressort richtig oder weniger richtig getan habe, werde ich am Mittwoch auf dem Parteiaktiv sagen.

Ich bin dafür, das habe ich eingereicht, und ich sage ganz offen, nicht deswegen, weil ich vielleicht nun 76 Jahre werde, ich habe noch einen klaren Verstand, und ich habe noch in etwa auch noch Kraft. Aber hier ist eine tiefgehende Krise im Lande, in der Partei, und wir tragen die Verantwortung. Da kommen wir auch nicht draus raus. Ob wir das gesehen – mehr oder weniger gesehen haben, das sei dahingestellt. Ich sage ganz offen, es gibt ja auch Beispiele, die sind gar nicht so lange her. – Ich bin dafür, ich sage es ganz offen, ich trage da keinem etwas nach, das trage ich nur für mich, für meine Verantwortung als Mitglied und als Kommunist. Wenn heute hier beschlossen wird, zu empfehlen, ich für meine Person nicht, weil ich dann die Altersgrenze schon lange überschritten habe, mit dem Rücktritt der Regierung ist mein Auftrag im Rahmen der Regierung und meines Ressorts aufgelöst worden, egal, wie ich es sage, beendet, besser gesagt. Ich bin der Meinung, ich habe '67 – später oder etwas früher – ich habe '63 das Ministerium übernommen, und 1967 wurde ich auf dem Parteitag gewählt. Das war ja auch ein Mandat.

Kurz und gut, ich bin der Auffassung, wir sollten der neuen Führung, unserem Politbüro und dem Zentralkomitee, auf diesem Wege – Und hier ist auch die Frage dargestellt worden der Basis. Wenn das richtig geschieht, ich für meine Person sage, ich trete zurück, ich gebe mein Mandat zurück, oder wie ich das nun formuliere oder formuliert werden soll oder kann. Ich nehme an, daß die Partei, das Zentralkomitee und die Partei, den Genossen, die diesen Entschluß fassen, den Dank aussprechen. Wir werden weiter als Kommunisten, das habe ich an anderer Stelle auch an den Generalsekretär gesagt – *(Wachsende Unruhe)* – ich werde weiter meine Pflicht als Kommunist tun, und ich glaube, daß das auch bei allen Mitgliedern und Kandidaten unserer Partei verstanden wird. *(Beifall)*

Zuruf: Genossen!

Vors. Egon Krenz: Ja, Moment, jetzt hat Hans Modrow das Wort, und dann kommst du. Entschuldige, ja?

Hans Modrow: Liebe Genossinnen und Genossen! Zunächst, was die Volkskammer anbetrifft, würde ich darum bitten, daß der Werner und auch andere, die sich mit ähnlichen Gedanken tragen, das mit Gründlichkeit zu überlegen haben und kein Schritt vollzogen wird, ohne daß wir uns, das heißt das Politbüro und ihr, darüber verständigen. Aus folgendem Grunde: Wenn wir die Volkskammer auflösen wollen, dann müssen wir das tun. Und dann müssen wir Wahlen ausschreiben. Oder wir bleiben dabei, daß wir mit der Volkskammer so lange arbeiten, wie wir Chance haben, um im Lande im Prinzip folgendes zu erreichen. Meine Einschätzung ist etwa folgende:

Wenn wir gegenwärtig Wahlen machen, können wir uns alle ausrechnen, wie hoch der Prozentsatz für die SED sein wird. Es können sich auch die anderen Parteien ausrechnen, wie sie aussehen, und das Land wird nachfolgend von Leuten regiert werden, bekommen Menschen in die Hand, die darauf, das darf man in diesem Plenum sagen, wir veröffentlichen ja darüber nichts, die darauf in keiner Weise vorbereitet sind. Und die das selber sich auch, wo sie reif und vernünftig sind, eingestehen und selber sagen: Es hat keinen Zweck, jetzt mit einer Wahl zu beginnen, die mindestens, frühestens in einem Jahr stattfinden sollte, im Herbst 1990, aber ja nicht bis Weihnachten.

Ich habe das auch in der Öffentlichkeit ausgesprochen, als man mich von der westlichen Seite fragte, welche Bemerkung ich zu dem Verhalten und zu dem schnellen Drängen von Bundeskanzler Kohl habe: Er möge bitte nicht so tun, als sollten freie Wahlen in der DDR bis Weihnachten durchgeführt sein. Das ist weder auf der einen noch auf der anderen Seite heute das, was man braucht und worauf man sich einstellen darf. Hier gehe ich davon aus, daß die Volkskammer fähig bleiben muß, ihre Arbeit zu leisten. Aber in dem Problem der Volkskammer steckt natürlich auch eine bestimmte Frage unseres Zentralkomitees. Wenn ich auf der zurückliegenden 10. Tagung auch in meinem Diskussionsbeitrag an die Parteikonferenz der KPdSU erinnert habe, dann eindeutig mit der Überlegung, daß auch wir eine Parteikonferenz einberufen und an Genossen die Frage zu stellen ist, daß sie in der Tat für eine Erneuerung im Zentralkomitee Raum und Platz geben. Das war meine Überlegung, damit draußen, wenn wir schon den Schritt zum außerordentlichen Parteitag nicht vollziehen, ein Signal darin besteht, daß – weiß ich – 30 oder 40 Plätze im ZK frei sind, damit man weiß, es gibt eine Erneuerung.

Wenn wir zu einem außerordentlichen Parteitag gehen, dann fordert das Statut die Rechenschaftslegung des Zentralkomitees. Das auf jeden Fall.[14] Und damit, glaube ich, ist auch eines eindeutig zu sagen: Ich lebe, das muß ich nun so eingestehen, seit einer Woche nicht mehr unmittelbar in der Parteibasis, da ich, verbunden mit meiner Arbeit an der Regierungserklärung nicht unmittelbar in Grundorganisationen gewesen bin. Aber wenn ich den Frank richtig verstehe, so geht es nicht darum, daß wir hier heute gewissermaßen die massenhafte Niederlegung der Mitgliedschaft im Zentralkomitee vor uns haben. Was wir wirklich vor uns haben, Genossen, und darin liegt – wenn ihr so wollt – die Halbheit der letzten Tagung, daß wir die unten immer wieder anstehende Frage der Namensnennung derer, die die unmittelbare Verantwortung tragen und über Günter Mittag und über Joachim Herrmann hinausgehen, daß hier Fragen stehen und diese Probleme eine Rolle spielen.

Und da ist notwendig, daß die Genossen, die hier mit großen Emotionen sprechen, auch dann den Mut haben und sagen: Es geht. Und nach meiner Meinung werden wir am Ende bei einer Handvoll landen und nicht bei einer Situation, daß Genosse Fritz Dickel und alle sich nun die Frage stellen, daß das sein soll. Der Fritz Dickel steht, nach meiner Kenntnis, bei euch im Betrieb, steht er da zur Diskussion?

Zurufe: Nein!

Nein, der steht gar nicht zur Diskussion. Das ist mein Empfinden auch.

14 Dem außerordentlichen Parteitag der SED/PDS wurde ein Rechenschaftsbericht ehemaliger führender Funktionäre »Zu Ursachen für die Krise in der SED und in der Gesellschaft« vorgelegt, den der Parteitag allerdings nicht akzeptierte. Der Rechenschaftsbericht ist dok. in: Hans-Hermann Hertle/Theo Pirker/Rainer Weinert, »Der Honecker muß weg!« Protokoll eines Gespräches mit Günter Schabowski am 24. April 1990, Berlin 1990 (Berliner Arbeitshefte und Berichte zur sozialwissenschaftlichen Forschung, Nr. 35) sowie in: Günter Schabowski, Das Politbüro. Ende eines Mythos, Reinbek 1990, S. 179 ff.

Also, es ist schon notwendig, daß wir dann den Mut haben und sagen, es geht um die drei, vier Namen. Und diese Genossen sollen sich dann echt besinnen. Und nicht, daß wir in eine Situation hineingehen, wo wir uns sozusagen gemeinsam verabschieden wollen und möchten dann das kleine Politbüro in seiner Zahl übriglassen, und dann soll sich das dem Parteitag stellen. Dann sozusagen geht überhaupt nichts mehr auf. Wie wollen wir denn einen Parteitag machen, der eine Rechenschaft des Zentralkomitees zu fordern hat. Also ich bitte, daß die Dinge dann auf den Punkt gehen und daß wir uns zu dem Punkt entscheiden, aber nicht, daß wir sozusagen hier eine Auflösung des Zentralkomitees betreiben, das in Verantwortung und zur Rechenschaft auf diesem Sonderparteitag ansteht. *(Lebhafter Beifall)*

Vors. Egon Krenz: Worin besteht dein Antrag jetzt?

Hans Modrow: Der Genosse Frank Fichte und die, die ihre Fragen gestellt haben, sollen konkret werden!

NN: Ich höre immer, wer nicht zur Disposition steht. Wer steht denn hier eigentlich zur Disposition?

Hans Modrow: Frank, nun werde konkret!

Frank Fichte: Ich habe den Antrag gestellt und möchte ihn noch mal formulieren, wie ich ihn gestellt habe. Das jetzt gewählte Politbüro hat das volle Vertrauen und muß den Parteitag vorbereiten. An die Mitglieder des alten Politbüros, wo wir die kollektive Verantwortung festgestellt haben, an die geht meine Bitte – an die Mitglieder und Kandidaten des alten Politbüros geht meine Bitte –, diesen Schritt zu machen, damit wir in der weiteren Arbeit nach unten glaubwürdig bleiben. Ende. *(Beifall)*

Vors. Egon Krenz: Bitte!

NN: Bei uns steht ganz genau die gleiche Frage, und das ist auch mein persönlicher Standpunkt. Ich richte die Bitte an die ehemaligen Mitglieder und Kandidaten des Politbüros.

Vors. Egon Krenz: Bitte schön, Genosse Mückenberger! *(Unruhe)*

Erich Mückenberger: Lieber Genosse Egon! *(Fortgesetzte Unruhe, Klingel des Vorsitzenden)* Ich bin vor einigen Tagen, ich glaube, als erster zu dir gekommen und habe zu dir gesagt: Ich hätte sowieso die Absicht gehabt, weil ich 80 Jahre nächstes Jahr im Juni werde, daß ich nicht wieder für das Politbüro usw. zur Verfügung stehen kann in diesem Alter. Und ich habe dir dann gesagt: Wenn es der Partei hilft und du mußt deine Mannschaft zusammenbauen, dann, bitte, ich trete sofort vom Politbüro zurück und stelle das dem Zentralkomitee –[15]

Ich stelle dieselbe Frage heute wieder, nicht aus Feigheit, um mich etwa vor einem Parteitag nicht zu verantworten, sondern wenn es der Partei hilft, dann bin ich bereit, aus dem Zentralkomitee auszuscheiden.

15 Erich Mückenberger hatte sich bereits vor der Berliner Großdemonstration am 4. November 1989 bereit erklärt, von allen Funktionen zurückzutreten. Vgl. das undatierte Schreiben von Mückenberger an Egon Krenz, in: SAPMO-BArch, DY 30/IV 2/1/704.

Liebe Genossen! Ich bin jetzt 63 Jahre in der Partei. Das Höchste, was ich in der Partei erleben konnte, war die Vereinigung, an der ich in Sachsen an führender Stelle mitgearbeitet habe. Mir liegt die Partei am Herzen als meine politische Heimat, und ich bin stolz darauf gewesen, auch der Parteiführung anzugehören. Aber ich möchte nicht die Einheit der Partei aufs Spiel setzen, und wenn das durch meinen Rücktritt aus dem ZK mit erreicht werden kann, dann bitte, ich trete zurück.

Vors. Egon Krenz: Moment, ich schlage vor, Genossinnen und Genossen, daß das Politbüro mit den anwesenden Ersten Bezirkssekretären eine kurze Beratung durchführt und in der Zwischenzeit eine halbe Stunde Pause ist, wo sich die Genossinnen und Genossen, die dem ehemaligen Politbüro angehörten, beraten können, um dem Zentralkomitee einen Vorschlag zu unterbreiten.

Wir setzen die Sitzung um 22.15 Uhr fort. Und bis dahin bitte ich die Ersten Sekretäre dort in den Beratungsraum. Aus dem Bezirk Halle ist der Erste nicht da, weil Kundgebung ist; ich bitte eventuell Genossen Böhme – ist er noch da? – Ist da, ja? Gut.

(Pause)

Vors. Egon Krenz: Genossinnen und Genossen! Ich muß jetzt eine Information geben. Das Politbüro hat sich konsultiert mit allen 1. Bezirkssekretären, die anwesend sind, und diese Konsultation hat ergeben, daß der Ernst der Situation auch heute nach dieser Volkskammertagung, die stattgefunden hat, nicht ernst genug eingeschätzt werden kann, daß starke Bezirksparteiorganisationen – ich nenne hier nur Karl-Marx-Stadt, aber ich könnte andere auch nennen – eine große Gefahr sehen für die Existenz der Partei überhaupt.

Und in dieser Situation sind alle Ersten Bezirkssekretäre der Meinung, das Entscheidende ist, den Sonder-, also den außerordentlichen Parteitag einzuberufen, zum außerordentlichen Parteitag zu gehen, dort ein Programm vorzulegen und dort um den Erhalt der Partei zu kämpfen. So ernst steht die Frage.

Während wir diese Diskussion hatten, haben wir – das muß ich zur Ehre der Genossen sagen – von folgenden Genossen ein Rücktrittsgesuch bekommen: »Im Interesse der Erneuerung der Partei und ihrer Führung sowie der Vorbereitung des Parteitages bitten wir, uns von unseren Funktionen als Mitglieder des Zentralkomitees zu entbinden: Kurt Hager, Hermann Axen, Werner Krolikowski, Erich Mückenberger, Inge Lange, Harry Tisch, Hans-Joachim Böhme, Erich Mielke, Gerhard Müller, Werner Walde, Horst Dohlus, Willi Stoph, Günther Kleiber, Horst Sindermann.«

Wir haben jetzt zu entscheiden zwischen dem ersten Antrag, alle Kraft für den außerordentlichen Parteitag; denn keiner gibt uns die Garantie, wenn wir heute abend diese Namen veröffentlichen, daß morgen nicht kommt: Krenz, Lorenz usw.

Zwischenruf: Genau!

Kein Mensch kann diese Garantie geben! Und deshalb wollen wir uns nicht für Liquidatorentum entscheiden, sondern für die Einheit und Geschlossenheit, diesen Parteitag vorzubereiten. *(Beifall)* Wer also dafür ist, daß der erste Antrag, den das Politbüro gestellt hat, den Parteitag vorzubereiten, wie ich vorgeschlagen habe, den bitte ich um das Handzeichen. – Danke schön. Gegenprobe. – Stimmenthaltungen?

Genossen! Der außerordentliche Parteitag ist einberufen.[16] Und jetzt wende ich mich an jeden von euch: Was hier vorgelesen worden ist, wird aus diesem Saal nicht rausgetragen! Was hier vom Genossen Keßler gesagt wurde, wird nicht zur Kenntnis genommen! Wir gehen einheitlich und geschlossen dem nächsten Parteitag entgegen. Genossen, die Tagung ist beendet. *(Beifall)*

16 Vgl. ND, 14. November 1989.

12. Tagung des ZK der SED

im Plenarsaal des ZK-Gebäudes in Berlin, Sonntag, 3. Dezember 1989 Beginn: 13.10 Uhr; Ende: 14.50 Uhr*

Hans Modrow: *(ohne Mikrophon)* ... aber es ist eine Beratung der Ersten Bezirkssekretäre noch, die Genosse Krenz leitet,[1] und damit auch hier nicht – ich habe daran nicht teilgenommen, will aber das vielleicht mit einer Bemerkung ergänzen, damit man's nicht draußen erst hört. Ich hatte einfach die Verpflichtung, mich mit einem Fakt auseinanderzusetzen, der – ich weiß auch noch nicht, mit welchen Ergebnis – für die Regierung der DDR Auswirkungen haben kann: Gestern nachmittag ist Alexander Schalck-Golodkowski aus Verhandlungen mit der BRD zurückgekommen, denn er ist seit Jahren der Verhändler gewesen, und ich hatte auch keine Möglichkeit, dort einfach willkürlich auszusteigen und jemand anders in dieser Phase dem Seiters gegenüberzusetzen, wohlwissend, daß eine gewisse Risikosituation besteht. Und erst in der Nacht hat er sich vom Ausland, man weiß nicht von wo, bei dem Rechtsanwalt Vogel gemeldet und mitgeteilt, daß er die Republik verlassen hat.[2] *(Große Unruhe, Empörung)*

Zurufe: Ach du Scheiß'! – Das ist ja unglaublich!

Es dürfte jedem bewußt sein, daß damit ein Zustand ist, ich habe das vorhin schon gesagt; ich weiß nicht, ob das sozusagen Brandt-Guillaume und Modrow-Schalck wird.[3] Was da noch zu retten und zu verhindern ist, weiß ich nicht. Ich persönlich habe folgendes gemacht gehabt: Der Genosse Gerhard Beil hatte von mir bereits in der vergangenen Woche den Auftrag, daß er diesen ganzen Laden auflöst, daß es (KoKo – d.Vf.) zu ihm geht.[4] Und es war zugleich auch gegenüber der Ministerin für Finanzen ausgesprochen, daß sie ein Gleiches einleitet, damit dieser ganze Laden endlich verschwinden kann.

* Quelle: SAPMO-BArch, Ton Y 1/TD 740.

1 Da sich der eigentliche Beginn der ZK-Tagung verzögerte, nutzte Modrow die Zeit, um das ZK über die Flucht des ZK-Mitglieds Schalck zu informieren. Zunächst war am Morgen des 3. Dezember 1989 das Politbüro zusammengekommen. Das Beschlußprotokoll dieser letzten Sitzung des SED-Politbüros ist dok. in: Stephan, »Vorwärts immer, rückwärts nimmer!«, S. 268. Danach traf sich das noch amtierende ZK-Sekretariat mit den Ersten SED-Bezirkssekretären (vgl. dazu Edwin Schwertner, Zur Bildung des SED-Arbeitsausschusses, in: Lothar Bisky u.a. [Hg.], Die PDS – Herkunft und Selbstverständnis, Berlin 1996, S.160ff.). Die für 13.00 Uhr anberaumte ZK-Tagung begann deshalb mit leichter Verspätung.

2 Zur Flucht von Alexander Schalck vgl. ND, 4. Dezember 1989; Berliner Morgenpost, Extrablatt vom 4. Dezember 1989; Die Welt, 4. April 1990 (Interview mit A. Schalck); »Ich habe mich korrekt abgemeldet«. Ein »Zeit«-Gespräch mit Alexander Schalck-Golodkowski, in: Die Zeit, Nr. 3, 11. Januar 1990, S. 9 ff.

3 Der Vergleich mit der Guillaume-Affäre, die 1974 zum Rücktritt von Bundeskanzler Willy Brandt führte, erwies sich für Modrow als unzutreffend.

4 Vgl. Modrow, Aufbruch und Ende, S. 57 ff.

Aber ich war auch in der Situation, daß ich ja nun was übernommen habe, wo Verhandlungen laufen, und der Bundeskanzler kommt zu Verhandlungen, und ich stehe sozusagen mit Leuten, die da nicht eingeführt sind, die keine Ahnung haben. Also, mein Risiko ist es, dafür muß ich geradestehen am Ende. Aber Tatsache ist, daß sich die Geschichte mittlerweile so abgespielt hat und ich deshalb eine Pressemeldung nun noch von seiten der Regierung vorbereitet habe, die jetzt, hoffe ich, bei ADN laufen wird, um die Haltung der Regierung zur ganzen Sache darzustellen.[5] Denn das ist im Moment meine Situation, und ich hoffe, daß ich's wenigstens noch so halten kann, daß die Regierung für eine bestimmte Zeit ihre Arbeit machen kann.

Zuruf: Das darf doch nicht wahr sein!

Die anderen Genossen werden kommen, es dauert praktisch, glaube ich, etwas länger.

(Pause)

Vors. Egon Krenz[6]: Liebe Genossinnen und Genossen! Wir sind in einer außergewöhnlichen Zeit zu dieser Tagung des Zentralkomitees zusammengekommen. Die Existenz der Partei steht auf dem Spiel. Die Deutsche Demokratische Republik ist in Gefahr, und unser internationales Ansehen ist geschädigt wie nie zuvor. Man kann die Dinge nicht dramatischer darlegen, als sie sind, denn größer, als wir es empfinden, kann die Dramatik dieser Tage gar nicht sein. Deshalb hat das amtierende Politbüro den Vorschlag unterbreitet, zu einer Sondersitzung zusammenzukommen, um zur Lage der Partei und zu einigen Möglichkeiten Stellung zu nehmen, die uns aus dieser Lage herausführen können.[7] Dabei möchte ich zu Beginn dieser Tagung appellieren an alle Mitglieder und Kandidaten des Zentralkomitees, daß wir uns in Sachlichkeit, Vernunft, ja, man kann sagen, in einer Allianz der Vernunft, zu den Fragen äußern; denn es geht jetzt nicht mehr um das Schicksal dieses oder jenes Genossen, es geht um das Schicksal unserer Partei, das uns allen am Herzen liegt.

Wir haben zu dieser Beratung die amtierenden Ersten Sekretäre der Bezirksleitungen unserer Partei eingeladen. Wenn es eure Zustimmung findet, möchte ich darüber abstimmen lassen, ob ihr damit einverstanden seid.[8] Wer

5 Die ADN-Meldung siehe in: ND, 4. Dezember 1989.

6 Den Wortlaut der unkorrigierten stenographischen Niederschrift der 12. Tagung des ZK der SED vgl. in: Stephan, »Vorwärts immer, rückwärts nimmer!«, S. 268 ff. Die Stenographen konnten den chaotischen Ablauf der Tagung nicht immer wortgetreu erfassen.

7 Die 12. Tagung des ZK war vom Politbüro am 1. Dezember 1989 ursprünglich mit der Erwartung einberufen worden, »die Vorbereitung des Parteitages (zu) intensivieren und weitere Maßnahmen zur Beschleunigung des Erneuerungsprozesses der Partei (zu) treffen« (vgl. Protokoll Nr. 57 der Sitzung des Politbüros des ZK der SED vom 1. Dezember 1989 sowie das auf dieser Sitzung beschlossene Einladungsfernschreiben von Egon Krenz an die Ersten Sekretäre der Bezirks- und Kreisleitungen der SED, in: SAPMO-BArch, DY 30/J IV 2/2 A/3264).

8 Im November waren alle Ersten SED-Bezirkssekretäre neu gewählt worden. Sie nahmen als Gäste an der ZK-Tagung teil und hatten dementsprechend kein Stimmrecht.

also damit einverstanden ist, daß diese Genossen teilnehmen, bitte ich um das Handzeichen. – Danke schön. – Gegenstimmen? – Stimmenthaltung? – Das ist nicht der Fall.

Ich muß noch das Zentralkomitee informieren, weil Genosse Joachim Willerding nicht hier vorne Platz genommen hat: Er hat in der Nacht von Freitag zu Sonnabend in meiner Wohnung einen Brief abgegeben, der mich erst später erreicht hat, weil ich ja, wie ihr wißt, von einer Sitzung des Politbüros unmittelbar dann nach Ribnitz-Damgarten gefahren bin, um an der Kreisdelegiertenkonferenz teilzunehmen, und von dort aus gestern abend zurückgekehrt bin, so daß ich von seinem Entschluß und seinen Beweggründen auch selber aus der Presse erfahren habe.[9] Ich muß sagen, ich beziehe diese Kritik auf mich persönlich. Ich war derjenige, der ihn vorgeschlagen hatte als Kandidat des Politbüros. Und ich muß sagen, was immer uns in diesen Tagen auch bewegt, es gab keine Notwendigkeit, anderthalb Tage vor einer Tagung des Zentralkomitees –

Zuruf: Sehr wahr! (Weitere zustimmende Zurufe)

– wo man diese Fragen hätte besprechen können, damit an die Öffentlichkeit zu gehen. Und ich muß sagen, ich distanziere mich von diesem Verhalten entschieden. Wir haben Sorgen schon genug, und wir brauchen nicht zusätzliche Sorgen. Er hat seine Beweggründe, die ich akzeptiere, was den Inhalt der Arbeit betrifft. Aber noch, Genossinnen und Genossen, haben wir ein Statut unserer Partei, und solange das nicht außer Kraft gesetzt ist, ist zumindest der einzelne verpflichtet, nach diesem Statut zu handeln. Soweit zu den Eröffnungsworten. Das Wort zum Verlesen eines Beschlusses hat Genosse Schabowski.

Günter Schabowski: Liebe Genossinnen und Genossen! In Anbetracht der Lage, die der Generalsekretär eben in einigen wenigen Sätzen umrissen hat, unterbreitet das Politbüro dem Zentralkomitee den Vorschlag für einen Beschluß. Er umfaßt folgende Punkte:

1. Hans Albrecht, Erich Honecker, Werner Krolikowski, Günther Kleiber, Erich Mielke, Gerhard Müller, Alexander Schalck-Golodkowski, Horst Sindermann, Willi Stoph, Harry Tisch und Dieter Müller werden aus dem Zentralkomitee ausgeschlossen. Auf Grund der Schwere ihrer Verstöße gegen das Statut der SED und in Anbetracht zahlreicher Forderungen und Anträge von Kreisdelegiertenkonferenzen werden sie zugleich aus der SED ausgeschlossen.

2. Joachim Böhme, Johannes Chemnitzer, Günter Ehrensperger, Werner Müller und Herbert Ziegenhahn werden aus dem Zentralkomitee ausgeschlossen. Gegen die genannten Genossen werden Parteiverfahren eingeleitet bzw. weitergeführt.

3. Das Zentralkomitee in seiner Gesamtheit erklärt seinen Rücktritt.

9 Hans-Joachim Willerding hatte am 2. Dezember 1989 gegenüber ADN seinen Rücktritt von allen Funktionen mitgeteilt. Zur Begründung gab Willerding an, daß die Parteiführung die SED in die Selbstauflösung treibe. Das Politbüro werde »den Anforderungen einer revolutionären Erneuerung in unserem Lande und in der Partei nicht gerecht« (vgl. ND, 4. Dezember 1989).

4. Das Zentralkomitee erachtet es in Wahrnehmung der ihm verbliebenen Verantwortung als notwendig, dem einberufenen außerordentlichen Parteitag Rechenschaft abzulegen. Zur Erarbeitung des Rechenschaftsberichtes über die Ursachen für die Krise in der SED und in der Gesellschaft wird eine Kommission von Mitgliedern des Zentralkomitees gebildet. Es folgen Namen: Werner Eberlein, Wolfgang Herger, Werner Jarowinsky, Siegfried Lorenz, Wolfgang Rauchfuß, Günter Schabowski, Helmut Semmelmann und Günter Sieber.[10]

Vors. Egon Krenz: Ich möchte einen zweiten Beschlußvorschlag unterbreiten: »Beschluß des Politbüros des Zentralkomitees der SED: Das Politbüro akzeptiert die Kritik von großen Teilen der Mitgliedschaft, daß die derzeitige Führung der Partei nicht imstande war, entsprechend dem Auftrag der 9. und 10. Tagung des Zentralkomitees das ganze Ausmaß und die Schwere der Verfehlungen von Mitgliedern des ehemaligen Politbüros aufzudecken und daraus die erforderlichen Konsequenzen zu ziehen.

Diese Feststellung muß getroffen werden, obwohl Mitglieder des jetzigen Politbüros in der damaligen Führung der Partei wesentlich dafür gewirkt haben, die personellen und politischen Entscheidungen durchzusetzen, die den Erneuerungsprozeß in der Parteiführung eingeleitet haben. Um einer weiteren Gefährdung der Existenz der Partei entgegenzuwirken sowie die politische und organisatorische Vorbereitung des Parteitages zu gewährleisten, hält es das Politbüro für erforderlich, seinen Rücktritt zu erklären.«[11]

Ich bitte, bevor wir weiterdiskutieren, den Genossen Wötzel ums Wort.[12]

Roland Wötzel: Genossinnen und Genossen! Im Namen der Ersten Sekretäre der Bezirksleitungen, die das Mandat zum außerordentlichen Parteitag haben, schlage ich vor:

1. die Bildung eines Arbeitsausschusses der Partei zur Vorbereitung des außerordentlichen Parteitages, bestehend aus Genossen, die konsequent für eine neue SED sind;

2. die Bildung eines Untersuchungsausschusses, der konsequent Machtmißbrauch und Privilegien aufdeckt und die betroffenen Genossen parteimäßig zur Verantwortung zieht.

Werner Eberlein: Ich bitte das Zentralkomitee, den Antrag zu bestätigen, daß die Zentrale Parteikontrollkommission ihren Rücktritt erklärt.

Vors. Egon Krenz: Genossinnen und Genossen! Das ist eine Situation, die es in unserer Partei noch nie gegeben hat. Ich bekenne mich dazu, daß ich bis

10 Den Bericht dieser Kommission »Zu Ursachen für die Krise in der SED und in der Gesellschaft« vgl. in: Hertle u. a., Der Honecker muß weg, Berlin 1990, sowie in: Schabowski, Das Politbüro, S. 179 ff.

11 Dieser von Krenz verlesene Text war in der morgendlichen Sitzung des Politbüros von 8.30 bis 10.30 Uhr beschlossen worden (siehe: SAPMO-BArch, DY 30/J IV 2/2/2367). Vgl. auch ND, 4. Dezember 1989.

12 Roland Wötzel, seit dem 5. November 1989 Erster SED-Bezirkssekretär in Leipzig, bezieht sich im folgenden auf Ergebnisse der Beratung des ZK-Sekretariats mit allen SED-Bezirkssekretären unmittelbar vor der ZK-Tagung; vgl. dazu auch: Gregor Gysi, Das war's. Noch lange nicht!, Düsseldorf 1995, S. 83 ff.

zuletzt versucht habe, die Dinge so zu wenden, daß ich mich nicht der Verantwortung entziehe. Aber die Aussprache mit den Ersten Bezirkssekretären hat erbracht, daß das Vertrauensverhältnis fehlt, um diese Arbeit an der Spitze der Partei weiterzuführen.

Ich halte es auch für richtig, daß beide Beschlüsse voneinander getrennt werden, was die Bestrafung und den Ausschluß ehemaliger Mitglieder des Politbüros und den Rücktritt des heutigen Politbüros betrifft; denn wir haben versucht, die Erneuerung des Sozialismus einzuleiten, was uns aufgrund der Tatsache nicht gelungen ist, daß wir das ganze Ausmaß der Verfehlungen, die es gegeben hat, auch nicht kannten.

Ich schlage vor, wir machen jetzt eine Pause, damit die Genossen sich konsultieren können, von einer halben Stunde und setzen dann die Beratung fort. Wir setzen also fort zehn Minuten vor 14.00 Uhr.

(Pause)

Vors. Egon Krenz: Genossinnen und Genossen! Jetzt ist natürlich die Möglichkeit zur Diskussion gegeben, wobei ich natürlich spüre, daß jeder das Bedürfnis hätte; manche Genossen haben mir auch gesagt, sie möchten etwas zu ihrer Rechtfertigung sagen. Ich weiß nicht, ob das noch produktiv ist angesichts der Situation. Ich könnte auch viel zu meiner Rechtfertigung sagen. *(Unruhe)*

Zuruf: Können wir abstimmen darüber?

Die Frage, über die wir uns noch einigen müßten, ist: Wenn wir hier auseinandergehen, dann muß es eine volle Unterstützung für die Regierung geben. *(Beifall)* Sie ist selbstverständlich durch manche Dinge der alten Führung auch belastet, aber sie wird die Kraft haben, da rauszufinden. Ich möchte auch in diesem Zusammenhang ein persönliches Wort noch sagen, was jetzt sehr stark diskutiert wird, im Zusammenhang mit den Kommunalwahlen. Ich meinerseits habe nicht die Absicht, weiterzugehen, als ich bisher öffentlich gegangen bin. Ich möchte das auch begründen. Selbstverständlich ist mir klar und bewußt, auch aus heutiger Sicht, daß das erzielte Wahlergebnis mit der tatsächlichen politischen Situation im Lande weder damals noch heute übereingestimmt hat. Es gab aber keine andere Möglichkeit, ein anderes Wahlergebnis bekanntzugeben, weil es so entsprechend den Protokollen, die auch in den Kreisen existierten, zusammengestellt worden ist.[13]

Würden wir jetzt, wie das einige vorschlagen, diese Frage neu aufrollen, Genossinnen und Genossen, ich habe die Furcht, dann räumen wir nicht nur Positionen, die wir noch besitzen, dann können wir ganz nach Hause gehen. Ich bitte, das nicht zu Protokoll zu nehmen.[14]

Die Genossinnen und Genossen Bürgermeister, die Ratsvorsitzenden und ihre Kollektive brauchen unsere Unterstützung. Und es ist natürlich ehren-

13 Egon Krenz hatte als Leiter der Wahlkommission für die DDR-Kommunalwahlen vom 7. Mai 1989 fungiert. Zu den Hintergründen der Krenz-Bemerkungen vgl. Hertle, Der Fall der Mauer, S. 122.

14 Dieser Absatz wurde von den Stenographen wunschgemäß nicht protokolliert.

haft, zu sagen, man kann eine Wende nicht mit einer neuen Lüge beginnen, aber es ist, glaube ich, nicht zu vertreten, Kader zu belasten, die jetzt noch das Vertrauen haben, die dann auch belastet werden würden. Und deshalb, glaube ich, kann unser gemeinsames Anliegen nur darin bestehen, und deshalb appelliere ich an alle: Dort, wo es Beispiele gab und sie durch den Staatsanwalt untersucht werden, bitte schön, muß man sie untersuchen, muß man sie an Ort und Stelle aufklären, aber nicht zu einem Gesamtergebnis mehr zusammenführen, wenn es notwendig ist. Und im übrigen glaube ich, ist das Problem, daß es solche Wahlen in der DDR nie wieder geben wird und daß es notwendig ist, ein neues Wahlgesetz auszuarbeiten, produktiver, als Stimmungen nachzugeben, die ja nicht von uns eine Korrektur unserer Fehler wollen. Ich will mich dazu noch einmal ganz eindeutig bekennen, Genossinnen und Genossen: Jedes Element der Revolution hat auch ein Element der Konterrevolution in sich. Und wenn wir das nicht bedenken …

Zuruf von Bernhardt Quandt: Das geht schon seit drei Jahren so!

Bitte?

Zuruf von Bernhardt Quandt: Das geht schon seit drei Jahren! Das seid ihr zu spät gewahr geworden!

Das ist ja richtig. Ich will ja nur folgendes sagen: So wichtig es ist, daß wir immer wieder auf die Stimme hören, die auf der Straße artikuliert wird, und so wichtig es ist, genau die Lage in der Partei zu kennen, und so notwendig es ist, keine Nachtrabpolitik zu machen, ich bekenne mich zu all dem, so notwendig ist es aber auch, verantwortungsbewußt an alles zu gehen, was wir für die Zukunft bewahren müssen, und nur deshalb spreche ich davon. Es ist nicht erst seit drei Jahren so, Genosse Bernhardt, es ist leider seit vielen Jahren so, und daran tragen wir alle die Schuld, und deshalb muß auch das Zentralkomitee als geschlossenes Kollektiv zurücktreten. *(Unruhe)* Bitte, Genosse Chemnitzer.

Johannes Chemnitzer: Verehrte Genossen! Vielleicht erscheine ich jetzt als egoistisch, aber ich kann, verehrte Genossen, zutiefst nicht begreifen, warum ich als Mitglied des Zentralkomitees außerhalb der Reihe ausgeschlossen werden soll, weil von seiten des Arbeitssekretariats der Bezirksleitung gegen mich ein Parteiverfahren vorgeschlagen wurde. Wenn ich sagen darf, nach meiner Ablösung als Erster Bezirkssekretär wurde eine Untersuchung aufgrund einiger Vorwürfe im Bezirk Neubrandenburg gegen mich durchgeführt, und es wurde vorgestern in der Presse und auch im Rundfunk veröffentlicht, daß im Ergebnis der Untersuchung dieser Kommission festgestellt wurde, daß ich zwar bei einigen Vorwürfen, daß sie sozusagen Gegenstand sind, aber sie keinen strafrechtlichen Charakter tragen und ausschließlich moralischer Natur sind. Es sind drei Vorwürfe: Erstens, daß ich mir erlaubt habe, vor zehn Jahren eine Waldarbeiterkate auszubauen auf völlig eigener finanzieller Basis, die etwas über die 40 Quadratmeter hinaus größer geworden ist; daß ich zweitens einen Gebrauchtwagen vom Zentralkomitee gekauft habe, und drittens, daß die Übertreibungen in der Jagdgesellschaft stattfanden, in der ich selbst Mitglied war, in einer ordentlichen Jagdgesellschaft, nicht in einem Staatsjagdgebiet, und daß mir bestätigt wurde, daß damit keine Tatbestände vorhanden sind, um mich in eine Reihe zu stellen mit den von der Parteiführung verursachten Dingen.

Das ist veröffentlicht. Es ist auch völlig, sehr, sehr überraschend gekommen, daß da gegen mich ein Parteiverfahren eingeleitet werden soll. Ich bitte euch, Genossen, daß das objektiv beurteilt wird. Für mich wäre der Ausschluß aus dem ZK und die daraus folgenden sicheren Konsequenzen der politische Tod. Ich bitte, das noch mal zu prüfen.

Vors. Egon Krenz: Genosse Hahn.

Erich Hahn: Genossen! Ich bin auch dafür, so schnell wie möglich abzustimmen. Ich bin auch gegen eine große Diskussion heute. Ich bin für die vorgeschlagenen Beschlüsse, die vorgetragen wurden, aber ich kann nicht umhin, eine große Sorge auszusprechen. Die Sorge besteht in der Annahme des sehr kurz und knapp von Genossen Werner Eberlein vorgeschlagenen oder vollzogenen Rücktritts der Zentralen Parteikontrollkommission. *(Zurufe)*

Ich gehe davon aus, liebe Genossen, daß – ich muß noch mal, Egon, auf die Stimmung in der Partei zu sprechen kommen. Ich bin auch der Meinung, daß man nicht allem nachgeben kann, das ist ja richtig, sofern man überhaupt noch die Wahl hat, etwas nachzugeben oder nicht. Aber ich bin der Meinung: Die tiefste Krise unserer Partei gegenwärtig ist in der Moral angesiedelt, in der Moral eindeutig. Der Vertrauensverlust gegenüber der Führung bei breiten Teilen der Mitglieder unserer Partei stützt sich in erster Linie auf diese moralischen Fragen. Die Erwartungen vieler Genossen an den Bericht der Zentralen Parteikontrollkommission heute sind sehr groß. Wenn wir so verfahren in dieser einen Frage, ich sage noch einmal, mit allen anderen Beschlüssen bin ich völlig einverstanden, wenn wir in dieser einen Frage so wie vorgeschlagen verfahren, sehe ich die große Gefahr, daß gesagt wird, daß artikuliert wird: Die ZPKK hat gearbeitet, jetzt tritt sie zurück und übergibt alles wieder an einen neuen Ausschuß. Darin sehe ich, Genossen, eine große Sorge, die in diesen Tagen noch einmal zu einem Aufwallen und zu einer nochmaligen Vertiefung der Vertrauenskrise und weiteren Mitgliederverlusten führen kann.

Ich habe mit Werner Eberlein in der Pause gesprochen. Er sagt, er kann nicht einen Bericht der ZPKK geben. Ich kann das nicht beurteilen.

Vors. Egon Krenz: Heute? Oder wann?

Erich Hahn: Heute, ja.

Zuruf: Das steht doch in der Tagesordnung. Das steht doch in der Zeitung!

Das kann ich nicht beurteilen, ob das möglich ist oder nicht – ich wäre auch mit einem Zwischenbericht einverstanden. *(Beifall)* Mir geht es nicht um sensationelle Einzelheiten, aber mir geht es um ein viel klareres Wort und Bekenntnis dieser unserer Arbeit seit der letzten Tagung des Zentralkomitees. Oder: Ich würde vorschlagen, deutlicher zu machen, daß die von Günter Schabowski vorgeschlagenen Beschlüsse Nr. 1 und 2, die von der Parteiführung aus der Arbeit der Zentralen Parteikontrollkommission gezogenen Konsequenzen darstellen. Dann würden wir uns offenlassen – *(Wachsende Unruhe)* –

darf ich bitte noch mit einer Aussage? Dann würden wir erstens sagen, sie hat gearbeitet, die ZPKK, sie ist zu diesem Resultat gekommen, und das ist ein Resultat, mit dem wir uns identifizieren, und weitere Konsequenzen wären dann jederzeit zu ziehen. Ich sage noch einmal, meine Vorschläge mögen nicht durchdacht sein. Sie gehen von der großen Sorge aus, daß wir in diesem Punkt Schaden anrichten, wenn wir nicht einen Schritt weitergehen. *(Beifall)*

Vors. Egon Krenz: Genosse Arndt.

Otto Arndt: Ich möchte das unterstützen, was du gesagt hast. Wenn ich an die letzte Volkskammersitzung denke,[15] ich habe mich so geschämt, ehrlich so geschämt, daß der Toeplitz dort auftritt und unsere Partei, wie man so sagt, zur Katze macht, anstatt daß wir vorher, vorher in die Offensive gehen und uns die Zentrale Parteikontrollkommission informiert, was los ist, und wir nicht – Genosse Herger![16] – dann so ein Pamphlet vorlesen und sagen, wir sind dafür, daß das alles so ist, anstatt zu sagen: Wir haben bereits das und das untersucht und haben die und die Schlußfolgerungen gezogen.

Zuruf: Sehr richtig!

Der Toeplitz macht dort unsere Partei zur Minna und selbst kein Wort von Götting, kein Wort zu …

Zuruf: So ist es. (Beifall)

Zuruf: Man darf den Toeplitz nicht verurteilen für das, was er gesagt hat. Er hat das alles sehr sachlich und sehr sauber dargestellt. – Zuruf: Das will er ja auch nicht! (Weitere, unverständliche Zurufe, Klingel des Vorsitzenden)

Ich spreche ja nicht gegen den Inhalt des Berichtes. Ich spreche gegen die Tatsache, daß er das machen muß in der Volkskammer und wir nicht vorher im Zentralkomitee Bescheid wußten. *(Beifall)*

Zuruf: Sehr richtig!

NN: Genossinnen und Genossen! Ich bin dafür, die Diskussion nicht ausufern zu lassen. Wir haben vor der Partei, denke ich, die Pflicht, die Beschlüsse zum Rücktritt des Zentralkomitees und des Politbüros zu akzeptieren. Das ist das, was wir für die Partei machen können. Aber was die Kontrollkommission betrifft, sie ist nicht in der Kritik, habe ich nirgendwo gehört. Das Zentralkomitee und das Politbüro –

Zuruf: Richtig! – Zuruf: Das stimmt nicht!

15 Vgl. Volkskammer der DDR, 9. Wahlperiode, 13. Tagung, Freitag, den 1. Dezember 1989, Stenographische Niederschrift, S. 343 ff. Auf dieser Tagung hatte der am 13. November 1989 berufene »Zeitweilige Ausschuß zur Überprüfung von Fällen des Amtsmißbrauchs, der Korruption, der persönlichen Bereicherung und anderer Handlungen, bei denen der Verdacht auf Gesetzesverletzungen besteht«, durch seinen Vorsitzenden Heinrich Toeplitz (CDU) einen spektakulären Zwischenbericht erstattet, der in der Öffentlichkeit große Erregung verursachte. Zur Arbeit des Ausschusses vgl. Volker Klemm, Korruption und Amtsmißbrauch in der DDR, Stuttgart 1991.

16 Im Anschluß an den Bericht von Heinrich Toeplitz verlas Wolfgang Herger im Namen der Fraktion der SED eine Erklärung, in der »tiefe Empörung« über den Amtsmißbrauch und die persönliche Bereicherung ehemaliger Mitglieder der Führung der SED geäußert sowie deren schonungslose und konsequente Aufklärung gefordert wurde (vgl. ebd., S. 346).

– aber wir nicht. Und ich würde das unterstützen, die Arbeit fortzusetzen mit dieser Parteikontrollkommission. *(Unruhe)*

Vors. Egon Krenz: Genosse Quandt, bitte schön!

Bernhard Quandt: *(Weinend)* Liebe Genossen! Mir fällt es sehr schwer, hier und heute vor dem Zentralkomitee aufzutreten, wo gesagt worden ist, daß unsere Partei, unsere ruhmreiche Partei, in Gefahr ist, aufzulösen. Das fällt mir sehr schwer zu begreifen.

Ich bin mit – ich will keine Biographie erzählen. Aber ich bin mit 16 Jahren Mitglied des Metallarbeiterverbandes geworden, Mitglied der Sozialistischen Jugend, ein Jahr Mitglied der Sozialdemokratischen Partei und '22 als Mitglied in die Kommunistische Partei Deutschlands in Hamburg eingetreten. Und seit dieser Zeit ehrlich gekämpft, immer als Einzelkämpfer in Mecklenburg, manches mal, wenn ich an die Fürstenabfindung denke, in weiten Kreisen einzeln gegen die ganze Bande von Konterrevolutionären aufgetreten. Und jetzt soll es mit der Partei zu Ende sein? Das darf nicht sein, Genossen! Das darf nicht sein! Das Zentralkomitee muß so stark sein, daß aus ihrer Mitte ein neues Politbüro entsteht, das mit der Verbrecherbande des alten Politbüros, entschuldigt, Genossen, nichts zu tun hat!

Ich bin dafür, Genosse Erich Honecker und Genosse Egon Krenz, wir haben im Staatsrat die Todesstrafe aufgehoben,[17] ich bin dafür, daß wir sie wieder einführen und daß wir die alle standrechtlich erschießen, die unsere Partei in eine solche Schmach gebracht haben, daß die ganze Welt vor einem großen, einem solchen Skandal steht, den sie noch niemals gesehen hat. Entschuldigt, ich bin sehr aufgeregt. Ich sehe vor mir, liebe Genossen, 30 000 Menschen, die sind standrechtlich vom Volksgerichtshof, vom Blutgericht Freißler, verurteilt worden, und 30 000 Menschen sind aufrechten Ganges unters Fallbeil gegangen, und wir stehen als Zentralkomitee einer solchen Verbrecherbande als Gefolgschaft hintereinander. Das will mir nicht in den Kopf. Darum bin ich gestern nachmittag, nachdem ich erwacht bin, in Weinkrämpfe verfallen. Das ist nicht möglich! Ich bin ehrlich. Ich habe ein weißes Hemd in jedem Fall an. Nirgends habe ich mir etwas angeeignet. Immer habe ich für die Partei, für die Ziele der Befreiung der Arbeiterklasse gekämpft. Und alle werden sehen: Das werde ich in Zukunft auch tun, und ich denke, daß es schon soweit ist.

Mir gefällt einiges nicht. Da gibt es einige Historiker, die 1960 oder 1970 geboren sind, die fangen jetzt sogar an, die machen sich sogar an Ernst Thälmann heran. Ich habe die Geschichte miterlebt, wie er gegen Ruth Fischer, gegen Scholem, gegen Heinz Neumann, gegen Ivan Katz, der vorübergehend das Parteibüro in Halle besetzt hatte, gekämpft hat.[18] Er hat sich ein Arbeiter-

17 Die Aufhebung der Todesstrafe im Staatsrat ging zurück auf einen Beschluß des Politbüros vom 14. Juli 1987. Vgl. dazu: SAPMO-BArch, DY 30/J IV 2/2 A/3039–3040 sowie DY 30/J IV 2/2/2230.

18 Vgl. insbesondere die Beiträge im ND, 25./26. November 1989 sowie 2./3. Dezember 1989.

zentralkomitee angeeignet, und daß jetzt Historiker kommen und gehen bis daran, anstatt vorwärts zu gehen, der Partei neue Wege zu weisen, wie man ehrlich weiterkämpft, fangen sie an, solche Geschichten aufzurühren, bis zum Allerheiligsten. Thälmann, der elfeinhalb Jahre in Einzelhaft gesessen hat und dann meuchlings ermordet wurde.

Ich kann das nicht verstehen, daß es sogar in unserer Presse erscheint. Aber die Medien sind ja so frei; jeder Redakteur kann ja schreiben, was er will.

Zuruf: Sehr richtig!

Ich möchte so fragen, liebe Genossen! Ich habe gestaunt in der Volkskammer, ich habe nicht gewagt, weil ich auf dem Sitz des Staatsrates sitze, sonst hätte ich ja wie der andere von den Medien von den Goldklumpen gesprochen hat, die in Genf in der Schweiz sein sollen, vom Platin und so weiter.[19] Ich hätte ihn gefragt: Ist das ein Gerücht, oder wissen Sie etwas Bestimmtes? Bestimmt verbreitet er Gerüchte mit bewußt! Und das sind die Konterrevolutionäre, die nicht gegen einzelne Führer, sondern die gegen die Partei der Arbeiterklasse angehen, die den Bauern-und-Arbeiterstaat zerschlagen wollen. Und dagegen muß man sich wehren.

Ich bin, liebe Genossen – habe zumindestens gedacht, wenn das Politbüro zurücktritt in seiner Gesamtheit, ich sehe auch keinen anderen Ausweg; ich habe neulich ja Werner Jarowinsky schon entgegengerufen: Du machst es dir zu leicht, du bist doch jahrelang dort gewesen. Du mußt doch das gewußt haben. Warum erzählst du uns das jetzt? Warum nicht auf dem 7., 8. und 9. Plenum? Dann wäre das anders gekommen! Dann hätten wir das Politbüro damals abgelöst. Dann wäre das Zentralkomitee sauber dagestanden. Jetzt sind wir alle mit beschmutzt. Aber dagegen wehre ich mich! Ich bin nicht beschmutzt! Ich habe mit den Verbrechern nichts gemein!

Ich bin zumindestens, liebe Genossen, bin ich noch der Meinung, daß soviel Intelligenz in unserem Zentralkomitee sitzt, die innerhalb zwei Stunden einen Aufruf an die Arbeiter und Bauern und an die Intelligenz unseres Landes verfaßt, vom letzten Zentralkomitee aus, und sich reinwäscht in allen Fragen und neu vors Volk hintritt und das Volk und unsere Genossen mobilisiert, die jetzt machtlos sind.

Einen Fall möchte ich erzählen, wie weit das ist; wir laufen ja der Anarchie entgegen. Ich bin, weil die Volkskammersitzung sehr lange gedauert hat, in Berlin geblieben und habe hier geschlafen. Währenddessen daß ich um halb zehn zu Bett gehe, ruft meine Schwiegermutter an. Meine Schwiegermutter ruft an: Den Chefarzt des Schweriner Bezirkskrankenhauses, den haben sie

19 Bernhardt Quandt bezieht sich hier auf einen Redebeitrag des Abgeordneten Prof. Dr. Stägemann (NDPD) in der Volkskammersitzung vom 1. Dezember 1989, der das Gerücht wiedergegeben hatte, »daß 100 Milliarden Mark in der Schweiz auf Nummernkonten nicht nur als Valuta, sondern auch in Form von Gold- und Silberbarren und Platin gehortet werden«, und Auskunft über diese »leider sehr, sehr betrüblichen Sachen« gefordert hatte (vgl. Volkskammer der DDR, 9. Wahlperiode, 13. Tagung, Freitag, den 1. Dezember 1989, Stenographische Niederschrift, S. 348).

mehrmals aufgefordert, er soll sein Parteibuch hinlegen. Und er hat gesagt: Ich bin 23 Jahre Mitglied der Partei, ich bleibe es weiter. Und am Donnerstag abend hat man ihm sämtliche Fensterscheiben eingeworfen, und niemand hat sich um ihn gekümmert. Ich habe dann – wie ich zurückgekommen bin, bin ich sofort zu ihm hingefahren, bin zum Kreispolizeiamt gefahren und habe die Kriminalpolizei mobilisiert, daß sie das in die Hände nimmt. Soweit geht's, liebe Genossen. Heute hat man dem, morgen wirft man mir die Hände.

Und dann kriege ich einen telefonischen Anruf neben all den Dingen, ob ich zu Hause bin. – Jawohl, ich bin von Berlin zurück. – Ja, es kommt ein Genosse zu dir, der hat einen besonderen Auftrag. – Und der Genosse, das ist ein junger Genosse, ich weiß gar nicht, wer das ist. Der sagt: Genosse Quandt, ich soll die persönliche Waffe, die Sie haben, von Ihnen abholen.[20] – Und ich habe ihm gesagt: Bestelle dem Genossen Schwanitz einen schönen Gruß von mir, die persönliche Waffe kriegst du von mir im Zentralkomitee – *(schlägt dabei mehrfach auf das Rednerpult)* – die ich bisher zur Verteidigung der Revolution benutzt habe, kriegst du von mir im Zentralkomitee persönlich ausgehändigt. Danke schön.

Vors. Egon Krenz: *(Betreten)* Genosse Achim.

Hans-Joachim Böhme: Liebe Genossen, es fällt mir nach dieser Rede vom Bernhard Quandt besonders schwer, hier Bemerkungen zu machen. Ich stimme unserem Generalsekretär völlig zu, wenn er sagt: Es geht in diesen Stunden nicht um das Schicksal des einzelnen, sondern um das Schicksal der Partei. Ich sehe das nicht anders und ich will hier auch keine Entschuldigungsrede halten oder in irgendeiner Weise zu meiner Verantwortung sprechen, ich habe das bereits auf der 10. Tagung des Zentralkomitees getan. Ich bekenne mich zu meiner vollen politischen Verantwortung als Mitglied des alten Politbüros. Aber, liebe Genossen, ich bekenne mich nicht zu irgendwelchen kriminellen Delikten, mit denen ich nichts zu tun habe. Und darum bin ich völlig überrascht, wenn heute hier im zweiten Punkt vorgeschlagen wird, mich aus dem Zentralkomitee auszuschließen und ein Parteiverfahren gegen mich einzuleiten, ohne daß bis zur Stunde mir irgend jemand Vorwürfe gemacht hat.[21]

Zuruf von Bernhardt Quandt: Das ist die Strafe! Die Strafe ruft!

Ich wurde darüber informiert, daß diese Forderung vom Ersten Sekretär der Bezirksleitung Halle stamme. Ich habe mit ihm in der Pause gesprochen. Er hat mir sagen müssen, daß er keine neuen Vorgänge in irgendeiner Weise kennt. Wir

20 »Infolge der Verschärfung des Klassenkampfs« waren seit 1955 Waffen an Funktionäre im Partei- und Staatsapparat ausgegeben worden (vgl. erstmals SAPMO-BArch, DY 30/J IV 2/3 A/457, und zuletzt: 3 A/2128). Nachdem in der Volkskammerdebatte am 1. Dezember 1989 erstmals öffentlich bekannt geworden war, daß leitende Funktionäre der SED, der Blockparteien und des Staates mit Revolvern bewaffnet waren, wurden die Schußwaffen einige Tage später vom Ministerium des Innern eingezogen.

21 Hans-Joachim Böhme, ehemals Erster Bezirkssekretär der SED in Halle, war am 8. November 1989 wieder in das SED-Politbüro gewählt worden, wurde aber bereits am 9. November auf Druck der Parteibasis zum Rücktritt gezwungen. Vgl. den Wortlaut der 10. ZK-Tagung.

hatten am Mittwoch Bezirksleitungssitzung in Halle. Dort sind mir keinerlei Vorwürfe gemacht worden, und heute soll nun dieser Beschluß angenommen werden.

Liebe Genossen, es gibt natürlich auch noch eine persönliche Ehre, die ein Kommunist hat, und die kann ich mir nicht mit einem solchen Beschluß beflecken lassen. Selbstverständlich bin ich für den kollektiven Rücktritt, da fühle ich mich einbezogen, aber gegen mich persönlich gibt es zur Stunde keine Vorwürfe irgendwelcher Art. Ich habe den Generalstaatsanwalt gefragt. Ihm ist auch nichts bekannt in der Hinsicht. Wieso soll ich also heute hier zu einem Kriminellen gestempelt werden? Das verstehe ich nicht, liebe Genossen.

Zuruf: Ich kenne den Genossen Achim Böhme seit vielen, vielen Jahren. Es hat mich auch verwundert, ich begreife so etwas nicht. Ich weiß nicht, ich kenne wirklich sein lauteres Leben. Und was das moralische Versagen betrifft, da sind wir doch alle betroffen. Dann sollten wir alle ein Verfahren an den Hals bekommen! Aber warum ausgerechnet zwei, drei Leute?

Vors. Egon Krenz: Ja, bitte schön.

Roland Claus: Genossen, ich will dazu etwas sagen. Es ist richtig, daß dieser Vorschlag nicht besprochen war, aber er hat sich erforderlich gemacht. Ich bin bisher davon ausgegangen, daß die Untersuchungen zur Verantwortung von Politbüromitgliedern dem jetzigen Politbüro obliegen. Ich kann hier auch sagen, daß es keine strafrechtlich relevanten Dinge gibt, die hier eine Rolle spielen. Aber ich wurde heute Mittag, als das Politbüro den Vorschlag zu diesen Veränderungen hier machte, damit konfrontiert, daß Achim Böhme in dieser Liste überhaupt nicht aufgerufen war. Und ich muß dabei sagen, da ist etwas nicht bedacht worden, nämlich die Lage in der Bezirksorganisation, wo es die massive Forderung vor allem aus den Reihen unserer Partei gibt, zur Bestrafung innerhalb unserer Partei zur Person des Genossen Achim Böhme. Und ich muß deshalb sagen, ich erachte einen solchen Schritt eigentlich mehr als einen Schutz der Person und habe diesen Vorschlag gemacht. Ich bedaure, daß ich in die Lage gekommen bin, das nicht besprechen zu können. Das hängt mit der Dramatik des heutigen Tages zusammen. *(Große Unruhe im Saal)*

Zuruf von Moritz Mebel: Das darf doch nicht wahr sein! – (Weitere unverständliche Zurufe) – Zuruf von Bernhardt Quandt: Die Strafe ruft ...!

Vors. Egon Krenz: Genossen, ich bitte wirklich die persönlichen Dinge zurückzustellen.

Empörter Zuruf: Es geht hier nicht um persönliche Dinge, es geht um die Partei!

Moment, laß mich mal aussprechen! Der gleiche Erste Sekretär aus Halle hat auch öffentlich verkündet, bevor er mir einen Brief geschrieben hat, daß er mir empfiehlt, nicht wieder zu kandidieren, hat er das öffentlich über die Medien bekanntgegeben.[22] Es ist aus der BRD öffentlich von Genossen bekundet

22 Roland Claus war am 12. November 1989 zum Ersten Sekretär der SED-Bezirksleitung Halle gewählt worden. Zweifel an der weiteren Ausübung der Funktion des Generalsekretärs durch Egon Krenz waren Ende November vor allem durch ein »Stern«-Interview Wolfgang Berghofers genährt worden, der eine Gegenkandidatur zu Krenz nicht ausschloß.

worden, daß man zurücktreten muß. Hier gibt es unsaubere Dinge, und die teile ich nicht. Aber ich denke, es gibt jetzt wichtigere Dinge. Deshalb habe ich mich dazu nicht geäußert. Ich hätte eine ganze Liste von Fragen, wozu man sich äußern könnte! Aber es geht jetzt darum, daß wir den letzten Rest, den wir noch tun können für diese Partei, daß wir das tun. Und wenn wir anfangen, uns hier im ZK zu zerfleischen, Genossen, wie soll das in der Grundorganisation, wie soll das in den Kreisen und Bezirken ausgehen? Das ist ja das Schlimme, daß man sich zerfleischt und nicht zum gemeinsamen Handeln findet.

Zuruf: Jawohl!

Bitte schön.

Herbert Richter: Ich hatte am Freitag die Delegiertenkonferenz in unserem Betrieb. Es war eine sehr heftige Delegiertenkonferenz, in der große Diskussionen waren, die von derselben Sorge getragen waren wie hier. Aber am Ende stand ein Punkt: Es ist noch nicht alles verloren. Wir sind noch da, um zu kämpfen. Ich muß deshalb um eins bitten. Ich glaube, daß es mit großer Verantwortung richtig ist, vorzuschlagen, daß wir uns prinzipiell abgrenzen – aber prinzipiell – zu denen, die verbrecherische Handlungen in unserer Partei gemacht haben. Ich würde dem ersten Punkt des heutigen Vorschlags voll zustimmen, mit aller Konsequenz.

Genossen, ich bin zweitens dafür, daß wir in Vorbereitung auf den Parteitag auch sagen müssen, daß dieses Zentralkomitee nichts mehr wesentlich verändern kann in der Vorbereitung. Ich bin für den Rücktritt. Drittens: Ich bin dafür, daß die Parteikontrollkommission so lange weiterarbeitet –

Zuruf: Jawohl!

– solange es gegen einen Genossen Vorwürfe gibt, bis auf dem Parteitag etwas Neues entschieden ist. Viertens, Genossen: Ich bin für das Vorbereitungskomitee für den Parteitag und möchte aber erklären, daß mit ehrlichem Gewissen jeder Genosse, der in dieses Vorbereitungskomitee geht, auch sagen muß, daß er keine moralischen Gewissenskonflikte hat. Wir brauchen ihn als Kommunisten. Wenn einer zwanzig Jahre irgendwo gearbeitet hat, findet der Klassengegner einen Fehler. Suchen wir Genossen, die dieses Vorbereitungskomitee echt leiten können. Wir müssen nach vorn gehen. Darauf warten die verbliebenen achtzig Prozent der Kommunisten.

Und letztens, Genossen: Ich bin dafür, alles zu tun, unsere Regierung zu unterstützen. Genosse Modrow hat in den letzten Wochen echte Schritte gemacht, mit denen ein Großteil unserer Menschen mitgeht.[23] Ich bin dafür, das voll zu tun. Wir brauchen nicht jeden Tag einen neuen Skandal aus der Partei. Wir brauchen Schritte, wie sie Genosse Modrow eingeleitet hat, die dem Volke zeigen, wo es sich hinentwickelt. Dafür bin ich für eine volle Unterstüt-

23 Zu den Aktivitäten der Modrow-Regierung ab Mitte November 1989 vgl. Modrow, Aufbruch und Ende, S. 27 ff. Die Protokolle der ersten Ministerratssitzungen unter Modrow siehe in: BArch (Berlin), DC-20, I/3–2870 ff.

zung. Genossen, wir können hier lange diskutieren. Ich bin dafür, wir sollten uns zu den ersten Beschlüssen eindeutig erklären.

Ich habe die Bitte an Genossen Eberlein, zu überlegen, ob er die Untersuchungen nicht zu Ende führt, damit man nicht Einzelfragen hier ausdiskutiert. Das muß die Parteikontrollkommission machen! Und so vorzugehen! *(Beifall)*

Vors. Egon Krenz: Genosse Beil!

Gerhard Beil: Ich möchte mal vorgehen ...

Vors. Egon Krenz: Ja.

Erich Postler: Zur Geschäftsordnung, Genosse Krenz!

Vors. Egon Krenz: Ja.

Erich Postler: Ich muß hier informieren, es gibt Meldungen, die Lage ist ernst. Wir müssen uns entscheiden, wir dürfen nicht allzuviel Zeit verlieren. Die Berliner sammeln sich zur Demonstration, sie marschieren auf das Haus zu.[24] Es gibt keine Entscheidungen von uns. Wenn wir lange diskutieren, können wir in eine ganz schwierige Lage kommen. Ich bin ja dafür, daß hier noch Genossen ihre Meinung sagen, aber wir müssen zu Beschlüssen kommen.

Zuruf: Jawohl. – Zuruf: Sehr richtig!

Vors. Egon Krenz: Jawohl. Also als letzter Redner der Genosse Beil, ja, und dann kommen wir zur Abstimmung. Ich bräuchte dann bloß noch mal die exakte Formulierung, weil da ja noch die Frage der Parteikontrollkommission aufgenommen werden sollte. Günter, sei mal so nett, versuch das mal zu formulieren. Und dann brauche ich – müßten wir den Beschluß der Initiativgruppe haben, ja.

Gerhard Beil: Ich möchte es ganz kurz machen. Ich möchte das, was Genosse Richter hier im einzelnen gesagt hat, vollständig unterstützen. Ich möchte einen zweiten Punkt hinzufügen. Genossen, ob wir wollen oder nicht, wir befinden uns bereits im Wahlkampf. Andere haben uns dazu gezwungen. Wenn wir die Volkskammersitzung vom vergangenen Freitag sehen – ich habe die gleiche Meinung zum Bericht des Herrn Toeplitz, ich halte ihn für einen ausgewogenen Bericht –, dann muß ich sagen, daß die Vorbereitung unserer Fraktion auf diese Volkskammersitzung, wo keine Fragen von unserer Fraktion an andere gestellt wurden, ich muß euch sagen, einer der schlimmsten Fehler und Situationen war, die wir erlebt haben. Wenn wir so in Wahlkämpfe, wenn wir so in politische Auseinandersetzungen gehen, ohne Vorbe-

24 Die Demonstration vor dem ZK-Gebäude setzte sich aus zwei Strömungen zusammen: Eine Protestkundgebung von Berliner SED-Mitgliedern verschmolz vor dem ZK-Gebäude mit den Teilnehmern eines Protestmarsches, der sich spontan, vom Friedrichstadtpalast ausgehend, formiert hatte. Die Organisatoren der Berliner Demonstration vom 4. November 1989 veranstalteten dort seit 10.00 Uhr eine Debatte zum Thema »Was nun?« Die Formierung eines Protestzuges zum ZK-Gebäude erfolgte als spontane Reaktion auf die Nachricht über die Flucht Alexander Schalcks sowie Informationen, überall im Lande würden die Archive verbrannt. Zur Demonstration der Berliner Parteimitglieder siehe: ND, 4. Dezember 1989; Gregor Gysi/Thomas Falkner, Sturm aufs Große Haus. Der Untergang der SED, Berlin 1990, S. 66 ff.

reitung, ob wir im Zentralkomitee zusammensitzen oder sonst als Genossen, liebe Genossen, dann werden wir auseinanderdividiert! Und das ist eine – für uns die komplizierteste Sache. Das ist die erste. Die zweite Sache: Man zieht gegen uns die Handschuhe aus, und man zielt nicht nur aufs Herz, sondern unterhalb der Gürtellinie. Liebe Genossen! Ich bin gegen einen – entschuldigt ein offenes Wort – schweinisch geführten Wahlkampf. Aber wer uns zwingt zu Dingen, dann sollten wir auch zumindestens denjenigen sagen, daß wir in der Lage sind, auch etwas zu sagen! *(Starker Beifall)*

Und da gibt es genug Stoff! Und wenn das nicht bekannt ist, dann möchte ich diejenigen, die das wissen, bitten, das bekanntzumachen, damit wir auch diesen Kampf führen können. *(Beifall)*

Vors. Egon Krenz: So, Genossinnen und Genossen, das Wort hat Genosse Schabowski zum Verlesen des Beschlusses.

Günter Schabowski: Also der Vorschlag oder der Beschluß könnte jetzt folgendermaßen aussehen: Auf Vorschlag des Politbüros und im Ergebnis der bisherigen Untersuchungen der Zentralen Parteikontrollkommission beschließt das Zentralkomitee: Hans Albrecht, Erich Honecker, Werner Krolikowski …

Zuruf: Langsamer!

Gut, langsamer. Ich wiederhole noch mal: Hans Albrecht, Erich Honecker, Werner Krolikowski, Günther Kleiber, Erich Mielke, Gerhard Müller, Alexander Schalck-Golodkowski, Horst Sindermann, Willi Stoph, Harry Tisch, Herbert Ziegenhahn und Dieter Müller werden aus dem Zentralkomitee ausgeschlossen. Aufgrund der Schwere ihrer Verstöße gegen das Statut der SED und in Anbetracht zahlreicher Forderungen und Anträge von Kreisdelegiertenkonferenzen werden sie zugleich aus der SED ausgeschlossen.

Der vormalige Punkt 2, in dem also beispielsweise Hans-Joachim Böhme und Johannes Chemnitzer erwähnt werden als Auszuschließende aus dem Zentralkomitee und daß gegen sie ein Parteiverfahren eingeleitet wird, diesen Punkt würde ich vorschlagen jetzt zu streichen, weil mit der Formulierung »der bisherigen Untersuchungen« eigentlich angedeutet ist, daß die ZPKK ihre Untersuchungen fortsetzt.[25] Und das impliziert alles, was sonst noch da zu untersuchen und aufzudecken ist.

Also, an diesen ersten Punkt würde sich als zweiten Punkt anschließen: Das Zentralkomitee erklärt seinen Rücktritt. Und dann der dritte, schon nicht mehr so wichtige Punkt, obwohl also wir als Zentralkomitee ja diese Verantwortung empfinden, daß wir mit Genossen aus unserer Mitte, die nicht mehr als Mitglieder des Zentralkomitees bezeichnet werden, denn wenn der Be-

25 Die Fortsetzung der Untersuchung der ZPKK durch die auf dem außerordentlichen Parteitag gebildete Schiedskommission der SED-PDS führte am 20. Januar 1990 zum Ausschluß folgender ehemaliger Mitglieder und Kandidaten aus der SED-PDS: Hans-Joachim Böhme, Horst Dohlus, Kurt Hager, Joachim Herrmann, Werner Jarowinsky, Heinz Keßler, Egon Krenz, Inge Lange, Erich Mückenberger, Margarete Müller, Alfred Neumann, Günter Schabowski, Gerhard Schürer und Werner Walde. Vgl. ND, 22. Januar 1990.

schluß gefaßt ist, sind sie nicht mehr Mitglieder des Zentralkomitees – es ist ja dann zurückgetreten –, aber daß eine Reihe von Genossen dem außerordentlichen Parteitag einen Rechenschaftsbericht vorlegt über die letzte Phase der Arbeit der Partei vor dem außerordentlichen Parteitag. Die große Analyse bliebe dann einem ordentlichen Parteitag vorbehalten. Das wäre der Vorschlag.

Zuruf: Lies den dritten Punkt noch einmal vor!

Also, der dritte Punkt würde lauten: Das Zentralkomitee erachtet es in Wahrnehmung der ihm verbliebenen Verantwortung als notwendig, dem einberufenen außerordentlichen Parteitag Rechenschaft abzulegen. Zur Erarbeitung des Rechenschaftsberichtes über die Ursachen für die Krise in der SED und in der Gesellschaft wird eine Kommission gebildet. Ihr gehören an: Werner Eberlein, Wolfgang Herger, Werner Jarowinsky, Siegfried Lorenz, Wolfgang Rauchfuß, Günter Schabowski, Helmut Semmelmann und Günter Sieber.[26]

Vors. Egon Krenz: Bitte.

Manfred Ewald: Ich bin einverstanden. Ich habe nur die Frage, vielleicht habe ich es überhört oder es wird indirekt gesagt und ich habe es nicht verstanden: Ist irgendein Wort im Hinblick auf die Zukunft gesagt? Es wird nur Rechenschaft gelegt. Ich weiß nicht, wenn man sagt, wir lösen die Partei auf: Was ist dann?

Günter Schabowski: Genossen, ich meine …

Vors. Egon Krenz: Es bleibt ja noch ein Beschluß, den wir zu fassen haben, über die Bildung des Initiativ- oder Arbeitsausschusses. Die Genossen kriegen noch das Wort.

Günter Schabowski: Dem Arbeitsausschuß obliegt ja die weitere Vorbereitung des Parteitages. Also, wir können nur noch für das Verantwortung ausdrücken, was zurückliegt, bis zu dem Zeitpunkt der Auflösung des Zentralkomitees. Dann beginnt dieser Arbeitsausschuß seine Arbeit, und der kann auf alle und muß auf alle Genossen zurückgreifen können, die bei der weiteren politischen und organisatorischen Vorbereitung des Parteitages auskunftsfähig sind und arbeitsfähig sein können.

Vors. Egon Krenz: Deshalb würde ich vorschlagen, die Abstimmung über diesen Punkt erst zu machen, wenn wir gehört haben das, was der Arbeitsausschuß oder Initiativausschuß gesagt hat, damit man wenigstens dann noch eine Empfehlung geben kann.

Günter Schabowski: Ich muß, Egon, ach so, Entschuldigung, darf ich zur Geschäftsordnung bitte noch eine Bemerkung machen. Einen Beschluß in dieser Kargheit hatten wir ja nicht vorbereitet, sondern wir hatten einen Beschluß mit einer politischen Aussage vorbereitet. Wir hatten uns zuvor mit den Ersten Sekretären der Bezirksleitungen zusammengesetzt, auch in Hinblick auf den aus ihrer Mitte zu bildenden, vornehmlich aus ihrer Mitte zu bildenden Arbeitsausschuß.[27] Man muß ja mit den Genossen beraten, die nach uns

26 Die veröffentlichte Beschlußfassung siehe in: ND, 4. Dezember 1989.
27 Zur Bildung des zeitweiligen Arbeitsausschusses siehe ebenda.

die Arbeit weiterführen, fairerweise, und die Genossen hatten uns empfohlen, daß alles, was einen besonderen einschätzenden oder nach vorn weisenden Charakter hat, in diesem Beschluß unterbleiben sollte, weil alles dieser Art dann von dem Vorbereitungsausschuß für den Parteitag kommen muß. Ich glaube, das ist eine richtige Position.

Vors. Egon Krenz: Man muß folgendes dazu sagen – gleich, Genosse Stechbarth –: Der Genosse Schabowski, der Genosse Lorenz und der Genosse Herger haben den Beschluß ausgearbeitet und haben ihn vor den Ersten Bezirkssekretären vorgelesen. Da wurde dieser einschätzende Charakter als nicht notwendig erachtet. Aber wenn jetzt die Frage erneut aufgeworfen worden ist, es geht ja hier um das Zentralkomitee, dann würde ich doch bitten, da mir der Text vorliegt, den Text, der ausgearbeitet war, hier vorzulesen:

»Beschluß der 12. Tagung des Zentralkomitees: Das Zentralkomitee der SED stellt fest, daß der Prozeß der radikalen Erneuerung der Partei von der Basis her rasch voranschreitet. Davon legen in eindrucksvoller Weise die Kreisdelegiertenkonferenzen in Vorbereitung des außerordentlichen Parteitages Zeugnis ab.[28] Alle Konferenzen gestalteten sich zu Foren prinzipieller und sachlicher Auseinandersetzung mit den Hemmnissen und Erfordernissen des Prozesses der Erneuerung der Partei und des Sozialismus in der Deutschen Demokratischen Republik. Die Diskussion im Zusammenhang mit der Wahl der Delegierten zum Parteitag war bestimmt von vielen Ideen, Vorschlägen und Initiativen, wie sich die Partei unter den Bedingungen der tiefen Krise neu formieren müsse, um die Kraft zu gewinnen, ohne die eine sozialistische Gesellschaft mit menschlichem Antlitz in der DDR nicht zu gestalten ist.

Untrennbar damit verbunden ist die rückhaltlose Auseinandersetzung über den Amts- und Machtmißbrauch ehemaliger Mitglieder der Partei- und Staatsführung. Einhellig brachten die Delegiertenkonferenzen ihre Empörung und Verurteilung der kriminellen Handlungen und Vergehen zum Ausdruck, durch die unserer Partei und der Deutschen Demokratischen Republik schwerer Schaden zugefügt wurde. Scharf kritisierten die Delegierten, daß das Politbüro des ZK der SED und die Zentrale Parteikontrollkommission den ihnen übertragenen Auftrag, mutmaßliche Gesetzesverletzungen und ungerechtfertigte Inanspruchnahme von Privilegien, das ganze Ausmaß von Korruption und angemaßter Bevorrechtung rückhaltlos aufzuklären, nur unvollkommen erfüllt haben. Die dazu zu leistende Arbeit ist von Inkonsequenz und Halbherzigkeit geprägt. Das Politbüro erkennt die Berechtigung dieser Kritik uneingeschränkt an. Auf Vorschlag usw. –« und dann würde das kommen, was Genosse Schabowski vorgelesen hatte. *(Unruhe)*

Manfred Ewald: Egon, ich kann jetzt nicht rausgehen. Die Genossen fra-

28 Zur Wahl der Delegierten für den Sonderparteitag hatten entsprechend dem Beschluß der 11. ZK-Tagung bis zum 3. Dezember 1989 im gesamten Land SED-Kreisdelegiertenkonferenzen stattgefunden.

gen uns alle draußen: Wie geht es mit der Partei weiter? Irgendwie muß das deutlich werden, daß es weitergeht, daß wir weiterkämpfen. *(Unruhe)*

Zuruf: In vierzehn Tagen ist Parteitag!

Vors. Egon Krenz: Genosse Stechbarth.

Horst Stechbarth: Ich weiß nicht, ob es richtig ist, Genossen, wenn ein Ausschuß hier berufen wird, der den Sonderparteitag vorbereitet, wenn wir darin wieder nur Mitglieder des Politbüros oder des Zentralkomitees hier haben. Das nimmt uns doch draußen keiner mehr ab. *(Unruhe)*

Vors. Egon Krenz: Nein, Moment, da muß es ein Mißverständnis geben. Darüber wird jetzt der Ausschuß berichten. Es wird niemand mehr, soweit ich das empfinde, aus dem alten Politbüro in diesem Ausschuß sein. Ich bitte vielleicht Genossen Kroker, das Wort dazu zu nehmen, ja,damit wir das im Komplex hier behandeln und nicht unnötigerweise Fragen auftreten. *(Unruhe, Gemurmel)*

Im Hintergrund Egon Krenz leise: Du, Hans, Hans, wieso sollen wir nicht ...– Ebenfalls im Hintergrund Manfred Ewald: Wie soll das jetzt weitergehen? (Anhaltendes Gemurmel, Klingel des Vorsitzenden)

So, Genossen, der Genosse Kroker ist Erster Sekretär der SED-Bezirksleitung Erfurt, von der Volkskammer ausgeschlossen, weil er vor Jahren gegen die Politik Erich Honeckers und Günter Mittags aufgetreten ist. Vor Jahren schon!

Herbert Kroker: Liebe Genossinnen und Genossen! Ich kann den Zorn, die Bitternis und die ganze Schwere des Augenblicks für viele Genossen hier persönlich verstehen. Es ist nicht die Zeit, viele Worte zu machen; denn die Lage diktiert das Geschehen, und es geht um die Rettung unserer sozialistischen Sache.

Und ich möchte nicht, daß der Arbeitsausschuß seine Arbeit mit einem Fehler beginnt. Ich kann hier nur sagen: Der Arbeitsausschuß wird sich 16.00 Uhr konstituieren, weil noch Genossen herangeholt werden, die im Arbeitsausschuß mitwirken sollen. Die Liste liegt hier, und erst, wenn wir die Genossen da haben, können wir uns zusammensetzen und können wir das Papier erarbeiten, welches wir heute noch der Presse übergeben. Es geht ja nicht anders, sonst würden wir wieder als Erste Sekretäre ohne die anderen Mitglieder etwas hier vortragen. Und wir müssen das ja erst mal im Arbeitsausschuß diskutieren, beraten, und dann werden wir uns heute der Presse stellen.[29] Ich bitte darum um Verständnis. Denn sonst würden wir schon wieder einen Fehler machen in der Demokratie.

Zuruf: Sehr richtig!

Vors. Egon Krenz: Was schlägst Du jetzt vor konkret?

Herbert Kroker: Jetzt schlage ich vor, daß der Genosse Heinz Albrecht oder die Genossen des Politbüros hinausgehen vor die Genossen und dort erklären, daß das Zentralkomitee den Rücktritt erklärt hat.[30]

29 Vgl. ND, 4. Dezember 1989.

30 Die Beschlüsse der ZK-Sitzung wurden den Demonstanten vor dem ZK-Gebäude vom Mitglied des zeitweiligen Arbeitsausschusses Heinz Albrecht, seit dem 14. November 1989 auch Erster SED-Bezirkssekretär von Berlin, bekanntgegeben.

Zuruf: Erst mal abstimmen!

Bitte?

Zuruf: Laß erst mal abstimmen!

Ja, selbstverständlich abstimmen, und dann hinausgehen und die Beschlüsse erläutern und sagen, daß ein Arbeitsausschuß sich bildet.

Zuruf von Moritz Mebel: Einen Augenblick mal!

Und er wird 16.00 Uhr oder 16.30 Uhr sich der Presse stellen.

Moritz Mebel: So geht das Zentralkomitee unserer Sozialistischen Einheitspartei Deutschlands nicht auseinander! *(Unverständlicher, lauter Zuruf)* Einen Augenblick! Wir sind noch nicht zurückgetreten, und es ist das Recht dieses Zentralkomitees, das die volle Verantwortung trägt, darüber eine politische Rechenschaft abzugeben. Das ist nicht nur unser Recht, sondern das ist unsere Pflicht. Und das würde auch euch, liebe Genossen, die ihr die Vorbereitung des außerordentlichen Parteitages auf euch nehmt, die Arbeit erleichtern. Bitte glaubt doch nicht, daß wir – auf dem 9. Plenum habe ich das gesagt: Die politische Verantwortung tragen wir. Wir treten zurück, aber wir haben dazu etwas zu sagen. Und ich glaube, das, was hier vorgelesen wurde, ist voll zu unterstützen. *(Vereinzelt Beifall)*

Zurufe: Abstimmen!

Vors. Egon Krenz: Wünscht jemand das Wort?

Zahlreiche Zurufe: Abstimmen!

Erich Postler: Genosse Krenz, ich muß noch einmal zur Geschäftsordnung ums Wort bitten. Vor dem Haus des Zentralkomitees versammeln sich Massen von Genossinnen und Genossen, Parteimitglieder – nicht irgendwelche Leute –, Parteimitglieder, die fordern, daß sie bis 15.00 Uhr eine Antwort erhalten.

Zurufe: Mein Gott! – Zurufe: Abstimmen!

Vors. Egon Krenz: Also ...

NN: Aber, Genosse Krenz, sie fordern sie im Sinne dessen, daß wirklich ein solcher Arbeitsausschuß gewählt wird. Das ist die Forderung der Mehrzahl auch unserer Kreisdelegiertenkonferenz gestern, und dem können wir uns nicht wieder entgegenstellen.

Vors. Egon Krenz: Ich schlage vor, daß wir jetzt den Beschluß fassen. Bitte, was ist?

Werner Eberlein: Ich muß noch etwas dazu sagen. Es tut mir leid, die Zeit zu klauen, aber ich muß es sagen. Es geht um die ZPKK. Diese ZPKK wird angegriffen für Halbherzigkeiten, für Halbheiten, zu Recht angegriffen wird sie. Darum hat diese ZPKK gemeinsam, nicht von meiner Seite aus, sondern gemeinsam, beschlossen zurückzutreten. Erste Frage.

Zweite Frage: Es gibt einen Bericht der ZPKK, der vorbereitet wurde.[31] Aber dieser Bericht spricht nur Halbheiten aus, da auf den gestrigen Kreis-

31 Der von dem Toeplitz-Bericht in der Volkskammer überholte, für das 12. Plenum vorbereitete, aber nicht vorgetragene Bericht der ZPKK ist als Entwurf überliefert in: SAPMO-BArch, DY 30/IV 2/1/716.

delegiertenkonferenzen ganz andere Töne zur Sprache gekommen sind, ganz andere Anwürfe gemacht worden sind. Darum hat dieser Bericht heute keinen Bestand mehr. Erstens.

Zweitens: Wenn jetzt im Beschluß gesagt wird: Auf Beschluß der ZPKK werden die und die ausgeschlossen –, kann die ZPKK dem nicht zustimmen, da das statutenwidrig ist. Das ist das Problem, vor dem wir stehen. Wir haben mit den Genossen nicht gesprochen. Ich kann jetzt hier aufzählen, mit wem ich gesprochen habe, aber keiner hat sich zu Gesetzwidrigkeiten bekannt. Wir haben Beschlüsse gefaßt, aber ich kann jetzt hier nicht Dingen zustimmen, die gesetzes-, die statutenwidrig sind.

Darum bitte ich, die ZPKK herauszulassen. Wenn das Plenum das beschließt – als Mitglied stimme ich dem zu, aber als ZPKK kann ich dem nicht zustimmen.

NN: Wenn gesagt wird: »Im Ergebnis der Arbeit der ZPKK«, dann ist das nicht ein Beschluß der ZPKK!

Zuruf: Jawohl!

Vors. Egon Krenz: Es beschließt das Zentralkomitee. Und, Genossinnen und Genossen, nun möchte ich auch mal sagen: Wir sollen auf dem Boden bleiben. Wenn ein Staat bis an den Ruin geführt wird, dann ist das Verbrechen.

Zuruf: Ein großes Verbrechen!

Ich glaube, ein größeres kann es nicht geben.

Zuruf: Das ist eine Sauerei!

Und darüber müssen wir uns hier eindeutig Klarheit verschaffen, unabhängig davon, wer welche Schuld daran trägt.

Und deshalb stelle ich jetzt, weil es im Antrag gestellt worden ist, die Beschlußpunkte, die Genosse Schabowski vorgetragen hat, einschließlich der Präambel –

Zurufe: Nein! – Gleichzeitig Zurufe: Ja!

– einschließlich der Präambel …

Zurufe: Ja! – Gleichzeitig Zurufe: Nein!

Wer sich zur Präambel und den Beschlüssen, vorgetragen vom Genossen Schabowski, bekennt, bitte ich um das Handzeichen. – Danke schön. Gibt es Gegenstimmen? – Stimmenthaltungen? – Damit sind die Beschlüsse gefaßt. Es gibt keinen Grund zum Beifall. So, der nächste Beschluß war der Beschluß des Politbüros. Soll ich ihn noch einmal vortragen?[32]

Zurufe: Nein!

Also, wird auch akzeptiert.

Zuruf: Braucht ja nicht!

Wer für diesen Beschluß – das ist ja ein Beschluß des Politbüros, daß wir zurücktreten. Der braucht ja nicht im Zentralkomitee noch einmal bestätigt zu werden.

32 Vgl. ND, 4. Dezember 1989.

Drittens: Ich schlage vor, daß Genosse Schabowski diese beiden Beschlüsse jetzt der Presse erläutert und mitteilt, daß sich gegenwärtig ein Arbeitsausschuß zur Vorbereitung des nächsten Parteitages, des außerordentlichen Parteitages konstituiert. Ist das richtig so?

Zurufe: Ja!

Genosse Kroker, habe ich Dich so verstanden?

Zuruf: Ja!

Kann man so machen?

Zuruf von Herbert Kroker: Ja!

Gut, bitte schön!

NN: Ich frage trotzdem, ob es gut ist, daß dort das Kollektiv genannt wird, das den Rechenschaftsbericht ausarbeiten soll. *(Unruhe)*

Zuruf: Das sind doch zwei getrennte Dinge!

Vors. Egon Krenz: Ich schlage vor: Die Leute, die für die Ausarbeitung des Rechenschaftsberichts genannt sind, sind eine parteiinterne Angelegenheit und haben für die Presse nichts zu tun. Einverstanden?

Zuruf: Kann man den Genossen Kroker denn schon als denjenigen, der diesen Bericht ... Andere Zurufe: Nein! Nein!

So, jetzt müssen wir uns trotzdem verständigen, Genossen. Jetzt stehe ich auch vor einer Frage, auf die ich keine Antwort habe. Das ZK hat sich aufgelöst. Die Beschlüsse sind gefaßt. Jetzt müßte der Arbeitsausschuß tätig sein. Und wir können die Tagung beenden. Oder wie ist das?

Zurufe: Ja. (Unruhe) Zuruf: Man sollte vielleicht der Presse sagen, daß keine ehemaligen Mitglieder des Politbüros in diesem Arbeitsausschuß sitzen!

Nein. Aber ich würde den Genossen Albrecht bitten – wo ist er?

Zuruf: Hier!

Wärst Du bereit, jetzt rauszugehen, Deinen Genossen die Beschlüsse zu erklären?

Zuruf: ... der Arbeitsausschuß sich 16.00 Uhr konstituieren und dann einen Standpunkt veröffentlichen wird.[33]

Jawohl. Einverstanden so? – Genossinnen und Genossen! Die Tagung ist beendet.

33 Vgl. ebenda. Dem »Arbeitsausschuß zur Vorbereitung des außerordentlichen Parteitages« gehörten an: Heinz Albrecht, Hans-Jürgen Audehm, Wolfgang Berghofer, Lothar Bisky, Ellen Brombacher, Roland Claus, Gregor Gysi, Hans-Joachim Hahn, Klaus Höpcke, Dagmar Hülsenberg, Norbert Kertscher, Dieter Klein, Herbert Kroker, Eva Maleck-Lewy, Bernd Meier, Peter Pechauf, Ulrich Peck, Wolfgang Pohl, Erich Postler, Gerd Schulz, Wolfgang Thiel, Heinz Vietze, Markus Wolf, Roland Wötzel und Brigitte Zimmermann. Zunächst als Mitglieder vorgesehen, aber nicht im Arbeitsausschuß vertreten waren Klaus-Dieter Krohn, Helmut Semmelmann, Wolfgang Hermann, Heinz Freitag und Hans Modrow. Zunächst nicht vorgesehen, aber dann als Mitglied des Arbeitsausschusses aufgenommen war Lothar Bisky. Vgl. die verschiedenen Entwürfe der »Vorschläge für die Zusammensetzung des Arbeitsausschusses zur Vorbereitung des außerordentlichen Parteitages«, in: SAPMO-BArch, DY 30/IV 2/1/717.

Personelle Verflechtungen des Politbüros des ZK der SED mit Organen der Partei, des Staates und der Gesellschaft

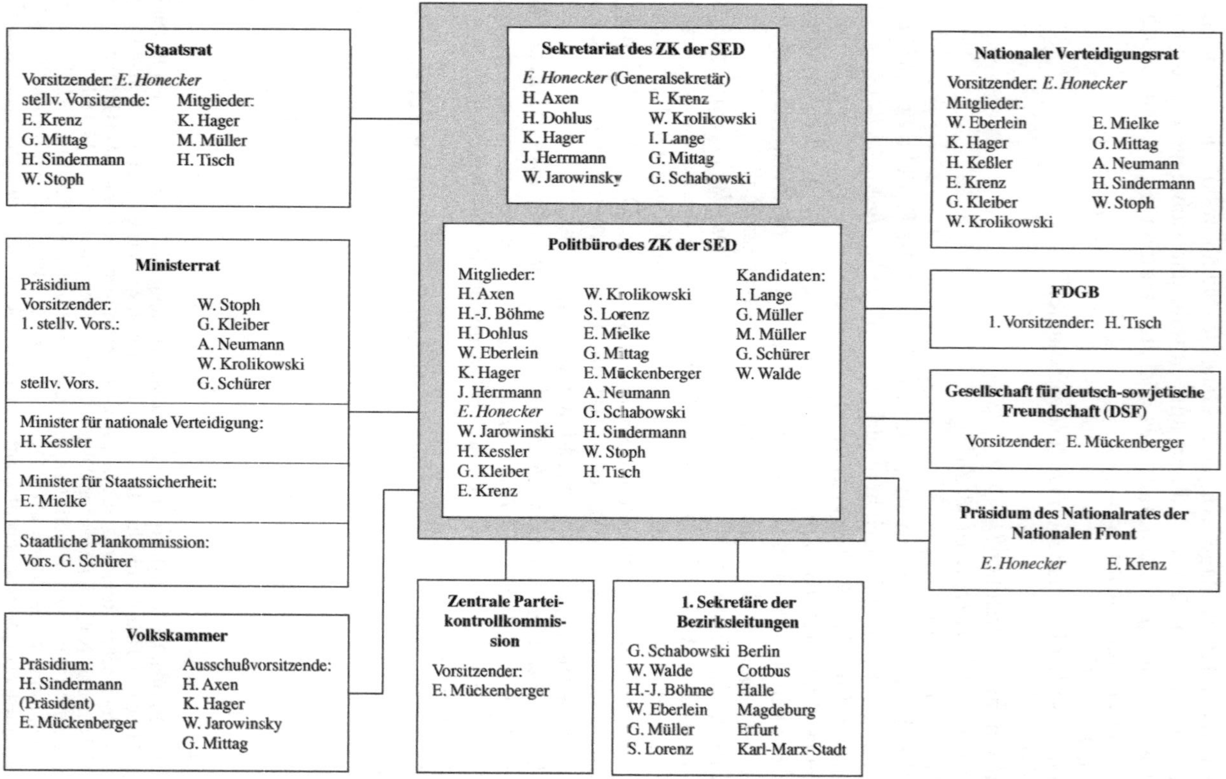

Quellen: Gerd Meyer, Die DDR-Machtelite in der Ära Honecker, Tübingen 1991, S. 51; SAPMO-BArch, DY 30/IV2/1/656. © HHH

Annotiertes Personenverzeichnis

(Halbfette Angaben beziehen sich auf Diskussionsbeiträge)

Angaben zu den Herausgebern

HANS-HERMANN HERTLE
geb. 1955 in Eisern, Kreis Siegen, Studium der Geschichte und Politikwissenschaft in Marburg und Berlin, Dr. phil., wissenschaftlicher Publizist und Sozialforscher. 1985–99 wissenschaftlicher Mitarbeiter im Zentralinstitut für sozialwissenschaftliche Forschung sowie im Rahmen verschiedener DFG-Forschungsprojekte an der Freien Universität Berlin, seit Dezember 1999 wissenschaftlicher Mitarbeiter im Zentrum für Zeithistorische Forschung Potsdam e.V.; zahlreiche Buchveröffentlichungen zur Sozial- und Zeitgeschichte, Dokumentarfilme, Hörfunkfeatures. 1999 Friedrich-Wilhelm-Murnau-Kurzfilmpreis, 2000 Bayerischer Fernsehpreis, 2004 Grimme-Preis.
Bücher im Ch. Links Verlag: »Chronik des Mauerfalls«, 1996 (12. Aufl. 2009); »Mauerbau und Mauerfall« (Hg. mit Konrad H. Jarausch und Christoph Kleßmann), 2002; »Risse im Bruderbund. Die Krim-Gespräche Honecker-Breshnew« (Hg. mit Konrad H. Jarausch), 2006; »Die Todesopfer an der Berliner Mauer 1961–1989« (zus. mit Maria Nooke u. a.), 2009; »Die Berliner Mauer. Biographie eines Bauwerks«, 2011 (engl. Ausgabe »The Berlin Wall Story«, 2011)

GERD-RÜDIGER STEPHAN
geb. 1961 in Luckau (Niederlausitz), Studium der Geschichte und Editionswissenschaft in Leipzig, 1991–94 Arbeitsbereichsleiter am Institut für zeitgeschichtliche Jugendforschung Berlin, 1995–98 Forschungsstipendiat des Stifterverbandes für die Deutsche Wissenschaft, 1998–2006 Geschäftsführer der Rosa-Luxemburg-Stiftung Brandenburg, 2006–09 Leiter des Regionalbüros Südliches Afrika der Rosa-Luxemburg-Stiftung in Johannesburg, seit 2010 Bereichsleiter Bundesweite Arbeit der Rosa-Luxemburg-Stiftung in Berlin.
Zahlreiche Veröffentlichungen zur deutschen Zeitgeschichte, darunter: »Die SED. Geschichte – Organisation – Politik. Ein Handbuch«, Berlin 1997; »Außerordentlicher Parteitag der SED/PDS. Protokoll der Beratungen am 8./9. und 16./17. Dezember 1989 in Berlin«, Berlin 1999; »Die Parteien und Organisationen der DDR. Ein Handbuch«, Berlin 2002; »Deutsche Zeitgeschichte von 1945 bis 2000. Gesellschaft – Staat – Politik. Ein Handbuch«, Berlin 2006 (jeweils Hrsg. bzw. Mithrsg.).